Deutsch
für die berufliche Oberstufe

von

Dr. Karola Grunwald
Thomas Helldörfer
Undine Seifert
Werner Wagner

4., aktualisierte und erweiterte Auflage

Handwerk und Technik · Hamburg

Bildquellenverzeichnis

Archiv für Kunst und Geschichte GmbH, Berlin: S. 151/9; 188; 189; 190/1; 212/2; 216; 220; 226; 228; 230/1; 232/2; 234; 244; 258/1; 259/1; 278; 288/1; 332/2; 333/2

Artothek, Weilheim: S. 196/4; 219; 230/2

Associated Press, Frankfurt a. M.: S. 168; 169

Bergmoser + Höller Verlag AG, Aachen: S. 159/2

bpk – Bildagentur für Kunst, Kultur und Geschichte, Berlin: S. 56; 57; 58/1; 64; 73/2; 79; 83/4; 93; 94; 98; 135/2; 146; 151/1, 3-8; 152/2; 153; 158/1; 161; 186/2; 190/2; 192/1; 196/1; 200/2, 3; 202; 204/2; 205; 232/1; 233; 243; 245; 249/1, 2 (Hans Hubmann) 254/2; 256/1; 258/2; 259/2; 264; 265; 283; 285; 289; 290/1; 291/1,2; 293/1; 299; 302; 316; 318; 320; 324/1; 325/2; 326/2,3; 327; 330; 332/1; 333/1; 334

Bundesanstalt für Arbeit, Nürnberg: S. 142

Carlsen Verlag GmbH, Hamburg: S. 151/10; 157

Cinetext Bild- & Textarchiv GmbH, Frankfurt/M: S. 55/2; 73/1; 74; 81

Congress, Tourismus, Wirtschaft, Würzburg: S. 218

Constantin Film Verleih GmbH, München: S. 83/2

Corbis GmbH, Düsseldorf: S. 170

ddp images GmbH, Hamburg: S. 139

Deutsches Historisches Museum, Berlin: S. 242/3; 250; 290/2; 319/1

Deutsches Theatermuseum, München: S. 75

Diogenes Verlag AG, Zürich: S. 83/1; 206/2

dpa-infografik GmbH, Frankfurt a.M.: S. 159/1; 173; 180; 319/2

dpa Picture-Alliance GmbH, Frankfurt a.M.: S. 2; 9 (Bildagentur online); 30 (dpa-Bildarchiv); 38 (Design Pics); 58/2 (dpa-Report); 59 (Denkou Images); 62 (CTS Photo & Press Service); 66/1; 78; 82 (dpa-Report); 83/3; 84 (Design Pics); 151/2; 160; 162/1 (dpa-Bildarchiv), 2 (dpa-Report); 171; 174 (dpa-Bildarchiv); 200/1; 204/1 (photoshot); 210; 213 (dpa-Bildarchiv); 242/1,2; 263; 267; 268/2 (epa-Bildfunk); 269; 270; 272 (CTS Photo & Press Service), 286 (dpa-Report); 287; 294; 304 (landov); 306; 308; 312 (akg-images); 328/1 (Sven Simon), 2; 336/1; 337/1; 338 (dpa-Fotoreport); 340 (dpa-Fotoreport)

Ernst Klett Verlag GmbH, Stuttgart: S. 55/1; 80

Fotolia Deutschland, Berlin, © www.fotolia.de: S. 5 (Stephen Coburn); 36 (BildPix.de); 104 (mapoli-photo); 121 (Monkey Business); 123 (Robert Kneschke)

Hähnel, Monika, Reinsdorf: S. 271

Harenberg Kommunikation Verlags- und Medien-GmbH & Co. KG, Dortmund: S. 214/1

Höhnerbach-Richter, Ursula, Zwickau: S. 214/2

iStockphoto, Berlin: S. 12 (Chris Hepburn); 63/2 (Deddeda Stemler); 96 (Helder Almeida); 112 (Andrew Parfenov); 120 (Tadej Zupancic); 128 (Anne Matuszna); 149 (Sharon Dominick); 198 (Pavel Siamionau); 297 (Paul Frederik Lindner)

Kiepenheuer & Witsch Verlag, Köln: S. 77

Königshausen & Neumann Verlag, Euerhausen: S. 72

laif Agentur für Photos und Reportagen GmbH, Köln: S. 194

Militzke Verlag GmbH, Leipzig: S. 260/1

Ohlbaum, Isolde, München: S. 262

Seyfried, Claus, Stuttgart: S. 288/2

S. Fischer Verlag, Frankfurt/M.: S. 152/1

Steidl Verlag, Göttingen: S. 63/1

Stiftung Weimarer Klassik-Fotothek, Weimar: S. 224; 326/1

Süddeutsche Zeitung Content, München: S. 164

Suhrkamp Verlag, Frankfurt/M.: S. 65; 192/2; 196/3

Theater der Stadt Schweinfurt: S. 76

Thienemann Verlag GmbH, Stuttgart: S. 186/1

Transglobe Agency, Hamburg: S. 206/1

Verlag Handwerk und Technik GmbH, Hamburg: S. 61; 134; 135/1; 141; 143; 150; 176; 177; 178

Verlag Herder GmbH & Co. KG, Freiburg: S. 329

Titelfoto Schülergruppe:
Klaus-Jürgen Drescher, Frankfurt a. M.

ISBN 978-3-582-0**1435**-1

Das Werk und seine Teile sind urheberrechtlich geschützt. Jede Nutzung in anderen als den gesetzlich zugelassenen Fällen bedarf der vorherigen schriftlichen Einwilligung des Verlages.
Hinweis zu § 52a UrhG: Weder das Werk noch seine Teile dürfen ohne eine solche Einwilligung eingescannt und in ein Netzwerk eingestellt werden. Dies gilt auch für Intranets von Schulen und sonstigen Bildungseinrichtungen.
Die Verweise auf Internetadressen und -dateien beziehen sich auf deren Zustand und Inhalt zum Zeitpunkt der Drucklegung des Werks. Der Verlag übernimmt keinerlei Gewähr und Haftung für deren Aktualität oder Inhalt noch für den Inhalt von mit ihnen verlinkten weiteren Internetseiten.

Verlag Handwerk und Technik GmbH,
Lademannbogen 135, 22339 Hamburg; Postfach 63 05 00, 22331 Hamburg – 2011
E-Mail: info@handwerk-technik.de – Internet: www.handwerk-technik.de

Satz und Layout: alias GmbH, 12526 Berlin
Druck: Offizin Andersen Nexö Leipzig, 04442 Zwenkau

Vorwort

Deutsch für die berufliche Oberstufe wendet sich an Schülerinnen und Schüler der Berufsoberschule (BOS), des Fachgymnasiums (FG) und der Fachoberschule (FOS).

Als praxisnahes und handlungsorientiertes Lern- und Arbeitsbuch konzipiert, zielt es auf eine detaillierte und zielgerichtete Vermittlung der für den Abschluss der beruflichen Oberstufe erforderlichen Fertigkeiten.

Deutsch für die berufliche Oberstufe bietet durch eine übersichtliche und schrittweise Darstellung der Inhalte auf Doppelseiten die Möglichkeit, eigenständig Sachverhalte zu erarbeiten und nachzuschlagen. Eine breit angelegte Auswahl an Textbeispielen aus Literatur und Alltag sowie Zusatzinformationen und Lesehinweise dienen als Anreiz für die weitere Auseinandersetzung mit Themen und Texten.

Im Vordergrund stehen Anregungen und Vorgehenshinweise für die Ausarbeitung von
- Textanalysen,
- Erörterungen,
- Textinterpretationen und
- Gestaltungsaufgaben

im breiten Spektrum der Textsorten und der möglichen Aufgabenstellungen in Schulprüfungen.

Einbezogen werden hier nicht nur formale Vorgehensweisen, sondern auch Kreativitätstechniken und methodische Verfahren.

Ein weiterer Schwerpunkt liegt in der Darstellung und Vermittlung von situationsangemessenem sprachlichen Handeln im schulischen und außerschulisch-beruflichen Kontext. Präsentiert werden unter anderem Voraussetzungen für Texte im täglichen Gebrauch sowie Gesprächsformen und -situationen.

Hierbei wird zusätzlich auf die Vielfältigkeit von Sprache und deren Verwendung in unterschiedlichen Kontexten wie Freizeit, Beruf und Medien eingegangen.

Eine umfangreiche Darstellung der deutschen Literaturgeschichte ermöglicht einen Überblick über die Hauptströmungen und -themen der letzten fünf Jahrhunderte. Gleichzeitig werden Bezüge zu aktuellen Entwicklungen in der Literatur hergestellt, um so Möglichkeiten zur Orientierung, zur Übersicht und für das tiefere Verständnis zu bieten.

Textauszüge und -beispiele sowie gezielt eingesetzte Aufgabenstellungen ermöglichen dem Schüler, Arbeitsergebnisse in eigene Textarbeit umzusetzen.

Ein Sachwortverzeichnis mit über 800 Stichwörtern ermöglicht ein leichtes Auffinden der einzelnen Inhalte.

Inhaltsverzeichnis

1	**TEXTANALYSE**	**1**

1.1	**Was willst du von mir? –** **Die Absicht von Gebrauchstexten**	**2**
1.2	**So wird's gemacht –** **Hinweise zum Textverständnis**	**6**
1.3	**Meinungsbildende Texte**	**9**
1.3.1	Besonders wichtig: die Meinung des Verfassers	10
1.3.2	Wichtige Elemente im Text leicht erkannt	11
1.3.3	Einleitung oder Antithese?	12
1.3.4	Unterschiede erkennen: Was ist ein Beweis?	13
1.3.5	Woran man eine Begründung erkennt	14
1.4	**Textwiedergabe**	**16**
1.4.1	Das Wichtigste im Überblick – die Einleitung zur Textwiedergabe	16
1.4.2	Die Inhaltsangabe schafft Überblick	18
1.4.3	Was ist wichtig? – Das Problem der Konzentration	19
1.4.4	Inhalt und Funktion gehören zusammen – die strukturierende Textwiedergabe	20
1.4.5	Ein schneller Überblick – die Inhaltswiedergabe in Thesenform	21
	Formulierungshilfen – Übersicht **über strukturierende Verben**	**24**
1.5	**Texterläuterung**	**26**
1.5.1	Was ist unklar?	26
1.5.2	Der Aufbau der Texterläuterung	28
1.6	**Stellungnahme**	**30**
1.6.1	Wie mach ich's richtig? – Methodisches Vorgehen	30
1.6.2	Das Grundkonzept der Stellungnahme	31
1.6.3	Was soll ich tun? – Die Aufgabenstellung	32
1.6.4	Aufgabenstellung und Lösungsvorschlag	32
1.6.5	Eine besondere Form der Stellungnahme – der Leserbrief	36
1.7	**Absichtsanalyse**	**38**
1.7.1	Entscheidend ist, wie man's sagt – die Rolle der Sprachform	38
1.7.2	Auf die Sprache kommt's an – die Bedeutung der Sprache	39
1.7.3	Bedeutung sprachlicher Mittel in nichtpoetischen Texten	40
1.7.4	Grundwirkungen sprachlicher Mittel	40

1.7.5	Der Weg zur Absichtsanalyse – die Vorgehensweise	41
1.7.6	Von der Analyse zur Darstellung – die Absichtsanalyse	42
1.7.7	Die Absichtsanalyse am Beispiel einer Schülerarbeit	44
1.7.8	Tipps zu möglichen Aufgaben- stellungen in Prüfungen	47
	Sprachanalyse – Satzfiguren	**49**
	Sprachanalyse – Wortwahl	**51**
	Sprachanalyse – rhetorische Mittel	**52**

2	**DIE ERÖRTERUNG**	**55**

2.1	**Ein Thema erörtern –** **Vorgehen und Aufbau**	**56**
2.1.1	Auf das Thema kommt es an – Themenwahl und Themenerfassung	56
2.1.2	Stoffsammlung und Stoffordnung	58
2.1.3	Der Bau eines Hauses beginnt mit dem Plan – die Gliederung der Gedanken	60
2.1.4	Einleitung und Schluss	62
2.1.5	Die Gestaltung des Hauptteils	64
2.1.6	Die besseren Argumente zählen – logische Argumentation	66
2.1.7	Erörterungsbeispiel: ein Schüleraufsatz	68
2.2	**Auch literarische Themen kann man** **erörtern – Besonderheiten der** **literarischen Erörterung**	**72**
2.2.1	Ohne zu gliedern geht gar nichts – die Gliederung der literarischen Erörterung	74
2.2.2	Ein Rahmen macht das Bild noch schöner – Einleitung und Schluss	76
2.2.3	Der Dichter hat das Wort – ein Auszug aus einem Originaltext	78
2.2.4	„Und wo ist Ihr Beleg?" – Die Vertextung des Hauptteils	80
2.2.5	Überblick und Themenvorschläge	82
2.3	**Eine Variante –** **die textgestützte Erörterung**	**84**
2.3.1	Auseinandersetzung mit dem Kommunikationspartner	84
2.3.2	Der Bezug zur Textvorlage – Klärung der Diskussionsgrundlage	86
2.3.3	Der Hauptteil – Argumentationsplan und Ausarbeitung	90

Inhaltsverzeichnis

3	**GEWUSST WIE –**	
	SPRACHLICH HANDELN	**93**

3.1	**Arbeits- und Lerntechniken**	**94**
3.1.1	Informiert sein ist alles – gezielte Informationsbeschaffung	94
3.1.2	Die Nadel im „digitalen Heuhaufen" suchen – das Internet als Informationsquelle nutzen	96
3.1.3	Effektives Lesen	98
3.1.4	Mitschreiben, Ordnen, Planen	100
3.1.5	Das Gehirn bestimmt den Rhythmus – Lernstrategien aneignen	102
3.1.6	So bestehe ich meine Prüfung – Prüfungsvorbereitung und Prüfungsverhalten	104
3.1.7	Übungen zum Trainieren	106
3.2	**Die Seminar-/Facharbeit**	**107**
3.2.1	Merkmale einer Seminar-/Facharbeit	108
3.2.2	Themen	109
3.2.3	Grundregeln für die Seminar-/Facharbeit	110
3.2.4	Die Zeitplanung – der Rahmenplan	112
3.2.5	Der Wochen- und Tagesplan	113
3.2.6	Die Bestandteile der Seminar-/Facharbeit und ihre Anordnung	114
3.2.7	Die Bedeutung von Zitaten und die Technik des Zitierens	116
3.2.8	Quellenangabe – Literaturverzeichnis – äußere Form	118
3.3	**Das Fachreferat**	**120**
3.3.1	Die Vorbereitung eines Vortrags	120
3.3.2	Guter Vortrag – keine Kunst	122
3.3.3	Die Präsentation	124
3.4	**Texte im täglichen Gebrauch**	**126**
3.4.1	Ein Protokoll anfertigen	126
3.4.2	Immer schön der Reihe nach … – die Vorgangsbeschreibung	128
3.5	**Gesprächsformen und -situationen**	**130**
3.5.1	Kommunikation	130
3.5.2	Gesprächsformen und Gesprächsführung	134
3.5.3	„Bitte die Nächste auf der Rednerliste!" – Diskussionsregeln	138
3.5.4	Wie Diskussionsbeiträge formuliert werden	140

EXKURS

3.6	**Erfolgreiches Bewerben**	**142**
3.6.1	Vollständigkeit ist Trumpf – die Bewerbungsunterlagen	142
3.6.2	Für sich selbst werben – das Bewerbungsschreiben	144
3.6.3	Der Lebenslauf	146
3.6.4	Wenn die erste Hürde genommen ist – das Vorstellungsgespräch	148

4	**SPRACHE HAT VIELE GESICHTER**	**151**
4.1	**Angemessener Sprachgebrauch**	**152**
4.1.1	Hochsprache – Umgangssprache – Jargon	152
4.1.2	„ … wie einem der Schnabel gewachsen ist" – die Mundart	154
4.1.3	„So sprechen nur wir" – Fach- und Gruppensprachen	156
4.2	**Presse, Hörfunk, Fernsehen – die Medien**	**158**
4.2.1	Von der Gutenberg-Galaxis zum Cyberspace – 600 Jahre Medienentwicklung	158
4.2.2	Neil Postman: Wir informieren uns zu Tode – der Weg zur Informationsgesellschaft (Auszug)	160
4.2.3	Die Arbeit der Redaktion – Information ist Vertrauenssache	162
4.2.4	Nachrichten im Fernsehen: Texte – Bilder – Filme – Töne	166
4.2.5	Boulevardzeitung und Abonnementzeitung – Sensationsmache und Seriosität	170
4.2.6	Die Quote – das goldene Kalb der Medienwelt	172
4.2.7	Fernsehen ist kein Kinderspiel – Gewalt in den Medien	174
4.2.8	Der Film zieht die Zuschauer in seinen Bann	176
4.2.9	Alte Medien – neue Medien: die Medienkonkurrenz	180

V

Inhaltsverzeichnis

5 KREATIVES SCHREIBEN — **185**

5.1 Träume nehmen Gestalt an – eine Fantasiereise fortsetzen — **186**
5.2 Ein Gedichtpuzzle herstellen — **188**
5.3 Selbst Gedichte schreiben — **190**
5.4 Sprachbilder suchen — **192**

6 DIE WELT DER LITERATUR — **197**

6.1 Poetische Texte – woran erkennt man sie? — **198**
6.2 Die literarischen Gattungen — **200**
6.2.1 Lyrik – eine Gattung der Stimmungen — 202
6.2.2 Epik – eine handlungsorientierte Gattung — 206
6.2.3 Dramatik – das muss man gesehen haben — 214
6.3 Streifzug durch vier Jahrhunderte Literatur — **218**
6.3.1 Barock (1600–1720) — 218
6.3.2 Aufklärung (1720–1785) — 220
6.3.3 Sturm und Drang (1765–1785) — 222
6.3.4 Klassik (1786–1805) — 224
6.3.5 Romantik (1790–1830) — 226
6.3.6 Biedermeier, Vormärz und Junges Deutschland (1815–1850) — 228
6.3.7 Realismus (1850–1890) — 230
6.3.8 Naturalismus (1880–1900) — 234
6.4 Literatur des 20. Jahrhunderts — **236**
6.4.1 Expressionismus — 236
6.4.2 Weimarer Republik und Drittes Reich (1918–1945) — 238
6.4.3 Nachkriegsliteratur (1945–1949) — 242
6.4.4 Die Fünfziger- und Sechzigerjahre — 250
6.4.5 Die Siebziger- und Achtzigerjahre — 256
6.4.6 Literatur im wiedervereinigten Deutschland — 264
6.4.7 Literatur am Beginn des 21. Jahrhunderts — 270

7 LITERARISCHE TEXTE VERSTEHEN UND ERFASSEN — **275**

7.1 Dichterische Werke verstehen – die Textinterpretation — **276**
7.1.1 So wird's gemacht – Hinweise zum formalen Vorgehen — 276
7.1.2 Die Fabel – ein Spiegel der menschlichen Gesellschaft — 282
7.1.3 Die Anekdote – ein ungewöhnliches oder bemerkenswertes menschliches Verhalten darstellen — 284
7.1.4 Die Kurzgeschichte – den Augenblick erzählen — 286
7.1.5 Die Parabel – ein literarisches Gleichnis — 296
7.1.6 Die Novelle – das Erzählen von einer „unerhörten Begebenheit" — 298
7.1.7 Das geschlossene Drama — 308
7.1.8 „So ein schräger Typ!" – die literarische Charakteristik — 310
7.2 Lyrik – Gedichte mit Bedeutung versehen — **314**
7.2.1 Allgemeine Interpretationsanleitung in zwei Arbeitsphasen — 314
7.2.2 Beispiel für eine Gedichtinterpretation — 316
7.2.3 Zwei motivgleiche Gedichte miteinander vergleichen — 320
7.2.4 Übungsbeispiele für Gedichtinterpretationen — 324
7.2.5 Moderne Lyrik — 338
7.3 Gestaltendes Erschließen — **340**
7.3.1 Gestaltendes Erschließen literarischer Texte — 340
7.3.2 Gestaltendes Erschließen von Sachtexten — 342
7.3.3 Gestaltungsreflexion – ein wichtiger Teil der Gestaltungsaufgabe — 344

8 ORTHOGRAFIE UND GRAMMATIK – ANLEITUNGEN ZUM ÜBEN — **346**

8.1 Komma oder nicht – das ist hier die Frage! — **346**
8.2 Angleichung von Fremdwörtern — **350**
8.3 Das Prinzip der Silbentrennung — **351**
8.4 Die Schreibweise der [s]-Laute — **352**
8.5 Grundregeln für die Getrennt- und Zusammenschreibung — **354**
8.6 Groß- oder Kleinschreibung? — **356**
8.7 Bildung und Verwendung des Konjunktivs — **358**

Sachwortverzeichnis — 360
Literaturverzeichnis — 366

Mehr Respekt
Stichwort: „Sanfter Tourismus"

Man mag es noch so sehr beklagen, die Tatsache lässt sich nicht leugnen: Erst mit dem Entstehen wohlhabender Demokratien ist der Tourismus zum Problem geworden. Höhere Einkommen und längerer Jahresurlaub haben das Reisen in die Ferne zu einem Volksvergnügen gemacht. Das ist – wer wollte es bestreiten – ein

Der Text vor der These ist entweder eine **Einleitung** oder eine **Antithese** (Einräumung).

1

Textanalyse

**Begründungen,
Beweise** und
Beispiele.

ren Bereich hinein äußerst schädlich, wenn nicht gar fatal. Zweifellos zerstört in vielen Regionen der Erde der Tourismus mehr, als er fördert. Das zeigt sich in den verschneiten Tiroler Bergen ebenso wie an den heißen Stränden von Bali. Wo Menschen in Horden auftreten, ist alle Schönheit bald verloren. Gefordert wird hier zu Recht ein „sanfter Tourismus", der auf Ökologie und Kultur Rücksicht nimmt. Aber: die Reiseindustrie wird ihre Programme nur ändern, wenn sich die Wünsche der Kunden ändern. Wichtig sind hier mehr Respekt und Ehrfurcht vor dem Fremden.

In der Schlussfolgerung wiederholt der Autor zentrale Begriffe der Überschrift.
Er formuliert Forderungen, die auf eine Veränderung der aktuellen Form des Tourismus
– des Massentourismus –
  abzielen.

1 Textanalyse

1.1 Was willst du von mir? – Die Absicht von Gebrauchstexten

Im täglichen Leben werden wir in Gesprächen und in den Medien mit einer Vielzahl von Texten konfrontiert. Jeder, der einen Text formuliert, verfolgt damit eine Zielsetzung, ausgerichtet auf seinen Leser bzw. Zuhörer.

Absichten von Sach- und Gebrauchstexten:
- Der Autor möchte seinem Kommunikationspartner einen Sachverhalt darlegen, ihn von einem Geschehen oder Sachverhalt in Kenntnis setzen, ihm etwas erklären oder beschreiben. Der Text soll also **informieren**.
- Der Verfasser verfolgt das Ziel, den Leser/Zuhörer bei der Meinungsbildung zu beeinflussen. Er liefert Gründe für oder/und gegen eine Position.
  Im Text wird **argumentiert**.
- Der Autor hat die Absicht, den Kommunikationspartner zu einem bestimmten Verhalten bzw. einer Handlung zu bewegen. Er **appelliert** an ihn.
  Dabei ist zu unterscheiden,
  - ob ein direkter Appell ausgesprochen wird (in Form einer konkreten Aufforderung) oder
  - ob die appellative Wirkung dadurch erzeugt wird, dass Sehnsüchte des Adressaten angesprochen werden bzw. die Erfüllung von Wünschen suggeriert wird.
- Der Verfasser kann aber auch ein bestimmtes Verhalten verlangen, ohne es dem Kommunikationspartner freizustellen, der Forderung Folge zu leisten. Der Text ist **normativ**, er setzt eine Norm.

Ordnen Sie die folgenden Texte einer der beschriebenen Grundintentionen zu. Begründen Sie Ihre Entscheidung.

Appell, appellieren:
Aufruf, Mahnruf (zu einem bestimmten Verhalten).

suggerieren:
jemanden beeinflussen, jemandem etwas einreden. Das Mittel der Suggestion wird häufig in der Werbung eingesetzt.
Suggestion (Beeinflussung) in der Werbung.

Intention:
Absicht, Vorhaben; hier: die Absicht, die der Verfasser mit seinem Text verfolgt.

informativ

Text 1:
Noch immer bleiben 11,6 Prozent aller Jugendlichen und jungen Erwachsenen in Deutschland ohne abgeschlossene Berufsausbildung. Das sind 1,3 Millionen Menschen aus der Altersgruppe der 20- bis 29-Jährigen oder bis zu 130 000 Personen pro Altersjahrgang. Das ist das Hauptergebnis einer vom Bundesinstitut für Berufsbildung zusammen mit dem EMNID-Institut durchgeführten Studie, die vor kurzem der Öffentlichkeit vorgestellt wurde. Während unter den deutschen Jugendlichen 8,1 Prozent ohne Ausbildung bleiben, sind es 32,7 Prozent der ausländischen Jugendlichen.

1.1 Die Absicht von Gebrauchstexten

Text 2:
Die Lehrstellenmisere ist erschreckend. Trotz aller Appelle und Kampagnen hat sich die Lage von Jahr zu Jahr verschärft und wird sich in den nächsten Jahren erst richtig zuspitzen. Die Rechenakrobatik, die in den letzten Jahren einen annähernden Ausgleich von Ausbildungsplätzen und Bewerbern vorgaukeln konnte, geht nämlich nicht mehr lange auf. Über die rund 3 500 Jugendlichen hinaus, die im Vorjahr leer ausgingen, haben sich heuer Tausende für die Fortsetzung der Schule, ein soziales Jahr oder andere Warteschleifen entschieden. Nächstes Jahr aber werden schon zehnmal so viel Jugendliche unversorgt bleiben, die Abspringer nicht mitgezählt. Zusätzlich zu den geburtenstarken Jahrgängen drängen dann also die Übriggebliebenen auf den Arbeitsmarkt.

Text 3:
Sowohl der Wirtschaftsminister als auch der Verwaltungsrat der Bundesanstalt für Arbeit fordern erneut Wirtschaft, freie Berufe, aber auch die Verwaltung dazu auf, ihre Anstrengungen zu verstärken, um das Angebot an Ausbildungsplätzen zu erhöhen. Andererseits wendet sich das Wirtschaftsministerium aber auch an Jugendliche und Eltern mit der Bitte, sich nicht auf einen bestimmten Ausbildungsberuf zu fixieren. Vielmehr solle man ins Auge fassen, ob nicht sogar ein Ortswechsel in Kauf genommen werden könne, um eine fundierte Ausbildung erhalten zu können.

Text 4:
Warten Sie nicht auf Entscheidungen anderer. Entscheiden Sie für sich und beginnen Sie, Ihre Neigungen und Stärken in Richtung einer erfolgreichen Zusammenarbeit mit Menschen zu fördern. Wir suchen Persönlichkeiten, die vor Persönlichkeiten keinen Halt machen, dabei an Menschen und deren Wünschen und Träumen sehr interessiert sind. Sie können andere von Ihren Ideen begeistern und überzeugen. Schreiben Sie uns bitte kurz handschriftlich, wie Sie über meinen Vorschlag denken und in welcher unserer Filialen Sie starten wollen.

Text 5:
Artikel 7 der Richtlinien zur Durchführung des Sofortprogramms zum Abbau der Jugendarbeitslosigkeit (Nach- und Zusatzqualifizierung):
§ 1 Zielsetzung
(1) Die Förderung soll vor allem dazu beitragen, dass arbeitslose Jugendliche ohne Berufsabschluss, die nicht in eine Ausbildung vermittelt werden können, einen anerkannten Berufsabschluss oder einen auf dem Arbeitsmarkt verwertbaren Teil einer anerkannten Ausbildung erwerben.
(2) Bei arbeitslosen Jugendlichen, die bereits über einen Berufsabschluss verfügen, soll durch eine nachgehende oder zusätzliche Qualifizierung eine berufliche Eingliederung erreicht werden.

> **Hinweis**
> Trotz der dargestellten Kriterien ist eine eindeutige, klare Zuordnung von Texten nicht immer so leicht. Es gibt eine Reihe von Mischformen. So ist es beispielsweise möglich, dass der Verfasser eines Kommentars nicht nur seine Meinung zum Ausdruck bringt, sondern auch eine oder mehrere Forderungen (Appelle) formuliert.
> Die hier vorgestellte Einteilung stößt mitunter an ihre Grenzen, sie hilft aber bei einer ersten Orientierung.

1 Textanalyse

Hinweis

Texte enthalten oft Inhalte, die für den Leser neu sind. Der Leser empfindet diese dann als informative Texte. Für eine zuverlässige Einordnung ist aber die Absicht des Verfassers wichtig, nicht der Wissensstand des Lesers.

Neue, möglichst sogar überraschende Aspekte werden vor allem von Autoren argumentativer Texte gerne benutzt, um die Überzeugungskraft ihrer Ausführungen zu verstärken.

Die vom Autor verfolgte Absicht bestimmt, welcher Textart der Text zuzuordnen ist. Jede Textart besitzt bestimmte Eigenschaften, die sich in der Darstellungsweise und der sprachlichen Gestaltung widerspiegeln. Je nach Funktion und Erscheinungsform werden die einzelnen **Textarten** in **Textsorten** unterteilt:

informative Texte	
Textsorten	Nachricht, Bericht, Beschreibung, Protokoll
Eigenschaften	Der Autor bemüht sich um größtmögliche Objektivität bei der Darstellung eines Sachverhalts. Der Text beschränkt sich auf die Wiedergabe von Tatsachen. Insbesondere die eigene Meinung des Verfassers kommt nicht zum Ausdruck.
Sprache	Der Text ist einfach und verständlich gehalten. Der Wortschatz ist weitestgehend wertfrei.

argumentative Texte	
Textsorten	Kommentar, Kritik, Rezension, Erörterung
Eigenschaften	Die eigene Meinung des Verfassers wird deutlich. Sie stellt in der Regel den Mittelpunkt des Textes dar und bildet den Bezugspunkt für die eingebrachten Argumente.
Sprache	Sie soll die Einstellung des Autors verdeutlichen und dazu beitragen, den Leser von der Richtigkeit der Position des Verfassers zu überzeugen. Die Sachlichkeit wird daher oft aufgegeben.

Propaganda:
Werbung vor allem für politische Grundsätze, aber auch für kulturelle Belange oder wirtschaftliche Zwecke.

Rhetorik:
Redekunst, Lehre von der wirkungsvollen Gestaltung der Rede.

suggerieren:
jemanden beeinflussen, jemandem etwas einreden; siehe auch Seite 2.

appellative Texte	
Textsorten	die politische Rede, Propaganda, Flugblätter, Werbung
Eigenschaften	Die Meinung und Einstellung des Verfassers kommt sehr deutlich zum Ausdruck. Beim Leser bzw. Zuhörer soll eine Reaktion erzeugt werden. Dazu wird er entweder zu einer Handlung direkt aufgefordert oder sie wird ihm als richtig und gut suggeriert.
Sprache	Meist kurze, einfache Sätze, aber intensiver und gezielter Einsatz sprachlicher (rhetorischer) Mittel.

normative Texte	
Textsorten	Gesetze, Verträge, Erlasse, amtliche Verlautbarungen, Satzungen
Eigenschaften	Leser oder Zuhörer werden direkt angesprochen. Es werden Regeln, Anordnungen und Gebote aufgestellt, die für bestimmte Situationen und Bereiche gelten.
Sprache	Meist lange, oft schwer zu entschlüsselnde Sätze mit Verben des Aufforderns; starke Tendenz zur Verkürzung von Nebensätzen durch Substantivierungen; eher unpersönlicher, befehlender, anordnender Ton („Juristendeutsch").

1.1 Die Absicht von Gebrauchstexten

Einige Rahmenbedingungen des Textes bleiben dem Leser meist verborgen:
- Wenn der Verfasser keine bekannte Persönlichkeit ist, verrät sein Name in der Regel nichts Genaueres über seine Identität.
- Nicht immer erfährt man im Text etwas darüber, aus welchem Anlass sich der Autor mit dem Thema beschäftigt.

Andererseits kann es das Textverständnis erleichtern, wenn man sein Augenmerk auch auf Äußerlichkeiten legt:
- Das äußere Erscheinungsbild (Druckbild, Schriftgröße, Schrifttyp): Welche Passagen sind hervorgehoben? Welches Ziel wird damit verfolgt?
- Die Einbeziehung von Grafiken und/oder Bildmaterial: Haben Bilder eine erhellende Funktion oder sollen sie nur illustrieren?

Für die Erschließung des Textes ist vor allem die Konzentration auf seinen **Inhalt** und die **sprachliche Gestaltung** bedeutsam. Dadurch sind auch Rückschlüsse darauf möglich, welche Ziele der Autor verfolgt.

Der Inhalt
- Welches Thema hat der Text? Welcher Sachverhalt wird dargestellt? Welche Probleme werden behandelt?
- Welche inhaltlichen Schwerpunkte werden angeführt?
- Lassen sich offensichtliche inhaltliche Lücken erkennen? Wird Wichtiges weggelassen?
- Welche Bedeutung haben die Inhalte für die gegenwärtige Situation?
- Wird deutlich, welche Position der Verfasser zum Inhalt einnimmt?

Die Sprache
- Lässt die verwendete Sprache Rückschlüsse auf die gesellschaftliche Stellung des Autors zu? Ist der Schreiber in einer besonderen Stimmung, emotionalen Verfassung?
  1. Welche Vorstellungen hat der Autor von seinem Leser?
  2. Ist die verwendete Sprache dem Inhalt angemessen?
  3. Ist eine Zielgruppe konkret erkennbar?
  4. Welche Absichten und Interessen verfolgt der Autor?
  5. Welche Reaktionen sollen beim Leser erzeugt werden?

Hinweis
Das Erkennen von Inhaltslücken setzt Sachwissen beim Leser voraus.
Wenn ich etwas weiß, kann mir so schnell keiner etwas vormachen!

Aufgaben

1. Notieren Sie sich stichpunktartig die Kriterien, die beachtet werden müssen, um einen Text einer bestimmten Textart zuordnen zu können.
2. Erläutern Sie, welche Beobachtungen den Zugang zum Text und das Textverständnis erleichtern.
3. Nennen Sie drei Gründe, warum es besonders wichtig ist, sich bei der Analyse auf Inhalt und sprachliche Gestaltung des Textes zu konzentrieren.

1 Textanalyse

1.2 So wird's gemacht – Hinweise zum Textverständnis

Eine Inhaltsangabe schafft Überblick

Im Alltag begegnen uns Textzusammenfassungen immer dann, wenn uns jemand einen Überblick über Gesagtes oder Geschriebenes verschaffen möchte. So wird in Nachrichtensendungen wiedergegeben, was Politiker oder andere wichtige Persönlichkeiten zu Ereignissen ausgesagt haben, oder in einer Buchbesprechung wird zuerst ein grober Überblick über den Inhalt des Buches vermittelt.

Eine Inhaltswiedergabe hat immer die Funktion, den Leser oder Zuhörer zu informieren. Die Information kann dabei der eigentliche Zweck sein oder nur die Vorstufe für eine weitere Auseinandersetzung mit den Textinhalten.

In jedem Fall muss die Zusammenfassung den Inhalt eines Textes immer sachlich richtig und objektiv wiedergeben. Welche Einstellung zu Einzelaussagen oder zum Gesamttext derjenige einnimmt, der die Inhaltswiedergabe verfasst, spielt keine Rolle.

Eigene Textwiedergaben – Wozu brauche ich das?

Im alltäglichen Leben kommen wir oft in Situationen, in denen wir Texte Dritter zusammenfassen (müssen). Meist geschieht dies mündlich, wenn wir z. B. einer Mitschülerin oder einem Mitschüler, der eine Unterrichtsstunde versäumt hat, mitteilen, was besprochen wurde.

Eine schriftliche Textzusammenfassung wird vor allem dann angefertigt, wenn die Inhalte eines Gesprächs bzw. eines Vortrags (Protokollierung) oder eines Textes (Inhaltsangabe) in verkürzter Form dauerhaft verfügbar sein sollen.

> **Der erste Zugang zum Text – Tipps zur eigenen Inhaltsangabe**
> - Beim ersten Durchlesen verschaffen Sie sich einen Überblick über den Inhalt.
> - Schreiben Sie beim erneuten Lesen unklare Begriffe und Fremdwörter oder auch schwer verständliche Textpassagen heraus.
> - Nutzen Sie Nachschlagewerke und andere verfügbare Informationsquellen zur Verbesserung des Textverständnisses.
> - Gliedern Sie den Text, indem Sie Sinneinheiten herausarbeiten. Denken Sie daran, dass Absätze normalerweise nicht willkürlich vom Autor gesetzt werden. Andererseits stellt aber nicht jeder Absatz eine **Zäsur** dar.

Die Textart bestimmt das Vorgehen

Bei informativen Texten wird die Textstruktur durch die notwendige Reihenfolge der Inhalte bestimmt. So wird z. B. in einem Protokoll wiedergegeben, was der Reihe nach gesagt bzw. entschieden wurde; eine Vorgangsbeschreibung orientiert sich daran, was sinnvollerweise nacheinander getan werden muss; ein Bericht gibt wieder, was sich ereignet hat.

Hinweis
Besonders zur Vorbereitung eines Referats oder während des Studiums wird man Aufsätze und Texte, die man gelesen hat, zusammenfassen, um auf die wesentlichen Inhalte bei Bedarf schnell zurückgreifen zu können.

Protokoll:
vergleiche Seite 126 f.

Tipp
In Prüfungen ist in der Regel nur ein Rechtschreibwörterbuch zugelassen. Aber auch hier werden schwierige Begriffe und Fremdwörter meist kurz erklärt.

Zäsur:
ein gedanklicher Einschnitt.

Superweib ade – alles können und alles machen ist für Frauen nicht mehr erstrebenswert

■ VON GISELA GROTH

Irgendwann, in den frühen 80er-Jahren, wollten Frauen nur eines: sein wie Männer. Zwängten sich in virile Nadelstreifenanzüge für das Strampeln auf der Karriereleiter und belegten Rhetorik-Kurse. Den Doppelnamen – und war er noch so unaussprechlich wie Leutheusser-Schnarrenberger – trugen sie als Trophäe vor sich her. Die Bezeichnung Nur-Hausfrau war fast ein Schimpfwort.

In den frühen 90er-Jahren wollten Frauen noch viel mehr: sein wie das Superweib in Hera Linds Roman. Einen Spitzenjob, drei Kinder am Rockzipfel (aber der Rock bitte von Jil Sander) und lustvolle Gespielin des Mannes. Nach dem Höhenflug sind die Frauen jetzt im realen Leben angekommen und ziemlich still geworden. Sie mucken nicht mehr auf, sie fordern nichts, sie haben sich arrangiert.

Die Studie „Generation Woman", von Gruner & Jahr für die Zeitschrift „Woman" in Auftrag gegeben, zeichnet ein Bild von jungen Frauen, die den Plan, Kinder, Karriere und persönliche Unabhängigkeit zu vereinbaren, längst als utopisch aufgegeben haben. Das „anything goes" der Aufbruchjahre ist inzwischen dem ernüchternden „nicht machbar" gewichen. Die Entscheidung, was geht, fällt ihnen schwer.

Die Angebote an Lebensformen sind vielfältig geworden: Single ohne Kind, alleinerziehend mit Kind, unverheiratet mit Kind und Partner, verheiratet mit oder ohne Kind, Lebensgemeinschaft mit Mann, der aber nicht Vater ihres Kindes ist.

Frauen können berufstätig sein, haben aber kein Image-Problem mehr, wenn sie nur noch Mutter sind. Ein kleines erfolgreiches Familienunternehmen zu leiten (siehe Werbung für Vorwerk-Staubsauger), ist heute gesellschaftlich durchaus akzeptiert, wie auch der letzte Macho es selbstverständlich findet, dass Frauen einen Beruf haben.

Der große Markt der Möglichkeiten verunsichert die jungen Frauen laut der Studie aber stark – mit verheerenden Folgen für die Wirtschaft und den Generationenpakt, wie man weiß: 2,2 ist die von Frauen durchschnittlich gewünschte Kinderzahl. Tatsächlich wurden 2003 statistisch gesehen nur 1,3 Kinder geboren.

Was den Baby-Notstand in Deutschland noch verschärfen dürfte: Die meisten zufriedenen jungen Frauen fanden die Interviewer des Rheingold-Instituts unter den Berufstätigen ohne Kinder. Sie gaben an, ihren Job zu lieben und das Leben zu genießen. Die Frauen, die wegen des Nachwuchses zu Hause bleiben, finden ihre Entscheidung fürs Kind zwar richtig, sehnen sich aber oft ins Büro zurück.

„Dass Frauen Kinder kriegen müssen, ist eine totale Last. Ein wahnsinniger Einschnitt im Leben", war eine mehrfach geäußerte Meinung. Junge Frauen wissen, dass sie zurückstecken müssen, sobald das Kind da ist.

Deshalb, so vermutet der Studienleiter von Rheingold, Heinz Grüne, zeigen viele Frauen zwischen 25 und 35 Jahren eine ausgeprägte Entscheidungsschwäche und eine „spannungsvolle Zerrissenheit".

Wann ist der richtige Zeitpunkt, ein Kind zu bekommen? Soll ich überhaupt eins bekommen? Wie kann man gleichzeitig eine gute Mutter sein und die berufliche Laufbahn fortsetzen? Das sind die zentralen Fragen, die junge Frauen bewegen. Wie die Antwort auch immer ausfällt: Es bleiben die Angst und das schlechte Gewissen, dass ein Bereich zu kurz kommt. Manche versuchen, das Problem einfach auszusitzen: Indem sie auf die Erst- eine Zweitausbildung satteln und mit 30 noch den Rundum-Service bei den Eltern genießen. Dieser Gruppe bescheinigt die Studie eine „fröhliche Unbekümmertheit".

Wo bleiben die Männer? Man ahnt es schon: Der Studie zufolge sind sie weder im Haushalt noch im weiblichen Gefühlsleben eine Hilfe. „Männer", sagt Grüne, „spielen eine eher nachgeordnete Rolle." Wichtige Entscheidungen treffen die Frauen allein oder ziehen die Mutter beziehungsweise die Freundin zu Rate. Weil Männer, so die überwiegende Meinung der Befragten, sich sowieso nicht in die Situation von Frauen hineinversetzen können.

Zum Glück aber werden Männer dennoch gebraucht. Denn eines möchte keine der interviewten Frauen: mit 50 noch Single sein.

(aus: Nürnberger Nachrichten, 4./5. 12. 2004)

■ Aufgaben

1. Erläutern Sie, worüber der Text informieren soll.

2. Zeigen Sie, welche Zäsuren es im Text gibt und woran sich diese erkennen lassen.

3. Formulieren Sie Überschriften für die von Ihnen gefundenen Sinneinheiten.

1 Textanalyse

Textverarbeitungsprogramme für Computer stellen häufig eine Funktion zur Verfügung, die es ermöglicht, Texte automatisch zusammenzufassen. Eine entsprechende Kürzung (auf 25 Prozent des Originals) sieht folgendermaßen aus:

> ### Superweib ade –
> ### alles können und alles machen ist für Frauen nicht mehr erstrebenswert
>
> 1 Nach dem Höhenflug sind die Frauen jetzt im realen Leben angekommen und ziemlich still geworden. Die Angebote an Lebensformen sind vielfältig geworden: Single ohne Kind, alleinerziehend mit Kind, unverheiratet mit Kind und Partner, verheiratet mit oder ohne Kind, Lebensgemeinschaft mit
> 5 Mann, der aber nicht Vater ihres Kindes ist.
> Der große Markt der Möglichkeiten verunsichert die jungen Frauen laut der Studie aber stark – mit verheerenden Folgen für die Wirtschaft und den Generationenpakt, wie man weiß: 2,2 ist die von Frauen durchschnittlich gewünschte Kinderzahl. Was den Baby-Notstand in Deutschland noch ver-
> 10 schärfen dürfte: Die meisten zufriedenen jungen Frauen fanden die Interviewer des Rheingold-Instituts unter den Berufstätigen ohne Kinder.
> „Dass Frauen Kinder kriegen müssen, ist eine totale Last." Junge Frauen wissen, dass sie zurückstecken müssen, sobald das Kind da ist. „Männer", sagt Grüne, „spielen eine eher nachgeordnete Rolle. Wichtige Entscheidun-
> 15 gen treffen die Frauen allein oder ziehen die Mutter beziehungsweise die Freundin zurate. Denn eines möchte keine der interviewten Frauen: mit 50 noch Single sein."

> Vergleichen Sie einmal diese Zusammenfassung mit Ihren eigenen Vorüberlegungen. Überprüfen Sie dabei vor allem, welche Unterschiede sich inhaltlich und in der Sprachform ergeben.

Genauere Hinweise zu den hier angesprochenen Techniken erhalten Sie auf Seite 10 f.

Einen Überblick über **informative Texte** kann man sich leicht dadurch verschaffen, indem man die Inhaltsschwerpunkte herausarbeitet.

Die einzelnen Informationen sind wie Perlen auf einer Schnur aufgereiht. Die Reihenfolge wird vom Autor festgelegt. Welche Kriterien er dabei anlegt, ist für den Leser häufig nicht ersichtlich.

Für die **Zusammenfassung informativer Texte** empfiehlt sich daher folgende Vorgehensweise:

Fassen Sie die Teile des Textes, die einen inhaltlichen Zusammenhang aufweisen, zusammen. (Absätze bieten dabei meist eine gute Orientierungsmöglichkeit.)

- Die Reihenfolge des Originaltextes müssen Sie nicht unbedingt beibehalten.
- Für detailliertere Ausführungen des Autors in der Textvorlage suchen Sie eine möglichst kurze, eigenständige Formulierung (Abstrahierung).
- Sie wollen den Leser Ihrer Zusammenfassung über den Inhalt des Ausgangstextes informieren und wählen deshalb eine sachliche, klare Sprache.
- An den Beginn stellen Sie als Einleitung Ihrer Inhaltswiedergabe einen **Basissatz** (vergleiche Seite 16).

1.3 Meinungsbildende Texte

Die Zusammenfassung meinungsbildender Texte stellt zusätzliche Anforderungen. Insbesondere zeigt sich schnell, dass inhaltliche Kriterien allein nicht ausreichen, um die wichtigsten Aussagen herauszufiltern. Jede Textpassage übernimmt eine besondere Funktion im Rahmen des Argumentationszusammenhangs.
Um einen argumentativen Text sinnvoll zu kürzen, ist es also zuerst erforderlich, die Funktion der einzelnen Textteile zu bestimmen.

Die Grundstruktur meinungsbildender Texte lässt sich folgendermaßen darstellen:

Einleitung:
oft mit Hinweisen auf den Anlass der Auseinandersetzung mit einem Sachverhalt, Klärung wesentlicher Begriffe.

Antithese/Einräumung (bleibt häufig weg):
Darstellung einer anderen, gegensätzlichen Sichtweise.

These – Behauptung – Meinung des Verfassers:
Bezugspunkt der folgenden Argumentation; enthält die Bewertung einer Problemstellung durch den Verfasser.

Begründung – Argument:
zeigt auf, warum der Autor seine Meinung für gerechtfertigt hält.

Beispiele:
zielen darauf ab, dass der Leser die Meinung des Autors für richtig hält und sich dieser deshalb anschließt (Herstellung von Glaubwürdigkeit).

Schlussfolgerung:
abschließende Bewertung der Problemstellung durch den Autor.

Appell:
stellt eine Forderung an einen direkt oder indirekt angesprochenen Personenkreis.
Er ergänzt bzw. erweitert die Schlussfolgerung;
manchmal ersetzt er aber auch die Schlussfolgerung.

Schlussgedanke (meist nicht weiter ausgeführt)

> **Hinweis**
> Die hier angeführte Reihenfolge der einzelnen Strukturelemente liegt in den meisten meinungsbildenden Texten vor.

> Von dem hier dargestellten **Muster** kann es zum Teil deutliche Abweichungen geben. Die vielfältigen Varianten zeichnen sich dadurch aus, dass nicht immer alle Strukturelemente vorhanden sind. Andererseits kommen in einem meinungsbildenden Text in der Regel mehrere Begründungen bzw. Beweise vor.

Aufgaben

1. Arbeiten Sie stichpunktartig heraus, inwieweit die Textart die Vorgehensweise bei einer Zusammenfassung bestimmt.
2. Erläutern Sie, warum gerade Argumente und Beispiele eine wichtige Rolle in meinungsbildenden Texten spielen.

1 Textanalyse

1.3.1 Besonders wichtig: die Meinung des Verfassers

(zentrale) These:
die Meinung des Verfassers, die Behauptung des Autors.

Der Dreh- und Angelpunkt eines meinungsbildenden Textes ist die **zentrale These**, also die Meinung des Verfassers.
Sie ist das Ergebnis der Auseinandersetzung mit der zugrunde liegenden Problematik und findet ihre Fortsetzung in der Schlussfolgerung bzw. im Appell.

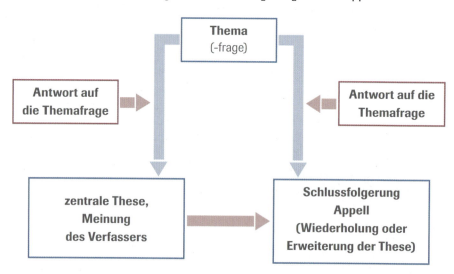

Hinweis
Eine bewertende Formulierung in der Überschrift ist oft ein guter Hinweis auf die These oder die Schlussfolgerung.
Ist die Formulierung der Überschrift neutral, verbirgt sich dahinter meist das Thema.

Diese drei Elemente bestimmen die grundsätzliche Ausrichtung des meinungsbildenden Textes. Sie möglichst sicher zu bestimmen ist daher besonders wichtig.

Die folgende Vorgehensweise hilft dabei:
- Wenn jemand seine **Meinung** zu einem Sachverhalt abgibt, bewertet er ihn. An den verwendeten Formulierungen ist daher abzulesen, ob der Autor eine Angelegenheit positiv oder negativ bewertet, ob er sie befürwortet oder ablehnt.
  - Ein Film hat mir gut gefallen oder ich rate von seinem Besuch ab.

- Das **Thema** beinhaltet den Gegenstand der Bewertung.
  - Wie ist der Film zu bewerten?

modifizieren:
abwandeln, abändern, einschränken.

- Die **Schlussfolgerung** steht in enger Verbindung mit der Ausgangsthese. Im Extremfall wird hier die These des Verfassers nur nochmals wiederholt. In der Regel aber erfährt sie eine Modifizierung.
Dabei wird die grundsätzliche Richtung der Bewertung beibehalten, der Grad der Bewertung aber verändert.
Dies kann durch eine Verstärkung von Lob bzw. Ablehnung erfolgen.
  - Der Film ist gut! Der beste Film, der in den letzten Jahren in die Kinos gekommen ist.

Es ist aber auch eine Erweiterung hin zum Appell denkbar.
  - Der Film ist gut! Den musst du dir anschauen.

1.3 Meinungsbildende Texte

1.3.2 Wichtige Elemente im Text leicht erkannt

Sobald mit Thema, These und Schlussfolgerung die zentralen Momente des Textes inhaltlich geklärt und im Text lokalisiert sind, kann die Funktion der übrigen Textteile bestimmt werden.

Tempo 30 ist kein Allheilmittel

> In der Überschrift wird bereits die Einstellung des Autors deutlich. Der Themenschwerpunkt erfährt eine Bewertung.

1 Tempo-30-Zonen machen Sinn – keine Frage. Überall dort, wo beispielsweise viele Kinder auf der Straße sind (Schulen etc.), dort, wo man bewusst den Durchgangsverkehr von Schleichwegen fernhalten will und sicherlich auch dort, wo es bestimmte Gegebenheiten nötig erscheinen lassen, das Tempo zu drosseln.
5 Deshalb gibt es in der Bundesrepublik auch relativ genaue Vorschriften, die die Einrichtung einer Tempo-30-Zone erlauben – oder auch nicht.

> Der Text vor der These ist entweder eine **Einleitung** oder eine **Antithese** (Einräumung).

Nun aber keimt die Diskussion auf, doch flächendeckend in Ortschaften Tempo 30 einzuführen. In Berlin soll die großflächige Ausgestaltung solcher Zonen ganztägig wirksam werden, in Frankfurt nachts.
10 Kein Wunder, dass sich ob solcher Planung auch Widerstand regt. Und das, zumindest in einem Punkt, auch zu Recht. Denn der Schadstoffausstoß lässt sich

> Hier erfolgt die **negative Bewertung:** Der Autor schließt sich dem Widerstand, der sich regt, an: „Kein Wunder" – „zu Recht"

mit Tempo 30 wohl nicht verringern. Der Grund ist technischer Natur. Wer 30 km/h fährt, wird dies kaum im vierten oder fünften Gang tun, sondern eher im dritten oder gar im zweiten. Das aber erhöht die Drehzahl des Motors auf ganz
15 entschiedene Weise. Und höhere Drehzahl, da gibt es kein Vertun, sorgt auch für höheren Verbrauch und höheren Schadstoffausstoß.
Wer es nicht glaubt, wird im Handbuch für Emissionsfaktoren fündig: Bei 30 km/h entstehen z. B. mehr Stickoxide als bei Tempo 50. Das Handbuch stammt übrigens nicht von der Industrie und auch nicht vom ADAC oder vom Verband
20 der Automobilindustrie, sondern vom Umweltbundesamt.
Dass bei Tempo 30 das Unfallrisiko sinkt, ist unbestritten. Der VCD begründet dies: Bei 50 km/h beträgt demnach der Anhalteweg 28 Meter, bei Tempo 30 nur noch 13. Die 28 Meter scheinen zwar etwas hoch gegriffen, da die meisten Autos mittlerweile besser bremsen (24,5 bis 26,5 Meter aus Tempo 50 bei einer Sekun-
25 de Reaktionszeit). Die Gegnerschaft meint ohnehin, dass auch ohne neues Limit die Unfallzahlen deutlich zurückgegangen sind und setzt gar giftig hinzu, dass bei Tempo Null überhaupt keine Unfälle passieren würden, aber dafür auch das Leben still stünde.

> Der Text zwischen These und Schlussfolgerung dient dazu, den Leser von der Richtigkeit der Position des Verfassers zu überzeugen. Es handelt sich daher um
> · **Begründungen,**
> · **Beweise** und
> · **Beispiele.**

Wenn die Fronten verhärtet sind, bietet sich ein Kompromiss an. Doch
30 davon ist bislang nicht die Rede. Vielleicht deshalb, weil Tempo 40 auf unseren städtischen Straßen keine gängige Größe ist.

> In seiner Schlussfolgerung bietet er eine Lösung an, die bisher nicht diskutiert wurde.

wip

(aus: Nürnberger Nachrichten, 27.03.2010)

▬ Aufgaben

1. Notieren Sie stichpunktartig die hier genannten Textelemente.

2. Suchen Sie sich einen aktuellen Zeitungskommentar und arbeiten Sie mithilfe der hier dargestellten Vorgabe die dort verwendeten Textelemente heraus.

3. a) Erläutern Sie, inwieweit Ihr Textbeispiel von dem hier dargestellten Beispiel abweicht und
   b) welche Besonderheiten es aufweist.

1 Textanalyse

1.3.3 Einleitung oder Antithese?

Einleitung und Antithese ähneln sich in Aussehen und Funktion. Sie zu unterscheiden ist daher manchmal nicht einfach.

Die Einleitung hat die Funktion, den Leser zum Kernproblem hinzuführen, ihn auf dieses aufmerksam zu machen und Interesse zu wecken. In journalistischen Texten werden dafür häufig aktuelle Beispiele herangezogen. Ein aktuelles Beispiel, das als Einleitung benutzt wird, unterscheidet sich im äußeren Erscheinungsbild aber nicht von einem Beispiel, das im Rahmen einer Beweisführung für eine Antithese angeführt wird.

Antithese:
Eine der Meinung des Verfassers entgegengesetzte Behauptung, die der Autor aufnimmt, z.B. in Form einer Einräumung.

kontrovers:
entgegengesetzt, strittig, umstritten.

Andererseits erfüllt aber auch die Antithese eine Art Einleitungsfunktion, wenn eine in der Öffentlichkeit kontrovers diskutierte Meinung zum Anknüpfungspunkt für eine Autorin oder einen Autor wird, um seine eigene Position zu formulieren.

Für die Unterscheidung von Einleitung und Antithese ist deshalb besonders wichtig, auf die Formulierungen zu achten.

zwar...

In scheinbarem Widerspruch zur negativen Bewertung in der Überschrift wird Tempo 30 erst einmal als positiv dargestellt – eingeschränkt auf bestimmte Situationen.

Dem stellt er eine kritische Position gegenüber, der er sich anschließt.

Tempo-30-Zonen machen Sinn – keine Frage. Überall dort, wo beispielsweise viele Kinder auf der Straße sind (Schulen etc.), dort, wo man bewusst den Durchgangsverkehr von Schleichwegen fernhalten will und sicherlich auch dort, wo es bestimmte Gegebenheiten nötig erscheinen lassen, das Tempo zu drosseln. Deshalb gibt es in der Bundesrepublik auch relativ genaue Vorschriften, die die Einrichtung einer Tempo-30-Zone erlauben – oder auch nicht.
Nun aber keimt die Diskussion auf, doch flächendeckend in Ortschaften Tempo 30 einzuführen. In Berlin soll die großflächige Ausgestaltung solcher Zonen ganztägig wirksam werden, in Frankfurt nachts.
Kein Wunder, dass sich ob solcher Planung auch Widerstand regt. Und das, zumindest in einem Punkt, auch zu Recht.

Im ersten Teil des Textes stehen sich **positive** und **negative** Begriffe gegenüber. Der Autor greift also gegensätzliche Bewertungsmöglichkeiten auf, entscheidet sich letztlich aber für eine ablehnende Haltung.

Dort, wo die Gegenthese ausgewiesen ist, kann der Leser als entsprechenden Begriff ein „zwar", „einerseits" o. Ä. ergänzen.

1.3 Meinungsbildende Texte

1.3.4 Unterschiede erkennen: Was ist ein Beweis?

Durch ihr äußeres Erscheinungsbild sind Beweise und Beispiele am einfachsten zu erkennen.

Beweisführungsstrategien lassen sich grundsätzlich in drei Grundtypen unterteilen:

Strategie: genauer Plan für das Vorgehen, um ein Ziel zu erreichen.

Autoritätsbeweis

Der Autor stützt seine Position dadurch, dass er jemanden ins Spiel bringt, von dem er annehmen kann, dass der Leser dessen Urteil schätzt, weil er ihm eine entsprechende Kompetenz zuweist.

Diese Form der Beweisführung ist leicht daran zu erkennen, dass Aussagen von Personen direkt (Anführungszeichen) oder indirekt (Wörter, die auf Aussagen Dritter verweisen) zitiert werden. Die Autoritäten werden konkret benannt (Name, Gruppenbezeichnung).

Autorität ist ein Einfluss, der dadurch entsteht, dass einer Person oder einer Gruppe eine Überlegenheit zugesprochen wird und diese auch Anerkennung findet.

Praxisbeweis

Der Verfasser nimmt konkrete Daten oder Ereignisse mit auf. Es finden sich dementsprechend oft Zahlen, aber auch die teilweise recht detaillierte Darstellung von Geschehnissen mit konkreten Orts- und Zeitangaben usw.

■ Hinweis

Formulierungen wie „hat es deutlich gemacht", „dies zeigt sich an" oder „das gilt" weisen zusätzlich darauf hin, dass es sich um Beweise handelt.

---

logischer Beweis

Im Text werden Bedingungen genannt, auf deren Basis Schlussfolgerungen gezogen werden, zum Beispiel:

„<u>Wenn</u> sich die Wetterverhältnisse nicht bessern und (<u>wenn</u>) die Wandergruppe nicht bald eine Möglichkeit findet, sich vor dem starken Regen zu schützen, (<u>dann</u>) steigt das Erkrankungsrisiko für die Teilnehmer beträchtlich."

Es ist unter Umständen erforderlich, entsprechende Signalwörter zu ergänzen, um den Schlusscharakter der Aussage sichtbar zu machen. (Vgl. die Wörter in den Klammern.)

Beispiel für Beweisstrategien (siehe auch Seite 28):

Wer 30 km/h fährt, wird dies kaum im vierten oder fünften Gang tun, sondern eher im dritten oder gar im zweiten. ➡ Das aber erhöht die Drehzahl des Motors auf ganz entschiedene Weise. ➡ Und höhere Drehzahl, da gibt es kein Vertun, ➡ sorgt auch für höheren Verbrauch und höheren Schadstoffausstoß.

Wer es nicht glaubt, wird im <mark>Handbuch für Emissionsfaktoren</mark> fündig: Bei 30 km/h entstehen z. B. mehr Stickoxide als bei Tempo 50. Das Handbuch stammt übrigens nicht von der Industrie und auch nicht vom ADAC oder vom Verband der Automobilindustrie, sondern vom <mark>Umweltbundesamt.</mark>

Dass bei Tempo 30 das Unfallrisiko sinkt, ist unbestritten. Der VCD begründet dies: Bei 50 km/h beträgt demnach der Anhalteweg 28 Meter, bei Tempo 30 nur noch 13. Die 28 Meter scheinen zwar etwas hoch gegriffen, da die meisten Autos mittlerweile besser bremsen (24,5 bis 26,5 Meter aus Tempo 50 bei einer Sekunde Reaktionszeit).

logischer Beweis
Die Richtigkeit der Aussage wird aus akzeptierten und wahren Prämissen hergeleitet.

Autoritätsbeweis
Konkrete Aussagen von Fachleuten werden angeführt.

Praxisbeweis
Es wird ein Berechnungsbeispiel angeführt.

■ Aufgaben

1. Erläutern Sie, wie sich die einzelnen Formen der Beweisführung voneinander unterscheiden lassen.

2. Konstruieren Sie ein weiteres Beispiel für einen logischen Beweis.

1 Textanalyse

1.3.5 Woran man eine Begründung erkennt

kausal
ursächlich zusammenhängend, begründend;
kausale Konjunktionen
sind z.B. „denn", „weil".

Eine Begründung soll etwas deutlich machen, nachweisen oder anschaulich machen. Es stellt sich daher die Frage, ob es sich bei den Passagen des Textes auf Seite 11, die bisher noch nicht zugeordnet werden konnten, um eine oder mehrere Begründungen handelt. Um dies zu überprüfen, muss geklärt werden, ob ein kausaler Zusammenhang zwischen der These und der infrage stehenden Textstelle hergestellt werden kann.

Die Verknüpfung von These und Begründung erfolgt mit einer entsprechenden Konjunktion:

> Kein Wunder, dass sich ob solcher Planung auch Widerstand regt. Und das, zumindest in einem Punkt, auch zu Recht. **Denn** der Schadstoffausstoß lässt sich mit Tempo 30 wohl nicht verringern. Der Grund ist technischer Natur.

Konjunktion:
Bindewort wie z.B. „und",
„oder", „denn" usw.

Zusätzlich wird der thematische Schwerpunkt ausgewiesen, auf den sich die Argumentation bezieht:

> Der Grund ist technischer Natur.

Auch das Kernargument der Befürworter einer Tempo-30-Regelung wird vom Autor aufgenommen:

> Dass bei Tempo 30 das Unfallrisiko sinkt, ist unbestritten.

Auch dieses Argument ist für ihn plausibel („unbestritten"). Den inhaltlichen Schwerpunkt bildet die Senkung des Unfallrisikos.

Das Einbringen sich widersprechender Argumentationsmuster scheint auf den ersten Blick unverständlich. Ein Blick auf die Schlussfolgerung bringt die Erklärung: Der Autor möchte die Diskussion offen halten. Eine Tempobegrenzung ist für ihn eine gute Sache. Wenn Tempo 30 nicht durchzusetzen ist, sollte man über ein Tempo 40 nachdenken.

Nicht jedes Argument, nicht jede Begründung muss also unmittelbar zur Stützung der Ausgangsthese beitragen. Der Autor kann auch ein Gegenargument anführen, das seine Ausführungen – scheinbar – entkräftet. Im Grunde verfolgt er dabei die gleiche Strategie wie bei der Einbindung einer Gegenthese.

zwar ...

aber ...

ist auch auf der Ebene
der Begründung möglich.

- Einerseits wirken seine Ausführungen differenzierter, der Leser erhält den Eindruck, dass er sich um Objektivität bemüht.
- Andererseits kann er sich in seinen weiteren Ausführungen mit diesem argumentativen Ansatz auseinandersetzen und gegebenenfalls zu neuen Lösungsvorschlägen kommen.

14

1.3 Meinungsbildende Texte

Überprüfen Sie, ob Sie diese Fragen beantworten können:

- Warum führt die Funktion „Autozusammenfassung" in Textverarbeitungen zu keinem befriedigenden Inhaltsüberblick?
- Inwiefern verlangen die Unterschiede informativer und meinungsbildender Texte eine besondere Vorgehensweise bei der Erschließung?
- Welche wesentlichen Strukturelemente weist ein meinungsbildender Text auf?
- Welche Funktion haben die Textteile vor der These bzw. zwischen These und Schlussfolgerung?
- Wodurch kann man entscheiden, ob es sich bei einem Textelement um die Einleitung oder die Antithese handelt?
- Wie lassen sich Begründungen und Beweise voneinander abgrenzen?

Wichtig!
Erstellen Sie für Ihre Arbeit eine Kopie des Textes.

Komfort mit Tücken

Biometrie an der Kasse

■ VON VERENA LITZ

1 Einkaufen kann richtig nerven. Dann, wenn sich viele vollbepackte Einkaufswagen an der Kasse stauen, nichts vorwärtszugehen scheint und Kunden ewig
5 im Geldbeutel herumsuchen, bis sie die passende Summe zusammen haben. Das Bezahlen per Fingerabdruck – ein biometrisches Verfahren, das derzeit in Supermärkten erprobt wird – verspricht hier
10 Abhilfe: Nach Angaben der Lebensmittel-Kette Rewe dauert das Bezahlen bei diesem System im Schnitt sieben Sekunden – wandert Bargeld vom Kunden in die Kasse, sind es 20 Sekunden. Die moderne
15 Technik verspricht also einen echten Zeitgewinn, keine Frage.

Auch der Faktor Komfort ist bestechend. Kein Portemonnaie mit sich herumtragen
20 müssen, keine Karten und dennoch immer liquide sein: Das ist einfach bequem. Und Verbraucherfreundlichkeit – neudeutsch „Convenience" genannt – steht in unserer Gesellschaft hoch im Kurs.
25

Auch für den Einzelhandel bietet das Bezahlen per Fingerabdruck Vorteile, wobei vor allem einer nicht unterschätzt werden darf: Spontankäufen ist damit Tür und Tor
30 geöffnet. Denn das Argument „Ich habe kein Geld dabei" sticht dann nicht mehr. Wer Finger hat, ist immer flüssig. Ein Gedanke, der Schuldnerberater schaudern lässt.
35

Apropos schaudern: Irgendwie erinnert das Bezahlen per Fingerabdruck an eine erkennungsdienstliche Behandlung bei der Polizei – man ist unverkennbar erfasst.
40 Wenn der Handel solch sensible Daten im großen Stil erhebt, ist das – Komfort für den Kunden hin oder her – durchaus kritisch zu sehen.

(aus: Nürnberger Nachrichten, 23.01.2010)

■ Aufgaben

1. Bestimmen Sie beim obigen Text die Textart.

2. Arbeiten Sie – das Thema,
   – die Meinung des Verfassers, die Schlussfolgerung und die Absicht heraus und
   – notieren Sie diese in einem Satz.

3. Arbeiten Sie heraus, welche Beweisführungsstrategien im Text Verwendung finden, und fassen Sie diese stichwortartig zusammen.

1 Textanalyse

1.4 Textwiedergabe

Tipp
Wenn Sie Texte zur Prüfungsvorbereitung zusammenfassen, ist es hilfreich, immer auch die konkrete Fundstelle mit aufzunehmen (z.B.: Schulbücherei mit Signatur oder auch „geliehen von"). Wenn Sie kurz vor einer Prüfung nochmals im Originaltext nachlesen wollen, erspart das viel Sucharbeit.

Die Wiedergabe von Textinhalten ist kein Selbstzweck. Vielmehr soll damit einem Zuhörer oder Leser ein Sachverhalt mitgeteilt werden.

In vielen Fällen handelt es sich um eine mündliche Form der Textwiedergabe. So geben wir z.B. den Inhalt eines Films wieder, den wir am Abend zuvor im Fernsehen gesehen haben. Oder wir teilen einem Zuhörer den Inhalt eines Gesprächs mit, bei dem er nicht zugegen war.

Oft erfolgt aber auch eine Textzusammenfassung sozusagen auf Vorrat – z.B. dann, wenn wir einen Aufsatz oder ein Buch lesen und die Kerninhalte zusammenfassen. Diese Zusammenfassung erfolgt in Schriftform. Auf sie kann dann später – etwa im Rahmen einer Prüfungsvorbereitung – zurückgegriffen werden.

1.4.1 Das Wichtigste im Überblick – die Einleitung zur Textwiedergabe

Teilthemenkreis:
Gemeint sind damit thematisch abgrenzbare Teilinhalte.
So können in einem Text
• die Erscheinungsformen eines Sachverhalts dargestellt werden,
• Meinungen verschiedener Personenkreise gegenübergestellt werden,
• Ursachen benannt werden,
• usw.

Eine Inhaltswiedergabe wird mit einem kurzen Überblick (**Überblicksinformation, Kurzvorstellung** oder **Basissatz**) über die wichtigen Daten eingeleitet. Dieser Überblick enthält Informationen über den Urheber des Textes und das Thema. Darüber hinaus ist es aber auch wichtig anzugeben, wann der Text verfasst wurde und in welchem Zusammenhang dies geschah bzw. wo er erschienen ist.

In Abhängigkeit von der Textart werden außerdem berücksichtigt:
• die einzelnen Teilthemenkreise (besonders bei informativen Texten) oder
• die Meinung des Verfassers bzw. von ihm angeführte Vorschläge oder Forderungen (besonders bei argumentativen bzw. appellativen Texten).

In eine Überblicksinformation bzw. Kurzvorstellung gehören folgende Elemente:

Textart, Textsorte:
siehe Seite 4 f.

- **Name des Verfassers**
- **Titel, Erscheinungsort und Erscheinungszeitpunkt des Textes**
- **Thema des Textes**
- **Kerninhalte** des Textes:
  - bei *informativen Texten:* Überblick über die Hauptthemenkreise
  - bei *meinungsbildenden Texten:* Meinung und Schlussfolgerung des Autors, Absicht des Verfassers
- Ergänzend können der **Anlass** und die **Textart** bzw. **Textsorte** angegeben werden.

16

Beispieltext:

Gewalt unter Jugendlichen – Erwachsene müssen sich einmischen

■ VON FRANK FUREDI

1 Schon immer haben sich Erwachsene Sorgen über das Benehmen von Jugendlichen gemacht. Doch eines hat sich grundlegend geändert: Ein Großteil der Erwachsenen hat sich von der Welt der Jugend völlig entfremdet. Viele

5 Erwachsene, vor allem ältere, sind beunruhigt oder haben sogar Angst, wenn sie Gruppen von jungen Menschen auf der Straße begegnen. Deshalb stoßen Berichte über Jugend und Gewalt auf so viel Anklang.

Mit dem Problem Jugend und Gewalt beschäftigen sich un-

10 terdessen zahlreiche Institutionen und Expertengruppen. Oft kommt man dabei parteiübergreifend zu dem Schluss, dass der „Schlüssel in der Schule" liege. Hier müssten die Jugendlichen umerzogen werden. Doch indem man mit dem Finger auf das schlechte Benehmen einiger junger

15 Krawallmacher zeigt, wird das tiefer liegende Problem, mit dem wir uns auseinandersetzen sollten, umgangen: Was unsere Gesellschaften auszeichnet, ist nicht, wie sich Jugendliche, sondern wie sich die Erwachsenen benehmen.

Das Problem ist das Unvermögen von Erwachsenen, Ver-

20 antwortung zu übernehmen und Kinder zu lenken und zu sozialisieren. Männer und Frauen pflegen heute nur noch selten den Umgang mit anderen Kindern als den eigenen. Oft ist es ihnen peinlich zu intervenieren, wenn sich fremde Kinder schlecht benehmen. Manchmal sind sie zu

25 verwirrt, um denen zu helfen, die offensichtlich Probleme haben. Schon lange bevor sie Teenager werden, spüren und wissen Kinder deshalb, dass sie von niemand anderem bestraft werden als von ihren eigenen Eltern.

Wenn Kinder allerdings richtig sozialisiert werden sollen,

30 müssen mehr Erwachsene ihnen immer wieder vor Augen führen, dass sie sich für sie verantwortlich fühlen. Heutzutage gilt jedoch diese Solidarität unter Erwachsenen in Hinblick auf Kinder als suspekt , man lehnt sie mittlerweile zum Teil bewusst ab. Statt Solidarität ist häufiger Miss-

35 trauen im Spiel. So kommt es, dass scheinbar nur die direk-

40 ten Eltern und professionelle Erziehungsexperten über die Autorität verfügen, mit Kindern umzugehen. Indem so das Verhältnis zwischen den Generationen zerstört wird, kommen Kinder nur noch selten in Kontakt mit Erwachsenen, die einen konstruktiven Einfluss auf sie ausüben können.

45 Das gilt besonders für Kinder, die älter als sieben oder acht Jahre sind. Ironischerweise führt also der Zusammenbruch der Solidarität unter Erwachsenen, der durch die mitunter paranoiden Gebote der aktuellen „Kinderschutzpolitik" ausgelöst wird, zu einer Situation, in der das Benehmen

50 von jungen Leuten nicht mehr durch das Eingreifen verantwortungsbewusster Erwachsener in Schach gehalten wird.

Das englische *Institute of Public Policy Research* (IPPR) sorgt sich darum, dass Jugendliche zu viel voneinander und

55 zu wenig von Erwachsenen lernen. Tatsächlich ist es jedoch normal und erstrebenswert, dass Teenager Erfahrungen austauschen und eine gemeinsame Kultur entwickeln. Es ist ihr gutes Recht, gegen die Welt der Erwachsenen anzutreten. Solange Erwachsene bereit sind, mit ihnen verant-

60 wortlich umzugehen, können solche Generationskonflikte kreativ und dynamisch sein. Das IPPR aber schlägt vor, die Teenagerkulturen zu unterlaufen, indem man jungen Leuten mehr professionelle Angebote macht. Doch damit wird die eigentliche Aufgabe umgangen: Es gilt, das irrationa-

65 le Regime des „Kinderschutzes", das Erwachsene von der Welt der Heranwachsenden abschottet, aufzulösen. Erwachsene müssen wieder in engeren Kontakt mit Kindern kommen und sollten ermutigt werden, Verantwortung für sie zu übernehmen. Erwachsene, die sich einmischen, tra-

70 gen dazu bei, dass wir in einer Welt leben können, in der unsoziales Verhalten von den Jugendlichen selbst als inakzeptabel empfunden wird.

(aus: „Die Welt", 24.01.2007)

Beispiel:

Anlässlich der häufigeren Meldungen über Gewalttaten Jugendlicher beschäftigt sich Frank Furedi in seinem Kommentar „Gewalt unter Jugendlichen – Erwachsene müssen sich einmischen" vom 24. Januar 2007 in der Tageszeitung „Die Welt" mit der Frage, was für das Fehlverhalten der Jugendlichen verantwortlich ist. Er vertritt die Auffassung, dass die Erwachsenen konsequent und frühzeitig eingreifen müssen, und will damit erreichen, dass die Eltern und andere Erwachsene ihrer Verantwortung für die Erziehung gerecht werden.

- **Anlass**
- **Autor – Textart – Titel**
- **Erscheinungsort/-zeit, Thema**
- **Antithese**
- **These**

- **Schlussfolgerung**

■ Aufgaben

1. Kopieren Sie den Text „Gewalt unter Jugendlichen – Erwachsene müssen sich einmischen" und arbeiten Sie alle Elemente heraus, die für die Erstellung einer Kurzvorstellung des Textes notwendig sind.

2. Verfassen Sie eine Überblicksinformation.

1 Textanalyse

1.4.2 Die Inhaltsangabe schafft Überblick

abstrahieren:
1. etwas gedanklich verallgemeinern
2. auf etwas verzichten

Abstraktion:
begrifflich zusammengefasste Darstellung.

Rhetorik:
Redekunst, Lehre von der wirkungsvollen Gestaltung der Rede.

rhetorische Frage:
eine Frage, auf die keine Antwort erwartet wird.

suggestiv:
beeinflussend, auf jemanden einwirkend.

Bei der Inhaltsangabe handelt es sich um einen **informativen Text**. Sie soll dem Leser einen Überblick über die zentralen **Inhalte** liefern. Um dies zu erreichen, müssen mehrere Forderungen erfüllt werden:

- Die Inhaltsangabe muss sich auf die wesentlichen Inhalte konzentrieren: Unwichtige Details werden vermieden, nur wichtige Aussagen des Verfassers werden mit eigenen Worten gekürzt zusammengefasst (Abstraktion).

Originaltext (vergleiche Seite 11)	**Abstrahierende Zusammenfassung**
Wer es nicht glaubt, wird im Handbuch für Emissionsfaktoren fündig: Bei 30 km/h entstehen z.B. mehr Stickoxide als bei Tempo 50. Das Handbuch stammt übrigens nicht von der Industrie und auch nicht vom ADAC oder vom Verband der Automobilindustrie, sondern vom Umweltbundesamt.	Das Umweltbundesamt bestätigt einen erhöhten Schadstoffausstoß bei Tempo 30.

- Die verwendete **Sprache** muss verständlich und möglichst einfach sein. Komplizierte Sätze sind zu vermeiden.
  Vom Autor verwendete bildhafte Ausdrücke, rhetorische Fragen, suggestive Aussagen oder überspitzte Formulierungen werden in einen sachlichen Sprachstil überführt.
- Die Inhaltsangabe erhebt den Anspruch, die Inhalte der Textvorlage objektiv wiederzugeben.
  Ein eigenes Urteil über die Inhalte wird nicht abgegeben.
- Die Zeitstufe der Inhaltsangabe ist das **Präsens**.

1.4.3 Was ist wichtig? – Das Problem der Konzentration

Besonders schwierig ist es, anfangs zu entscheiden, welche Aussagen wichtig und welche Textteile weniger bedeutsam sind. Die Eigenschaften des Textes, der zusammengefasst werden soll, liefern eine erste Hilfestellung.

Informative Texte weisen in der Regel eine inhaltliche Struktur auf, d.h., der Text lässt sich **thematisch** in unterschiedliche Sequenzen zerlegen. Diese einzelnen Sequenzen müssen sich in der Zusammenfassung wiederfinden. Je umfangreicher eine solche Textpassage ist, desto mehr Informationen enthält sie normalerweise. Dies spiegelt sich auch in der Textwiedergabe wider.

Sequenz:
Teil einer Abfolge.

Bei **meinungsbildenden Texten** ist die Bedeutung einer Textstelle von ihrer **Funktion im strukturellen Zusammenhang** des Gesamttextes abhängig, d.h., es besteht eine Art Hierarchie, in der die Textstellen nach ihrer Funktion geordnet sind:

- Die **Meinung des Verfassers** und seine **Schlussfolgerung**(en) stellen den Ausgangspunkt und das Ergebnis seiner Überlegungen dar.

- Die von ihm angeführten **Gründe** stützen seine Meinung.

Hierarchie:
meist in Pyramidenform gegliederte Rangordnung, Rangfolge; aber auch: Über- und Unterordnungsverhältnisse.

- Alle Textteile, die der **Beweisführung** dienen, zielen im Originaltext darauf ab, die Glaubwürdigkeit der Position des Verfassers zu sichern. Das ist wichtig im meinungsbildenden Text selbst. Diese Passagen sind daher auch sehr umfangreich. Für die Zusammenfassung spielen Beweise und Beispiele aber eine eher untergeordnete Rolle. Wer z.B. einen Kommentar zusammenfasst, will nicht die Meinung seines Lesers beeinflussen, sondern über die wesentlichen Inhalte informieren. Diese Textteile können also stark gestrafft wiedergegeben werden.

Ausgangstext

Einleitung
Behauptung
Begründung
Beweis
Schlussfolgerung

- Die **Einleitung** soll zum Thema hinführen. Sie hat die Funktion, den Leser für den Text zu interessieren. Der Schluss rundet den Text ab. Für die Zusammenfassung bedeutet dies, dass beide Teile nur kurz angesprochen werden. Gegebenenfalls kann auf sie auch verzichtet werden.

Zusammenfassung

Aufgaben

1. Fassen Sie den Text „Superweib ade – alles können und alles machen ist für Frauen nicht mehr erstrebenswert" auf Seite 7 zusammen.

2. Begründen Sie, warum die Textart die Vorgehensweise bei der Zusammenfassung bestimmt.

1 Textanalyse

1.4.4 Inhalt und Funktion gehören zusammen – die strukturierende Textwiedergabe

Hinweis
Vergleiche auch die Angaben zum Protokoll auf Seite 126.

Gerade bei meinungsbildenden Texten ist es sinnvoll, neben dem Inhalt auch den **Stellenwert einer Aussage** mit auszuweisen. Konzentriert man sich lediglich auf die Wiedergabe der Inhalte, gehen wesentliche Elemente des Textes verloren, sodass kein wirklicher Überblick entsteht.

Eine Inhaltsangabe, die auch auf den Stellenwert einer Aussage Bezug nimmt, ist die **strukturierende Textwiedergabe**. Sie findet vor allem Verwendung

● im Nachrichtenteil von Zeitungen oder
● in Rundfunk- und Fernsehnachrichten.

Durch sie werden Aussagen dritter Personen wiedergegeben. Der Zuschauer bzw. Zuhörer wird darüber informiert, was andere zu einem bestimmten Thema gesagt haben.

Beispiel: Beginn Nachrichtensendung

Tipp
Je nach Funktion der Aussage werden entsprechende Wörter, Ausdrücke bzw. Verben zur Kennzeichnung gewählt.
Auf den Seiten 24 und 25 finden Sie eine entsprechende Aufstellung von Ausdrücken und ihrer Funktion.

> „Die Bundeskanzlerin äußerte sich anlässlich des Gipfeltreffens zuversichtlich, dass die Belastung der Umwelt weiter reduziert werden kann. Sie verwies dabei auf die Einigkeit, die bei allen Regierungschefs festzustellen war. Insbesondere zeigte sie sich erfreut darüber, dass der in der Bundesrepublik eingeschlagene Weg auf positive Resonanz stieß. Oppositionsvertreter kritisierten hingegen, dass das vereinbarte Vorgehen nicht zielstrebig genug sei. Insbesondere das Fehlen eines einheitlichen Zeitplans führten sie als Haupthinderungsgrund für schnelle Erfolge an."

Eine strukturierende Textwiedergabe weist dabei folgendes Schema auf:
Für jedes Strukturelement wird ein Satz formuliert. Dieser besteht aus

einer Strukturangabe als eine Art Einleitesatz
+ einem konkreten Inhalt
+
einer Strukturangabe als eine Art Einleitesatz
+ einem konkreten Inhalt
…
einer Strukturangabe als eine Art Einleitesatz
+ einem konkreten Inhalt

Aufgaben

1. Untersuchen Sie, welche Textteile in der oben abgedruckten Nachrichtensendung Informationen vermitteln.
   a) Schreiben Sie die Formulierungen heraus, die Hinweise auf die Funktion einer Aussage im Originaltext liefern (siehe auch Seite 24 f.).
   b) Legen Sie in einem weiteren Schritt fest, welche Bedeutung die betreffende Textstelle im Originaltext hat.

20

1.4.5 Ein schneller Überblick –
die Inhaltswiedergabe in Thesenform

Wenn man eine strukturierende Textwiedergabe verfasst, wird ein wesentlicher Nachteil sofort deutlich: Da sie ein geschlossener Text ist, ermöglicht sie keinen **schnellen Überblick** über die wichtigsten Inhalte.

Für einen schnellen Überblick über die wesentlichen Inhalte eines Textes wird daher die sogenannte „Inhaltswiedergabe in Thesenform" verwendet.

Diese Art der Textwiedergabe gleicht einer ausführlicheren Gliederung.

Die Textinhalte werden in kurzen Aussagesätzen (d.h. Sätze in Thesenform) wiedergegeben.

Um die Übersichtlichkeit zu steigern, werden – wie in einer Gliederung auch – mehrere Inhaltsthesen unter einem geeigneten Oberpunkt zusammengefasst, sodass

- einerseits der abstrakte Inhalt der Passage (Themenkreis) deutlich wird und
- andererseits die Funktion der Textsequenz (Angabe der **Makrostruktur**) erkennbar wird.

Tempo 30 ist kein Allheilmittel | **Makrostruktur**

Tempo-30-Zonen machen Sinn – keine Frage. Überall dort, wo beispielsweise viele Kinder auf der Straße sind (Schulen etc.), dort, wo man bewusst den Durchgangsverkehr von Schleichwegen fernhalten will und sicherlich auch dort, wo es bestimmte Gegebenheiten nötig erscheinen lassen, das Tempo zu drosseln. Deshalb gibt es in der Bundesrepublik auch relativ genaue Vorschriften, die die Einrichtung einer Tempo-30-Zone erlauben – oder auch nicht.
Nun aber keimt die Diskussion auf, doch flächendeckend in Ortschaften Tempo 30 einzuführen. In Berlin soll die großflächige Ausgestaltung solcher Zonen ganztägig wirksam werden, in Frankfurt nachts.
Kein Wunder, dass sich ob solcher Planung auch Widerstand regt. Und das, zumindest in einem Punkt, auch zu Recht. Denn der Schadstoffausstoß lässt sich mit Tempo 30 wohl nicht verringern. Der Grund ist technischer Natur. Wer 30 km/h fährt, wird dies kaum im vierten oder fünften Gang tun. Sondern eher im dritten oder gar im zweiten. Das aber erhöht die Drehzahl des Motors auf ganz entscheidende Weise. Und höhere Drehzahl, da gibt es kein Vertun, sorgt auch für höheren Verbrauch und höheren Schadstoffausstoß.
Wer es nicht glaubt, wird im Handbuch für Emissionsfaktoren fündig: Bei 30 km/h entstehen z. B. mehr Stickoxide als bei Tempo 50. Das Handbuch stammt übrigens nicht von der Industrie und auch nicht vom ADAC oder vom Verband der Automobilindustrie, sondern vom Umweltbundesamt.
Dass bei Tempo 30 das Unfallrisiko sinkt, ist unbestritten. Der VCD begründet dies: Bei 50 km/h beträgt demnach der Anhalteweg 28m, bei Tempo 30 nur noch 13. Die 28 Meter scheinen zwar etwas hoch gegriffen, da die meisten Autos mittlerweile besser bremsen (24,5 bis 26,5 Meter aus Tempo 50 bei einer Sekunde Reaktionszeit). Die Gegnerschaft meint ohnehin, dass auch ohne neues Limit die Unfallzahlen deutlich zurückgegangen sind und setzt gar giftig hinzu, dass bei Tempo Null überhaupt keine Unfälle passieren würden, aber dafür auch das Leben still stünde.
Wenn die Fronten verhärtet sind, bietet sich ein Kompromiss an. Doch davon ist bislang nicht die Rede. Vielleicht deshalb, weil Tempo 40 auf unseren städtischen Straßen keine gängige Größe ist.

wip

(Aus: Nürnberger Nachrichten, 27.3.2010)

Bei meinungsbildenden Texten ergeben sich **strukturelle Zusammenhänge** weitestgehend aus dem **Aufbau des Textes**:

- Üblicherweise wird ein Autor zuerst das Problem und dann seine Meinung dazu darstellen.
- Danach stützt er seine Überlegung durch eine entsprechende Argumentationsentfaltung.
- Zum Schluss formuliert er ein Ergebnis bzw. einen Appell.

Im Beispieltext „Gewalt unter Jugendlichen – Erwachsene müssen sich einmischen" auf S. 17 beschäftigt sich der Verfasser mit der Frage, wer oder was für das Fehlverhalten der Jugendlichen verantwortlich ist.

Seine Beurteilung des Verhältnisses zwischen Erwachsenen und Jugendlichen mündet in dem Resümee, dass die Erwachsenen die Verantwortung für die erkennbaren Störungen tragen.

- Der Autor beurteilt das Verhältnis zwischen Erwachsenen und Jugendlichen. (Z. 1–2)
- Im zweiten Teil stützt er seine kritische Haltung den Erwachsenen gegenüber, indem er deren Fehlverhalten in verschiedenen Bereichen aufzeigt. (Z. 12–28)
- Am Ende unterbreitet er Vorschläge, wie sich das Verhalten der Erwachsenen ändern muss. (Z. 29–72)

„Makro …":
in zusammengesetzten Wörtern auftretendes Bestimmungswort mit der Bedeutung „lang", „groß"; z.B.: Makromarkt = Großmarkt.

In einer **Makrostruktur** werden Textpassagen zusammengeschlossen, die von ihrer Funktion und/oder ihrem Inhalt her zusammengehören.
Siehe hierzu die folgende Seite.

1 Textanalyse

Schema der Text-wiedergabe in Thesenform	**Beispiel für eine Inhaltswiedergabe in Thesenform** zum Text „Gewalt unter Jugendlichen – Erwachsene müssen sich einmischen" von Seite 17:

Makrostrukturangabe + Inhalt in abstrahierter Form (Zeilenangabe)

1. Inhaltsthese
2. Inhaltsthese
3. Inhaltsthese

▶ **Der Autor beurteilt das Verhältnis zwischen Erwachsenen und Jugendlichen.** (Z. 1–18)

- Das Verhältnis von Erwachsenen und Jugendlichen ist schon seit längerem gestört.
- Gewalttaten Jugendlicher werden daher besonders stark wahrgenommen.
- Die Schule soll das vermeintliche Fehlverhalten der Jugendlichen korrigieren.
- Im Grunde verhalten sich aber die Erwachsenen falsch.

▼

Makrostrukturangabe + Inhalt in abstrahierter Form (Zeilenangabe)

1. Inhaltsthese
2. Inhaltsthese

▶ **Der Verfasser stützt seine Position mit dem Hinweis auf die Verantwortung der Erwachsenen.** (Z. 19–52)

- Die Erwachsenen beschränken sich darauf, auf die eigenen Kinder einzuwirken.
- Bei Problemen wird die Erziehung von Kindern professionellen Erziehern übertragen.
- Die Erwachsenen verfolgen bei der Erziehung kein einheitliches Ziel.
- Sich austauschende Jugendliche werden als Bedrohung gesehen.
- Diese Einschätzung ist falsch.

▼

Makrostrukturangabe + Inhalt in abstrahierter Form (Zeilenangabe)

1. Inhaltsthese
2. Inhaltsthese
3. Inhaltsthese

▶ **Frank Furedi hält die Änderung des Verhaltens der Erwachsenen für erforderlich.** (Z. 53–72)

- Erwachsene müssen verstärkt den Kontakt mit Jugendlichen suchen.
- Sie müssen auf Kinder und Jugendliche einwirken wollen.
- Jugendliche orientieren sich sonst an dem unsozialen Verhalten der Erwachsenen.

MERKE

- Bei der Festlegung der Makrostruktur eines meinungsbildenden Textes können Sie sich an der Argumentationsstruktur orientieren.
- Die Oberpunkte müssen einen Überblick über den gesamten Abschnitt bieten. Die Inhaltsthesen müssen mit den Oberpunkten in Einklang stehen.
- Um eine möglichst große Übersichtlichkeit zu erreichen, ist es sinnvoll, den Text in maximal fünf Sinneinheiten zu untergliedern. Oft reichen sogar drei Oberpunkte aus.
- Formulieren Sie Ihre Inhaltsthesen als ganze Sätze. Das Darstellungsziel wird dadurch deutlicher. Eine stichwortartige Zusammenfassung ist dann denkbar, wenn Sie diese als Grundlage eines kurzen Vortrags (Referat usw.) nutzen.

Vergeudete Talente
Arbeitgeber müssen familienfreundlicher werden
■ VON KATRIN MERKEL

Heute sind sie wieder in den Fußgängerzonen zu sehen: die Geschäftsleute, die ihre Kundinnen am Weltfrauentag mit Rosen oder einem Gläschen Sekt verwöhnen. Das weibliche Geschlecht scheint in der Tat einen Grund zum Feiern zu haben. Zumindest auf den ersten Blick sieht es gut aus für die Gleichberechtigung: Anders als noch für ihre Großmutter sind für die Frau von heute ein Job und ein eigenes Bankkonto (und damit eine gewisse finanzielle Unabhängigkeit) kein unerfüllbarer Traum mehr. Auch in Sachen Bildung haben die Mädchen und jungen Frauen aufgeholt: In der Schule hängen sie die Jungen oft sogar ab, sie machen einen besseren Abschluss und ziehen ihr Studium schneller durch.

Im Arbeitsleben angekommen, folgt jedoch allzu bald die Ernüchterung: Je höher die berufliche Position, desto weniger Frauen sind zu finden. Die Tür zur Vorstandsetage bleibt ihnen meist verschlossen; auch der Anteil der Frauen unter den deutschen Professoren lag 2008 erst bei 17 Prozent. Einer der Gründe dafür: Sobald das erste Kind auf der Welt ist, müssen Frauen allzu oft schmerzlich feststellen, dass sich Job und Familie trotz aller Fortschritte immer noch schlecht vereinbaren lassen.

Doch nicht alle können oder wollen es sich leisten, sich für ein paar Jahre aus dem Berufsalltag auszuklinken und die Tastatur gegen den Kochlöffel zu tauschen. Mütter, die sich aus wirtschaftlichen Gründen oder aus Überzeugung für den schnellen Wiedereinstieg entscheiden, fühlen sich oft zerrieben zwischen den vielen Aufgaben – es sei denn, sie haben ein funktionierendes Netzwerk im Hintergrund: Eine Nachbarin, welche die Kleinen aus dem Kindergarten abholt, wenn Mama es mal wieder nicht pünktlich aus dem Büro schafft; eine Oma, die bereitsteht, wenn Fieber den Nachwuchs daniederwirft.

Dabei machen es einige Unternehmen bereits vor, wie es anders gehen könnte: Sie kommen Familien mit extrem flexiblen Arbeitszeit-Modellen entgegen, ersetzen etwa das wöchentliche Stundenbudget durch ein jährliches. Andere ermöglichen es ihren Angestellten, tageweise oder ganz von zu Hause aus zu arbeiten, oder billigen diesen gegen Lohnabzug zusätzliche Urlaubstage zu. Auch die Anpassung der Arbeitszeiten an die Öffnungszeiten des Kindergartens oder die Option, dass sich zwei Beschäftigte einen Arbeitsplatz teilen, kann Familien helfen.

Flächendeckend gibt es solche Angebote leider (noch) nicht. Viel zu oft sind die realen Arbeitsbedingungen weit davon entfernt, sich mit den Bedürfnissen einer Familie vereinbaren zu lassen. Dabei würden sich die Arbeitgeber durch mehr Familienfreundlichkeit vor allem selbst helfen: In Zeiten des Fachkräftemangels könnten sie auf diese Weise wertvolle Beschäftigte halten, deren Talente sonst brachliegen würden. Sie würden ihre Angestellten motivieren, indem sie signalisieren, dass sie ihre Probleme wahrnehmen und an deren Lösung mitwirken wollen. Gleichzeitig – angesichts der Lohnkosten auch das ein gewichtiger Punkt – würden die Fehlquoten im Betrieb sinken, weil Eltern die Arbeitszeit, die sie durch familiäre Notfälle versäumen, nun bequem am Abend oder Wochenende nachholen können.

Frauen kommen der beruflichen Gleichberechtigung so ein Stückchen näher – und Männer können, wenn sich solche Modelle durchsetzen, darüber nachdenken, im Job etwas kürzerzutreten und mehr Verantwortung in der Familie zu übernehmen. Die Lohndifferenzen zwischen Mann und Frau und damit die ungleiche Rentenverteilung im Alter sind zwar auch auf diese Weise nicht beseitigt – ein Anfang aber ist gemacht.

(aus: Nürnberger Nachrichten, 08. 03. 2010)

■ Aufgaben

1. Erstellen Sie für den Text „Vergeudete Talente" eine Kurzvorstellung.

2. Suchen Sie die Beweise im Text und bestimmen Sie die Art der Beweisführung.

3. Fertigen Sie eine Textwiedergabe in Thesenform an. Beachten Sie bei Ihren Ausführungen die Hinweise auf den Seiten 21 und 22.

1 Textanalyse

FORMULIERUNGSHILFEN – ÜBERSICHT ÜBER STRUKTURIERENDE VERBEN

1. zur Kennzeichnung des gedanklichen Vorhabens/Themenangabe

Im Text wird erörtert …	Der Autor/Text setzt sich auseinander mit …
Der Text führt ein in …	Der Text befasst sich/beschäftigt sich mit der Frage, …
Der Text/Autor gewährt Einblick in …	Der Text/Autor zeigt etwas auf …
Der Text/Autor gewährt Einblick in …	Die Autorin untersucht …

2. zum Ausdruck einer These/Behauptung
a) zum Ausdruck einer Meinung, eines Urteils oder einer Bewertung

Die Autorin geht von der These/Behauptung aus …	Der Autor vertritt die Meinung/Auffassung/These …
Der Autor äußert den Eindruck, dass …	Der Autor ist der Überzeugung, dass …
Die Autorin geht davon aus, dass …	Sie behauptet/sie sagt aus, dass …
Die Einstellung des Autors dazu ist …	

b) zum Ausdruck von Gewissheit, Vermutung, Zweifel

Die Autorin äußert (spricht aus) die Vermutung …	Die Autorin stellt (sich) die Frage …
Der Autor ist sich im Zweifel …	Sie geht von der Frage aus …
Sie möchte nicht ausschließen …	Der Autor nimmt an, dass …
Es ist für sie eine Tatsache, dass …	Es steht für sie zweifelsfrei fest …

c) zum Ausdruck der Zustimmung und Übereinstimmung

Der Autor hält es für richtig …	Sie ist (erklärt sich) einverstanden mit …
Er schließt sich der Meinung an …	Der Autor unterstützt/teilt die Ansicht/Überzeugung …
Der Autor äußert keine Einwände …	Sie spricht sich aus für …
Sie befürwortet …	Er stimmt zu/bejaht …
Er bestätigt …	Die Autorin schließt sich jemandem an …
Er gibt jemandem Recht …	

d) zum Ausdruck von Widerspruch und Ablehnung

Die Autor stellt etwas infrage …	Der Autor bezweifelt (z.B. die Richtigkeit einer Aussage)
Er hält etwas für bedenklich/falsch …	Sie hält entgegen …
Sie widerspricht …	Er bemüht sich/versucht zu entkräften
Er warnt vor …	Er wendet ein/er wendet sich gegen …
Sie verurteilt/verwirft …	Er bestreitet, hält entgegen, entgegnet
Er weist zurück/schließt aus …	Sie missbilligt …
Sie lehnt ab …	

3. zum Ausdruck einer Einräumung

Der Autor gesteht zu, dass …	Er gibt zu …
Er räumt ein, dass …	Die Autorin hält den Einwand insofern für berechtigt, als …
Sie erkennt (zwar) an, aber …	Es ist für den Autor nicht von der Hand zu weisen …
Sie erklärt sich zwar einverstanden mit (…), aber …	Die Autorin lässt gelten …

Formulierungshilfen

4. zum Ausdruck einer Begründung

Als Gründe macht der Autor geltend …, führt er an …, nennt er …	Die Ursachen dafür sieht sie in …
Er führt etwas zurück auf …	Die Autorin begründet ihre Ansicht/Meinung/ Behauptung mit …

5. zum Ausdruck der Beweisführung
a) zum Ausdruck der Hervorhebung (u.U. auch im Rahmen einer Behauptung!)

Sie betont …	Er bekräftigt …
Die Autorin hebt hervor …	Er verleiht seiner Aussage Nachdruck durch den Hinweis auf …
Er stellt heraus …	Er macht aufmerksam auf …
Er wiederholt …	Sie unterstreicht …
Sie stellt klar/macht deutlich …	Er sieht sich bestätigt …

b) zum Ausdruck von Bezugnahme/Beweis/Begründung

Die Autorin kommt auf etwas zurück …	Sie stützt sich (dabei) auf …
Der Autor erinnert an etwas …	Er zitiert …

c) zum Ausdruck eines Beispiels

Der Autor erläutert/verdeutlicht/veranschaulicht etwas durch …	Er führt als Beispiel an …
Sie verweist auf/nennt ein Beispiel …	

6. zum Ausdruck einer Schlussfolgerung
a) zum Ausdruck einer Folge oder Folgerung

Für den Autor hat etwas zur Folge, dass …	Daraus folgt seiner Meinung nach …
Daraus zieht die Autorin den Schluss …	Er kommt zu dem Ergebnis …
Er erwartet (für die Zukunft) …	Sie hofft/er befürchtet …
Daraus ergibt sich für sie …	Sie lässt offen, zu welchem Ergebnis sie kommt …

b) zum Ausdruck einer Forderung oder eines Vorschlags

Der Autor verlangt daher …	Er rät/empfiehlt …
Er schließt sich einer Meinung/ einem Vorschlag an/unterstützt sie (ihn)	Er hält etwas für erforderlich/unumgänglich/ unerlässlich/dringlich/unabweisbar
Er spricht sich aus für …	
Er erhebt eine Forderung/stellt eine auf …	Sie sieht eine Möglichkeit in …
Er regt etwas an …	Die Autorin führt als Synthese an …

c) zum Ausdruck einer Bedingung

Die Autorin knüpft etwas an eine Bedingung …	Er stimmt einer Sache zu/lehnt sie ab im Falle, dass/falls …
Dabei muss ihrer Ansicht nach unter allen Umständen berücksichtigt werden, dass …	Sie setzt dabei voraus, dass …

1 Textanalyse

1.5 Texterläuterung

1.5.1 Was ist unklar?

Nicht alle Passagen eines Textes bzw. einer Aussage erschließen sich dem Leser oder Zuhörer unmittelbar. Oft wird uns dies erst dann richtig bewusst, wenn erforderlich wird, einer dritten Person zu erklären, wie eine von uns zitierte Aussage zu verstehen ist.

Ein umfassendes Textverständnis setzt voraus, dass alle schwierigen Begriffe geklärt werden. Klärungsbedarf tritt normalerweise auf

- **bei Fachbegriffen,**
- **bei Fremdwörtern und**
- **bei bildhaften Ausdrücken.**

Die **Begriffsklärung** wird erleichtert, wenn man möglichst viele Begriffe aufreiht, die den gleichen Wortstamm aufweisen, also zur gleichen Wortfamilie gehören.

Einschaltquote	Kommerz
• Quote	• Kommerzialisierung
• Quotierung	• kommerziell
• Frauenquote	• kommerzialisieren
• Quotenregelung	• Kommerzienrat
• Quotient	

Ein solches Vorgehen ermöglicht eine bessere Vorstellung von der Bedeutung des infrage stehenden Wortes.

Seit das Privat-TV die Einschaltquote zum Maß aller Dinge gemacht hat, diktiert der Kommerz das Programm. Unterhaltung wird da allemal der Information übergeordnet – übrig bleibt oft nur ein Häppchenjournalismus.

Wortfamilie:
Bezeichnung für eine Gruppe von Wörtern, die sich aus der gleichen Grundbedeutung eines Wortes entwickelt haben.

1.5 Texterläuterung

Einer Gesprächspartnerin oder einem Gesprächspartner werden die Inhalte am deutlichsten, wenn man Wörter aus seinem Wortschatz benutzt. Wir suchen daher nach **synonymen** Begriffen. Dafür erstellen wir ein Wortfeld.

Synonym:
ein sinn- und sachverwandtes Wort, ein alternativer Begriff.

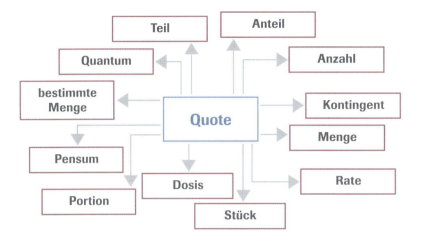

Tipp
Rechtschreibwörterbücher sind in der Regel bei Prüfungen als Hilfsmittel zugelassen. Zusammengesetzte Wörter enthalten sie oft nicht, jedoch ist meist der Wortstamm aufgenommen.

Wortfeld:
Begriffe, die in einem inhaltlichen Zusammenhang stehen, bilden ein Wortfeld.

Tipp
Moderne Textverarbeitungsprogramme bieten einen sogenannten „Thesaurus" an. Dort finden Sie sinn- und sachverwandte Ausdrücke für Ihren Suchbegriff.

Ein Wortfeld führt zu einer Auswahl alternativer Begriffe, die es uns ermöglichen, Klarheit in die vorgegebene Aussage zu bringen.
Zur Ergänzung und Vertiefung können zudem Wörterbücher und Lexika herangezogen werden.
Der Duden bietet z.B. unter dem Stichwort „Quote" folgende Erklärung an:

„Anteil [von Personen], der bei der Aufteilung eines Ganzen auf den Einzelnen od. eine Einheit entfällt".
Daneben finden sich kurze Umschreibungen u.a. der Begriffe „Quotenregelung", „Quotient", „quotieren".

Bei **bildhaften Ausdrücken** steht weniger die Klärung der Begriffe im Zentrum. Vielmehr geht es um die Frage, welche Vorstellung der Autor vom beschriebenen Sachverhalt hat und dem Leser vermitteln will.
Bei einem Ausdruck wie „Häppchenjournalismus" muss erläutert werden, welche Erscheinungsformen journalistischer Arbeit den Autor veranlasst haben, diesen Begriff zu wählen. Will man die Aussage inhaltlich klären, muss man das Augenmerk auf konkrete Erscheinungsformen lenken, die dem Autor bei der Texterstellung möglicherweise vorschwebten.

Aufgaben

1. a) Notieren Sie sich die Begriffe, die Sie in einem Rechtschreibwörterbuch unter dem Stichwort „Kommerz" finden.
   b) Ergänzen Sie das dadurch entstandene Wortfeld durch weitere Begriffe.
2. a) Erläutern Sie den Ausdruck „Häppchenjournalismus".
   b) Welche Erscheinungsformen journalistischer Arbeit kennen Sie, auf die dieser Ausdruck zutrifft?.

1.5.2 Der Aufbau der Texterläuterung

Mithilfe der dargestellten Vorarbeiten in Abschnitt 1.5.1 kann man eine Art „Übersetzung" der zu erläuternden Aussage des Ausgangstextes anfertigen. Dort verwendete Fachbegriffe, Fremdwörter und bildhafte Ausdrücke werden durch einfachere bzw. umschreibende eigenständige Formulierungen ersetzt. Der im Originaltext zum Ausdruck gebrachte Sachverhalt wird so umformuliert, dass leicht und klar verständlich wird, was der Autor feststellen wollte.

Diese verdeutlichende Umschreibung der Textaussage ist eine Art Ausgangsthese, eine mit eigenen Worten formulierte „Übersetzung" des Originaltextes.

These:
die **„Übersetzung"** der Aussage des Verfassers des Originaltextes

Diese Übersetzung klärt folgende Fragen:

Was ist gemeint?

Was wollte der Autor mit der entsprechenden Textstelle aussagen?

Die Erläuterung geht also der Frage nach, was den Autor des Textes dazu veranlasst hat, eine entsprechende Position zu vertreten. Als Ausgangspunkt bieten sich Hinweise auf andere Textstellen an. Darüber hinaus ist es aber sinnvoll und meist auch erforderlich, eigene Überlegungen mit einzubringen.

Begründung

Die Ausgangsfrage ist:

Warum entspricht die „Übersetzung" der Aussage des Verfassers?

Um die Richtigkeit der eigenen Umschreibung zu belegen, werden konkrete Beobachtungen und Beispiele angeführt. Textinhalte können hierfür – entsprechend angepasst – genutzt werden. Eine überzeugende Wirkung haben über den Text hinausgehende Sachverhalte. Sie werden als Beleg für die Richtigkeit der eigenen Überlegungen herangezogen. Hilfreich ist auch, wenn Beispiele aus der Erfahrungswelt des Kommunikationspartners einbezogen werden.

Beweisführung durch Konkretisierung

Die zu behandelnde Frage ist:

Woran kann man erkennen, dass die Umschreibung dem entspricht, was der Autor meint?

Das Vorstellungsvermögen des Lesers oder Zuhörers einer Erläuterung wird durch die Einbeziehung ähnlicher, vergleichbarer Sachverhalte und durch für ihn leichter zugängliche Problemkreise unterstützt.

Verdeutlichung durch Parallelen und Vergleiche

Die in diesem Teil zu bearbeitenden Fragen lauten:

Womit lässt sich der umschriebene Sachverhalt vergleichen?

Wo gibt es ähnliche Gegebenheiten?

1.5 Texterläuterung

In der Schlusspassage kann man durch ein eigenes Urteil aus der Texterläuterung hinausführen. Hierfür wird der beschriebene Sachverhalt in einen größeren Zusammenhang eingeordnet. Es besteht aber auch die Möglichkeit, bestimmte Akzente zu setzen, Einschränkungen vorzunehmen oder sogar eine Distanz zur Position des Autors zu entwickeln.

Dieser Teil stellt aber nur eine Abrundung der Texterläuterung dar und sollte daher nicht allzu umfangreich ausfallen.

Folgende Arbeitsfragen sind zugrunde zu legen:

- **Was ist besonders zu betonen?**
- **Welche Einschränkungen sind notwendig?**
- **Welche Überlegungen bleiben in der Aussage des Autors unberücksichtigt?**

◀ **Kennzeichnung der eigenen Einstellung und Bewertung**

Jeder Teil der Texterläuterung hat eine bestimmte Bedeutung. Um dem Leser die Orientierung zu erleichtern, ist es sinnvoll, die jeweilige Funktion der einzelnen Textpassagen durch entsprechende Formulierungen zu kennzeichnen:

„Übersetzung" – These	„Wenn der Autor davon spricht, dass …. , meint er damit …"
Begründung	„Diese Umschreibung entspricht der Textaussage, weil (der Autor selbst) …"
Konkretisierung – Beweisführung	„Konkret sieht man das daran, dass …"
Parallelen – Vergleichbares – Ausweitung	„Man fühlt sich erinnert an …" „Ein ähnliches Phänomen lässt sich erkennen in …" „Vergleichbares erkennt man in …"
Akzentuierung – Einschränkung – Distanz	„Darüber sollte man nicht vergessen, dass …" „Besonders wichtig ist in diesem Zusammenhang …" „Der hier vom Autor vertretenen Position kann man entgegenhalten …"

◀ Die der Texterläuterung zugrunde liegende Originalaussage des Autors wird im Rahmen der Umschreibung mit eigenen Worten – unter Umständen verkürzt – einbezogen.

■ **Aufgaben**

1. Fertigen Sie eine Übersetzung der Aussage des Textes auf Seite 26 an.
2. Notieren Sie konkrete Erscheinungsformen des angesprochenen Sachverhalts.
   a) Suchen Sie einen geeigneten Vergleichsansatz und geben Sie ihn in Stichworten wieder.
   b) Überprüfen Sie dessen Brauchbarkeit, indem Sie ihn mit einer Mitschülerin oder einem Mitschüler besprechen.

1 Textanalyse

1.6 Stellungnahme

Meinungsbildende Texte zielen darauf ab, den Leser zu beeinflussen. Ihre Autoren werben beim Leser oder Zuhörer um Zustimmung für ihre Position.
Die Reaktion darauf kann von vollständiger Zustimmung bis zur totalen Ablehnung reichen. Weicht ein Leser oder Zuhörer von der Meinung eines Autors ab, hat er die Möglichkeit, in die Diskussion einzugreifen, um andere Leser oder Zuhörer von seiner Meinung zu überzeugen.

1.6.1 Wie mach ich's richtig? – Methodisches Vorgehen

Orientierung schaffen – die Sicherung des Themas
Zu Beginn einer Stellungnahme wird immer der Bezug zur Aussage, die bewertet werden soll, hergestellt. In einer Art Einleitung wird die Position, die diskutiert wird, kurz umrissen. Dadurch wird dem Leser das Thema der folgenden Stellungnahme verdeutlicht.

Auf diese Einleitung kann verzichtet werden, wenn die Stellungnahme unmittelbar im Anschluss und im Zusammenhang mit einer Erläuterung erfolgt.

Konsens:
Meinungsübereinstimmung.

Konsensfähigkeit:
die Fähigkeit, Kompromisse einzugehen.

Gute Stimmung erzeugen – die Einräumung
Die eigene kritische Meinungsäußerung mit einer **Einräumung** zu beginnen hat verschiedene Vorteile:
- Die Konsensfähigkeit und -bereitschaft wird demonstriert, ohne die eine Konfliktlösung nicht möglich ist.
- Eine Störung der Kommunikation, die durch eine brüske Ablehnung der Position des Autors riskiert würde, wird vermieden.
- Der Kommunikationspartner und diejenigen, die seiner Meinung zustimmen, spüren, dass sie ernst genommen werden. Ihre Bereitschaft, selbst Zugeständnisse zu machen, steigt.
- Die eigene Position wird glaubwürdiger, weil man Argumentationsmuster akzeptiert, die als richtig angesehen werden.

Hinweis
Zur Verwendung des Konjunktivs, siehe Seite 358.

Dass es sich dabei um ein Zugeständnis handelt, wird durch entsprechende Formulierungen verdeutlicht: „zugegeben …", „Die vertretene Position ist begrenzt nachvollziehbar" o. Ä.

Dass man sich von der Argumentation des Gesprächspartners distanziert, kann auch durch den Gebrauch des Konjunktivs zum Ausdruck gebracht werden: „Es könnte angeführt werden…", „Man könnte die Position vertreten …."

1.6 Stellungnahme

Klar Position beziehen – die eigene Meinung

Die eigene Meinung muss klar zum Ausdruck kommen. Um für den Leser oder Zuhörer die Orientierung zu erleichtern, wird sie von der Einräumung konsequent abgegrenzt. („Auf der anderen Seite", „andererseits", „Man muss dem aber entgegenhalten, dass …")

Die eigene Meinung weicht in der Regel von der Autorposition ab. Aber auch wenn man dem Verfasser grundsätzlich zustimmt, ändert das nichts an der Vorgehensweise.

Eine Lösung anbieten – die Synthese

Auch die Stellungnahme ist ein meinungsbildender Text. Das Ziel ist es, die Leser bzw. Zuhörer möglichst auf eine Linie einzuschwören. Die Zustimmung wird dann am größten sein, wenn es gelingt, einen Ansatz zu formulieren, der von vielen akzeptiert werden kann. Eine Synthese muss also auf beide Seiten der Problemstellung eingehen.

Die sich entfaltende Argumentation muss sich dann darauf konzentrieren, die Brauchbarkeit des Lösungsansatzes zu verdeutlichen und nachzuweisen.

■■■Hinweis
Besonders zur Vorbereitung eines Referats oder während des Studiums wird man Aufsätze und Texte, die man gelesen hat, zusammenfassen, um auf die wesentlichen Inhalte bei Bedarf schnell zurückgreifen zu können.

■■■Tipp
Um einen fundierten Lösungsansatz mit entsprechender Überzeugungskraft vortragen zu können (z. B. im Rahmen einer Prüfung), ist ein entsprechendes Sachwissen erforderlich. Dies kann man sich dadurch aneignen, indem man sich Problemkreise **nach und nach** erschließt.

1.6.2 Das Grundkonzept der Stellungnahme

Herstellung des Bezugs zur Aussage, die diskutiert werden soll	Hinführung/Einleitung
Einräumung der Richtigkeit der Textaussage oder Einräumung einer möglichen Gegenposition	**Antithese** (bei Widerspruch gegen die Autorposition) (bei Zustimmung zur Autorposition)
Darlegung der eigenen Meinung	**These** (Zustimmung zur Aussage des Autors oder deren Ablehnung)
Entwicklung eines Lösungsvorschlags	**Synthese**

■■Aufgaben

1. Erläutern Sie, welche Schritte notwendig sind, um eine Stellungnahme sachgemäß in ein Gespräch einzuführen.

2. Kritik an der Position einer Gesprächspartnerin bzw. eines Gesprächspartners und die Darbietung der eigenen Meinung sollten im Verlauf eines Gesprächs so erfolgen, dass sich Gesprächspartner nicht vor den Kopf gestoßen fühlen und bestenfalls Ihre Meinung akzeptieren.
   a) Benennen Sie die Mittel, die es ermöglichen, dieses Ziel zu erreichen.
   b) Notieren Sie dann weitere, nicht im Text aufgeführte Redewendungen und ordnen Sie diese Ihren Mitteln zu.

1 Textanalyse

1.6.3 Was soll ich tun? – Die Aufgabenstellung

Die **Stellungnahme** steht in Verbindung mit einer Textvorlage. Im Anschluss an eine Bearbeitung eines meinungsbildenden Textes erfolgt die Auseinandersetzung mit einem dort angeführten Teilaspekt. Im übrigen Text angesprochene Gesichtspunkte können dabei als Ideengeber für Argumentationsansätze genutzt werden.

Soll z.B. im Rahmen einer Klassenarbeit eine Aufgabe bearbeitet werden, zeigt sich schon an der Aufgabenstellung, wie an die Lösung heranzugehen ist.

Die folgenden Formulierungen sind z.B. typisch, wenn eine **dialektische Vorgehensweise** gefordert wird:

- „Beurteilen Sie die Aussage …"
- „Diskutieren Sie den vom Autor vertretenen Ansatz …"
- „Nehmen Sie Stellung zur Aussage des Verfassers …"
- „Setzen Sie sich mit der vom Autor dargelegten Überlegung auseinander, …"
- „Halten Sie die im Text geäußerte Vorstellung für vertretbar, dass …?"

> **Der Sonderfall „Leserbrief"**
>
> Im Leserbrief wird mitunter die dialektische Struktur aufgegeben. Dafür gibt es mehrere Gründe:
>
> - Leserbriefe werden oft nur in gekürzter Form abgedruckt.
> - Durch Kürzung ergibt sich eine Konzentration auf den Teil, der die Meinung des Verfassers wiedergibt.
> - Die Einräumung, hinter welcher der Autor ohnehin nicht steht, fällt der Kürzung zum Opfer.
> - Darüber hinaus konkurriert der Leserbrief mit anderen Meinungsäußerungen, die unter Umständen ohnehin die Gegenposition vertreten, sodass oft eine Beschränkung auf den Kern der eigenen Meinung vorliegt.

Hinweis
Vergleichen Sie für eine Analyse der Aufgabenstellung die Ausführungen zur Erörterung auf Seite 56 ff.

Hinweis
Ein dialektischer Ansatz behandelt ein Problem von mehreren Seiten (These und Antithese) und entwickelt eine Lösung (Synthese).
(Siehe hierzu auch Seite 64 f.)

Hinweis
Weitere Informationen zum Thema Leserbrief finden Sie auf Seite 36.

1.6.4 Aufgabenstellung und Lösungsvorschlag

In einem Kommentar, der sich mit der Problematik der Studiengebühren beschäftigt, heißt es:

> „Aus der Wirtschaft gibt es genug Signale, die die Bereitschaft für die Finanzierung von Stipendien andeuten. Nur sind die Signale bei den verantwortlichen Politikern nicht angekommen, obwohl sie sich schon oft für einen verstärkten Dialog mit der Wirtschaft stark gemacht haben. Wenn diese Debatte endlich in Gang käme, könnte man sich andere Finanzierungsüberlegungen vermutlich ersparen."
>
> *(Georg Escher, Studiengebühren kommen;*
> *aus: Nürnberger Nachrichten, 29.02.1996)*

1.6 Stellungnahme

Lösungshinweise für die Stellungnahme:

- **Die Wirtschaft sollte intensiver zur Finanzierung herangezogen werden.**
  - Verbesserungen in der Ausbildung, die heute aufgrund von Geldmangel unterbleiben, können zum Vorteil der Wirtschaft realisiert werden.
  - Koordinierung der Lehre mit den Bedürfnissen der Wirtschaft ist leichter möglich.
  - Staatskassen werden entlastet.
  - Einforderung von Studiengebühren wird unnötig bzw. nur noch reduziert erforderlich.
  - Hochschulen können schneller und flexibler auf Modernisierungsbedürfnisse reagieren.
  - Zusätzliche Finanzmittel für neue Projekte stehen zur Verfügung.

- **Die Wirtschaft sollte nicht in die Finanzierung der Hochschulen eingebunden werden.**
  - Gefahr der Einflussnahme auf die Ausbildung der Wissenschaftler
  - Aufgabe der Neutralität der Wissenschaft
  - Einflussnahme auf die Personalauswahl an Hochschulen durch die Wirtschaft
  - Überbetonung der praktischen Anwendbarkeit – Gefahr der Vernachlässigung der philosophischen und ethischen Prüfung
  - Finanzielle Mehrbelastungen für die Wirtschaft erzeugen Produktverteuerung.
  - Großfirmen/Konzerne erhalten zusätzliches Gewicht – Einflussverlust des Mittelstands und Handwerks wegen fehlender finanzieller Substanz und/oder fehlenden Interesses.
  - Die Hochschulen riskieren, dass eine kontinuierliche Zahlung nicht gewährleistet ist, da u.U. in Krisenzeiten die Zahlungsbereitschaft drastisch zurückgeht.

■ Aufgaben

1. Informieren Sie sich in Kapitel 2 (Seite 56 f.), wie ein Argument ausgestaltet wird.
2. Arbeiten Sie zwei der oben angeführten Argumentationsansätze aus.
3. a) Erarbeiten Sie einen Lösungsvorschlag für das angesprochene Problem.
   b) Diskutieren Sie Ihre Lösung mit einer Klassenkameradin oder einem Klassenkameraden.

33

Beispiel für die Ausarbeitung eines Arguments:

„Eine Einbeziehung in die Finanzierung der Hochschulen bringt für die Wirtschaft eine Mehrbelastung mit sich. Diese zahlt sich auf Dauer aber aus. Für die Qualität der Ausbildung und die Qualifikation der Studenten und damit zukünftigen Beschäftigten der Betriebe kann dies nur förderlich sein. Die Voraussetzungen, unter denen heute im Zeitalter der Massenuniversitäten geforscht und gelehrt wird, sind teilweise sehr ungünstig.

In den Medien wird regelmäßig von völlig überfüllten Hörsälen berichtet. Die Studenten klagen darüber, dass sie die vorgegebene Studienhöchstdauer nicht einhalten können, weil Laborplätze nicht in erforderlichem Umfang zur Verfügung stehen, sodass mitunter mehrere Semester Wartezeit anfällt. Die Professoren unterstützen diese Darstellung. Nach ihrer Auffassung ist eine konsequente Förderung des einzelnen Studenten nicht mehr möglich, da jeder Dozent für zu viele Studenten Ansprechpartner ist.

Diese Bedingungen zögern nicht nur den Studienabschluss unnötig hinaus, sie beeinträchtigen auch die Qualität der Ausbildung. Wenn die Wirtschaft dafür gewonnen werden kann, durch finanzielle Unterstützung die Arbeitsbedingungen zu verbessern, ist dies nicht nur für die Studierenden von Vorteil. Die Betriebe erhalten besser qualifizierte Mitarbeiter. Ein Student der Betriebswirtschaftslehre, der während seines Studiums meist nur in der Theorie anhand von Skripten und Büchern die Möglichkeiten und Funktionsweise moderner Computertechnologie kennenlernt, da die Hochschulen nicht hinreichend ausgestattet sind, muss sich einen Großteil des Know-hows und seine Routine zwangsläufig erst im Betrieb erwerben. Die volle produktive Arbeitsleistung kann er währenddessen nicht erbringen, obwohl er entsprechend bezahlt wird.
Eine finanzielle Beteiligung der Betriebe am Hochschulbetrieb führt aber auch dazu, dass Wirtschaft und Wissenschaftseinrichtungen einen intensiveren Kontakt zueinander entwickeln. Die Firmen lernen besser kennen, was an den Hochschulen gelehrt wird, und erfahren, wo die Forschungsschwerpunkte liegen, sodass sie das Wissen ihrer zukünftigen Mitarbeiter besser abschätzen können. Vor allem aber können sie leichter gezielt Einfluss darauf nehmen, was erforscht wird. Forschung und Wissenschaft sind kein Selbstzweck. Vielmehr zielen sie immer auch auf die konkrete Nutzanwendung ab. Schon jetzt gibt es Kooperationsinitiativen z. B. im Bereich der Entwicklung neuer, leistungsfähigerer und zugleich preisgünstigerer Speichermedien. Dieses Feld wird als vielversprechender Markt angesehen. Es sind aber gerade die Betriebe, die die Bedürfnisse des Marktes besser kennen und einschätzen können als die akademisch und nicht zwingend profitorientierten Lehreinrichtungen. Durch finanziellen Einsatz können die Firmen die Hochschulen animieren, genau die Forschungsgebiete intensiv auszubauen, die für die wirtschaftliche Nutzung am besten geeignet sind.

Die Wirtschaft profitiert von einem Engagement also nicht nur dadurch, dass sie besser qualifizierte Mitarbeiter erhält, die am neuesten Entwicklungsstand geschult wurden, sondern auch dadurch, dass die Forschungsergebnisse praktisch nahtlos in die Produktion einfließen können.

Die öffentlichen Kassen werden dadurch zusätzlich entlastet ….."

Synthese:

- von der Wirtschaft ausgestatteter Finanzierungspool mit einer staatlich überprüften Verteilungs- und Zuweisungsregelung
- Beschränkung der Beteiligung der Wirtschaft auf einen bestimmten Prozentsatz der Gesamtaufwendungen
- Einrichtung einer unabhängigen Kommission, die über die Verteilung der Mittel entscheidet

Lösungsvorschlag für einen Synthesegedanken:

1 „Um den Nutzen eines finanziellen Engagements der Wirtschaft im Hochschulbereich zu erschließen, andererseits aber die erkennbaren Risiken zu minimieren bzw. möglichst sogar auszuschließen, müssen Sicherungen eingebaut werden. Ein möglicher Weg ist die Schaffung eines Finanzie-
5 rungspools, in den die Betriebe und Wirtschaftsverbände einzahlen. Über die Verteilung der Gelder wacht dann ein Beirat, der z. B. mit Vertretern der Hochschulen, der zuständigen Ministerien und der Wirtschaft besetzt ist. In diesem Gremium können dann Entscheidungen darüber fallen, in welchem Umfang Mittel für welchen Forschungsgegenstand eingesetzt werden. Im
10 Bereich des Sports ist dieses Verfahren seit Jahren übliche Praxis, ohne dass bisher Klagen von den Betroffenen bekannt geworden sind. Die Wirtschaft kann so Einfluss auf wichtige Aspekte der Wissenschaftspolitik nehmen und ihren Nutzen daraus ziehen, ohne dass ein Wirtschaftszweig oder Konzern Forschung und Lehre für seine Zwecke instrumentalisieren könnte. Gleich-
15 zeitig werden die Bedingungen an den Hochschulen zum Vorteil der Lernenden und Lehrenden verbessert, ohne dass der Staatshaushalt – und damit die Gemeinschaft – (zusätzlich) belastet wird."

■■■ Aufgaben

1. Stellen Sie fest, welche der auf Seite 33 angeführten Argumentationsansätze bearbeitet wurden.
2. Notieren Sie, welche Beweisführungsstrategien in den Lösungsvorschlägen Verwendung finden.
3. Arbeiten Sie einen eigenen oder einen der oben angeführten Syntheseansätze aus.

1 Textanalyse

1.6.5 Eine besondere Form der Stellungnahme – der Leserbrief

Newsgroup:
ein Internetforum, in dem zu einem Themenbereich Textbeiträge ausgetauscht werden. Bei diesen Textbeiträgen spricht man in der Regel von Artikeln oder Postings. Benutzer können in einer Newsgroup Artikel veröffentlichen, die dann an einen Newsserver gesendet werden. Der Newsserver kann den Artikel dann seinen Benutzern zur Verfügung stellen und an andere Server weiterleiten, die ihn wiederum ihren Benutzern zur Verfügung stellen.

Der Leserbrief ist eine schriftliche Meinungsäußerung zu einem bestimmten Thema und ein wirksames Mittel der Öffentlichkeitsarbeit. In Leserbriefen reagieren Personen subjektiv auf Artikel in Zeitungen oder Zeitschriften bzw. auf Informationen oder Beiträge eines Internetforums oder einer Newsgroup. Beiträge werden aufgegriffen, unterstützt, ergänzt oder dargestellten Sachverhalten wird widersprochen bzw. Tatbestände werden richtiggestellt. Leserbriefe werden oft mit großem Interesse gelesen, weil hier Dinge kritischer angesprochen werden als in Zeitungsartikeln.

Die Chance, dass der eigene Leserbrief auch abgedruckt wird, ist von vielen Faktoren abhängig. Grundsätzlich sollte Folgendes berücksichtigt werden:

- **aktuell**
  Tageszeitungen sind aktuell, somit sollten Sie sofort reagieren, um Ihre Meinung einzureichen. Beziehen Sie sich immer auf den entsprechenden Artikel oder die Information der betreffenden Zeitung. Es ist wichtig, dass Erscheinungsdatum, Überschrift, Seitennummer und das betreffende Ressort angegeben werden. Der Umschlag sollte mit dem Hinweis „Leserbrief" versehen sein.

- **knapp**
  Der Umfang Ihres Leserbriefes sollte höchstens 500 Zeichen betragen. Es gilt immer: so kurz und präzise wie möglich. Ihr Leserbrief sollte ausschließlich mit der Schreibmaschine oder dem Computer geschrieben werden. E-Mails sind möglich, wenn die Leserbrief-Redaktion auch diese Kontaktaufnahme zur Verfügung stellt.

- **sachlich**
  Verzichten Sie auf übersteigerte Formulierungen, die im ersten Zorn unterlaufen können, oder auch Beleidigungen. Konzentrieren Sie sich daher eher auf sachliche Informationen und eine schlüssige Argumentation. Auch Denkanstöße als zusätzliche Anregung wirken oft konstruktiv. Sie haben die Pflicht, nur wahre und zuverlässig recherchierte Aussagen und Informationen zu verwenden.

- **authentisch**
  Der Leserbrief sollte Ihren Namen und Ihre Adresse enthalten; anonyme Briefe werden nicht abgedruckt. Außerdem sollten Sie Ihre Telefonnummer angeben, um Rückfragen der Redaktion schnell beantworten zu können.

Denken Sie daran, Leserbriefe müssen immer zeitnah an die Redaktion geschickt werden.

Aufbau eines (kommentierenden) Leserbriefes

Einleitung	Aufmerksamkeit des Lesers wecken, Aufgreifen des aktuellen Ereignisses, Bezug zur Textvorlage herstellen, Hinführen des Lesers zum Thema
Hauptteil	Meinung des Verfassers argumentierend bzw. kommentierend begründen, Aufzeigen von Hintergründen zu dem Sachverhalt, Vornehmen von Bewertungen
Schluss	Appellierend Schlussfolgerungen ziehen, Forderungen aufstellen, ganz eindeutig den Standpunkt darstellen

1.6 Stellungnahme

Arbeitsschritte:

1. Lesen Sie den Ausgangstext genau durch, markieren Sie wichtige Textstellen bzw. heben Sie diese hervor.
2. Erfassen Sie das Problem bzw. die Thematik: Hierzu sollten Sie die Problemfrage des Textes als Ausgangspunkt erkennen.
3. Gliedern Sie den Inhalt des Textes in Abschnitte und wählen Sie einzelne Aspekte für Ihre Argumentation oder Gegenargumentation aus.
4. Erstellen Sie eine Grobgliederung (Einleitung – Hauptteil – Schluss).
5. Schreiben Sie nun den Leserbrief: Finden Sie eine interessante Einleitung, gestalten Sie den argumentativer Hauptteil und enden Sie mit einem pointierten Schluss.

Sprache in Leserbriefen

- **Einleitung / Schlussteil:** Benutzen Sie allgemein umgangssprachliche Wendungen sowie rhetorische Fragen bei Bewertungen bzw. Appellen.
- **Hauptteil:**
  - Verwenden Sie kurze Hauptsätze sowie einfache Satzverbindungen und Satzgefüge, um Zusammenhänge darzustellen.
  - Deutungen, Bewertungen und Beurteilungen verfassen Sie im Präsens.
  - Für Beurteilungen über vergangenes Geschehen benutzen Sie das Präteritum.

Beispiel für einen Leserbrief

Folgender Leserbrief wurde zum Tageszeitungstext auf Seite 11 verfasst:

Tempo 30 ist kein Allheilmittel

Sicherlich steht bei Tempo Null das Leben still! Die Einführung von Tempo 30 wird aber hauptsächlich für städtische Ballungsräume diskutiert. Rasender Verkehr beschneidet hier in erster Linie die Lebensqualität. Und wenn bei Tempo 30 unbestritten das Unfallrisiko sinkt, aber entschieden mehr Stickoxide ausgestoßen werden, dann beschneiden diese ebenso die Lebensqualität.

Die Frage ist daher vielmehr, ob der private Personenverkehr im städtischen Bereich nicht generell mehr eingeschränkt werden müsste und noch bestehende Mobilitätslücken durch den weiteren Ausbau der öffentlichen Verkehrsmittel geschlossen werden sollten.

Darüber sollte so mancher mal nachdenken, der mit seinem modernen und derzeit überall angesagten 12-zylindrigen Geländewagen die 1,5 km bzw. zwei Häuserblöcke zum Biobäcker fahren muss.

Malte Schnellschritt, Frankfurt

> Kernargument der Tempo-30-Gegner wird in Einleitung aufgegriffen

> Argumente aus dem Ausgangstext werden einbezogen

> eigene Position bzw. Überlegung wird dargelegt

> pointierter Schluss

■■ Aufgaben

1. Formulieren Sie auf der Grundlage der theoretischen Informationen zum Leserbrief einen eigenen Leserbrief zum Thema Geschwindigkeitsbegrenzung, indem Sie sich auf den veröffentlichten Text von Seite 11 beziehen.
2. Formulieren Sie einen weiteren Leserbrief zum Text „Wider Markenwahn und Konsumterror" auf Seite 342 (siehe auch die Aufgabenstellung auf Seite 343).

1.7 Absichtsanalyse

1.7.1 Entscheidend ist, wie man's sagt – die Rolle der Sprachform

Jeder, der einen Text verfasst – sei es mündlich oder schriftlich –, hat eine klare Vorstellung davon, an wen er sich richtet und welchen Zweck er damit erreichen möchte. An diesem Ziel richtet man den Inhalt, die strukturelle Gestaltung, aber auch die verwendete Sprache aus.

An einem einfachen Beispiel wird dies deutlich:
Die Bitte der Großmutter, für sie einkaufen zu gehen, lehnt der Enkel nicht mit einem einfachen „Nein, ich habe keine Lust" ab. Einen Gefallen so abzulehnen ließe ihn als unhöflich und ungezogen erscheinen. Das Wohlwollen der Großmutter hätte er damit für geraume Zeit verspielt. Er sucht daher nach einem akzeptableren Ablehnungsgrund. Die Antwort „Nein, ich muss lernen" stößt schon auf größere Akzeptanz. Zur Unterstützung seiner Absicht weist er zusätzlich darauf hin, dass er in der nächsten Woche eine Prüfung schreiben müsse. Mit Formulierungen, die die Bedeutung der Prüfung und sein Bedauern über die dadurch erforderlich gewordene Ablehnung hervorheben, wird seine Absicht, nicht einkaufen zu gehen, noch akzeptabler.

Er belässt es also nicht bei der spröden Aussage: „Nein, ich muss lernen. Nächste Woche schreibe ich eine Prüfung."

Seine Ablehnung könnte also folgendermaßen aussehen:
„Liebe Oma, du weißt selbst, dass ich dir immer sehr gerne einen Gefallen tue, wenn es irgendwie geht. Aber heute kann ich dir leider wirklich nicht helfen. Wir schreiben nämlich nächste Woche eine ganz wichtige Prüfung. Die muss ich unbedingt bestehen. Ich mache schon die ganze Zeit nichts anderes mehr als lernen. Und du möchtest doch sicher auch nicht riskieren, dass ich durchfalle? Ich hoffe, du bist mir nicht böse."

Zu Hilfe genommen werden
- Formulierungen, die ein Infragestellen der Aussage unmöglich machen („immer", „wenn irgendwie möglich", „ganz wichtig", „nichts anderes"),
- suggestiv oder kommunikativ wirkende Aussagen („du weißt selbst", „du möchtest doch sicher auch nicht …")",
- eine freundliche Anrede („liebe Oma") bzw. ein Ausdruck des eigenen Bedauerns („leider"). Sie schaffen beim Kommunikationspartner die Bereitschaft, die Ablehnung zu akzeptieren.

suggestiv: beeinflussend, auf jemanden einwirkend.

1.7.2 Auf die Sprache kommt's an – die Bedeutung der Sprache

Inhalt, Struktur und Sprache wirken also zusammen, um eine bestimmte Wirkung beim Kommunikationspartner zu erzeugen.
Die sprachliche Gestaltung, die Art also, wie etwas vermittelt wird, ist dabei von besonderer Bedeutung.
An einem **Kommunikationsmodell** wird dies deutlich:

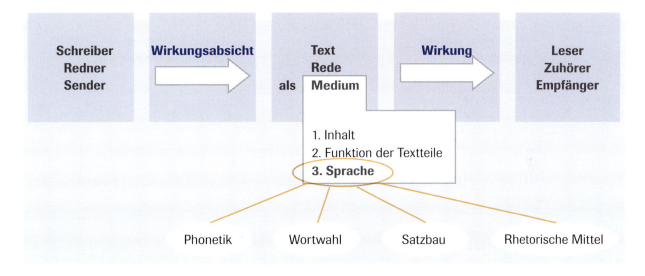

Ein Autor verfolgt mit seinem Text eine ganz bestimmte Wirkungsabsicht. Im Idealfall wird der Text diese Wirkung beim Empfänger auch entfalten. Dies ermöglicht uns wiederum, aus dem Text die Absicht eines Autors zu erschließen.

In den vorangegangenen Teilen dieses Kapitels haben wir uns auf den Inhalt der Texte und die Funktion der einzelnen Textteile konzentriert. Bei der Erschließung der Absicht des Verfassers rückt die Sprache in den Mittelpunkt.
Dabei spielt die Phonetik bei journalistischen Texten eine eher untergeordnete Rolle. Wichtiger ist der Wortklang, wie z.B. in Gedichten oder in Werbetexten. Unsere Analyse konzentriert sich daher auf den Satzbau, die Wortwahl und die Betrachtung spezieller rhetorischer Mittel.
Das Erkennen und das Benennen sprachlicher Mittel ist aber nur die erste Voraussetzung für eine Absichtsanalyse. Diese erschöpft sich nicht in einer Aufzählung sprachlicher Mittel, sondern stellt immer deren Wirkung in das Zentrum.

Phonetik:
Lautlehre, Stimmbildungslehre.

Rhetorik:
Lehre von der Redekunst.

Aufgaben

1. Formulieren Sie ablehnende Antworten auf ein Bewerbungsschreiben
   – in zurückhaltend freundlicher Form,
   – als schroffe Ablehnung,
   – in abwägender Form.
2. Beschreiben Sie ähnliche Situationen wie die oben beschriebene, in denen das sprachliche Vorgehen wichtig für den Ausgang ist.

1.7.3 Bedeutung sprachlicher Mittel in nichtpoetischen Texten

Durch geeignete Formulierung und den gezielten Einsatz sprachlicher Mittel kann die Wirkung einer Aussage erhöht werden. Der Inhalt einer Behauptung wird deutlicher, ein Argument wirkt überzeugender.
Alle journalistischen Texte setzen zu diesem Zweck sprachliche Mittel ein, jedoch nicht alle Mittel in gleichem Umfang.

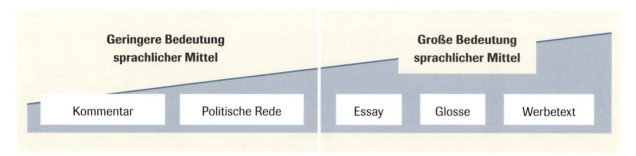

Weitere Informationen zu den einzelnen **Textsorten** finden Sie auf Seite 4 f.

- Bei **Kommentaren** steht die Auseinandersetzung mit einer zur Diskussion stehenden Frage im Vordergrund. Ein Kommentator neigt vor allem dann dazu, stärker auf sprachliche Mittel zu setzen, wenn Argumente allein keine ausreichende Überzeugungskraft haben.
- In **Reden**, z.B. Wahlkampfreden, geht es vorrangig um die Aktivierung der Zuhörer. Nicht die differenzierte Auseinandersetzung mit Themen steht im Vordergrund, sondern das Hervorrufen von Gefühlen.
- Der **Werbetext** setzt auf einprägsame Formulierungen. Entscheidend ist, dass der Konsument das Produkt kauft. Argumente spielen praktisch keine Rolle.

1.7.4 Grundwirkungen sprachlicher Mittel

Bestimmte sprachliche Mittel lassen sich entsprechenden Grundwirkungen zuordnen:
- **Erhöhung der Eindringlichkeit** (z.B. durch Anapher, Emphase – siehe Seite 50)
- **Verbesserung der Anschaulichkeit** (z.B. durch Vergleiche, Metaphern, Neologismen – siehe Seite 52)
- **Verbesserung der kommunikativen Wirkung**, etwa durch Einbindung des Lesers oder Zuhörers in die Kommunikationssituation bzw. die Anerkennung des Kommunikationspartners (z.B. durch Fragen, rhetorische Fragen, Anrede usw. – siehe Seite 49)

Diese Aufstellung kann aber nur der Orientierung dienen. Eine eindeutige Zuordnung der sprachlichen Mittel ist nicht möglich.

1.7.5 Der Weg zur Absichtsanalyse –
die Vorgehensweise

Stufe 1

Der Inhalt des Textes und vor allem die sprachliche Ausgestaltung liefern bereits erste Anhaltspunkte darüber, welche Absicht jemand verfolgt. Wir bemühen uns darum, diese Anfangsvermutung zu stützen.

Die folgenden Fragestellungen können uns helfen:

- Welche Vorstellungen (Assoziationen) werden beim Leser durch die Formulierung erzeugt?
- Woran denkt der Leser, wenn er das liest?
- Werden Gefühle angesprochen? Welche?

Stufe 2

Die gewonnenen Erkenntnisse werden nun in abstrakter Form zusammengefasst. Durch die Sprache werden die Vorstellungen, die Gedanken bzw. die Gefühle des Lesers in eine bestimmte Richtung gelenkt. Er bewertet daher – ganz im Sinne des Autors – eine Person, eine Situation, eine Entscheidung usw. positiv oder negativ. (Was stellt er besonders heraus? Was drängt er in den Hintergrund?) Daneben kann auch eine Beschwichtigung des Lesers beabsichtigt sein. (Versucht er etwas zu beschönigen?)

Stufe 3

Diese Teilergebnisse unserer Analyse lassen sich zu einem Gesamtergebnis zusammenfassen.

Dabei beantworten wir folgende Fragen:

- Welche Absicht verfolgt ein Verfasser, wenn er bestimmte Personen, Entscheidungen usw. positiv, andere aber negativ darstellt?
- Zu welcher Einstellung will er seine Leser bewegen?
- Welche Handlungen, Reaktionen erwartet er von seinem Leser?
- Was empfiehlt er seinem Leser?

Am Ende unserer Analyse steht die Absicht des Verfassers.

■■ Aufgaben

1. Erläutern Sie, warum für bestimmte Textsorten der Einsatz sprachlicher Mittel von besonderer Bedeutung ist.
2. Begründen Sie, inwieweit die Wahl sprachlicher Mittel besonderen Einfluss auf Zuhörer und Leser nimmt.
3. Welche sprachlichen Mittel würden Sie in einem Vorstellungsgespräch verwenden? Begründen Sie Ihre Antwort.

1.7.6 Von der Analyse zur Darstellung – die Absichtsanalyse

Am Ende der Analyse eines Textes steht eine klare Aussage über die Absicht des Verfassers. Sie bildet den Ausgangspunkt unserer Darstellung, also unsere These. Zur Stützung einer These werden Gründe dafür angeführt, warum wir die unterstellte Absicht für zutreffend halten. Hierfür werden die in Stufe 2 der Analyse erarbeiteten Teilabsichten, Bewertungen von Personen, Phänomenen usw. genutzt.
Die sprachlichen Auffälligkeiten, die den Ausgangspunkt der Analyse gebildet haben, werden nun in die Beweisführung eingebracht.

Der Darstellungsweg zeichnet also den Analyseprozess in umgekehrter Reihenfolge nach:

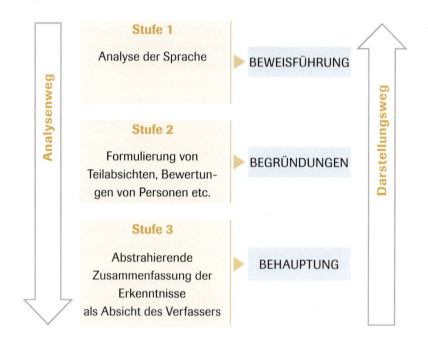

■ **Hinweis**
Vergleichen Sie auch die Ausführungen zur Argumentation im Rahmen einer
• Erörterung (Seite 66) und
• Stellungnahme (Seite 30 ff.).

Die Absichtsanalyse ist also keine bloße Aneinanderreihung von sprachlichen Mitteln. Vielmehr geht es darum, dem Leser der Absichtsanalyse die Richtigkeit eines Untersuchungsergebnisses verständlich zu machen. Dafür ist es erforderlich, eine überzeugende Argumentation zu entwickeln. Das Grundschema entspricht also dem der Erörterung oder der Stellungnahme. Zwei wichtige Unterschiede sind jedoch zu beachten:
• In der Ausgangsthese steht nicht die Meinung zu einer Problemstellung, sondern das Ergebnis einer Untersuchung.
• Die Beweisführung weist einen konkreten Textbezug auf. Die Auswertung der sprachlichen Gestaltung des Textes steht im Mittelpunkt.

Genau wie bei der Erörterung fallen aber auch bei der Absichtsanalyse die Behauptung und die Darstellung der Begründungen relativ kurz aus. Am umfangreichsten ist die Beweisführung.

1.7 Absichtsanalyse

Eine Auswertung der sprachlichen Mittel im Rahmen einer **Beweisführung ist dreiteilig** angelegt. Alle drei Teile haben eine eindeutige Funktion. Auch hier lassen sich deutliche Unterschiede im Umfang ausmachen.

1. Benennen des sprachlichen Mittels

Welches sprachliche Mittel liegt vor?   z.B. Metapher   ◄ **Einzelner Begriff**

2. Belegen des sprachlichen Mittels

Wo steht das im Text?   Belegstellen aus dem Text (Zeilenangaben in Klammern)
- einzelnes Wort
- Ausdruck, Teilsatz, ganzer Satz
- Zusammenfassung einer Textpassage mit eigenen Worten (indirektes Zitat), z.B. „derjenige, der seine verkümmerten Eckzähne in das Aas des Tieres schlägt, das ein anderer für ihn erlegt hat"

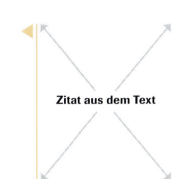

Zitat aus dem Text

3. Auswertung des sprachlichen Mittels = Interpretation

	Ursprungsbedeutung	Übertragene, gemeinte Bedeutung
• Inwiefern wird dadurch ein positiver/ negativer Eindruck hervorgerufen? • Welche Assoziationen bzw. Vorstellungen werden beim Leser/Zuhörer geweckt? • In welcher Verbindung steht dies zur Absicht des Verfassers?	Es handelt sich um ein Lebewesen, das seine Beute nicht selbst tötet, sondern sich darauf beschränkt, bereits getötete Tiere (und damit die Reste anderer „Jäger") zu verspeisen.	Negative Eigenschaften werden damit assoziiert: Unfähigkeit zu jagen, da zu langsam, träge, feige usw.; die Abhängigkeit von anderen; die Angst vor der Konkurrenz mit stärkeren Jägern; der geringere Frischegrad der Nahrung wird in Kauf genommen.
	Verbindung mit Absicht im Rahmen der Gesamtaussage	
	Fleischesser sollen dadurch eine Abwertung erfahren.	

Umfangreiche eigenständige Darstellung

■ **Hinweis**
Achten Sie unbedingt auf korrektes Zitieren der Textstellen. Vergleichen Sie dazu Seite 116 f.

■ **Aufgaben**
1. Beschreiben Sie den Unterschied zwischen Analyseweg und Darstellungsweg in eigenen Worten.
2. Lesen Sie den Text auf Seite 44 und erstellen Sie eine vergleichbare Gegenüberstellung für die dort aufgestellte Aussage: „Wir Fleischesser stellen uns dumm, wenn wir unser Steak anschauen, als sei es am Baum gewachsen."

43

1 Textanalyse

1.7.7 Die Absichtsanalyse am Beispiel einer Schülerarbeit

Hinweis

Informationen und Hilfestellungen zu den hier verwendeten Satzfiguren finden Sie auf den Seiten 49 und 50.

Alles Geschmackssache

Nichts gegen Paprika, Rüben, Pilze. Aber schon mal Rehfilet probiert, gewürzt mit Meersalz, schwarzem Pfeffer und Thymian?

von Michael Allmeier

Zwei Jahre habe ich durchgehalten, zwei Jahre ohne Fleisch. Meine Gründe waren nicht ehrenwert, im Wesentlichen wohl Ekel. Vor der babyrosa Wurst, nachdem ich wusste, was drin war. Vor den grausamen Mechanismen des Aufziehens, Anfütterns, Tötens. Wieder angefangen habe ich aus einem Grund, auf den auch nicht sehr stolz bin: Es hatte mir einfach zu gut geschmeckt. Der Wildschweinschinken, die Kalbsleber, die Taubenbrust – ich wollte nicht länger darauf verzichten. Fleisch ist ein erstaunliches Lebensmittel. Man brät es und hat fast schon ein Gericht. Man kocht es und gewinnt eine Brühe. Nichts gegen Paprika, Pilze, Rüben, aber die kommen da einfach nicht mit.

Der Tierwelt hat meine vorübergehende Läuterung kaum etwas gebracht. Mir aber schon. Ich verstehe jetzt, was Vegetarier sehen. Diesen Blick, der auf fremde Teller fällt: Igitt, zerstückeltes Tier. Und der dann prüfend aufwärts wandert zu dem, der so etwas isst. Zu einem, der kein Huhn rupfen könnte, ohne sich zu erbrechen, der aber, einem dumpfen Trieb folgend, seine verkümmerten Eckzähne in das Aas des Tieres schlägt, das ein anderer für ihn erlegt hat. Ein kläglicher Anblick, so kam mir das vor. Heute sehe ich mit diesen Augen vor allem mich selbst.

Wenn man uns Fleischesser zur Rede stellt, verstricken wir uns in heillosen Unsinn. »Der Mensch ist ein Raubtier und braucht nun mal Fleisch«, »Das Tier stirbt irgendwann ja sowieso«, solche Sachen. Die Wahrheit ist viel einfacher: Wir stehen vor einem Dilemma. Wir mögen Tiere, ihr Fleisch aber auch. Und entscheiden meistens eher mit dem Magen als mit dem Herzen.

Wie schlimm ist das? Ich weiß es nicht. Es gibt ja keinen, der uns vormacht, wie man eigene Freud und tierisches Leid gegeneinander aufwiegen soll. Mitgeschöpfe als Nahrung zu betrachten ist auf dieser Welt der Normalfall. Wir wissen, dass Tiere Tiere töten, ohne Not oft und gewiss ohne Reue. Und auch die Naturvölker, sonst ein gern bemühtes Vorbild, zeigen sich in dieser Hinsicht alles andere als zimperlich.

Randbeschriftungen:
- Anapher
- Ellipse
- Aufzählung/Akkumulation
- umgangssprachlicher Ausdruck
- Periphrase
- kommunikative Frage

1.7 Absichtsanalyse

30   Um an Fleisch zu kommen, haben Menschen keine Mühen gescheut. Aus freiem Entschluss darauf zu verzichten ist eine bewundernswerte zivilisatorische Leistung. Aber braucht sie diesen Rigorismus, diese Bereitschaft, jeden ins Unrecht zu setzen, der es etwas lockerer sieht?

    Ich selber halte es heute so: Ich esse wenig Fleisch, in der Woche nicht
35 sehr viel mehr als der Durchschnittsdeutsche am Tag. Ich lasse es mich etwas kosten. Das Tier soll die Sonne gesehen, sein kurzes Leben genossen und sein liebstes Futter gefressen haben, ehe es mir als Nahrung dient. Dahinter steckt auch Eigennutz; solches Fleisch schmeckt einfach besser.

    Ja, das ist ein fauler Kompromiss. Und wann immer ich auf einer Spei-
40 sekarte von Milchlamm oder Stubenküken lese, sehe ich die Tiere vor mir und schäme mich. Aber auch der komplette Verzicht hat mir damals keinen Seelenfrieden gebracht. Ich kam immer noch ins Stottern, wenn einer fragte, warum ich weiter Fisch aß, Milch trank, Lederjacken trug, Arzneimittel verwendete, die an Tieren erprobt worden waren. Man kann verzichten, soweit
45 man es aushält, und wird doch den Zwiespalt nicht los.

    Wir Fleischesser stellen uns dumm, wenn wir unser Steak anschauen, als sei es am Baum gewachsen, nur zu unserem Vergnügen. Aber ganz ehrlich sind auch die Vegetarier nicht, wenn sie milde auf uns herunterlächeln von einer höheren Stufe der Evolution. „Was ihr nur habt mit eurem Fleisch?",
50 fragen sie gerne. „Ich brächte das gar nicht herunter."

    Liebe Vegetarier, bitte probiert doch einmal oder noch einmal, wie es sich anfühlt, Fleisch zu essen. Es müssen keine zwei Jahre sein, aber wenigstens zwei Bissen. Kostet ein Stück Rinderschulter, Charolais, marmoriert, einen Tag lang mit Rotwein und Wurzelgemüse geschmort. Eine Scheibe vom Reh-
55 filet, medium rare gebraten, bestreut mit Meersalz, schwarzem Pfeffer und frischem Thymian. Dann versteht ihr besser, wovon wir reden. Jedenfalls so lange, bis der antrainierte Ekel euch einholt und ihr ausspucken müsst. Es stimmt ja, ihr seid die besseren Menschen.

    Aber mehr Spaß haben wir.

(aus: Die Zeit, 16.09.2010)

Randbemerkungen:
- rhetorische Frage
- Anapher
- Reihung
- Direkte Anrede des Lesers
- Fachtermini

■ Aufgaben

1. Notieren Sie sich stichpunktartig die Kriterien, die beachtet werden müssen, um einen Text einer bestimmten Textart zuordnen zu können.

2. Analysieren Sie, welche Absicht der Autor mit seinem Text verfolgt.

1 Textanalyse

Eine Schülerarbeit mit der Aufgabe, die Absicht des Verfassers darzustellen
Auszüge:

Behauptung
(Absicht)

Der Autor verfolgt die Absicht, die teilweise sehr ideologisch geführte Diskussion, ob der Mensch Tiere eher als Lebewesen oder als Lebensmittel zu betrachten hat, zu entkrampfen. Letztlich möchte er aber erkennbar diejenigen zum Umdenken bringen, die auf den Fleischverzehr verzichten.

Begründung
(Teilabsichten)

Dies erkennt man daran, dass er einerseits die Positionen beider Fraktionen, sowohl die der Fleischesser als auch die der Vegetarier, gelten lässt, dass er sich am Schluss aber dazu bekennt, gerne Fleisch zu essen und dies auch zu genießen.

Beweisführung

Dabei macht er von Anfang an keinen Hehl aus der Subjektivität seiner Überlegungen. Er bekennt sich einerseits dazu, eine Zeit lang auf den Fleischverzehr verzichtet zu haben, macht aber auch deutlich, wie schwer ihm dies gefallen war. Er hat das als

Benennung sprachlicher Mittel

ein Durchhalten empfunden (vgl. Z. 1). Damit signalisiert er, dass es für ihn anstrengend war, nicht schon früher wieder Fleisch zu essen. Das Durchhaltevermögen ist eine Willensleistung, die man bei der Bewältigung großer Aufgaben benötigt, z.B. bei einem Marathonlauf. Die Zeitspanne von zwei Jahren wird von ihm in Form einer Anapher gleich in der ersten Zeile zwei Mal angeführt. Durch eine Inversion

Zitate aus dem Text
bzw. Bezug auf Textstellen

wird die Zeitangabe an den Satzanfang gestellt und damit nochmals herausgestellt. Dadurch wird vom Autor zusätzlich betont, wie schwierig für ihn dieser Verzicht war. Die Bereitschaft, kein Fleisch zu essen, wird dadurch von ihm als große Leistung definiert; den Vegetariern gehört seine Bewunderung und diese können dem Autor gegenüber eine positive Einstellung entwickeln.

Auswertung der
Textstellen
Interpretation
(nicht unterlegte
Textstellen)

Er geht sogar so weit, die Perspektive der Vegetarier zu übernehmen (Z. 12 ff.). Sekundenstilartig und somit sehr detailliert beschreibt er ganz genau die Blicke eines Vegetariers und die Gefühle, die sich bei diesem einstellen, wenn er jemanden ein Stück Fleisch essen sieht. Die umgangssprachliche Emphase „Igitt" (Z. 13) kennzeichnet ein hohes Maß an Ekel, den der Betrachter empfindet. Durch die Benutzung einer Metonymie („zerstückeltes Tier" statt Braten) wird die Abscheu noch verstärkt. Die Zerstückelung signalisiert ein besonders perfides Umgehen mit dem Opfer. Als wenn die Tötung an sich nicht schon schlimm genug wäre. Zudem wird der Fleischesser abgewertet, indem er degeneriert und feige erscheint. Der Fleischesser schlägt „seine verkümmerten Eckzähne in das Aas eines Tieres" (Z. 16 f.). Mit dieser Periphrase (Umschreibung) setzt ihn der Autor demnach mit einem „Aas-Fresser" gleich, der das isst, was „ein anderer für ihn erlegt hat" (Z. 16). Er ist für den Vegetarier nicht „das Raubtier", als das er sich gerne sieht (vgl. Z. 20). Damit hat er aber auch nicht das Image eines Raubtieres wie z.B. eines Löwen, den wir ehrfurchtsvoll als „König der Wüste" bezeichnen. Es wird ihm eher der Stellenwert einer Hyäne zugeordnet, die abwarten muss, ob die echten Raubtiere etwas übrig lassen, um die Reste dann zu verspeisen. Wie stark die Abwertung ist, kann man leicht daran erkennen, dass eine „Raubtier-Safari" eine echte Urlaubsattraktion ist, niemand aber eine „Aasfresser-Safari" buchen würde. Der Autor wirkt durch die Annahme der Perspektive der Vegetarier für diese sympathisch und hat daher auch eine Chance, sie in seinem Sinne zu beeinflussen. […]

46

1.7.8 Tipps zu möglichen Aufgabenstellungen in Prüfungen

Letztlich legt die Aufgabenstellung genau fest, welche Akzente gesetzt werden müssen. Nicht immer ist eine vollständige Absichtsanalyse verlangt. Gebräuchlich sind drei Grundtypen von Aufgabenstellungen.

1. Die vollständige Absichtsanalyse

Beispiele:

- Untersuchen Sie, mit welchen sprachlichen Mitteln der Verfasser seine Absicht verwirklichen will.
- Analysieren Sie unter besonderer Berücksichtigung der sprachlichen Mittel die Absicht des Verfassers.

Die Aufgabenstellung ist absolut allgemein gehalten. Im Rahmen der Textanalyse muss die Absicht des Verfassers vorab bestimmt werden.

> **konkretes Beispiel:**
> „Untersuchen Sie die Wirkungsweise der sprachlichen Mittel und zeigen Sie auf, welche Absicht der Autor damit verfolgt."

2. Die eingegrenzte Absichtsanalyse

Beispiele:

- Untersuchen Sie, welche Einstellung der Autor zu … (einem Personenkreis, einer Verhaltensweise etc.) einnimmt.

Es wird ein eingegrenzter Bereich, eine Teilabsicht, herausgegriffen. Die Aufgabe besteht darin, eine positive oder negative Einstellung zu erkennen und herauszuarbeiten. Ggf. ist eine differenzierte Betrachtung erforderlich, wenn die Beurteilung durch den Autor im Laufe des Textes einer Veränderung unterliegt (z.B. anfangs scheinbar positiv, letztlich aber negativ).

> **konkretes Beispiel:**
> „Wie setzt der Autor sprachliche Mittel ein, um seine Sichtweise zu verdeutlichen?"

3. Die richtungsgebundene Absichtsanalyse

Beispiele:

- Zeigen Sie anhand der Betrachtung der verwendeten sprachlichen Mittel, dass der Autor eine deutliche Distanz zu … (einer Personengruppe, Verhaltensweise etc.) aufbaut.

Der Analyseauftrag ist überhaupt nicht mehr offen. Die Aufgabe besteht darin, die vorgegebene Erkenntnis durch Auswertung der sprachlichen Mittel zu belegen.

> **konkretes Beispiel:**
> „Zeigen Sie, wie der Autor sprachliche Mittel verwendet, um die Verkehrsmisere zu verdeutlichen."

> **Intention:**
> (lat.) Absicht, Vorhaben, Hinwendung auf ein Ziel.

■ Aufgaben

1. Überprüfen Sie, was bei der folgenden Aufgabenstellung verlangt wird: „Welche Intentionen verfolgt der Autor und welche sprachlichen Mittel setzt er dabei hauptsächlich ein?"
2. Formulieren Sie zum Text auf der folgenden Seite Aufgaben, die sich an den konkreten Beispielen in der Randspalte auf dieser Seite orientieren.

1 Textanalyse

Sollten Gentests an Embryonen verboten werden?

■ VON JENS JESSEN

Mit Wünschen ist es immer so, dass ihre Erfüllung weitere Wünsche freisetzt. Wenn der Kinderwunsch bisher unfruchtbarer Eltern sich durch eine Befruchtung im Reagenzglas erfüllen lässt, stellt sich zwangsläufig der Zusatzwunsch ein, bei der Gelegenheit auch gleich die Gefahr von Behinderungen auszuschließen. Das ist die Stunde der Präimplantationsdiagnostik (PID). Und wenn, so die entsetzten Kritiker, auf diese Weise schon das Kind mit Downsyndrom ausgeschlossen werden kann, warum nicht auch das unerwünscht weibliche oder schwarzhaarige oder minderbegabte Kind?

Indes – warum eigentlich nicht? Mag sein, es besteht die Gefahr, dass künftig im Labor nach erwünschten oder unerwünschten, vielleicht auch nur befürchteten oder erhofften Eigenschaften selektiert wird, dass also ein Rassismus neuer Art im Gewand des züchterischen Ehrgeizes auftritt. Aber ob diese Gefahr real ist, ist keine Frage der Entwicklung. Es hängt einzig und allein von dem Maß an Hybris oder Demut der zukünftigen Eltern ab. Nutzen sie die Möglichkeiten und bestellen sich ihr Wunschkind jetzt? Oder bewahren sie ein Quäntchen Demut und fügen sich in den verbleibenden Rest an Zufall und Schicksal?

Hier liegt die wahre Gefahr. Von Schicksal oder Zufall oder, altmodisch gesagt, von Gottes unerforschlichem Willen ist nämlich unter den Bedingungen der PID schon heute nicht mehr viel übrig. Wo früher Natur war, etwas Unverantwortetes und Unbeeinflussbares, in das der Mensch sich zu fügen und an dem er zu wachsen hatte, ist eine Entscheidung getreten und damit auch Verantwortung. Die bisher verzweifelten unfruchtbaren Eltern, die sich mithilfe der Medizin ein Kind ertrotzen, die ängstlichen, die sich ein gesundes aussuchen lassen, die ehrgeizigen, die dazu noch Schönheit und Begabung wollen – sie werden sich bei allem, was folgt, nicht mehr auf Natur oder Gott herausreden können, sondern an die eigene Nase fassen müssen. Aus dem einen vermiedenen Unglück kann auch neues Unglück wachsen.

Aber gleichviel. Der Mensch, dem die PID eine neue Karriere als Architekt seines und seiner Kinder Schicksal eröffnet hat, könnte vielleicht sogar eine neue Emanzipation von alten Zwängen gewinnen – wenn, ja wenn er denn in allem anderen auch so erfolgreich wäre. Es ist aber leider so, dass er nur die Natur bezwingt, nicht die Gesellschaft. Und es ist leider so, dass die menschliche Gesellschaft die größte Quelle der Unmenschlichkeiten bleibt. Der Mensch siegt im Reagenzglas, aber nicht über gewissenlose Banker, Ölproduzenten, brutale Diktatoren, noch nicht einmal über die Gewissenlosigkeiten des Alltags. Das sollte dem Menschen, der Gott ins Handwerk pfuschen will, zu denken geben: dass er nicht einmal in der Lage ist, sein eigenes Haus in Ordnung zu bringen.

(aus: Die Zeit, 15.7.2010)

■ Aufgaben

1. Fassen Sie den Text kurz zusammen.
2. Welche Haltung nimmt der Autor den Gentests an Embryonen gegenüber ein? Zeigen Sie, wie dies durch die verwendeten sprachlichen Mittel deutlich wird.

SPRACHANALYSE – SATZFIGUREN

Funktion	Beispiel/Anwendung
Hypotaxe (Satzgefüge) weist auf eine gedankliche Straffung hin; differenzierter, ausgereifter Sprachgebrauch, der für die Darstellung kausaler Zusammenhänge erforderlich ist; verweist auf eine kognitive Textart (gedankliche Reflexion).	„Er behauptet, dass er das Paket rechtzeitig zur Post gebracht hat, wie die Mutter es ihm aufgetragen hatte, ehe sie zur Arbeit ging." *(hier: Kennzeichnung der zeitlichen Abfolge)*
Parataxe (Hauptsatzreihung) einfacher Sprachgebrauch: – wenn aus Unfähigkeit, dann unbewusst; – wenn bewusst, dann zur Erzeugung klarer Überschaubarkeit (häufig bei Reden); hat Feststellungscharakter und erzeugt Aussagecharakter; wirkt überzeugend, aber auch eindringlich-appellativ.	„Er richtete die Kamera ein. Er tat dies so sorgfältig wie üblich."
Aktiv/Passiv **Aktiv:** betont Aussage- und Handlungscharakter. **Passiv:** wirkt zurückhaltend, unter Umständen soll der Handlungsträger verschwiegen werden; z.T. kommunikativ (also Einbeziehung des Adressaten) oder nachdenklich.	„Der Verteidiger fälschte den Ball unglücklich ins eigene Tor." „Der Ball wurde (vom Verteidiger) ins Tor abgefälscht."
Rhetorische Frage Frage, die keine Antwort erwartet (Aussage in Frageform), oft mit Nähe zum Ausruf. **Ziel:** suggestive Wirkung erzeugen (z.B. Zustimmung des Zuhörers, Lesers)	„Haben wir nicht schon genug Opfer gebracht?"
Fragesatz Frage, die in der Regel im Folgetext beantwortet wird. **Ziel:** besondere kommunikative Wirkung erzeugen: Der Kommunikationspartner fühlt sich angesprochen und ernst genommen. Oft geben Fragen Hinweise auf die Textstruktur.	„Was ist letztlich für das Scheitern des Konzepts verantwortlich?" „Welche Ursachen hat diese Entwicklung? Was kann man wirksam dagegen tun?"

Satzfiguren

Funktion	Beispiel/Anwendung
Inversion Umstellung des Satzbaus, Abweichung vom herkömmlichen S-P-O-Satzbau (Subjekt-Prädikat-Objekt). Ziel: Betonung eines bestimmten Satzes bzw. Satzteils	„Die Größe hast du nicht auf die Welt gebracht." In Hamburg-Altona wohnt sie.
Parenthese (Einschub) Unterbrechung eines Satzes durch Einbringung eines selbstständigen/weiteren Gedankens, äußerlich meist durch Gedankenstriche gekennzeichnet. Ziel: Betonung einer Überlegung oder Zusatzinformation	„Paul Ehrlich – er hatte den Tod aller Meere schon für 1979 prophezeit – hat sich geirrt."
Ellipse Auslassung eines (oder mehrerer) für den vollständigen Satzbau notwendigen Wortes, das aber aus dem Sinnganzen leicht erkennbar und ergänzbar ist.	„Was nun?" statt „Was machen wir nun?" „Ich habe Tomaten gekauft." „Ich auch!" statt „Ich habe auch Tomaten gekauft!"
Anapher Wiederholung des gleichen Wortes oder der gleichen Wortgruppe am Anfang mehrerer aufeinanderfolgender Sätze oder Satzteile (evtl. auch Verse). Ziel: Betonung, Gliederungsfunktion	„Wir haben das Problem zuerst erkannt, wir haben als Erste Lösungen gefordert und wir haben schließlich auch etwas dagegen getan."
Parallelismus Wiederholung der gleichen Satzteilreihenfolge in zwei oder mehreren aufeinanderfolgenden Sätzen. Ziel: Verdeutlichung zusammengehöriger Gedanken, Entwicklungen usw.	„Die Abwehr hat den Gegner gut in Schach gehalten, das Mittelfeld hat druckvoll nach vorne gespielt, aber die Stürmer konnten die Vorteile nicht nutzen."
Antithese Gegenüberstellung gegensätzlicher Aussagen (auch in Form von Einzelworten oder Wortgruppen – Gegensatzpaar). Ziel: Verdeutlichung der Zerrissenheit, des Zwiespalts, der Spannung, aber auch der Allgemeingültigkeit	„Der Geist ist willig, doch das Fleisch ist schwach." „alt und jung"; „Gut und Böse"

SPRACHANALYSE – WORTWAHL

Funktion	Beispiel/Anwendung
Nominalstil – Substantive/Partizipien überwiegen nüchterne Darstellung, sachlich, statisch; hat ordnenden Charakter, besonders bei Verkürzung von Nebensätzen.	„aufgrund der schnellen Hilfestellung" „nach der Rettung aus der Not"
Verbalstil – Verben dominieren – meist verstärkt mit Adverbien oder Adjektiven flüssige, dynamische Darstellung; wirkt aktivierend, dramatisierend.	„Nachdem er aus höchster Not gerettet worden ist …"
Adjektive und Adverbien treten verstärkt auf (auffällige Häufung) charakterisierend, eindringliche Darstellung; emotionalisierende Wirkung. **bedeutsam:** Unterscheidung zwischen notwendigen (bedeutungstragenden) und unnötigen (bewertenden) Adjektiven/ Adverbien	„rote Blume" **aber:** „schöne, rote Blume"
Leitwörter, Schlüsselwörter, Reizwörter Themendarstellung, Gedankensteuerung, Themenerhellung, Problemöffnung, affektiv-wertende Einflussnahme.	Die Häufigkeit im Text ist ein entscheidender Hinweis auf ihre Bedeutung.
Fremdwörter, Jargon, Modewörter, Fachbegriffe, Dialektausdrücke lässt Rückschluss auf den Adressatenkreis zu; wirkt kommunikativ, da klare Ausrichtung auf den Kommunikationspartner erfolgt. Fremdwörter dienen der genauen Bezeichnung oder suggerieren höheren Bildungsstand. Jargon wendet sich an Eingeweihte, dient dem Gruppenzusammenhalt, zeugt von Sachkompetenz.	Die Wörter prägen den Text. Diese Wörter treten nicht nur vereinzelt auf, sondern werden verstärkt eingesetzt, z.B. in einem Fachtext.
Hochwertwörter, Komparative und Superlative, Optimierungen erzeugen positive Assoziationen, insgesamt betonte (positive/negative) Darstellung eines Sachverhalts.	Wasser → Tafelwasser

Rhetorische Mittel

SPRACHANALYSE – RHETORISCHE MITTEL

Funktion	Beispiel/Anwendung
Schlagwörter Ein Gedankengang soll eingeprägt werden; Schlagwörter kennzeichnen die subjektiv-emotionale Beurteilung eines Problems. Sie sind inhaltlich meist schlecht einzugrenzen.	„Kampf ums Dasein"
Neologismen/Wortneuschöpfungen Komprimierte Darstellung von Erkenntnissen, wirken originell, zeigen Kreativität. Zumeist Wortbildungen, die Neuartiges benennen.	z.B. in Werbung und Fachsprachen: „Mondfähre", „Computervirus"
Metapher Eine Wortbedeutung wird in einem ihr von Hause aus nicht zukommenden Sinn verwendet. Die positive/negative Vorstellung/Assoziation, die der Empfänger beim Vernehmen des Bildes hat, wird auf den Sachverhalt übertragen.	„Geistesblitz" betont die Unmittelbarkeit, die Plötzlichkeit des Einfalls. „Schiff der Wüste" als eine Bezeichnung für ein Kamel.
Vergleich Zwei mit „wie" verbundene Ausdrücke aus zwei, nicht unmittelbar zusammengehörenden Bereichen. **Wirkung:** vgl. Metapher	„stark wie ein Löwe", „ängstlich wie ein Hase"
Metonymie Ein gebräuchliches Wort wird durch ein anderes ersetzt, zu dem es in engster Verbindung steht. **Wirkung:** Betonung des Wesentlichen	„Traube" für Wein, „Eisen" für Dolch
Periphrase (Umschreibung) Ein Begriff wird nicht direkt genannt – zur Vermeidung einer Wiederholung – zur Verschleierung.	die Hauptstadt Deutschlands (für Berlin)
Akkumulation, Anhäufung Aneinanderreihung von Begriffen, sodass ein Gesamtzusammenhang deutlich wird (Detaillierung, Reihung). **Ziel:** Veranschaulichung (vgl. das Beispiel)	„Nun ruhen alle Wälder, Vieh, Menschen, Städt und Felder." (Paul Gerhard)
Personifikation Vermenschlichung von Gegenständen oder von Abstrakta (so reden z.B. in der Werbung die Gegenstände unmittelbar mit dem Käufer, der Produzent bleibt im Hintergrund).	„Es kam die Nacht und blätterte gleichgültig in den Bäumen." „Hallo, ich bin Spüli, das kleine Wunder gegen Fett."

Rhetorische Mittel

Funktion	Beispiel/Anwendung
Alliteration (Stabreim) Anfangsbuchstabe bzw. Anfangslaut wird in einer Folge von Wörtern wiederholt. **Ziel:** Einen besonderen Klangeffekt erreichen	„Komm Kühle, komm küsse den Kummer."
Symbol Vorgang oder Gegenstand, der auf etwas Höheres verweist, z.B. traditionelle Symbole religiöser Gemeinschaften, die nur Eingeweihten verständlich sind; ein Symbol verweist veranschaulichend auf einen höheren, abstrakten Bereich.	Fahne, christliches Kreuz, Abendmahl, Halbmond
Sprichwort Eine im Volksmund überlieferte Lebensregel oder Ähnliches. Die Plausibilität des Sprichworts soll auf die Aussage des Verfassers übertragen werden. **Ziel:** Steigerung der Überzeugungskraft	Der dümmste Bauer hat die dicksten Kartoffeln. Kleider machen Leute. Gleich und Gleich gesellt sich gern.
Synästhesie Verschmelzung verschiedenartiger Empfindungen (Riechen, Hören, Sehen, Tasten) **Ziel:** Ausdruck des Außergewöhnlichen der Empfindung durch eine willkürliche Verknüpfung unterschiedlicher Vorstellungsgebiete	„warme Farben", „klirrende Kälte", „weiche Klänge"
Euphemismus beschönigender Ausdruck für einen unangenehmen bzw. mit einem Tabu belegten Sachverhalt **Ziel:** Verhüllung, Beschönigung	„entschlafen" statt „sterben" (Teilweise werden zu diesem Zweck auch Fremdwörter verwendet: „Karzinom" statt „Krebs".)
Litotes Verneinung des Gegenteils **Ziel:** Hervorhebung eines Begriffs	„nicht übel", „gar nicht so schlecht", „nicht gerade der Beste"
Hyperbel Übertreibung bzw. Untertreibung; eine überzogene Darstellung, die offensichtlich mit der Wirklichkeit nicht im Einklang steht. **Ziel:** Steigerung der Anschaulichkeit, oft um komische Effekte zu erzielen (vgl. Ironie)	„Schneckentempo", „blitzschnell"
Ironie Der Autor meint das Gegenteil dessen, was er schreibt (verdeutlicht durch starke Übertreibung in der Formulierung oder aus dem Kontext erkennbar). **Ziel:** unter dem Schein der Ernsthaftigkeit jemanden oder etwas lächerlich machen	„Du machst heute aber wieder einen exzellenten Eindruck."

2
Die Erörterung

2 Die Erörterung

2.1 Ein Thema erörtern – Vorgehen und Aufbau

erörtern:
durchsprechen, darlegen; das Wort ist eine Lehnübertragung aus dem Lateinischen und wurde zunächst in der Rechtssprache im Sinne von „verhandeln" gebraucht.

Erörtern ist „angesagt". Das Fernsehen zeigt es, denn Talkshows erfreuen sich beim Publikum nach wie vor großer Beliebtheit. Bekannte Persönlichkeiten erörtern vor laufender Kamera ihre Ansichten zu aktuellen Themen aus Politik, Wirtschaft, Kultur und Gesellschaft. Häufig prallen dabei gegensätzliche Meinungen hart aufeinander. Dann ist es Aufgabe der Moderatorin oder des Moderators, erhitzte Gemüter wieder zu beruhigen, Meinungen auf den Punkt zu bringen, ein Schlussfazit zu ziehen.
Auch in der schriftlichen Erörterung sollen aktuelle Probleme klar erfasst und kritisch durchschaut werden. Es fällt leichter, einen eigenen Standpunkt zu beziehen und zu logischen Schlussfolgerungen zu gelangen, wenn man zuvor eine Thematik von verschiedenen Seiten beleuchtet hat.
Die folgenden Abschnitte sollen Sie mit den wichtigsten Arbeitsschritten vertraut machen, die notwendig sind, eine gelungene Erörterung zu schreiben.

■ **Tipp**
W-Fragen lassen sich gut merken, wenn man berücksichtigt, dass in ihnen alle Vokale (a, e, i, o, u) enthalten sind.

2.1.1 Auf das Thema kommt es an – Themenwahl und Themenerfassung

Thema verfehlt: Das ist die Schreckensvision vieler Schüler. Um das Risiko einer Themaverfehlung zu vermindern, sollten Sie ein paar grundlegende Regeln bei der Themenauswahl beachten:
1. Wählen Sie nur ein Thema, das Sie genau verstehen.
2. Schlagen Sie Begriffe, die Ihnen nicht so vertraut sind, nach, z.B. im Duden.
3. Suchen Sie ein Thema aus, von dem Sie glauben, dass sie genügend darüber wissen.

Wenn Sie sich für ein Thema entschieden haben, ist es wichtig, die Aufgabenstellung genau zu analysieren.
Im Folgenden sollen anhand eines konkreten Themenbeispiels die notwendigen Arbeitsschritte aufgezeigt werden.

Georg Wilhelm Friedrich Hegel

Thema:
Computerspiele erfreuen sich vor allem bei Jugendlichen zunehmender Beliebtheit. Wie beurteilen Sie diese Tatsache?

Dialektik:
Durch Aufweisen und Überwinden von Gegensätzlichkeiten soll die Wahrheit erfasst werden. Die Dialektik ist z.B. wesentlicher Bestandteil des umfassenden philosophischen Systems bei **Georg Wilhelm Friedrich Hegel** (1770–1831).

In jedem Thema sind Begriffe enthalten, deren Bedeutung erfasst werden muss. Mithilfe von **W-Fragen** lässt sich der zentrale Themenbegriff („Computerspiele") oft leichter aufschlüsseln.

2.1 Ein Thema erörtern – Vorgehen und Aufbau

Beispiele für Schlüssel- bzw. W-Fragen:

- Was sind Computerspiele?
- Welche Computerspiele kenne ich?
- Wie funktionieren Computerspiele?
- Wo spielt man Computerspiele?
- Warum sind Computerspiele so beliebt?

Hinweis
Es gibt auch Mischthemen, die mit einer linearen Fragestellung beginnen und einer dialektischen Stellungnahme abschließen.

Beispiel:
Welche Möglichkeiten alternativer Energiequellen gibt es zurzeit? Wie ist die Frage ihrer Wirtschaftlichkeit zu beurteilen?

Untersuchen Sie als Nächstes den Arbeitsauftrag („Wie beurteilen Sie …"), um die **Themenart** zu bestimmen.
Bei dem vorliegenden Thema soll eine Bewertung vorgenommen werden; dies verlangt zuvor die Abwägung gegensätzlicher Argumente und Standpunkte. Man spricht von einem **dialektischen Thema**.
Dagegen schlägt die **steigernde oder lineare Erörterung** nur eine Richtung ein. Argumente werden steigernd – also ihrer Wichtigkeit nach – angeordnet, um der Klärung eines Sachverhaltes zu dienen. Ein kritisches Gegenüberstellen ist hier nicht angebracht.

Lineare Aufgabenstellung	Dialektische Aufgabenstellung
Beispiel: Welche Erwartungen stellen Sie an eine jugendfreundliche Stadt oder Gemeinde?	**Beispiel:** Sollte man unsere Städte für den Individualverkehr völlig sperren?

Bisweilen dient auch ein Zitat einer bekannten Persönlichkeit als Aufhänger für die Themenstellung. Sie sollten diesen Anspruch mit eigenen Worten erläutern und anhand eines Beispiels konkretisieren, bevor Sie sich der eigentlichen Themenfrage zuwenden.

Beispiel:

„Die Umweltfrage ist selbst zur Überlebensfrage der Menschheit geworden."
(Richard von Weizsäcker)

Welche Aufgaben kommen den neuen Technologien in Bezug auf den Umweltschutz zu?

Richard von Weizsäcker
Deutscher Bundespräsident von 1984–1994

Aufgaben

1. a) Schreiben Sie den Themenbegriff zu folgendem Thema heraus.
   > Neue Formen der Verständigung verdrängen die herkömmliche Brief- und Gesprächskultur. Wie beurteilen Sie die neuen Möglichkeiten der Kommunikation?

   b) Notieren Sie Schlüsselfragen, die hilfreich sind, den Themenbegriff zu erschließen.

2. a) Legen Sie eine Tabelle mit den Überschriften „linear" und „dialektisch" an.
   b) Entscheiden Sie, ob die folgenden Aufgabenstellungen linear oder dialektisch sind, und tragen Sie diese in die passende Spalte ein:
   - Worin sehen Sie die Ursachen?
   - Nehmen Sie kritisch Stellung.
   - Halten Sie dies für richtig?
   - Nennen Sie die Folgen.
   - Diskutieren Sie die Gründe.
   - Sollte man so handeln?
   - Zeigen Sie Lösungen auf.

2.1.2 Stoffsammlung und Stoffordnung

> *„Ein Gedanke kann nicht erwachen, ohne andere zu wecken."*
> Marie von Ebner-Eschenbach

Marie von Ebner-Eschenbach (1830–1916): österreichische Schriftstellerin, die vor allem durch ihre Erzählungen berühmt wurde (z.B. „Krambambuli").

Um eine Themenfrage beantworten zu können, müssen Sie Ideen sammeln. Dafür gibt es zwei verschiedene Möglichkeiten:

1. Schreiben Sie im Brainstorming-Verfahren alle Gedanken auf ein Blatt, die Ihnen spontan zur Thematik einfallen. Verzichten Sie auch nicht auf Beispiele aus eigener Erfahrung (= ungeordnete Stoffsammlung).

2. Erstellen Sie eine Grobgliederung des Themas, bevor Sie mit dem Stoffsammeln beginnen. Bei einer dialektischen Themenstellung bietet es sich an, in zwei Spalten die Pro-und-Kontra-Aspekte gegenüberzustellen (= geordnete Stoffsammlung).

Brainstorming:
Technik, um seine Ideen fließen zu lassen, ohne sie gleich zu bewerten (siehe Seite 187).

Grobgliederung:
Das Thema wird bereits in seine Hauptaspekte aufgegliedert, z.B. Ursachen und Auswirkungen.

Für das **Beispielthema** Computerspiele könnte eine Stoffsammlung folgendermaßen aussehen:

Computerspiele sind	
zu befürworten	nicht zu befürworten
• keine Hemmschwelle mehr vor dem Computer	• teuer in der Anschaffung
• kleine Spielgeräte kann man leicht transportieren	• häufig brutal
• Game-Shops	• Passivität
• Denkspiele	• Elektronikschrott
• Geschicklichkeit	• man sitzt nur noch vor dem Bildschirm
• eigener Industriezweig	• Haltungsschäden
• Spannung	• Probleme mit den Augen

Tipp
Verwenden Sie für Ihre Stoffsammlung ein großes Papierblatt, um auch spätere Ergänzungen einfügen zu können. Benützen Sie für jeden neuen Gedanken eine neue Zeile.

Nach einer Grobgliederung muss diese Stoffsammlung unbedingt geordnet werden. Um sich Übersicht zu verschaffen, werden inhaltlich miteinander verwandte Punkte – sogenannte **Unterbegriffe** – unter einem **Oberbegriff** zusammengefasst.
Unterstreichen Sie hierfür mit einem Textmarker gleicher Farbe alles, was zusammengehört. Natürlich können die einzelnen Punkte auch herausgeschrieben werden.
In der Stoffsammlung zum Thema Computerspiele passen die Begriffe „Denkspiele", „Geschicklichkeit" und „Spannung" eindeutig zusammen.
Als Oberbegriff würde sich beispielsweise „Spielvielfalt" anbieten.

Tipp
Überprüfen Sie beim Ordnen nochmals alle Begriffe, ob sie auch wirklich eine Antwort auf die Themenfrage geben. Streichen Sie gedankliche Überschneidungen.

Hinweis
Sie können auch verschiedene Symbole wählen, um zusammengehörende Gedanken zu kennzeichnen.

Hinweis
Nicht die Menge, sondern die Qualität der Gedanken ist die Grundlage für eine gute Erörterung.

Aufgaben
1. Notieren Sie im Brainstorming-Verfahren alles, was Ihnen zum Begriff „Vorurteil" einfällt.
   Achten Sie dabei auch auf die Zeit, die Sie für Ihre Stoffsammlung benötigen.
2. Schreiben Sie eine geordnete Stoffsammlung zu folgendem Thema:
   Wie beurteilen Sie die zunehmende Informationsfülle, mit der die Menschen heutzutage konfrontiert werden?
3. Formulieren Sie passende Oberbegriffe zu folgenden Gedanken in einer Liste und unterstreichen Sie den Oberbegriff in Ihrer Liste, der Ihnen am treffendsten erscheint:
   Notendruck in der Schule – Stress mit der Freundin – Angst vor Arbeitslosigkeit
4. Notieren Sie Unterbegriffe, die zu den folgenden Oberbegriffen passen:
   Schulart – Schlaginstrumente – Wortarten

2.1.3 Der Bau eines Hauses beginnt mit dem Plan – die Gliederung der Gedanken

Ein klar strukturierter Schreibplan ist das Fundament einer Erörterung. Die bereits grob geordneten Gedanken werden jetzt in eine bestimmte Reihenfolge gebracht.

Dafür gibt es folgende Regeln:

1. Ordnen Sie die Argumente gemäß ihrer Bedeutung und stellen Sie das überzeugendste an den Schluss (Steigerung).
2. Beginnen Sie bei einer dialektischen Erörterung mit der Position, für die Sie sich nicht selbst entschieden haben.

Folgende Gliederungsschemas haben sich bewährt:

Hinweis
Auch eine Dezimalgliederung ist möglich.

1	Einleitung
2	Themenfrage
2.1	Erster Themenaspekt
2.1.1	
2.1.2	
2.2	Zweiter Themenaspekt
2.2.1	
2.2.2	
3	Schluss

Hinweis
Es ist nicht immer notwendig, einen Oberpunkt (z. B. 1) in Unterpunkte (z. B. a)) zu differenzieren. Denken Sie aber daran: Wer a) sagt, muss auch b) sagen.

Synthese:
Zusammenfügung einzelner Teile zu einem Ganzen. Widersprechendes soll sich in einer höheren Einheit aufheben.
(Siehe auch Abschnitt 1.6.1, Seite 31.)

Lineares Thema	Dialektisches Thema
A Einleitung	**A** Einleitung
B Themenfrage als Aussage	**B** Themenfrage als Aussage
I. Erster Themenaspekt (z. B. Gründe)	I. Argumente (Pro)
1. …	1. …
a) …	a) …
b) …	b) …
2. …	2. …
a) …	a) …
b) …	b) …
II. Zweiter Themenaspekt (z. B. Abhilfemöglichkeiten)	II. Argumente (Kontra)
1. …	1. …
a) …	a) …
b) …	b) …
2. …	2. …
a) …	a) …
b) …	b) …
	III. Entscheidung (Synthese)
C Schluss	**C** Schluss

Ein dialektisches Thema mündet in eine **Synthese**. In ihr sollten bereits vorher behandelte Argumente nicht einfach wiederholt werden, sondern zu Lösungsansätzen auf einer höheren gedanklichen Ebene dienen. Bisweilen bietet sich auch ein Kompromiss („Mittelweg") an. Bei einem linearen Thema entfällt die Synthese.

Argument (Pro) → **Synthese** ← **Argument (Kontra)**

2.1 Ein Thema erörtern – Vorgehen und Aufbau

Die Gliederungspunkte werden entweder in vollständigen Sätzen oder in Stichworten formuliert. Oft erweist sich die Stichwortform im Nominalstil als sinnvoll (z.B. „Vermeidung von"). Wofür Sie sich auch entscheiden: Die Formulierung muss einheitlich sein.

Das Thema „Computerspiele" lässt sich beispielsweise folgendermaßen gliedern:

A Einleitung

B Computerspiele können abgelehnt, aber auch befürwortet werden
   I. Negative Gesichtspunkte
      1. Kommerzielle Aspekte
         a) kostspielige Basisgeräte
         b) kontinuierlicher Kaufanreiz für neue Spiele
      2. Gesundheitlicher Aspekt
         a) mangelnde Bewegung
         b) Haltungsschäden
      3. Psychologische Aspekte
         a) Fixiertheit auf die virtuelle Welt des Bildschirms
         b) Konfrontation mit brutalen Inhalten

   II. Positive Gesichtspunkte
      1. Wirtschaftliche Aspekte
         a) Game-Shops und Tauschzentralen
         b) Schaffung eines eigenen Produktionszweigs
      2. Unterhaltungsaspekt
         a) ständige Verfügbarkeit der handlichen Spielgeräte
         b) Spielevielfalt
      3. Pädagogischer Aspekt
         a) Erziehung zum logischen Denken
         b) Gewöhnung an den Umgang mit elektronischen Geräten

   III. Synthese: Computerspiele haben zahlreiche positive Aspekte; allerdings muss die Nutzung kontrolliert sein.

C Schluss

Nominalstil:
siehe auch die Seiten 51, 74 und 128.

▌ Tipp
Erstellen Sie nicht erst dann Ihre Gliederung, wenn Sie den Aufsatz bereits geschrieben haben; dies geht meistens schief.

▌ Hinweis
Sie können in der Gliederung auch jedem Argument (Pro) sofort ein Gegenargument (Kontra) gegenüberstellen (Mikro-Dialektik), z.B.:

I. **Wirtschaftliche Aspekte**
1. hohe Anschaffungskosten
2. Entstehung eines eigenen Produktionszweigs

▌ Tipp
Bieten Sie in der Gliederung nur so viele Aspekte an, wie Sie im zur Verfügung stehenden zeitlichen Rahmen auch ausführen können.

Streitende

▌ Aufgaben

1. Schreiben Sie eine Gliederung zu folgendem Thema:
Immer mehr Kinder und Jugendliche erleben, wie die Ehe ihrer Eltern scheitert.
2. Beachten Sie bei der Themengliederung zu Aufgabe 1 folgende Frage:
Worin sehen Sie die Ursachen für diese Entwicklung und welche Auswirkungen kann diese Tendenz für die Gesellschaft haben?

2 Die Erörterung

Günter Grass
wurde 1927 in Danzig geboren. Die Novelle „Katz und Maus" bildet zusammen mit „Die Blechtrommel" und „Hundejahre" die „Danziger Trilogie". Grass erhielt 1999 den Literatur-Nobelpreis. Siehe auch die Seiten 266 und 272.

2.1.4 Einleitung und Schluss

> *„Aller Anfang ist schwer."*
> **Sprichwort**

> *„Wer schreibt mir einen guten Schluss?"*
> **Günter Grass, in: „Katz und Maus"**

Die Aussage der beiden Zitate gilt auch für den Beginn und das Ende einer Erörterung. Es ist oftmals schwierig, eine passende Einleitung und einen gelungenen Schluss zu schreiben.

Die **Einleitung** soll den Leser auf das Thema neugierig machen und ihn dazu motivieren, die folgende Erörterung mit Interesse weiterzulesen. Deshalb ist es wichtig, ihn ohne große Umschweife auf die zu behandelnde Problematik hinzuführen.

Es bieten sich folgende Einstiegsmöglichkeiten an:

- ein aktuelles Ereignis (z.B. Zeitungsmeldung)
- ein historischer Rückblick
- eine persönliche Erfahrung
- ein Zitat einer bekannten Persönlichkeit
- Definition oder Begriffserläuterungen
- gegensätzliche Erscheinungen

Tipp
Verwenden Sie Zitate nur, wenn Sie diese genau kennen. Falls Sie eine Erörterung zu Hause oder in einer Bibliothek schreiben, können Sie ja in einem Zitaten-Lexikon nachschlagen.

In der Gliederung besteht die Einleitung nur aus einem Satz. Erst in der Ausführung wird sie dann weiter ausgebaut. Eine Einleitung ist nicht nur die umformulierte Wiederholung des Themas; sie sollte aber gleichzeitig auch keinen Aspekt des Hauptteils vorwegnehmen.
Am Ende der Einleitung steht die Themenfrage.

Beispiel für eine Einleitung zum Thema „Computerspiele" (siehe Seite 56):

> Ohne Computer geht nichts mehr. Dieser Satz hat sich in den letzten Jahren immer mehr bewahrheitet. Für Betriebe, Behörden, Schulen und selbst für den Privatbereich ist der Computer inzwischen unverzichtbar geworden. Aber mit Computern kann man auch spielen. Vor dem Monitor ist es möglich, als Michael Schumacher am Formel-1-Rennen teilzunehmen, mit Agent 007 auf Verbrecherjagd zu gehen oder als Shadow-Man gegen diabolische Kreaturen aus dem Jenseits zu kämpfen. Besonders bei Jugendlichen erfreuen sich solche Computerspiele zunehmender Beliebtheit. Wie ist dieser Trend zu beurteilen?

Tipp
Achten Sie darauf, dass die Themenfrage sinngemäß richtig wiedergegeben wird. Wörtlich übernehmen muss man sie nicht.

Ein **Schlussgedanke** sorgt für die Abrundung einer Erörterung.
Der Schluss darf
- weder die Gedanken des Hauptteils wiederholen
- noch neue Argumente hinzufügen.

62

In der Gliederung wird der Schluss – ähnlich wie die Einleitung – in Form eines Aussagesatzes aufgeführt.

Vorschläge für die Gestaltung des Schlusses:

- ein Ausblick auf die Zukunft
- eine Anregung für den Leser
- eine Anknüpfung an die Einleitung
- ein Appell
- die Einordnung des Ergebnisses in einen größeren Zusammenhang

Beispiel für einen Schluss:

Da momentan ein gegenläufiger Trend nicht abzusehen ist, werden sicherlich technisch noch perfektere und realistischere Computerspiele entwickelt werden und damit weiterhin großen Reiz auf Jugendliche ausüben. Trotz aller Faszination, die von solchen Spielen ausgehen kann, sollte nicht vergessen werden, dass es nach wie vor auch noch andere Möglichkeiten der Freizeitgestaltung gibt. Ein Nachmittag im Schwimmbad und ein Kneipenabend mit Freunden haben auch ihren Reiz.

> **Hinweis**
> Bei einem dialektischen Thema ersetzt der Schluss nicht die Synthese. Beide Elemente treten unabhängig voneinander auf.

Aufgaben

1. a) Das auf der linken Seite angeführte Beispiel für eine Einleitung soll Teil einer Gliederung werden. Fassen Sie hierfür die Einleitung in einem Aussagesatz zusammen.
   b) Verkürzen Sie den Schluss ebenfalls auf diese Weise.
2. Schreiben Sie eine vollständige Einleitung zu folgendem Thema:
   Die Begeisterung Jugendlicher für sogenannte Risikosportarten wie Bungeejumping oder Paragliding hat deutlich zugenommen. Wie beurteilen Sie den Trend?
3. In einer Gliederung steht folgender Schlussgedanke:
   Wirklich geholfen ist Hartz-IV-Empfängern nur, wenn sie nachhaltig in sinnvolle Beschäftigung kommen. Formulieren Sie aus diesem Gedanken einen kompletten Schluss.

2 Die Erörterung

Wilhelm Busch
(1832–1908):
Zeichner und Dichter, der vor allem durch seine satirischen Bildgeschichten bekannt wurde („Max und Moritz", „Die fromme Helene").

■ **Hinweis**
Je differenzierter ein Gedanke ausgeführt wird, desto mehr Elemente verlangt seine Entfaltung.

■ **Hinweis**
Lesen Sie im folgenden Kapitel, wie man möglichst geschickt argumentiert.

■ **Tipp**
In Erörterungen überwiegt häufig die deduktive Argumentation. Dies muss nicht unbedingt so sein. Wechseln Sie doch zwischen den Methoden ab.

2.1.5 Die Gestaltung des Hauptteils

> „Gedanken sind nicht stets parat. Man schreibt auch, wenn man keine hat."
>
> **Wilhelm Busch, Aphorismen und Reime**

Hier geht es um die Vertextung Ihrer Gedanken, die Sie in der Gliederung bereits strukturiert haben. Sie müssen die aufgestellten Behauptungen (=Thesen) begründen und anhand eines konkreten Beispiels illustrieren. Ein ganz einfaches Modell könnte so aussehen:

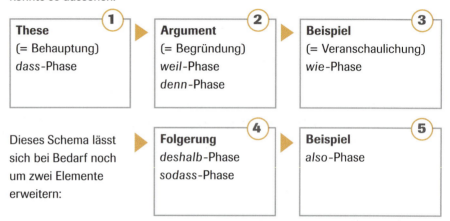

Natürlich müssen die Argumente zur These passen und inhaltlich stimmen. Beispiele sollen möglichst konkret und auf das Argument bezogen sein. Auch sollte man den Leser nicht ständig mit Erlebnissen aus dem eigenen Erfahrungskreis langweilen.

Man unterscheidet beim Argumentieren zwei Vorgehensweisen:
- **deduktive Methode:** Sie beginnt mit einer allgemeinen Aussage und geht dann zum konkreten Einzelfall über.
- **induktive Methode:** Hier ist es genau umgekehrt – man gelangt über ein Beispiel zur abstrakten Verallgemeinerung.

Beispiel für die Ausarbeitung eines Gedankens am Beispielthema „Computerspiele" von Seite 58:

Computerspiele können auch dazu beitragen, logisches Denken und Kombinatorik zu schulen. Ohne die richtige Taktik und ausgewählte Strategien wird man das Ziel des Spiels niemals erreichen. Dies gilt beispielsweise für das Computerspiel Star Craft II: Wings of Liberty aus dem Genre der Echtzeit-Strategiespiele. Um den Spieler vor stetig neue Herausforderungen zu bringen, wechselt das Missionsziel ständig; für jede erfolgreiche Mission können Kredit- und Forschungspunkte gesammelt werden. Es gibt unzählige Kombinationsmöglichkeiten, die logische, aber auch kreative Denkansätze verlangen. Computerspiele können in diesen Bereichen also durchaus fördernd auf den Spieler wirken.

64

Die Synthese schließt den Hauptteil ab und beantwortet die Themenfrage. Bekanntes braucht man hier nicht mehr zu wiederholen, da ja die Gegenüberstellung von Argumenten schon stattgefunden hat. Vielmehr sollten Sie zu Problemlösungen gelangen, welche die vorhergehenden Gedanken relativieren und in einem neuen Blickpunkt erscheinen lassen. Vielleicht sind hierfür die folgenden **Formulierungsvorschläge** hilfreich:

■ **Hinweis**
Nur die „eigene Meinung" kundzutun ist nicht ausreichend.

- Wenn man berücksichtigt, dass …
- Als Ziel bietet sich möglicherweise an …
- Trotz der genannten Schwierigkeiten …
- Im Falle einer Beschränkung …
- Vorausgesetzt, dass …
- Unter der Bedingung, dass …
- Ein möglicher Kompromiss wäre …

Weitere Formulierungsvorschläge und ihre Verwendungskontexte finden Sie auf den Seiten 24–25.

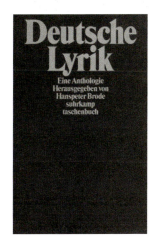

■ **Aufgaben**
1. a) Schreiben Sie den ausgearbeiteten Gedanken des Beispielthemas um, indem Sie die induktive Methode anwenden.
   b) Welche der Ausführungen gefällt Ihnen besser? Begründen Sie Ihre Antwort.
2. Erläutern Sie stichwortartig, ob es sich bei den folgenden Aussagen um Thesen, Argumente oder Beispiele handelt:
   a) Vor allem durch die Ausstrahlung aktueller Spielfilme werden die kommerziellen Fernsehsender für die öffentlich-rechtlichen Sender eine starke Konkurrenz.
   b) Moderne Technologien sind für den Umweltschutz von großer Bedeutung.
   c) Äpfel aus Neuseeland, Trauben aus Südafrika und Avocados aus Israel – eine reichhaltige Palette frischer Früchte, möglichst auch im Winter, zeugt davon, dass die Ansprüche der Konsumenten steigen.
3. Formulieren Sie eine Begründung zu folgender These:
   Schülerinnen und Schüler sollten im Laufe ihrer Schulzeit mehrere Gedichte auswendig lernen.

Paul Watzlawick
ist Kommunikationswissenschaftler und Psychotherapeut. Er versucht mit vielen Beispielen zu beweisen, dass unsere sogenannte Wirklichkeit das Ergebnis von Kommunikation ist.

2.1.6 Die besseren Argumente zählen – logische Argumentation

Anleitung zum Unglücklichsein

Paul Watzlawick (*1921)

„Unter einer Straßenlaterne steht ein Betrunkener und sucht und sucht. Ein Polizist kommt daher, fragt ihn, was er verloren habe, und der Mann antwortet: „Meinen Schlüssel." Nun suchen beide. Schließlich will der Polizist wissen, ob der Mann sicher ist, den Schlüssel gerade hier verloren zu haben, und jener antwortet: „Nein, nicht hier, sondern dort hinten – aber dort ist es viel zu finster."

In vielen Lebenssituationen wollen wir andere von der Richtigkeit unseres Denkens und Handelns überzeugen. Dabei suchen wir nach Begründungen, die unserem Gegenüber einsichtig sein sollen. Dieses Vorgehen nennt man Argumentieren.

Es werden drei verschiedene Argumentationsarten unterschieden:

1. die plausible Argumentation
Sie stützt sich auf Allgemeinplätze, die scheinbar jeder akzeptieren kann. Häufig bleibt sie gedanklich an der Oberfläche.

> **Beispiel:**
> Es gilt zu beweisen, dass man durch regelmäßiges Training seine Kondition erheblich steigern kann.

2. die rationale Argumentation *Faktenargument*
Dieser Argumentationstyp beruft sich auf überprüfbare Tatsachen. Hier muss man klar, logisch und ohne Widersprüche argumentieren. Verfügbares Zahlenmaterial kann diese Argumentation erleichtern.

> **Beispiel:**
> Dass Arbeitslose sich lieber in die „soziale Hängematte" legen, anstatt sich neue Arbeit zu suchen, ist ein Vorurteil. So geht aus einer Umfrage des Berliner Meinungsforschungsinstituts Info hervor, dass 90 Prozent der Arbeitslosen schnell wieder einen Job wollen.

2. die moralische Argumentation *normativ*
Zur Argumentation werden Normen und Werte herangezogen, die von der Allgemeinheit anerkannt werden.

> **Beispiel:**
> Parteispenden ab einer gewissen Höhe sind keine Privatsache mehr. So fordert das Grundgesetz eindeutig in Artikel 21, dass Parteien über die Herkunft und Verwendung der Mittel Rechenschaft geben müssen.

2.1 Ein Thema erörtern – Vorgehen und Aufbau

Argumente zählt man nicht einfach auf; dies würde auf die Dauer langweilig. Besser ist es, sie aufeinander zu beziehen und durch Übergänge zu verknüpfen. Hierfür gibt es verschiedene **Textverknüpfer:**

- **gegenüberstellend:** z.B. andererseits, obwohl, demgegenüber, zwar – aber, hingegen
- **reihend:** z.B. weiterhin, außerdem, schließlich, ferner, zusätzlich
- **steigernd:** z.B. noch wichtiger jedoch, ausschlaggebend, vor allem aber, noch überzeugender, schwerer

> **Tipp**
> Beginnen Sie jeden neuen Gedanken in einer neuen Zeile. Ihr Text wird dann übersichtlicher.
>
> **Chuzpe:** Dreistigkeit, Unverschämtheit
> **Apologet:** Verfechter, Verteidiger
> **prekär:** misslich, bedenklich

Im Netz der Piraten

Der Diebstahl geistigen Eigentums im Internet verletzt nicht nur die Rechte der Autoren, er bedroht auch unsere Kultur.

von Susanne Gaschke

Es klingt alles immer so süß. »Pirate Bay«, Piratenbucht, nennt sich die mit 25 Millionen Nutzern weltgrößte Anleitungsbörse für Film- und Musik-
5 diebstahl im Internet – und weckt damit Assoziationen wie Schatzinsel oder Fluch der Karibik. „Don't be evil", „Tu nichts Böses", lautet der immer noch liebevoll zitierte Wahlspruch von
10 Google, auch wenn der Internetsuchdienst längst keine niedliche Garagenfirma mehr ist, sondern ein milliardenschwerer Konzern. Ein Konzern, der bei seinen unheimlichen Plänen, das
15 „Wissen der Welt" zu digitalisieren, auf die Urheberrechte von Autoren nur dann Rücksicht nimmt, wenn sich das überhaupt nicht vermeiden lässt. Von digital natives schließlich, von den
20 „Eingeborenen des Netzes", sprechen allerlei Zukunftdermediensachverständige, wenn es um die junge Generation der Internetnutzer geht: An edle Wilde sollen wir dabei denken, die für
25 die so rückwärtsgewandte Konzepte wie geistiges Eigentum einfach kein Verständnis mehr haben.
Über die Geschädigten hingegen wird der Hohn und Spott ausgegossen. Als
30 der schwedische Autor Per Olov Enquist zu den Pirate-Bay-Aktivitäten sagte, Diebe müsse man Diebe nennen, beschimpfte ihn die Gegenseite als „gierigen Autor". Als Joanne K.
35 Rowling erklärte, sie wolle Harry Potter nicht als E-Book sehen, schaltete es hämisch zurück, alle ihre Bücher seien längst im Netz – und sie müsse sich überlegen, ob sie ihren Fans den
40 legalen Zugang zum digitalen Potter verwehren wolle. Was für eine geniale Beweislastumkehr: Das geistige Eigentum wird zum Diebesgut.

45 Es scheint allerdings, als ändere sich gerade die Gemengelage. Als hätten die Betroffenen nach ihrer lang anhaltenden Verblüffung über die Chuzpe der Netzapologeten endlich die Spra-
50 che wiedergefunden.
Hilfreich war dabei das Stockholmer Gericht, das die Pose der Pirate-Bay-Betreiber, die sich als harmlose Kulturvermittler zu stilisieren suchten,
55 nicht akzeptierte und sie in der vergangenen Woche zu Haftstrafen und hohem Schadensersatz verurteilte. Der Prozess gab dem Pirate-Bay-Sprecher
Peter Sunde überdies die Gelegenheit,
60 sich weniger als süß denn vielmehr als zynisch zu outen: Es sei immer schon schwer gewesen, als Künstler zu leben, verkündete er; im Übrigen sei die Gerichtsverhandlung nur „Theater für
65 die Medien". [...]

Die Ideologen eines „befreiten Wissens" mögen der Meinung sein, die elitäre „etablierte" Kunst könne so
70 leicht durch das unlektorierte Mitteilungsbedürfnis der Nutzermassen ersetzt werden wie der professionelle Journalismus durch Jedermann-Reporter; YouTube-Filmchen seien
75 ohnehin kurzweiliger als großes Kino. Welche intellektuelle Finsternis droht uns, wenn sie sich irren? Dem Heidelberger Appell ist deshalb uneingeschränkt zuzustimmen: Die Freiheit
80 von Literatur, Kunst und Wissenschaft ist ein hohes Verfassungsgut. Zu dieser Freiheit gehört das Recht des Urhebers, nicht im Internet enteignet zu werden. Verlieren wir diese Freiheit,
85 setzen wir unsere kulturelle Zukunft aufs Spiel.

(aus: Die Zeit, 23.04.2009)

■ Aufgaben

1. a) Schreiben Sie aus dem Kommentar zum Thema „Im Netz der Piraten" stichwortartig die enthaltenen Argumente heraus.

    b) Überlegen Sie, ob es sich um plausible, rationale oder moralische Argumente handelt, und notieren Sie Ihre Ergebnisse.

2.1.7 Erörterungsbeispiel: ein Schüleraufsatz

Klasse T 11 a   Erste Schulaufgabe Deutsch vom 15.10.2010 (Erörterung)

Einleitung	In der Vorweihnachtszeit wird im Familien- und Bekanntenkreis häufig über den Sinn und Zweck von Computerspielen diskutiert. Auf vielen Wunschzetteln der 12- bis 18-Jährigen standen nämlich Computerspiele wie „Anno 1404", welches als bestes Computerspiel 2010 ausgezeichnet wurde, oder auch „World of WarCraft: Cataclysm", „F1 2010 – Formula 1" sowie „Sid Meier's Civilization V" ganz oben. Eltern waren oftmals ratlos. Sollten sie diesen Wünschen entsprechen und wirklich derartige Spiele unter den Weihnachtsbaum legen? In zahlreichen Diskussionen wurden Computerspiele teils abgelehnt, teilweise aber auch befürwortet.
Themenfrage	
These	Als ein negativer Gesichtspunkt ist zunächst der finanzielle Aspekt zu erwähnen. Um überhaupt in den Genuss des Computerspielens zu kommen, sind Basisgeräte notwendig, soweit diese noch nicht vorhanden sind. Natürlich wird sich niemand deswegen gleich einen neuen Computer kaufen. Für viele Spiele braucht man aber zumindest eine Spieler-Konsole mit Controller zum Preis von ca. 300 Euro, und ein separates kleines Fernsehgerät macht das Spielen noch bequemer. Diese Anschaffungen reißen ein erhebliches Loch in die Haushaltskassen einiger Familien, die dafür auf andere Wünsche verzichten müssen. Allein mit der Grundausstattung ist es aber nicht getan. Laufend werden neue Spiele auf den Markt gebracht und durch Werbung und Fachzeitschriften, welche teilweise kostenlos in den Geschäften ausliegen, den jungen Kunden angepriesen. Die Firma Nintendo informiert mit ihren „News" in regelmäßigen Abständen über neu erschienene Wii-Spiele, die meist nicht unter 40 Euro zu bekommen sind. Jugendliche werden einem ständigen Kaufreiz ausgesetzt und geben nicht selten einen Großteil ihrer Ersparnisse für elektronische Spiele aus.
Argument	
Beispiel	
Folgerung	
Argument	
Beispiel	
Folgerung	
These	Auch gesundheitliche Bedenken sind angebracht. Durch stundenlanges Sitzen vor dem Bildschirm kommt die Bewegung zu kurz. Gerade in der Pubertät, wo viele junge Leute mit Übergewicht und hormoneller Umstellung des Körpers zu kämpfen haben, ist ein Ausgleichssport besonders wichtig.
Beispiel	In der Schule sitzen die Jugendlichen schon den ganzen Vormittag. Wird dann der Nachmittag auch noch vor dem Computer verbracht, bleibt für sportliche Betätigung – wenn überhaupt – nur noch wenig Zeit. Gesundheitsschäden sind absehbar.
Folgerung	

68

2.1 Ein Thema erörtern – Vorgehen und Aufbau

Zudem verursacht das kontinuierliche Sitzen vor dem Monitor laut Aussage vieler Mediziner auch Haltungsschäden.

◀ **Argument**

Die Stühle in den Kinder- und Jugendzimmern sind oft qualitativ nicht sehr hochwertig. Gerade in der Wachstumsphase der Kinder können die Folgen ständiger falscher Sitzhaltung irreparabel sein.

◀ **Beispiel**

◀ **Folgerung**

Besonders schwer jedoch wiegen Argumente aus psychologischer Sicht, die gegen Computerspiele sprechen, denn diese Art der Freizeitbeschäftigung kann zu einer totalen Fixierung auf die Bildschirmwelt führen. Der Jugendliche wird mit einem System konfrontiert, in dem ein festes Regelwerk herrscht. Nur derjenige, der sich mit diesen virtuellen Gegebenheiten voll identifiziert, hat im Spiel Erfolg. Nicht umsonst beginnen die meisten Spielanleitungen, die den Computerspielen beiliegen, mit einer Einleitung, die den Spieler mit seiner Rolle als Krieger, Rennfahrer oder Geheimagent vertraut macht. Manche Jugendliche leben nur noch in dieser Gedankenwelt. Erlebnisse, die der normale Alltag bereithält, sind kaum mehr von Interesse. Auch die Bereitschaft und Fähigkeit, mit anderen sprachlich zu kommunizieren, geht dabei häufig verloren.

◀ **Argument**

◀ **Beispiel**

◀ **Folgerung**

Dazu kommt noch, dass viele Spiele äußerst brutale Inhalte verkörpern. Als 007-Agent James Bond hat der Spieler die Lizenz zum Töten, von der er dann im Laufe des Spiels auch häufiger Gebrauch machen muss. Schießereien werden sehr realistisch dargestellt; man sieht die Einschüsse im Körper des Gegners, und das Blut fließt reichlich.

◀ **Argument**

◀ **Beispiel**

Besonders bei sehr jungen Spielern, die – trotz Indizierung – natürlich auch an solche Spiele herankommen, ist diese Konfrontation mit primitiver Brutalität für die Persönlichkeitsentwicklung nicht gerade förderlich.

◀ **Folgerung**

Andererseits muss man natürlich auch die positiven Aspekte dieser neuartigen Freizeitgestaltung sehen. Computerspiele sind zu einem regelrechten Wirtschaftsfaktor geworden. In jeder Stadt gibt es unzählige Game-Shops und Tauschzentralen, die nicht schlecht laufen. Selbst in den Gelben Seiten des Telefonbuches findet man unter der Rubrik Computerspiele zahlreiche Geschäfte wie Players Place oder Gameport, die ausschließlich elektronische Spiele in ihrem Sortiment haben. Junge Computerfreaks finden hier vielleicht einen Arbeitsplatz, der genau ihren Vorstellungen entspricht.

◀ **Antithese**

◀ **Argument**

◀ **Beispiel**

◀ **Folgerung**

Aber auch in der Elektronikindustrie nehmen Computerspiele einen wichtigen Platz ein. Sony Computer Entertainment, Blizzard Entertainment,

◀ **Argument**

▬▬ Aufgabe

Computerspiele erfreuen sich vor allem bei Jugendlichen zunehmender Beliebtheit.
Wie beurteilen Sie diese Tatsache?

2 Die Erörterung

Beispiel ▷	Electronic Arts oder Konami sind nur einige Namen internationaler Firmen, die Computerspiele herstellen und vertreiben. Für diese Tätigkeit
Folgerung ▷	braucht man ausgebildete Fachkräfte wie Informatiker und Programmierer; also entstehen qualifizierte Arbeitsplätze, was gesamtwirtschaftlich zu begrüßen ist.
Argument ▷	Der Unterhaltungswert von Computerspielen ist besonders hoch anzusiedeln. Sind sie erst einmal installiert, kann man mit ihnen spielen, wann im-
Beispiel ▷	mer man Zeit und Lust dazu hat. Einige Spielkonsolen, z.B. der Nintendo DS, bestechen vor allem durch ihre Handlichkeit. Man kann sie überall mit
Folgerung ▷	hinnehmen und sich mit ihnen die Zeit vertreiben, auch im Bus, in der Bahn und sogar im Flugzeug.
Argument ▷	Zusätzlich ist eine große Spielevielfalt geboten. Mit Actionspielen wie Armorines oder Turok 2 kann man sich nach einem stressigen Schulvor-
Beispiel ▷	mittag so richtig abreagieren. Dagegen verlangt das schon klassisch gewordene „Tetris" Sammlung und Konzentration. Die Spielpalette ist sehr
Rückführung ▷	breit und übersteigt bei weitem das Angebot der herkömmlichen Spielesammlungen.
Argument ▷	Über allem aber steht auch ein erzieherischer Aspekt. Die meisten Spiele fördern die Konzentration und das logische Denken. Erst wenn der Spieler
Beispiel ▷	eine Hürde bewältigt hat, darf er in den nächsten Level vorrücken. Beim Spiel „Paperboy" beispielsweise – ein Zeitungsjunge muss in 25 Straßen seine Druckerzeugnisse möglichst strategisch geschickt verteilen – hat jeder Level sogar noch ein Zeitlimit.
Folgerung ▷	Sinnloses Herumzappen auf dem Controller führt hier zu nichts; ohne fol-
Rückführung ▷	gerichtige Gedanken kommt der Spieler nicht ans Ziel. Das ist für Jugendliche eine gute Schulung.
Argument ▷	Ebenfalls gut ist es, Kinder und Jugendliche frühzeitig an den Umgang mit elektronischen Geräten zu gewöhnen.
Beispiel ▷	Man mag es bedauern oder nicht – Tatsache ist, dass kaum eine Berufssparte mehr ohne Computer auskommt. In Zukunft wird die Bedienung ei-
Folgerung ▷	nes PC die Grundvoraussetzung für das Erlernen fast jeden Berufs sein, egal ob in Handwerk und Gewerbe, in der Verwaltung oder im Studium. Diesem Trend können wir uns nicht verschließen, und deshalb ist es wichtig, dass Kinder und Jugendliche spielerisch an den Umgang mit dem Computer gewöhnt werden. Sie werden es ihr Leben lang brauchen.
Synthese ▷	Zusammenfassend kann man also feststellen, dass sich die Entwicklung im Bereich der Software nicht mehr aufhalten lässt. Dies gilt natürlich auch für den Freizeitbereich. Deswegen wäre es ein Schwimmen gegen den Strom,

2.1 Ein Thema erörtern – Vorgehen und Aufbau

seinen Kindern die Beschäftigung mit Computerspielen zu verbieten. Allerdings sollte man die Begeisterung nicht über das Ziel hinausschießen lassen. Wenn die Eltern darauf achten, dass ihre Kinder auch andere Hobbys haben, in Vereinen Sport treiben, ein Musikinstrument erlernen oder in Jugendgruppen aktiv sind, ist gegen einen maßvollen Umgang mit Computerspielen nichts einzuwenden.

Auch die Frage der Weihnachtsgeschenke sollte von Eltern und Verwandten so geregelt werden. Natürlich freuen sich Kinder und Jugendliche über Computerspiele. Aber Bücher und herkömmliche Spiele gehören auf dem Gabentisch mit dazu.

◄ **Schluss**

Erörterungsstruktur:
(Beispiel)

In der Vorweihnachtszeit wird im Familien- und Bekanntenkreis häufig über den Sinn und Zweck von Computerspielen diskutiert. Auf vielen Wunschzetteln der 12- bis 18-Jährigen standen nämlich Computerspiele wie „Anno 1404", welches als bestes Computerspiel 2010 ausgezeichnet wurde, oder auch „World of WarCraft: Cataclysm", „F1 2010 – Formula 1" sowie „Sid Meier's Civilization V" ganz oben. Eltern waren oftmals ratlos. Sollten sie diesen Wünschen entsprechen und wirklich derartige Spiele unter den Weihnachtsbaum legen? In zahlreichen Diskussionen wurden Computerspiele teils abgelehnt, teilweise aber auch befürwortet.

➤ **Einleitung**

➤ **Themenfrage**

Als ein negativer Gesichtspunkt ist zunächst der finanzielle Aspekt zu erwähnen. Um überhaupt in den Genuss des Computerspielens zu kommen, sind Basisgeräte notwendig, soweit diese noch nicht vorhanden sind. Natürlich wird sich niemand deswegen gleich einen neuen Computer kaufen. Für viele Spiele braucht man aber zumindest eine Spieler-Konsole mit Controller zum Preis von ca. 300 Euro, und ein separates kleines Fernsehgerät macht das Spielen noch bequemer. Diese Anschaffungen reißen ein erhebliches Loch in die Haushaltskassen einiger Familien, die dafür auf andere Wünsche verzichten müssen. Allein mit der Grundausstattung ist es aber nicht getan. Laufend werden neue Spiele auf den Markt gebracht und durch Werbung und Fachzeitschriften, welche teilweise kostenlos in den Geschäften ausliegen, den jungen Kunden angepriesen. Die Firma Nintendo informiert mit ihren „News" in regelmäßigen Abständen über neu erschienene Wii-Spiele, die meist nicht unter 40 Euro zu bekommen sind. Jugendliche werden einem ständigen Kaufreiz ausgesetzt und geben nicht selten einen Großteil ihrer Ersparnisse für elektronische Spiele aus. ...

➤ **These**

➤ **Argument**

➤ **Beispiel**

➤ **Folgerung**

➤ **Argument**

➤ **Beispiel**

...

Andererseits muss man natürlich auch die positiven Aspekte dieser neuartigen Freizeitgestaltung sehen. Computerspiele sind zu einem regelrechten Wirtschaftsfaktor geworden. In jeder Stadt gibt es unzählige Game-Shops und Tauschzentralen, die nicht schlecht laufen.
Sinnloses Herumzappen auf dem Controller führt hier zu nichts; ohne folgerichtige Gedanken kommt der Spieler nicht ans Ziel. Das ist für Jugendliche eine gute Schulung. ...

➤ **Antithese**

...

➤ **Rückführung**

...

Zusammenfassend kann man also feststellen, dass sich die Entwicklung im Bereich der Software nicht mehr aufhalten lässt. Dies gilt natürlich auch für den Freizeitbereich. Deswegen wäre es ein Schwimmen gegen den Strom, seinen Kindern die Beschäftigung mit Computerspielen zu verbieten. ...

➤ **Synthese**

...

Auch die Frage der Weihnachtsgeschenke sollte von Eltern und Verwandten so geregelt werden. Natürlich freuen sich Kinder und Jugendliche über Computerspiele. Aber Bücher und herkömmliche Spiele gehören auf dem Gabentisch mit dazu.

➤ **Schluss**

■ Aufgaben

1. a) Welche Argumente gefallen Ihnen, welche würden Sie anders formulieren? Begründen Sie Ihre Antwort.
   b) Schreiben Sie eine verbesserte Fassung der Gedanken, die Ihnen nicht so zusagen, und vergleichen Sie Ihre Fassung mit der vorliegenden.

2. Verfassen Sie eine Synthese: Wie beurteile ich Computerspiele?

3. Begründen Sie anhand des Textes, warum es sich in den einzeln gekennzeichneten Fällen um eine These, eine Antithese, ein Argument usw. handelt.
   (Zusätzliche Hilfen finden Sie in Abschnitt 1, Seite 9–12.)

71

2 Die Erörterung

■ Tipp
Für die Prüfung sollten Sie die behandelte Klassenlektüre unbedingt nochmals studieren und sich das notwendige Hintergrundwissen aus einer Literaturgeschichte holen.

Konstellation:
Zusammentreffen bestimmter Umstände und die sich daraus ergebende Situation.

2.2 Auch literarische Themen kann man erörtern – Besonderheiten der literarischen Erörterung

Das meiste zum Thema „Erörterung" wurde in Abschnitt 2.1 aufgeführt. Aber es gibt noch eine spezielle Form der Erörterung: die literarische Erörterung. Hierbei handelt es sich um eine Aufsatzart, die sich mit Themen aus dem Bereich der Literatur beschäftigt. Mit ihr sollen bestimmte Sachverhalte und Probleme eines Romans, einer Erzählung oder eines Dramas dargestellt und möglicherweise kritisch beurteilt werden.

Auch bei der literarischen Erörterung wird zwischen einer linearen und einer dialektischen Form sowie einer Mischung aus beiden Themenarten unterschieden (vergleiche Seite 57).
Die weitere Vorgehensweise ist Ihnen bereits vertraut: Nachdem Sie genügend Ideen gesammelt haben, erstellen Sie daraus eine Gliederung, die Sie mit einem Einleitungs- und Schlussgedanken versehen und dann schriftlich ausführen (vergleiche Seite 58 bis 67).

Allerdings weist die literarische Erörterung auch einige Besonderheiten auf. Zunächst einmal ist es notwendig, das literarische Werk wirklich genau zu kennen. Aber auch über

- Handlungsstrukturen,
- Personenkonstellationen und
- zentrale Textstellen

sollte man Bescheid wissen.

Hilfreich sind zusätzliche Kenntnisse über den Autor und dessen Gesamtwerk, die Epoche und deren gesellschaftlich-historischen Hintergrund.
Außerdem muss die Argumentation anhand des jeweiligen Werks korrekt untermauert und belegt werden. Dazu können Zitate dienen, welche die Argumente illustrieren und veranschaulichen.
Häufig wird man sich jedoch auf inhaltliche Verweise und sinngemäße Textwiedergaben beschränken müssen, da man besonders in Prüfungen den literarischen Text beim Schreiben des Aufsatzes nicht verwenden kann.

Das folgende Themenbeispiel soll dazu dienen, die wesentlichen Arbeitsphasen, die für die Erstellung einer literarischen Erörterung notwendig sind, zu verdeutlichen.

Themenbeispiel:

> Zeigen Sie an einem literarischen Text, wie Personen, Gruppen oder Institutionen sich über Gefühle, Interessen oder Rechte einzelner Menschen hinwegsetzen.
> Wie reagieren die Betroffenen darauf?
> Bietet der Autor eine Lösung für die dargestellten Missstände an?

2.2 Auch literarische Themen kann man erörtern

Das Thema stellt es dem Schüler frei, welches Werk er zur Bearbeitung verwenden will. Dies ist häufig der Fall. Natürlich bietet es sich an, eine Lektüre aus dem Deutschunterricht heranzuziehen, soweit sie der Thematik entspricht. Ob Sie einen dramatischen oder lieber einen epischen Text nehmen, ist in diesem Fall gleichgültig.
Die ersten beiden Arbeitsaufträge sind typisch für eine lineare literarische Erörterung. Dagegen muss die dritte Themenfrage nach einer Lösung dialektisch bearbeitet werden.

Ein in der Oberstufe häufig gelesenes Drama ist Georg Büchners „Woyzeck". Büchner zeigt, wie ein bislang unbescholtener Mann von Menschen so lange schikaniert wird, bis er seine ursprünglich geliebte Partnerin ermordet. Diese Geschichte bildet im Weiteren die Grundlage für das Themenbeispiel. Einen Textauszug finden Sie auf Seite 78 f.

Dramatik/Epik:
siehe Seite 201.

Georg Büchner
(1813–1837): deutscher Dramatiker. Das Portrait wurde von August Hoffmann (1810–1872) um 1833/34 geschaffen.
Die hier abgebildete Aufnahme aus dem Jahre 1930 zeigt die 1944 verbrannte Portraitzeichnung, wie sie zuletzt – hinter Glas gerahmt und mit den angehefteten Locken – von den Nachfahren in Darmstadt aufbewahrt wurde.

Klaus Kinski als Woyzeck im Film von Werner Herzog

Tipp
Das Drama „Woyzeck" wurde von Werner Herzog sehr gelungen verfilmt. Schauen Sie sich die Verfilmung auf DVD an. Sie können den Text mitlesen.

Aufgaben

1. Notieren Sie stichwortartig, ob die folgenden literarischen Themen lineare oder dialektische Arbeitsaufträge enthalten:
    a) Frauengestalten spielen in der Literatur des 19. und 20. Jahrhunderts eine zentrale Rolle. Zeigen Sie an einem Roman oder Drama, wie Frauen die gesellschaftlichen Bedingungen und Erwartungen erleben und wie sie darauf reagieren.
    b) Beschreiben Sie an einem oder mehreren deutschsprachigen Werken, wie die 50er- und 60er-Jahre dieses Jahrhunderts dargestellt werden.
    c) Zeigen Sie anhand eines Werkes der neueren Literatur, wie die Rolle von Technik und Naturwissenschaft dargestellt wird. Lassen sich aus der Lektüre Orientierungshilfen für einen besseren Umgang mit Technik und Naturwissenschaft ableiten?

2 Die Erörterung

2.2.1 Ohne zu gliedern geht gar nichts – die Gliederung der literarischen Erörterung

Wie bei der Sacherörterung ist es auch bei der literarischen Erörterung unbedingt notwendig, vor der schriftlichen Ausführung eine Gliederung anzufertigen. An der Vorgehensweise ändert sich nur wenig. Natürlich muss man zunächst wieder im Rahmen der thematischen Blöcke Stoff sammeln und diesen – soweit möglich – nach Ober- und Unterpunkten gliedern. Der Aufbau der Erörterung ist meist durch die Reihenfolge der Arbeitsanweisungen schon vorgeprägt.

Tipp
Eine literarische Figur kann nicht immer in allen Nuancen charakterisiert werden. Die repräsentative Auswahl von überzeugenden Aspekten ist entscheidend.

Beispiel: Notizen zum Thema

Folgende Personen demütigen und missbrauchen Woyzeck:

Tambourmajor:
- er nutzt seine körperliche Überlegenheit aus
- Provokation Woyzecks
- Handgemenge
- Verhältnis mit Marie

Doktor:
- fragwürdige medizinische Experimente
- Woyzeck als Versuchskaninchen
- Behandlung Woyzecks als Objekt

Hauptmann:
- Woyzeck wird zu privaten Dienstleistungen missbraucht
- Hauptmann macht sich über Woyzeck lustig
- Anspielen auf Maries Verhältnis

Marie:
- sie sorgt sich nicht weiter über Woyzecks Zustand
- Verhältnis mit dem Tambourmajor

Eva Mattes und **Klaus Kinski** als Marie und Woyzeck

Reaktionen Woyzecks:
- Woyzeck duldet die Ausbeutung durch Vertreter einer höheren sozialen Schicht („ökonomische Abhängigkeit")
- er ermordet Marie, als seine private Welt zusammenbricht

Angebot einer Lösung seitens Georg Büchners?
- der Mensch kann seinem determinierten Schicksal nicht entfliehen
- diejenigen, welche eine geschundene Kreatur gleichgültig lässt, sind angeklagt

determinieren:
festlegen, bestimmen.

Determinismus:
Lehre von der Unfreiheit des menschlichen Willens.

In der Gliederung werden die Gedanken der Stoffsammlung in steigender Reihenfolge angeordnet und einheitlich formuliert. Die Stichwortform im Nominalstil ist besonders übersichtlich.

2.2 Auch literarische Themen kann man erörtern

Für die äußere Gestaltung haben Sie wieder die Wahl zwischen dem traditionellen Schema (A; B; C) oder einer Dezimalgliederung (1.; 2.; 3.). Nach der Behandlung eines Thementeils ist es sinnvoll, die erarbeiteten Ergebnisse jeweils zusammenzufassen.

■ **Hinweis**
Zitate gehören nicht in die Gliederung.

Gliederung:

A Einleitung
B Mehrere Personen setzen sich über Woyzecks Gefühle hinweg, worauf dieser unterschiedlich reagiert. Die Frage nach einer Lösung kann verneint, aber auch bejaht werden.
   I. Hinwegsetzen über Woyzecks Gefühle
      1. seitens des Hauptmanns
         a) herablassende Verhaltensweise
         b) Missbrauch zu privaten Dienstleistungen
         c) Anspielung auf Maries Verhältnis
      2. seitens des Doktors
         a) Ausbeutung als Versuchskaninchen
         b) Behandlung als Objekt
      3. seitens des Tambourmajors
         a) Provokation und Ausnutzen der körperlichen Überlegenheit
         b) Verhältnis mit Marie
      4. seitens Marie
         a) mangelnde Beachtung Woyzecks seelischer Verfassung
         b) Verhältnis mit dem Tambourmajor
      5. Zusammenfassung der Ergebnisse

   II. Reaktionen Woyzecks
      1. Duldung der Ausbeutung durch „Ranghöhere"
      2. Ermordung Maries
      3. Zusammenfassung der Ergebnisse

   III. Lösungsangebot Büchners
      1. Unentrinnbarkeit aus Determiniertheit
      2. Anklage gegen Ausbeutung einer geschundenen Kreatur
      3. Synthese
C Schluss

■ **Hinweis**
Halten Sie das gewählte Gliederungssystem konsequent durch. Unregelmäßigkeiten verwirren den Leser und verhindern einen leichten Gesamtüberblick.

„Woyzeck" in einer Aufführung der Kammerspiele München 1952

■ **Aufgaben**

1. Ein Prüfungsthema könnte lauten: „Charakterisieren Sie das Verhältnis zwischen Woyzeck und Marie. Worin sehen Sie die Ursache für das Scheitern ihrer Liebesbeziehung?" Schreiben Sie eine Gliederung zu diesem Thema.
2. Ändern Sie die Form der Beispielgliederung in eine Dezimalgliederung.

2.2.2 Ein Rahmen macht das Bild noch schöner – Einleitung und Schluss

Tipp
Informieren Sie sich über den aktuellen Spielplan eines Theaters in Ihrer Nähe.
Besuchen Sie doch mal eine Aufführung, die Sie interessiert.

Eine Einleitung hat immer dieselbe Funktion. Sie soll zum Thema hinführen. Dies ist bei der Problemerörterung relativ einfach. Ein aktuelles Ereignis oder ein persönliches Erlebnis, das zur Thematik passt, fällt einem fast immer ein.
Bei der literarischen Erörterung dagegen kommen diese Einstiegsmöglichkeiten kaum in Betracht, es sei denn, Sie können von einem aktuellen Theaterbesuch berichten. Ansonsten sollten Sie den „klassischen" Einstieg in eine literarische Erörterung wählen, indem Sie zunächst kurz über den Autor und sein Werk informieren.

Hinweis
Lassen Sie die Einleitung nicht ausufern. Sie soll nur zum eigentlichen Thema hinführen.

Es ist auch möglich, auf typische Merkmale und Probleme der Zeit hinzuweisen, in der das Werk entstanden ist. Zusätzlich braucht der Leser aber noch einen inhaltlichen Rahmen, in den er das Thema einordnen kann. Deshalb bildet eine sehr knappe Inhaltsangabe des Gesamttextes den zweiten Teil der Einleitung. Daran schließt man dann die Themafrage an, die somit am Ende der Einleitung steht.

Fragment:
Bruchstück, unvollendetes Werk.

Der Autor Georg Büchner (1813–1837) hat in nur wenigen Jahren ein literarisches Werk geschaffen, das aus der Literatur des 19. Jahrhunderts deutlich herausragt. Sein als Fragment hinterlassenes Drama „Woyzeck" (1836) spielt in einer hessischen Garnisonsstadt. Hier vollzieht sich die Tragödie des einfachen Soldaten Franz Woyzeck, der von den meisten seiner Mitmenschen brutal ausgebeutet wird. Dass ihn seine Partnerin Marie, mit der er ein Kind hat, mit einem anderen Mann betrügt, treibt ihn zum Äußersten: Er ersticht sie.
Im Folgenden soll gezeigt werden, wie sich einzelne Personen über Woyzecks Gefühle und Interessen hinwegsetzen und wie dieser darauf reagiert. Abschließend ist zu klären, ob Georg Büchner eine Lösung für die dargestellten Missstände anbietet.

Theater in Schweinfurt

2.2 Auch literarische Themen kann man erörtern

Ein gelungener Schluss rundet die Erörterung ab.
Es gibt mehrere inhaltliche Gestaltungsmöglichkeiten:

- Aussagen des Autors zum Werk
- Reaktionen von Zeitgenossen
- Wirkung auf die Nachwelt
- Rückgriff auf die Einleitung
- Ausweitung der Fragestellung
- Frage nach der Aktualität

Hinweis
Vermeiden Sie es, im Schluss die Qualität des Dichters oder seines Werkes zu bewerten.
Ein solches Vorgehen wird meistens nur gut ausgebildeten und belesenen Literaturkritikern zugestanden.

Es ist auch möglich, eigene Empfindungen oder Erkenntnisse, die Sie durch die Lektüre des Werkes gewonnen haben, im Schluss anklingen zu lassen. Pauschalbeurteilungen sollten jedoch vermieden werden.

Beispiel: Schluss

Ähnliche Verhältnisse, wie sie im „Woyzeck" dargestellt werden, gibt es auch heute noch. Alleinstehende Mütter ziehen ihre Kinder ohne nennenswerte Unterstützung auf. Ausländische Arbeitnehmer werden zu Billiglöhnen angeworben und ausgebeutet. Konflikte in Partnerschaften sind so drückend, dass Gewalt als Ventil für aufgestaute Aggressionen dient. Sollte die Gesellschaft in einem demokratischen und sozialen Rechtsstaat nicht zumindest nach Ansätzen suchen, um diese Probleme zu lösen?

Der Journalist **Günter Wallraff** berichtet über eigene Erfahrungen mit Arbeitsstellen, an denen Menschen um des Profits willen total ausgebeutet werden.

Aufgaben

1. a) Sammeln Sie in Ihrer Klasse Beispiele für Ihnen bekannte literarische Werke, die zum Beispielthema passen.
   b) Schreiben Sie die Autoren und Titel auf, auch wenn diese Ihnen nur bruchstückhaft einfallen, und schlagen Sie diese in einer Literaturgeschichte nach.
   c) Verfassen Sie eine Einleitung zu einem anderen literarischen Werk, das sich ebenfalls mit dem Beispielthema beschäftigt.
2. a) Diskutieren Sie in Ihrer Klasse darüber, ob Ihnen der hier angebotene Schluss für eine Erörterung gefällt. Begründen Sie Ihre jeweiligen Antworten.
   b) Schreiben Sie einen alternativen Schluss.

2.2.3 Der Dichter hat das Wort – ein Auszug aus einem Originaltext

Woyzeck (Auszug)

Georg Büchner (1813–1837)

Die Szene „Beim Doctor" nimmt im Drama eine zentrale Stellung ein. Sie zeigt besonders deutlich die Unterdrückung Woyzecks durch sozial höhergestellte Personen. Woyzeck ist im Umgang mit ihnen immer der Unterlegene.

Beim Doctor

Theaterzettel (Ausschnitt) zur Uraufführung des Woyzeck im Residenztheater München am 8.11.1913

WOYZECK. DER DOCTOR.

DOCTOR: Was erleb' ich Woyzeck? Ein Mann von Wort.
WOYZECK: Was denn Herr Doctor?
DOCTOR: Ich hab's gesehn Woyzeck; Er hat auf die Straß gepisst, an die Wand gepisst wie ein Hund. Und doch zwei Groschen täglich. Woyzeck das ist schlecht. Die Welt wird schlecht, sehr schlecht.
WOYZECK: Aber Herr Doctor, wenn einem die Natur kommt.
DOCTOR: Die Natur kommt, die Natur kommt! Die Natur! Hab' ich nicht nachgewiesen, dass der musculus constrictor vesicae dem Willen unterworfen ist? Die Natur! Woyzeck, der Mensch ist frei, in dem Menschen verklärt sich die Individualität zur Freiheit. Den Harn nicht halten können! (Schüttelt den Kopf, legt die Hände auf den Rücken und geht auf und ab.) Hat Er schon seine Erbsen gegessen, Woyzeck? – Es gibt eine Revolution in der Wissenschaft, ich sprenge sie in die Luft. Harnstoff 0,10, salzsaures Ammonium, Hyperoxydul. Woyzeck muss Er nicht wieder pissen? geh' Er einmal hinein und probier Er's.
WOYZECK: Ich kann nit Herr Doctor.
DOCTOR mit Affect: Aber an die Wand pissen! Ich hab's schriftlich, den Akkord in der Hand. Ich hab's gesehn, mit diesen Augen gesehn, ich steckt grade die Nase zum Fenster hinaus und ließ die Sonnstrahlen hineinfallen, um das Niesen zu beobachten. (Tritt auf ihn los.) Nein Woyzeck, ich ärgre mich nicht, Ärger ist ungesund, ist unwissenschaftlich. Ich bin ruhig, ganz ruhig, mein Puls hat seine gewöhnlichen 60 und ich sag's Ihm mit der größten Kaltblütigkeit. Behüte wer wird sich über einen Menschen ärgern, ein Menschen! Wenn es noch ein proteus wäre, der einem krepiert! Aber Er hätte doch nicht an die Wand pissen sollen -
WOYZECK: Sehn Sie Herr Doctor, manchmal hat einer so n'en Character, so n'e Structur. – Aber mit der Natur ist's was anders, sehn Sie mit der Natur (er kracht mit den Fingern) das ist so was, wie soll ich doch sagen, zum Beispiel …

Probe am Weimarer Nationaltheater am 2. Juni 2010 zu „Woyzeck"

DOCTOR: Woyzeck, Er philosophiert wieder.
WOYZECK vertraulich: Herr Doctor haben Sie schon was von der doppelten Natur gesehn? Wenn die Sonn in Mittag steht und es ist als ging die Welt in Feuer auf hat schon eine fürchterliche Stimme zu mir geredt!
DOCTOR: Woyzeck, Er hat eine aberratio.
WOYZECK (legt den Finger an die Nase): Die Schwämme Herr Doctor. Da, da steckts. Haben Sie schon gesehn in was für Figuren die Schwämme auf dem Boden wachsen? Wer das lesen könnt.
DOCTOR: Woyzeck Er hat die schönste aberratio mentalis partialis, die zweite Species, sehr schön ausgeprägt. Woyzeck Er kriegt Zulage. Zweite Species, fixe Idee, mit allgemein vernünftigem Zustand, Er thut noch Alles wie sonst, rasiert sein Hauptmann?
WOYZECK: Ja, wohl.
DOCTOR: Isst sei Erbse?
WOYZECK: Immer ordentlich Herr Doctor. Das Geld für die Menage kriegt mei Frau.
DOCTOR: Thut sei Dienst?
WOYZECK: Ja wohl.
DOCTOR: Er ist ein interessanter casus. Subject Woyzeck Er kriegt Zulag. Halt Er sich brav. Zeig Er sei Puls! Ja.

Elias Canetti
(1905–1994)

Der Schriftsteller Elias Canetti, der 1972 mit dem Georg-Büchner-Preis und 1981 mit dem Nobelpreis für Literatur ausgezeichnet wurde, schildert seine erste Begegnung mit dem Drama „Woyzeck":

Georg-Büchner-Preis:
Der bedeutendste Literaturpreis der Bundesrepublik trägt den Namen Georg Büchners.

„Ich war wie vom Donner gerührt, und es kommt mir jämmerlich vor, etwas so Schwaches darüber zu sagen. Ich las alle Szenen des sogenannten Fragments, die sich in jenem Band befanden, und da ich nicht wahrhaben konnte, dass es so etwas gab, da ich es einfach nicht glaubte, las ich sie alle vier-, fünfmal durch. Ich wüsste nicht, was mich in meinem Leben, das an Eindrücken nicht arm war, je so getroffen hätte."

Aufgaben

1. a) Wählen Sie in Ihrer Klasse zwei Mitschülerinnen oder Mitschüler, die die Szene „Beim Doctor" mit verteilten Rollen lesen.
   b) Alle Nichtbeteiligten machen sich während der Lektüre Notizen, worauf man bei der Gestaltung der Rollen besonders achten sollte.
   c) Vergleichen Sie Ihre Aufzeichnungen untereinander. Besetzen Sie die Rollen nochmals mit zwei anderen Mitschülerinnen oder Mitschülern, die versuchen, die Anregungen aus der Klasse bei der Lektüre umzusetzen.

2.2.4 „Und wo ist Ihr Beleg?" – Die Vertextung des Hauptteils

▰ **Hinweis**
Auch bei der literarischen Erörterung kann man deduktiv und induktiv vorgehen (vergleiche Seite 64).

▰ **Hinweis**
Stellen Sie nach Zitaten immer wieder den Themenbezug her.

▰ **Hinweis**
Achten Sie darauf, dass der ursprüngliche Sinn des Zitats nicht verfälscht wird. Informationen zum richtigen Zitieren finden Sie auf Seite 116 f.

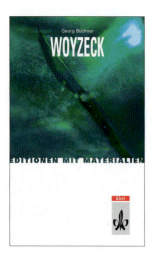

▰ **Hinweis**
Die Anmerkungen in diesem Abschnitt beziehen sich auf folgende „Woyzeck"-Ausgabe: Georg Büchner, Woyzeck, hrsg. von Th. Kopfermann und H. Stirner, Klett 1991.

▰ **Hinweis**
f. steht für die folgende, **ff.** für die nachfolgenden Seiten.

Da die literarische Erörterung immer wieder auf einen konkreten literarischen Text Bezug nimmt, spielt dieser bei der Argumentation auch eine entscheidende Rolle. Der Ihnen bekannte Argumentationsaufbau bleibt jedoch unverändert. Jede Behauptung, die Sie aufstellen, muss auch aus dem Textzusammenhang heraus begründet werden. Statt eines Beispiels zieht man Textbelege heran. Wenn einem der Text zur Verfügung steht (z. B. bei einem Hausaufsatz oder einer Seminar- bzw. Facharbeit), kann man wörtlich zitieren. Häufig jedoch hat man die Textvorlage nicht zur Hand. In diesem Fall beschränkt man sich auf indirekte Zitate oder auf Textverweise.
Beim Zitieren sollten Sie jedoch einige Regeln beachten.

1. Das wörtliche Zitieren
Wenn Sie wörtlich zitieren, muss es genau sein. Das jeweilige Zitat wird durch Anführungs- und Schlusszeichen markiert. Die Fundstelle mit Seiten- und gegebenenfalls Zeilenangabe steht in Klammern hinter dem Zitat. Oft ist es schwierig, ein wörtliches Zitat grammatikalisch korrekt zu integrieren. Falls sich nicht die eigene Satzkonstruktion entsprechend anpassen lässt, kann man grammatikalisch notwendige oder erklärende Zusätze in Klammern in das Zitat einfügen. Will man dagegen ein Zitat verkürzen, so werden die Auslassungen durch [...] markiert.

Beispiel:

> Obwohl Marie Woyzecks Zustand wahrnimmt und sogar meint, dass er „noch [...] mit den Gedanken (überschnappt)" (S. 6), macht sie sich über seine seelische Verfassung keine weiteren Sorgen.

2. Das indirekte Zitat und der Textverweis
Sie können auch nur sinngemäß zitieren oder auf eine Textstelle verweisen. Ein indirektes Zitat erkennt man daran, dass die Textstelle mit „vgl." angegeben wird. Einen Verweis auf eine längere Textpassage kennzeichnet man ebenso. Falls Ihnen kein Text vorliegt, können Sie natürlich auch keine Seite angeben.

Beispiel:

> Die Szene beim Hauptmann zeigt auch deutlich, dass Woyzeck die Ausbeutung durch sozial Höhergestellte duldet (vgl. S. 9 f.).

Folgen mehrere Zitate von der gleichen Seite ohne Unterbrechung aufeinander, lässt man die Seitenzahl weg und schreibt in Klammern einfach **ebd.** (= ebenda) oder **a.a.O.** (= am angegebenen Ort).

2.2 Auch literarische Themen kann man erörtern

Beispiel:
Text zum Gliederungspunkt B I 2. des Themas (siehe Seite 75).

Auch der Doktor setzt sich rücksichtslos über den Menschen Woyzeck hinweg. ◀ **These**
Woyzeck dient lediglich als „Versuchskaninchen" für dessen skrupellose Experi- ◀ **Argument**
mente. Auf Anordnung des Doktors darf Woyzeck nur Erbsen essen und erhält
dafür „zwei Groschen täglich" (S. 12). Seinen Harn muss er dann beim Doktor ◀ **Textzitat**
abliefern, der die Auswirkung einer solchen Ernährung auf den menschlichen Organismus untersuchen will. Befolgt er nicht exakt dessen Anweisungen, erntet ◀ **Textzitat**
er Vorwürfe: „Er hat auf die Straß gepisst, an die Wand gepisst wie ein Hund."
(ebd.).
Woyzecks Problemen begegnet der Doktor ohne jedes Einfühlungsvermögen. Er ◀ **Argument**
behandelt ihn als das „Subject Woyzeck" (S. 14). Wenn er dem Doktor in unbehol- ◀ **Textzitat**
fenen Worten seine Natur erklären will, wird das Ganze als Philosophieren abgetan
(vgl. ebd.). Woyzecks Reden „von der doppelten Natur", der „fürchterliche (n) Stim- ◀ **Textverweis**
me" oder den „Schwämme (n) auf dem Boden" (ebd.) wird oberflächlich als Geis- ◀ **Textzitat**
teskrankheit diagnostiziert. Für den Doktor ist Woyzeck nur ein interessanter Fall;
der Mensch mit seinen Sorgen und Problemen ist von keinem weiteren Interesse. ◀ **Rückbezug zur These**

Klaus Kinski als „Woyzeck" im gleichnamigen Film von Werner Herzog

■ Aufgaben

1. a) Wählen Sie aus der Beispielgliederung auf Seite 75 einen weiteren Gliederungspunkt und führen Sie diesen
– wie im obigen Beispiel dargestellt – aus.
b) Kennzeichnen Sie am Rand Ihrer Ausführung, ob es sich bei den einzelnen Passagen Ihres Textes um eine
These, eine Begründung oder einen Textbeleg handelt.

2 Die Erörterung

2.2.5 Überblick und Themenvorschläge

Wichtige Arbeitsschritte im Überblick:

- Themenstellung erfassen und analysieren.
- Bestimmen, ob es sich um ein lineares oder ein dialektisches Thema handelt.
- Ein dialektisches Thema führt immer zu einer Problemlösung, einer Synthese, nachdem man zuvor die gegensätzlichen Standpunkte gegenübergestellt hat.
- Aus einer geordneten Stoffsammlung eine stilistisch einheitliche Gliederung erstellen, in der inhaltlich zusammengehörige Punkte nach dem Prinzip der Steigerung unter einem Oberbegriff zusammengefasst sind.

Tipp
Überprüfen Sie auch während der Ausführung, ob Ihre Gedanken eine Antwort auf die Themenfrage geben.

Die Ausführung Ihrer Gedanken soll für jeden Leser plausibel sein. Dies ist aber nur der Fall, wenn Sie jede Behauptung mit einer Begründung und einem Beispiel versehen. Ob Sie dabei induktiv oder deduktiv vorgehen, ist gleichgültig.

Es spielt auch keine Rolle, für welche Argumentationsart Sie sich entscheiden. Hauptsache ist immer, dass der Leser Ihnen folgen kann. Selbst ein literarisches Thema macht dann keine Schwierigkeiten. Die notwendigen Arbeitsschritte bleiben gleich.

Tipp
Schreiben Sie keine komplizierten Satzungetüme. Dies macht das Lesen zur Qual.

Nicht nur ein literarisches Hintergrundwissen ist wichtig, sondern auch, dass Sie den literarischen Text, der Ihrem Thema zugrunde liegt, wirklich gut kennen. An die Stelle des Beispiels tritt der Textbeleg. Es hängt von der jeweiligen Situation ab, ob Sie direkt aus diesem Text zitieren können oder sich nur gedanklich auf ihn beziehen. Sie dürfen sich nur nichts aus den Fingern saugen.

Weitere Themenvorschläge

Die folgenden Themen aus Abschlussprüfungen helfen Ihnen, Ihre Erörterungstechnik weiter zu vervollkommnen. Natürlich können Sie – übungshalber – auch einmal eine komplette Erörterung schreiben.

Wenn Sie das zu viel Zeit kostet, können Sie auch nur einen Teilaspekt bearbeiten; die wesentlichen Arbeitsphasen sind Ihnen jetzt bekannt. Am besten üben Sie das, was Ihnen in der letzten Schulaufgabe die meisten Probleme gemacht hat. Auch Aufsatzschreiben kann man gezielt trainieren.

1. Nach einer Schülerdemonstration wurde in Leserbriefen an eine regionale Tageszeitung die jüngere Generation von Älteren als „verwöhnte Generation" beschrieben, die nur fordern könne und wenig leistungsbereit sei. Wie beurteilen Sie diese Auffassung?
2. Viele Werke der modernen Literatur stellen die Auseinandersetzung der jungen Menschen mit der Welt der Erwachsenen in den Mittelpunkt. Zeigen Sie an einem Roman oder Drama Ihrer Wahl, welche Probleme angesprochen werden und wie sich der junge Mensch mit ihnen auseinandersetzt. Inwiefern spiegelt sich in dem Werk die Lebensproblematik junger Menschen Ihrer Generation wider?
3. Politiker, Wissenschaftler und Elternverbände beklagen eine zunehmende Gewaltbereitschaft bei Kindern und Jugendlichen. Zeigen Sie an Beispielen aus

Schülerdemonstration

verschiedenen Bereichen, wie diese Gewaltbereitschaft sich äußert. Welche Ursachen gibt es Ihrer Meinung nach für dieses Phänomen?
4. In zahlreichen Werken der Literatur werden konfliktgeladene Partnerbeziehungen behandelt. Zeigen Sie anhand eines epischen oder dramatischen Werks auf, worin der Konflikt zwischen den Partnern besteht und wie diese damit umgehen. Berücksichtigen Sie dabei auch Einflüsse aus dem Umfeld der Partner.

> **Tipp**
> Es gibt auch Sammlungen von Prüfungsaufgaben. Falls Sie noch weitere Themen kennenlernen möchten, könnten Sie sich eine solche Sammlung besorgen.

Natürlich findet man auch Themen, die sich auf ein konkretes literarisches Werk beziehen:

1. Die erste Auflage von Patrick Süskinds Roman „Das Parfüm" war bereits wenige Monate nach ihrem ersten Erscheinen 1985 vergriffen.
   Wie erklären Sie diesen Erfolg?
2. Mit dem Begriff „episches Theater" ist der Name des Dramatikers Bertolt Brecht eng verbunden.
   Zeigen Sie, inwiefern er in dem Drama „Mutter Courage und ihre Kinder" die Grundsätze des epischen Theaters verwirklicht hat.
3. In seinem Roman „Der Vorleser" schildert Bernhard Schlink das Liebesverhältnis eines Fünfzehnjährigen zu einer 20 Jahre älteren Frau.
   Charakterisieren Sie diese Liebesbeziehung.
4. Das Volksstück „Geschichten aus dem Wiener Wald" von Ödön von Horváth bezeichnete ein Literaturkritiker als „das bitterste, das böseste, das bitterböseste Stück neuerer Literatur".
   Beweisen Sie die Richtigkeit dieses Zitats.

Bernhard Schlink (*1944) ist Professor für Rechtswissenschaft. Sein Roman „Der Vorleser" wurde in 29 Sprachen übersetzt.

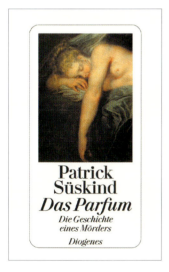

Patrick Süskind (*1949) gehört zu den bekanntesten Autoren der Gegenwartsliteratur („Der Kontrabaß", „Die Taube"). Viele seiner Drehbücher sind verfilmt worden (z. B. „Kir Royal").

Ödön von Horváth (1901–1938) analysierte in seinen Dramen und Romanen die kleinbürgerliche Gesellschaft und ihre abgründige Bösartigkeit.

2.3 Eine Variante – die textgebundene Erörterung

2.3.1 Auseinandersetzung mit dem Kommunikationspartner

Unter **Kommunikation** versteht man den Austausch von Informationen etc. Gedanken oder Nachrichten werden übermittelt und empfangen.

„Als wir uns letzte Woche zufällig in der Stadt getroffen haben, hast du die Idee gehabt, wir könnten in den Ferien miteinander in Urlaub fahren. Du hast vorgeschlagen, in Richtung Süden zu fahren. Dort ist es immer warm und es ist auch immer was los. Und auf irgendeinem Zeltplatz würden wir schon unterkommen. Das klingt zwar alles ganz toll. Ich denk' mir aber, dass das ganz schön öd ist, den ganzen Tag auf einem Campingplatz rumzulungern. Da find' ich es schon besser, ein paar Kurztrips zu machen. Was hältst du denn davon, wenn wir erst mal – so zum Testen – für ein verlängertes Wochenende nach Berlin fahren? Da kenn' ich jemanden, bei dem wir pennen können. Und in drei Wochen läuft dort ein riesen Open-Air. Die, die letztes Jahr da waren, sind aus dem Schwärmen nicht mehr rausgekommen. Mir ist auch bei deiner Idee zu trampen überhaupt nicht wohl. Die paar Euro für die Fahrt sollten wir schon investieren. Schließlich kostet uns die Bleibe ja nichts."

Gespräch

Aus der alltäglichen Kommunikation ist uns die Vorgehensweise vertraut: Ganz automatisch bemühen wir uns darum, den Zusammenhang für den Kommunikationspartner herzustellen, wenn wir auf ein früheres Gespräch Bezug nehmen. Wir greifen die Inhalte auf, die die Anknüpfungspunkte für unseren eigenen Gedankengang bilden. Wir erinnern unseren Gesprächspartner an seine früheren Aussagen. Gleichzeitung schaffen wir die Voraussetzung, uns mit seinen Überlegungen auseinanderzusetzen. Immerhin wollen wir Einfluss auf ihn nehmen. Er soll seine Entscheidungen in unserem Sinne treffen. Zumindest aber streben wir einen Kompromiss an. Die Kommunikation soll nicht unterbunden werden. Es soll möglichst ein für beide Partner tragfähiger Beschluss herauskommen.

Was im alltäglichen Gespräch wie ganz selbstverständlich abläuft, hat auch Bedeutung, wenn auf einen Text Bezug genommen wird, der schriftlich vorliegt:
Wir lesen z. B. einen Artikel in der Zeitung und reagieren darauf mit einem Leserbrief. Unsere Strategie ähnelt der mündlichen Kommunikation. Wir nehmen zuerst auf Inhalte des Artikels Bezug. Dies hat mehrere Effekte:
- Wir setzen uns während des Schreibens selbst sorgfältig mit Textinhalten auseinander.
- Wir demonstrieren, dass wir unseren Kommunikationspartner ernst nehmen.
- Wir rufen die Inhalte des Ausgangstextes für den Leser unseres Leserbriefs in Erinnerung.

2.3 Eine Variante – die textgebundene Erörterung

Der Ausgangspunkt für eine textgestützte Erörterung können alle Textarten sein, die den Leser zu einer Meinungsäußerung provozieren:

- **Informative Texte** (Nachrichten, Berichte o. Ä.) schaffen ein Bewusstsein für einen Problemzusammenhang.
- **Meinungsbildende Texte** (Kommentare, Leserbriefe o. Ä.) stoßen auf Zustimmung oder Widerspruch.
- Zwei oder mehrere **kontroverse Texte** zwingen zu einer eigenständigen Auseinandersetzung mit der angeführten Problematik.

Das Ziel der textgestützten Erörterung ist es, zu einem angeführten Problem eine Meinung zu artikulieren. Dieser Zweck und die Tatsache, dass die textgestützte Erörterung eine Reaktion auf einen Ausgangstext darstellt, bestimmen die Struktur der Aufsatzform.

Hinweis
Auslöser für einen Meinungsbildungsprozess können auch Bilder, Grafiken oder Karikaturen sein.

Die Textvorlage führt zu vielen Assoziationen. Die Stoffsammlung wird dadurch erheblich erleichtert. Vergleichen Sie auch Seite 58 f. – Stoffsammlung für die Erörterung.

I. Herstellen des Textzusammenhangs

Die Kerninhalte des Ausgangstextes werden kurz zusammengefasst.

II. Auseinandersetzung mit dem angeführten Problem

Der erkannte Problemkreis wird beschrieben.
Argumentationsmuster aus dem Text werden aufgenommen und – wenn möglich – durch zusätzliche eigene Argumente ergänzt.
Es findet eine kritische Auseinandersetzung mit den Überlegungen der Textvorlage statt, sodass sich daraus eine eigene Bewertung der Problematik ergibt.

III. Eigenständige, abschließende Bewertung des Sachverhalts

Konsequenzen werden gezeigt. Lösungsvorschläge werden entwickelt.

Der Hauptunterschied der textgestützten Erörterung zur sogenannten freien Erörterung besteht darin, dass der Aufsatz in eine konkrete Kommunikationssituation eingebunden ist.
Der Verfasser einer textgestützten Erörterung ist zu einer Einbeziehung der Inhalte bzw. Argumente der Textvorlage gezwungen. Andererseits bietet der Text aber auch Impulse für eigene Gedankengänge.

Aufgaben

1. Nennen Sie die grundlegenden Arbeitsschritte, die für das Verfassen einer textgestützten Erörterung zugrunde gelegt werden.
2. Untersuchen Sie Leserbriefe in der Tageszeitung dahingehend,
   a) welche Teile einen Bezug zu früheren Zeitungsartikeln bzw. Meinungsäußerungen darstellen,
   b) welche Teile eine eigene Meinungsäußerung des Leserbriefschreibers darstellen.

2.3.2 Der Bezug zur Textvorlage – Klärung der Diskussionsgrundlage

Die Beschreibung des zu diskutierenden Problems ersetzt die klassische Einleitung. Hierfür werden die wesentlichen Inhalte der Textvorlage zusammengefasst. Der Leser einer textgestützten Erörterung wird dadurch in den Stand versetzt, die Ausgangsbasis unserer Überlegungen nachzuvollziehen.

Hinweis

Bilden Grafiken oder Karikaturen die Grundlage der textgestützten Erörterung, tritt an die Stelle der Zusammenfassung wichtiger Fakten bzw. der Meinungen eine Beschreibung der Bildinhalte bzw. des Darstellungsziels.

Die Art des Ausgangstextes bestimmt das Vorgehen:

Texte, die Sachinformationen liefern – Typ A

Sie beschreiben Fakten und Sachverhalte. Bewertungen finden sich in ihnen nicht. Wir erkennen in dem beschriebenen Phänomen ein Problem, das wir diskutieren wollen.

Die **Aufgabe** des Verfassers der textgestützten Erörterung besteht darin,
- den Sachverhalt zu beschreiben,
- die Problematik, die Fragen und die Folgen, die sich daraus ergeben, herauszuarbeiten.

Texte, die über Meinungen informieren – Typ B

Eine oder mehrere Meinungen und eine Auswahl sie stützender Argumente werden angeführt.

Die **Aufgabe** des Verfassers der textgestützten Erörterung besteht darin,
- die Thematik bzw. die Kernproblematik zu kennzeichnen,
- die ggf. unterschiedlichen Positionen herauszuarbeiten,
- die Argumente den – oft kontroversen – Meinungen zuzuordnen.

Meinungsbildende Texte (z. B. Kommentar oder Leserbrief) – Typ C

Der Autor eines meinungsbildenden Textes vertritt eine klare Position, die er durch entsprechende Argumente stützt. Gegenargumente finden sich – wenn überhaupt – nur selten in Form einer Einräumung.

Die **Aufgabe** des Verfassers der textgestützten Erörterung besteht darin,
- Thema und Meinung des Autors herauszuarbeiten,
- die Argumente kurz zusammenzufassen.

Die **Themafrage** rundet die Einleitung ab und leitet zum Hauptteil über, der die eigene Auseinandersetzung mit der Problematik beinhaltet (siehe auch Seite 62).

2.3 Eine Variante – die textgebundene Erörterung

Stahlbarbie und Fressmaschine in der Provinz

Von Christian Buß

ProSiebens Unterhaltungsmutanten fallen in die Provinz ein. Jumbo Schreiner und Sonya Kraus stacheln in „Crazy Competition" zwei Dörfer zum Wettstreit an. Das Ergebnis: 135 Minuten monströser Sommer-
5 blödsinn.

Man nennt ihn auch den Würger. Für seine Rubrik im Pro-Sieben-Magazin „Galileo" misst Jumbo Schreiner penibel mit Maßband und Lineal Deutschlands größte Pizzen,
10 Dönerbrote und Backwaren, um sie dann im Alleingang zu verschlingen. Ein bisschen ängstlich gucken die kleinen italienischen oder türkischen Gastronomen meist schon, wenn die deutsche Monster-Glatze in ihre Restaurants einfällt, aber dann schieben sie ihm ihre Jumbo-Teller hin und alles
15 ist gut.

Wenn er was auszumessen oder abzuzählen hat, ist Jumbo Schreiner nämlich glücklich. Auch eine Pizza mit einem errechneten Durchmesser von 1,50 Meter isst er bis zum
20 letzten Happen auf. Zahlenzwang und Brechreiz liegen bei

diesem Mann ganz dicht zusammen. Als Mischung aus Graf Zahl und Krümelmonster hat er es zu beachtlicher Bekanntheit gebracht. Aber muss er deshalb gleich eine eigene Sendung bekommen?
25

Den Sommer über soll Jumbo Schreiner nun das ProSieben-Publikum bei der Stange halten: Zusammen mit Sonya Kraus („Talk Talk Talk") ist er in die Provinz eingefallen, um dort benachbarte Dörfer gegeneinander aufzuhetzen. In
30 Spielen, die man bei ProSieben verrückt nennt, soll der jeweils andere ausgestochen werden. Dem Gewinner winken – da war ProSieben angesichts einer Sendezeit von mehr als zwei Stunden ziemlich knauserig – 10.000 Euro für die Dorfkasse. Schreiner und Kraus sind nun Pate für jeweils ein
35 Dorf, sie sollen die Bewohner anleiten, anstacheln und trösten, was natürlich zu einigen grotesken Szenen führt: Die Drei-Zentner-Fressmaschine Schreiner und die Stahlbarbie Kraus auf Tuchfühlung mit ganz normalen Menschen, das wirkt schon bizarr. [...]

(aus: www.spiegel.de, 02.07.2010)

Kopfnoten sind keine Kopfnüsse

Von Jutta Pilgram

Noten sind eine zwiespältige Sache. In unserer Gesellschaft sollen nicht mehr Herkunft, Geschlecht oder Geld darüber entscheiden, wie weit es jemand im Leben bringt. Leistung gilt als einziger akzeptabler Maßstab der
5 Auswahl. Noten entscheiden über Bildungswege und Lebensläufe, über Status und Einkommen.
    Zusätzlich zu den Bewertungen für die Unterrichtsfächer hat das Bundesland Sachsen kürzlich die Einführung der alten Betragensnoten als Kopfnoten bekannt gegeben.
10 Sie stehen am Kopf des Zeugnisses und geben Auskunft über das Sozialverhalten und die Leistungsbereitschaft eines Schülers.
    Wer die alten Kopfnoten wieder einführen wolle, so warnt ein Hamburger Erziehungswissenschaftler, der
15 bewerte die Mentalität von Duckmäusern höher als die von selbstbewussten, kreativen jungen Menschen, die sich angemessen wehren und durchsetzen können. Eine ehemalige Lehrerin fürchtet gar, dass ein Starren auf die alten Sekundärtugenden Betragen, Fleiß und Ordnung
20 die berufliche Entwicklung junger Menschen behindere.

Anstelle von Kadavergehorsam und Willfährigkeit fordere heute das Berufsleben Teamfähigkeit, Zivilcourage und Eigeninitiative.
    Doch genau diese Eigenschaften könnten Kopfnoten
25 auch fördern. Der Unterricht dient nicht nur der sturen Vermittlung von Wissen, er muss Kinder auch zu mündigen Bürgern erziehen.
    Fachliche Leistung ist wichtig, doch ebenso sehr zählt die Bereitschaft, sich anzustrengen, zuverlässig und
30 pünktlich zu sein und soziales Verhalten an den Tag zu legen. Denn darauf kommt es später an. Gerade schwache Schüler könnten von Kopfnoten profitieren. Kinder mit eher praktischen Begabungen und schlechten Fachzensuren können mit guten Kopfnoten künftigen Arbeitgebern
35 ihre Leistungsbereitschaft signalisieren. Wenn die Schule ihren Erziehungsauftrag ernst nimmt, sollte sie das auch in sorgfältig erstellten Kopfnoten zum Ausdruck bringen.

(aus: Süddeutsche Zeitung, 18.03.1999
[überarbeitet – Abschlussprüfung Bayern 2000])

◼ Aufgaben

1. Ordnen Sie die Texte einem der genannten Texttypen A bis C zu.

2. Notieren Sie nach Ihrer Textzuordnung stichwortartig die Hauptinhalte, Thema und Meinung des Autors und gegebenenfalls die kontroversen Meinungen.

2 Die Erörterung

**Aus der Textvorlage lassen sich
die wesentlichen Informationen erstellen.**

Thema: Die Einführung sogenannter Kopfnoten in Bayern
Mit Kopfnoten wird das Sozialverhalten und die
Leistungsbereitschaft bewertet.
Anlass: Eine entsprechende Regelung im Bundesland Sachsen
Textart: Kommentar vom 18.5.1999 in der Süddeutschen Zeitung

Vorteile		Nachteile

Kopfnoten sind keine Kopfnüsse

Von Jutta Pilgram

Noten sind eine zwiespältige Sache. In unserer Gesellschaft sollen nicht mehr Herkunft, Geschlecht oder Geld darüber entscheiden, wie weit es jemand im Leben bringt. Leistung gilt als einziger akzeptabler Maßstab der Auswahl. Noten entscheiden über Bildungswege und Lebensläufe, über Status und Einkommen. Zusätzlich zu den Bewertungen für die Unterrichtsfächer hat das Bundesland Sachsen kürzlich die Einführung der alten Betragensnoten als Kopfnoten bekannt gegeben. Sie stehen am Kopf des Zeugnisses und geben Auskunft über das Sozialverhalten und die Leistungsbereitschaft eines Schülers. Wer die alten Kopfnoten wieder einführen wolle, so warnt ein Hamburger Erziehungswissenschaftler, der bewerte die Mentalität von Duckmäusern höher als die von selbstbewussten, kreativen jungen Menschen, die sich angemessen wehren und durchsetzen können. Eine ehemalige Lehrerin fürchtet gar, dass ein Starren auf die alten Sekundärtugenden Betragen, Fleiß und Ordnung die berufliche Entwicklung junger Menschen behindere. Anstelle von Kadavergehorsam und Willfährigkeit fordere heute das Berufsleben Teamfähigkeit, Zivilcourage und Eigeninitiative.

Doch genau diese Eigenschaften könnten Kopfnoten auch fördern. Der Unterricht dient nicht nur der sturen Vermittlung von Wissen, er muss Kinder auch zu mündigen Bürgern erziehen. Fachliche Leistung ist wichtig, doch ebenso sehr zählt die Bereitschaft, sich anzustrengen, zuverlässig und pünktlich zu sein und soziales Verhalten an den Tag zu legen. Denn darauf kommt es später an. Gerade schwache Schüler könnten von Kopfnoten profitieren. Kinder mit eher praktischen Begabungen und schlechten Fachzensuren können mit guten Kopfnoten künftigen Arbeitgebern ihre Leistungsbereitschaft signalisieren. Wenn die Schule ihren Erziehungsauftrag ernst nimmt, sollte sie das auch in sorgfältig erstellten Kopfnoten zum Ausdruck bringen.

Randnotizen rechts (Nachteile):
Einfluss auf Sozialchancen, weiteren beruflichen Werdegang

Unterstützt angepasstes Verhalten

Gefahr der Behinderung beruflicher Entwicklung

Randnotizen links (Vorteile):
Förderung selbstständiger Handlungsfähigkeit

Wichtige Grundtugenden werden gefördert

Leistungsschwächere Schüler profitieren

Schule soll nicht nur Wissen vermitteln, sondern erziehen

88

2.3 Eine Variante – die textgebundene Erörterung

In die Einleitung der textgestützten Erörterung werden die einzelnen **Informationsbausteine** eingepasst.

Beispiel (Schülerarbeit):

1 *In ihrem Kommentar „Kopfnoten sind keine Kopfnüsse", erschienen am 18.5.1999 in der Süddeutschen Zeitung, beschäftigt sich Jutta Pilgram mit der Frage, ob es sinnvoll ist, die Bewertung von Leistungsbereitschaft und sozialem Verhalten in der Schule in das Zeugnis aufzunehmen. Die Entscheidung des Bundeslandes*	Informationen über den Text
5 *Sachsen, entsprechende Noten in den Kopf des Zeugnisses einzutragen, bot für*	Thema und Begriffsklärung
sie den Anlass, diese Frage zu behandeln. Sie wägt die Vor- und Nachteile sorgfältig ab. Einerseits hält sie die Einführung von Kopfnoten für nicht unproblematisch.	1. Informationsbaustein
Hauptsächlich sieht sie die Gefahr, dass der berufliche Werdegang und die Sozialchancen der Schüler nachteilig beeinflusst werden könnten. Zudem befürchtet	2. Informationsbaustein
10 *sie, dass die Schüler zu einem stark angepassten Verhalten neigen, nur um nicht negativ aufzufallen. Andererseits sieht sie aber auch eine Chance, die Leistungs-*	3. Informationsbaustein
bereitschaft der Schüler, eigenverantwortliches Arbeiten und Teamfähigkeit zu	4. Informationsbaustein
steigern. Grundtugenden wie Pünktlichkeit und Zuverlässigkeit werden dadurch auch entsprechend honoriert.	5. Informationsbaustein
15 *Angesichts der Initiative Sachsens stellt sich die Frage, ob dieses Verfahren als Modell für andere Bundesländer dienen kann.*	Themafrage

Die Themafrage verdeutlicht bereits die Grundstruktur des Hauptteils der Ausarbeitung. Der **dialektische Ansatz** (Befürwortung der Einführung von Kopfnoten bzw. deren Ablehnung) lässt sich leicht ableiten.

Ausgangstexte mit linearer Aufgabenstellung, die nicht auf eine kontroverse, dialektische Auseinandersetzung abzielen, verlangen eine Anpassung der Themafrage, sodass die Grobstruktur des Hauptteils erkennbar wird.

Orientierung kann hier das aus der steigernden Erörterung bekannte BUWE-Verfahren bieten.

■■ **Hinweis**
Anregungen und Hilfe zur dialektischen Erörterung eines Themas finden Sie auf den Seiten 60–61.

■■ **Tipp**
Es müssen und können nicht bei jedem Text alle vier Ebenen aufgearbeitet werden.
Achten Sie auf die Textinhalte und die Vorgaben der Aufgabenstellung.

B	eschaffenheit	Die Erscheinungsformen eines Phänomens werden beschrieben.
U	rsache	Die Ursachen einer Erscheinung werden dargestellt.
W	irkung	Die Auswirkungen werden analysiert.
E	rgebnis	Es erfolgt eine Diskussion von Lösungsmöglichkeiten.

■■ **Aufgaben**

1. Formulieren Sie eine Einleitung für den Text „Stahlbarbie und Fressmaschine in der Provinz" auf Seite 87.
2. Erstellen Sie einen Argumentationsplan zur Beurteilung des im Text angesprochenen Konzepts des „begleiteten Fahrens".

2.3.3 Der Hauptteil – Argumentationsplan und Ausarbeitung

Hinweis

Vergleiche auch Seite 60 ff. Die Überlegungen für das Erstellen einer Gliederung für eine freie Erörterung gelten prinzipiell auch hier.

Die eigene Auseinandersetzung mit der im Text angesprochenen Problematik findet im Hauptteil statt. Ebenso wie bei der freien Erörterung ist es erforderlich, ein aufgabenbezogenes Konzept zu entwickeln.

Im Text bereits angeführte Argumentationsmuster werden in den eigenen Argumentationsplan integriert und durch weitere Überlegungen und Begründungen ergänzt.

Schematischer Aufbau	Konkretes Beispiel
I. Antithese	**I. Die Einführung von Kopfnoten ist problematisch**
1. Argument	1. Eine Zeugnisnote sagt nur wenig über das Sozialverhalten aus.
2. Argument	2. Es ist schwierig, geeignete Beurteilungskriterien zu finden.
3. Argument	3. Das Risiko von Fehlentscheidungen der Lehrer aufgrund von Sympathie bzw. Antipathie ist groß.
4. Argument	4. Sekundärtugenden werden gegenüber den anderen Schulleistungen überbewertet.
5. Argument …	5. Der erhöhte Anpassungsdruck behindert die Persönlichkeitsentwicklung der Schüler. …
II. These	**II. Die Einführung von Kopfnoten ist vorteilhaft**
1. Argument	1. Sekundärtugenden (wie Pünktlichkeit, Zuverlässigkeit) werden gefördert.
2. Argument	2. Engagement in der Schule außerhalb des Unterrichts (SMV o. Ä.) kann angemessen gewürdigt werden.
3. Argument	3. Leistungsschwächere Schüler erhalten ihre Leistungsbereitschaft bescheinigt.
4. Argument	4. Die Honorierung des sozialen Engagements in der Schule wirkt sich auf das weitere Verhalten auch außerhalb der Schule aus.
5. Argument …	5. In der Wirtschaft verlangte Fähigkeiten wie Teamfähigkeit und Eigeninitiative werden gefördert. …
III. Lösungsvorschlag	**III. Statt Kopfnoten im Zeugnis sollte ein Wortgutachten als gesonderte Bescheinigung zusätzlich zum Zeugnis erstellt werden.**
	1. Eine differenziertere Bewertung ist möglich.
	2. Schüler kann, muss aber bei Bewerbungen vom Gutachten nicht Gebrauch machen.

Zu dieser klar getrennten Gliederung gibt es eine konzeptionelle Alternative. Es besteht die Möglichkeit, jedes einzelne Argument auf seine Vor- und Nachteile hin zu überprüfen. Um eine steigernde Darstellung zu erreichen, wird jedes Argument zusätzlich durch eine entsprechende Formulierung in ein Wertesystem eingebunden.

2.3 Eine Variante – die textgebundene Erörterung

Beispiel:

1. Soziale Tugenden mit einer Ziffernnote zu bewerten ist <u>wenig überzeugend</u>.
   - Es ist **zwar** anzuerkennen, dass Sozialverhalten so überhaupt gewürdigt wird.
   - Es mangelt **aber** an überprüfbaren Bewertungskriterien.
2. ….
3. ….
4. Die dadurch erreichte Unterstützung der Persönlichkeitsbildung ist <u>nicht hoch genug einzuschätzen</u>.
   - Die Gefahr, dass Schüler ein angepasstes Verhalten an den Tag legen, ist **zwar** nicht ganz von der Hand zu weisen.
   - Positive Eigenschaften wie Teamfähigkeit, Zivilcourage und Eigeninitiative werden durch die Würdigung **aber** deutlich gestärkt.

> **Tipp**
> Dieses Verfahren sollte nur ganz gezielt eingesetzt werden.
> Bei einer größeren Zahl von Argumenten wird die Darstellung schnell unübersichtlich.

Argumentationsentfaltung am Beispiel des Schüleraufsatzes:

Ich bin gegen das Kopfnotensystem, da der Schüler sonst der Willkür von Lehrern ausgesetzt wäre. **Wir alle haben sicher schon** *einmal die Erfahrung gemacht, dass Lehrer nicht immer objektiv sind bei der Verteilung von Bewertungen, die im Zusammenhang mit dem Benehmen des Schülers stehen.* **Es ist nur menschlich**, *dass man* **bestimmte** *Menschen mehr mag als andere. Doch genau hier liegt die Gefahr.* **Ich weiß aus persönlicher Erfahrung**, *dass Schüler* **manchmal** *in die Situation kommen, mit einer Entscheidung oder dem Verhalten eines Lehrers nicht einverstanden zu sein.* **Oft** *kommt es dann* **zu einer Diskussion oder zu einem Streitgespräch**. *Dies* <u>kann</u> *das weitere Schüler-Lehrer-Verhältnis langfristig beeinflussen,* **sollte** *die betreffende Lehrkraft nicht professionell genug sein. Man ist als Schüler nun in einer Lage, in der das belastete Schüler-Lehrer-Verhältnis zu einer* **eventuellen** *Fehlbewertung führt, weil der Lehrer zu emotional bewertet. Man muss dann als Schüler Angst vor weiteren Kopfnotenbewertungen haben, die ihn dann fälschlicherweise als undiszipliniert, unordentlich oder faul auszeichnen* **könnten** *und so den Eindruck des späteren Arbeitgebers vom Betroffenen verzerren* **würden**. *Dies sind keine guten Aussichten für Schüler.*

> **Tipp**
> Bei jedem meinungsbildenden Text kommt der überzeugenden Argumentationsentfaltung eine überragende Bedeutung zu.
> Dies gilt bei der textgestützten Erörterung umso mehr, als eine ganze Reihe von Argumenten inhaltlich bereits aus dem Ausgangstext herausgefiltert werden kann und von Ihnen nicht mehr eigenständig gefunden werden muss.

■ Aufgaben

1. In dem oben aufgeführten Beispiel sind bestimmte Wörter und Textpassagen hervorgehoben.
   a) Beurteilen Sie das Argumentationsmuster und
   b) nennen Sie mögliche Gründe für die gewählte Hervorhebung.
2. Überarbeiten Sie den Text. Finden Sie bessere Lösungen für einen Argumentationsansatz.

2 Die Erörterung

Ein Blick genügt – die Varianten der Erörterung

Sacherörterung ohne Textgrundlage Literarische Erörterung	Textgebundene Erörterung
Themenerfassung	Themenerfassung
	Ausgangstext (auch Bild, Grafik, Karikatur)
	Analyse der Argumentation und der sprachlichen Gestaltung
	Aufnahme von Argumenten aus dem Text, eigene Bewertung (Zustimmung, Ablehnung, Pro-Kontra)
Eigene Gedankengänge zum Thema	Ergänzung durch eigene Gedanken, Beispiele
Ordnen und Gliedern	Ordnen und Gliedern
Überzeugende Argumentation Literarische Erörterung: Zitate und Textverweise	Überzeugende eigene Argumentation

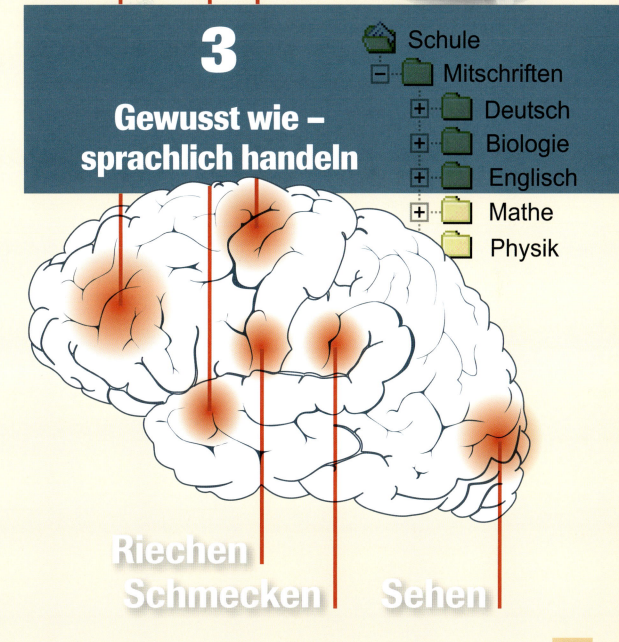

3
Gewusst wie – sprachlich handeln

3 Gewusst wie – sprachlich handeln

3.1 Arbeits- und Lerntechniken

Gottfried Keller (1819–1890)
Keller schrieb Gedichte, Erzählungen und Novellen („Züricher Novellen"). Sein stark autobiografisch geprägter Roman „Der grüne Heinrich" gehört zu den großen Bildungsromanen des 19. Jahrhunderts.

„Das Menschenleben ist eine ständige Schule."
                                                        Gottfried Keller

Die Forderung, ein Leben lang zu lernen, ist in der heutigen Zeit aktueller denn je. In immer kürzeren Abständen werden wir vor neue Aufgaben gestellt, die es möglichst effizient zu bewältigen gilt.

Sich Arbeits- und Lerntechniken anzueignen und gezielt einzusetzen ist daher für die Bewältigung von Aufgaben in Schule und Beruf von besonderer Bedeutung. Auch im Fach Deutsch erleichtert die Anwendung spezifischer Hilfsmittel und Techniken die Lernsituation.

Zunächst einmal ist es wichtig, sich mit geringstem zeitlichen Aufwand Informationen beschaffen zu können und diese fachgerecht auszuwählen und zu verarbeiten. Auch die Effizienz der Arbeitstechnik in der Schule und zu Hause lässt sich mithilfe lerntheoretischer Erkenntnisse erheblich steigern. Lernstrategien helfen auch, die Prüfungsvorbereitung zu optimieren und schließlich die Prüfung selbst erfolgreich zu bestehen.

3.1.1 Informiert sein ist alles – gezielte Informationsbeschaffung

Wir leben in einer Informationsgesellschaft; tagtäglich überschwemmt uns eine Flut neuer Informationen. Umso schwieriger ist es, gezielt Informationen herauszufiltern, die man für einen bestimmten Zweck benötigt. Man läuft dabei leicht Gefahr, das eigentliche Ziel aus den Augen zu verlieren. Deshalb ist es sinnvoll, gut über die unterschiedlichen Möglichkeiten zur Informationsbeschaffung informiert zu sein.
Überblick über die herkömmlichen gedruckten und die neuen Informationsmedien auf EDV-Basis:

EDV:
elektronische Datenverarbeitung.

Enzyklopädie:
Nachschlagewerk.

- **Allgemeine Nachschlagewerke**
  (z. B. Konversationslexika, Enzyklopädien)
  Diese Werke können den Einstieg in ein Thema erleichtern. Sie bieten – nach Stichworten in alphabetischer Reihenfolge – einen Überblick über das Wissen der Zeit. Die bekanntesten deutschen Konversationslexika sind „Der große Brockhaus" und „Meyers Enzyklopädisches Lexikon".

■ **Hinweis**
Lose-Blatt-Sammlungen liefern ständig aktualisiertes Wissen, u. a. das „Kritische Lexikon zur deutschsprachigen Gegenwartsliteratur" (KGL).

- **Spezielle und sonstige Nachschlagewerke**
  (Fachlexika, Handbücher, Fachwörterbücher, Jahrbücher)
  Fachlexika und Handbücher geben alphabetisch geordnete Auskünfte über bestimmte Themenbereiche (z. B. Wirtschaft, Psychologie, Pädagogik). Ein Standardwerk aus dem Bereich Literatur ist „Kindlers Neues Literaturlexikon" in 20 Bänden.
  Wenn man nur einen Begriff klären will, steht einem ein Wörterbuch zur Verfügung. Das gängigste deutsche Wörterbuch ist der Duden.

3.1 Arbeits- und Lerntechniken

Neben allgemeinen Wörterbüchern gibt es auch spezielle Sachwörterbücher, zum Beispiel Gero v. Wilpert: Sachwörterbuch der Literatur.

Zu den sonstigen Nachschlagewerken zählt man in erster Linie die unterschiedlichen Jahrbücher; am bekanntesten ist wohl das Statistische Jahrbuch (Jahreszahl) für die Bundesrepublik Deutschland.

Informationen über bekannte historische Persönlichkeiten erhält man aus biografischen Nachschlagewerken (z.B. Deutsche Biographische Enzyklopädie). In Bibliografien ist die gesamte Fachliteratur aufgelistet, die bisher zu einem bestimmten Thema erschienen ist. Einen Überblick über die zahlreichen Spezialbibliografien verschafft einem das Handbuch der bibliographischen Nachschlagewerke.

Bibliografie:
Bücherverzeichnis.

- **Fachbücher und Monografien**
  Fachbücher und Monografien setzen sich meist sehr differenziert mit der jeweiligen Thematik auseinander und haben oft wissenschaftlichen Charakter. Deshalb ist die Lektüre nicht immer ganz einfach.

Hinweis
Mitunter haben Veröffentlichungen in Fachzeitschriften Werbecharakter. Seien Sie also kritisch!

Monografie:
wissenschaftliche Untersuchung über einen Gegenstand.

- **Fachzeitschriften** (z.B. Psychologie heute)
  Fachzeitschriften bieten Spezialinformationen zu ausgewählten Fachrichtungen. Da sie regelmäßig erscheinen, sind sie stets auf einem aktuellen Wissensstand. Will man sich über ein Spezialthema umfassend informieren, so sollte man die Materialsuche nicht nur auf einen Jahrgang der Zeitschrift beschränken.

Tipp
Sie können von den Archiven großer Zeitungen Material anfordern. Gleichzeitig sind Zeitungen sowie Rundfunk- und Fernsehsender mit einer Vielzahl an Informationsmöglichkeiten im Internet präsent.

- **Veröffentlichungen unterschiedlicher Institutionen und Verbände**
  (z.B. Firmen, Parteien, Berufsorganisationen)
  Von den jeweiligen Herausgebern kann man Informationsmaterialien meist kostenlos bestellen. Sie enthalten in der Regel sehr fachspezifische und aktuelle Informationen.

- **Zeitungen, Radio- und Fernsehsendungen**
  Tages- und Wochenzeitungen, Radio und Fernsehen informieren über das aktuelle Tagesgeschehen. Es ist sinnvoll, ein Ereignis über einen längeren Zeitraum zu verfolgen und die Berichterstattung zu vergleichen.

- **Neue Informationsmedien**
  Aktuelle Informationen kann man auch über das Internet abrufen:
  - Presseinformationen: z.B. der SPIEGEL: http://www.spiegel de
  - Datenbanken: z.B. Wikipedia: http://www.wikipedia.de
  Siehe hierzu auch die folgenden Seiten.

Aufgaben

1. a) Suchen Sie in verschiedenen Nachschlagewerken die folgenden Begriffe und schreiben Sie stichpunktartig die wesentlichen Informationen heraus:
    Bewusstseinsstrom, Volkseinkommen, Sanktion, Psychoanalyse.
    b) Vergleichen Sie die jeweilige Information und stellen Sie Gemeinsamkeiten und Unterschiede in einer Tabelle stichwortartig gegenüber.

3.1.2 Die Nadel im „digitalen Heuhaufen" suchen – das Internet als Informationsquelle nutzen

Suchmaschine: ein Programm, um Dateien, die auf einem Computer oder in einem Computernetzwerk gespeichert sind, zu finden. Internet-Suchmaschinen beantworten Suchanfragen, indem sie mit einer nach Relevanz geordneten Trefferliste auf die eingegebenen Schlüsselwörter reagieren. Sie liefern dann eine Liste mit Verweisen auf Dokumente bzw. Web-Seiten, die ein oder mehrere dieser eingegebenen Schlüsselwörter enthalten.

Das Internet als Informationsquelle zu nutzen, ist nicht nur allgemein sehr beliebt, sondern stellt im Zeitalter der Kommunikationstechnologien eine Schlüsselqualifikation dar.

Zurzeit gibt es allerdings ungefähr 1 Billion Webseiten und die Tendenz ist steigend. Gleichzeitig sind mehr als 1,5 Milliarden Menschen im Internet unterwegs – und glaubt man den Hochrechnungen, würde man 31.000 Jahre benötigen, um alle derzeit verfügbaren Internetseiten komplett zu lesen.

Da niemand alleine dieses riesige Angebot mit seiner unvorstellbaren Fülle sinnvoll bearbeiten kann, sind **Suchmaschinen** so beliebt. Heutzutage ist der Markt der Suchmaschinen praktisch aufgeteilt, außer Google hat sich nur Yahoo behaupten können. Aber es drängen auch ständig neue Anbieter auf den Markt, die verbesserte Suchwerkzeuge anbieten möchten, um die Informationssuche für den Nutzer zu verfeinern.

Suchmaschinen unterscheiden

Es lassen sich verschiedene Arten von Suchmaschinen unterscheiden, die je nachdem, was man sucht, Verwendung finden:

- **Volltextsuchmaschinen:** Sie durchsuchen das Netz und gehen dabei von Website zu Website, um Informationen aus großen Mengen von unstrukturierten Texten/Dateien herauszufiltern. Hierbei handelt es sich um eine Sofortlösung, da theoretisch jedes Dokument, das nur mindestens ein Wort der Suchanfrage enthält, aufgefunden werden kann. Beispiel: www.google.de.

Finden, was man sucht ...

- **Metasuchmaschinen:** Ihr wesentliches Merkmal besteht darin, eine Suchanfrage an mehrere andere Suchmaschinen gleichzeitig weiterzuleiten, die Ergebnisse zu sammeln und aufzubereiten. Sie eignen sich für eine breit angelegte Suche und zum Auffinden seltener oder ungewöhnlicher Inhalte. Beispiel: www.metager.de.
- **Thematische Kataloge** (auch Verzeichnisse genannt): Sie erzeugen ihren Datenbestand mithilfe eines redaktionellen Teams; die Inhalte der Webseiten werden untersucht und in entsprechende Kataloge eingetragen. Ihr Aufbau ähnelt dem Schlagwortkatalog einer Bibliothek. Beispiel: www.yahoo.de.
- **Spezialsuchmaschinen:** Sie sind umfassend und aktuell auf ausgewähltes Material und bestimmte Inhalte abgestimmt. Beispiel: www.wikipedia.de.
- **Presserecherche:** Mit gezieltem Zugriff auf die Webseiten von Zeitungen und Zeitschriften lassen sich oftmals brandaktuelle Informationen zu bestimmten Themen finden. Beispiel: www.spiegel.de.

Gezielt im Internet suchen

Um die Suche im Internet etwas zu erleichtern, sollte man einige grundsätzliche Regeln beachten. Zunächst sollte überlegt werden, wonach man sucht. Geht es darum, eine Frage zu beantworten oder möchte der Nutzer Informationen zu einem Themengebiet. Erhalten Sie besipielsweise zu viele Treffer für einen Begriff, sollten Sie beispielsweise mehrere Begriffe kombinieren oder bestimmte Begriffe ausschließen.

Bei der Eingabe der Suchbegriffe ist folgendes Vorgehen in der Regel hilfreich:
- **einfache Suche:** Die Wörter werden nacheinander eingetippt. So werden zuerst die Seiten angezeigt, in denen die Wörter am häufigsten vorkommen.
- **Bilder-Suche:** Treffen Sie eine Auswahl nach Bildgröße.
- **Profi-Suche:** Verwendung Boole'scher Operatoren (UND, ODER; NICHT); Wörter, die unbedingt in den Ergebnisdokumenten auftreten sollen, erhalten ein vorangestelltes +-Zeichen.

Beispiele für eine gezielte Suche	Lösung
Suche Brot, Weiß- oder Roggenbrot, aber kein Kümmelbrot	Brot UND (Weiß ODER Roggen) NICHT Kümmel: +Brot +(Roggen Weiß) -Kümmel
Suche eine Gutenachtgeschichte	+Märchen +Zwerg -Hexe
Trunkierung: * als Platzhalter ersetzt eine beliebige Anzahl von Zeichen	Gra*ik (sucht nach Grafik und Graphik)
Verwendung von Anführungszeichen für ganze Wortgruppen (Phrasensuche), um Zitate, Titel usw. zu finden	„Morgen Kinder wird's was geben"

Allgemeine Tipps für die Recherche im Netz

Gehen Sie niemals davon aus, dass alle Informationen, die Sie im Netz finden, auch wirklich wahr sind. Trauen Sie daher nie nur einer Quelle, denn finden Sie Informationen nur auf einer einzigen Seite, kann es durchaus sein, dass diese Informationen falsch sind.

Auch können Informationen aus dem Netz ganz unterschiedliche Qualität aufweisen. In der Regel werden hochwertige Internetquellen von Institutionen vertreten, die auch in der realen Welt existieren. Versuchen Sie immer auch herauszufinden, wer die Information ins Netz gestellt hat. Seriöse Anbieter haben in der Regel ein Impressum und bieten einen Ansprechpartner.

Ebenso wichtig ist es, auf das Alter der bereitgestellten Information zu achten: Von wann sind die betreffenden Informationen und wann wurden sie ins Netz gestellt? Und: Seien Sie auch gegenüber Einträgen der sehr beliebten Informationsquelle Wikipedia grundsätzlich kritisch und kontrollieren Sie diese Informationen über andere Quellen.

Beispiel:
Kerbholz *(10.–12. Jahrhundert)*
Im Mittelalter konnte der überwiegende Teil der Menschen nicht schreiben. Das Kerbholz diente neben dem Nachweis für Geldschulden auch dazu, Schulden für Sachleistungen zu dokumentieren. Es wurden Kerben oder auch Symbole in das Kerbholz eingeritzt, anschließend wurde es längs gespalten und Gläubiger sowie auch der Schuldner bekamen je eine Hälfte. Somit wurden Schuldverhältnisse fälschungssicher dokumentiert. An einem bestimmten Termin (Zahltag) wurde das Kerbholz vorgelegt und mit dem Gegenstück verglichen. Der Schuldner musste nun seine Schuld begleichen. Bis ins 19. Jahrhundert arbeitete selbst die Bank von England mit diesen Utensilien. Wahrscheinlich haben sich auch die römischen Zahlen aus diesem Kerbsystem entwickelt.

Kerbholz

Aufgaben

1. **Informationen im Wandel der Zeit**
   Bilden Sie Gruppen und finden Sie heraus, wie Informationen verarbeitet, ausgetauscht, übermittelt sowie aufbewahrt und gespeichert wurden in den Jahren:
   1. Gruppe: vor unserer Zeitrechnung
   2. Gruppe: Beginn der Zeitrechnung bis in das 14. Jahrhundert
   3. Gruppe: 15. Jahrhundert – Gegenwart
   Erstellen Sie aufgrund Ihrer Aufgabe ein Word-Dokument (1 Seite), indem Sie übersichtlich Fakten darstellen. Nennen Sie verschiedene Möglichkeiten und erklären Sie einige ausgewählte Beispiele näher. Bilder sind als Anlage gestattet, allerdings nicht in das Word-Dokument einzufügen. Das Word Dokument sollte vollständig ausformuliert sein.

3.1.3 Effektives Lesen

Arthur Schopenhauer
(1788–1860)
Deutscher Philosoph, der als Hauptvertreter des Pessimismus im 19. Jahrhundert gilt. Seine Philosophie ist auch durch Elemente des fernöstlichen Buddhismus geprägt.

> „Lesen heißt, mit einem fremden Kopf statt dem eigenen denken."
> Arthur Schopenhauer

Trotz der zahllosen Möglichkeiten, die uns heute die Medien bieten, eignen wir uns immer noch rund 85 Prozent des Wissens durch Lesen an. Deshalb ist es sinnvoll, die Lesetechnik zu verbessern, damit keine Zeit durch unergiebige Lesearbeit vergeudet wird. Bevor Sie mit dem eigentlichen Lesen beginnen, sollten Sie sich genau überlegen, was Sie aus dem Text erfahren wollen. Damit haben Sie Ihr persönliches Leseziel präzisiert, das Ihnen hilft, die Konzentration aufrechtzuerhalten. Für die effektive Lektüre eines Textes stehen verschiedene Lesetechniken zur Verfügung.

1. Schnelles, diagonales Lesen

Wenn Sie einen Text zunächst schnell und nur überfliegend lesen, können Sie auch einzelne Sätze oder Zeilen überspringen. Wichtig ist nur, dass Sie sich einen Überblick verschaffen und unterscheiden, ob eine intensivere Durcharbeitung lohnenswert ist.

2. Genaues und gründliches Lesen

Erscheint Ihnen der Text geeignet, können Sie mit der gründlichen Lektüre beginnen. Dabei markieren Sie mit einem Bleistift oder Textmarker alle Stellen, die Ihnen wichtig sind. Dies fördert die Konzentration beim Lesen, erhöht die Übersichtlichkeit und erleichtert eine erneute Lektüre.

Man unterscheidet folgende Markierungstechniken:
- Überstreichungen mit farbigen Textmarkern
- Unterstreichungen mit verschiedenen Stricharten
- Grafische Umrahmungen
- Randmarkierungen mit Stichworten, Ziffern oder Symbolen. Mithilfe von Stichworten kann man den Text ergänzen, kommentieren und zusammenfassen; Ziffern dienen der Gliederung und Strukturierung. Zu den gängigen Symbolen gehören:

■ Hinweis
Natürlich dürfen Sie nur Schriftstücke markieren, die Ihnen gehören oder die Sie kopiert haben.

■ Tipp
Markieren Sie sparsam, um die gewünschte Übersichtlichkeit zu erreichen.

Zustimmung	!
Zweifel	?
Gleich- oder Ungleichzeichen	= ≠
Wichtiges	χ
Widerspruch	→ ←
Folge	→

Exzerpt:
schriftlicher Auszug aus einem Werk.

■ Tipp
Beschriften Sie beim Exzerpieren Blätter oder Karteikarten nur einseitig. Ein solches Vorgehen erleichtert die Übersicht.

3. Exzerpieren

Will man das Wesentliche aus einem Text herausarbeiten, um es später weiterzuverwenden, ist es sinnvoll, das Gelesene schriftlich zu fixieren. Lange Texte lassen sich dadurch auch verkürzen und übersichtlicher gestalten. Es muss deutlich gekennzeichnet werden, ob Sie die Gedanken wörtlich herausgeschrieben haben („wörtliches Exzerpieren") oder ob Sie das Gelesene mit eigenen Worten zusammengefasst haben („freies Exzerpieren").

4. Mindmapping

Ein Text lässt sich auch grafisch umsetzen, wobei wichtige Begriffe wie bei einem Tafelbild miteinander verknüpft werden. Man schreibt den Schlüsselbegriff eines Textes als Kern der Mindmap in die Mitte eines Blattes und umkreist ihn; es handelt sich dabei oft um den Buchtitel oder die Überschrift eines Kapitels. Wichtige Gesichtspunkte aus Einzelabschnitten werden ebenfalls in die Mindmap übernommen, indem man sie in der Nähe des Kerns auf Linienäste schreibt; von diesen abhängige Gedanken skizziert man auf Zweige der entsprechenden Äste. Auf diese Weise gelingt es, die Vernetzung einer Problemstellung sichtbar zu machen.

Hinweis
Informationen zum richtigen Zitieren finden Sie auf Seite 116 f.

Hinweis
Eine Mindmap gleicht einem Baum aus der Vogelperspektive. Der Mittelpunkt ist der Stamm, von dem die Haupt- und Nebenäste abzweigen.

Beispiel für eine Mindmap:

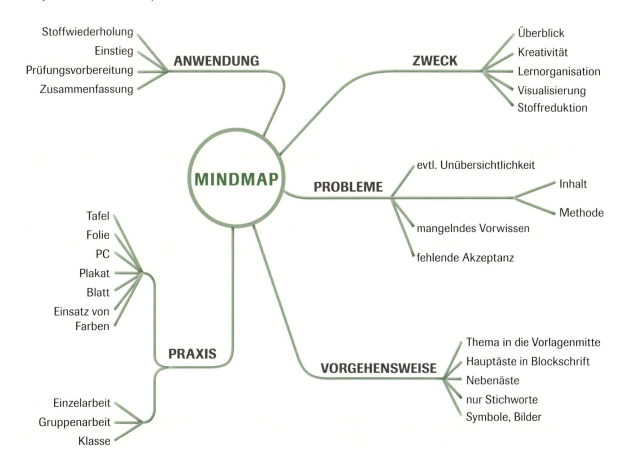

Aufgaben

1. Fotokopieren Sie den Text „Im Netz der Piraten" auf Seite 67 und verwenden Sie die angegebenen Markierungstechniken, um die wesentlichen Inhalte des Textes herauszuarbeiten.
2. Erstellen Sie eine Mindmap zu dem Text „Im Netz der Piraten". Verkürzen Sie hierfür Ihre Ergebnisse aus Aufgabe 1 zu Stichpunkten und verwenden Sie sie als Einträge für die einzelnen Äste und Zweige.

3.1.4 Mitschreiben, Ordnen, Planen

Richtiges Mitschreiben

Eine aktive Teilnahme am Unterricht spart viel Zeit bei den Hausaufgaben. Es fördert die eigene Aktivität, wenn man mündliche Informationen konzentriert aufnimmt und gleichzeitig schriftlich festhält. Durch Mitschreiben überträgt man das Gehörte zum Teil in eigene Worte. Dadurch werden die Informationen besser im Gedächtnis gespeichert und sind auch wieder leichter abrufbar. Zusätzlich hat man noch eine Kontrolle, ob man die vorgetragenen Sachverhalte richtig verstanden hat.

Es ist sinnvoll, sich schon beim Mitschreiben darüber klar zu sein, wie man das Mitgeschriebene später verwenden will. Man unterscheidet hierfür zwei Mitschrifttypen:

- **Mitschriften für ein punktuelles Ereignis**

  Diese Notizen können Grundlage für ein Gespräch oder eine Diskussion nach einem Vortrag oder einer sonstigen Informationsveranstaltung sein. Aufschreiben sollte man alle Auffälligkeiten, Unklarheiten und Kritikpunkte. Wenn die Veranstaltung beendet ist und die Mitschrift ihren Zweck erfüllt hat, kann man sie wegwerfen.

- **Mitschriften für einen längeren Zeitraum**

  In diesem Fall muss das Gehörte auch zu einem späteren Zeitpunkt gedanklich nachvollziehbar sein, z. B. für eine Prüfung, deren Termin noch gar nicht feststeht. Hier kommt es darauf an, den gedanklichen Aufbau und die inhaltlichen Aussagen möglichst lückenlos zu erfassen. Eventuell sollte man nach dem Vortrag eine Reinschrift anfertigen.

Tipp

Schreiben Sie keine ganzen Sätze mit; dies kostet zu viel Zeit.

Hinweis

Für diese Art von Mitschrift kann man auch die Mindmap-Methode anwenden (siehe Seite 99).

Tipp

Schreiben Sie auf lose Blätter, die Sie fortlaufend nummerieren. Auf diese Art und Weise können Sie schnell mitschreiben, verlieren im Nachhinein aber nicht die Übersicht.

Ein Blatt kann man wie rechts dargestellt aufteilen.

Fach, Datum, Thema, Seite

Notizen

Gliederungshinweise wie z. B. Schlagwörter, zentrale Begriffe, Zusammenfassungen

Ergänzungen beim Überarbeiten wie z. B. Literaturhinweise, Anregungen

3.1 Arbeits- und Lerntechniken

Übersichtliches Ordnen

Natürlich müssen Sie Ihre Mitschriften übersichtlich ordnen. Am besten legt man sie nach Fachgebieten getrennt in einem oder mehreren Ordnern ab. Auch Arbeits- und Testblätter sollten so abgeheftet werden. Zur Unterteilung der einzelnen Kapitel empfiehlt sich ein Register. Wenn Sie den Ordner nicht jeden Tag in die Schule mitnehmen wollen, können Sie die jeweiligen Mitschriften und Materialien eines Schultages zunächst in einen Schnellhefter einsortieren. Vergessen Sie aber nicht, sie später in den Hauptordner einzuordnen.

Sie können Ihre Mitschriften auch in einem Verzeichnis Ihres Computers ablegen.

Rationelles Planen

Leider ist es mit dem Ordnen allein nicht getan. Schon bald nach Beginn eines jeden Schuljahres oder Semesters häufen sich Prüfungstermine, die in den alltäglichen Arbeitsprozess zusätzlich eingeplant werden müssen. Wenn Sie bei Ihrer Planung Arbeits- und Freizeitphasen klar voneinander trennen, können Sie intensiver lernen und Ihre Freizeit unbelastet genießen. Ein bewährtes Planungsinstrument ist die ALPEN-Methode (nach L. Seiwert, 1984). Jeder Buchstabe steht für einen Schritt, nach dem man vorgehen sollte:

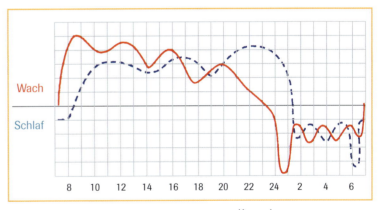

Kurve der Morgen-Menschen rot
Kurve der Abend-Menschen blau

Bedenken Sie auch bei der Planung, dass Ihre Leistungsfähigkeit während des Tages erheblich schwankt. Es gibt „Morgen- und Nachtmenschen", die ihre Leistungsspitze zu völlig verschiedenen Zeiten haben. Versuchen Sie für sich selbst herauszufinden, zu welcher Zeit Sie am leistungsfähigsten sind.
Ausführliche Informationen darüber, wie Sie eine umfangreiche Planung mithilfe von Tages- und Wochenplan organisieren können, finden Sie auf Seite 113.

■ Aufgaben

1. a) Fertigen Sie in Ihrer Klasse eine Mitschrift über eine ausgewählte Unterrichtsstunde im Fach Deutsch an.
   b) Vergleichen Sie Ihre Aufzeichnungen untereinander und arbeiten Sie die wesentlichen Unterschiede heraus.
   c) Begründen Sie jeweils, warum bestimmte Aspekte in Ihrer Mitschrift des Unterrichts für Sie von Bedeutung waren.
2. Erstellen Sie einen aktuellen Tagesplan für den heutigen Tag. Hilfen und Hinweise finden Sie auf Seite 113.

3 Gewusst wie – sprachlich handeln

Gehirnbereiche

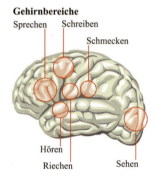

Assoziation:
Verknüpfung von Gedanken und Vorstellungen.

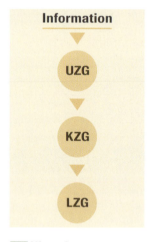

Hinweis
Zu einer stressfreien Lernatmosphäre trägt auch ein störungsfreier Arbeitsplatz bei.

Tipp
Hören Sie zur Entspannung Ihre Lieblingsmusik oder trinken Sie eine Tasse Tee.

3.1.5 Das Gehirn bestimmt den Rhythmus – Lernstrategien aneignen

Nicht alle Informationen, die tagtäglich auf uns einströmen, bleiben im Gedächtnis haften. Erst wenn sie die folgenden Filter durchlaufen haben, sind sie unauslöschlich gespeichert:

● **Das Ultrakurzzeitgedächtnis (UZG):**
Bevor man sich überhaupt einer Wahrnehmung bewusst wird, ist sie als Impuls in Form von elektrischen Strömen und Schwingungen schon im Gehirn vorhanden. Wenn ihr keine Aufmerksamkeit geschenkt wird oder sie nicht mit bereits im Gehirn vorhandenen Gedanken (Assoziationen) verknüpft wird, wird sie nach ca. 18 Sekunden wieder ausgefiltert.

● **Das Kurzzeitgedächtnis (KZG):**
Treffen die Informationen auf schon existierende Gedanken und Vorstellungen, werden sie in das Kurzzeitgedächtnis übertragen. Diese organische Speicherung dauert ungefähr 2 Minuten. Nur ein plötzlicher Schock während des Speicherns kann diese Information löschen.

● **Das Langzeitgedächtnis (LZG):**
Informationen, die mehrfach wiederholt werden oder sehr eindringlich sind, gelangen schließlich in das Langzeitgedächtnis. Damit sind sie für immer abgespeichert. Hierbei handelt es sich zu einem großen Teil um passives Wissen. Allerdings ist dies sofort wieder reaktivierbar, wenn man es wiederholt oder mit aktuellen Begebenheiten verknüpft.

Das dreistufige Gedächtnis hat auch große Bedeutung für unsere tägliche Lernsituation. Folgende Lernstrategien stehen dabei im Vordergrund:

1. Schaffen einer angenehmen Lernatmosphäre
Da durch starken Stress die Aufnahme von Informationen gehemmt und blockiert wird, ist es wichtig, sich ein angenehmes Lernklima zu schaffen. Versuchen Sie allen Ablenkungen und Störfaktoren möglichst aus dem Wege zu gehen. Auch nach großer Aufregung kann man nicht gut lernen. Erst wenn Sie ruhig und entspannt sind, können Sie sich wieder voll auf den Lernstoff konzentrieren.

2. Fragestellungen an den Lernstoff
Wird das bereits vorhandene Wissen im Langzeitgedächtnis aktiviert, lässt sich daran anknüpfen.

Deshalb sollten Sie durch Fragen versuchen, Bestandteile des Stoffes zu reaktivieren, die Sie schon kennen. Auch die Erinnerung an das Umfeld des Lernstoffs kann helfen, eine neue Lernaufgabe effizienter zu bewältigen.

3. Gezieltes Wiederholen
Es genügt nicht, die Informationen in einem Lehrbuch nur einmal durchzulesen; so gelangen sie bestenfalls ins Kurzzeitgedächtnis. Nur durch gezieltes Wieder-

holen erreicht man eine Langzeitspeicherung. Bereits 10 Minuten nach der ersten Einprägephase sollte eine Wiederholung stattfinden; nach einem Tag, einer Woche, einem Monat folgen dann weitere systematische Wiederholungseinheiten.

4. Anwendung verschiedener Wahrnehmungskanäle

Der Mensch verfügt über unterschiedliche Wahrnehmungskanäle. Wenn Sie sich bei der Wiederholung verschiedener Kanäle bedienen, wird das Wissen noch besser im Gedächtnis haften bleiben. Sie können folgende Wahrnehmungskanäle gezielt einsetzen:

- Sprechen: Reden Sie mit jemandem über den Stoff.
- Lesen: Informieren Sie sich auch einmal aus einem anderen Buch.
- Schreiben: Fertigen Sie schriftliche Inhaltszusammenfassungen an.
- Sehen: Entwerfen Sie eine Mindmap.
- Tun: Suchen Sie Anwendungsmöglichkeiten im Alltag.

5. Kurze Lernperioden und regelmäßige Pausen

Sie können sich vieles nicht merken, wenn Sie ohne Unterbrechung stundenlang lernen. Es ist notwendig, regelmäßige Pausen einzulegen. Nach jedem bewussten Lernvorgang folgt eine Phase unbewussten Lernens, die sogenannte Nachwirkzeit. Gewährt man dem Gehirn für das Nachwirken keine Pause, hemmt man die Einprägung des alten sowie die Aufnahme des neuen Lernstoffes.

Tipp
Belohnen Sie sich in den Pausen für die bereits erbrachte Leistung. Das fördert die Motivation.

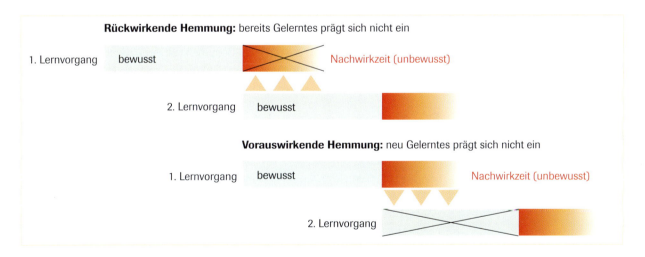

6. Vermeidung ähnlicher Lerninhalte

Ähnliche Lernstoffe überlagern sich gegenseitig und führen zu Lernhemmungen. Lernen Sie deshalb nie verwandte Fächer direkt hintereinander.

Aufgaben

1. a) Beschreiben Sie Ihre momentanen Lerngewohnheiten. Wie gehen Sie vor?
   b) Vergleichen Sie diese mit den hier dargestellten Strategien und suchen Sie nach Möglichkeiten, wie Sie Ihre Lernsituation verbessern können.
2. Erläutern Sie anhand eigener Erfahrungen, warum gerade die Schaffung einer angenehmen Lernatmosphäre besonders wichtig für den Lernerfolg ist.

3.1.6 So bestehe ich meine Prüfung – Prüfungsvorbereitung und Prüfungsverhalten

■ Tipp
Führen Sie einen Taschenkalender, in dem alle Prüfungstermine rot angestrichen sind. So behalten Sie den Überblick und wissen immer rechtzeitig Bescheid.

■ Hinweis
Informationen zum Thema „rationelles Planen" finden Sie auf Seite 112 f. Hier wird insbesondere auf die Vorbereitung einer Facharbeit eingegangen.

Bevor man mit der eigentlichen Arbeit beginnt, ist es sinnvoll, sich rechtzeitig den Prüfungstermin ins Gedächtnis zu rufen. Nur so können Sie abschätzen, wie viel Zeit Ihnen zur Vorbereitung zur Verfügung steht. Besonders die Anlaufphase dauert oft länger als erwartet; es kostet Disziplin, sich hinzusetzen und anzufangen. Sie sollten sich zunächst folgende Fragen stellen:

- Was wird verlangt?
- Was kann ich schon?
- Was muss ich mir noch aneignen?

Wenn Sie sich darüber im Klaren sind, was Ihnen noch an Wissen fehlt, können Sie sich einen Plan ausarbeiten. Arbeitstechniken und Lernstrategien finden Sie auf der vorhergehenden Seite. Wenn Sie diese systematisch anwenden, wird Ihnen der Lernprozess bedeutend leichter fallen.

In den letzten Tagen vor einer Prüfung sollten Sie noch folgende Aspekte berücksichtigen:

- Die Bearbeitung von Prüfungsaufgaben der Vorjahre macht Sie mit der Prüfungsart vertraut.
- Ein Gespräch mit Ihren Mitschülern verdeutlicht Ihnen, wo Sie noch Wissenslücken haben. Es zeigt aber auch, was Sie schon können.
- Gönnen Sie sich immer wieder Zeit für körperliche Erholung. Kurz vor der Prüfung noch eine Nacht durchzufeiern ist nicht empfehlenswert.
- Alles, was Nerven kostet, sollte man lieber auf einen späteren Zeitpunkt verschieben. Wenn Sie jemandem unbedingt die Meinung sagen müssen, können Sie dies auch nach der Prüfung tun.
- Am Tag vor der Prüfung sollte man nichts Neues mehr lernen; altes Wissen wird dadurch möglicherweise blockiert.
- Es beruhigt, wenn man sich alle zugelassenen Hilfsmittel (z.B. Rechtschreibduden) sowie Schreib- oder Zeichengeräte schon einen Tag vor der Prüfung zurechtlegt. Man gerät dann morgens nicht in Hektik.

■ Tipp
Kommen Sie nicht zu früh zu einer Prüfung; das lange Warten ist zermürbend.

Gegen **Prüfungsangst** gibt es kein Mittel. Am besten betrachten Sie diese als etwas ganz Natürliches. Damit Sie zum Prüfungstermin auch pünktlich erscheinen, planen Sie lieber ein kleines Zeitpolster ein.

3.1 Arbeits- und Lerntechniken

Für die schriftliche und die mündliche Prüfung gibt es eine Reihe nützlicher Verhaltensregeln.

Schriftliche Prüfung:
- Prüfungsaufgaben sollte man erst genau durchlesen, bevor man mit der Lösung beginnt.
- Fangen Sie mit der Aufgabe an, die Ihnen am leichtesten erscheint.
- Werden Sie nicht nervös, wenn Sie eine Frage nicht sofort verstehen. Denkblockaden lösen sich oft erst nach einiger Zeit.
- Genehmigen Sie sich auch während der Prüfung kurze Entspannungspausen; schauen Sie aus dem Fenster oder atmen Sie tief durch.
- Nutzen Sie die Ihnen zur Verfügung stehende Zeit voll aus und geben Sie nicht vorzeitig ab. Es ist unerlässlich, die Arbeit gegen Ende der Prüfungszeit nochmals kritisch durchzustudieren.
- Achten Sie auf eine ordentliche äußere Form und nummerieren Sie die Blätter.

Mündliche Prüfung:
- Begrüßen Sie freundlich alle Prüfer, wenn Sie den Prüfungsraum betreten.
- Schießen Sie mit der Antwort auf eine Frage des Prüfers nicht einfach los, sondern versuchen Sie, den Kern der Frage zu erfassen.
- Nehmen Sie mit dem Prüfer Blickkontakt auf und sprechen Sie laut und deutlich.
- Antworten Sie immer in zusammenhängenden, logisch durchstrukturierten Sätzen.
- Stellen Sie ruhig Rückfragen, wenn Sie die Frage nicht verstanden haben; der Gesprächsfaden reißt so nicht ab.

Tipp
Sagen Sie keine auswendig gelernten Passagen aus Büchern auf. Dies erweckt schnell den Eindruck, dass Sie nur auswendig gelernt haben, sich aber nicht mit einer Sache auseinandergesetzt haben.

MAI						
MONTAG **23**	DIENSTAG **24**	MITTWOCH **25**	DONNERSTAG **26**	FREITAG **27**	SAMSTAG **28**	SONNTAG **29**
		Prüfung				*Geburtstagsfeier*

Aufgaben

1. Spielen Sie eine Prüfung nach.
   a) Ein Schüler versetzt sich in die Rolle des Prüfers und stellt einem anderen Mitschüler, dem Prüfungskandidaten, Fragen, wie sie in der Prüfung vorkommen könnten.
   b) Der Prüfling versucht die Fragen so gut wie möglich zu beantworten.
   c) Nach der Prüfung vergleichen beide ihre Eindrücke vom Prüfungsverlauf und arbeiten die jeweiligen Prüfungsstrategien heraus.

3.1.7 Übungen zum Trainieren

Die folgenden Aufgaben dienen dazu, Ihre Arbeits- und Lerntechnik noch weiter zu optimieren.

1. a) Testen Sie Ihre Lernleistung.

   Lesen Sie einmal die folgende Wörterliste. Wörter, an die Sie sich erinnern, schreiben Sie dann anschließend in der richtigen Reihenfolge auf. Danach beantworten Sie die darunter stehenden Fragen.

ging	der	der
der	auch	tief
Heft	gerade	Zelt
Gehirn	und	rennen
und	Stein	und
dick	Hotelier	schlief
und	Stern	hatte
Mitte	zu	Himmel
zu	Wort	Roller

   - Wie viele Wörter vom Anfang der Liste wissen Sie lückenlos?
   - Wie viele Wörter, die sich wiederholen, haben Sie sich gemerkt?
   - Welches Wort fiel Ihnen besonders auf?
   - An wie viele Wörter, die am Ende der Liste stehen, erinnern Sie sich?
   - Wie viele Wörter aus dem Mittelteil sind im Gedächtnis haften geblieben?

   b) Versuchen Sie die lerntheoretischen Erkenntnisse zu formulieren, die Sie aus dem Test gewonnen haben.

2. a) Fertigen Sie eine Skizze von Ihrem Arbeitsplatz an.
   b) Vergleichen Sie die Zeichnung mit denen Ihrer Mitschüler und arbeiten Sie Unterschiede heraus.
   c) Diskutieren Sie Verbesserungsvorschläge.

3. Zeichnen Sie eine Mindmap zum Thema „Prüfungsvorbereitung".

4. a) Notieren Sie den Zeitpunkt und die Dauer aller Tätigkeiten Ihres Arbeitstags und beschreiben Sie stichwortartig, wie Sie sich jeweils dabei gefühlt haben.
   b) Führen Sie Ihre Aufzeichnungen mindestens eine Woche lang.
   c) Werten Sie dann Ihre Notizen aus und entwerfen Sie Ihre persönliche Leistungskurve.

3.2 Die Seminar-/Facharbeit

Das Ziel einer Seminararbeit bzw. einer Facharbeit ist es, die an Fachhochschule bzw. Universität erforderlichen Techniken wissenschaftlichen Arbeitens zu erschließen. Durch sie werden Fähigkeiten trainiert, die im weiteren Verlauf der Ausbildung benötigt werden.

Hinweis

Den Begriffen „Seminararbeit" und „Facharbeit" liegen unterschiedliche schulpädagogische Konzepte zugrunde. Sowohl die Seminararbeit wie auch die Facharbeit wollen eine Annäherung an die Arbeitsweise an der Universität erreichen.
Da sich die hierfür verwendeten und im Weiteren dargestellten propädeutischen Mittel gleichen, wird auf eine genaue Ausdifferenzierung – zugunsten einer allgemeinen Übersicht – verzichtet.

Propädeutik:
Einführung, Vorunterweisung; Unterricht mit vorbereitendem Charakter.

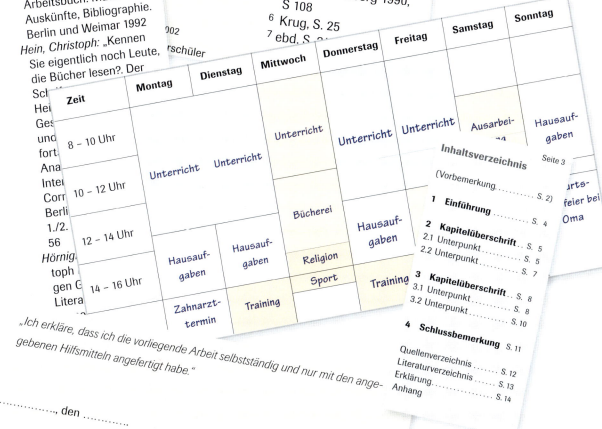

3 Gewusst wie – sprachlich handeln

3.2.1 Merkmale einer Seminar-/Facharbeit

Die Seminar- bzw. Facharbeit vermittelt dem Leser sowohl Kenntnisse als auch Erkenntnisse. Sie kombiniert daher Stilmerkmale unterschiedlicher Textarten. Es finden Verfahrensweisen der Berichterstattung und der Beschreibung ebenso Anwendung wie Techniken der Argumentation.

Die Seminar- bzw. Facharbeit stellt das Ergebnis einer Analyse, eigenen Forschens und Nachdenkens dar. Sachverhalte werden vom Schreiber beurteilt. Am Ende der Untersuchung steht – im weitesten Sinne – eine Lehrmeinung, die durch entsprechendes Material gestützt wird. Man kann die Seminar- bzw. Facharbeit daher den **kognitiven Texten** zuordnen.

kognitiv:
die Erkenntnis betreffend.

Hinweis
Interviews bilden vor allem dann eine wichtige Grundlage, wenn das Thema zeitlich oder räumlich stark eingeengt ist, sodass keine schriftlichen Quellen vorliegen.

Die Erkenntnisbasis bilden
- bereits vorliegende Dokumente (historische Quellen, Zeitungstexte, literarische Texte, Bildmaterial etc.),
- eigens für die Seminar- bzw. Facharbeit erhobene Daten (z.B. Interviews mit Fachleuten oder Zeitzeugen, Umfragen, aber auch Messergebnisse eigener Versuche in einem naturwissenschaftlichen Fach),
- Untersuchungen anderer, zu denen Stellung genommen wird.

Ein wesentliches Prinzip wissenschaftlichen Arbeitens besteht darin, dass deutlich zwischen **darstellenden Teilen** und **argumentativen Teilen** der Arbeit unterschieden wird. Es muss immer deutlich werden,
- ob der Verfasser der Seminar- bzw. Facharbeit Sachverhalte wiedergibt (= referiert) oder
- ob er eine eigene Bewertung vornimmt, also seine eigene Meinung äußert.

Je nach Themenstellung tritt der beschreibende oder der argumentative Teil in den Vordergrund.

Eine Seminar- bzw. Facharbeit soll dem Leser eine klar umrissene Thematik näher bringen.
Dazu müssen:
- Zusammenhänge offengelegt,
- Sachverhalte erläutert und
- Tatbestände veranschaulicht werden.

Wie weit man dabei ins Detail geht, hängt von der zu erwartenden Zielgruppe ab. In der Regel wird man davon ausgehen können, dass der Leser bereits über ein gewisses Grundwissen verfügt. Eine genaue Erläuterung allgemein anerkannter Fachbegriffe oder Sachverhalte ist daher unnötig.

3.2.2 Themen

Die Themenwahl zu einer Seminar- bzw. Facharbeit ist nicht immer einfach. Das Thema soll einerseits die Möglichkeit bieten, eine eigene Analyse zu erstellen. Andererseits muss der Themenkreis mit Rücksicht auf die nur begrenzt zur Verfügung stehende Zeit hinreichend eingegrenzt sein. Dies gilt umso mehr, als vor der Erstellung oft umfangreiche Recherchen erforderlich sind.

Beispiele:

1. Die Konsequenzen expressionistischer Darstellungskonzepte auf die Stummfilmproduktion in Deutschland, dargestellt am Beispiel der Filme: Metropolis oder Nosferatu.

2. Vergleichen Sie die Berichterstattung zu einem Sportereignis in einer Tageszeitung und im „Kicker".

3. Sollte der Mundartdichtung im Deutschunterricht ein höherer Stellenwert eingeräumt werden?

4. Untersuchen Sie Darstellung von Kommunikation und Kommunikationsproblemen mit Außerirdischen am Beispiel eines oder mehrerer Science-Fiction-Romane.

5. Vergleichen Sie Leben und Werk des Nobelpreisträgers für Literatur Günter Grass.

6. Untersuchen Sie im Roman „Die Geschwister Oppermann" von Lion Feuchtwanger die Einstellung in den höheren Schichten gegenüber dem aufkommenden Nationalsozialismus und nehmen Sie kritisch dazu Stellung.

7. Politik, Wissenschaft und Eltern beklagen eine zunehmende Gewaltbereitschaft bei Kindern und Jugendlichen. Zeigen Sie anhand geeigneter Beispiele die Erscheinungsformen der Gewaltbereitschaft auf. Welche Ursachen führen Ihrer Meinung nach dazu?

8. Die Grundströmungen der Literatur des Nationalsozialismus.

Tipp
Lassen Sie sich bei der Themenwahl von Ihren Interessenschwerpunkten (nicht nur von Noten) leiten. Das erhöht die Motivation für die Beschäftigung mit einer Aufgabenstellung.

Tipp
Denken Sie frühzeitig darüber nach, welche Grundlagen Sie brauchen. Falls es Probleme bei deren Beschaffung gibt, dann ist eine Änderung der Themenstellung oder ein Wechsel des Themas eher möglich.

Aufgaben

1. Entscheiden Sie bei jedem Thema, ob es in Form einer Seminar- bzw. Facharbeit, eines Referats oder einer Erörterung zu bearbeiten ist. Begründen Sie Ihre Auffassung.
2. Diskutieren Sie mit Ihren Mitschülern, welche Vorarbeiten bzw. Grundlagen bei den Seminar- bzw. Facharbeitsthemen erforderlich sind.

3 Gewusst wie – sprachlich handeln

3.2.3 Grundregeln für die Seminar-/Facharbeit

Der Zettel-Student im Finale (Auszug)

Wie aus dünnen Gedanken und breiten Zitaten eine Facharbeit entsteht

■ VON ANNA DROSS

Probleme mit der Facharbeit? Das muss doch nicht sein. Ein kleiner Leitfaden soll helfen.
Zum zeitlichen Ablauf: Bewährt hat sich die Einteilung in zwei Drittel schlechtes Gewissen und
5 ein Drittel Panik, wobei unbedingt auf die Einhaltung dieser Reihenfolge zu achten ist.
Wenn Sie dann mindestens einen Karteikasten voller Zitate dafür gesammelt haben, können Sie getrost und unverzagt mit dem Zusammenschrei-
10 ben beginnen, denn die Hauptarbeit ist bereits getan.
Für die Bewertung wissenschaftlicher Arbeiten gilt weniger der Inhalt als das physikalische Gewicht als ausschlaggebender Maßstab. Also:
15 Nicht kleckern, sondern klotzen. Hinein mit allem, was zu diesem Thema schon einmal gesagt worden ist! Und vor allem: Die Masse macht's. Jeder Ihrer Gedanken verdient es, einen eigenen Gliederungspunkt zu besetzen. Vier Seiten Glie-
20 derung für 15 Seiten Text ist ein gutes Verhältnis. Wenn Sie beim Unterpunkt I. I.a) bb) ccc) dddd) eeeee) angelangt sind, haben Sie schon recht gute Arbeit geleistet, eine Arbeit zudem, die sorgfältige Recherchen zumindest vermuten lässt.
25 Jetzt dürfen Sie auch Ihren Karteikasten hervorholen und Ihre gesammelten Zitate nach einem bestimmten, von Ihnen selbst zu erwählenden Schema in die Arbeit einordnen. Sie können sich nach dem Alphabet richten und hierbei die An-
30 fangsbuchstaben der Vornamen Ihrer Autoren (Nachnamen wären zu auffällig) nehmen, oder aber Sie wählen je ein Zitat für jeden zweiten Absatz.

Sie sollten allerdings ein wenig Sorge tragen, dass
35 einige verbindende Worte zwischen den Zitaten stehen. Guter Stil indes ist reine Zeitverschwendung. Sätze wie „Diese Voraussetzung setzt voraus, dass …" sind durchaus auf üblichem Niveau. Aus den Zitaten lassen sich zumeist auch präch-
40 tig lange Fußnoten ableiten. Hierbei bieten sich abweichende Meinungen möglichst unbekannter Autoren an oder die Abschrift längerer Passagen aus Nachschlagewerken als Erläuterung eines bestimmten Stichworts oder Sachverhalts. Und
45 immer mal wieder ein paar locker eingestreute und geschickt platzierte Fremdwörter, hübsche lateinische Ausdrücke, die sich problemlos sowie ohne zufällige Sinnentstellung der deutschen Worte in nahezu jedem Kontext unterbringen
50 lassen. Das hat überdies den Vorzug, sich beim Lehrkörper außerordentlicher Beliebtheit zu erfreuen, wie zum Beispiel „a priori", „per se", „ex ante" etc.: Das passt immer und hebt enorm.
Und nicht zuletzt die Ressourcen – sie dürfen in
55 keiner Arbeit fehlen. Das ist auch nicht weiter schwierig, denn jeder Fachbereich baut auf seinen eigenen Ressourcen auf. Freilich: Einerseits werden sie immer knapper (z. B. die Bodenschätze in der Geologie), andererseits immer ergiebi-
60 ger (z. B. die Pfründe der Menschenseelen in der Psychologie). Ziehen Sie aus Ihren Ressourcen einfach ein paar willige Koeffizienten, lassen Sie diese munter miteinander korrelieren, und siehe da: Irgend etwas Signifikantes kommt schon da-
65 bei heraus. Und aus jeder Ihrer Kurven lässt sich – mindestens – eine Tabelle basteln.

Neben den Fremdwörtern hat sich auch die eine oder andere deutsche Redewendung so bewährt, dass sie heute in jeder Arbeit zu finden ist. Dazu
70 gehört das den Eindruck höflicher Bescheidenheit erweckende „ohne Anspruch auf Vollständigkeit", das den Abbruch eines schwierigen Gedankenganges oder einer komplizierten Stoffsammlung an jeder x-beliebigen Stelle erlaubt.
75 Um etwaiger Missbilligung ständiger Wiederholungen vorzubeugen, empfiehlt sich deren Einleitung mit „Wie schon im vorhergehenden Kapitel erwähnt …" oder „Wie bereits bei der Diskussion von X angedeutet …"
80 Eigene Wortschöpfungen wirken äußerst schmückend. Außerdem erwecken Sie mit einem solchen Ausdruck schon den Anschein, gar einen neuen Gedankengang selbstständig entwickelt
85 zu haben. Wie gefällt Ihnen „Versozialwissenschaftlichungsprozessabschnitte"?

Wenn Sie die geplante Anzahl von Seiten engzeilig und randlos um das Dreifache überschritten haben, können Sie guten Gewissens zum
90 Schlusswort kommen.

Im Anschluss an die Bibliografie muss nur noch ein Anhang her. Hierfür kopieren Sie aus jedem zweiten Buch Ihrer Literaturangaben jede dritte oder vierte Tabelle und streuen aktuelle Leitar-
95 tikel verschiedener Tageszeitungen ein; auf den Gesamtzusammenhang kommt es an, wenn Sie nicht als Fachidiot dastehen wollen. Glauben Sie ja nicht, dass zum Beispiel die Hungerkatastrophe in Äthiopien nichts mit der bundesdeutschen
100 Mittelstandsneurose zu tun hätte.

Wenn Sie das Werk tippen lassen: Es erhöht den gewichtigen Eindruck vom Wissenschaftler, wenn Sie dies in der allerletzten Minute tun und die betreffende Dame – Tippse – durch Fei-
105 erabende und Wochenenden hetzen. Ohne Aufpreis natürlich.

Überlassen Sie so Profanes wie Zeichensetzung und Rechtschreibung ruhig ihr. Diese Dinge gehören nicht in Ihr Fach. Scheuen Sie sich auch
110 nicht, ein chaotisches handschriftliches Manuskript abzuliefern mit grünen, blauen und roten Korrekturen der ersten schwarzen Verbesserungen. Das sieht nicht nur hübsch aus, sondern verhindert, dass Ihre Schreibkraft bereits über der
115 dritten Seite in tiefen Schlaf versinkt.

(aus: Die Zeit, 15.11.1985)

█ Aufgaben

1. Wie sind die Tipps der Autorin zu bewerten?
   a) Arbeiten Sie anhand des Textes stichpunktartig heraus, welche Merkmale eine Seminar- bzw. Facharbeit nach Meinung der Autorin aufweisen sollte.
   b) Arbeiten Sie heraus, wie eine Seminar- bzw. Facharbeit Ihrer Meinung nach konzipiert sein muss. Nehmen Sie dabei Bezug auf die Angaben der Autorin.
   c) Stellen Sie Ihre Ergebnisse und die Angaben der Autorin in einer Tabelle vergleichend gegenüber.

3.2.4 Die Zeitplanung – der Rahmenplan

Die Seminar- bzw. Facharbeit ist Ihre erste größere Arbeit in wissenschaftlicher Form, die Sie selbstständig anfertigen. Der zur Verfügung stehende Bearbeitungszeitraum ist begrenzt und der Abgabetermin festgelegt.
Für die termingerechte Fertigstellung ist ein fester Arbeitsplan deshalb besonders hilfreich.

Beispiel für einen Arbeitsplan:

	Überlegungen bzgl. Wahl des Faches, in dem die Seminar- bzw. Facharbeit geschrieben wird. Evtl. Vorabsprachen über die Themenstellung.	
1. Woche		Themenausgabe genaue **Analyse der Themenstellung** Erstellen eines ersten Grobkonzepts bzw. einer Grobgliederung Beginn der **Recherchen**: • Büchereibesuche – Beschaffung von Primär- und Sekundärliteratur – Recherche im Internet etc.
2. Woche		• Terminabklärung mit einem möglichen Interviewpartner • Beginn der Lektüre der Primärliteratur (Roman o. Ä.) • Lektüre von Sekundärliteratur • Erarbeitung eines Umfragebogens
3. Woche		Analyse des Primärtextes Durchführung eines Interviews oder einer Umfrage **Ausarbeitung** der einzelnen Gliederungspunkte
4. Woche		Feinplanung für die Ausarbeitung der einzelnen Gliederungspunkte
5. Woche		
6. Woche		**Fertigstellen** der Arbeit Reinschrift (Tippen) Korrekturlesen Abgabetermin

Tipp
Planen Sie realistisch! Stress wird dadurch reduziert.
Wenn der Geburtstag der besten Freundin in diese Phase fällt, kalkulieren Sie ein, dass Sie an diesem Tag Ihre Arbeit unterbrechen. Sie können so die Feier genießen und kommen zudem kurz vor dem Abgabetermin nicht in Zeitnot.

Tipp
Planen Sie Zeitpuffer ein. Bedenken Sie, dass überraschende Verpflichtungen oder Erkrankungen vorkommen können.
Sie brauchen über die lange Zeit auch einmal eine „kreative Pause."

3.2 Die Seminar-/Facharbeit

3.2.5 Der Wochen- und Tagesplan

Zeitmanagement ist Selbstmanagement. Um erfolgreich arbeiten zu können, brauchen Sie entsprechende Rahmenbedingungen.
Ein Blick auf den Wochenplan zeigt, dass Ihre Zeit durch eine Vielzahl schulischer oder privater Verpflichtungen verplant ist.

Tipps für die Planung:
- Planen Sie realistisch.
- Halten Sie sich möglichst konsequent an Ihre Planung.
- Setzen Sie sich ein Limit für die Fertigstellung geplanter Teilaufgaben.
- Reservieren Sie längere Zeitabschnitte (ca. 2 Stunden) für die Arbeit an Ihrer Seminar- bzw. Facharbeit.
- Blocken Sie Störungen Ihrer Arbeit ab (unangemeldete Besuche, Anrufe).
- Nutzen Sie Lücken in Ihrem Tagesplan für die Erledigung von Teilaufgaben (z.B. Recherchen in der Bücherei).
- Unterbrechen Sie Ihre Arbeit für **kurze** Erholungspausen.

Beispiel für einen Wochenplan:

Zeit	Montag	Dienstag	Mittwoch	Donnerstag	Freitag	Samstag	Sonntag
8–10 Uhr	Unterricht	Unterricht	Unterricht	Unterricht	Unterricht	Ausarbeitung Punkt 1	Hausaufgaben
10–12 Uhr							
12–14 Uhr							
14–16 Uhr	Hausaufgaben	Hausaufgaben	Bücherei	Hausaufgaben	Durchführung eines Interviews	Punktspiel	Geburtstagsfeier bei Oma
16–18 Uhr	Zahnarzttermin	Training	Religion / Sport	Training			

■■ Aufgaben

1. Zusätzliche Hilfen und Hinweise finden Sie auf den Seiten 94 ff.
   a) Arbeiten Sie die dort beschriebenen Arbeits- und Prüfungstechniken sorgfältig durch.
   b) Notieren Sie in Stichpunkten, welche der dort aufgeführten Fertigkeiten Sie gezielt für die Erstellung Ihrer Seminar- bzw. Facharbeit einsetzen können.
2. Erstellen Sie einen eigenen Wochenplan. Berücksichtigen Sie dabei nicht nur Ihre festen Termine, sondern planen Sie auch Ereignisse wie Konzertbesuche, Geburtstagspartys usw. ein.

3.2.6 Die Bestandteile der Seminar-/ Facharbeit und ihre Anordnung

---

Staatliche Berufsoberschule München **Schuljahr 2010/11**

Seminararbeit im Fach Deutsch

„Vergleichen Sie in Hans-Werner Richters Roman ‚Die Stunde der falschen Triumphe' die Charaktere der beiden Hauptpersonen. Arbeiten Sie Gemeinsamkeiten und Unterschiede im Verhalten durch Analyse der Stationen der Anpassung heraus."

10. Februar 2011

Heinz Musterschüler Klasse 13Ta

Mit der Seminar- bzw. Facharbeit erstellen Sie zum ersten Mal eine Arbeit, die wissenschaftlichen Anforderungen genügen muss. Die Regeln, die Sie hier kennenlernen, finden auch später Anwendung, z.B. bei einer Diplomarbeit oder vielleicht sogar bei einer Doktorarbeit.

Die erste Seite, das **Titelblatt**, enthält die wichtigsten allgemeinen Informationen über die Arbeit:

- Name bzw. Bezeichnung der Schule
- Schuljahr
- Fach, in dem die Seminar- bzw. Facharbeit erstellt wurde
- Thema der Seminar- bzw. Facharbeit
- Abgabetermin
- Name und Klasse des Schülers, der die Arbeit verfasst hat

Vor der eigentlichen Bearbeitung des Themas werden in einer **Vorbemerkung** die Aspekte behandelt, die bei der Erstellung der Arbeit eine Rolle gespielt haben.

Mögliche Inhalte der Vorbemerkung:

- eine kurze Skizzierung der Zielsetzung der Arbeit
- Nennung von Gründen für eine besondere Vorgehensweise
- eine genaue Abgrenzung bzw. Akzentuierung der Themenstellung
- eine Darstellung evtl. aufgetretener Schwierigkeiten (z.B. bei der Literaturbeschaffung)
- Beschreibung von Besonderheiten der Quellen, die der Arbeit zugrunde liegen
- Darlegung des besonderen eigenen Interesses am gewählten Themenbereich (Motive der Themenwahl)

■ Tipp
Viele Gesichtspunkte, die Eingang in die Vorbemerkung finden, werden erst im Laufe der Arbeit deutlich. Erstellen Sie die Vorbemerkung deshalb erst am Ende der Arbeit.

Auf eine Vorbemerkung kann, sollte aber nicht verzichtet werden. Andererseits darf sie auch nicht zu umfangreich geraten. Im Rahmen einer Seminar- bzw. Facharbeit wird eine Vorbemerkung in der Regel eine dreiviertel Seite nicht überschreiten. Ebenso wie das Titelblatt erhält auch die Vorbemerkung keine Seitennummerierung.

Das anschließende **Inhaltsverzeichnis** soll zur Orientierung des Lesers beitragen. Die Gliederung der Arbeit (Kapitelüberschriften mit Unterpunkten) wird deshalb durch Seitenangaben ergänzt. Die Überschriften werden in die Ausarbeitung übernommen und ggf. besonders hervorgehoben. Beides erleichtert vor allem bei längeren Arbeiten die Lektüre.

Informationen und Tipps zur Gestaltung einer Gliederung finden Sie auf den Seiten 60 f.

3.2 Die Seminar-/Facharbeit

Der eigentliche Text der Seminar- bzw. Facharbeit beginnt – je nach Umfang von Vorbemerkung und Inhaltsverzeichnis – in der Regel auf Seite vier.

Nach Ende der inhaltlichen Auseinandersetzung mit dem Thema schließt sich ein **Verzeichnis der Anmerkungen** an. Dabei handelt es sich hauptsächlich um Quellenangaben. Es können hier aber auch kurze Begriffsklärungen oder Querverweise aufgenommen werden, die den Textfluss stören würden.

Unabhängig von Quellenangaben müssen Sie ein **Literaturverzeichnis** anfertigen. Hierin werden Buchtitel und Aufsätze aufgenommen, die Sie verwendet haben. Besonders bei geisteswissenschaftlichen Arbeiten wird hierbei zwischen **Primärliteratur** (z.B. ein Roman, der als Grundlage der Arbeit dient) und **Sekundärliteratur** (z.B. Veröffentlichungen zu diesem Roman oder dem Autor) unterschieden.

Sie kommen damit einer wichtigen Forderung wissenschaftlichen Arbeitens nach, indem Sie alle Ihnen zur Verfügung stehenden Hilfsmittel angeben. Auf der letzten nummerierten Seite fügen Sie dann eine Erklärung nach folgendem Muster an:

> *„Ich erkläre, dass ich die vorliegende Arbeit selbstständig und nur mit den angegebenen Hilfsmitteln angefertigt habe."*

……………., den ………..

………………………..………
(Unterschrift des Verfassers)

> **Tipp**
> Moderne Textverarbeitungsprogramme bieten eine komfortable Fußnotenverwaltung an. Quellenangaben können damit leicht auf die entsprechende Textseite als Fußnote mit aufgenommen werden. Ein gesammeltes Verzeichnis der Anmerkungen erübrigt sich dadurch.

Seite 3

Inhaltsverzeichnis

(Vorbemerkung . . . . S. 2)

1 Einführung . . . . S. 4

2 Kapitelüberschrift . . S. 5
2.1 Unterpunkt . . . . S. 5
2.2 Unterpunkt . . . . S. 7

3 Kapitelüberschrift . . S. 8
3.1 Unterpunkt . . . . S. 8
3.2 Unterpunkt . . . . S. 10

4 Schlussbemerkung S. 11

Quellenverzeichnis. . . . . . . S. 12
Literaturverzeichnis. . . . . . S. 13
Erklärung . . . . S. 14
Anhang

Danach kann ein **Anhang** folgen, der
- Textquellen (z.B. das Protokoll eines von Ihnen durchgeführten Interviews),
- Bildquellen,
- Tabellen usw.

für die Leser Ihrer Arbeit zur Verfügung stellt.

Eine Fortsetzung der Seitennummerierung ist hier nicht mehr üblich. Bei einem umfangreicheren Anhang ist es aber sinnvoll, die Seiten z.B. mit römischen Zahlen zu nummerieren.

Aufgaben

1. Informieren Sie sich auf Seite 60 f. über die Techniken zum Erstellen einer Gliederung.

2. Neben der in der Randspalte dargestellten Dezimalgliederung sind noch andere Gliederungsprinzipien denkbar. Entscheiden Sie sich für eine Gliederungsform und legen Sie die Ihrer Meinung nach bestehenden Vorteile dar.

115

3.2.7 Die Bedeutung von Zitaten und die Technik des Zitierens

Hinweis

Zitate spielen nicht nur bei der Seminar- bzw. Facharbeit, sondern bei allen argumentativen Texten eine große Rolle – vor allem dann, wenn eine Textvorlage bearbeitet wird (Absichtsanalyse, literarische Charakteristik usw.).

Um die eigenen Erkenntnisse abzusichern, werden Aussagen aus der Primär- oder Sekundärliteratur in die eigene Arbeit eingebunden. Sie dienen als Beispiele und Belege, die die eigenen Gedankengänge veranschaulichen und die Glaubwürdigkeit der eigenen Ausführungen verstärken.

Mit Zitaten unterstützen Sie Ihre eigenen Aussagen. Ein übertriebener Einsatz hingegen schmälert den Wert der eigenen Arbeit.

Um ein ausgewogenes und eindeutiges Verhältnis zwischen eigenen Gedanken und Zitaten zu erreichen, sollten Sie die folgenden **Regeln** beachten:

- Die Zitate sollen dem jeweiligen Zweck genau entsprechen.
- Wörtliche Zitate werden vor allem dann aufgenommen, wenn es auf den genauen Wortlaut ankommt bzw. die zitierte Textstelle besonders wichtig ist.
- Zitate werden auf den unbedingt erforderlichen Umfang begrenzt.
- Textstellen hingegen müssen so ausführlich eingebracht werden, dass ihr Sinn klar erkennbar ist.
- Zitate sind fremdes geistiges Eigentum und müssen dementsprechend gekennzeichnet werden.

Eine Kennzeichnung von Zitaten erfolgt bereits dadurch, dass sie sprachlich und inhaltlich in den eigenen Text integriert werden. Dabei kann das Zitat den Ausgangspunkt einer Auswertung darstellen. Die Inhalte der übernommenen Textpassage werden ausgewertet und gedeutet.

Steht ein Zitat am Ende eines Argumentationsgangs, tritt der Beleg- bzw. Beweischarakter in den Vordergrund.

Die wörtliche Übernahme einer Textpassage wird – wie bei einer wörtlichen Rede – durch Anführungs- bzw. Schlusszeichen am Anfang und am Ende der zitierten Textstelle kenntlich gemacht. Man spricht dann von einem **direkten Zitat.** Ein Zitat im Zitat wird entsprechend durch einfache Anführungszeichen gekennzeichnet.

[sic]:

Das Wort [sic] (von lat. „so") verdeutlicht, dass man den Fehler bemerkt hat, er einem aber nicht selbst unterlaufen ist.

Dem Prinzip wissenschaftlichen Arbeitens wird dabei ein großer Stellenwert eingeräumt. Die ausgewählte Textstelle wird genauso zitiert, wie sie in der Originalvorlage zu finden ist. Selbst Fehler in der Rechtschreibung werden nicht einfach verbessert, sondern durch ein Ausrufezeichen bzw. ein [sic] gekennzeichnet.

Die einfache Übertragung einer Textstelle ist eher die Ausnahme. Einerseits sollen Zitate auf den Kerngehalt der Aussage reduziert werden, sodass Kürzungen unvermeidlich sind. Andererseits sind die Zitate in einen Darstellungstext integriert. Dadurch ergibt sich zwangsläufig die Notwendigkeit, sie an den Satzbau anzupassen – entsprechend der notwendigen Grammatikform oder der verwendeten Zeitstufe.

Daraus ergibt sich eine Reihe von Konsequenzen für den Umgang mit Zitaten:

- Alle Zusätze, Erklärungen oder Veränderungen des Zitats werden durch eckige Klammern kenntlich gemacht.
- Dies gilt auch dann, wenn innerhalb eines Zitats Unterstreichungen vorgenommen werden oder ein wichtiges Wort kursiv oder fett gedruckt wird. Unmittelbar im Anschluss daran wird der Vermerk [Hervorhebung durch den Autor] eingefügt.
- Längere Zitate, ab etwa zwei Zeilen, werden durch ein deutliches Absetzen vom Text hervorgehoben.
- Durch Anpassungen und Kürzungen darf der ursprüngliche Sinn der zitierten Aussage aber nicht verändert werden.

Beispiel:
Der Autor erklärt, es sei unverzichtbar, bei *„direkte[n] Zitate[n] […] Änderungen deutlich"* zu kennzeichnen.

Die letztgenannte Regel ist besonders für **indirekte Zitate** von Bedeutung. Bezieht man sich auf Textpassagen, bei denen es nicht auf die konkrete Formulierung, sondern nur auf den allgemeinen Inhalt ankommt, kann man diese Textteile mit eigenen Worten zusammenfassen. Die Aussagetendenz des Originaltextes darf aber nicht verfälscht werden.

In der Regel wird aus der Originalvorlage zitiert. Sollte es notwendig sein, ein Zitat aus einem Werk der Sekundärliteratur zu übernehmen, wird dies durch den Zusatz „zitiert nach" gekennzeichnet.
Fremdsprachige Texte werden grundsätzlich in der Originalsprache zitiert, bevor dem Leser eine Übersetzung angeboten wird.

Tipp
Detaillierte Darstellungen zu den Regeln des Zitierens finden Sie z.B. in einer Übersicht am Anfang des Bandes 1 des „Duden – Die deutsche Rechtschreibung".
Schlagen Sie dort unter dem Stichwort „Anführungszeichen" nach.

Formulierungshilfen

Zitat steht am Anfang:
- Die Textstelle zeigt, dass …
- Aus dem Zitat ist zu entnehmen, dass …
- Daran sieht man, dass …
- Die Aussage deutet daraufhin, dass …

Zitat als Beleg:
- Als Beleg dafür kann folgende Textpassage herangezogen werden: „…"
- Dies erkennt man daran, dass der Autor/Erzähler ausdrücklich darauf hinweist, dass …
- Diese Auffassung wird gestützt durch …
- Diese Interpretation lässt sich ableiten aus …
- Im Text wird konkret darauf Bezug genommen, dass …

Aufgaben

1. Stellen Sie die wichtigsten Regeln für das richtige Zitieren stichwortartig in einer Übersicht zusammen.
2. Zeigen Sie anhand einer wissenschaftlichen Arbeit Ihrer Wahl auf, wie zitiert wird. Verdeutlichen Sie dabei den Unterschied zwischen direkten und indirekten Zitaten.

3.2.8 Quellenangabe – Literaturverzeichnis – äußere Form

Tipp
Textverarbeitungsprogramme (wie z. B. Word) verfügen über eine integrierte Fußnotenverwaltung.

Unabhängig davon, ob Sie Aussagen eines Fremdtextes in wörtlicher Form oder als indirektes Zitat einbinden, müssen Sie **die Quelle immer genau angeben**. Am Ende des Zitats wird durch eine hochgestellte Zahl auf eine Fußnote verwiesen. Sie enthält die Quellenangaben.

Die Fußnoten werden normalerweise durchnummeriert und am Ende der Seite gleich aufgeführt. Es ist aber auch möglich, Fußnoten am Ende des Textes unter der Überschrift „Quellenangaben" oder „Anmerkungen" gesammelt anzugeben. Eine solche Lösung ist aber für die Leser recht unkomfortabel.

Allgemeine Anmerkungen nehmen alle möglichen Inhalte auf: Worterklärungen, Querverweise, Übersetzungen fremdsprachlicher Originaltexte usw. Davon wird immer dann Gebrauch gemacht, wenn die entsprechende Information im eigentlichen Text störend wirken würde.

Für Quellenangaben gibt es eine Reihe von Standardisierungen:
- Um die Fundstelle eines Textauszugs eindeutig zu bestimmen, ist es erforderlich, neben dem Namen des Verfassers, dem Titel, Erscheinungsort und -datum des Werkes auch die Seite anzugeben.
- Falls sich das Zitat in der Vorlage über mehrere Seiten erstreckt, wird dies durch ein „f." bzw. „ff." zum Ausdruck gebracht.
- Wird unmittelbar in der nächsten Fußnote auf eine andere Textstelle des gleichen Werkes verwiesen, wird eine verkürzte Schreibweise gewählt: „ebd." (Abkürzung für „ebenda") bzw. „a.a.O." (d.h. „am angegebenen Ort"), gefolgt von einer Seitenangabe.

Beispiel
für Quellenangaben:

[1] Alle Seitenangaben in Klammern beziehen sich auf:
Hein, Christoph: Die Ritter der Tafelrunde, Frankfurt a. M. 1989
[2] Krug, Hartmut: Ritter von der traurigen Gestalt. In: Theater heute, Nr. 7/1989, S. 23
[3] ebd. S. 24 ff.
[4] ebd. S. 26
[5] Fischer, Bernd: Christoph Hein. Drama und Prosa im letzten Jahrzehnt der DDR, Heidelberg 1990, S.108
[6] Krug, S. 25
[7] ebd. S. 24 f.

- Sobald auf mehrere Werke abwechselnd Bezug genommen wird, kann eine Quelle, die bereits ausgewiesen wurde, ebenfalls in Kurzform genannt werden. Bei verschiedenen Titeln des gleichen Autors können eindeutige Kurztitel benutzt werden. Wird nur ein Buch oder Aufsatz eines Verfassers genutzt, reicht der Name des Autors (jeweils gefolgt von der Seitenangabe).

Immer dann, wenn Sie auf Materialien Bezug nehmen, die Sie selbst im Anhang Ihrer Arbeit bereitstellen (Tabellen, Interviewprotokolle, Grafiken etc.), muss auf den eigenen Anhang verwiesen werden.

Ein vereinfachtes Verfahren ist möglich, wenn Sie immer wieder Textauszüge aus einem Primärtext einbringen müssen (z.B. im Rahmen der Interpretation eines Romans). Hier ist – nach entsprechender Klärung – eine Seitenangabe in Klammern im Anschluss an das Zitat möglich.

In einem **Literaturverzeichnis** werden alle Veröffentlichungen und Materialien, die beim Erstellen der Seminar- bzw. Facharbeit bedeutsam waren, alphabetisch aufgelistet.

3.2 Die Seminar-/Facharbeit

Neben den Büchern und Aufsätzen, aus denen zitiert wurde, werden auch Texte aufgeführt, durch die man beim Erarbeiten der Seminar- bzw. Facharbeit Denkanstöße gewonnen hat. In diesem Fall wird das Gesamtwerk angegeben und auf Seitenangaben verzichtet.

Das Erscheinungsbild des Eintrags in der Literaturliste hängt davon ab, ob es sich um ein Buch, einen Aufsatz aus einem Sammelwerk oder einer periodisch erscheinenden Zeitschrift, eine Broschüre (meist fehlt dann der Verfassername) oder eigene Protokolle handelt.

Sonderfall: Dokumente aus dem Internet

Soweit ein Autor und Titel genannt sind, werden diese angegeben wie bei einem gedruckten Aufsatz. Dazu kommt die Internetadresse, unter der das Dokument gefunden wurde, und das Datum, an dem es heruntergeladen wurde.

Beispiel:

Probst, Hans Ulrich: *„Ohne Rückgrat ist Schreiben nicht möglich".*
Laudatio auf Christoph Hein. Gehalten am 10. Juli 2000 in Solothurn
anlässlich der Verleihung des Solothurner Literaturpreises.
[http://www.kat.ch/bm/solo5.htm, gefunden am 20.07.2007]

Es ist empfehlenswert, www-Funde auszudrucken, da Adressen und Informationen im Internet schnellen Änderungen unterliegen.

Hinweise zur äußeren Form einer Seminar- bzw. Facharbeit:

- Die Seminar- bzw. Facharbeit wird einseitig in DIN-A4-Format als Computerausdruck abgegeben.
- Der Zeilenabstand beträgt 1½ Zeilen. Zitate, die länger als zwei Zeilen sind, werden einzeilig gedruckt.
- Jede Seite enthält ca. 50 Zeilen zu je etwa 60 Anschlägen.
  Bei Textverarbeitungen wählt man die Schriftgröße 12 Punkt.
- Vier Zentimeter des linken Rands bleiben frei. Die Seminar- bzw. Facharbeit wird gelocht und in einem Schnellhefter – am bestem mit Klarsichtdeckel – abgeheftet.

Beispiel:

Literaturverzeichnis:

Primärliteratur:
Hein, Christoph: Die Ritter der Tafelrunde. Eine Komödie, Frankfurt a. M. 1989.

Sekundärliteratur:
Fischer, Bernd: Christoph Hein. Drama und Prosa im letzten Jahrzehnt der DDR. Heidelberg 1990.

Hammer, Klaus (Hrsg): Chronist ohne Botschaft. Christoph Hein. Ein Arbeitsbuch. Materialien, Auskünfte, Bibliographie. Berlin und Weimar 1992.

Hein, Christoph: „Kennen Sie eigentlich noch Leute, die Bücher lesen? Der Schriftsteller Christoph Hein über Spieler in der Gesellschaft und über den fortschreitenden Analphabetismus." Interview mit Cornelia Geißler. Berliner Zeitung 1./2. Mai 1993, S. 56.

Hörnigk, Frank: Christoph Hein. In: Hans Jürgen Geerdts u.a. (Hrsg.): Literatur der Deutschen Demokratischen Republik in Einzeldarstellungen. Bd. 3. Berlin (Ost) 1987, S. 101–116.

ders.: „Texte, die auf Geschichte warten. Zum Geschichtsbegriff bei Heiner Müller." In: Frank Hörnigk (Hrsg): Heiner Müller Material. Leipzig 1990, S. 123–137.

▪ Aufgaben

1. Leiten Sie aus dem Beispiel in der Randspalte die wichtigsten formalen Regeln für ein Literaturverzeichnis ab.
2. Erstellen Sie ein Literaturverzeichnis zum Thema „Seminar- bzw. Facharbeit". Nutzen Sie dazu die Möglichkeiten Ihrer Schulbücherei und des Internets.

3.3 Das Fachreferat

Die schriftliche Darstellung eigener Analysen ist während der Ausbildung auf wenige Anlässe beschränkt: eine Seminar- bzw. Facharbeit während der Schulausbildung, eine Diplomarbeit am Ende des Studiums und eventuell eine Dissertation im Anschluss an einen Studiengang.

Weit häufiger aber besteht die Aufgabe darin, das Ergebnis eigener Recherchen einer Gruppe vorzutragen. Dies kann in Form einfacher Kurzreferate erfolgen, in denen lediglich Grundinformationen vorgestellt werden. Es kann sich aber auch um ein **Fachreferat** handeln, in dem einem Zuhörerkreis komplexere Problemfelder verdeutlicht werden.

Die mündliche Form der Übermittlung der Textinhalte erfordert dabei andere Vermittlungstechniken als eine schriftliche Darstellung.

Der langweilige Redner…

3.3.1 Die Vorbereitung eines Vortrags

Bereits im Vorfeld müssen Sie die Rahmenbedingungen Ihres Referats klären:

- **Anlass und Zuhörerkreis**

  Je nach Erwartungshaltung der Zuhörer, deren Wissensstand und Konzentrationsfähigkeit müssen Sie die sprachliche Gestaltung (z.B. Sprachebene, Fachsprache), den Umfang verdeutlichender Beispiele und die Auswahl von Hilfsmitteln (Bilder, Grafiken, Karten etc.) auslegen.

- **organisatorische Voraussetzungen**

  Sie müssen bereits vor der Konzeption Ihres Referats wissen, wie lange Ihr Vortrag dauern darf. Sie können dementsprechend Schwerpunkte bilden, um den Zeitrahmen einerseits sinnvoll auszunutzen, andererseits aber auch nicht zu überschreiten.

- **technische Voraussetzungen**

  Es ist erforderlich zu klären, welche technischen Hilfsmittel (Projektor, Computer für eine Präsentation, Karten o. Ä.) Ihnen zur Verfügung stehen. Sie können sich so frühzeitig um Alternativen kümmern. Ist eine Computerpräsentation nicht möglich, kann man auch ein Thesenpapier verteilen. Stehen Karten nicht zur Verfügung, kann man eine entsprechende Folie anfertigen.

- **Raumverhältnisse**

  Unter Umständen macht die Raumgröße (meist in Abhängigkeit von der Anzahl der Zuhörer) die Verwendung akustischer Verstärkertechnik erforderlich. Aber auch die Frage von Verdunkelungsmöglichkeiten ist je nach verwendeter Vortragtechnik zu prüfen.

Tipp
Bauen Sie Zeitpuffer ein, also Passagen, die Sie bei Bedarf kürzer darstellen können.

Tipp
Im schulischen Alltag ist es vor allem wichtig, sich spezielle Räume, mobile Computer, Video- oder Tonbandgeräte rechtzeitig zu reservieren.

3.3 Das Fachreferat

Ratschläge für einen schlechten Redner (Auszug)

Kurt Tucholsky (1890–1935)

Fang nie mit dem Anfang an, sondern immer drei Meilen vor dem Anfang! Etwa so: „Meine Damen und meine Herren! Bevor ich zum Thema des heutigen Abends komme, lassen Sie mich Ihnen kurz …"

Hier hast Du schon ziemlich alles, was einen schönen Anfang ausmacht: eine steife Anrede; der Anfang vor dem Anfang; die Ankündigung, daß und was Du zu sprechen beabsichtigst, und das Wörtchen kurz. So gewinnst Du im Nu die Herzen und Ohren der Zuhörer. […]

Sprich nicht frei – das macht einen so unruhigen Eindruck. Am besten ist es: Du liest Deine Rede ab. Das ist sicher, zuverlässig, auch freut es jedermann, wenn der lesende Redner nach jedem viertel Satz misstrauisch hochblickt, ob auch noch alle da sind. […]

Der interessante Redner…

Sprich, wie Du schreibst. Und ich weiß, wie Du schreibst. Sprich mit langen, langen Sätzen – solchen, bei denen Du, der Du Dich zu Hause, wo Du ja die Ruhe, deren Du so sehr benötigst, deiner Kinder ungeachtet, hast, vorbereitest, genau weißt, wie das Ende ist, die Nebensätze schön ineinander geschachtelt, so daß der Hörer, ungeduldig auf seinem Sitz hin und her träumend, sich in einem Kolleg wähnend, in dem er früher so gern geschlummert hat, auf das Ende solcher Periode wartet …

nun, ich habe Dir eben ein Beispiel gegeben. So mußt Du sprechen. […]

Kümmere Dich nicht darum, ob die Wellen, die von Dir ins Publikum laufen, auch zurückkommen – das sind Kinkerlitzchen. Sprich unbekümmert um die Wirkung, um die Leute, um die Luft im Saale; immer sprich, mein Guter. Gott wird es dir lohnen.

Du musst alles in Nebensätze legen. Sag nie: „Die Steuern sind zu hoch." Das ist zu einfach. Sag: „Ich möchte zu dem, was ich soeben gesagt habe, noch kurz bemerken, dass mir die Steuern bei weitem …" So heißt das. […]

Eine Rede ist, wie könnte es anders sein, ein Monolog. Weil doch nur einer spricht. Du brauchst auch nach vierzehn Jahren öffentlicher Rednerei noch nicht zu wissen, daß eine Rede nicht nur ein Dialog, sondern ein Orchesterstück ist; eine stumme Masse spricht nämlich ununterbrochen mit. Und das mußt Du hören. Nein, das brauchst Du nicht zu hören. Sprich nur, lies nur, donnere nur, geschichtele nur. […]

Sprich nie unter anderthalb Stunden, sonst lohnt es sich gar nicht erst anzufangen.

Wenn einer spricht, müssen die andern zuhören – das ist deine Gelegenheit! Mißbrauche sie.

Kurt Tucholsky:
siehe Seite 330.

■ **Hinweis**
Der Text von Kurt Tucholsky folgt der alten Rechtschreibung.

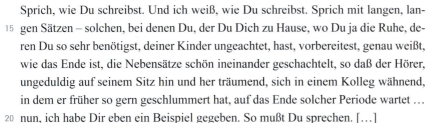

■ **Aufgaben**

1. Woran denkt Tucholsky, wenn er einen Vortrag als „Dialog" betrachtet?
2. a) Arbeiten Sie die einzelnen Eigenschaften heraus, die den Vortrag eines schlechten Redners kennzeichnen.
   b) Stellen Sie diesen Eigenschaften die Eigenschaften eines guten Vortrags gegenüber.

121

Der Weg zum guten Referat
- Materialsammlung
- Strukturierung
- Vortragstechniken
- Bewertungskriterien

Diese „Vortragstechnik" ist nicht gemeint!

■ **Hinweis**
Weitere Informationen zu den rethorischen Mitteln finden Sie auf Seite 52.

■ **Tipp**
Lernen Sie Ihren Referattext auch nicht auswendig. Dies wirkt oft sehr gekünstelt und langweilt die Zuhörer schnell.

rhetorische Darbietung

- gute Atmosphäre schaffen
  (→ Humor)
  → Folie 1
- Grobstruktur bekannt geben
  – schafft Überblick
  – nur Stichworte
  → Folie 2
- frei sprechen
  → besserer Kontakt zum Zuhörer

Tempowechsel
Betonung
Lautstärke

3.3.2 Guter Vortrag – keine Kunst

Ein guter Vortrag ist keine große Kunst, wenn man einige Grundregeln beherzigt.

1. Sorgen Sie für eine klare Gedankenführung.

Erstellen Sie für das Referat eine Gliederung. In ihr spiegelt sich die inhaltliche und gedankliche Struktur wider.

2. Geben Sie die Grobstruktur Ihres Referats bekannt.

Tragen Sie die Kernelemente vor. Dies hilft dem Publikum, Ihren Gedanken zu folgen.
Einen noch besseren Überblick verschaffen Sie Ihren Zuhörern, wenn Sie optische Mittel einsetzen – z.B. eine Folie.
Beschränken Sie sich dabei auf drei bis vier kurze Thesen oder Stichpunkte.

3. Schaffen Sie eine positive Atmosphäre.

Ein humorvoller Einstieg führt dazu, dass sich das Publikum entspannt. Das kommt auch Ihnen zugute. Ein Referat zum Thema „Vortragstechniken" könnte z.B. damit beginnen, dass ein konkretes Vortragen nicht gemeint ist. Dies kann durch ein entsprechendes Bild (auf einer Folie) unterstützt werden.

4. Sprechen Sie frei.

Zu den absoluten Tabus zählt das Ablesen eines vorgefertigten Textes. Einerseits laufen Sie Gefahr, dass Sie in Ihrem Vortrag stocken, weil Sie z.B. in die falsche Zeile geraten. Andererseits stellt ein schriftlich ausgefeilter Text zu große Anforderungen an die Zuhörer. Die Zeit, die Sie brauchen, einen Satz zu formulieren, steht auch den Zuhörern zur Verfügung, um ihn zu verstehen. Vor allem aber können Sie Blickkontakt zu Ihrem Publikum halten. Die Zuhörer fühlen sich angesprochen.
Setzen Sie Ihre Stimme ein: Eine Veränderung der Sprachmelodie und Betonung, eine Variierung der Lautstärke und ein Wechsel des Sprechtempos verhindern, dass der Eindruck von Eintönigkeit entsteht.

5. Stichwortzettel helfen Ihnen beim Vortrag.

Ein oder mehrere Stichwortzettel (z.B. in Form von Karteikarten) helfen Ihnen, den Überblick zu wahren, die Reihenfolge der einzelnen Vortragsteile einzuhalten und dennoch die Vorteile des freien Sprechens zu nutzen.
Der Stichwortzettel enthält nur eine Art Strukturplan des Referats. Durch Markierung, Pfeile und andere optische Hilfsmittel heben Sie Kernpunkte heraus oder verdeutlichen Zusammenhänge. Dies erleichtert Ihnen eine schnelle Orientierung beim Vortrag.

3.3 Das Fachreferat

6. Achten Sie auf Ihre Körpersprache.

Präsentieren Sie sich Ihren Zuhörern positiv. Mit einer entsprechenden Körperhaltung können Sie dies unterstützen. Sie können die Hände zur unterstützenden Gestik verwenden. Vermeiden Sie aber hektische Hand- oder Armbewegungen und häufige Standortwechsel. Dadurch wird unnötige Unruhe erzeugt. Vor allem aber suchen Sie permanent den Blickkontakt zu Ihren Zuhörern.

Körpersprache

7. Üben Sie den richtigen Vortrag.

Kein Meister ist vom Himmel gefallen. Ein wiederholtes Probesprechen hat für Sie verschiedene Vorteile. Sie gewinnen an Sicherheit bei der Beherrschung des Gedankengangs Ihres Referats. Sie können aber zudem Ihre Vortragstechnik selbst verbessern. Ein Freund, der Bruder oder die Schwester können Sie auf Stellen aufmerksam machen, die für einen Zuhörer nicht verständlich sind. Um Aussprache und Vortragshaltung zu kontrollieren, können Sie Ihr Probereferat auch mit Tonband- bzw. Videogerät aufnehmen.

8. Sorgen Sie für eine gute Orientierung der Zuhörer.

Treten bei der Lektüre eines Textes Verständnisprobleme auf, kann man die entsprechende Passage einfach noch einmal lesen. Dies ist bei einem Vortrag ganz anders. Sorgen Sie daher für einen roten Faden in Ihrem Referat. Unterstützen Sie die Zuhörer durch entsprechende Formulierungen: „Eine weitere Ursache ….", „Ich komme nun zu den wirtschaftlichen Folgen ….", „Aus diesen Überlegungen ergeben sich folgende Konsequenzen …". Zudem müssen Sie Zitate durch entsprechende sprachliche Wendungen kennzeichnen.

9. Setzen Sie Hilfsmittel gezielt ein.

Bilder, Grafiken, Karten, Tonquellen, Filmausschnitte usw. sind wertvolle Hilfsmittel, die Ihre Ausführungen unterstützen können. Achten Sie aber darauf, dass Sie Ihre Zuhörer nicht überfordern, indem Sie zu viele Hilfsmittel zum Einsatz bringen. Lassen Sie dem Betrachter genügend Zeit, z.B. die Inhalte eines Bildes zu erfassen.

10. Die Diskussion rundet den Vortrag ab.

Im Rahmen der anschließenden Diskussion können Sie Ihre Überlegungen gegebenenfalls vertiefen. Wenn Sie Zeit für eine Diskussion eingeplant haben, sollten Sie sich vorab Impulse überlegen, wie Sie eine Diskussion anstoßen können.

■ Aufgaben

1. Stellen Sie in einem Kurzvortrag dar, welche Wirkung die Körperhaltung auf die Zuhörer hat.
2. Bereiten Sie ein Kurzreferat vor (z.B. zum Thema: „Das Referat" oder ein Autorenporträt) und tragen Sie es in der Klasse vor. Beachten Sie dabei die in diesem Abschnitt dargestellten Hinweise und Kriterien.

3.3.3 Die Präsentation

Ein mündlicher Vortrag kann durch Mittel der Visualisierung unterstützt werden. Im Normalfall nimmt der Mensch nur ungefähr 30 Prozent der Informationen über das Gehör, jedoch fast 70 Prozent mit den Augen auf. Kerninhalte des Referats können daher in Schriftform projiziert und somit zusätzlich visuell bereitgestellt werden.

Der Zugang zu den Inhalten des Vortrags kann damit verbessert werden. Das kann durch selbst gestaltete Overhead-Folien oder computergestützte Präsentationsprogramme erfolgen.

In jedem Fall ist aber darauf zu achten, dass die Informationsflut den Zuhörer nicht überfordert. Die einzelnen Folien dürfen daher nicht zu viele Details beinhalten. Am besten formuliert man nicht in ganzen Sätzen, sondern in aussagekräftigen Stichworten, um einen schnellen Überblick zu schaffen.

Jede Folie sollte dabei nur einen einzigen Gedankengang beinhalten. Dessen Kernaussage wird in die Überschrift übernommen. Ähnlich wie bei Schlagzeilen in der Zeitung wird oft nur diese wahrgenommen.

Die Konsequenz ist, dass häufig nur eine Aufzählung gemacht wird. Aber auch hier sollte man sich bescheiden. Mehr als sieben Aufzählungspunkte sollten nicht für eine Folie aufgenommen werden. Besser ist es, bei Bedarf die Anzahl der Folien zu erhöhen. Längere Textpassagen sollten überhaupt vermieden werden. Die einzelnen Folien sind dann auch übersichtlicher und nicht überladen.
Dennoch ist genügend Zeit einzuplanen, damit das Publikum die Folie überhaupt wahrnehmen kann. Pro Folie sollten Sie zumindest an die zwei Minuten einplanen.

Die Folien müssen gut lesbar sein. Bei handgeschriebenen Folien ist daher auf eine saubere Schrift zu achten. Bei einer Fontgröße von mindestens 16 Punkten ist auch gewährleistet, dass der Text noch gelesen werden kann.
Die Verwendung einer einzigen Schriftart erzeugt ein einheitliches Bild. Keinesfalls sollten mehr als drei Schriftarten verwendet werden. Durch die Verwendung von Schriftattributen (Fettdruck, Unterstreichung, ggf. auch Farbe der Schrift) können wesentliche Aspekte noch hervorgehoben werden. Allzu oft sollte dies aber nicht erfolgen. Das Erscheinungsbild der Folien wird sonst zu unruhig. Da auf ihnen ohnehin nur ein Substrat des Vortrags steht, ist dies auch nicht erforderlich. Kursive Schrift wird üblicherweise zur Kennzeichnung von Zitaten verwendet.

3.3 Das Fachreferat

Durch ein einheitliches Design erreicht man ein homogenes Erscheinungsbild des gesamten Vortrags. Hierbei können grafische Elemente eingebunden werden, die der Strukturierung der Folie dienen (z. B. die optische Trennung von Überschrift und Textkörper). Auch damit ist sparsam umzugehen. Keine Angst vor Leerflächen. Sie können ästhetisch sogar sinnvoll sein. Insbesondere sollte darauf verzichtet werden, Grafiken funktionslos, also zur reinen Dekoration zu verwenden. Die Folien wirken dann unprofessionell.

Andererseits ist es durchaus hilfreich, z. B. bestimmte Textstellen durch Grafikelemente zu betonen und damit besonders zu fokussieren. So kann man zum Beispiel die Folie, die die Grobstruktur des Referats beinhaltet, wiederholt einsetzen. Durch grafische Veränderungen kann dem Zuhörer eine Orientierung darüber vermittelt werden, in welcher Phase sich der Vortrag gerade befindet.

Grafiken und Bilder können im Zentrum einer Folie stehen bzw. auch eine Folie ganz ausfüllen. Dadurch können oft Erscheinungsformen oder Entwicklungen leicht gezeigt und vom Zuhörer besser erfasst werden. Dazu kann es sinnvoll sein, zwei Grafiken bzw. Bilder in einer Folie zu kombinieren. Eine gezielte Farbgebung kann die Aussagekraft noch steigern.

Computergestützte Präsentationsprogramme stellen eine Vielzahl unterschiedlicher Gestaltungsmittel zur Verfügung. So können einzelne Textelemente einer Folie gezielt eingeblendet werden. Dieses Feature kann sehr hilfreich sein, da es dem Zuhörer immer den Aspekt aufdeckt, der gerade im Zentrum des Vortrags steht. Der Übergang zwischen den einzelnen Folien lässt sich durch Animation gestalten. Die Gefahr des übertriebenen Einsatzes dieser Möglichkeiten ist groß. Der Vortrag wird dadurch unruhig und wirkt amateurhaft. Auch hier gilt als Faustregel: Weniger ist mehr!

Die computergestützte Präsentation bietet darüber hinaus die Möglichkeit, akustische Objekte (z. B. Originaltöne) oder sogar Filmsequenzen einzubinden, die zudem meist schneller abrufbar sind als durch den Einsatz von Tonband- bzw. Video- oder Filmgeräten. Von diesen Möglichkeiten sollte aber sehr selektiv und gezielt Gebrauch gemacht werden, da der Vortrag sonst leicht unübersichtlich wird.

Schriftbild
- Sauberes Schriftbild
- Genügend große Schrift
- Leicht lesbare Schrift
- Attribute sparsam verwenden
- Kursive Schrift für Zitate

16 Punkt
22 Punkt
28 Punkt
34 Punkt
40 Punkt
46 Punkt

Foliendesign – Grafiken
- Einheitliches Design
- Grafikelemente zur optischen Strukturierung
- Keine Dekorationsgrafik
- Grafiken erleichtern Verständnis
- Farbe gezielt einsetzen

Die Präsentation
✓ Zielsetzung und Auswahl der Inhalte
✓ Schriftbild
✓ Farbgestaltung und Attribute
✓ Foliendesign – Grafiken
➡ • Computergestützte Präsentation

Computergestützte Präsentation
Möglichkeiten der Animation:
- Gezielte Einblendung von Textinhalten
- Gestaltung: Übergänge zwischen einzelnen Folien

Zusätzliche Features:
O-Töne, Filmausschnitte, Bildfolgen

■ Aufgaben

1. Überprüfen Sie die Folien in der Randspalte daraufhin, inwieweit diese als gelungen gelten können. Welche Fehler lassen sich in welchen Folien erkennen?
2. Fertigen Sie selbst Folien an, die als Grundlage für ein Referat dienen können. Nutzen Sie hierfür als Grundlage die Seiten 121–123.

3 Gewusst wie – sprachlich handeln

3.4 Texte im täglichen Gebrauch

3.4.1 Ein Protokoll anfertigen

Hinweis
Arbeitsblätter, Textauszüge usw. werden einem Protokoll als Anlage beigefügt.

Bei allen Konferenzen, Versammlungen und Verhandlungen, die offiziell festgehalten werden sollen, fertigt man ein Protokoll an. Es hat dokumentarischen Charakter. Falls zu einem späteren Zeitpunkt Meinungsverschiedenheiten über die Ergebnisse einer Sitzung auftreten sollten, dient das Protokoll als juristisch verbindliche Gedankenstütze. Dies verlangt viel Sorgfalt von einer Protokollführerin oder einem Protokollführer, denn mit der Unterschrift bürgt man für die Richtigkeit der Aufzeichnungen.
Es werden folgende Protokollformen unterschieden:

● **Das Verlaufsprotokoll**
Hierbei handelt es sich um eine ausführliche Niederschrift, die Einblick in den Ablauf einer Sitzung vermitteln soll. Deshalb müssen wichtige Diskussionsbeiträge unter Angabe der Namen, die darauf folgenden Reaktionen und die daraus resultierenden Ergebnisse protokolliert werden.

Hinweis
Eine Zwischenform ist das erweiterte Ergebnisprotokoll, das die Ergebnisse, aber auch die wichtigsten Aussagen enthält.

● **Das Ergebnisprotokoll**
Im Ergebnisprotokoll werden die Verhandlungsergebnisse und Beschlüsse mit Abstimmungsverhältnissen schriftlich genau festgehalten.

● **Protokollartige Notizen, z.B. Gesprächs-, Akten- oder Telefonnotiz**
Diese kurzen Niederschriften dienen vor allem in Firmen und Behörden als Gedächtnisstütze, aber auch als Mitteilung. Man schreibt sie auf ein sauberes Blatt, das bei Bedarf zu den Akten gelegt werden kann. Die Notizen enthalten das Datum, die Gesprächsteilnehmer und eine knappe Darstellung des Sachverhalts. Für diese Aufzeichnungen gibt es auch Vordrucke.

Hinweis
Wenn in einem Protokoll Redebeiträge wiedergegeben werden, verwendet man die indirekte Rede.

Beispiele:
• Der Lehrer sagt, die Stunde müsse protokolliert werden.

• Die Freunde behaupten, sie gingen gerne zur Schule.

Ein Protokoll wird nach bestimmten Regeln angefertigt:

- Protokollkopf: Adresse, Anlass mit Datum, Beginn/Ende, Ort, Anwesenheitsliste mit Funktionen, Abwesenheitsliste mit Grund des Fehlens, Protokollführer, Tagesordnung
- Unterschriften des Protokollanten und Leiters mit Ort und Datum
- Gliederung des Protokolltextes gemäß der Tagesordnung
- sachliche und präzise Schreibweise ohne persönliche Kommentare; als Zeitstufe empfiehlt sich das Präsens.

3.4 Texte im täglichen Gebrauch

Karl-Hartmann-Schule
Staatliche Fach- und Berufsoberschule Bernheim

Niederschrift
über die 1. Klassensprecherversammlung
im Schuljahr 2010/2011 am 11.10.2010

Ort:	Mehrzweckraum
Uhrzeit:	8:00–9:30 Uhr
Protokoll:	StD Klein

Tagesordnung:
1. Aufgaben und Rechte der Schülermitverantwortung (SMV)
2. Wahl des Verbindungslehrers
3. Wahl der Schülersprecher
4. Verschiedenes

TOP 1
OStD Beier begrüßt alle neu gewählten Klassensprecher und erläutert die Aufgaben der Schülermitverantwortung. Er gibt einen kurzen Ausblick auf das Schuljahr 2010/2011 und bedauert die derzeit beengten räumlichen Verhältnisse an der Karl-Hartmann-Schule. Ein Neubau sei dringend erforderlich und werde voraussichtlich im Jahre 2012 begonnen.

TOP 2
Die Klassensprecher wählen mit großer Mehrheit OStR Krauser als Verbindungslehrer für beide Schularten.

TOP 3
Geleitet von StD Klein werden in geheimer Abstimmung folgende Schülersprecher für FOS und BOS gewählt:

1. Schülersprecherin FOS/BOS:	Kreier, Marga,	Klasse S11a
	Bieber, Ulla,	Klasse BW12c
2. Schülersprecher FOS/BOS:	Karrlein, Uwe,	Klasse T12a
	Seubert, Jens,	Klasse BT12b
3. Schülersprecher FOS/BOS:	Göbel, Frank,	Klasse S12b
	Kurz, Christa,	Klasse BW12a

TOP 4
Der neu gewählte Verbindungslehrer stellt sich den Schülern vor und ermutigt sie, sich bei Problemen an ihn zu wenden. Um 9:30 Uhr bedankt sich OStD Beier bei allen Anwesenden, wünscht viel Erfolg bei der Verwirklichung der Ideen und schließt die Klassensprecherversammlung.

Bernheim, 11.10.2010

Klein, StD, Schriftführer   Beier, OStD, Vorsitzender

Protokollkopf:

◄ Adresse

◄ Anlass mit Datum

◄ Ort
Beginn/Ende
Protokollführer

◄ Tagesordnung
Anwesenheits-/Abwesenheitsliste sind als Zusatzblätter beigefügt.

◄ Gliederung des Protokolltextes gemäß der Tagesordnung

◄ Unterschriften des Protokollanten und Vorsitzenden mit Ort und Datum

---

■■■Aufgaben

1. a) Schreiben Sie ein erweitertes Ergebnisprotokoll zu einer gemeinsam in der Klasse ausgewählten Unterrichtsstunde.
   b) Vergleichen Sie Ihre Protokolle in der Klasse untereinander und arbeiten Sie die Unterschiede heraus.
   c) Notieren Sie Ihre gemeinsamen Ergebnisse an der Tafel und fassen Sie sie so zusammen, dass sie ein einzelnes Protokoll ergeben.

3.4.2 Immer schön der Reihe nach … – die Vorgangsbeschreibung

Makkaroni mit Gorgonzola
(Maccheroni al gorgonzola)

Zutaten für 4 Personen:	150 g Sahne-Gorgonzola, 1/4 l Sahne, Zucker, Salz, Pfeffer, 500 g kurze Makkaroni, Petersilie nach Belieben
Zubereitungszeit:	30 Minuten

Den Gorgonzola von der Rinde befreien und in Würfel schneiden. Die Käsewürfel bei sehr schwacher Hitze (möglichst in einem Keramiktopf) schmelzen lassen, dabei mit einem Holzlöffel umrühren. Nach und nach die Hälfte des Rahms hinzugießen. Sobald der Käse ganz geschmolzen und zu einer flüssigen Creme geworden ist, den Zucker und je eine Prise Salz und Pfeffer hinzufügen. Inzwischen die Makkaroni in kochendem Salzwasser al dente kochen, abgießen und in den Topf mit der Käsesauce geben. Gründlich vermengen und die verbliebene Sahne darüber gießen. Erneut gut durchmischen und die Nudeln in einer vorgewärmten Servierschüssel anrichten. Nach Wahl mit fein gehackter Petersilie bestreuen.

Verb: Zeitwort, Tätigkeitswort.

Konjunktion: Bindewort

Passiv: Leideform

Nominalstil: Stil, der das Hauptwort (Nomen) bevorzugt.

modal: die Art und Weise bezeichnend.

Vorgangsbeschreibungen findet man ständig in verschiedensten Formen: Kochrezepte, Pflegehinweise, Gebrauchsanweisungen und Betriebsanleitungen. Immer werden Vorgänge so dargestellt, dass sie jederzeit wiederholbar sind. Wenn Vorgangsbeschreibungen Fehler aufweisen, kommt es schnell zu Missverständnissen und Pannen. Um dies zu vermeiden, sollte man folgende Punkte beachten:
- Gliederung des Vorgangs in Einzelschritte
- logische zeitliche Reihenfolge
- Verwendung richtiger Fachbegriffe
- Zeitstufe Präsens
- sachlicher, klarer Sprachstil

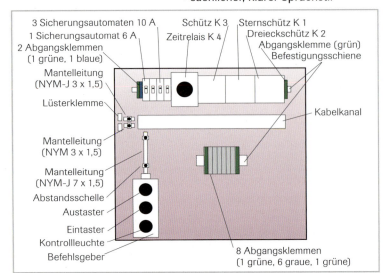

Da es sich um eine Beschreibung von Tätigkeiten handelt, ist es besonders wichtig, treffende Verben zu finden. Das wenig aussagekräftige Verb „machen" sollten Sie lieber nicht benutzen. Die logische Abfolge der Arbeitsschritte lässt sich durch passende Konjunktionen (z.B. *wenn, nachdem, sodass, indem, damit*) verdeutlichen. In der Vorgangsbeschreibung benutzt man häufig das Passiv („Die Maschine wird gereinigt"). Damit die Darstellung nicht zu eintönig wird, kann man auch den Nominalstil („Beim Reinigen") oder Modalverben („ … muss man reinigen") verwenden.

3.4 Texte im täglichen Gebrauch

Bei der folgenden Vorgangsbeschreibung handelt es sich um den Arbeitsbericht eines Schülers der 11. Jahrgangsstufe aus dem Elektropraktikum an der Fachoberschule. Beachten Sie auch die Abbildung auf der linken Seite.

Stern-Dreieck-Schützschaltung mit Zeitrelais (Auszug)

Anwendung

Die Stern-Dreieck-Schützschaltung wird zur Verminderung des Anlaufstroms von Drehstrommotoren verwendet. Sie ist bei Motoren ab 2,2 kW vorgeschrieben, da diese aufgrund des hohen Anlaufstroms nicht direkt mithilfe der Dreieckschaltung an das Netz angeschlossen werden dürfen. Wird ein Zeitrelais eingebaut, so erfolgt das Umschalten von Stern- auf Dreieckbetrieb automatisch nach einer einstellbaren Zeit.

Montage auf Spanplatte

Jetzt kann mit der Montage begonnen werden, indem man mithilfe eines Bleistifts die Positionen der einzelnen Bauelemente auf der Spanplatte markiert. Anschließend werden die 2 Befestigungsschienen und der Kabelkanal mit je 2 Holzschrauben an den vorgesehenen Stellen befestigt. Dabei bedient man sich eines Vorstechers, damit die Schrauben beim Eindrehen nicht verrutschen und mit möglichst geringem Kraftaufwand eingedreht werden können. Auf gleiche Art und Weise werden die 2 Lüsterklemmen, die Abstandsschellen und der Befehlsgeber montiert. Beim Befestigen der Leitungen ist ferner darauf zu achten, dass diese immer senkrecht oder waagerecht verlaufen.

Danach wird die obere Befestigungsschiene mit 3 Abgangsklemmen, 4 Sicherungsautomaten (1 x 6 A, 3 x 10 A), einem Zeitrelais und 3 Schützen bestückt (Abb.). Auf der unteren Metallschiene werden 2 grüne und 6 graue Abgangsklemmen aufgeschoben, wobei die grünen Schutzleiter-Abgangsklemmen außen liegen sollten, da sie festgeschraubt werden können und damit das Verrutschen der anderen Bauteile verhindern.

Nun werden die Mantelleitungen montiert, wobei man zwischen den beiden Lüsterklemmen und dem Kabelkanal eine dreiadrige Leitung ohne Schutzleiter (für den Hauptstromkreis) und eine dreiadrige mit Schutzleiter (für den Steuerstromkreis) und zwischen dem Befehlsgeber und dem Kabelkanal eine siebenadrige Mantelleitung (eine Ader bleibt unbenützt) benötigt.

Bei der Wahl der Länge der Kabel ist darauf zu achten, dass zum Verklemmen im Befehlsgeber ca. 15 cm Draht benötigt werden und dass die Adern bis zu den Schützen reichen müssen.

Jetzt wird die obere Lüsterklemme über die dreiadrige Mantelleitung ohne Schutzleiter mit den 3 Sicherungsautomaten (10 A) verbunden. Die Adern des dreiadrigen Kabels mit Schutzleiter werden an der unteren Lüsterklemme befestigt. Am anderen Ende wird die Phase (schwarz) an den Sicherungsautomaten (6 A) und der Neutralleiter über die blaue Abgangsklemme (mit Brücken aus blauem Draht) an die Spulen der Schütze und des Zeitrelais geführt. Der Schutzleiter (gelb/grün) wird an die grüne Abgangsklemme montiert. [...]

Fachpraktische Ausbildung für Fachoberschüler

Arbeitsbericht Nr._____
für die Zeit vom: _____
Betreuungslehrer:_____

Materialliste
1 Spanplatte (ca. 50 x 50 cm)
1 Kabelkanal (ca. 30 cm)
1 Befestigungsschiene
  (ca. 30 cm)
1 Befestigungsschiene
  (ca. 10 cm)
2 einfache Abstandsschellen
1 doppelte Abstandsschelle
1 Befehlsgeber (mit 1 Austaster,1 Eintaster und
  1 Kontrollleuchte)
2 Lüsterklemmen (dreifach)
1 Mantelleitung NYM-J
  7 x 1,5 mm^2
1 Mantelleitung NYM-J
  3 x 1,5 mm^2
1 Mantelleitung NYM
  3 x 1,5 mm^2
1 Sicherungsautomat 6A
  (Steuerstromkreis)
3 Sicherungsautomaten 10A
  (Hauptstromkreis)
3 Schütze
  (3 Arbeitskontakte,
  2 Öffner und 2 Schließer)
1 Zeitrelais
  (anzugsverzögert)
6 graue Abgangsklemmen
  (4 mm^2, Drehstrommotoranschluss)
4 grüne Abgangsklemmen
  (4 mm^2, Schutzleiter)
1 blaue Abgangsklemme
  (4 mm^2, Neutralleiter)
Holzschrauben

■ Aufgaben

1. Beurteilen Sie die Vorgangsbeschreibung:
   Ist sie klar verständlich, sind alle auszuführenden Tätigkeiten sachlich und nachvollziebar dargestellt?

2. Fertigen Sie eine Kopie des Textes an.
   a) Kennzeichnen Sie mit verschiedenen Farben:
      – alle Verben im Präsens,
      – alle Fachbegriffe.
   b) Kennzeichnen Sie die jeweiligen Einzelschritte der Montage.

3 Gewusst wie – sprachlich handeln

3.5 Gesprächsformen und -situationen

3.5.1 Kommunikation

Kommunikation:
Im weiteren Sinne: Jede Form von wechselseitiger Übermittlung von Informationen durch Zeichen/Symbole zwischen Lebewesen (Menschen, Tieren) oder zwischen Menschen und Daten verarbeitenden Maschinen. […] Im engeren (sprachwissenschaftlichen) Sinn: Zwischenmenschliche Verständigung mittels sprachlicher und nichtsprachlicher Mittel wie Gestik, Mimik, Stimme u.a. (aus: H. Bußmann (2002): Lexikon der Sprachwissenschaft, S. 354).

Karl Bühler (1879–1963) war deutscher Sprachpsychologe und Sprachtheoretiker.

Kommunikation in der Theorie

Wenn Menschen miteinander in Kontakt treten, dann spricht man davon, dass sie miteinander kommunizieren. Der Begriff Kommunikation stammt vom lateinischen communicare ab. Dieses Verb hat in der deutschen Übersetzung mehrere Bedeutungen: gemeinsam machen, vereinigen; teilen, mitteilen, teilnehmen lassen. Dies alleine deutet schon darauf hin, dass der Begriff nicht einfach für einen einzelnen, eindeutigen Sachverhalt verwendet werden kann.

Unter Kommunikation wird ganz allgemein das wechselseitige Übermitteln von Signalen – aber auch von Daten – verstanden. Diese Signale haben für die miteinander Kommunizierenden eine festgelegte Bedeutung und können Auslöser für bestimmte Reaktionen sein. Dabei ist die Sprache die wichtigste Kommunikationsform des Menschen. Sie kann in Form von sprachlichen Zeichen ganz unterschiedlich verwendet werden:

- akustisch   – in Form von Schallwellen (Lautketten),
- visuell-räumlich   – durch Gebärden,
- schriftlich   – durch Schriftzeichen.

Wenn Menschen miteinander sprechen, erbringen sie ganz unterschiedliche Sprachleistungen. In der Regel will die einzelne Sprecherin bzw. der einzelne Sprecher

- etwas zum Ausdruck bringen,
- einem Gesprächspartner etwas mitteilen und
- etwas bei jemandem bewirken.

Organonmodell
(vereinfachte Darstellung):

Diese unterschiedlichen Funktionen, die beim Sprechen mitwirken, sind von dem Psychologen Karl Bühler in einem Modell zusammengefasst worden (Organonmodell), das von vielen Sprachwissenschaftlern aufgegriffen wurde. Seiner Auffassung nach weisen sprachliche Zeichen drei Sprachfunktionen auf, die beim Kommunizieren mit jeweils unterschiedlicher Gewichtung zur Geltung kommen:

DARSTELLUNG

Darstellung: Das Zeichen ist ein Symbol für Gegenstände und Sachverhalte. Hierbei geht es um die reine Information, die der Sender mitteilen will (z. B. in Sachtexten, Anleitungen etc.).

SPRACHLICHES ZEICHEN

Ausdruck: Das Zeichen sagt auch etwas über den Sender/Sprecher aus. Das Zeichen ist ein Symptom (Kundgabe) für den Sprecher, er will ein Gefühl oder eine Meinung vermitteln.

AUSDRUCK

Appell: Das Zeichen richtet sich auch an den Empfänger, das Zeichen wirkt als Signal (Auslösung). Es soll den Empfänger zu etwas auffordern.

APPELL

3.5 Gesprächsformen und -situationen

Kommunikation lässt sich aber auch als Vorgang beschreiben, bei dem ein Sender eine in Zeichen und Lauten verschlüsselte Nachricht an einen Empfänger übermittelt, der die Nachricht aus Zeichen/Lauten entschlüsselt:

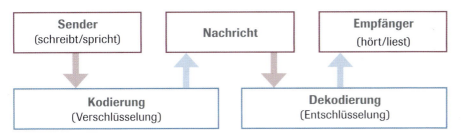

Friedemann Schulz von Thun (*1944) ist Psychologe und einer der führenden Kommunikationswissenschaftler, bekannt als Autor des dreibändigen Werkes „Miteinander reden".

Die übermittelte Nachricht ist aber nicht so eindimensional, wie es das Schema oben auf den ersten Blick scheinen lässt. Der Psychologe Friedemann Schulz von Thun geht von der Annahme aus, dass in jeder Äußerung vier Botschaften enthalten sind. Diese vier Seiten einer Nachricht stellt er in einem sogenannten Kommunikationsquadrat dar.

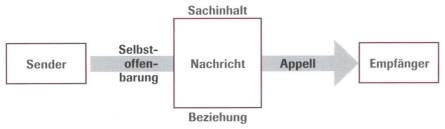

Man kann dem Modell entsprechend also sagen, dass wir mit vier Ohren hören bzw. mit vier Zungen sprechen:

Faktoren, die die Kommunikation beeinflussen können:
- Charakteristik des Sprechers (z. B. Alter, Geschlecht, Beruf usw.)
- Charakteristik des Empfängers (z. B. Wohnort, Sprachkenntnisse usw.)
- Gesprächssituation (Wochentag, Tageszeit, Ort usw.)
- Gesprächsgegenstand (wissenschaftlicher Disput, Konfliktlösungsgespräch).

Auf der **Sachseite** informiert der Sprechende über den Sachinhalt, d. h. über Daten und Fakten.	Die **Selbstoffenbarung** umfasst das, was der Sprecher durch das Senden der Botschaft von sich zu erkennen gibt.
Die **Appellseite** macht deutlich, was der Sender beim Empfänger erreichen möchte.	Die **Beziehungsseite** bringt zum Ausdruck, wie der Sender zum Empfänger steht und was er von ihm hält.

■ Aufgaben

1. Fassen Sie in eigenen Worten zusammen, was das Organonmodell über die unterschiedlichen Funktionen aussagt, die beim Sprechen mitwirken.
2. Formulieren Sie in einem Satz, was ein Empfänger der folgenden Nachrichten auf seinen „vier Ohren" hören könnte:
   a) Die Lehrerin sagt zu einem Schüler: „Sebastian, schließen Sie das Fenster!"
   b) Frank und Steffi sitzen im Auto, Steffi fährt. Plötzlich sagt Frank: „Liebling, da vorn ist ein Stoppschild!"

3 Gewusst wie – sprachlich handeln

Kommunikationsstörungen

Die vier Seiten der gesendeten Nachricht, also dass, was der Sender mit einer Äußerung ausdrücken und/oder bewirken will (siehe S. 131), entsprechen oftmals nicht den vier Seiten, die beim Empfänger ankommen. Dies ist ein Grund dafür, warum zwischenmenschliche Kontakte spannungsreich und anfällig für Störungen sein können.

Ein Beispiel: Sarah und Marcel wollen zusammen ausgehen.
Sie sagt zu ihm: „Da ist ein Fleck auf deinem Hemd!"

Sender: Sarah	**Sachinhalt:** Da ist ein Fleck.		
Apell: Wechsle dein Hemd.	**Nachricht** Da ist ein Fleck auf dem Hemd. **Beziehung:** Du übersiehst den Fleck.	**Selbstoffenbarung:** Mir ist Sauberkeit wichtig.	

	Sachinhalt: Da ist ein Fleck.		**Empfänger:** Marcel
Apell: Ich wechsle das Hemd.	**Nachricht** Da ist ein Fleck auf dem Hemd. **Beziehung:** Sarah hält mich für schmuddelig.	**Selbstoffenbarung:** Sarah übertreibt es mal wieder mit der Sauberkeit.	

Der Empfänger hört ebenfalls auf vier Ohren. Stimmt die Nachrichtenseite des Senders mit der Seite des Empfängers überein, treten erwartungsgemäß keine Kommunikationsstörungen auf.

Man spricht insbesondere in solchen Fällen von einer eindeutigen Mitteilung, wenn die sprachliche Äußerung von nichtsprachlichen Signalen unterstützt wird (Mimik, Gestik, Körperhaltung). Doppeldeutige Mitteilungen entstehen dagegen dann, wenn die nichtsprachlichen Signale eine Veränderung der Aussage bewirken.

Kommunikationsstörungen treten insbesondere dann auf, wenn der Empfänger eine nicht beabsichtigte Seite der Nachricht hört:

- **Sachinhalt – der Empfänger hört den Sachinhalt:**
  Die Antwort stimmt mit der Nachricht überein, wenn der Sender (Sarah) dem Empfänger (Marcel) tatsächlich eine Information geben wollte.

- **Selbstoffenbarung – der Empfänger hört, was der Sender über sich aussagt:**
  Hört Marcel auf dem Selbstoffenbarungsohr, bedeutet das, dass sich die Äußerung auf die Situation des Senders bezieht – und eben nicht auf das Handeln des Empfängers. Das kann zu Missverständnissen führen, wenn Sarah möchte, dass Marcel das Hemd wechsel, er sie aber für zu pingelig hält, weil sie eventuell auf Dinge achtet, die ihm unbedeutend erscheinen.

- **Beziehung – der Empfänger hört, was der Sender von ihm hält:**
  Marcel bezieht die Äußerung auf sich und nimmt sie persönlich. Die Kommunikation gestaltet sich dann als besonders schwierig, wenn Sarah eigentlich eine Appell-, Sach- oder Selbstoffenbarungsnachricht gesendet hat, denn sie versteht nun nicht, warum Marcel gekränkt ist.

- **Appell – der Empfänger hört auf den Appell des Senders:**
  Marcel fühlt sich dazu aufgefordert, die Erwartungen und Wünsche von Sarah zu erfüllen. Probleme kann so eine Haltung dann mit sich bringen, wenn Marcel beispielsweise versucht, Sarah alles recht zu machen, ohne seine eigenen Bedürfnisse wahrzunehmen.

3.5 Gesprächsformen und -situationen

Das Ei

*Loriot (eigentlich Vicco von Bülow, *1923)*

Das Ehepaar sitzt am Frühstückstisch.
Der Ehemann hat sein Ei geöffnet und beginnt nach einer längeren Denkpause das Gespräch.

1 ER Berta!
   SIE Ja …
   ER Das Ei ist hart!
   SIE *(schweigt)*
5 ER Das Ei ist hart!
   SIE Ich habe es gehört …
   ER Wie lange hat das Ei denn gekocht …
   SIE Zu viel Eier sind gar nicht gesund …
   ER Ich meine, wie lange dieses Ei gekocht hat …
10 SIE Du willst es doch immer viereinhalb Minuten haben …
   ER Das weiß ich …
   SIE Was fragst du denn dann?
   ER Weil dieses Ei nicht viereinhalb Minuten
15   gekocht haben kann!
   SIE Ich koche es aber jeden Morgen viereinhalb Minuten!
   ER Wieso ist es dann mal zu hart und mal zu weich?
20 SIE Ich weiß es nicht … Ich bin kein Huhn!
   ER Ach! Und woher weißt du dann, wann das Ei gut ist?
   SIE Ich nehme es nach viereinhalb Minuten heraus, mein Gott!
25 ER Nach der Uhr oder wie?
   SIE Nach Gefühl … eine Hausfrau hat das im Gefühl …
   ER Im Gefühl? … Was hast du im Gefühl?
   SIE Wann das Ei weich ist …

30 ER Aber es ist hart … vielleicht stimmt da mit deinem Gefühl was nicht …
   SIE Mit meinem Gefühl stimmt was nicht? Ich stehe den ganzen Tag in der Küche, mache die Wäsche, bring deine Sachen in Ordnung, mache die Wohnung gemütlich,
35   ärgere mich mit den Kindern rum, und du sagst, mit meinem Gefühl stimmt was nicht?
   ER Jaja … jaja … jaja … wenn ein Ei nach Gefühl kocht, dann kocht es eben nur zufällig
40   genau viereinhalb Minuten!
   SIE Es kann dir doch ganz egal sein, ob das Ei *zufällig* viereinhalb Minuten kocht … Hauptsache, es *kocht* viereinhalb Minuten!
   ER Ich hätte nur gern ein weiches Ei und nicht ein
45   zufällig weiches Ei! Es ist mir egal, wie lange es kocht!
   SIE Aha! Das ist dir egal … es ist dir also egal, ob ich viereinhalb Minuten in der Küche schufte!
   ER Nein-nein …
60 SIE Aber es ist *nicht* egal … das Ei *muss* nämlich viereinhalb Minuten kochen …
   ER Das habe ich doch gesagt …
   SIE Aber eben hast du doch gesagt, es ist dir egal!
   ER Ich hätte nur gern ein weiches Ei …
65 SIE Gott, was sind Männer primitiv!
   ER *(düster vor sich hin)* Ich bringe sie um … morgen bringe ich sie um …

Loriot
in Brandenburg als Bernhard Victor Christoph-Carl von Bülow, kurz Vicco von Bülow, geboren, ist ein deutscher Komödiant, Zeichner, Schriftsteller, Schauspieler, Regisseur und Professor für Theaterkunst.

■ Aufgaben

1. Analysieren Sie die Kommunikation der beiden Figuren im obigen Text.
   a) Notieren Sie in einer Tabelle, welche Kommunikationsabsichten sie jeweils verfolgen.
   b) Arbeiten Sie heraus, welche Nachrichten auf der Sachebene gesendet werden und welche Seite der Nachricht der Empfänger bzw. die Empfängerin hört.
2. Spielen Sie den Dialog in der Klasse nach und versuchen Sie, den Konflikt zu lösen, indem Sie auf die entsprechende Mitteilungsseite der Nachricht angemessen reagieren.

3 Gewusst wie – sprachlich handeln

▬ **Hinweis**
Auch das Vorstellungsgespräch ist ein Zweckgespräch
(siehe Abschnitt 3, Seite 148 ff.).

W-Fragen:
siehe hierzu Seite 56.

3.5.2 Gesprächsformen und Gesprächsführung

Tagtäglich, ob in der Schule oder zu Hause, sprechen wir miteinander. In jeder Gesprächssituation wird man vor unterschiedliche Anforderungen gestellt. Um sich kommunikativ richtig zu verhalten, ist es sinnvoll, über verschiedene Gesprächsformen und ihre Besonderheiten Bescheid zu wissen.
Im öffentlichen Bereich werden folgende Gesprächsformen unterschieden:

Gespräch im engeren Sinn
Wenn sich zwei Menschen miteinander unterhalten und ihre Meinungen oder Gefühle austauschen, handelt es sich um ein Gespräch. Es gibt rein zweckfreie Gespräche, die nur der Unterhaltung („Konversation") dienen und kein bestimmtes Ziel verfolgen.
Dagegen geht es in Zweckgesprächen darum, den Gesprächspartner von der eigenen Meinung zu überzeugen und zu einer bestimmten Handlungsweise zu bewegen. In vielen Berufen (z. B. Verkäufer, Richterin, Pfarrer) überwiegt diese Art des Sprechens.

Interview
Im Gegensatz zum Gespräch wird bei einem Interview klar voneinander getrennt, wer die Fragen stellt und wer sie beantwortet. Gebräuchlich sind folgende Fragearten:

- **Erklärungs- und Informationsfragen**
  Sie zielen darauf ab, dass der Befragte bestimmte Sachverhalte genauer erklärt oder definiert. Dafür verwendet man häufig W-Fragen.

  Beispiel:

  „Warum haben Sie sich dafür entschieden?".

- **Suggestivfragen**
  Mit Suggestivfragen möchte man den Interviewpartner in eine ganz bestimmte Richtung führen. Die Antworten fallen dann meistens sehr knapp aus.

  Beispiel:

  „Haben Sie sich nicht auch schon immer für dieses Projekt eingesetzt?"

- **Reizfragen**
  Sie wollen den Gesprächspartner provozieren und dazu bringen, auf Standardantworten zu verzichten. Eine zu heftige Brüskierung kann allerdings einen Gesprächsabbruch zur Folge haben.

  Beispiel:

  „Warum wollen Sie nicht zugeben, dass Ihnen schon bei der Planung schwerste Fehler unterlaufen sind?"

3.5 Gesprächsformen und -situationen

Diskussion und Debatte

In Diskussionen und Debatten werden unterschiedliche Auffassungen zu einem Thema in geordneter Form und zeitlich begrenzt erörtert. Unter Leitung eines Moderators vertreten die Teilnehmer ihre Standpunkte, üben Kritik und versuchen andere für sich zu gewinnen oder zu überzeugen. Ziel ist, Ansätze für Problemlösungen oder zumindest verbindende Gemeinsamkeiten zu finden. Man begegnet folgenden Hauptformen:

- **Plenumsdiskussionen**

  Alle Anwesenden haben Rederecht. Um möglichst effektiv miteinander diskutieren zu können, sollten nicht viel mehr als 20 Personen an der Diskussion teilnehmen. Ein Moderator erläutert den geplanten Verlauf und gibt die Diskussionsregeln bekannt, die von allen Beteiligten einzuhalten sind.

  ■ **Hinweis**
  Auch Unterrichtsdiskussionen sind Plenumsdiskussionen.

  ■ **Hinweis**
  Informationen zu Diskussionsregeln finden Sie auf Seite 136 f.

- **Podiumsdiskussionen**

  Hierbei handelt es sich um eine Spezialform der Plenumsdiskussion.
  Vier bis acht Sachverständige diskutieren unter der Leitung des Moderators ein bestimmtes Thema vor einer Zuhörergruppe. Mitunter sitzen die Experten für alle sichtbar erhöht auf einem Podium. Im Anschluss an die Expertendiskussion können die Zuhörer Fragen stellen, die über den Diskussionsleiter an die Sachverständigen weitergereicht werden.

- **Debatten**

  Bei Debatten soll über einen oder mehrere Anträge eine Entscheidung getroffen werden. Nach einer meist kämpferischen Diskussion erfolgt am Ende eine Abstimmung, die durch Mehrheitsbeschluss den Sieger oder Verlierer festlegt. Häufig ist der Ablauf einer Debatte durch eine Geschäftsordnung geregelt.

Bundestagsdebatte

■ **Aufgaben**

1. a) Suchen Sie mit Ihren Mitschülern ein Thema, das an Ihrer Schule von allgemeinem Interesse ist.
   b) Formulieren Sie gemeinsam Interviewfragen, die für eine Befragung geeignet sind.
   c) Führen Sie bei einigen Mitschülern dieses Interview durch und zeichnen Sie die Antworten auf.
   d) Werten Sie das Interview gemeinsam aus. Diskutieren Sie vor allem, ob die Fragen richtig formuliert waren.
2. Für Erklärungs- und Informationsfragen verwendet man häufig W-Fragen. Stellen Sie einen sinnvollen W-Fragen-Katalog auf.

Betrachten Sie folgende Gesichter und beschreiben Sie jeweils die Stimmung, die ein Gesicht ausdrückt:

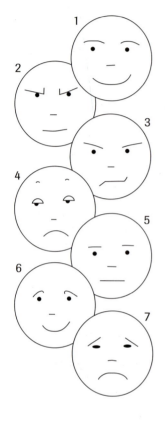

Grundregeln für eine gute Gesprächsführung

„Die gute Unterhaltung besteht nicht darin, dass man selber etwas Gescheites sagt, sondern dass man etwas Dummes anhören kann."

Wilhelm Busch

Um eine möglichst große Wirkung beim Sprechen und Schreiben zu erzielen, muss der Sprecher/Schreiber eine Sprache finden, die dem Sachverhalt, der Situation und dem Kommunikationspartner angemessen ist.
Kommunikation leistet also mehr als das bloße Mitteilen einer Botschaft; mit Kommunikation lassen sich Beziehungen herstellen. (**Eisberggesetz**, siehe Seite 280.)
Da jede Aussage einen Sachanteil und einen Gefühlsanteil enthält, umfasst der Kommunikationsprozess zwei Bereiche:
- die verbale Kommunikation und
- die nonverbale Kommunikation.

Zu den **verbalen Kriterien** zählen z.B.: Verständlichkeit, Sachkompetenz, Anschaulichkeit, Kürze und Prägnanz sowie rhetorische Wirksamkeit.

Wesentliche Bereiche der **nonverbalen Kommunikation** sind z.B.:
die äußere Erscheinung (Kleidung, Frisur, Schmuck), das Körperverhalten (Körperhaltung, Gesten), der Gesichtsausdruck (Augen, Stirn, Mund) und die Sprechweise (Stimmlage, Lautstärke, Tonfall).

Verbale Kommunikation

„Die beste Antwort der erhält, der seine Fragen richtig stellt."

Eugen Roth

Die Wirkung von Fragen:

Fragetechnik	bei vereinzeltem Gebrauch	bei häufigem Gebrauch
offene Frage (*W-Frage: wer, was, wann, warum*)	großer Antwortspielraum, halten Gespräche in Gang	Gefahr der Informationsflut
geschlossene Frage (*Entscheidungsfragen, sie sind mit ja oder nein zu beantworten*)	enger Antwortspielraum, fördern klare Entscheidungen	stockendes Gespräch
Alternativfrage, z.B. „Möchten Sie Kaffee oder Tee?"	Verdeutlichung von Standpunkten	unerwünschtes Festlegen
Aufforderungsfrage, z.B. „Könnten Sie das genauer erläutern?"	Aktivierung, tragen zur Präzisierung bei	fordernd
resümierende Frage (Teilergebnisse in Frageform festhalten: „Könnten wir also davon ausgehen, dass Sie damit einverstanden sind?")	schaffen und sichern Gemeinsamkeiten, strukturieren das Gespräch	vorschnelles Beenden, Dringen auf Entscheidung
Suggestivfrage (Antwort wird bereits vorgegeben, z.B. „Sie sind doch sicher auch der Meinung, dass …")	Zustimmung, wenn diese als Hilfe aufgefasst wird, aber Verdacht der Manipulation	unfaire Taktik, plumpes Vereinnahmen

3.5 Gesprächsformen und -situationen

Argumentationstechniken:

Argumentieren Sie ruhig und sachlich, üben Sie nie Kritik.

1. einfache Gesprächsargumentation
(Wenn-Dann, Plus-Minus; auch Vorteil-Nachteil-Methode)
Beispiel:
„Wenn Sie eine sichere Wertpapieranlage bevorzugen, dann bietet sich zur Zeit…"

2. Vorwegnahmemethode
(aus Erfahrung rechnen Sie mit einem bestimmten Einwand, somit nehmen Sie den Einwand selbst vorweg und verhindern damit Konfrontation)
Beispiel:
Einwand – *„zu hohe Gebühren…"*
„Das kostet Sie monatlich nur… und dafür bieten wir Ihnen…"

3. Ja-Aber-Methode
(ZIMT: Zustimmen-Interesse zeigen-Motive ansprechen-Transfer)

Beispiel:
„Ja, ich verstehe schon, aber bedenken Sie bitte…"
Z: *„Ja, ich kann Ihre Äußerung verstehen…"*
I: *„Allerdings gilt dabei zu beachten…"*
M *„Sie haben sicherlich an… gedacht"*
T: *„Welchen Gesichtspunkt sollten wir denn besonders beachten?"*

4. Umwandlungs- oder Fragemethode
(Sie formulieren einen Einwand in eine Gegenfrage um)
Beispiel:
Einwand: *„Auf einem Sparkonto müsste es doch mehr Zinsen geben."*
„Welche Sparform meinen Sie denn?"

5. Bumerang-Methode
(Sie verwandeln den Einwand in ein wirkungsvolles Argument für sich)
Beispiel:
Einwand: *„Dieser Aktienkurs ist doch ständig gefallen."*
„Natürlich haben Sie recht. Gerade deshalb empfehle ich Ihnen den Kauf. Die Aktie ist unterbewertet."

6. Divisionsmethode
(Teile und herrsche!)
Beispiel:
Frage: *„Wie werden sich denn die Beiträge entwickeln?"*
„Nun, das wird von verschiedenen Umständen abhängen. Zunächst sind die Kosten für medizinische Untersuchungen, weiterhin die Preisvorstellungen der Arzneimittelindustrie…"

Versuchen Sie auch bei allen verbalen Komponenten auf die Gefühle zu achten, die Ihre Partner ausstrahlen. Die Körpersprache ist die **einzige Sprache**, die **alle sprechen**, aber doch nur **wenige verstehen**. Körpersprache zu deuten erfordert eine Menge Übung. Beobachten Sie sich selbst und Ihre Umwelt in dieser Hinsicht. Wer sich in die Gedankenwelt und in das Fühlen des anderen hineinversetzen kann, kann auch besser überzeugen.

Grundsätzlich sollte auch beachtet werden, dass ein Gespräch von verschiedenen Faktoren beeinflusst wird. So unterscheidet man sogenannte **Gesprächsförderer** (wie z.B. positiv formulieren, kurze Sätze, Blickkontakt, aktiv zuhören, Veranschaulichungen, Sie-Stil) und **Gesprächsstörer** (z.B. Monologe und Fachbegriffe, Ironie, Vorwürfe, Ausfragen, Befehle, Unterbrechungen).

Argumentation:
sprachliche Kunst der Begründung und Beweisführung.

◼️ Aufgaben

1. Um welchen Fragetyp handelt es sich in folgenden Beispielen?
   a) Sind Sie damit einverstanden, dass wir…?
   b) Welche Zahlungsweise wünschen Sie?
   c) Wohnen Sie zu Hause oder haben Sie eine Nebenwohnung?

2. Beantworten Sie folgende Einwände mit einer entsprechenden Argumentationsmethode und benennen Sie diese:
   a) „Das darf doch wohl nicht wahr sein, dass ich bei einer nach der 10. Klasse weiterführenden Schulausbildung nur BaföG-Leistungen erhalte, wenn ich außerhalb, d. h. nicht mehr zu Hause wohne."
   b) „Im Zeitalter des Computers müsste es doch möglich sein, dass der Bescheid beim Kunden schneller ankommt."

3 Gewusst wie – sprachlich handeln

3.5.3 „Bitte die Nächste auf der Rednerliste!" – Diskussionsregeln

Ob eine Diskussion gelingt, hängt nicht nur vom Thema ab. Es gibt einfache Diskussionsregeln, die jeder erlernen kann. Werden diese sowohl vom Diskussionsteilnehmer als auch von der Diskussionsleitung beachtet, nimmt die Diskussion einen fairen Verlauf und ist für alle Beteiligten gewinnbringend.

Zunächst sollten einige Vorbereitungen getroffen werden:

Hinweis
Kleine Diskussionsgruppen bis zu fünf Teilnehmern kommen ohne eine Leitung aus.

- Legen Sie die Thematik exakt fest.
- Wählen Sie eine Moderatorin oder einen Moderator (Diskussionsleitung).
- Begrenzen Sie die Gesamtdauer der Diskussion (45 bis 60 Minuten).
- Vereinbaren Sie eine maximale Redezeit (z.B. 60 Sekunden).
- Stellen Sie eine Sitzordnung her, die allen Teilnehmern Blickkontakt ermöglicht.

Aufgaben der Diskussionsleitung:

- **Eröffnung der Diskussion**
  Zu Beginn werden kurz das Thema und die damit verbundenen Probleme umrissen. Dies gelingt oft besonders gut mithilfe eines anschaulichen, aktuellen Fallbeispiels.

Hinweis
Die eigene Meinung einer Diskussionsleiterin oder eines Diskussionsleiters zu einer Problematik ist für die Diskussion nicht relevant. Die Moderation erfolgt also immer meinungsneutral, die eigene Meinung wird für sich behalten.

- **Erteilen der Sprecherlaubnis**
  Wortmeldungen werden gesammelt und der Reihenfolge nach berücksichtigt. Bei zahlreichen Redewünschen ist es sinnvoll, eine Rednerliste zu führen. Auf die Einhaltung der vereinbarten Redezeit ist unbedingt zu achten.

- **Sorge für einen höflichen Umgangsstil**
  Privatunterhaltungen und unsachliche Streitereien sollten von der Moderation unterbunden werden. Zwischenrufe kann man sofort geistreich erwidern; dies erfordert jedoch viel Schlagfertigkeit. In der Regel wird man auf die Reihenfolge der Rednerliste verweisen.

- **Zusammenfassen von Zwischenergebnissen**
  Bisweilen gerät eine Diskussion ins Stocken. Der Diskussionsleiter kann dann eine Zwischenbilanz ziehen, indem er kurz zusammenfasst, was die Diskussion bisher an gemeinsamen und unterschiedlichen Auffassungen erbracht hat. Die Gesprächsbereitschaft erhält oft einen neuen Impuls, wenn der Moderator vorschlägt, das Thema auch einmal von einer anderen Seite zu betrachten.

Tipp
Negative Zwischenrufe sollte man überhören, sofern diese nicht überhand nehmen.

- **Abschluss der Diskussion**
  Ein Schlusswort der Diskussionsleitung beendet die Diskussion. Hierfür wird noch einmal kurz das Fazit aus den Gesprächsergebnissen gezogen.

3.5 Gesprächsformen und -situationen

Verhaltensregeln für die einzelnen Diskussionsteilnehmer:

- **Aktives Zuhören**
  Eine der wichtigsten Diskussionsregeln betrifft das aktive Zuhören. Stellen Sie sich auf den jeweiligen Diskussionspartner ein, indem Sie sich in die Perspektive des anderen hineinversetzen. Wenn Sie Ihren Oberkörper zum Sprecher drehen und Blickkontakt aufnehmen, zeigen Sie auch ohne Worte deutlich, dass Sie ihm zuhören wollen. Sollte es sich um einen längeren Wortbeitrag handeln, können Sie sich Notizen machen.

- **Keine Unterbrechungen**
  Natürlich gibt es in einer Diskussion auch Beiträge, die Widerspruch hervorrufen. Unterdrücken Sie den Reflex, sofort verbal dazwischenzufahren, und lassen Sie andere ausreden.

- **Respektieren der Rednerliste**
  Seinen Redewunsch gibt man durch ein Handzeichen bekannt. Reden Sie erst dann, wenn Sie vom Diskussionsleiter das Wort erteilt bekommen. Die auf der Rednerliste ermittelte Reihenfolge muss eingehalten werden.

- **Kurze und präzise Redebeiträge**
  Überziehen Sie nicht die festgesetzte Redezeit und schweifen Sie nicht vom Thema ab. Beschränken Sie sich auf das Wesentliche.

- **Keine persönlichen Angriffe und Verunglimpfungen**
  Bleiben Sie sachlich und greifen Sie andere Diskussionsteilnehmer nicht persönlich an. Private Streitereien gehören nicht in eine Diskussion.

- **Zurückziehen von Wortmeldungen**
  Wenn der Gedanke, den Sie einbringen wollten, schon in einem anderen Beitrag enthalten war, sollten Sie auf eine Wortmeldung verzichten.

■ Hinweis
Informationen und Tipps zum richtigen Mitschreiben finden Sie auf Seite 100.

Anne Will – Talkshow in der ARD

■ Tipp
Lassen Sie sich nicht provozieren. Aggressives Verhalten macht keinen guten Eindruck und schadet der Überzeugungskraft Ihrer Argumente.

■ Aufgaben

1. a) Zeichnen Sie eine der zahlreichen Talk-Shows im Fernsehen auf.
   b) Notieren Sie, welcher Teilnehmer besonders gut bzw. schlecht die Diskussionsregeln eingehalten hat, und begründen Sie Ihre Meinung.
2. Nennen Sie die wichtigsten Vorbereitungen, die getroffen werden müssen, um den guten Verlauf einer Diskussion zu garantieren.
3. Eine wichtige Aufgabe der Moderation ist es, für einen höflichen Umgangsstil zu sorgen. Nennen Sie Vorgehensweisen, die dazu beitragen, dass dies während einer Diskussion gewährleistet ist.

3 Gewusst wie – sprachlich handeln

3.5.4 Wie Diskussionsbeiträge formuliert werden

Hinweis
Informationen zu möglichen Fragen in einem Interview finden Sie in Abschnitt 3.5.2, Hinweise zum Thema „Erörterung" im Abschnitt 2.1.

Wenn Sie wirkungsvoll diskutieren wollen, müssen Sie gut argumentieren können. Die meisten Diskussionsbeiträge sind Argumentationsketten, die auf andere Beiträge Bezug nehmen und mitunter auch Fragen aufwerfen. Wie ein praktikables Argumentationsmodell (These - Argument - Beispiel) aussieht, können Sie auf den Seiten 66 bis 67 zum Thema „Erörterung" nachschlagen. Natürlich können Sie auch in einer Diskussion deduktiv und induktiv argumentieren (siehe Seite 64).
Argumente werden von Diskussionspartnern aber nicht immer so einfach hingenommen; rechnen Sie deshalb immer mit einer Gegenargumentation.

Für eine gezielte Gegenargumentation gibt es verschiedene Techniken:

- **Abstreittechnik**
  Die Ansichten des Diskussionspartners werden abgestritten und als unrealistisch bezeichnet. Man versucht zu zeigen, dass sie auf Fantasie, Gerüchten und Wunschdenken gründen.

  Beispiel:

  „Es ist reines Wunschdenken, wenn Sie fordern, dass…"

- **Relativierungstechnik**
  Durch Unterscheiden und Zergliedern wird die Aussage eingeschränkt. Für die Einzelabschnitte kann man dann Bedingungen nennen, unter denen die Feststellung zutrifft oder nicht.

  Beispiel:

  „Das ist von Fall zu Fall verschieden …"

Tipp
Wenn Sie sich bereits selbst über die Kehrseite zu einer Problematik Gedanken gemacht haben, kann man Sie damit nicht überraschen. Es fällt Ihnen dann auch leichter, eine Gegenargumentation abzuweisen.

- **Ja-aber-Technik**
  Zunächst wird dem Diskussionspartner zugestimmt. Danach weist man aber sofort auf die Kehrseite dieser Auffassung hin.

  Beispiel:

  „Ich verstehe Sie sehr gut, allerdings …"

- **Vergleichstechnik**
  Sie widersprechen der Argumentation, indem Sie den dargestellten Sachverhalt mit einem Parallelfall vergleichen, bei dem anders vorgegangen wurde. Damit zeigen Sie, dass auch in dem jetzt diskutierten Fall eine andere Handlungsweise möglich wäre.

Tipp
Wenn aus nur einer Ursache viele Wirkungen abgeleitet werden, sind Zweifel angesagt.

  Beispiel:

  „Unsere Nachbargemeinde steht vor einem ähnlichen Problem. Diese hat allerdings …"

3.5 Gesprächsformen und -situationen

- **Kausalitätstechnik**
  Hier stellt man den Zusammenhang von Ursache und Wirkung infrage. Vielleicht ist die Wirkung auf eine andere Ursache zurückzuführen. Oft werden auch Ursache und Wirkung miteinander verwechselt.

  Beispiel:
  „Es sind nicht die familiären Verhältnisse, welche die Leistungsbereitschaft des Schülers blockieren. Vielmehr ist es…"

Von sogenannten **„Killerphrasen"** sollte man sich nicht entmutigen lassen. Sie dienen lediglich dazu, Ihr Argument abzuschmettern („zu killen"), ohne einen echten Gegenvorschlag anzubieten.
Zu den bekanntesten Killerphrasen gehören folgende Sätze:
- In der Theorie mag das ja klappen, aber in der Praxis…
- Das ist jetzt nicht der Zeitpunkt…
- Sind wir dafür überhaupt zuständig…
- Das haben wir ja schon alles versucht…
- Dafür bräuchte man andere Fachleute…

Solchen oder ähnlichen Killerphrasen begegnet man am besten, indem man seinem Diskussionspartner zu verstehen gibt, dass man die Killerphrase erkannt hat. Dann kann man ihn auffordern, eine wirklich konkrete Stellungnahme abzugeben.

Selbstverständlich müssen Sie Ihre Argumente beziehungsweise Gegenargumente auch überzeugend vortragen. Selbst die schlagkräftigsten Gedanken verlieren ihre Wirkung, wenn sie leise oder monoton vorgebracht werden. Mit gezielten Gesten kann man seinen Aussagen zusätzlich Nachdruck verleihen. Stellen Sie die stärksten Argumente an den Schluss und an den Anfang; so bleiben sie besonders gut im Gedächtnis haften.

Tipp
Achten Sie besonders auf Blickkontakt.

Aufgaben
1. Veranstalten Sie in Ihrer Klasse eine Podiumsdiskussion. Wählen Sie sechs Mitschüler als Experten sowie einen Moderator. Sie sollen vor der Klasse 30 Minuten das folgende Thema diskutieren:
   „Wie kann einer zunehmenden Ausländerfeindlichkeit begegnet werden?"
   a) Machen Sie sich als Zuhörer Notizen, welche Argumente oder Gegenargumente Sie nicht überzeugt haben.
   b) Stellen Sie dazu nach Beendigung des Gesprächs Fragen an die entsprechenden Teilnehmer.

EXKURS

3.6 Erfolgreiches Bewerben

Strategie:
genau geplantes Vorgehen.

In den Wochenendausgaben der großen Tageszeitungen nimmt der Stellenmarkt einen wichtigen Platz ein. Viele Unternehmen suchen hier nach geeigneten Mitarbeitern, die glauben, dem Anforderungsprofil der Stellenanzeige zu entsprechen, und sich auf die angebotene Stelle bewerben. Natürlich ist dies nicht die einzige Möglichkeit, eine Arbeitsstelle zu finden. Aber welchen Weg man auch einschlägt, es gibt verbindliche Regeln, die man bei jeder Bewerbung berücksichtigen sollte. Gerade in der heutigen Zeit, wo Arbeitsplätze knapp sind, wird auf Inhalt und Form eines Bewerbungsschreibens besonders geachtet. In den folgenden Abschnitten finden Sie Hinweise und Tipps für Ihre persönliche Bewerbungsstrategie. Sie erfahren, was zu einer kompletten Bewerbung gehört und was man beim Abfassen eines Bewerbungsschreibens und Lebenslaufes beachten sollte. Zusätzlich können Sie sich darüber informieren, was bei einem Vorstellungsgespräch auf Sie zukommen kann und wie Sie die Situation meistern.

3.6.1 Vollständigkeit ist Trumpf – die Bewerbungsunterlagen

Es gibt verschiedene Möglichkeiten, wie man eine Arbeitsstelle finden kann.
- Sie lassen sich von den Stellenvermittlern des Arbeitsamtes Adressen von Unternehmen nennen.
- Sie gehen auf Firmen zu, von denen Sie glauben, dass sie eine geeignete Stelle für Sie haben.
- Sie inserieren selbst.
- Sie bewerben sich auf Stellenangebote in einer Zeitung oder im Internet.

■ Tipp
Die Industrie- und Handelskammer Ihrer Region sowie die Arbeitgeberverbände verfügen über gute Hinweise, um mit Betrieben in Kontakt zu kommen.

Irgendwann müssen Sie sich jedenfalls bei der Firma Ihrer Wahl schriftlich bewerben. Die Bewerbung ist Ihre Visitenkarte; die Bewerbungsunterlagen vermitteln dem zukünftigen Arbeitgeber einen ersten und oft entscheidenden Eindruck von Ihnen. Damit Sie bei mehreren Bewerbern in die engere Wahl kommen, muss ihre Bewerbung positiv auffallen.
Vielleicht kann Ihnen die aus der Werbewirtschaft stammende **AIDA-Formel** dabei helfen.

Attention (Aufmerksamkeit): Der Leser wird auf Ihre Unterlagen aufmerksam und nimmt sich die Zeit, sie genauer anzusehen.

Interest (Interesse): Man möchte mehr Informationen über Sie und Ihre Qualifikationen.

Desire (Wunsch): Der Lesende hat den Wunsch, Sie kennenzulernen.

Action (Handlung): Sie werden zu einem Vorstellungsgespräch eingeladen.

3.6 Erfolgreiches Bewerben

Mit der Formulierung „Bitte bewerben Sie sich mit den üblichen Unterlagen" fordert eine Firma zu einer Bewerbung auf. Es ist sehr wichtig, dass Ihre Bewerbungsunterlagen vollständig sind.

Folgende Bestandteile werden erwartet:
- Deckblatt
- Bewerbungsschreiben
- Lebenslauf
- Lichtbild
- Leistungsnachweise
- Beurteilungen aus Praktika

Das Foto sollte besser sein als ein übliches Passbild. Achten Sie darauf, dass es neueren Datums ist und Ihre positiven Eigenschaften hervorhebt. Zusätzliche Motive („Familie") gehören nicht auf ein Bewerbungsfoto. Damit Sie das Porträt oben rechts an den Lebenslauf heften können, empfiehlt sich das Format eines Passfotos. Schreiben Sie Namen und Adresse auf die Rückseite.

Leistungsnachweise

Legen sie nur Schlusszeugnisse vor. Falls Sie schon eine abgeschlossene Berufsausbildung hinter sich haben, sollten Sie das Zeugnis der Berufsabschlussprüfung ebenfalls beifügen. Auch Zeugnisse aus bisherigen Beschäftigungsverhältnissen müssen lückenlos erbracht werden. Wer ein Studium absolviert hat, wird das Examenszeugnis oder das Diplom anführen. Bescheinigungen über Fortbildungsmaßnahmen oder Berufspraktika sollten nur dann beigelegt werden, wenn sie für den zukünftigen Beruf von Bedeutung sind.

Stecken Sie die einzelnen Blätter nicht lose in einen Briefumschlag, sondern ordnen Sie die Unterlagen in der angegebenen Reihenfolge und sammeln Sie diese in einer Mappe. Natürlich können Sie auch jedes Blatt in eine Klarsichthülle stecken und diese dann einheften. Das Bewerbungsschreiben wird obenauf lose und ungelocht eingelegt. Außen auf die Mappe schreiben Sie Ihren Namen und Ihre Anschrift.

Tipp
Lassen Sie das Bild von einem professionellen Fotografen anfertigen. Sagen Sie auch, wofür Sie es brauchen.

Hinweis
Legen sie keine Originale bei. Einwandfreie Kopien ohne Beglaubigung sind ausreichend.

Aufgaben

1. Überlegen Sie gemeinsam mit Ihren Mitschülern, welche Möglichkeiten der Arbeitsplatzsuche in der momentanen Situation am vielversprechendsten wären.
2. a) Schneiden Sie aus der Wochenendausgabe Ihrer Tageszeitung Stellenangebote heraus, die Ihnen zusagen.
   b) Begründen Sie, was Sie an dieser Stelle besonders reizt.
3. Welche der Porträtaufnahmen erscheint Ihnen günstiger für eine Bewerbung? Begründen Sie Ihre Antwort.

3.6.2 Für sich selbst werben – das Bewerbungsschreiben

Hinweis
Verwenden Sie weißes, unliniertes Papier in DIN A4 und schreiben Sie mit PC oder Schreibmaschine. Die Rückseite wird nicht beschrieben.

Mit einem Bewerbungsschreiben wenden Sie sich direkt an ein Unternehmen und machen deutlich, dass Sie an einem Stellenangebot interessiert sind. In der Regel sollte eine Seite für das Bewerbungsschreiben ausreichen, alles Weitere gehört in die Anlagen.

Der Empfänger soll schon durch die ansprechende äußere Gestaltung einen positiven Eindruck bekommen. Der korrekte formale Aufbau richtet sich nach der Geschäftsbriefnorm DIN 5008. Das folgende Muster zeigt die wesentlichen Elemente.

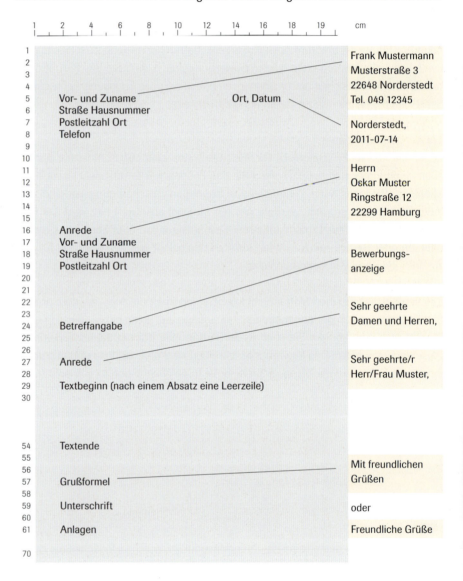

Hinweis
- Der Betreff soll den Sinn Ihres Schreibens darlegen, z.B. „Bewerbung als …". Das Wort „Betreff" wird weggelassen.

- Wird kein konkreter Name für die Kontaktaufnahme genannt, wählen Sie als Anrede am besten „Sehr geehrte Damen und Herren". Hinter der Anrede setzen Sie ein Komma.

- Die übliche Grußformel lautet: „Mit freundlichen Grüßen".

- Im Anlagevermerk wird aufgelistet, welche Schriftstücke beiliegen.

3.6 Erfolgreiches Bewerben

Randeinstellungen	linker Rand	rechter Rand	oberer Rand	unterer Rand
Schreibmaschine	Grad 10	Grad 79	4 Leerzeilen	2 cm
Textverarbeitung	2,41 cm	0,81 cm	1,69 cm	2 cm

Bei **Textverarbeitungsprogrammen** legen Sie die Ränder unter „Seiteneinstellungen" bzw. „Seite einrichten" fest.

Der eigentliche Text sollte sich auf die Anforderungsmerkmale der Anzeige beziehen. Folgende Bestandteile sind unverzichtbar:

- **Einleitung**
  Sie stellt eine Beziehung zum Angebot her, z.B. zu einer Stellenanzeige in der Zeitung.
- **Momentane Tätigkeit**
  Nennen Sie Ihre momentane Tätigkeit. Falls Sie sich zum ersten Mal bewerben, charakterisieren sie eben Ihre Berufsausbildung.
- **Begründung der besonderen Eignung**
  Sie müssen hier auf jede Voraussetzung eingehen, die in der Anzeige genannt wird. Führen Sie auch Kenntnisse und Fähigkeiten an, die Sie für den Arbeitsplatz besonders geeignet erscheinen lassen.
- **Eintrittstermin**
  Wenn Sie zu einem gewünschten Termin in das Beschäftigungsverhältnis eintreten können, so sollten Sie dies auch schriftlich mitteilen.
- **Vorstellungstermin**
  Teilen Sie in Ihrem Bewerbungsschreiben mit, dass Sie sich freuen würden, zu einem Vorstellungstermin eingeladen zu werden.

Hinweis
In einem Bewerbungsschreiben dürfen keine Ausbesserungen sichtbar sein.

Tipp
Schlagen Sie im Duden nach, wenn Sie in der Rechtschreibung unsicher sind. Bevor Sie das Schreiben abschicken, sollte es jemand für Sie Korrektur lesen.

Hinweis
Verschicken Sie bei mehrfacher Bewerbung nur Originale; benutzen Sie niemals Fotokopien eines bereits verfassten Bewerbungsschreibens.

Aufgaben

1. Verfassen Sie ein Bewerbungsschreiben, das sich auf die folgende Anzeige bezieht.

   Die **GSA-tech** hat sich einen Namen als Anbieter von Prozesstechnik für die Food- und Pharma-Industrie gemacht. Unsere modernen 32Bit-Client-Server-Systeme sind bei namenhaften Unternehmen im Einsatz.

   Für den weiteren Ausbau unserer Software-Entwicklung suchen wir mehrere

   ### Informatiker oder Ingenieure

   die an industriellen Softwarelösungen für Microsoft-Betriebssysteme mitwirken möchten.

   Wir erwarten Kenntnisse in objektorientiertem Design, WIN API, MFC, COM und ATL. Als MCSP sind wir ständig bemüht, unsere Mitarbeiter für diese Aufgaben zu qualifizieren.

   Wenn Sie Interesse an einer technisch anspruchsvollen und abwechslungsreichen Tätigkeit haben, dann bewerben Sie sich bitte bei:

   GSA-tech
   Rüttelsweg 132
   97828 Markheidenfeld

2. Begründen Sie, weshalb die folgenden Passagen aus Bewerbungsschreiben schlecht formuliert sind, und schreiben Sie verbesserte Fassungen.
   a) In der Hoffnung, in Ihrer Firma angestellt zu werden, verbleibe ich hochachtungsvoll …
   b) Einen großen Teil der Korrespondenz erledigte ich selbstständig …
   c) In der Anlage überbringe ich Ihnen …

145

3.6.3 Der Lebenslauf

Ich bin aufgewachsen als Sohn
Wohlhabender Leute. Meine Eltern haben mir
Einen Kragen umgebunden und mich erzogen
In den Gewohnheiten des Bedientwerdens
Und unterrichtet in der Kunst des Befehlens.
Als ich erwachsen war und um mich sah,
Gefielen mir die Leute in meiner Klasse nicht,
Nicht das Befehlen und nicht das Bedientwerden.
Ich verließ meine Klasse und gesellte mich
zu den geringeren Leuten.

Bertolt Brecht

Bertolt Brecht (1898–1956): in Augsburg geboren und im damaligen Ost-Berlin verstorben. Brecht war ein bedeutender und einflussreicher deutscher Dramatiker und Lyriker des 20. Jahrhunderts. Seine Werke werden heute noch weltweit aufgeführt. Er hat das epische Theater begründet und umgesetzt
(siehe hierzu Seite 215).

Natürlich hat dieser Lebenslauf Brechts nichts mit dem Schreiben gemeinsam, das zu Ihrer Bewerbung gehört. Der Lebenslauf soll Ihren Werdegang aufzeigen; allerdings berichtet er nur darüber, was für den Empfänger von wirklichem Interesse ist. Man unterscheidet zwei Formen:
- den tabellarischen Lebenslauf
- den ausführlichen Lebenslauf

Der tabellarischen Lebenslauf gibt stichwortartig Auskunft über Ihre Person und Ihren Ausbildungs- und Berufsweg. Wenn nicht ausdrücklich anders gewünscht, wird der tabellarische Lebenslauf mit PC oder Schreibmaschine erstellt.

Der ausführliche Lebenslauf ist ein fortlaufender Text in Aufsatzform. Er weist den gleichen Inhalt wie ein tabellarischer Lebenslauf auf, aber in voll ausformulierter Form. Dies erfordert zusätzliches sprachliches Darstellungsgeschick.
Der ausführliche Lebenslauf wird handschriftlich verfasst.

Jeder Lebenslauf ist mit Ort und Datum zu versehen und zu unterschreiben. Auf die Grußformel wird verzichtet.

Angaben im Lebenslauf:
- vollständiger Name und Anschrift
- Geburtsdatum und Geburtsort
- Staatsangehörigkeit
- Familienstand
- Schulbildung mit Abschlüssen
- Berufsausbildung mit Abschlüssen
- Wehrdienst/Zivildienst
- Berufstätigkeit
- Fortbildungsmaßnahmen
- Datum und Unterschrift

▬ **Tipp**
Schreiben Sie immer dann einen tabellarischen Lebenslauf, wenn in einer Stellenanzeige nichts anderes verlangt wird.

▬ **Tipp**
Sollte ein ausführlicher Lebenslauf gefordert werden, schreiben Sie zuerst einen tabellarischen Lebenslauf und formulieren ihn dann um.

3.6 Erfolgreiches Bewerben

Beispiel für einen tabellarischen Lebenslauf:

Lebenslauf

Name:	Maik Hoppe
Anschrift:	Mögeldorfer Hauptstr. 3
	90482 Nürnberg
	Telefon: 0911/526483
	ab 17:00 Uhr
Geburtsdatum/-ort:	2.5.1987 in Bayreuth
Staatsangehörigkeit:	deutsch
Familienstand:	ledig

Schulbildung:	1993–1997	Grundschule in Nürnberg
	1997–2003	Neues Gymnasium Nürnberg
		(mittlere Reife)
	2003–2005	Fachoberschule Nürnberg
		(Fachhochschulreife)
Wehrdienst:	2005–2007	Zeitsoldat bei der Luftwaffe in Roth
Berufsausbildung:	2007–2011	Studium der Elektrotechnik
		an der Fachhochschule Nürnberg
		(Dipl.-Ingenieur FH)
Fortbildungsmaßnahmen:		Spanisch-Aufbaulehrgang
		MS-Office Anwenderkenntnisse

Nürnberg, den 15.10.2011

■■■ Hinweis
Nennen Sie alle Abschlussprüfungen, die Sie gemacht
haben. Versuchen Sie
nicht, eine „Ehrenrunde"
oder eine nicht bestandene
Prüfung zu vertuschen.

■■■ Hinweis
Ein Lebenslauf darf keine
Lücken haben. Waren
Sie längere Zeit ohne
Beschäftigung, so haben
Sie vielleicht an einem
Umschulungslehrgang
teilgenommen. Geben Sie
dies dann unbedingt an.

■■■ Aufgaben

1. Erläutern Sie, warum es sich bei dem Lebenslauf von Bertolt Brecht um keinen „echten" Lebenslauf handelt. Nennen Sie alle wichtigen Informationen, die in einem Lebenslauf aufgeführt werden müssen.

2. Erstellen Sie Ihren eigenen tabellarischen Lebenslauf. Achten Sie darauf, dass er keine Lücken aufweist.

3. Nennen Sie die wesentlichen Unterschiede zwischen einem tabellarischen und einem ausführlichen Lebenslauf.

4. Schreiben Sie den hier abgebildeten tabellarischen Lebenslauf in einen ausführlichen Lebenslauf um.

3.6.4 Wenn die erste Hürde genommen ist – das Vorstellungsgespräch

Tipp
Wenden Sie sich an die Industrie- und Handelskammer, wenn Sie Informationen über einen Betrieb haben wollen.

„Bitte kommen Sie zu einem Gespräch in unsere Personalabteilung." Wenn Sie eine solche Einladung zu einem Vorstellungsgespräch erhalten haben, sind Sie Ihrem Ziel schon ein großes Stück näher; denn nur durchschnittlich etwa 10–15 Prozent aller Bewerber erreichen diese Phase einer Bewerbung. Bestätigen Sie dann sofort schriftlich den Termin, den man Ihnen vorgeschlagen hat.

Wenn Sie sich auf dieses Gespräch richtig vorbereiten wollen, sollten Sie folgende Gesichtspunkte beachten:

Tipp
Die Frage nach Gehalt und sozialen Leistungen sollte man erst ansprechen, wenn der Gesprächspartner das Thema darauf lenkt.

● **Informationen über das Unternehmen**
Es ist sinnvoll, sich im Voraus über Größe, Produkte, Organisation usw. des Betriebes zu informieren. Sie sind dann für mögliche Fragen zu diesem Thema gewappnet und können fundiert Antwort geben.

● **Sammeln von Fragen**
Natürlich wissen Sie nicht, wie das Gespräch verlaufen wird. Trotzdem sollten Sie sich noch einmal vor dem Termin mit den eigenen Bewerbungsunterlagen beschäftigen. Falls sie einen Schwachpunkt enthalten (z.B. eine schlechte Note), kann man sich schon vorher überlegen, was man auf mögliche Fragen antworten will. Notieren Sie auch Fragen, die Sie selbst stellen möchten. Sie bekunden damit Interesse am Betrieb.

Hinweis
Einen dunklen Anzug brauchen Sie für ein Vorstellungsgespräch aber nicht. Sie gehen ja zu keiner Beerdigung.

● **Anreise und Kleidung**
Auch die Anreise sollte man vorbereiten. Planen Sie lieber eine mögliche Verzögerung mit ein, bevor sie abgehetzt oder gar zu spät zum Vorstellungsgespräch erscheinen. Ihr Äußeres muss gepflegt sein. Kleiden Sie sich eher etwas seriöser, als man es später von Ihnen erwartet.

Man unterscheidet grundsätzlich zwei Arten von Vorstellungsgesprächen:
● das Gruppengespräch und
● das Einzelgespräch.

Das **Gruppengespräch** findet mit mehreren Bewerbern gleichzeitig statt. Nachdem sich jeder Teilnehmer kurz vorgestellt hat, führt man meist eine Gruppendiskussion über ein vorgegebenes Thema. Sie sollten versuchen, einerseits Ihren eigenen Standpunkt zu vertreten, andererseits aber auch Kompromissfähigkeit zu zeigen, indem Sie auf Beiträge anderer Diskussionsteilnehmer eingehen.

3.6 Erfolgreiches Bewerben

Das **Einzelgespräch** lässt sich häufig in folgende Abschnitte gliedern:

- Einstimmung (Warm-up)
  Durch einfache Fragen soll die Atmosphäre gelockert werden.
- Vorstellen
  Der Bewerber soll sich kurz vorstellen.
- Vertiefung
  Meist dienen die Bewerbungsunterlagen als Grundlage für diese Gesprächsphase. Der Bewerber soll umfassend und vertiefend über sich und seine Qualifikationen, Interessen usw. informieren.
- Fragen des Bewerbers
  In dieser Gesprächsphase hat der Bewerber die Möglichkeit, Fragen zum Betrieb, zu den Anforderungen des zukünftigen Arbeitsplatzes usw. zu stellen.
  Wenn Sie interessante Fragen stellen können, machen Sie einen guten Eindruck.
- Abschluss
  Die weitere Vorgehensweise wird besprochen.

Tipp
- Begrüßen Sie Ihren Gesprächspartner mit Handschlag und sprechen Sie ihn mit Namen an.
- Versuchen Sie freundlich und selbstbewusst zu wirken, aber nicht übertrieben „cool".
- Antworten Sie immer in vollständigen Sätzen.
- Achten Sie darauf, dass keine Aussage den schriftlichen Bewerbungsunterlagen widerspricht.

Es ist sinnvoll, sich auf folgende oder ähnliche Fragen schon einmal vorbereitet zu haben:
- Warum bewerben Sie sich gerade bei uns?
- Wieso glauben Sie, die richtige Person für diese Stelle zu sein?
- Was wissen Sie über unsere Firma?
- Wie ist Ihre berufliche Ausbildung verlaufen?
- Welche Lieblingsfächer hatten Sie in der Schule?
- Was hat Ihre Berufswahl beeinflusst?
- Welcher Arbeitsbereich gefällt Ihnen besonders?
- Warum wollen Sie sich verändern?
- Welche Aufgabenbereiche hatten Sie in Ihren bisherigen Firmen?
- Welche Fortbildungskurse haben Sie besucht?
- Können wir uns mit Ihrer bisherigen Firma in Verbindung setzen?
- Welche Einstellung haben Sie zu Überstunden?
- Welche Hobbys oder Sportarten betreiben Sie?
- Engagieren Sie sich in Vereinen?
- Sind Sie ortsgebunden?
- Wann können Sie bei uns die Arbeit aufnehmen?
- Welche Gehaltsvorstellungen haben Sie?

Bewerbungsgespräch

Aufgaben

1. Betrachten Sie die oben aufgeführten Fragen zur Vorbereitung auf ein Vorstellungsgespräch.
   a) Nennen Sie die Fragen, die Ihnen besonders heikel erscheinen.
   b) Notieren Sie stichwortartig, wie man darauf antworten könnte.
2. a) Nennen Sie die wichtigsten Unterschiede zwischen einem Einzel- und einem Gruppenvorstellungsgespräch.
   b) Nennen Sie Möglichkeiten, um sich auf den jeweiligen Gesprächstyp am besten vorzubereiten.

149

3 Gewusst wie – sprachlich handeln

▌ Tipp
Im Buchhandel werden zahlreiche Bücher zum Thema „Bewerbung" angeboten, die Ratschläge bei der Stellensuche vermitteln.

Weitere Tipps für das Bewerbungsgespräch:
- Vor und während eines Bewerbungsgesprächs ist man meistens sehr aufgeregt. Schreiben Sie sich eine Checkliste, damit sie während des Gesprächs nichts vergessen.
- Vermeiden Sie während des Gesprächs Modewörter und abgedroschene Phrasen.
- Klammern Sie sich aber nicht an einen einstudierten Dialog, sondern versuchen Sie frei zu sprechen.

Damit im Ernstfall auch alles klappt, können Sie zuvor noch etwas trainieren. Die folgenden Aufgaben sollen Ihnen dabei helfen.

1. Rollenspiel:
Spielen Sie in der Klasse ein Bewerbungsgespräch zwischen Personalchef und Bewerber nach.
a) Bilden Sie in Ihrer Klasse einen Kreis und wählen Sie jeweils ein Paar, auf das die Rollen Chefin/Chef und Bewerberin/Bewerber verteilt werden und die eine Bewerbungssituation nachspielen.
b) Alle Nichtbeteiligten notieren ihre Beobachtungen zum Gesprächsverlauf. Achten Sie dabei besonders auf vorteilhaftes und nicht-vorteilhaftes Verhalten der sich Bewerbenden.
c) Vergleichen Sie Ihre Aufzeichnungen untereinander. Stellen Sie die Verhaltensweisen der Gesprächsführenden gegenüber und arbeiten Sie deren Gesprächsstrategien heraus. Beachten Sie dabei folgende Punkte:
- Was wollte der Einzelne erreichen, welche Informationen wollte er erhalten bzw. mitteilen?
- Wie war der Gesprächsverlauf? Haben beide Gesprächspartner die gewünschten Informationen erhalten?

2. Nominalstil vermeiden:
Viele Bewerbungen leiden an der sogenannten „Hauptwörterseuche". Suchen und notieren Sie für die folgenden Formulierungen treffende Verben:
- in Erwägung ziehen
- in Wegfall kommen
- Folge leisten
- eine Vereinbarung treffen
- unter Beweis stellen
- zur Anwendung bringen

3. Rollenspiel:
Spielen Sie in der Klasse ein Gruppenvorstellungsgespräch nach. Fünf Bewerber stellen sich kurz vor und diskutieren anschließend über die Einführung eines autofreien Sonntags im Jahr. Es gibt keinen Diskussionsleiter; alle Beteiligten sind gleichberechtigt.
Die Nichtbeteiligten beschreiben stichwortartig das Diskussionsverhalten der Teilnehmer und bewerten es nach Beendigung der Diskussion kritisch.

4. Körpersprache:
Auch die Körpersprache spielt eine wichtige Rolle im Vorstellungsgespräch. Beschreiben Sie die Gefühle und Einstellungen, die durch die abgebildeten Körperhaltungen links in der Randspalte zum Ausdruck gebracht werden.

4
Sprache hat viele Gesichter

4 Sprache hat viele Gesichter

4.1 Angemessener Sprachgebrauch

4.1.1 Hochsprache – Umgangssprache – Jargon

Wenn Menschen miteinander sprechen, bewegen sie sich auf unterschiedlichen Sprachebenen. Das jeweilige Sprachverhalten ist geprägt durch
- die Situation, in der ein Gespräch stattfindet (privat, im Beruf usw.),
- die Gruppe, in der man sich befindet, und
- die Vorbildung, die jeder einzelne genossen hat.

Man kann zwischen folgenden Sprachebenen unterscheiden:

Hochsprache
Die Hochsprache, auch Schriftsprache, ist das genormte und von allen anerkannte gemeinsame Verständigungsmittel. Sie wird im gesamten deutschen Sprachraum verstanden. Typische Merkmale sind
- ein umfangreicher Wortschatz,
- eine treffende Wortwahl und ein
- abwechslungsreicher Satzbau.

Die gesprochene Hochsprache, das Hochdeutsch, findet man überall dort, wo eine klare und eindeutige Begrifflichkeit notwendig ist (z. B. Funk, Fernsehen, Behörden, Schule, Universität). Die meisten Bücher bekannter Dichter sind in der Hochsprache geschrieben.
Eine besonders gewählte Hochsprache schrieb der Schriftsteller Thomas Mann. Das folgende Beispiel ist seinem Roman „**Doktor Faustus**" entnommen.

> Mit aller Bestimmtheit will ich versichern, dass es keineswegs aus dem Wunsche geschieht, meine Person in den Vordergrund zu schieben, wenn ich diesen Mitteilungen über das Leben des verewigten Adrian Leverkühn, dieser ersten und gewiss sehr vorläufigen Biographie des teuren, vom Schicksal so furchtbar heimgesuchten, erhobenen und gestürzten Mannes und genialen Musikers, einige Worte über mich selbst und meine Bewandtnisse vorausschicke. Einzig die Annahme bestimmt mich dazu, dass der Leser – ich sage besser: der zukünftige Leser; denn für den Augenblick besteht ja noch nicht die geringste Aussicht, dass meine Schrift das Licht der Öffentlichkeit erblicken könnte, – es sei denn, dass sie durch ein Wunder unsere umdrohte Festung Europa zu verlassen und denen draußen einen Hauch von den Geheimnissen unserer Einsamkeit zu bringen vermöchte; – ich bitte wieder ansetzen zu dürfen: nur weil ich damit rechne, dass man wünschen wird, über das Wer und Was des Schreibenden beiläufig unterrichtet zu sein, schicke ich diesen Eröffnungen einige wenige Notizen über mein eigenes Individuum voraus, – nicht ohne die Gewärtigung freilich, gerade dadurch dem Leser Zweifel zu erwecken, ob er sich auch in den richtigen Händen befindet, will sagen: ob ich meiner ganzen Existenz nach der rechte Mann für eine Aufgabe bin, zu der vielleicht mehr das Herz als irgendwelche berechtigende Wesensverwandtschaft mich zieht.

Umgangssprache
Umgangssprache ist Alltagssprache. Sie wird bei der nicht-öffentlichen, also privaten Kommunikation verwendet. Die Umgangssprache ist gekennzeichnet durch
- einen einfachen, oft verkürzten Satzbau sowie
- eine schlichte Wortwahl.

Thomas Mann (1875–1955): Er entstammt einer Lübecker Kaufmannsfamilie. Hauptthema seines Werkes ist der Gegensatz zwischen Leben und Geist. 1929 erhielt Thomas Mann den Literaturnobelpreis für den Roman „Buddenbrooks".

4.1 Angemessener Sprachgebrauch

Mitunter enthält die Umgangssprache auch Wörter, die vom regionalen Dialekt geprägt sind. Sie wird deshalb als eine Sprachebene zwischen Hochsprache und Mundart eingeordnet.
Sicherlich sind Ihnen die folgenden umgangssprachlichen Wendungen vertraut:
„Aber hallo. Und wie."
„Ist mir völlig schnuppe."
„Alles klar, mach's doch."
„Tu das Ding da weg."

Hinweis
Ein Beispiel für einen umgangssprachlichen Text finden Sie auf Seite 157.

Jargon (Gossensprache)

Ursprünglich ist der Jargon eine Art Geheimsprache, die nur innerhalb einer Gruppe verstanden werden soll (z.B. Gaunersprache). Zum Jargon zählen auch Dialekte, die nicht mehr in ihrer ursprünglichen Form erhalten sind (z.B. Berliner Jargon). Kommen vermehrt ordinäre Redewendungen und brutale Kraftausdrücke dazu, spricht man von Gossensprache.
Das Drama **„Der Hauptmann von Köpenick"** von **Carl Zuckmayer** enthält Passagen mit Berliner Jargon.

Hinweis
Gossensprachliche Wendungen können auch in anderen Sprachebenen enthalten sein.
Es kommt auch vor, dass bestimmte Modewörter nach einer längeren Zeit der Verwendung in der Umgangssprache in die Hochsprache übernommen werden.

GRENADIER *schaukelt die Plörösenmieze auf seinen Knien, grölt*
„Jloobste denn, jloobste denn,
Du Balina Pflanze,
Jloobste denn, ick liebe dir,
Weil ick mal mit dir tanze!"
KALLE *geht zu ihm an den Tisch* Sie, Herr, nemm se mal die Finger von die Dame, die Dame is meine Braut!
PLÖRÖSENMIEZE Du hast wol 'n kleenen Webefehler, wat? Manoli linksrum, wat?
KALLE *den Grenadier anschreiend* Hörnse nich, Sie oller Bierplantscher!! Hamse nich jesehn, dass die Dame an mein Tisch jesessen is?
GRENADIER Wat will denn det kleene Kamuffel. Dem soll'ck wol ma de Eisbeene knicken.
PLÖRÖSENMIEZE Lassn doch, der hat ja Bohnen jefrühstückt.
KALLE *ballt die Faust* Mensch, ick leg dir 'n Finfmarkstick in dein demliches Jesichte, detste vier Wochen dran zu wechseln hast!
GRENADIER Det kannste jleich haben. *Er langt an der Plörösenmieze vorbei und haut Kalle eine Ohrfeige.*
KALLE Det sollste bießen, Mensch, det sollste bießen! *Er packt ein volles Bierglas, schüttet aus einiger Entfernung den ganzen Inhalt auf den Grenadier.*
GRENADIER *begossen, springt wutbrüllend auf, zieht sein Seitengewehr* Dir mach'ck kalt! Kalt machen wer'ck dir!!
KALLE *retirierend* Jetzt kommt er mit'n Keesemesser! Det lass man stecken, du Hammel, det is ja nicht geschliffen!

Carl Zuckmayer (1896–1971): Zuckmayer gehört zu den meistgespielten Dramatikern Deutschlands. Neben dem „Hauptmann von Köpenick" sind seine bekanntesten Stücke „Schinderhannes", „Katharina Knie" und „Des Teufels General".

Aufgaben

1. a) Im Deutschen kennt man viele Redensarten. Erläutern Sie, welchen Sprachebenen die folgenden Redewendungen angehören: „Er hat bestimmt etwas ausgefressen." „Die ist ja völlig bekloppt." „Sie sehen den Wald vor lauter Bäumen nicht." „Der hat ganz schön Dreck am Stecken."
   b) Sammeln Sie weitere, Ihnen bekannte Redensarten und ordnen Sie diese der entsprechenden Sprachebene zu.
2. a) Legen Sie eine Tabelle mit den Überschriften Hochsprache, Umgangssprache und Jargon an.
   b) Sammeln Sie Wörter gleicher Bedeutung aus verschiedenen Sprachebenen und tragen Sie diese in die passende Spalte ein.

4.1.2 „ ... wie einem der Schnabel gewachsen ist" – die Mundart

Im Roman „Buddenbrooks" von Thomas Mann beschreibt die Lübeckerin Tony die Sprachprobleme mit ihrer Köchin aus Bayern:

Hinweis
Weitere Informationen über Thomas Mann und Texte von ihm finden Sie auf den Seiten 152 und 242.

Sie schrieb: „Und wenn ich >Frikadellen< sage, so begreift sie es nicht, denn es heißt hier >Pflanzerln<; und wenn sie >Karfiol< sagt, so findet sich wohl nicht so leicht ein Christenmensch, der darauf verfällt, dass sie Blumenkohl meint; und wenn ich sage: >Bratkartoffeln<, so schreit sie so lange >Wahs!<, bis ich >Geröhste Kartoffeln< sage, denn so heißt es hier, und mit >Wahs< meint sie: >Wie beliebt.<"

Erste germanische Lautverschiebung:
Sie dauerte bis zum 2. Jahrhundert v. Chr. und ist nur durch den historischen Sprachvergleich zugänglich.

Vielleicht sind Sie im deutschen Sprachraum auch schon auf ähnliche Verständigungsschwierigkeiten gestoßen. Aufgrund der unterschiedlichen Bevölkerungsentwicklung entstanden in Deutschland verschiedene Mundarten, die man häufig nur in der jeweiligen Region vollständig versteht. Es lassen sich folgende Mundartgruppen unterscheiden:

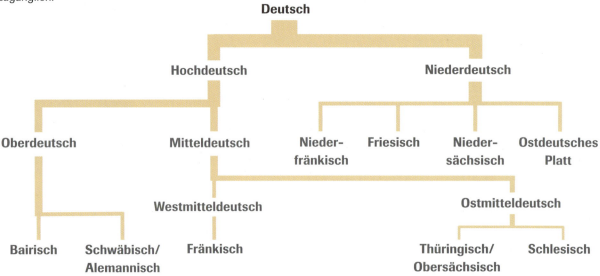

Völkerwanderung:
Völkerwanderungen gibt es in Europa schon seit dem 3. Jahrtausend v. Chr. Gemeint sind in der Regel aber die Züge der meist germanischen Stämme nach Süd- und Westeuropa mit dem Höhepunkt im 4.–6. Jahrhundert n. Chr.

Bei der Bildung des Hochdeutschen haben sich die Lippen-, Zahn,- und Gaumenlaute (p – t – k) verändert. Diesen Vorgang nennt man Lautverschiebung. Die „hochdeutsche oder zweite Lautverschiebung" zur Zeit der Völkerwanderung drang von Süden nach Norden vor, wobei sie allmählich an Kraft verlor. So hat das Niederdeutsche an der zweiten Lautverschiebung kaum teilgenommen. Die folgenden Beispiele veranschaulichen wichtige Erscheinungen dieser zweiten Lautverschiebung.

p → oder f:
niederdeutsch: Kopp
hochdeutsch: Kopf

t → (t)-z oder s:
niederdeutsch: dat
hochdeutsch: das

k → ch:
niederdeutsch: ick
hochdeutsch: ich

4.1 Angemessener Sprachgebrauch

Seit der zweiten Lautverschiebung unterscheidet man daher zwei deutsche Sprachräume: das Hochdeutsche und das Niederdeutsche. Die Grenze zwischen beiden Sprachräumen kann man entlang einer Linie verfolgen, der sogenannten „Benrather Linie": Aachen, Düsseldorf, Benrath, Kassel, Wittenberg, Frankfurt/Oder.
Die folgende Wortkarte zeigt das Wort „sprechen" in seinen verschiedenen regionalen Ausprägungen.

Hinweis
Zwischen den einzelnen Sprachgebieten lassen sich nicht immer scharfe Trennungslinien ziehen; die Übergänge sind zumeist fließend.

Tipp
Sicherlich finden auch in Ihrer Region Lesungen von Autoren statt, die in Mundart schreiben. Besuchen Sie doch einmal eine solche Veranstaltung, um zu sehen, ob Sie alles verstehen, was in Ihrer Region an Mundart gesprochen wird.

Aufgaben

1. Finden Sie heraus, welche anderen regionalen Bezeichnungen Ihnen für die folgenden Begriffe bekannt sind, und schreiben Sie diese auf:
   Tischler, Klöße, Scheune, Brötchen, Mohrrüben, Klempner, Schornstein, Kartoffel.
2. Wählen Sie Gedichte oder Titel von Theaterstücken aus, die in Ihrer Mundart geschrieben sind, und übertragen Sie sie ins Hochdeutsche.
3. Übertragen Sie die folgenden niederdeutschen Bezeichnungen ins Hochdeutsche:
   Hüsken, groot, Pipe, Äppel, Mulap, Müsken.
4. Tragen Sie in Ihrer Klasse typische mundartsprachliche Redensarten Ihrer Region zusammen und übertragen Sie diese ins Hochdeutsche.

4 Sprache hat viele Gesichter

4.1.3 „So sprechen nur wir" – Fach- und Gruppensprachen

Wahrscheinlich könnten Ihre Urgroßeltern den folgenden Text schon nicht mehr verstehen. Ihnen dagegen wird er wohl weniger Verständnisprobleme bereiten, da viele Begriffe der hier verwendeten Fachsprache Teil des Allgemeinwissens sind.

Tipps

Der PC lässt sich nicht mit dem Ein-/Ausschalter ausschalten
Ursache: Das BIOS-Setup ist aufgerufen.
→ Beenden Sie das BIOS-Setup.

Mangel an Systemressourcen
Wenn viele Anwendungen gleichzeitig laufen, können Probleme durch fehlende Systemressourcen auftreten. In diesem Fall sollten Sie nicht benötigte Anwendungen schließen oder die Anwendungen in anderer Reihenfolge aufrufen.

BIOS-Einstellungen im Power Management werden nicht aktiv
Für das CD-ROM-Laufwerk ist möglicherweise die Einstellung „Automatische Benachrichtigung beim Wechsel" aktiviert. Diese Einstellung bewirkt, dass Windows 7 in regelmäßigen Abständen eine eventuelle Veränderung am Laufwerk abfragt. Dadurch kann der Timer für die Ruhezeit nicht ablaufen.
Um das Power-Management zu aktivieren, gehen Sie wie folgt vor:
→ Wählen Sie in Windows 7 Start – Einstellungen – Systemsteuerung – System.
→ Gerätemanager – CD-ROM.
→ Wählen Sie aus der Liste das installierte CD-ROM-Laufwerk aus.
→ Wählen Sie die Registerkarte „Einstellungen" aus.
→ Deaktivieren Sie das Feld „Automatische Benachrichtigung beim Wechsel".

Wenn Sie Hilfe brauchen
• Starten Sie das Windows 7-Hilfesystem im Menü START oder doppelklicken Sie auf die Dateien mit der Endung HLP im Verzeichnis C:\WINDOWS\ HELP.
• Beachten Sie bitte die zusätzliche Online-Dokumentation im Ordner „Info" auf dem Windows 7-Desktop.

Bildschirmeinstellung
Sehen Sie in der Betriebsanleitung zu Ihrem Bildschirm nach, ob Ihr Bildschirm über eine VESA-DDC-kompatible VGA-Schnittstelle verfügt.

Bildschirm mit VESA-DDC-kompatibler VGA-Schnittstelle
Es wird automatisch der richtige Bildschirmtyp eingetragen (im Startmenü – Einstellungen – Systemsteuerung – Anzeige – Eigenschaften von Anzeige) und ergonomische Bildwiederholfrequenzen werden eingestellt.

Bildschirm ohne VESA-DDC-kompatible VGA-Schnittstelle
Sie müssen Ihren Bildschirm auswählen, um ergonomische Bildwiederholfrequenzen zu erhalten.

Je intensiver man sich mit einem Spezialgebiet auseinandersetzt, umso größer wird die Anzahl von Fachbegriffen, mit denen man konfrontiert wird.
Jede Berufsgruppe schuf sich einen eigenen Bestand an Fachausdrücken. So entstand z.B. eine Fachsprache der Ärzte, der Juristen oder der Techniker. Experten können auf diese Ausdrücke nicht verzichten, weil sie als schnelles Verständigungsmittel dienen. Ihre Verwendung ermöglicht nicht nur eine schnelle, sondern auch detaillierte Auseinandersetzung mit komplexen Zusammenhängen, für die ein Laie lange Ausführungen benötigen würde.
In der Technik beispielsweise kommen zudem viele Fachbegriffe aus dem Englischen, da sie die derzeit weltweit am häufigsten verwendete Fremdsprache ist. Zahlreiche Begriffe aus dieser Fachsprache sind schon in die Alltagssprache eingedrungen und werden tagtäglich von uns benutzt.

4.1 Angemessener Sprachgebrauch

Auch die Mitglieder einer bestimmten Gruppe sprechen eine eigene Sprache. Sie zeigen damit ihre Zusammengehörigkeit und unterscheiden sich gleichzeitig von anderen Bevölkerungsschichten. Die Abgrenzung erfolgt ganz gezielt durch bestimmte Modewörter oder Redewendungen. Allerdings verändern sich diese Begriffe sehr schnell und verschwinden auch wieder.
Das folgende Beispiel aus dem Jugendroman **„Niemand so stark wie wir"** von **Zoran Drvenkar** zeigt das Sprachverhalten einer Clique von Jugendlichen aus Berlin-Charlottenburg.

> **Hinweis**
> Fach- und Gruppensprachen sind sogenannte Sondersprachen, die bestimmte soziale Gruppen kennzeichnen. In der Wissenschaft werden Sie deshalb auch unter dem Begriff Soziolekt zusammengefasst.

– Bist'n Stotterer oder was? Haben wir hier nur Spastis auf dem Platz, mh?
Niemand lachte.
– Das war'n Elfer, sagte Adrian und stand auf.
– Okay; sagte Eli.
– Das war'n Elfer, sagte Adrian erneut, diesmal lauter und sah sich um.
Niemand nickte, niemand widersprach.
– Was ist los mit euch, habt ihr euch in die Hosen geschissen oder was? Ich bin okay; werd zwar ein wenig humpeln, das ist aber alles, macht euch keine Gedanken. Aber erst der Elfer, den versenk ich persönlich, dann sehen wir weiter.
Er nahm sich den Ball und ging zur Torlinie. Er humpelte dabei nicht.
– Hi, sagte Adrian und lächelte Sprudel zu.
Ich setzte mich neben Eli auf einen der Felsen. Was brachte es, sollte der Arsch doch seinen Elfer haben, wenn er damit glücklich wurde.
Eli blickte mich ratlos an, ich hob nur die Schultern. Später wollte ich ihm erklären, dass jeder wusste, dass Adrian nur eine Show abgezogen hatte. Später.
– Acht, neun, zehn, elf …
Der Ball wurde postiert, dann entfernte sich Adrian von ihm, um Anlauf zu nehmen.
– Wo willst du ihn hinhaben? rief er Sprudel zu.
Sprudel sparte sich eine Antwort und ging leicht in die Knie. Er war zwar kein guter Torwart, aber dumm war er nicht. Mit etwas Glück würde er den Ball aus der Luft fischen und die Sache wäre gegessen. Klüger wäre es natürlich gewesen, den Ball durchzulassen, damit Adrian sich freuen konnte. Wenn er sich freute, verschwand der Dampf aus seinem Kopf, und er war wieder der beste Freund, den wir hatten.

Zoran Drvenkar (*1967): Er zog mit seinen Eltern 1970 von Jugoslawien nach Berlin und verbrachte dort seine Kinder- und Jugendtage. Seit 1989 arbeitet er als freier Schriftsteller.

Aufgaben

1. a) Schreiben Sie aus dem links abgebildeten Text alle Fachausdrücke heraus und erläutern Sie die Bedeutung der Ihnen bekannten Begriffe.
   b) Beurteilen Sie, welche von diesen Fachausdrücken bereits zur Alltagssprache gehören.

2. „Seitens der Gemeinde ist wiederholt die Anordnung ergangen, dass in den Eigenheimgärten das Mähen von Gras wegen Lärmbelästigung der übrigen Anlieger strengstens untersagt ist."

   a) Woraus könnte der Text entnommen sein?
   b) Schreiben Sie stichwortartig auf, welche sprachlichen Besonderheiten Sie feststellen können.

3. Schreiben Sie aus dem oben abgebildeten Text alle Wörter und Sprüche heraus, die die besondere Sprache der Jugendlichen widerspiegeln, und erläutern Sie stichpunktartig, was Sie bedeuten könnten.

4. Listen Sie Modewörter und Sprüche auf, die in Ihrer Klasse oder Clique häufig verwendet werden, und übersetzen Sie diese, sodass ihre eigentliche Bedeutung deutlich wird.

4 Sprache hat viele Gesichter

4.2 Presse, Hörfunk, Fernsehen – die Medien

4.2.1 Von der Gutenberg-Galaxis zum Cyberspace – 600 Jahre Medienentwicklung

Gutenberg, Johannes: auch Henchen Gensfleisch oder Henichen von Gudenberg. Geboren um 1397, gestorben 1468 in Mainz. Erfinder des Buchdrucks.

Innovation: Erneuerung, Neuerung.

sakral: heilig, den Gottesdienst betreffend.

▎ **Lese-Tipp**
Umberto Eco beschreibt in seinem Roman „Der Name der Rose" den Umgang mit Texten und deren Vervielfältigung in einem mittelalterlichen Kloster.

Johannes Gutenberg wird im 21. Jahrhundert als Mann des Jahrtausends gefeiert. Seine technischen Innovationen lösen das im Mittelalter gebräuchliche Verfahren der Vervielfältigung von Texten ab: die Abschrift.

- Bis ins 15. Jahrhundert mussten Texte in mühsamer, zeitraubender Handarbeit abgeschrieben werden. Dies geschah in der Regel in Klöstern.
- Oftmals konnten nur die Mönche lesen und schreiben. Meist handelte es sich ohnehin um Schriften mit sakralen Inhalten, z.B. die Schriften von Kirchengelehrten der Antike.
- In den Klosterbibliotheken fand sich das Wissen der gesamten mittelalterlichen Welt, da die Klöster Handschriften untereinander austauschten, um sie zu kopieren.

Mit seiner Erfindung des **Buchdrucks** revolutionierte Johannes Gutenberg den Reproduktionsprozess von Texten, obwohl auch er sich am Anfang auf den Druck kirchlicher Schriften beschränkte. Auch seine Verfahren sind – aus unserer heutigen Sicht – recht langsam. Bis die ersten 180 Bibeln fertig waren, dauerte es immerhin drei Jahre. Andererseits war dies etwa der Zeitraum, den ein Schreiber für die Abschrift einer einzigen Bibel brauchte.

Dennoch gilt die Drucktechnik als Ausgangspunkt der modernen Medien. Auf ihr basieren die Innovationen der folgenden Jahrhunderte. Sie erhöhte als erste Technik die Menge der Daten und die Geschwindigkeit, mit der Informationen ausgetauscht werden können.

Die ersten **Zeitungen** erschienen am Anfang des 17. Jahrhunderts, anfänglich noch in größerem zeitlichen Abstand, bald aber schon täglich. Durch die Erfindung des Rotationsdrucks konnten schnell große Mengen an Nachrichten gedruckt werden. Zugleich reduzierten sich dadurch die Druckkosten. Zunehmend mehr Menschen konnten es sich leisten, auf Druckerzeugnisse zuzugreifen. Die Zeitung ist das beherrschende Medium des 19. Jahrhunderts.

Sie spielt aber auch heute noch eine große Rolle als Informationsmedium. Die hohe Zahl von fast 1600 Zeitungen in Deutschland täuscht allerdings eine Vielfalt vor, die es in Wirklichkeit gar nicht gibt. Insbesondere viele Tageszeitungen arbeiten, was die politische Berichterstattung angeht, journalistisch nicht selbstständig. Lediglich der Lokalteil wird von einer kleinen Redaktion weitgehend eigenverantwortlich betreut.

Das erste Massenkommunikationsmittel, das den Menschen ermöglichte, trotz räumlicher Distanz unmittelbar an Geschehnissen teilzuhaben, war der **Rundfunk**.

- Das Radio trat in den Zwanzigerjahren des 20. Jahrhunderts seinen Siegeszug an.
- Durch die massenhafte Produktion und die verbilligte Abgabe der sogenannten Volksempfänger sorgten die Nationalsozialisten für eine schnelle Verbreitung und Akzeptanz der Technik.

Gutenbergbibel: Genesis, Seite 1

158

4.2 Presse, Hörfunk, Fernsehen – die Medien

Das bestimmende Medium der zweiten Hälfte des 20. Jahrhunderts wurde das **Fernsehen**. Von den ersten Live-Fernsehbildern anlässlich der Olympischen Spiele 1936 bis zum „Pantoffelkino" unserer Tage war es jedoch ein weiter Weg.
Den Vormarsch des Fernsehens begleitete eine ganze Reihe technischer Entwicklungen:
- flächendeckende Übertragungs- und Empfangstechnik (auf dem Wege terrestrischer Übertragungsverfahren, also mittels Antenne)
- Übertragungskapazitäten für mehrere verschiedene TV-Kanäle
- die Erfindung des Farbfernsehens
- die Einführung des Kabelfernsehens und der Satellitenübertragung als die technische Voraussetzung für die Erhöhung der Zahl an Fernsehkanälen

Zudem waren entsprechende politische Entscheidungen erforderlich:
- Bis in die 60er-Jahre gab es in Deutschland nur einen Fernsehkanal (ARD – Arbeitsgemeinschaft der Rundfunkanstalten Deutschlands).
- Dann kamen das ZDF (Das Zweite Deutsche Fernsehen) und die Dritten Programme hinzu. Diese öffentlich-rechtlichen Sender finanzieren sich weitgehend über Rundfunkgebühren.
- Seit 1984 gibt es kommerzielle Rundfunk- und Fernsehsender.
- Seit der Jahrhundertwende beginnen sich Pay-TV-Kanäle durchzusetzen, die nur gegen Bezahlung zu empfangen sind.

Die fortschreitende Entwicklung der Computertechnologie führte dazu, dass die sich parallel entwickelnden Medien verschmelzen. Das Schlagwort „**Multimedia**" fasst die Entwicklung zusammen. Gleichzeitig wurden neue Übertragungswege für Informationen in Wort und Bild geschaffen. Heute ist es möglich, in Sekundenbruchteilen Informationen als Texte, Töne, Bilder, Filme usw. weltweit auszutauschen bzw. abzurufen. Die Digitalisierung von Daten, die Welt der Pixel, steht am Ende einer Entwicklung, die mit Gutenberg begonnen hat.

Aufgaben

1. „Gutenberg, der Medienrevolutionär" – Halten Sie diese Bezeichnung für gerechtfertigt? Begründen Sie Ihre Antwort.
2. Können Sie der Aussage „Das Gutenberg-Zeitalter – die Ära des gedruckten Buches – wird durch die modernen Medien beendet" zustimmen? Belegen Sie Ihre Ansicht mit aktuellen Beispielen.

4.2.2 Neil Postman: Wir informieren uns zu Tode – der Weg zur Informationsgesellschaft (Auszug)

Neil Postman (1931–2003): unterrichtete an der New York University „Communication Arts and Sciences".

egalitär:
auf politische, bürgerliche oder soziale Gleichheit gerichtet.

Paradoxie:
eine Behauptung, die der Vernunft zu widersprechen scheint.

Neurophysiologie:
Teilgebiet der Psychologie; beschäftigt sich mit dem Zusammenhang von Nervensystem und psychischen Vorgängen.

Faktum:
(nachweisbare) Tatsache.

Metaphysik:
philosophische Lehre, die das hinter der sinnlich erfahrbaren und natürlichen Welt Liegende behandelt.

spirituell:
geistlich, geistig.

Fast immer und einhellig hat man an den neuen Medien gepriesen, dass sie große Mengen von Informationen zugänglich machen, und dies mit einer egalitären Geringschätzung der Eliten. Indem die Medien Information demokratisierten, waren sie der Feind der Tyrannei.

Ich hingegen möchte behaupten, dass die Art und Weise, wie die Medien die Welt mit immer größeren Mengen an Information versorgen, gefährlichste Auswirkungen hat. Die Paradoxie besteht darin, dass die neuen Medien zwar keine Tyrannei über die Information ausüben, dass sie aber eine neuartige Tyrannei durch Information hervorbringen. Ich möchte schildern, was geschieht, wenn es zu einer „Informationsexplosion" kommt, und der Frage nachgehen, welche Folgen das hat.

Zunächst möchte ich von einem Experiment berichten, das ich in den vergangenen Jahren hin und wieder gemacht habe. Am besten lässt es sich morgens durchführen, wenn ich einen Kollegen erblicke, der nicht im Besitz einer New York Times zu sein scheint. „Hast du heute morgen die Times gelesen?", frage ich. [...] „Du musst dir heute unbedingt den Wissenschaftsteil ansehen", sage ich. „Dort steht ein sehr interessanter Artikel über eine Untersuchung, die an der University of Minnesota durchgeführt wird." – „Tatsächlich? Worüber denn?", ist die übliche Erwiderung.

Die Zahl der Möglichkeiten, die sich mir an diesem Punkt bieten, ist fast unendlich. Hier kommt die Kreativität ins Spiel. Ich sage also beispielsweise Folgendes: [...] „Die Neurophysiologen an der John Hopkins University haben einen Zusammenhang zwischen Joggen und Intelligenzschwund aufgedeckt. Sie haben mehr als zwölfhundert Personen fünf Jahre lang getestet und dabei festgestellt, dass ihre Intelligenz in dem Maße abnahm, wie die Zahl der Stunden, in denen sie joggten, zunahm. Warum, weiß man nicht, aber die Sache an sich steht fest."

Sofern ich es nicht schon zwei- oder dreimal bei ihnen versucht habe, glauben die meisten Leute, was ich ihnen erzähle, und sei es noch so lächerlich; sie reagieren jedenfalls nicht mit Ungläubigkeit. Manchmal zögern sie ihre Reaktion hinaus, indem sie erwidern: „Wo, sagtest du, wurde diese Untersuchung durchgeführt?" Aber manche sagen auch: „Weißt du, das habe ich auch schon gehört."

Aus diesen Ergebnissen lassen sich nun verschiedene Schlüsse ziehen: Eine Idee kann noch so dumm sein – man findet immer einen Professor, der an sie glaubt. Eine andere mögliche Schlussfolgerung hat George Bernard Shaw ebenfalls vor ungefähr sechzig Jahren gezogen: Der Mensch von heute ist genauso leichtgläubig wie der Mensch des Mittelalters. Im Mittelalter glaubten die Leute standhaft an die Autorität der Religion. Wir glauben heute standhaft an die Autorität der Wissenschaft.

Aber es gibt noch eine andere, wichtigere Schlussfolgerung: [...] Ich meine die Tatsache, dass wir in einer Welt leben, die für die meisten von uns nahezu unbegreiflich ist. Es gibt kaum ein Faktum, weder in der Wirklichkeit noch in der Vorstellung, das imstande wäre, uns nachhaltig zu irritieren, denn wir verfügen nicht über ein umfassendes, konsistentes Bild der Welt, vor dem sich ein solches Faktum als nicht hinnehmbarer Widerspruch erweisen könnte.

Wir glauben, weil es keinen Grund gibt, nicht zu glauben – keinen gesellschaftlichen, keinen politischen, keinen historischen, keinen metaphysischen, keinen logischen und keinen spirituellen Grund. Wir leben in einer Welt, die über weite Strecken keinen Sinn für uns ergibt, die wir über weite Strecken nicht verstehen.

Vielleicht kann ich die These, auf die ich hinauswill, mit einem Vergleich deutlich machen: Wenn man ein neues Kartenspiel nimmt und anfängt, die einzelnen Karten eine nach der anderen umzudrehen, gewinnt man eine gute Vorstellung davon, wie sie angeordnet sind. Wenn man vom Pik-As bis zur Pik-Neun gelangt ist, erwartet man als Nächstes die Pik-Zehn. Wenn dann eine Karo-Drei auftaucht, ist man überrascht und fragt sich, was für ein seltsames Kartenspiel man da vor sich hat. Wenn ich Ihnen aber ein Kartenspiel gebe, das zwanzigmal gemischt worden ist, und Sie nun bitte, die Karten umzudrehen, erwarten Sie keine bestimmte Karte – eine Karo-Drei ist dann genauso wahrscheinlich wie eine Pik-Zehn. Wenn man kein bestimmtes Muster erwartet und keinen Grund hat, eine vorgegebene Ordnung anzunehmen, besteht auch kein Grund, auf irgendeine der auftauchenden Karten mit Skepsis oder auch nur mit Überraschung zu reagieren.

In der Welt von heute hat die Informationstechnologie alle Karten gründlich gemischt. Was also das Ausmaß unserer Leichtgläubigkeit angeht, hatte Shaw durchaus Recht. Wie mein kleines Experiment bestätigt, sind wir bereit, so gut wie alles zu glauben.

Aber indem Shaw uns mit den Menschen im Mittelalter verglich, tat er diesen doch ziemlich Unrecht. Das System der Anschauungen und Überzeugungen glich im Mittelalter nämlich eher einem nagelneuen Kartenspiel. Es existierte eine geordnete, verständliche Sicht der Welt, und ihr Ausgangspunkt war der Gedanke, dass alle Erkenntnis und alle Güte von Gott ausgeht. Was die Priester zu sagen hatten, ergab sich aus der Logik ihrer Theologie. Es war nichts Willkürliches an dem, was die Menschen glauben sollten, auch nicht an der Tatsache, dass die Welt am 23. Oktober des Jahres 4004 v. Chr. morgens um 9 Uhr erschaffen worden war. Auch das konnte erklärt werden und wurde zu jedermanns Zufriedenheit einleuchtend erklärt. Ebenso die Tatsache, dass zehntausend Engel auf der Spitze einer Nadel tanzen können. Dies ergab durchaus einen Sinn, sofern man daran glaubte, dass die Bibel das offenbarte Wort Gottes war und dass das Universum von Engeln bevölkert sei.

Gewiss, die Welt des Mittelalters war voller Rätsel und Gefahren, aber ein Bewusstsein von Ordnung fehlte ihr nicht. Einfache Männer und Frauen begriffen vielleicht nicht ganz, wie sich die raue Wirklichkeit ihres Daseins in den großen, wohltätigen Plan des Universums fügte, aber sie zweifelten nicht daran, dass es einen solchen Plan gebe, und ihre Priester waren imstande, ihn mithilfe einer Hand voll abgeleiteter Prinzipien wenn schon nicht als rational, so doch als kohärent darzustellen.

Unsere heutige Lage ist trauriger und verwirrender und ganz bestimmt auch rätselhafter. Es gibt keine konsistente, bündige Weltauffassung, die als Gerüst für unsere Überzeugungen taugen würde. Und deshalb sind wir in gewissem Sinne sogar leichtgläubiger als die Menschen des Mittelalters und auch furchtsamer, denn wir besitzen keinen kohärenten Rahmen, um Urteile zu fällen oder Ereignissen eine bestimmte Bedeutung beizumessen.

Nun ist das alles gewissermaßen nicht unsere Schuld: Die Schuld liegt nicht bei uns, sondern bei den Sternen, und zwar fast im wörtlichen Sinne. Als Galilei und Kepler ihre Fernrohre in den Himmel richteten, fanden sie in den Sternen nicht Verzauberung und keine Quelle von Autorität, sondern nur geometrische Muster und Gleichungen. Gott, so schien es, war weniger ein Moralphilosoph als ein genialer Mathematiker. Diese Entdeckung gab der Entwicklung der Physik einen kräftigen Schub, aber in der Theologie und anderswo richtete sie nur Schaden an. Vor Galilei und Kepler konnte man annehmen, die Erde sei die unverrückbare Mitte des Universums, und Gott nehme an den Angelegenheiten der Menschen ein ganz besonderes Interesse. Nachher war die Erde nur noch ein einsamer Wandelstern inmitten einer obskuren Galaxis.

(aus: Die Zeit, 02.10.1992)

---

kohärent:
zusammenhängend

konsistent:
widerspruchsfrei

Galileo Galilei
(1564–1642):
italienischer Mathematiker und Philosoph. Entwickelte das Fernrohr und vertrat – entgegen der damals herrschenden Meinung – die Ansicht, dass sich die Erde um die Sonne dreht.

Johannes Kepler
(1571–1630):
deutscher Astronom, der die nach ihm benannten Kepler'schen Gesetze erkannte, die die Planetenbewegung beschreiben.

obskur:
dunkel, verdächtig; zweifelhafter Herkunft.

■ Aufgaben

1. a) Postman berichtet von seinem kleinen Experiment. Beschreiben Sie dieses Experiment mit eigenen Worten.
   b) Führen Sie stichpunktartig auf, welche Folgerungen er aus seinem Experiment zieht.

2. a) Stellen Sie in einer Tabelle stichpunktartig gegenüber, welche Unterschiede Postman zwischen dem Menschen des Mittelalters und dem Menschen der Gegenwart sieht.
   b) Wie beschreibt er unsere heutige Situation?
   c) Welche Gründe nennt er für den Unterschied zwischen unserer heutigen Situation und der des Mittelalters?

4.2.3 Die Arbeit der Redaktion – Information ist Vertrauenssache

Wer ist dafür verantwortlich, dass die Krise im Nahen Osten anhält?
Ist der neu angelaufene Film sehenswert?
Wer wird Weltmeister der Formel I?
Ist der Plan für den Bau der neuen S-Bahnstrecke sinnvoll?

Redaktionsarbeit

Die Informationsbeschaffung

Täglich werden wir mit einer Fülle von Fragen konfrontiert. Viele Antworten kennen wir, weil sie uns unmittelbar betreffen oder weil wir uns selbst um die Schaffung einer entsprechenden Entscheidungsgrundlage bemühen können. Meist aber sind wir auf Informationen aus den Medien angewiesen. Sie stellen uns eine Auswahl von Nachrichten über Ereignisse der ganzen Welt zur Verfügung.

Die wichtigsten Presseagenturen und deren Arbeitsschwerpunkte:

- **Deutsche Presse-Agentur (dpa)**
  (Deutschland, aber auch europa- und weltweit)
- **Reuter** (Sitz London) (Commonwealth)
- **United Press International (upi)**
- **Associated Press (ap)**
  (Einflussbereich der USA)
- **Agence France Press (afp)**
  (Einflussbereich Frankreichs: z.B. Nord- und Westafrika)

dazu kommen:
- **Bildagenturen**
- **spezialisierte Agenturen**
  (Sport, Wirtschaft etc.)
- **Pressedienste**
  (z.B. von Regierungen, Kirchen, Verbänden)

Diese Vorauswahl ist schon aufgrund der ungeheuerlichen Menge der Informationen erforderlich.

Bei der Deutschen Presse-Agentur (dpa) gehen täglich ungefähr 500 000 Wörter ein. Etwa 40 000 Wörter verschickt die dpa an ihre Kunden: hauptsächlich Zeitungen und Rundfunkanstalten. Dort wählen Redakteure weiter aus, um auf einen Umfang zu kommen, der für den Zeitungsleser oder Nachrichtenhörer zu verkraften ist. Eine zehnminütige Rundfunknachrichtensendung umfasst ungefähr 1 500 Wörter.

Trotz dieser Verdichtung sollen alle für den Leser bzw. Zuschauer wichtigen Informationen übermittelt werden: weltweit, aber auch lokal.

- Die Deutsche Presse-Agentur ist daher nur eine von vielen Informationsquellen.
- Neben weiteren Presseagenturen werden auch Berichte eigener Korrespondenten einbezogen.
- Überregionale Zeitungsverlage und Hörfunk- und Fernsehsender haben eigene Berichterstatter über die ganze Welt verteilt. Vor allem gilt dies für die Orte, an denen Entscheidungen für ganz Deutschland, Europa oder auch weltweit getroffen werden: Berlin, die wichtigsten Hauptstädte der Europäischen Union, Washington, Moskau, Peking usw.

Die Redaktionen werden dadurch nicht nur schnell und unmittelbar informiert, sie können auch zusätzliche Rechercheaufträge erteilen.

Bei bevorstehenden wichtigen Ereignissen werden zusätzlich Reporter an die Brennpunkte im In- und Ausland geschickt. Zeitungen und Sendeanstalten benutzen dieses Verfahren vor allem dann, wenn sie durch umfangreichere Reportagen auf eine umfassendere Darstellung eines Sachverhalts abzielen. Neben einer tagesaktuellen Berichterstattung kann dann auch der Erklärung von Hintergründen und Zusammenhängen eine größere Bedeutung eingeräumt werden.

Die Aufbereitung der Information

Die Redaktion entscheidet nicht nur, welche Nachrichten für eine Weitergabe an den Leser bzw. Zuhörer oder Zuschauer ausgewählt werden. Sie überprüft ggf. auch, ob die Informationen stimmen. Sie bereitet die Nachrichten zudem für ihren Benutzerkreis auf.

- Alle Informationen müssen als Meldungen, Artikel, Bildtexte in eine für den Leser verständliche Form gebracht werden.
- Das Material wird für den Druck bzw. die Ausstrahlung reif gemacht.
- Agenturmeldungen und Berichte eigener Korrespondenten müssen sinnvoll verknüpft werden.
- Aussagekräftige Überschriften müssen gefunden werden.

Der Beitrag zur Meinungsbildung

Die Redaktionen beschränken sich aber nicht nur auf die Sammlung und Vervielfältigung von Nachrichten. Sie tragen auch zur öffentlichen Meinungsbildung bei. Dies erfolgt allein schon durch die Auswahl der Nachrichten. Ausdrücklich geschieht dies durch Leitartikel, Kommentare oder Glossen, in denen Redaktionsmitglieder oder Korrespondenten ihre Sicht der Dinge deutlich machen.

Das Bemühen, durch Hintergrundreportagen, zusätzliche Interviews usw. ein größeres Verständnis für Zusammenhänge zu schaffen, bewirkt zwangsläufig, dass der Leser bzw. Zuhörer oder Zuschauer seine Vorstellungen überprüft.

Die Struktur der Redaktion

Die gesamte Redaktion ist in verschiedene Ressorts aufgeteilt. Die einzelnen Redakteure sind für einen spezifischen Fachbereich zuständig: Politik, Kultur, Feuilleton, Wirtschaft, Sport usw. Auf der Basis ihres Fachwissens bearbeiten sie die einkommenden Beiträge in der Regel selbstständig. Die letzte Verantwortung trägt jedoch der Chefredakteur.

Die inhaltliche Zuordnung spiegelt sich im Allgemeinen auch in der Einteilung einer Zeitung bzw. einer Nachrichtensendung wider. Dadurch wird gewährleistet, dass der Leser bzw. Zuhörer sich schnell orientieren kann. Der Umfang der Berichterstattung in den einzelnen Sachgebieten ist je nach Ereignislage unterschiedlich (vergleiche z.B. Umfang des Sportteils in der Montagsausgabe).

Tipp

Trotz der redaktionellen Überarbeitung kann man oft Hinweise auf die eigentliche Quelle ausfindig machen:
- ein Namenskürzel,
- die Angabe der Agentur, von der ein Bericht stammt.

Hinweis

Das veröffentlichte Bild zählt zu den Informationen. Eine Karikatur hingegen stellt eine Meinungsäußerung dar.

Ressort:
Arbeits-, Aufgabengebiet.

Aufgaben

1. Tragen Sie Informationen über das Korrespondentennetz eines Fernsehsenders oder einer Tageszeitung zusammen. Welche Schlussfolgerungen lassen sich aus der Größe eines solchen Netzes für die Berichterstattung ableiten?

2. Analysieren Sie den redaktionellen Teil einer Tageszeitung in Bezug auf den Anteil an Information, Meinungsbildung und Unterhaltung und leiten Sie daraus den Schwerpunkt der Informationsvermittlung ab.

3. Vergleichen Sie die Berichterstattung zweier Zeitungen hinsichtlich der Gewichtung der Themen und beschreiben Sie stichpunktartig die Schwerpunktlegung der Berichterstattung.

Der Aufbau der Titelseite –
am Beispiel der Süddeutschen Zeitung

Erscheinungsdatum

Ausgabe
z.B. „Bayern-
Ausgabe",
„Deutschland-
ausgabe"

„Das Streiflicht"
Glosse zu einem
aktuellen
Thema – eine Art
Markenzeichen
der Süddeut-
schen Zeitung

Hauptmeldungen
(in der Süddeut-
schen Zeitung
oft mit Bild)

Inhaltsverzeich-
nis zum Auffin-
den verschie-
dener Rubriken
(z.B. Fernseh-
programm)

Impressum:
Angaben zum
Verlag

Strichcode

laufende
Nummer
und Preis

Verweis auf
Leitartikel

Kurzmel-
dungen aus
verschie-
denen Sach-
gebieten

Börsen-
kurzbericht

Das Wetter

Geschlossene Gesellschaft: Wie die neuen Reichen wohnen / Seite 3

Süddeutsche Zeitung
NEUESTE NACHRICHTEN AUS POLITIK, KULTUR, WIRTSCHAFT UND SPORT

DEUTSCHLAND-AUSGABE   HF1   HK1   HS1   HH1   München, Donnerstag, 18. November 2010   66. Jahrgang / 46. Woche / Nr. 267 / 2,00 Euro

Das Streiflicht

Deutschland rüstet sich gegen Anschläge
Innenminister de Maizière hält Terrorakt im November für möglich / „Anlass zur Sorge, aber kein Grund zur Hysterie"

Strengere Kontrollen an Grenzen, Bahnhöfen und Flughäfen

Regierung billigt Rente mit 67
Von der Leyen: Ältere können immer länger arbeiten

EU will Subventionen für Großbauern kappen

Bundesamt stoppt umstrittene Bahnstrecke

Oslo lädt ein, Peking lädt aus
Botschafter sollen Friedensnobelpreis-Verleihung fernbleiben

Gentest-Gegner in der Minderheit

Kritik an Einsatz von Polizei-Drohne

Irland will sich nun doch helfen lassen
Erste Gespräche mit Vertretern der Europäischen Kommission und der Zentralbank bereits an diesem Donnerstag

Heute in der SZ

Das Wetter

4.2 Presse, Hörfunk, Fernsehen – die Medien

Redaktionsarbeit – arbeiten unter Zeitdruck

(am Beispiel der Süddeutschen Zeitung)

Der Aufbau, die Gliederung, überhaupt die Gestaltung der Titelseite (das sogenannte „Layout") ist langfristig festgelegt. Über die konkreten Inhalte muss jedoch täglich entschieden werden. Eine erste Absprache darüber erfolgt in der Redaktionskonferenz. Hierzu versammeln sich Redakteure aus allen Sparten. Sie haben sich bereits informiert, welche Inhalte sie anbieten können.

In der Redaktionskonferenz

- wird die Ausgabe des Tages selbstkritisch betrachtet;
- teilen die einzelnen Ressorts mit, was sie für die nächste Ausgabe planen;
- werden die Leitartikel für die nächste Ausgabe festgelegt;
- wird entschieden, welches Redaktionsmitglied zu welchen Themen Kommentare verfassen soll.

Auf der Basis dieser Absprachen können nun verbindlich Beiträge erstellt bzw. eingefordert werden. Die Zeit bis zur Titelkonferenz ist ausgefüllt mit Recherchearbeit, Auswahl des Text- und Bildmaterials der Agenturen sowie dem Schreiben eigener Manuskripte. In der Titelkonferenz wird endgültig entschieden, was auf die erste Seite kommt.

Sobald Manuskriptteile fertig sind, wird mit dem Umbruch begonnen, d.h., sie werden in Seiten und Spalten eingeteilt und so für den Druck vorbereitet.

Wie bei allen überregionalen Zeitungen erfolgt der Andruck gestaffelt, um den langen Transportwegen Rechnung zu tragen.

Während des gesamten Entstehungsprozesses wird der Inhalt der Zeitung laufend der Aktualität angepasst. Dies ist auch dann der Fall, wenn nicht mehr die gesamte Auflage geändert werden kann. So stehen in der Fernausgabe nur die Paarungen der Abendspiele der Bundesliga, in der Stadtausgabe auch die Ergebnisse.

Wenn wichtige, spektakuläre Ereignisse eintreten, kann sogar die Titelseite noch einer Änderung unterzogen werden.

Redaktions-konferenz

Redaktions-schluss

Titelkonferenz

Aufnahme der letzten redaktionellen Seite

Fernausgabe

Ausgabe Bayern

Ausgabe Umland

Stadtausgabe

▰▰ Aufgaben

1. a) Vergleichen Sie mehrere Titelseiten von Tageszeitungen hinsichtlich der besonders hervorgehobenen Themen („Aufmacher") und beschreiben Sie stichpunktartig die auffälligen Unterschiede.

   b) Nennen Sie mögliche Gründe für diese Unterschiede in der Aufmachung.

2. a) Wählen Sie eine Hörfunk- oder Fernsehnachrichtensendung aus und analysieren Sie, inwieweit dort eine Ressorteinteilung vorgenommen wird.

   b) Notieren Sie sich die Abfolge der Ressorteinteilung und stellen Sie sie in Ihrer Klasse vor.

4 Sprache hat viele Gesichter

Neben den Hauptnachrichten am Abend bieten z.B. die Redaktionen von ARD und ZDF über den Tag verteilt mehrmals Kurznachrichten an.

4.2.4 Nachrichten im Fernsehen: Texte – Bilder – Filme – Töne

Die Produktion von Fernsehnachrichtensendungen unterscheidet sich von der Redaktionsarbeit in Zeitungen in mehrfacher Hinsicht:
- Fernsehnachrichtensendungen unterliegen einem permanenten Änderungsbedarf.
- Bilder, Filme und Originaltöne erhalten einen höheren Stellenwert gegenüber den redaktionellen Texten.
- Die Präsentation erfolgt verstärkt visualisiert und personenorientiert.

Die Bild- und Filmauswahl

Dass das Medium Fernsehen vor allem von Bildern lebt, muss nicht weiter betont werden. Diese Bilder und Filme müssen aber mit besonderer Sorgfalt ausgewählt werden. Der Betrachter geht davon aus, dass er sich darauf verlassen kann, was er mit eigenen Augen sieht oder gesehen hat. Was ich selbst wahrnehme, gilt als wirklich und wahr. Das Fernsehen ist aber nicht die Wirklichkeit, sondern für seine Zuschauer nur ein Fenster zur Welt.

Zur Illustration einer Wortnachricht muss das passende Bild- und Filmmaterial ausgewählt werden. Diese Aufgabe übernimmt eine eigene Bildredaktion. Der Redakteur muss dabei eine Reihe von Regeln für die filmische und fotografische Wiedergabe beachten. Diese Regeln betreffen die Form, aber auch den Inhalt des Bildes:
- Der Zuschauer muss genügend Zeit zur Betrachtung der visuellen Informationen haben.
- Der Sprecher darf wichtige Elemente des Bildes nicht verdecken.
- Die Menge der Bilder bzw. die Filmlänge muss zum Umfang der Meldung passen.
- Personen sollen sachlich dargestellt werden, d.h. ohne positive oder negative Verzerrung.

Um einen zutreffenden Zusammenhang mit der Nachricht herzustellen, sind ein entsprechendes Hintergrundwissen bzw. Recherchen erforderlich. Neben themen- und personenbezogenen Fotos oder Filmsequenzen werden Logos, Karten und andere grafische Elemente ausgewählt. Diese werden entsprechend den Wünschen der Redaktion mit zusätzlichen Informationen versehen (z.B. Beschriftung, Einfärbung).
In die Karten werden eventuell zusätzliche Porträts, Namen oder Logos eingefügt. Die Nachricht soll dadurch für den Zuschauer leichter nachvollziehbar werden. Stehen aktuelle Bilder oder Filme nicht zur Verfügung, wird auf das Archiv zurückgegriffen.
Die Bildredaktion ist aber nicht nur für die visuelle Gestaltung der Wortmeldungen zuständig. Sie verfasst auch kommentierende Texte, die bei Filmbeiträgen verlesen werden.

4.2 Presse, Hörfunk, Fernsehen – die Medien

Die Präsentation der Nachrichten

Alle Nachrichtensendungen in den verschiedenen Fernsehkanälen haben im Laufe der Zeit ihre eigenen Formen der Nachrichtenpräsentation entwickelt. Sie benutzen aber grundsätzlich die gleichen Gestaltungselemente.

Eine Meldung wird regelmäßig von einer **Bildinformation** unterstützt, dem sogenannten „Hintersetzer". Er weist meist zwei Ebenen auf: eine Bildinformation und einen Textteil (als Über-, Unter- oder Inschriften).

Beim Standardverfahren wird das Bild aufgeteilt. In der einen Hälfte verliest der Sprecher eine Meldung. In der anderen Bildhälfte werden zusätzliche Informationen in Form von Bildern, Grafiken und kurzen Texten eingeblendet.

Eine Verstärkung der **kommunikativen** Wirkung ergibt sich auch aus der Gesamtgestaltung des Studios. Sportmeldungen werden von einem eigenen, auch redaktionell selbstständigen Moderator präsentiert. Die Übergabe des Wortes an den Sportmoderator ist mit dem Wechsel der Kameraperspektive in die Totale verbunden.

Der Bildschirm kann aber auch in zwei unterschiedliche Kamerabilder aufgelöst werden. Dadurch besteht die Möglichkeit, einen Kommunikationspartner mit einzubinden. Die **Interviewsituation** lässt den Zuschauer unmittelbar am Gespräch teilhaben.

Immer beliebter wird es, Korrespondenten live in die Nachrichtensendung zuzuschalten. Damit wird einerseits die räumliche Distanz zwischen Zuschauer und Geschehen aufgehoben, andererseits wird die Kompetenz der Berichterstattung unterstrichen.

Zur Verdeutlichung komplexerer Sachverhalte werden **Karten**, Grafiken o. Ä. genutzt. Die Meldung wird dann entweder vom Redakteur verlesen, oder sie kommt „aus dem Off", d.h. von einem Sprecher, der nicht persönlich im Studio anwesend ist.

Die Moderatoren sprechen ihre Texte nicht frei. Sie lesen von einem sogenannten Teleprompter ab. Dazu werden die Moderationstexte – für den Zuschauer unsichtbar – in die Kamera eingespiegelt. Dieses System ermöglicht den Augenkontakt mit dem Zuschauer und vermittelt so den Eindruck direkter, freier Ansprache.

Am wichtigsten bleibt aber immer der sogenannte **„Anchorman"** oder die **„Anchorwoman"**. Allein sein oder ihr Auftreten soll das Publikum veranlassen, sich diese Sendung anzusehen. Der Moderator bzw. die Moderatorin ist daher oft in Großaufnahme zu sehen.

> **Hinweis**
> Informationen zu den einzelnen Kameraperspektiven finden Sie auf Seite 176 f.

Aufgaben

1. Vergleichen Sie die Hauptnachrichten verschiedener Fernsehsender bezüglich der Art der Präsentation. Stellen Sie in einer Tabelle die jeweiligen Hauptunterschiede der von Ihnen ausgewählten Nachrichtensendungen gegenüber.

2. Untersuchen Sie, welche Unterschiede in der Auswahl der Nachrichten bestehen. Beachten Sie dabei auch Unterschiede im Umfang der Berichterstattung.

Manipulation bewegter Bilder – Probleme objektiver Berichterstattung (Auszug)

FRANZ WÖRDEMANN

Report ist ein Nachrichten-Magazin der ARD.

1 Der Zuschauer ist sehr leicht geneigt, dem Bild von vornherein zu glauben und es als unangreifbares Beweismittel zu werten. [...] Wir wissen dies seit Jahren und betrachten es als unsere vordringlichste Pflicht, das Bildmaterial aus eben diesem Grunde mit äußerster Sorgfalt zu behandeln und auszuwerten. [...]
5 Lassen Sie mich zur Verdeutlichung ein kleines Erlebnis aus der Praxis zitieren, das einem Kollegen bei der Produktion einer „Report"-Sendung widerfuhr: [...]
Für unsere Sendung hatten wir einem bekannten Meinungsforschungsinstitut den Auftrag zur Befragung einer repräsentativen Zahl von Bürgern gegeben. Gleichzeitig hatten unsere Kameraleute genügend Stimmen pro und contra und ohne
10 Meinung gesammelt. Dann schnitten wir dieses Material im genauen Zahlenverhältnis nach dem Ergebnis der repräsentativen Meinungsumfrage. Als wir uns den Film ansahen, stellten wir fest, dass trotzdem irgendetwas nicht stimmte. Die Stoppuhr zeigte uns, was: Die Nein-Sager hatten unseren Kameraleuten ausführlicher geantwortet als die Ja-Sager; und so tendierte unser Film trotz genauem
15 Verhältnis von Ja und Nein stärker zu Nein.
Ich will es kurz machen. Auch die nun folgenden Schnitte befriedigten uns noch nicht. Der Eindruck und das Niveau der Antworten auf unserem Film schienen uns nicht dem mathematischen Bild zu entsprechen. Die Vertreter der einen Meinung schienen intelligenter zu sein als die anderen. Wir verteilten auch das gleichmäßig
20 aus unserem Vorrat, und nun stimmte es. [...] In der Endfassung stimmte die Sequenz in der Wirkung. Aber warum stimmte sie? Weil wir sie korrekt manipuliert hatten. [...]
Ein weiterer Punkt, der für die redaktionelle Arbeit von äußerster Wichtigkeit ist: Der Fernsehzuschauer nimmt das Produkt, das ihm auf dem Bildschirm gezeigt
25 wird, mit einer zweigleisigen Aufmerksamkeit entgegen. Sein Auge sieht das Bild, sein Ohr hört den erläuternden Worttext. Diese simple Tatsache hat weitreichende Konsequenzen. Sie zwingt uns zur Vereinfachung der Sprache, nicht unbedingt im Sinne der Simplifizierung des Aussage-Inhalts, aber doch zu einer Vereinfachung des Satzbaus. Wenn Sie so wollen: Das Problem des Nebensatzes bereitet dem
30 verantwortlich handelnden Fernsehredakteur bei der Textung eines Bildberichts ganz erhebliche Kopfschmerzen.
Der Nebensatz hat die Funktion der Nuancierung, der Wiedergabe des Details und der fein geschliffenen Differenzierung. Eben dazu bleibt aber häufig nicht die Zeit, da eine Bildsequenz immer nur eine dramaturgisch bestimmte Länge hat;
35 oder aber, wenn die Zeit dazu bleibt und der Nebensatz präzise formuliert wird, so bleibt doch die Erfahrung, dass der Zuschauer, dessen Aufmerksamkeit zum großen Teil durch das Bild gefesselt ist, auch die präzise formulierte Eignung der Hauptaussage schlichtweg überhört.

Manipulation durch Bilder:

① Zeugnis der Grausamkeit

② Zeugnis der Güte

Es gibt eine dritte wesentliche Begrenzung, die man nur in ganz wenigen Fällen überwinden kann. Sie lässt sich in der Regel zusammenfassen: Was nicht zeigbar ist, ist auch nicht sagbar. Selten nur geben zwischengeschobene, gewissermaßen neutrale Bildpassagen eine Ausweichmöglichkeit.[...] Hier nun ist das Problem: Für eine abgerundete und ausgewogene Darstellung des Sachverhalts X brauchen Sie die Einzelkomplexe X1 bis X10; aus diesem oder jenem Grund fehlen im Bild die Komplexe X4 und X7. Was tun? Falls Sie keinen Ausweg finden (Archivmaterial), müssen Sie das Material in den Mülleimer werfen (Wert: 15 000 oder 20 000 Euro).

Ich sprach vorhin über die „kontrollierte Manipulation des Bildes". Dieser Ausdruck muss erweitert werden; er muss lauten: „die durch das journalistische Gewissen kontrollierte Manipulation des Bildes."[...]

Lassen Sie mich einige Manipulationsmöglichkeiten, in Stichworten, aufzählen:
1. die falsche Unterschrift unter dem richtigen Bild oder die falsche Wortinterpretation zum richtigen Bild;
2. die Korrigierung des Handlungsablaufs durch den Filmschnitt mit bewusst tendenziöser Zuspitzung oder mit dem bewussten Ziel der Entstellung;
3. die Kombination zweier Bildsequenzen, die an zwei verschiedenen Orten zu verschiedenen Zeiten aufgenommen wurden und nun, mit dem Ziel bewusster Entstellung, ineinander geschnitten werden - diese Technik ist gerade bei Interviews denkbar;
4. das sogenannte Unterschneiden von Interview-Aussagen durch Bildmaterial, durch das die Aussage leicht ad absurdum geführt werden kann, auch wenn sie den Tatsachen entspricht - eine Technik, die sich anbietet, wenn man hämisch sein will, jemanden lächerlich machen möchte, jemandem Unkenntnis andichten will;
5. die Technik des eingefrorenen Bildes, das heißt die Technik, etwa einen Interviewpartner im Bild erstarren zu lassen, sein Gesicht sozusagen als Standfoto beizubehalten und die dann von ihm angefangene Aussage selbst zu interpretieren;
6. Stimmungsmache durch eine gezielte Kombination von Bild gegen Bild plus Ton.

Es gibt kein Allheilmittel gegen die Anwendung solcher Techniken.

Die Verwendung von Archivmaterial ist nicht unproblematisch.
1. Ist es vertretbar, einen Bericht über eine Hungersnot in Afrika durch Aufnahmen der Hungersnot vom Vorjahr zu visualisieren?
2. Darf ein Bericht über Aufständische auf einen Filmbericht zurückgreifen, der bereits ein Jahr alt ist?
3. Reicht die Einblendung „Archivmaterial" aus?

(3) Originalbild

Aufgaben

1. Wördemann nennt eine Reihe von Faktoren, die die Bildaussage beeinflussen. Benennen und notieren Sie diese Faktoren stichpunktartig.
2. Beurteilen Sie die Grenzen der objektiven Berichterstattung. In welchem Sinne kann überhaupt von Objektivität gesprochen werden?
3. Wie der Text zu zeigen versucht, wird oftmals bewusst manipuliert, um ein bestimmtes Ergebnis zu erreichen. Nennen Sie Gefahren, die eine solche bewusste Manipulation mit sich bringt.

4 Sprache hat viele Gesichter

4.2.5 Boulevardzeitung und Abonnementzeitung – Sensationsmache und Seriosität

KLIMA-KATASTROPHE am NORDPOL

Eisbären werden zu Kannibalen

Washington – **Der Eisbär, mächtigster und schönster Jäger auf der Erde. Die Klimakatastrophe macht ihn zum Kannibalen!**

Eine dramatische Kehrtwende der US-Regierung macht die Welt auf das Schicksal der Eisbären aufmerksam. Sie will den „Ursus maritimus" (weltweit noch maximal 25 000 Exemplare, davon 4 700 in Alaska) ins nationale Artenschutzprogramm aufnehmen!

„Wir haben Sorge, dass den Eisbären der Lebensraum wegschmilzt", sagt US-Innenminister Dirk Kempthorne. Damit räumen die Amis erstmals einen direkten Zusammenhang zwischen dem Klimawandel und einem Artensterben ein.

Ein Drittel der gesamten arktischen Eisfläche verschwand allein seit den Siebzigerjahren.

Forscher hatten zuletzt geschildert, was das Tauwetter am Nordpol für die Eisbären bedeutet: Die Tiere haben immer seltener die Chance, vom Eis aus Robben (ihre Hauptnahrung) zu jagen.

Folge: Verzweifelte, ausgehungerte Eisbären fressen sich gegenseitig auf!

US-Forscher fanden in Alaska die Spuren einer solchen Tragödie: Eine Eisbärin mit zwei Neugeborenen wurde von einem Artgenossen in ihrer Schneehöhle überfallen, totgebissen und aufgefressen. Die beiden Jungtiere erstickten. Das war im Winter 2004.

Auf der Herschelinsel (in der Beaufortsee) fanden Forscher den Kadaver eines Weibchens, der teilweise aufgefressen war.

Jüngster Fall: Im Sommer 2006 wurden in der norwegischen Arktis Touristen Zeugen von Eisbärkannibalismus.

Tierexperten sind über das Drama in der Arktis entsetzt. Prof. Klaus Eulenberger (63), Chefveterinär im Leipziger Zoo: „Dieses Verhalten war bisher undenkbar. Auch nach Rudelkämpfen wurde das verwundete Tier nie gefressen."

Aber der Klimaschock, ausgelöst durch übermäßigen Kohlendioxidausstoß, lässt den weißen Riesen keine Chance. Sie müssen verhungern oder sich gegenseitig auffressen.

Das Schlimmste: Nach dem Extremjahr 2006 (einem der wärmsten aller Zeiten) wird sich das Klima in der Arktis immer schneller erwärmen – mindestens doppelt so schnell wie im Rest der Welt!

(aus: Bild, 29.12.2006)

170

Bären auf dünnem Eis
Polkappen schmelzen: Kehrtwende in US-Klimapolitik?

Washington (dpa) – **Die USA wollen Eisbären wegen des Klimawandels und abschmelzender Polkappen als bedrohte Tierart in das nationale Artenschutzprogramm aufnehmen.**

Es bestehe die Sorge, dass den Eisbären der Lebensraum regelrecht unter den Tatzen wegschmelzen könnte, erklärte Innenminister Dirk Kempthorne. Die Entscheidung, ob die Raubtierart wirklich mehr geschützt wird, soll aber erst nach neuen Studien über die Polkappen und andere Gründe für den Rückgang der Population in einem Jahr fallen. Die Ursachen für die globale Erwärmung würden in anderen Regierungsstudien untersucht, sagte Kempthorne.

Nach Angaben des Innenministeriums sind die Polareiskappen in den vergangenen zwei Jahrzehnten um 20 Prozent abgeschmolzen. Damit werde es für die in der Nordpolarregion lebenden Eisbären beispielsweise immer schwieriger, auf Eisschollen im Wasser zu treiben, zu jagen und Jungtiere aufzuziehen. In der Hudson Bay in Kanada sei die Population bereits um 20 bis 22 Prozent zurückgegangen. Der Eisbär kann nach Schätzungen des Innenministeriums bereits Mitte des Jahrhunderts vom Aussterben bedroht sein.

Weltweit gibt es noch bis zu 25 000 Eisbären, knapp 5 000 davon leben im US-Bundesstaat Alaska. Der Kongress hat unlängst einen Vertrag mit Russland verabschiedet, wonach die zwischen beiden Ländern pendelnden Tiere besser geschützt werden sollen.

Aus Sicht der *Washington Post* hat die Regierung Bush mit ihrem jüngsten Vorstoß eingestanden, dass der Klimawandel den Fortbestand einer der bekanntesten Tierarten der Welt gefährde. Der Vorschlag könne wegen des Zusammenhangs von Klimawandel und möglichen Aussterben der Eisbären erhebliche politische Auswirkungen haben, schreibt das Blatt. So stelle sich die Frage, ob die US-Regierung Unternehmen zur Drosselung des Ausstoßes von Treibhausgasen wie Kohlendioxid zwingen könne, um die Eisbären zu schützen.

Die große Mehrheit der Wissenschaftler geht davon aus, dass es einen direkten Zusammenhang zwischen dem Ausstoß von Treibhausgasen wie Kohlendioxid und der globalen Erwärmung gibt. Die US-Regierung hat das Kyotoprotokoll nicht unterzeichnet und plädiert stattdessen dafür, dass Unternehmen den Ausstoß von Kohlendioxid freiwillig beschränken.

(aus: Nürnberger Nachrichten, 29.12.2006)

Boulevardzeitung:
Eine Zeitung, die verstärkt über sensationsträchtige Ereignisse, Prominente etc. berichtet. Sie zeichnet sich durch eine einfache Sprache und einen hohen Bildanteil aus. Ein Abonnement ist in der Regel nicht möglich.

Abonnementzeitung:
Eine Zeitung für einen festen Abnehmerkreis von Lesern, die sich verpflichtet haben, die Zeitung regelmäßig abzunehmen. In der Regel wird sie bereits am frühen Morgen zugestellt. Ein Teil der Auflage wird im freien Verkauf vertrieben.

Aufgaben

1. Vergleichen Sie das äußere Erscheinungsbild der Artikel in der Boulevardzeitung und der Abonnementzeitung und benennen Sie die auffälligen Unterschiede.
2. Vergleichen Sie die beiden Artikel. Wie wird worüber berichtet? Arbeiten Sie die inhaltlichen Unterschiede heraus und stellen Sie sie in einer Tabelle gegenüber.
3. Untersuchen Sie die sprachliche Gestaltung der beiden Texte (Satzbau, Wortwahl, indirekte und wörtliche Rede) sowie die dazugehörige Bildauswahl. Was kennzeichnet den jeweiligen Text?
4. Diskutieren Sie in Ihrer Klasse über die möglichen Gründe für die unterschiedliche Darstellung des Sachverhalts in beiden Texten.

4.2.6 Die Quote – das goldene Kalb der Medienwelt

> **Slogan in der Journalistenbranche:**
> „Only bad news are good news."

(aus: Nürnberger Nachrichten, 2./3. 07. 1988)

Reality-TV:
Wirklichkeitsfernsehen, auch Erlebnisfernsehen. Es reicht von „echten" Amateuraufnahmen über das Nachspielen wirklicher Ereignisse (z.B. „Notruf") bis zur Dokumentation spektakulärer Ereignisse des Alltags.
Je nach Perspektive wird entweder die Bedienung der Sensationsgier des Zuschauers kritisiert oder die sachgemäße Information und die Anleitung zum Verhalten in Notsituationen positiv hervorgehoben.

Talkshow:
Sie ist eine Vorstufe des Reality-TV. Gemeint ist hiermit vor allem die sogenannte Jedermann-Talk-Show im Nachmittagsprogramm der Privatsender. Der Zuschauer wird zum Handelnden. Der „Normalbürger" stellt öffentlich seine Wünsche, Bedürfnisse, Probleme und Ansichten leicht nachvollziehbar dar.

Je sensationeller ein Ereignis ist, desto größer ist das Interesse der Betrachter. Im Alltag können wir dies beobachten, wenn Menschen bei Unfällen „gaffen". Dieses Verhalten spiegelt sich aber auch bei der Berichterstattung in den Medien wider.

Es wurden zudem auch spezielle, neue Medienformen entwickelt, die diesem Bedarf der Zuschauer am Schicksal anderer Menschen entgegenkommen: Realitiy-TV, Talkshows bis hin zu Quizsendungen, die es dem Zuschauer ermöglichen, die Gefühle des Kandidaten bei Gewinn oder Niederlage mitzuerleben.

Medien und Amok
Zwischen Quote und Verantwortung

Dank Medien sind Amokläufe ganz Deutschland in allen Details bekannt: Bilder von Scherben, Sondereinsatzkommandos der Polizei und Blaulichtautos, später Kerzen und Fotos. Dazu Informationen zum Täter, seinen Waffen sowie angeblichem Motiv und Auslöser – reißerische Quotenjagd und Beihilfe für Nachahmer.

Einsatzkräften der Polizei rast das Herz, während sie mit gezogener Waffe den Täter suchen oder sich für den Zugriff vorbereiten. Rettungsmannschaft über Rettungsmannschaft sammelt sich in so genannten „Bereitstellungsräumen". […] Und die Medien? Sie berichten von Waffentypen und Munitionsmengen, von der dramatischen Lage und den leidenden Kindern. Und alle wollen Bescheid wissen. Die Medien versuchen, das dramatische Bild zu fangen. Reporter und Kameramänner stehen im Weg, gefährden sich, belästigen die Einsatzkräfte – immer pochend auf ihr Recht auf Informationen. Viele Einsatzkräfte sind von der massiven Medienpräsenz zusätzlich gestresst. Zu Recht fragt man sich, warum es für die Medien so wichtig scheint, ganz vorne zu stehen […].

Szenenwechsel. Der 16-jährige Peter hat gerade 200 Schlaftabletten von seiner Mutter geschluckt, weil seine Freundin Schluss gemacht hat. […] Die Medien berichten davon nicht, weil die Sorge groß ist, dass entsprechende Berichte Nachahmungstaten zur Folge haben könnten. […] Wenn man aber weiß, dass das Berichten von Jugendsuizid zu Nachahmungen führen kann, wieso wird so brutal von den Amokläufen Bericht erstattet […]?

Boulevardblätter haben gezeigt, dass die Menschen entsetzliche Nachrichten mit großem Interesse verfolgen. Man könnte meinen, wenn Blut in den Nachrichten zu sehen ist, war es in Augen bestimmter Medien ein guter Bericht. Im ständigen Kampf um Zuschauer schreckt die Presse immer weniger vor grausigen Bildern, trauernden Familien und heulenden Einsatzkräften zurück. […]

Unabhängig von den möglichen Nachahmern und dem Vorgehen der Presse drängt sich immer auch die Frage auf, wie viel Information man als Außenstehender wirklich braucht. Wo zieht man selber für sich den Strich und sagt: „Das geht mich nix an, ich würde auch nicht wollen, dass so mit mir umgegangen wird." […]

Ich für meinen Teil glaube es den Medien, wenn sie von Toten, Verletzten und stark geforderten Einsatzkräften sprechen. Ich muss mir Leichen nicht im Fernsehen angucken. […]. Aber das interessiert die Medien nicht. Die schlachten das Thema aus und morgen geht es dann weiter mit Wahlen und der WM.

(aus: www.rautemusik.fm, 26.7.2010; gekürzt und leicht überarbeitet)

Quote:
in Rundfunk und Fernsehen das Maß dafür, welchen Zuschauerzuspruch eine Sendung findet (im Vergleich zu gleichzeitig in anderen Sendern angebotenen Sendungen).
Bei **Print-Medien** (Zeitungen und Büchern) wird der Erfolg durch die Höhe der **Auflage**, bei (Kino-)Filmen durch die **Besucherzahl** beschrieben.

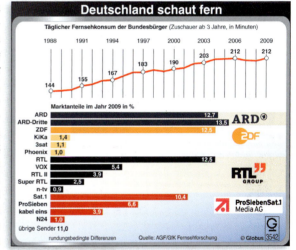

■ Aufgaben

1. Interpretieren Sie die Karikatur. Was ist ihre Grundaussage?
2. Diskutieren Sie den Slogan „Bad news are good news". Stimmt seine Grundaussage?
3. Arbeiten Sie aus dem Text heraus, was den Medien offenbar die Quote bringt.
4. Beurteilen Sie, ob man in die Berichterstattung der Medien eingreifen sollte, um die angesprochenen Kritikpunkte angemessen zu würdigen.

4.2.7 Fernsehen ist kein Kinderspiel – Gewalt in den Medien

In regelmäßigen Abständen flammt die Diskussion über den Zusammenhang zwischen dem Konsum von Mediengewalt und der Gewalttätigkeit von Kindern oder Jugendlichen auf.

Gründe für Gewaltdarstellung in Medien
Gewaltdarstellungen können ein Zugeständnis an die Sensationslust der Zuschauer sein. Besonders im Unterhaltungsprogramm werden Gewaltszenen bewusst eingesetzt. Gewaltdarstellung ist ein gängiges Instrument, um Spannung zu erzeugen.

Krieg, Terrorismus, Katastrophen oder Kriminalität sind aber auch Teil der Wirklichkeit, über den die Nachrichtensendungen informieren. Die Einbeziehung von Szenen, die Gewalt beinhalten, ist daher kaum zu vermeiden.

Gefahren realer Gewaltdarstellung für Kinder
Darstellung von Gewalt in Informationssendungen hat unterschiedliche Auswirkungen auf den Betrachter. Einerseits soll er dadurch ein Gefühl der Solidarität mit den Opfern entwickeln können. Andererseits empfinden aber gerade Kinder zwischen 8 und 13 Jahren Abscheu und Ekel über die oft grausamen Bilder. Sie haben Probleme mit der Verarbeitung der Inhalte und Darbietungsformen seriöser Fernsehnachrichten.

Zusammenhang von Gewaltdarstellung und Gewaltbereitschaft
Ob die Betrachtung von Gewaltszenen mit den Gewalttaten von Kindern und Jugendlichen in Verbindung gebracht werden kann, ist letztlich nicht verbindlich geklärt.

Zwei Thesen stehen sich gegenüber:

| Das Betrachten von Gewaltszenen führt zu Ablehnung von Gewalt. | 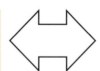 | Der Konsum von Gewaltdarstellungen führt zu Gewaltbereitschaft und Nachahmung der Gewalttaten. |

Hinweis
In 48 % aller Fernsehsendungen tauchen Aggressionen auf.
* * *
Täglich sind 70 Morde auf dem Bildschirm zu sehen.
* * *
In einer Woche sind 2 745 Gewaltszenen im Fernsehen zu sehen.
* * *
Ein 12-Jähriger hat im Durchschnitt schon 14 000 Fernsehmorde angesehen.

Es ist davon auszugehen, dass Bilder der Zerstörung, Verwüstung und von Gewalttätigkeiten ihre Wirkung auf den Zuschauer nicht verfehlen. Das Bemühen des Militärs, Filme und Bilder von Kriegsschauplätzen zu kontrollieren, um nicht den Eindruck eines „schmutzigen Krieges" zu vermitteln, deutet in diese Richtung. Andererseits gibt es keine wissenschaftliche Studie, die den Nachweis des Zusammenhangs von Gewaltdarstellung und Gewalttätigkeit der Betrachter liefern könnte.

Vielmehr wirken bei Gewaltanwendung verschiedene Faktoren zusammen: die berufliche und private Situation des Täters, seine Erfahrungen mit Gewaltanwendung (z. B. im Elternhaus) usw. Die Gefahr, dass eine ohnehin hohe Aggressionsbereitschaft durch Gewaltdarstellungen in einem Film aktiviert wird, ist aber gegeben.

4.2 Presse, Hörfunk, Fernsehen – die Medien

Das Repertoire an Möglichkeiten, Kinder und Jugendliche von Filmen mit Gewaltdarstellungen fern zu halten, ist groß.

Um Kinder daran zu hindern, Gewaltvideos bzw. entsprechende Filme in Pay-TV-Kanälen anzuschauen, gibt es Geräte, die nur durch die richtige PIN zu aktivieren sind. Der Einsatz solcher Einrichtungen obliegt den **Eltern**, die dadurch den Zugang zu problematischen Inhalten von Medien kontrollieren können.

Eine gewisse Verantwortung kommt den **Sendern** selbst zu. Sie können durch geeignete Schnitte die gesendeten Filme „entschärfen".

Wie bei Kinofilmen die FSK (Freiwillige Selbstkontrolle), so prüft seit 1993 die FSF (Freiwillige Selbstkontrolle Fernsehen) Filme daraufhin, ob sie „jugendgefährdend" sind. Sie gibt Empfehlungen ab, für welche Altersgruppe ein Film geeignet ist. Sie kann auch verlangen, dass Filmszenen herausgeschnitten oder Filme erst nach einem bestimmten Zeitpunkt gesendet werden.

Völliger Fernsehverzicht als Lösung?

Selbst der völlige Verzicht auf das Fernsehen wird in Erwägung gezogen. Immerhin wird es für eine ganze Reihe von Fehlentwicklungen der „Medienkinder" verantwortlich gemacht:

1. Fernsehkinder haben Sprachprobleme als mögliche Folge „stundenlanger Einwegkommunikation" und der Verdrängung normaler Beziehungen zwischen Eltern und Kindern.
2. Sie sind unfähig, allein oder mit anderen Kindern frei zu spielen und mit anderen Menschen soziale Beziehungen aufzunehmen. Sie empfinden Langeweile und Unsicherheit, wenn kein Spielprogramm vorgegeben wird.
3. Sie besitzen nur geringe Konzentrationsfähigkeit, sind ungeduldig, es fehlt ihnen an Ausdauer, sie sind unfähig zu aufmerksamem Zuhören und schalten innerlich schnell ab – eine vom Fernsehen antrainierte Verringerung der Lernfähigkeit.
4. Intensives Fernsehen richtet wahrscheinlich den größten Schaden bei denjenigen Kindern an, die zu höheren Leistungen befähigt wären. [...]
5. Es mangelt ihnen an eigener Initiative und an Ideen, sich in ihrer freien Zeit zu beschäftigen. [...]
6. Sie erwarten sofortige Bedürfnisbefriedigung und schnelle Problemlösung.
7. Sie sind hyperaktiv und können nicht stillsitzen – nur so erlangen sie einen Ausgleich für das passive Zuschauen und die überreizten Sinne.
8. Der Wunsch, alles haben zu wollen, wofür im Fernsehen geworben wird, ist bei ihnen stark ausgeprägt.

(aus: U. Eicke, W. Eicke: Aggressiv, phantasiearm, träge:
Die Medienkinder. In: Psychologie heute, 4/1994)

Freiwillige Selbstkontrolle Fernsehen e. V.

für jedes Alter
beliebig (ganztägig)

ab 6 Jahren
beliebig (ganztägig)

ab 12 Jahren
Bei der Wahl der Sendezeit muss dem Wohl jüngerer Kinder Rechnung getragen werden.

ab 16 Jahren
Ausstrahlung zwischen 22:00 und 06:00 Uhr möglich

ab 18 Jahren
Ausstrahlung zwischen 23:00 und 06:00 Uhr möglich

indiziert
Ausstrahlung zwischen 23:00 und 06:00 Uhr möglich; bei extremer Jugendgefährdung keine Sendeerlaubnis

---

■ Aufgaben

1. Vergleichen Sie zwei Nachrichtensendungen miteinander und arbeiten Sie heraus, welchen Anteil an Gewaltdarstellungen sie jeweils haben.
2. Diskutieren Sie in Ihrer Klasse die Frage, ob es ein sinnvolles Maß für den Fernsehkonsum gibt und wie es aussehen könnte.

4 Sprache hat viele Gesichter

4.2.8 Der Film zieht die Zuschauer in seinen Bann

Es ist kein Zufall, dass der Film – das bewegte Bild – den Zuschauer in seinen Bann zieht. Nicht nur auf Kinder übt er eine enorme Anziehungskraft aus. Im Laufe der Zeit wurde immer wieder an der Entwicklung von Methoden gearbeitet, die die Attraktivität des Films weiter steigern konnten. Von der Phase, in der „die Bilder laufen lernten", über den Ton- und Farbfilm hat sich der Film zu einem Medium entwickelt, das den Zuschauer perfekt mit der Wirklichkeit konfrontiert oder beim Betrachter die Illusion von Wirklichkeit erzeugt.

Die Methoden des Erzählens wurden dabei an die technischen Möglichkeiten des Films angepasst. Es wurde eine eigene „Filmsprache" entwickelt. Bilder, Zeit und Bewegung, Töne, Gebärden und Text müssen zu einem Gesamtkonzept verknüpft werden.

Die Kameraeinstellung

Die Kameraeinstellung bestimmt den Bildausschnitt. Der Regisseur kontrolliert durch sie das, was der Betrachter zu Gesicht bekommen soll. Jede Kameraeinstellung lenkt die Wahrnehmung des Zuschauers.

Totale

- **Die Totale**
  Es ist eine ganze Stadt, eine Landschaft oder eine Gruppe von Menschen zu sehen. Sie wird genutzt, um dem Zuschauer einen Gesamtüberblick über das Geschehen zu vermitteln und eine räumliche Orientierung zu ermöglichen. Einzelheiten sind bereits erkennbar.
  Häufig wird zu Beginn oder beim Abschluss eines Handlungsstrangs noch eine Weiteinstellung genutzt. Damit soll der Zuschauer emotional die Atmosphäre erfassen können („Showdown").

Halbtotale

- **Die Halbtotale**
  Die Handlungen der Personen können in ihrer Gesamtheit verfolgt werden. Die Körpersprache der handelnden Person(en) wird vom Zuschauer wahrgenommen.

Halbnah

- **Halbnah**
  Personen werden etwa von den Knien ab gezeigt. Es wird deutlich, welche Beziehung die handelnden Figuren zueinander entwickeln. Der Zuschauer erhält eine Vorstellung von der kommunikativen Situation.

Amerikanisch

- Eine **Sonderform** stellt die **amerikanische Einstellung** dar. Die Personen werden bis unterhalb der Hüfte gezeigt. Dies ist eine interessante Perspektive für Westernfilme, weil das Hauptaugenmerk des Zuschauers bei Duellen auf den Höhepunkt, das Ziehen des Colts, gelenkt wird.

Nah

- **Nah**
  Diese Einstellung dominiert im Fernsehen immer dann, wenn Sprecher (z.B. bei Nachrichtensendungen) oder Moderatoren auftreten. Das Hauptaugenmerk wird auf Mimik und Gestik der Personen gelenkt.

4.2 Presse, Hörfunk, Fernsehen – die Medien

- **Groß**
  In der Großaufnahme wird die Mimik der handelnden Person offenbar. Ihre Empfindungen und Gefühle können vom Zuschauer genau beobachtet und nachvollzogen werden.

- **Detail**
  Es wird ein extrem kleiner Bildausschnitt gezeigt. Der Gegenstand bzw. das Körperteil erscheint riesig vergrößert. Die Einstellung wirkt verzerrt.
  Ein Detail der Gesamtbildsequenz wird in seiner Bedeutung hervorgehoben. Meist wird dieses Instrument genutzt, um eine im Gesamtzusammenhang angesprochene oder gezeigte Beobachtung zu beweisen und sie für den Zuschauer nachvollziehbar zu machen.

Groß

Detail

Die Kameraperspektive
In der Fotografie wie im Film ist die Perspektive ein wichtiges Instrument zur Lenkung der Wahrnehmung des Zuschauers. Sie gibt den Blickwinkel des Regisseurs wieder und zwingt den Betrachter, diesen Blickwinkel zu übernehmen. Im Film ist dies vor allem deshalb so effektiv, da aufgrund des Filmtempos für den Zuschauer keine Zeit bleibt, weiter über die Perspektive nachzudenken.

Wir unterscheiden drei Grundtypen der Kameraperspektive:

Kameraperspektiven:

- **die Normalsicht**
  Die Kamera befindet sich etwa in Augenhöhe. Es wird damit der Eindruck von Realismus erzeugt. Diese Form findet Verwendung in Filmen, die die Objektivität ihrer Darstellung betonen wollen.

- **die Froschperspektive**
  Eine Person bzw. ein Gegenstand wird von unten betrachtet. Da die Proportionen verschoben werden, wirken sie unrealistisch. Dies kann unterschiedliche Wirkungen erzeugen:
  - Personen erscheinen dadurch unheimlich und bedrohlich.
  - Personen erscheinen verzerrt und dadurch lächerlich.
  - Personen erscheinen unerreichbar wie ein Idol.

- **die Vogelperspektive (Aufsicht)**
  Die Kamera blickt von oben auf die Szene.
  Welche Wirkung erzeugt wird, ist nicht nur von der gewählten Perspektive abhängig, sondern auch von weiteren Komponenten des Bilds (z. B. Inhalt, Szene, Stil).

Aufgaben
1. Ein Politiker beschwere sich bei einem Nachrichtensender, dass er häufig in einer für ihn unvorteilhaften Perspektive gezeigt worden sei.
   Überlegen Sie sich, welche Perspektive von ihm wohl am meisten kritisiert wurde.
2. Welche Perspektive ist für die Berichterstattung am besten geeignet? Begründen Sie Ihre Antwort.
3. Erläutern Sie den Effekt, den die Vogelperspektive Ihrer Meinung nach mit sich bringt.

4 Sprache hat viele Gesichter

Hinweis
Montagetechniken haben im Laufe des 20. Jahrhunderts auch im modernen Drama und in der Lyrik Eingang gefunden. Vergleichen Sie dazu die Seiten 200 ff.

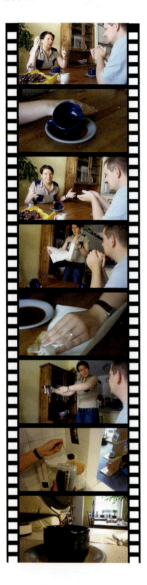

Hinweis
Die gegenseitige Beeinflussung von Film und Comic wird nicht zuletzt an der Nutzung unterschiedlichster Montagetechniken in beiden Medien deutlich.

Tempo durch Montage

Dynamik erhält die Darstellung dadurch, dass die unterschiedlichen Möglichkeiten der Kameraeinstellung und Kameraperspektive variabel kombiniert werden. Bereits in den Anfängen der Stummfilmzeit wurde damit begonnen, durch Kombination unterschiedlicher Einstellungen eine andere Darstellungsform zu finden als im Theater. Im Schauspiel war nur eine lineare Darstellung des Handlungsverlaufs gebräuchlich.

Durch Schnitt und Blende werden die einzelnen Filmteile begrenzt bzw. verbunden. Es entstehen Sequenzen, in denen inhaltlich, räumlich oder zeitlich zusammenhängende Filmteile verknüpft sind.

Am häufigsten eingesetzte Montageformen:

- Die **szenische Montage** ist relativ traditionell. Sie behält die Einheit von Raum, Zeit und Handlung, wie sie aus dem klassischen Drama bekannt ist, bei. Es werden zwar unterschiedliche Einstellungen kombiniert, man hat aber den Eindruck, dass die Beobachterperspektive sich nicht ändert (z.B. Augenzeugenbericht).
- Die **erzählende Montage** verknüpft bereits zeitlich und räumlich auseinanderliegende Ereignisse. Sie schafft dadurch für den Zuschauer die Möglichkeit, die Entwicklung einer Person oder Handlung nachzuvollziehen.
- Die filmischen Möglichkeiten werden aber besser genutzt durch Montageformen wie die sogenannte **metonymische Montage**. Es werden Bilder aneinandergereiht, die zusammen ein soziales Phänomen, einen Gedanken o. Ä. verdeutlichen. (Beispiel: Musikkapelle, Tanz, fröhliche Gesichter, schunkelnde Leute vermitteln das Phänomen „Geselligkeit".)
- Mit der **vergleichenden Montage** werden verschiedene Einstellungen aneinander geschnitten. Damit werden parallele Handlungen verdeutlicht.
- Der **Achsensprung**: Zwei Aufnahmen einer Person oder einer Sache aus verschiedenen Richtungen werden aneinandergefügt.

Die Kamerabewegung

- Ein zusätzlich belebendes Element ist die Kamerabewegung. In den Anfangszeiten des Films beschränkt sich diese Bewegung auf Schwenks in der Horizontalen. Die Kamera bleibt dabei an einer festen Position.
- Am häufigsten wird einfach die ganze Kamera bewegt: Ranfahrt, Parallelfahrt oder Verfolgungsfahrt.
- Auch durch die Veränderung der Brennweite wird der Eindruck einer Kamerabewegung erzeugt.
- Die Verkleinerung, z.B. von Kameras, ermöglichte es, die sogenannte „subjektive Kamera" einzusetzen. Dadurch, dass Filmszenen mit einer beweglichen Handkamera aufgenommen werden, hat der Zuschauer das Gefühl, unmittelbar an der Bewegung teilzuhaben.

4.2 Presse, Hörfunk, Fernsehen – die Medien

Töne unterstützen die Bilder

Der Kinobesucher nimmt einen Film als Gesamtkunstwerk wahr, als ein Zusammenspiel von Bild, **Sprache** und Tönen. Solange die Tonquelle im Bild sichtbar ist (z.B. ein Sprecher oder eine **Geräusche** erzeugende Maschine), wird dies vom Zuschauer gar nicht besonders wahrgenommen.

Töne können aber auch als kreatives Gestaltungsmittel eingesetzt werden. Hier kommt vor allem die Musik ins Spiel. **Musik** illustriert den Handlungsablauf, indem sie

- leitmotivisch bestimmte Personen oder Handlungen begleitet,
- beim Zuhörer bestimmte Gefühle erzeugt,
- dem Film eine Struktur verleiht (z.B. durch Kennzeichnung des Tempowechsels oder einer Zäsur).

Zäsur: Einschnitt, Unterbrechung.

Die Komplexität eines Filmes erfordert eine besondere Vorbereitung. Ein Film folgt in der Regel nicht einem linearen Erzählstrang. Vielmehr lassen sich unterschiedliche Ebenen ausmachen. Zusätzlich müssen diverse Medien sinnvoll und aussagekräftig eingebunden werden. Jedes Medium stellt andere Anforderungen. Daher entscheidet oft bereits die Qualität des Drehbuchs über die Güte des gesamten Films. Es müssen alle wesentlichen Faktoren berücksichtigt werden.

Nr. der Einstellung	Länge der Szene	Handlung/Inhalt	Dialog	Kameraführung	Musik/Geräusche	Kommentar/Bemerkung
1	10 s	Frau kommt im Sturm von fern auf ein Haus zu		Weit/Totale	Regen plätschert, Wind heult	Kamera fährt langsam auf die Frau zu
2	5 s	Frau bleibt stehen, dreht sich langsam um	„Ist da jemand?"	Halbnah		Sturmgeräusche der 1. Einstellung
3	2 s	Hund fletscht die Zähne		Detail	Knurren eines Hundes	setzen sich fort
4	2 s	Frau schreit laut		Nah	Kreischender Laut	
5	7 s	Im Haus gehen Lichter an		Halbtotale		

Aufgaben

1. Untersuchen Sie den Einsatz von Kamerabewegungen bei der Übertragung von Sportveranstaltungen. Welche Motive werden vorrangig verwendet?
2. Verfolgen Sie einen Filmausschnitt mit geschlossenen Augen. Analysieren Sie die akustischen Signale, um den Charakter der jeweiligen Filmsequenzen zu erkennen (z.B. Spannung, Horror, Romantik).
3. Analysieren Sie bei einer Filmsequenz (am besten als Videoaufnahme) den Aufbau, indem Sie gemäß der Vorlage einen Drehbuchentwurf verfassen.
4. Erstellen Sie für eine Kurzgeschichte bzw. einen Romanabschnitt einen Drehbuchentwurf.

4 Sprache hat viele Gesichter

4.2.9 Alte Medien – neue Medien: die Medienkonkurrenz

Die Diskussion um die Zukunft der Medienentwicklung ist letztlich eine Diskussion über die Entwicklung der **Übertragungswege** der Grundelemente der Kommunikation, nämlich von
- Texten, Bildern und Tönen.

Jeder neu entwickelte Übertragungsweg hat nicht nur eine Erhöhung des Datenvolumens bewirkt. Er hat sich auch schnell einer großen Popularität erfreut.
Die Attraktivität der neuen Medien resultiert daraus, dass sie entweder
- den Zugang zu einer zusätzlichen Dimension eröffnen (Bilder, Töne, Bewegungen) oder dass sie
- diesen Zugang erleichtern. So ist z.B. die Kulturtechnik „Lesen" für das Betrachten von Bildern und Filmen nicht mehr erforderlich.

Dies bleibt für die „etablierten" Medien zwangsläufig nicht ohne Konsequenzen. Andererseits muss dadurch nicht gleich der Bestand eines oder mehrerer eingeführter Vertriebswege infrage gestellt sein. Die bisher entwickelten Medien haben ihren Platz grundsätzlich behaupten können. Das Buch oder die Zeitung wurden nicht durch die Erfindung des Rundfunks verdrängt. Trotz der Etablierung des Fernsehens gibt es das Radio und den (Kino-) Film immer noch.

Ein Medium verliert seine spezifischen Vorzüge nicht deshalb, weil ein neues Medium mit eigenen Vorteilen entwickelt wird. Andererseits sorgt aber der Bedarf an Informationen und Unterhaltung dafür, dass auch die neuen Medienformen genutzt werden.

Das Internet wird als ein Medium angesehen, von dem ein besonderes Gefährdungspotential für Bücher, Zeitungen, Rundfunk, Fernsehen usw. ausgeht. Diese Sichtweise hängt damit zusammen, dass mit dem Internet ein Vertriebskanal zur Verfügung steht, der alle Grundelemente der Kommunikation gleichermaßen bedienen kann.

Das Internet setzte sich daher auch schneller durch als jede andere Technik zuvor. Während das Radio 38 Jahre brauchte, um 50 Millionen Zuhörer an sich zu binden, konnte das Fernsehen bereits nach 13 Jahren die gleiche Zahl an Zuschauern gewinnen. Das Internet schaffte dies aber innerhalb von nur 4 Jahren.

Als Hemmnis für eine noch schnellere Entwicklung haben sich im Wesentlichen zwei Faktoren erwiesen:
- juristische Auseinandersetzungen zwischen den verschiedenen Anbieterkonkurrenten,
- technische Probleme, die insbesondere eine schnelle Übertragung von Bildern und Filmen bisher nicht gewährleisten konnten.

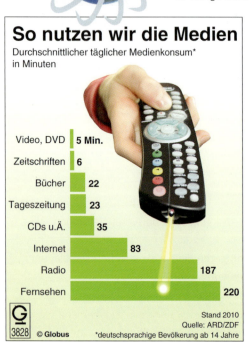

180

4.2 Presse, Hörfunk, Fernsehen – die Medien

Hilfe, mir schwirrt der Kopf beim Chatten!

von Laura Leykam (18 Jahre)

Ein neuer Virus breitet sich unter meinen Freunden und Mitschülern aus. Er hat sich mittlerweile in den Zimmern unserer ganzen Generation eingenistet. Allgemein bekannt ist er unter dem Begriff „Chatten".

Warum ich es Virus nenne? Weil Kommunikation in Chatrooms einem unverständlichen Buchstabenmix gleicht. Wer kennt sie nicht, Wörter wie lol, rofl oder xD – wenn sich das überhaupt noch als Wörter bezeichnen lässt. Da werden Aussagen zu Abkürzungen zusammengestaucht oder gar als tierähnliche Laute wiedergegeben. Wenn das so weitergeht, fürchte ich, dass eine ganze Generation ihre Sprachfertigkeit verliert.

Ja, auch ich chatte. Auch ich schreibe E-Mails. Auch ich bin im Internet unterwegs. Was ich dort teilweise lese, befindet sich allerdings weit entfernt von jeglichen Duden-Regeln. Den Verzicht auf Groß- und Kleinschreibung nehme ich noch hin. Aber frei von jeder Grammatik Sätze zu bilden, die keinerlei Fälle oder Satzzeichen enthalten, sorgt für Verständnisprobleme. Da wundert es mich nicht, dass eine Chatnachricht einen Streit vom Zaun brechen kann, weil man aneinander vorbeiredet.

Leider ist das noch lange nicht alles. Einfache Wörter werden in hieroglyphenähnliche Zeichen umgewandelt. Wenn ich mit „gn8t", „cy" oder „bb" verabschiedet werde, kann ich das ja noch als „gute Nacht", „tschüss" und „bis bald" deuten. Aber manche Chatter entstellen Ausrufe wie „oh mein Gott" zu „wtf" (=what the f**k). Um sowas zu verstehen, bräuchte ich ein Wörterbuch!

In der neuen Zeichensprache mutiert sogar Zuneigung zu Floskeln. So wird aus einem ernst gemeinten „Hab' dich lieb" schnell ein „hdl" oder „hdgdl". Viele unterscheiden nicht mehr, welchen Leuten sie diese Kürzel senden. Da ist es völlig belanglos, wie lange und wie gut man eine Person kennt. Es ist einfach nur Standard, jemanden mit HDGDLFIUEUBZM (= hab dich ganz doll lieb für immer und ewig und bis zum Mond) zu verabschieden.

Ich finde es zutiefst bedauerlich, wenn solche Worte ihre Bedeutung verlieren. Man kann sich überhaupt nicht mehr sicher sein, wann jemand das, was er sagt, ernst meint. Und wann es lediglich aus Gewohnheit geschrieben wird.

Hinzu kommt eine Unart mit großem Nervpotenzial: Smileys. Die grinsenden Kreise hinter jedem Satz verunsichern mich: Ist das nun ernst oder ironisch gemeint? Soll ich mich darüber freuen oder werde ich ausgelacht? Viele Lachgesichter sollen auch einfach Unsicherheit oder peinliche Situationen vertuschen. In einem persönlichen Gespräch müsste man sich diesen Situationen stellen und sich gegebenenfalls entschuldigen. Das bedeutet, man müsste sich mit seinem Gegenüber ernsthaft auseinandersetzen – zumindest ernsthafter als in der virtuellen Welt.

Jugendliche Coolness hin oder her: Meiner Meinung nach sollte auch unsere Generation versuchen, in vernünftiger Sprache miteinander zu kommunizieren. Auch für Teenager ist es wichtig, Deutsch zu beherrschen und grammatikalisch richtige Sätze zu bilden. Schließlich bleibt es nicht bei Gesprächen mit Freunden. Es geht auch darum, später mal eine aussagekräftige Bewerbung schreiben zu können. Oder einen Sprachtest ohne Total-Blamage durchzustehen.

(aus: Nürnberger Nachrichten, 11. 09. 2010)

■ Aufgaben

1. Diskutieren Sie mit Ihren Mitschülerinnen und Mitschülern Möglichkeiten und Grenzen der Kommunikation durch Abkürzungen in Chatrooms.

2. Die Autorin ist sehr skeptisch und fürchtet, dass „eine ganze Generation ihre Sprachfertigkeit verliert". Können Sie diese Auffassung teilen? Nehmen Sie dazu in Form eines Chatforum-Beitrags Stellung.

4 Sprache hat viele Gesichter

Wir informieren uns zu Tode –
Das Problem der Informationsgesellschaft (Auszug)

■ NEIL POSTMAN

1 Gott, so schien es, hatte sich gegen die Menschen gewandt. Aber noch etwas anderes hat sich gegen sie gewandt. Ich meine die Information. Es gab eine Zeit, da half die Information den Menschen dabei, dringende
5 Probleme ihres Lebens zu lösen, indem sie ihr Wissen von ihrer physischen und gesellschaftlichen Umwelt erweiterte. Es trifft zu, dass im Mittelalter Informationsknappheit herrschte, aber gerade ihre Knappheit machte die Information wichtig und nutzbar.
10 Das begann sich, wie jeder weiß, im späten 15. Jahrhundert zu ändern, als ein Mainzer Goldschmied mit Namen Gutenberg eine alte Weinpresse in eine Druckmaschine verwandelte und damit das auslöste, was wir heute als Informationsexplosion bezeichnen.
15 Vierzig Jahre nach der Erfindung des Buchdrucks standen Druckerpressen in hundertzehn Städten, verteilt über sechs Länder; fünfzig Jahre später waren mehr als acht Millionen Bücher gedruckt, und fast alle waren mit Informationen gefüllt, die bis dahin für die
20 meisten Menschen unzugänglich gewesen waren. [..] Aber was als ein Strom nützlicher Informationen begann, hat sich inzwischen in eine Sturzflut verwandelt. In den Vereinigten Staaten gibt es heute 17 000 Zeitungen, 12 000 Zeitschriften, 27 000 Video-Ver-
25 leihe, 350 Millionen Fernsehapparate, mehr als 400 Millionen Radiogeräte, die Autoradios nicht gerechnet. Jedes Jahr werden 40 000 neue Bücher publiziert (weltweit sind es 300 000), und jeden Tag werden in Amerika 41 Millionen Fotos aufgenommen; der Voll-
30 ständigkeit halber sei auch erwähnt: Jedes Jahr landen 60 Milliarden Sendungen Postmüll in unseren Briefkästen.
Von der Telegrafie und der Fotografie im 19. Jahrhundert bis zum Silikon-Chip im 20. Jahrhundert hat alles
35 zur Verstärkung des Informationsgetöses beigetragen, bis es so weit gekommen ist, dass die Information für den gewöhnlichen Menschen keinerlei Beziehung mehr zur Lösung von Problemen besitzt. Die Verbindung zwischen Information und Handeln ist gekappt.
40 Information ist heutzutage eine Ware, die man kaufen und verkaufen kann, die man als eine Form von Unterhaltung nutzen oder sich anziehen kann wie

ein Kleidungsstück, mit dem man den eigenen Status erhöht. Aus Millionen von Quellen auf dem ganzen
45 Erdball, aus jedem erdenklichen Kanal und jedem erdenklichen Medium – Lichtwellen, Ätherwellen, Telexstreifen, Datenbanken, Telefondrähte, Fernsehkabel, Satelliten, Druckmaschinen – sickert Information hervor. Dahinter hält sich in jeder erdenklichen Form
50 von Speicher – auf Papier, auf Video- und Audiobändern, auf Platten, Film und Silikon-Chips   eine noch viel größere Masse abrufbarer Information bereit.
Die Information ist zu einer Art Abfall geworden. Sie trifft uns wahllos, richtet sich an niemand Bestimm-
55 ten und hat sich von jeglicher Nützlichkeit gelöst; wir werden von Information überschwemmt, sind nicht mehr imstande, sie zu beherrschen, wissen nicht, was wir mit ihr tun sollen. Und zwar deshalb nicht, weil wir keine kohärente Vorstellung von uns selbst, von
60 unserem Universum und von unserer Beziehung zueinander und zu unserer Welt besitzen. Wir wissen nicht mehr, woher wir kommen und wohin wir gehen und warum. Wir verfügen über keinen kohärenten Rahmen, an dem wir uns orientieren können, wenn
65 wir unsere Probleme definieren oder nach Lösungen für sie suchen wollen, und haben deshalb auch keine Maßstäbe, mit denen wir beurteilen könnten, was sinnvolle, nützliche oder relevante Information ist. Unsere Abwehrmechanismen gegen die Informations-
70 schwemme sind zusammengebrochen; unser Immunsystem gegen Informationen funktioniert nicht mehr. Wir leiden unter einer Art von kulturellem Aids.
Die Informationstechnologien des 20. Jahrhunderts haben das alte Problem der Information auf den Kopf
75 gestellt: Während die Menschen früher nach Informationen suchten, um die Zusammenhänge ihres wirklichen Lebens zu bewältigen, erfinden sie heute Kontexte, in denen ansonsten nutzlose Informationen scheinbar nutzbringend angewendet werden können.
80 Das Kreuzworträtsel, das kurz nachdem der Telegraf die moderne Informationsflut auslöste, zu einem populären Zeitvertreib wurde, ist ein solcher Pseudokontext für nutzlose Fakten; die Cocktailparty ist ein anderer, ebenso wie die Radioquizsendungen der

4.2 Presse, Hörfunk, Fernsehen – die Medien

dreißiger und vierziger Jahre und die modernen Rate-
spiele im Fernsehen. Ihre vielleicht extremste Ausfor-
mung hat diese Tendenz in dem ungeheuer erfolgreichen Spiel „Trivial Pursuit" gefunden.

Alle diese Phänomene liefern eine Antwort auf die
Frage: „Was soll ich mit den zusammenhanglosen
Tatsachen tun?" Und im Grunde genommen ist die
Antwort immer die gleiche: „Benutze sie zum Zeitvertreib, zur Unterhaltung, amüsiere dich mit ihnen."
Mit anderen Worten, die Informationsschwemme
bringt Pseudokontexte hervor, und Pseudokontexte
verwandeln sich, indem sie die Kluft zwischen Information und sinnvollem Handeln noch weiter vertiefen, in Unterhaltung.

Die Informationsschwemme führt auch zu einem
wachsenden Gefühl von Ohnmacht. Die Nachrich-
tenmedien berichten uns über die Probleme im Nahen
Osten, in Nordirland, in Jugoslawien. Wir hören von
der Zerstörung der Ozonschicht und der Vernichtung
der Regenwälder. Wird nun von uns erwartet, dass wir
selber etwas unternehmen? Die meisten von uns können bei der Lösung solcher Probleme nicht aktiv werden. Und so wächst bei den Menschen ein Gefühl der
Passivität und Unfähigkeit, das unweigerlich in ein
verstärktes Interesse an der eigenen Person mündet.
(...) Daraus, dass man tausend Dinge kennt und weiß
und nicht imstande ist, Einfluss auf sie zu nehmen,
erwächst ein eigenartiger Egoismus. Schlimmer: Die
meisten Menschen glauben immer noch, Information
und immer mehr Information sei das, was die Menschen vor allem benötigten. Die Information bilde die
Grundlage all unserer Bemühungen um die Lösung
von Problemen. Aber unsere wirklich ernsten Probleme erwachsen nicht daraus, dass die Menschen über
unzureichende Informationen verfügen. Wenn es zu

einer Nuklearkatastrophe kommt, dann nicht wegen
unzulänglicher Information. Wo Menschen verhungern, geschieht das nicht wegen unzureichender Information. Wenn Familien zerbrechen, wenn Kinder
misshandelt werden, wenn zunehmende Kriminalität
eine Stadt terrorisiert, wenn sich das Erziehungswe-
sen als ohnmächtig erweist, so nicht wegen mangeln-
der Information, sondern weil wir kein zureichendes
Bewusstsein davon entwickeln, was sinnvoll und bedeutsam ist.

Um dieses Bewusstsein zu entwickeln, brauchen die
Menschen eine glaubwürdige „Erzählung". Unter
„Erzählung" verstehe ich hier eine Geschichte über
die Geschichte der Menschheit, die der Vergangenheit Bedeutung zuschreibt, die Gegenwart erklärt und
für die Zukunft Orientierung liefert. Eine Geschichte,
deren Prinzipien einer Kultur helfen, ihre Institutionen zu organisieren, Ideale zu entwickeln und ihrem
Handeln Autorität zu verleihen. Die Information als
solche ist keine Erzählung, und sie verdeckt in der gegenwärtigen Situation nur die Tatsache, dass die meisten Menschen nicht mehr an eine Erzählung glauben.
Natürlich sind die bedeutendsten „Erzählungen" dieser Art aus der Religion hervorgegangen. Allerdings
gibt es auch andere Quellen für solche Erzählungen
– Mythologie, Politik, Philosophie und Wissenschaft
zum Beispiel. Doch eines ist gewiss: Ohne Erzählungen von transzendentem Ursprung kann keine Kultur
wirklich gedeihen und die Kraft entfalten, den Menschen beim Sichten und Einschätzen von Informationen ebenso zu helfen wie bei der Entscheidung darüber, welches Wissen ihnen noch fehlt.

(aus: Die Zeit, 02.10.1992)

Aufgaben

1. a) Was versteht Postman unter dem Begriff „Informationsexplosion"?
    b) Zu welchem Zeitpunkt in der Menschheitsgeschichte setzte sie ein?
    c) Wie bewertet der Autor die Informationsexplosion?

2. Welche Auswirkungen hat die „Informationsschwemme" und wie sind diese nach Ansicht des Autors
    begründet?

3. Welche Schlussfolgerungen zieht er? Was versteht er unter „Erzählung"?

4. Welche Rolle spielt in diesem Zusammenhang die Religion?

Sprache hat viele Gesichter

Mittelalter		**Abschrift**
15. Jahrhundert		Buchdruck
18. Jahrhundert		Zeitungen
19. Jahrhundert		Telegraf – Foto
		Film
		Telefon
20. Jahrhundert		
1920		Tonfilm – Radio
1930		Farbfilm
		Fernsehen
1950		Buchclubs
1960		Boulevardzeitung
		Video – Privatsender
		Internet – Mobiltelefon
2000		UMTS – eBook

184

„Die Menschen lernen das Sehen, weil sie nichts sehen…"

(Christo)

5 Kreatives Schreiben

Die Verpackungskünstler Christo und Jeanne-Claude verhüllten 1995 den Reichstag in Berlin mit Polyestergewebe und Seil. Verschiedene Witterungseinflüsse sorgten zusätzlich für einen ständigen Wechsel der Farben und Formen; gewohnte Anblicke schienen ganz neu. Kreativität widersetzt sich gezielt eingefahrenen Sehweisen, sie schärft die Sensibilität beim Erfahren unserer Umgebung. Wenn wir mit Sprache kreativ umgehen, können wir unsere Wirklichkeit bewusster erfassen, Fantasien und Träume greifbarer werden lassen.

5 Kreatives Schreiben

5.1 Träume nehmen Gestalt an – eine Fantasiereise fortsetzen

„Es gibt Menschen, die können nie nach Fantasien kommen, und es gibt Menschen, die können es, aber sie bleiben für immer dort. Und dann gibt es noch einige, die gehen nach Fantasien und kehren wieder zurück."

Michael Ende, Die unendliche Geschichte

Träume und Fantasien sind ein wesentlicher Bestandteil unseres Lebens. In ihnen spiegeln sich unsere Sehnsüchte wider, aber auch Bedrohungen und Ängste werden offenbar. Die Gesetze von Raum und Zeit geraten durcheinander. Unsere Fantasie lässt Dinge oft größer, aber auch bedrohlicher erscheinen, als sie wirklich sind. Viele Autoren haben Träume zu Papier gebracht; wir können an ihren Fantasiereisen teilnehmen.

Friedrich von Hardenberg:
Freiherr Friedrich von Hardenberg gehörte zum Adel und gab sich den Dichternamen **„Novalis"**. Er war umfassend gebildet und beschäftigte sich auch mit Naturwissenschaften, Naturgeschichte und Philosophie.

Heinrich von Ofterdingen (Auszug)

Novalis (1772–1801)

Im thüringischen Eisenach wächst Heinrich in einem bürgerlichen Elternhaus auf. Ein fremder Reisender berichtet ihm von geheimnisvollen Fernen und von einer Wunderblume, der „Blauen Blume". Als Heinrich diese im Traum erblickt, macht er sich auf den Weg, sie zu suchen, da sie ihm alles Glück zu verheißen scheint.

[…] Der Jüngling verlor sich allmählich in süßen Fantasien und entschlummerte. Da träumte ihm erst von unabsehlichen Fernen und wilden, unbekannten Gegenden. Er wanderte über Meere mit unbegreiflicher Leichtigkeit; wunderliche Tiere sah er; er lebte mit mannigfaltigen Menschen, bald im Kriege, in wildem Getümmel, in stillen Hütten. Er geriet in Gefangenschaft und in schmählichste Not. Alle Empfindungen stiegen bis zu einer nie gekannten Höhe in ihm. Er durchlebte ein unendlich buntes Leben, starb und kam wieder, liebte bis zur höchsten Leidenschaft und war dann wieder auf ewig von seiner Geliebten getrennt. Endlich gegen Morgen, wie draußen die Dämmerung einbrach, wurde es stiller in seiner Seele, klarer und bleibender wurden die Bilder. Es kam ihm vor, als ginge er in einem dunkeln Walde allein. Nur selten schimmerte der Tag durch das grüne Netz. Bald kam er vor eine Felsenschlucht, die bergan stieg. Er musste über bemooste Steine klettern, die ein ehemaliger Strom heruntergerissen hatte. Je höher er kam, desto lichter wurde der Wald. Endlich gelangte er zu einer kleinen Wiese, die am Hange des Berges lag. Hinter der Wiese erhob sich eine hohe Klippe, an deren Fuß er eine Öffnung erblickte, die der Anfang eines in den Felsen gehauenen Ganges zu sein schien. Der Gang führte ihn gemächlich eine Zeitlang eben fort, bis zu einer großen Weitung, aus der ihm schon von fern ein helles Licht entgegenglänzte. Wie er eintrat […]

▬ **Hinweis**
Weitere Informationen und Textauszüge finden Sie auf Seite 226.

186

5.1 Träume nehmen Gestalt an – eine Fantasiereise fortsetzen

Aller Anfang ist schwer: Schreibanregungen

Wenn Sie Schwierigkeiten haben, sich auf ein Thema einzulassen oder aus Ihrer Perspektive heraus zu schreiben, können Sie folgende Hilfstechnik verwenden:
- Verfremdung der Wahrnehmung:
   Versetzen Sie sich in die Rolle eines Journalisten, der für seine Zeitung in einem Artikel über etwas berichten muss. Oder spielen Sie Kamera und zeichnen sie alles auf, was Ihnen vor die „Linse" kommt.

Um eine Schreibblockade zu überwinden, können Sie sich z. B. auch die zehn größten Ängste vor dem Schreiben vorstellen:
- Ich kann es nicht.
- Schreiben macht überhaupt keinen Spaß.
- Ich weiß nicht, wie und wo ich anfangen soll, usw.

Schreiben Sie einen kleinen Text zu Ihrer größten Angst. Beschäftigen Sie sich dabei aber **nicht mit Ihrer Angst**, sondern **schreiben Sie einfach darüber**.
Der leichteste Weg, um etwas aufs Papier zu bringen, ist das freie Schreiben. Versuchen Sie einfach, fünf Minuten lang zu schreiben. Wenn Ihnen nichts einfällt, dann schreiben Sie eben über Ihren Stift. Es ist wichtig, dass Sie im Schreibprozess bleiben, denn es geht hier um den Prozess des Schreibens, nicht um sein Produkt.

Methoden, um Ideen zu sammeln:

- **Brainstorming:**
Schreiben Sie Ihre spontanen Einfälle und Gedanken zu einem Thema auf. Sammeln Sie alles, was Ihnen einfällt, auf einem Zettel. Achten Sie dabei nicht darauf, ob Sie es später auch wirklich weiterverwenden wollen, denn oft führen Gedanken, die man später nicht mehr aufgreift, zu neuen Ideen. Wenn Sie etwas geübt sind, können Sie Ihre Gedanken während des Brainstormings schon in Form eines Clusters aufzeichnen.

- **Cluster:**
Beginnen Sie Ihre Ideensammlung mit einem Kernwort, das Sie auf die Mitte einer leeren Seite schreiben. Von diesem Kern aus verbinden Sie alle weiteren Einfälle miteinander, sodass eine Ideenkette entsteht. Jeder neue Gedanke sollte mit dem Kernwort verbunden und dann weitergesponnen werden.

> **Tipp**
> Schaffen Sie sich eine entspannende Schreibatmosphäre. Es sollte absolute Stille herrschen. Zünden Sie, wenn es Ihnen gefällt, eine Kerze oder ein Duftlämpchen an. Solche und andere Vorbereitungen wirken sehr anregend.

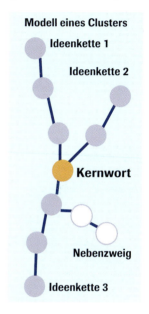

Symbol:
Sinnbild, das stellvertretend für etwas nicht Wahrnehmbares steht.

Romantik:
Weltauffassung im 19. Jahrhundert, die das Gefühlvolle, Märchenhafte und Fantastische in den Mittelpunkt stellt (vergleiche auch Abschnitt 6.3.5).

Aufgaben

1. a) Setzen Sie die Geschichte von Novalis fort und schreiben Sie auf, was Heinrich am Ende des geheimnisvollen Ganges erblickt.
   b) Wie könnte die blaue Wunderblume aussehen? Malen Sie ein Bild von der „Blauen Blume".

2. Die „blaue Blume" wurde zum Symbol für romantische Sehnsucht und spiegelt den Zeitgeist der Romantik wider (siehe hierzu Abschnitt 6.3.5). Auch heute gibt es Dinge, die unser Lebensgefühl verdeutlichen.
   a) Notieren Sie einen solchen Gegenstand als Kernwort auf ein leeres Blatt und erstellen Sie hierzu ein Cluster aus den dazugehörigen Assoziationen.
   b) Erläutern Sie, inwiefern Ihr ausgewählter Gegenstand unsere Zeit charakterisiert.

5 Kreatives Schreiben

5.2 Ein Gedichtpuzzle herstellen

Sarah Kirsch:
Die in Limlingerode (Harz) geborene Schriftstellerin verfasste zahlreiche Natur- und Liebesgedichte. 1977 wurde sie aus der Sozialistischen Einheitspartei Deutschlands (SED) ausgeschlossen und siedelte aus der DDR nach West-Berlin über.

Vielen bereitet es in ihrer Freizeit Spaß, die Einzelteile eines Puzzles so zusammenzusetzen, dass daraus wieder ein vollständiges Bild entsteht. Mit Sprache verhält es sich meist anders. Wenn wir einen Text lesen, so tritt er uns als Ganzes gegenüber; der Entstehungsprozess ist bereits abgeschlossen. Es kann aber auch sehr reizvoll und anregend sein, ein bereits fertiges literarisches Produkt in Einzelelemente zu zerlegen und kreativ-spielerisch neu zu gestalten. Probieren Sie dies an einem Gedicht von Sarah Kirsch einmal aus:

Die Luft riecht schon nach Schnee

Sarah Kirsch (*1935)

1 Die Luft riecht schon nach Schnee, mein Geliebter
   Trägt langes Haar, ach der Winter, der Winter der uns
   Eng zusammenwirft steht vor der Tür, kommt
   Mit dem Windhundgespann. Eisblumen
5 Streut er ans Fenster, die Kohlen glühen im Herd, und
   Du Schönster Schneeweißer legst mir deinen Kopf in den Schoß
   Ich sage das ist
   Der Schlitten der nicht mehr hält, Schnee fällt uns
   Mitten ins Herz, er glüht
10 Auf den Aschekübeln im Hof Darling flüstert die Amsel

Wortkolonnen:
Gleiche Wortarten werden untereinander in Spalten zusammengefasst.

1. Lesen Sie das Gedicht von Sarah Kirsch mehrmals durch.
2. Suchen Sie die Substantive und Verben aus dem Text heraus und schreiben Sie diese groß und deutlich als Wortkolonnen untereinander auf ein Blatt.
3. Schneiden Sie mit einer Schere die einzelnen Wörter der Wortkolonne aus und ordnen Sie diese wie ein Puzzle zu einem neuen Text.
4. Probieren Sie verschiedene Kombinationen aus. Behalten Sie die gelungenste Kombination bei und schreiben Sie diese ab.

5.2 Ein Gedichtpuzzle herstellen

Sie können bei einem Gedichtpuzzle aber auch andersherum vorgehen:

1. Betrachten Sie das nebenstehende Bild von Caspar David Friedrich, dem bekanntesten deutschen Maler der Romantik.
2. Notieren Sie alles, was Sie im Bild entdecken (Gegenstände, Farben, wiedergegebene Stimmungen usw.). Notieren Sie sich aber auch die Gefühle und Vorstellungen, die Ihnen beim Betrachten des Bildes durch den Kopf gehen.
3. Stellen Sie aus Ihren Notizen Wortkolonnen her. (Achten Sie auch hier darauf, dass der Abstand zwischen den einzelnen Wörtern groß genug ist, sodass Sie diese später ohne Probleme einzeln ausschneiden können.)
4. Schneiden Sie mit einer Schere die einzelnen Wörter der Wortkolonne aus und ordnen Sie diese wie ein Puzzle zu einem neuen Text.
5. Probieren Sie auch dieses Mal verschiedene Kombinationen aus. Suchen Sie die gelungenste Kombination heraus und schreiben Sie diese ab.

Caspar David Friedrich (1774–1840): Winterlandschaft mit Kirche

Wortfeld, Wortfamilie: siehe hierzu Seite 26 f.

Weitere Anregungen:

Material für ein Gedichtpuzzle können Sie auf die unterschiedlichste Art und Weise erhalten:

- Wählen Sie einen kurzen Text aus der Tageszeitung und schreiben Sie die Nomen und Verben in Wortkolonnen heraus.
- Nehmen Sie ein Gedicht, das sich positiv zu einer Situation oder einem Gefühl äußert. Übertragen Sie alle Nomen und Verben in Wortkolonnen und übersetzen Sie diese in Ihr Gegenteil (z. B.: zart T hart; Liebe T Hass).
- Suchen Sie ein Gedicht heraus, das Ihnen besonders gefällt, und übersetzen Sie es in die Alltagssprache. Schreiben Sie auch hier Wortkolonnen heraus und übertragen Sie die einzelnen Wörter z. B. in die Sprache Ihrer Clique.

Aufgaben

1. a) Die Schlusswendung des Gedichts von Sarah Kirsch (Darling flüstert die Amsel) ist in einem anderen Stil verfasst als der übrige Text („amerikanische Schlagersprache"). Ersetzen Sie weitere Wörter des Textes durch saloppe, umgangssprachliche Begriffe. Versuchen Sie jedoch den Gedankengang der Autorin unverändert zu lassen.
   b) Vergleichen Sie abschließend den Originaltext mit den von Ihnen erstellten Fassungen. Nennen Sie die Gründe dafür, warum Ihnen die eine oder andere Fassung besser gefällt.
2. Nehmen Sie Ihr Lieblingsbild, Ihr Lieblingsposter oder eine schöne Postkarte – oder stellen Sie sich einfach etwas vor – und verfahren Sie wie in den fünf Schritten auf dieser Seite oben angegeben: Erstellen Sie ein Gedichtpuzzle zu Ihrem Lieblingsbild.
3. Nennen Sie drei Gründe, warum es besonders wichtig ist, sich bei der Analyse auf Inhalt und sprachliche Gestaltung des Textes zu konzentrieren.

5 Kreatives Schreiben

Bob Dylan:
in Duluth (Minnesota, USA) geboren. Er schloss sich schon früh der amerikanischen Bürgerrechtsbewegung an.
Seine Songs gaben auch der Popmusik neue Impulse.

Hinweis
Der deutsche Text von Hans Bradtke ist keine Übersetzung des Originaltextes von Bob Dylan, sondern eine Interpretation. Hören Sie sich den Song von Bob Dylan in der Originalversion an. Sie können dabei ja mitlesen.

5.3 Selbst Gedichte schreiben

Ein Fragegedicht verfassen

Das Lied des amerikanischen Songkomponisten und -interpreten Bob Dylan wirft Fragen auf, die nur schwer zu beantworten sind. Auch in vielen anderen literarischen Texten finden wir immer wieder die Fragen nach dem Warum.

Blowin' in the wind

Bob Dylan (*1941)

1. How many roads must a man walk down, before he's called a man? How many seas must a white dove sail, before she sleeps in the sand? How many times must the cannon balls fly, before they're forever banned? The answer, my friend, is blowin' in the wind, the answer is blowin' in the wind.
2. How many years can a mountain exist, before it's washed in the sea? How many years can some people exist, before they're allowed to be free? How many times can a man turn his head, and pretend he just doesn't see? The answer, my friend, is blowin' in the wind, the answer is blowin' in the wind.
3. How many times must a man look up, before he can see the sky? How many ears must one man have, before he can hear people cry? How many deaths will it take'til he knows, that too many people have died? The answer, my friend, is blowin' in the wind, the answer is blowin' in the wind.

1. Wie viele Straßen auf dieser Welt sind Straßen voll Tränen und Leid? Wie viele Meere auf dieser Welt sind Meere der Einsamkeit? Wie viele Mütter sind lang schon allein und warten und warten noch heut? Die Antwort, mein Freund, weiß ganz allein der Wind, die Antwort weiß ganz allein der Wind.
2. Wie viele Menschen sind heut noch nicht frei und würden es so gerne sein? Wie viele Kinder gehn abends zur Ruh und schlafen vor Hunger nicht ein? Wie viele Tränen erflehen bei Nacht: Wann wird es für uns anders sein?
Die Antwort, mein Freund, weiß ganz allein der Wind, die Antwort weiß ganz allein der Wind.
3. Wie viele Berge von Geld gibt man aus für Bomben, Raketen und Tod? Wie große Worte macht heut mancher Mann und lindert damit keine Not? Wie großes Unheil muss erst noch geschehen, damit sich die Menschheit besinnt? Die Antwort, mein Freund, weiß ganz allein der Wind, die Antwort weiß ganz allein der Wind.

Bob Dylan 1962 – Deutsch: Hans Bradtke 1965

Versuchen Sie, ein ganz persönliches Fragegedicht zu verfassen.
- Fragewörter beginnen mit W. Notieren Sie alle W-Fragewörter, die Ihnen einfallen.
- Suchen Sie das Fragewort heraus, das Sie am meisten berührt.
- Schreiben Sie ganz persönliche Fragen auf, die Ihnen wichtig sind und mit einem Fragewort beginnen.
- Ordnen Sie die Fragen gemäß einer Rangfolge, die Sie ihnen beimessen.

Fragen VON EUGEN ROTH

Ein Mensch wird müde seiner Fragen:
Nie kann die Welt ihm Antwort sagen.
Doch gern gibt Auskunft alle Welt
Auf Fragen, die er nie gestellt.

Eugen Roth (1895–1976)**:**
Der in München geborene und gestorbene Schriftsteller war für seine hintergründig humorvollen Gedichte bekannt, in denen die menschlichen Unzulänglichkeiten im Vordergrund stehen.

5.3 Selbst Gedichte schreiben

Eine weitere Hilfestellung für das Verfassen eigener Gedichte bieten die folgenden zwei Stilvorgaben:

Silbenschneeball
Um einen Silbenschneeball herzustellen, wählen Sie für die erste Zeile ein einsilbiges Wort, das Ihnen spontan einfällt oder schon länger durch den Kopf geht.
Die zweite Zeile besteht aus einem zweisilbigen Wort oder zwei einsilbigen Wörtern.
In der dritten Zeile erscheinen bereits drei Silben (ein zweisilbiges und ein einsilbiges Wort oder drei einsilbige). Die vierte Zeile weist vier Silben auf usw.

Beispiel:

> **Rost**
> Eisen
> zerfressen
> Wasser benetzt
> Unendlich verletzt
> Mit Farbe versehen
> Braun und schuppig geworden
> *Achim (17)*

Elfchen
Bei einem Elfchen handelt es sich um ein kurzes Gedicht, das aus genau elf Wörtern besteht, die sich auf genau fünf Zeilen verteilen. Folgende Regeln sind dabei zu beachten:
1. Zeile: 1 Wort   (z.B. ein Gefühl)
2. Zeile: 2 Wörter (z.B. etwas, was dieses Gefühl bewirkt)
3. Zeile: 3 Wörter (z.B. eine genauere Bestimmung)
4. Zeile: 4 Wörter (z.B. etwas Ergänzendes)
5. Zeile: 1 Wort als Abschluss oder Zusammenfassung

Beispiel:

Liebe	**Musik**
Denk ich	Süßes Wesen
An dich morgens	Leise luftig gehaucht
Freu ich mich auf	voll von wirrem Geschnatter
Abends	Großstadtgewirr
Angela (17)	*Harald (19)*

> ▨ **Hinweis**
> Auch der Inhalt eines einzelnen Wortes lässt sich grafisch darstellen. Man spricht hierbei von einem Typogramm.
>
>   e
> Kampf bis aufs Messssssss
>   r

▨ Aufgaben

1. Verfassen Sie ein Fragegedicht und versuchen Sie den Text grafisch so zu gestalten, dass eine Beziehung zu seiner inhaltlichen Aussage sichtbar wird. (Beachten Sie hierzu auch den Hinweis zum Typogramm in der Randspalte.)

2. Wählen Sie einen Gegenstand aus Ihrem Klassenraum aus und verfassen Sie ein Elfchen.

3. Finden Sie einen typischen einsilbigen Gegenstand oder Begriff aus Ihrer Berufspraxis und verfassen Sie einen Silbenschneeball.

5 Kreatives Schreiben

5.4 Sprachbilder suchen

> *„Was wichtig ist: das Unsagbare, das Weiße zwischen den Worten, und immer reden diese Worte von den Nebensachen, die wir eigentlich nicht meinen. Unser Anliegen, das eigentliche, läßt sich bestenfalls umschreiben, und das heißt ganz wörtlich: man schreibt darum herum."*
>
> Max Frisch, Tagebücher

Max Frisch:
Schweizer Schriftsteller und Architekt. Frisch ist Autor zahlreicher Romane und Theaterstücke, u. a. „Stiller", „Mein Name sei Gantenbein", „Biedermann und die Brandstifter", „Andorra". 1976 erhielt er den Friedenspreis des Deutschen Buchhandels.

Bilder begleiten unseren Alltag. Schon auf dem Weg zur Schule sehen Sie Plakate, Hinweisschilder, Werbeanzeigen. Viele dieser Bilder nehmen wir nicht mehr bewusst wahr, wir stumpfen ab gegenüber der Bilderflut.

Bilder enthält auch unsere Sprache; sie verleihen ihr Farbe und Eindringlichkeit, erwecken Assoziationen und Gefühle. Das folgende Kapitel will Sie dazu anregen, Bilder aus Sprache herauszulösen und selbst Sprachbilder zu schaffen. Es soll Ihre Fantasie wecken und Sie für eine neue Wahrnehmung Ihrer Umwelt empfänglich machen.

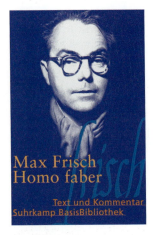

Akrokorinth:
Reste einer im Altertum uneinnehmbaren Festungsanlage auf einem 600 Meter hohen Berg, den man von Altkorinth aus ersteigen kann.

Homo Faber. Ein Bericht (Auszug)

Max Frisch (1911–1991)

Der Schweizer Ingenieur Walter Faber, der Typ des rationalen, technologiegläubigen Menschen, trifft auf einer Schiffsreise nach Europa Sabeth, ein gut 30 Jahre jüngeres Mädchen. Er verliebt sich in sie, ohne zunächst zu erkennen, dass es sich um seine eigene Tochter handelt, von deren Existenz er nichts wusste. Faber begleitet sie auf der Heimreise zu ihrer Mutter nach Griechenland. Kurz vor Ende der Reise besteigen sie Akrokorinth, um den Sonnenaufgang zu erwarten.

1 „Sabeth fand es eine Glanzidee von mir, einfach weiterzuwandern in die Nacht hinaus und unter einem Feigenbaum zu schlafen. Eigentlich habe ich´s als Spaß gemeint, aber da Sabeth es eine Glanzidee findet, ziehen wir wirklich los, um einen Feigenbaum zu finden, einfach querfeldein. (…)
5 Von Schlafen keine Rede! Ich habe ja nicht gedacht, daß die Nacht in Griechenland so kalt sein würde, eine Nacht im Juni, geradezu naß. Und dazu keine Ahnung, wohin der uns führen wird, ein Saumpfad zwischen Felsen hinauf, steinig, staubig, daher im Mondlicht weiß wie Gips. Sabeth findet: Wie Schnee! Wir einigen uns: Wie Joghurt! Dazu die schwarzen Felsen über uns:
10 Wie Kohle! finde ich, aber Sabeth findet immer wieder etwas anderes, und so unterhalten wir uns auf dem Weg, der immer höher führt. Das Wiehern eines Esels in der Nacht: Wie der Versuch auf einem Cello: findet Sabeth, ich finde: Wie eine ungeschmierte Bremse! Sonst Totenstille; die Hunde sind endlich verstummt, seit sie unsere Schritte nicht mehr hören. Die weißen Hütten von
15 Korinth: Wie wenn man eine Dose mit Würfelzucker ausgeleert hat! Ich finde etwas anderes, bloß um unser Spiel weiterzumachen. Eine letzte schwarze Zypresse. Wie ein Ausrufezeichen! findet Sabeth, ich bestreite es; Ausrufezeichen

5.4 Sprachbilder suchen

haben ihre Spitze nicht oben, sondern unten. Wir sind die ganze Nacht gewandert. Ohne einen Menschen zu treffen. Einmal erschreckt uns Gebimmel
20 einer Ziege, dann wieder Stille über schwarzen Hängen, die nach Pfefferminz duften, Stille mit Herzklopfen und Durst, nichts als Wind in trockenen Gräsern: Wie wenn man Seide reißt! findet Sabeth, ich muss mich besinnen, und oft fällt mir überhaupt nichts ein, dann ist das ein Punkt für Sabeth laut Spielregel. Sabeth weiß fast immer was. Türme und Zinnen einer mittelalterlichen
25 Bastion: Wie Kulissen in der Opera!
Wir gehen durch Tore und Tore, nirgends ein Geräusch von Wasser, wir hören das Echo unsrer Schritte an den türkischen Mauern, sonst Totenstille, sobald wir stehen. Unsere Mondschatten: Wie Scherenschnitte! findet Sabeth. Wir spielen stets auf einundzwanzig Punkte, wie beim Pingpong, dann ein neues
30 Spiel, bis wir plötzlich, noch mitten in der Nacht, oben auf dem Berg sind. Unser Komet ist nicht mehr zu sehen. In der Ferne das Meer: Wie Zinkblech! finde ich, während Sabeth findet, es sei kalt, aber trotzdem eine Glanzidee, einmal nicht im Hotel zu übernachten. […]
Gegen fünf Uhr das erste Dämmerlicht: Wie Porzellan! Von Minute zu Mi-
35 nute wird es heller, das Meer und der Himmel, nicht die Erde; man sieht, wo Athen liegen muß, die schwarzen Inseln in hellen Buchten, es scheiden sich Wasser und Land, ein paar kleine Morgenwolken darüber: Wie Quasten mit Rosa-Puder: findet Sabeth, ich finde nichts und verliere wieder einen Punkt. 19 : 9 für Sabeth!"

Hinweis
Die Texte von Max Frisch folgen der alten Rechtschreibung.

Vergleich:
Beziehung zwischen zwei Bereichen zur Erhöhung der Anschaulichkeit, häufig mit „wie" verbunden, z. B. „finster wie die Nacht".

Tipp
Suchen Sie ein Urlaubsfoto, das Sie besonders gerne mögen, und versetzen Sie sich gedanklich in die damalige Situation.

Aufgaben

1. Faber und Sabeth suchen nach Vergleichen. Schreiben Sie diese Vergleiche heraus und erläutern Sie, welche davon Ihnen gut gefallen und welche Ihnen weniger gelungen erscheinen.
2. Setzen Sie das Spiel fort und finden Sie Vergleiche. Nicht nur im Urlaub haben auch Sie schon besondere Situationen erlebt. Selbst auf dem täglichen Schul- oder Arbeitsweg ist es möglich, Vergleiche zu finden:
   Stille wie…,   Wasser wie…,   Wolken wie…
   a) Fassen Sie Ihre Vergleiche in mehreren vollständigen Sätzen zusammen.
   b) Jetzt steht eine Situation wieder bildhaft vor Ihnen. Beurteilen Sie, ob schon so etwas wie ein lyrischer Text entstanden ist.

5 Kreatives Schreiben

Havanna:
Hauptstadt der Republik Kuba.

Durch eine Verkettung unheilvoller Umstände verunglückt Fabers Tochter und stirbt. Der innerlich und äußerlich gebrochene Walter Faber – er ist vermutlich unheilbar an Magenkrebs erkrankt – unternimmt seine letzte Amerikareise vor seiner endgültigen Rückkehr nach Europa. Am letzten Abend in Havanna erlebt er die Eindrücke der nächtlichen Stadt.

Metapher:
bildlicher Ausdruck; ein Wort wird aus einem Vorstellungsbereich in einen anderen übertragen, z. B. Fuchs = listiger Mensch.

„Ich hatte keinen besonderen Anlaß, glücklich zu sein, ich war es aber. Ich wußte, daß ich alles, was ich sehe, verlassen werde, aber nicht vergessen: – die Arkade in der Nacht, wo ich schaukle und schaue, beziehungsweise höre, ein Droschkenpferd wiehert, die spanische Fassade mit den gelben Vorhängen, die aus schwarzen Fenstern flattern, dann wieder das Wellblech irgendwo, sein Hall durch Mark und Bein, mein Spaß dabei, meine Wollust, Wind, nichts als Wind, der die Palmen schüttelt, Wind ohne Wolken, ich schaukle und schwitze, die grüne Palme ist biegsam wie eine Gerte, in ihren Blättern tönt es wie Messerwetzen, Staub, dann die Gußeisen-Laterne, die zu flöten beginnt, ich schaukle und lache, ihr zuckendes und sterbendes Licht, es muß ein beträchtlicher Sog sein, das wiehernde Pferd kann die Droschke kaum halten, alles will fliehen, das Schild von einem Barbershop, Messing, sein Klingeln in der Nacht, und das unsichtbare Meer spritzt über die Mauern, dann jedesmal Donner im Boden, darüber zischt es wie eine Espresso-Maschine, mein Durst, Salz auf den Lippen, Sturm ohne Regen, kein Tropfen will fallen, es kann nicht, weil keine Wolken, nichts als Sterne, nichts als der heiße und trockene Staub in der Luft, Backofenluft, ich schaukle und trinke einen Scotch, einen einzigen, ich vertrage nichts mehr, ich schaukle und singe. Stundenlang. Ich singe! Ich kann ja nicht singen, aber niemand hört mich, das Droschkenpferd auf dem leeren Pflaster, die letzten Mädchen in ihren fliegenden Röcken, ihre braunen Beine, wenn die Röcke fliegen, ihr schwarzes Haar, das ebenfalls fliegt, und die grüne Jalousie, die sich losgerissen hat, ihr weißes Gelächter im Staub, und wie sie über das Pflaster rutschten, die grüne Jalousie, hinaus zum Meer, das Himbeer-Licht im Staub über der weißen Stadt in der Nacht, die Hitze, die Fahne von Cuba – ich schaukle und singe, nichts weiter, das Schaukeln der leeren Sessel neben mir, das flötende Gußeisen, die Wirbel von Blüten. Ich preise das Leben."

Altstadt von Havanna

5.4 Sprachbilder suchen

Aufgaben

1. Suchen Sie die Sprachbilder aus dem Textauszug heraus und notieren Sie diese.
2. Vergleichen Sie die Bildsprache dieses Abschnitts mit der Akrokorinth-Szene. Erörtern Sie, welche Unterschiede Ihnen in der sprachlichen Bildgestaltung auffallen.
3. Walter Faber spricht nun auch in Metaphern, in denen sich die Distanz der „Wie-Vergleiche" auflöst.
   a) Welche dieser Metaphern finden Sie ungewöhnlich?
   b) Begründen Sie, was an diesen Metaphern so auffallend und ungewöhnlich ist.

Anregungen

1. Haben Sie nicht Lust bekommen „weiterzudichten"? Lassen Sie doch einmal Ihre Vergleiche zu Metaphern verschmelzen, indem Sie das „wie" ausklammern. Die Sonne war ein…
2. Versuchen Sie, eine konkrete Situation, die Sie selbst erlebt haben, nachzuempfinden, indem Sie Metaphern suchen, die Ihre Gefühlslage charakterisieren. Vorschlag:
   - Ein verregneter Tag
   - Eine gute Nachricht
   - Abschied
3. Gestalten Sie in Ihrem Klassenzimmer eine „Metaphern-Wand" in Form eines Clusters. Jedes Klassenmitglied schreibt zu einem gemeinsamen Begriff eine oder mehrere Metaphern auf ein Blatt und heftet es an die Wand.

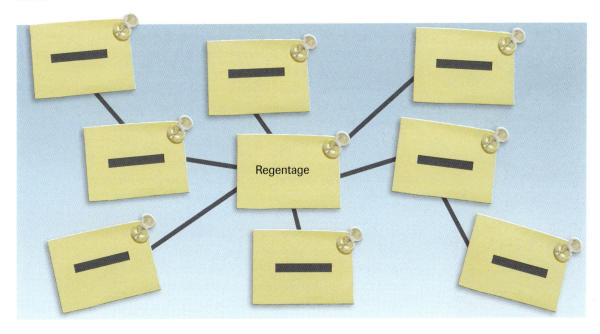

5 Kreatives Schreiben

Astrid Lindgren (1907–2002): Die weltbekannte Kinderbuchautorin wurde 1907 in Schweden geboren. Sie schrieb mehr als siebzig Kinder- und Jugendbücher, u.a. „Pippi Langstrumpf", „Wir Kinder von Bullerbü".

Tipp
Suchen Sie Gegenstände aus den Kindertagen (Fotos, Spielzeug, Kleider, Schulhefte), die Ihr Erinnerungsvermögen unterstützen.

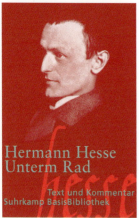

Auch berühmte Schriftsteller, z.B. Hermann Hesse, schreiben Kindheitserlebnisse auf.

> „Alles, was an Großem in der Welt geschah, vollzog sich zuerst in der Fantasie eines Menschen…"
>
> Astrid Lindgren

Salvador Dali (1904–1989): Endloses Rätsel

Je länger Sie ein Bild des spanischen Malers und Grafikers Salvador Dali (1904–1989) betrachten, desto mehr Dinge können Sie in ihm erkennen: ein Fabeltier, ein Gesicht, eine Mandoline usw.
Aber auch Bilder und innere Erlebnisse, die in Ihnen schlummern, haben Sie in diesem Kapitel gelernt wahrzunehmen, hervorzuholen und sprachlich zu fixieren. Die folgenden Vorschläge sollen Sie ermutigen, auch weiterhin experimentierfreudig mit dem Phänomen Sprache umzugehen.

Übung macht den Meister – Vorschläge für weitere Projekte
- Schreiben Sie Ereignisse aus Ihrer Kindheit auf, an die Sie sich noch gut erinnern können, z.B. Feste, Überraschungen, gefährliche Situationen.
- Notieren Sie Augenblicke des heutigen Tages, die aus irgendeinem Grund im Gedächtnis hängen geblieben sind.
- Protokollieren Sie alles, was Sie an einem Tag gemacht haben. Beginnen Sie mit dem Aufwachen und beenden Sie Ihre Notizen kurz vor dem Einschlafen.
- Sammeln Sie charakteristische Sprüche und typische Redeweisen von Freunden und Bekannten. Erzählen Sie Geschichten, die Sie mit diesen Aussprüchen verbinden.
- Suchen Sie ein Gesicht aus einer Illustrierten heraus, das Sie fasziniert, und versuchen Sie aus den Gesichtszügen zu lesen, was die Person schon alles erlebt haben könnte.
- Gehen Sie auf Foto-Jagd. Fotografieren Sie Bilder zu einem Thema (z.B. Bäume, Türen, Fenster) und schreiben Sie zu jedem Bild in einem kurzen Text darüber, was Sie mit dem Bild verbinden.

6

Die Welt
der Literatur

6.1 Poetische Texte – woran erkennt man sie?

Wenn wir uns der Welt der Literatur nähern wollen, dann müssen wir uns zunächst fragen, worin das Besondere poetischer Texte im Unterschied zu nichtpoetischen Texten liegt. Warum spricht uns ein Gedicht auf andere Weise an als ein Sachtext? Warum nehmen wir als Leser ein solches Gedicht als poetischen Text wahr und somit auch anders auf?

Die folgenden Bilder und zwei Texte sollen dabei helfen, diese Fragen zu beantworten.

Versuchen Sie zunächst, das in dem Bild dargestellte Geschehen mit eigenen Worten zu beschreiben.

Erwin Strittmatter:
siehe hierzu auch Seite 255.

Heidelerche
Erwin Strittmatter (1912–1994)

Wir hatten miteinander gestritten, und mich überkam die leidige Lust, ungerechte Worte zu sagen. Zornig verließ ich das kleine Haus.
Über dem Hof, in durchsonnter Luft, hing eine singende Heidelerche. Sie stieg und lockte, ließ sich fallen und schluchzte, stieg wieder an und stieg, wurde zum singenden Punkt und verschwand dann im Höhendunst, aber ihren Gesang hörte man fort und fort, und es schien, als klänge die Luft.
Mein Zorn war dahin. Ich ging zurück in das Haus und rief in die Stube: „Überm Hof singt die Heidelerche!"

Merkmale poetischer Texte
Jeder Text ist zunächst ein normalsprachlicher Text, bestehend aus Wörtern. Der nichtpoetische Text beschreibt vordergründig Fakten und Tatsachen. Poetische Texte haben eine zusätzliche Bedeutungsebene.
Poetische Texte sind zunächst **fiktionale Texte**, von einem Autor erfundene Texte. Das heißt aber nicht, dass sie deshalb weniger wahr sein müssen. Der Autor be-

6.1 Poetische Texte – woran erkennt man sie?

nutzt in poetischen Texten eine besonders **bildhafte Sprache**, um dem Leser seine persönlichen Gedanken auf anschauliche Weise mitzuteilen. Diese Bildsprache poetischer Texte macht es Lesern möglich, ganz unterschiedliche Assoziationen zu einem Text zu entwickeln, der Fantasie freien Lauf zu lassen. Poetische Texte sind also **mehrdeutige Texte**.

Außerdem gestaltet und wertet ein Schriftsteller in seinem poetischen Text auf besondere Weise. Er benutzt zum Beispiel Symbole, Leitmotive oder Wortneuschöpfungen, um sein gewähltes Thema umfassend und anschaulich zu präsentieren. Poetische Texte sind somit auch **ästhetische Texte**.

Diese Merkmale poetischer Texte zeigen schon, dass das Erschließen poetischer Texte weit komplizierter ist als das Erfassen nichtpoetischer Texte. Aber die zugrunde liegenden Merkmale der Gattungen Lyrik, Epik und Dramatik erleichtern die Interpretation poetischer Texte.

Assoziation:
Verknüpfung von Vorstellungen und Gedanken.

Ästhetik:
Wissenschaft vom Schönen.

Lexikoneintrag:

Feldlerche
Alauda arvensis

Verbreitung:
Europa, Asien, Nordafrika; eingeführt in Australien und Kanada

Habitat:
Heidefelder, Sümpfe, Sanddünen, Weideland und Ackerland

Länge: 18 cm
Die Feldlerche hat dunkle Flügel und einen langen Schwanz, die beide von einem hellen Saum umgeben sind; ihre Brust ist gestreift und den Kopf ziert ein kurzer, aber markanter Schopf. Sie lebt und ruht auf dem Boden, läuft mehr, als dass sie hüpft, und kauert sich bei Gefahr nieder. Wird sie aufgeschreckt, dann lässt sie ein helles „Tschirrup" ertönen. Feldlerchen lieben Staubbäder und sitzen gerne auf niedrigen Mäuerchen, Zäunen oder Telegrafendrähten. Gewöhnlich singt diese Lerche sehr früh am Morgen; sie ist meist der erste Vogel, der zu singen beginnt. Ihren charakteristischen Gesang lässt sie über lange Zeit hoch in der Luft erschallen.

▄▄ Aufgaben

1. Lesen Sie den Text „Heidelerche" von E. Strittmatter und vergleichen Sie ihn mit Ihrer Beschreibung des Bilds auf der linken Seite. Welche Unterschiede stellen Sie fest?

2. Lesen Sie nun den Lexikontext. Beide Texte beschreiben Flug und Gesang der Lerche.
   a) Suchen Sie die entsprechenden Textstellen in beiden Texten.
   b) Vergleichen Sie die Textstellen. Worin unterscheiden sie sich?

3. Untersuchen Sie, ob es sich bei dem Text von Strittmatter um einen poetischen Text handelt.
   Begründen Sie Ihre Aussage, indem Sie auf die Merkmale poetischer Texte Bezug nehmen.

6 Die Welt der Literatur

Genres:
Formen einer Gattung.

Der Schriftsteller **Heinz Kahlau** wurde im Jahre 1931 in Drewitz bei Potsdam geboren. Er war ein Meisterschüler von Bertolt Brecht.

Ludwig Renn
(1889–1979),
mit richtigem Namen Arno Viet von Golsenau.

William Shakespeare
(1564–1616), lebte in Stratford-upon-Avon, England.

6.2 Die literarischen Gattungen

Poetische Texte lassen sich nach ihren Merkmalen drei literarischen Gattungen zuordnen:

- **Lyrik**   • **Epik**   • **Dramatik**

Innerhalb jeder Gattung unterscheiden wir verschiedene Genres. Um einen Text angemessen interpretieren zu können, muss man die Merkmale der einzelnen Gattungen und Genres kennen.

Text 1:
Für Christine
Heinz Kahlau

1 Du legst in meine Hand dein winziges Gesicht.
   Warm blass und jung.
   Und deine Augen, die noch alles anschaun müssen,
   weil sie von allem viel zu wenig wissen,
5 und dein vertrauensvoller kleiner Mund,
   noch unversehrt von Bitternis und Küssen,
   sind jetzt so still,
   dass mich ein Schreck durchsticht.

10 Du legst in meine Hand dein winziges Gesicht.
   Du schaust mich an.
   Nein, so erwachsen bin ich nicht,
   dass ich dir darauf Antwort geben kann,
   wann unsre Welt so warm wie meine Hände ist.

Text 2:
Sauferei
Ludwig Renn

Einmal ließ sich der Sachsenkönig Friedrich August III. in einem Dorf rasieren. Der Barbier war so aufgeregt über die Ehre, die ihm widerfuhr, dass ihm die Hände zitterten und er den hohen Kunden in die Backe schnitt. „Das kommt vom vielen Saufen", sagte der König und meinte damit das Handzittern. „Ja", erwiderte der Barbier, „davon wird die Haut so spröde."

Text 3:
Romeo und Julia (25. Szene)
William Shakespeare

PRINZ: Der Brief sagt, was der Mönch erzählt hat, auch: Den Weg des Glücks, den Schreck vor ihrem Tod. Hier schreibt er noch: „Ich hab ein Gift gekauft von einem Apothekerhund und will zu Julia, zu sterben neben ihr."
Die Feinde wo, Capulet, Montague. Seht, welche Strafe steht auf euren Hass. Der Himmel tötete das Liebste euch. Ja, wir, der Staat, verziehen eurem Krieg. Und mussten dann Verwandte sterben sehn.
CAPULET: O Bruder Montague, gib deine Hand.
Hier nimm die Mitgift meines Kindes, denn was soll ich noch damit.
MONTAGUE: Ich geb dir mehr. Aus Gold bau ich das Grabmal für dein Kind. …
Alle gehen ab.

6.2 Die literarischen Gattungen

Merkmale der literarischen Gattungen

Suchen Sie nach einem poetischen Text, der Ihnen besonders gefällt. Dieses Buch bietet eine Auswahl. Sicher finden Sie auch zu Hause oder in einer Bibliothek Literatur, die Ihnen gefällt.

Tipp
Prägen Sie sich die Merkmale der Gattungen gut ein. Dann brauchen Sie im Weiteren nicht ständig nachzuschlagen.

Versuchen Sie einmal, die Merkmale einer Gattung Ihrem Text zuzuordnen.

Lyrik	Epik	Dramatik
• subjektivste Gattung • lebt von Stimmungen, Gedanken, Gefühlen, Bildern • besitzt Rhythmus, zu dem die metrische Bindung und der Reim treten können (siehe Kap. 6.2.1)	• erzählende Gattung • lebt von der Handlung • erzählt wird über abgeschlossene Vorgänge • Grundsituation ist das Vermitteln zwischen Ereignis und Zuhörer durch einen Erzähler (siehe Kapitel 6.2.2)	• lebt vom Konflikt • Rede und Gegenrede organisieren das Geschehen • gegliedert in Akte und Szenen • Monologe und Dialoge • realisiert sich erst auf der Bühne (siehe Kap. 6.2.3)

Aufgaben

1. Ordnen Sie die Texte 1–3 einer literarischen Gattung zu.
   a) Begründen Sie Ihre Entscheidung, indem Sie Merkmale der Gattung am Text nachweisen.
   b) Äußern Sie sich dabei zu Inhalt und Form.
2. Die Abbildung oben nennt wichtige Genres (Formen) der drei Gattungen. Ordnen Sie diese Genres den drei Gattungen zu. Wenn Sie unsicher sind, benutzen Sie das Kapitel 6, um weitere Informationen zu erhalten.
3. Bestimmen Sie die Genres der Texte 2 und 3.
4. a) Ordnen Sie folgenden Text einer literarischen Gattung zu. Gehen Sie dabei vom Inhalt aus.
   Achtung: Die Form des Textes wurde verändert:

   > Der Rauch. Das kleine Haus unter Bäumen am See. Vom Dach steigt Rauch. Fehlte er, wie trostlos dann wären Haus, Bäume und See.

   b) Versuchen Sie, den Text in die Originalform zu bringen.
   c) Finden Sie mithilfe eines Literaturlexikons heraus, wer dieses Gedicht geschrieben hat.

201

Lyra:
ein beliebtes Musikinstrument der Griechen der Antike, das der heutigen Harfe ähnlich sah.

Orpheus mit der Lyra; römisches Mosaik

Metrum:
Versmaß, regelmäßige Wiederholung von Hebungen und Senkungen im Gedicht.

Rhythmus:
Sprachmelodie.

Hinweis
Prägen Sie sich folgende Begriffe ein, Sie benötigen sie für das weitere Vorgehen:

lyrisches Subjekt
Zeilenstil
Zeilensprung
Paarreim:
a ⎫
a ⎭
b ⎫
b ⎭

Kreuzreim:

Schweifreim:

6.2.1 Lyrik – eine Gattung der Stimmungen

Lyrische Texte vermitteln in besonderem Maße Gedanken, Gefühle, Stimmungen und Bilder.
Von einem **lyrischen Subjekt**, vergleichbar mit dem Erzähler in der Epik, werden ganz persönliche Probleme in verdichteter Form ausgedrückt, nämlich mithilfe einer besonderen Bildsprache (siehe auch Seite 49 f.).
Man spricht deshalb auch von der „subjektivsten Gattung".
Der Begriff Lyrik stammt aus dem Griechischen: Die Lyra oder Leier war ein Musikinstrument, zu dem ein Sänger seine in Strophen gefassten Lieder sang.
Die besondere äußere Form ist ebenfalls ein Kennzeichen der Lyrik. Folgende Formmerkmale sind Ihnen vielleicht schon bekannt (vgl. auch Kapitel 7):

Vers
Der Vers ist eine metrisch-rhythmisch gebundene Zeile im Gedicht. Stimmt das Ende eines Verses mit dem des Satzes überein, spricht man vom Zeilenstil. Wird der Satz über das Versende weitergeführt, nennt man dies Zeilensprung (Enjambement).

Strophe
Die Strophe ist eine Versgruppe, die sich in gleicher oder ähnlicher Form innerhalb des Gedichtes wiederholt. Sie entspricht dem Absatz in der Prosa.

Reim
Wir unterscheiden im Wesentlichen vier Endreime:

- **Paarreim:**

Denk ich an Deutschland in der Nacht,	a
dann bin ich um den Schlaf gebracht,	a
ich kann nicht mehr die Augen schließen,	b
und meine heißen Tränen fließen.	b

  (H. Heine: Nachtgedanken)

- **Kreuzreim:**

Ich wollte lesen, nahm ein Buch und fand	a
in diesem Buche eine Ansichtskarte.	b
Und auf der leicht vergilbten Karte stand:	a
„Es war sehr schön. Komm wieder her. Ich warte."	b

  (R. Strahl: Mit tausend Küssen)

- **Schweifreim:**

Der Mond ist aufgegangen,	a
die goldnen Sternlein prangen	a
am Himmel hell und klar;	b
der Wald steht schwarz und schweiget,	c
und aus den Wiesen steiget	c
der weiße Nebel wunderbar	b

  (M. Claudius: Der Mond ist aufgegangen)

6.2 Die literarischen Gattungen

- **Umschließender Reim:**

Ein'Gems auf dem Stein,	a
Ein Vogel im Flug,	b
Ein Mädel, das klug,	b
Kein Bursch holt die ein.	a

(J. v. Eichendorff: Übermut)

Umschließender Reim

**männlicher Reim
weiblicher Reim
Binnenreim
Stabreim (Alliteration)
Assonanz**

Endet ein Vers auf einer betonten Silbe, dann spricht man von **männlichem oder stumpfem Reim**.
Ist die Endsilbe unbetont, dann handelt es sich um einen **weiblichen oder klingenden** Reim. Anstelle des Begriffes Reim verwendet man hier auch den Begriff **Kadenz**.

Beispiel: Tor – Ohr   (männlich)
   sagen – klagen   (weiblich)

Beim **Binnenreim** reimt sich das Wort am Versende mit einem Wort innerhalb der Verszeile: Eine <u>starke</u>, <u>schwarze</u> Barke
Unter **Stabreim (Alliteration)** versteht man den Gleichklang im Anlaut betonter Stammsilben: Kind und Kegel
Bei der **Assonanz** klingen nur die Vokale, nicht die Konsonanten gleich:
Tr<u>au</u>m – B<u>au</u>ch

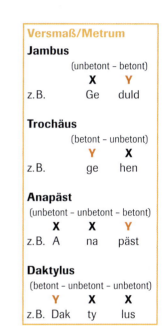

> **Versmaß/Metrum**
> Darunter versteht man die regelmäßige Abfolge von betonten und unbetonten Silben im Vers.
> **X** symbolisiert die Silbe, **Y** die Betonung.
> Wir unterscheiden vier wichtige Versmaße: **Jambus, Trochäus, Anapäst** und **Daktylus** (siehe Randspalte).

Wie Er wolle geküsset seyn
Paul Fleming (1609–1640)

1 Nirgends hin als auff den Mund,
   da sinckts in deß Hertzens Grund.
   Nicht zu frey, nicht zu gezwungen,
   Nicht mit gar zu fauler Zungen.

5 Nicht zu wenig, nicht zu viel.
   Beydes wird sonst Kinderspiel.
   Nicht zu laut und nicht zu leise
   Beyder Maß ist rechte weise.

   Nicht zu nahe, nicht zu weit.
10 Diß macht Kummer, jenes Leid.
   Nicht zu trucken, nicht zu feuchte,
   wie Adonis Venus reichte.

Paul Fleming: geboren in Hartenstein bei Zwickau, gestorben in Hamburg. Als Student in Leipzig stand er unter dem Einfluss der Leipziger Liederschule, deren bedeutendster Vertreter er wurde. 1633–39 nahm er an einer Gesandtschaftsreise über Russland nach Persien teil.

■ Aufgaben

1. Informieren Sie sich über die Entstehungszeit des Gedichtes „Wie Er wolle geküsset seyn" und ordnen Sie es einer Epoche zu. Hinweise finden Sie auch in Kapitel 6.3.
2. Erklären Sie, was unter einem lyrischen Subjekt zu verstehen ist.
3. Mit welchem Thema beschäftigt sich das lyrische Subjekt in dem Gedicht von Paul Fleming?
   Begründen Sie Ihre Meinung anhand der im Text vorkommenden Worte.
4. Erläutern Sie, wie das lyrische Subjekt zum Thema des Gedichtes steht.
5. Bestimmen Sie Reime und Versmaß des Gedichtes mithilfe der Angaben in der Randspalte dieses Abschnitts.

203

6 Die Welt der Literatur

Stefanie Maria Agassi, geborene Graf, besser bekannt als Steffi Graf, ist eine ehemalige deutsche Profi-Tennisspielerin.

Joseph Freiherr von Eichendorff gehört zu den berühmtesten Vertretern der deutschen Romantik. Er schrieb dieses Gedicht im Jahre 1809.

1805 beginnt Eichendorff das juristische Studium in Halle, das er 1807 in Heidelberg und 1809 in Berlin fortführte und 1810 in Wien beendete. Er nahm an den Freiheitskriegen teil und trat 1817 in den preußischen Staatsdienst ein. Seit 1855 lebte er in Neiße, wo er auch starb.

Gedichtformen

Innerhalb der Lyrik haben sich besondere Formen, vergleichbar mit den Genres in der Epik, herausgebildet. Lesen Sie zunächst die folgenden Beispieltexte:

Ach, Steffi
Ludwig Harig (*1927)

1 Es hat ein jedes Match sein eigenes Gesetz.
Sie bricht es, buchstabiert mit ernster Mädchenmiene
Das Tennisalphabet der reinen Spielmaschine
Und schreibt es neu. Was bleibt? Des Lehrbuchs Lehrgeschwätz.

5 Sie läuft und springt. Sie tanzt Figuren des Balletts,
wie Schlemmer sie entwarf an seiner Reißbrettschiene.
Sie kombiniert genial die Kraft mit der Routine:
Ach, Steffi, fass dein Herz, komm einmal vor das Netz!

10 Sie dringt ins Endspiel vor, spielt einen letzten Slice,
erwartet den Return mit Ungeduld und weiß,
dass keine Macht der Welt der Vorhand widersteht,

15 die ihren Schläger rafft -, empfängt jedoch den Preis
in kalter Höhenluft in einem fernen Eis,
aus dem ein schroffer Wind durch ihre Haare weht.

Das zerbrochene Ringlein
Joseph von Eichendorff (1788–1857)

1 In einem kühlen Grunde,
da geht ein Mühlenrad;
mein' Liebste ist verschwunden,
die dort gewohnet hat.

5 Sie hat mir Treu versprochen,
gab mir ein'n Ring dabei;
sie hat die Treu gebrochen,
mein Ringlein sprang entzwei.

10 Ich möcht als Spielmann reisen,
weit in die Welt hinaus,
und singen meine Weisen
und gehn von Haus zu Haus.

15 Ich möcht als Reiter fliegen,
wohl in die blut'ge Schlacht,
um stille Feuer liegen
im Feld bei dunkler Nacht.

20 Hör ich das Mühlrad gehen:
ich weiß nicht, was ich will –
ich möcht am liebsten sterben,
da wär's auf einmal still.

6.2 Die literarischen Gattungen

Kinder …?

Bertolt Brecht (1898–1956)

1 Anmut sparet nicht noch Mühe,
Leidenschaft nicht noch Verstand,
daß ein gutes Deutschland blühe
wie ein andres gutes Land.

5 Daß die Völker nicht erbleichen
wie vor einer Räuberin,
sondern ihre Hände reichen
uns wie anderen Völkern hin.

10 Und nicht über und nicht unter
andern Völkern wolln wir sein
von der See bis zu den Alpen,
von der Oder bis zum Rhein.

15 Und weil wir dies Land verbessern,
lieben und beschirmen wir's.
Und das Liebste, mag's uns scheinen,
so wie anderen Völkern ihr's.

Einige dieser lyrischen Formen sind Ihnen bestimmt bekannt:

Hymne Epigramm Elegie
Sonett Ballade Lied Ode

Elegie:
Klagegedicht.

Ode:
feierliches, meist reimloses Gedicht.

Hymne:
feierliches Lob- und Preislied.

Lied:
schlichtes Gedicht religiösen oder weltlichen Inhalts; Strophe besteht aus vier Versen, meist Kreuzreim mit wechselnder Kadenz.

Ballade:
enthält lyrische, epische und dramatische Elemente. Inhalt ist meist ein ungewöhnliches Geschehen aus der Geschichte.

Sonett:
zweigliedriges Gedicht: Auf zwei Vierzeiler (Quartette) folgen zwei Dreizeiler (Terzette). Häufig verwendetes Reimschema im Sonett:
abba abba cdc cdc

Brecht schrieb dieses Gedicht kurz nach dem Zweiten Weltkrieg.
Er hat die literarische Form des Gedichtes in der Überschrift benannt. Können Sie den Titel ergänzen?

Hinweis
Erich Kästner formulierte: „Es gibt nichts Gutes, außer: Man tut es."
Man nennt diesen pointierten Sinnspruch **Epigramm**.
In diesem Sinne:
Prägen Sie sich die Begriffe gut ein!

Aufgaben

1. Das Gedicht von Ludwig Harig beschreibt die Tennisspielerin Steffi Graf sehr genau.
   a) Was beschreibt der Autor in den ersten beiden Strophen, was in den zwei folgenden Strophen?
   b) Charakterisieren Sie die Tennisspielerin mit eigenen Worten.
   c) Bestimmen Sie Reim und Gedichtform. Die Formenbeschreibung in der Randspalte hilft Ihnen dabei, die Gedichtform zu erkennen.
   d) Erläutern Sie, was für Gründe der Autor dafür hatte, sich für diese strenge Form zu entscheiden.
2. Joseph von Eichendorff beschreibt im Gedicht eine zerbrochene Liebe.
   a) Beschreiben Sie den Gemütszustand des lyrischen Subjekts und belegen Sie Ihre Aussagen anhand von Textstellen.
   b) Bestimmen Sie auch hier Reim und Form des Gedichtes und stellen Sie Vermutungen an, warum diese Form gewählt wurde.
3. Bertolt Brecht beschreibt in dem Gedicht seine Vorstellungen von einem neuen Deutschland nach dem Zweiten Weltkrieg.
   a) In Brechts Gedicht fehlt ein Stück in der Überschrift. Überlegen Sie, welche lyrische Form hier ergänzt werden muss, damit die Überschrift vollständig ist.
   b) Brechts Text hat einen geschichtlichen Hintergrund. Welche Situation wollte Bertolt Brecht Ihrer Meinung nach ansprechen?

Beispieltext 1:
Ich stand wieder einmal an der Ecke, es war kalt und ich hatte nicht viel zu tun. So beobachtete ich den Verkehr. Plötzlich kam eine Motorradfahrerin um die Ecke gefahren, sie rammte den Bordstein, Bremsen quietschten, ein Aufschrei, die Fahrerin wurde vom Motorrad geschleudert und blieb leblos und blutüberströmt liegen. Ich wusste vor Aufregung nicht, was ich tun sollte.

Beispieltext 2:
Der junge Mann stand an der Ecke und beobachtete den Verkehr. Plötzlich kam eine Motorradfahrerin um die Ecke gebogen, rammte den Bordstein, das Motorrad kippte und die Fahrerin wurde auf die Straße geschleudert. Leblos blieb sie am Boden liegen.

Beispieltext 3:
Alfred stand fröstelnd auf dem Gehweg und beobachtete gelangweilt die Straße. Plötzlich erschrak er mächtig, denn eine Motorradfahrerin preschte um die Ecke, rammte mit einer hohen Geschwindigkeit den Bordstein, verlor die Kontrolle über das Motorrad und blieb blutüberströmt und völlig leblos neben dem umgestürzten Krad liegen.

Dimension: Ebene

6.2.2 Epik – eine handlungsorientierte Gattung

Die Mehrzahl der künstlerischen Literatur gehört der Gattung Epik an. Das Wort kommt aus dem Griechischen und bedeutet Bericht oder Erzählung. Alle epischen Texte sind nach einem sehr einfachen Prinzip aufgebaut:

EINER Autor und Erzähler	→	**ERZÄHLT** Art und Weise des Erzählens	→	**EINEM** Zuhörer inner- und außerhalb des Textes	→	**ETWAS** Stoff, Thema
①		②		③		④

Schauen wir uns diese Elemente eines epischen Textes genauer an.

① Wer ist „EINER"?

Wir unterscheiden zwischen dem Autor, der den Text verfasst hat, und dem Erzähler im Text. Beide können sich mehr oder weniger ähnlich sein, sind aber nie identisch!
Der Erzähler im Text kann uns in drei Formen begegnen, den sogenannten

Erzählperspektiven

personal	auktorial	Ich-Erzählung
• erkennbarer Erzähler fehlt • Figuren sprechen selbst • äußeres Geschehen dominiert • kaum Wertungen erkennbar	• Erzähler, der sich allwissend einmischt, kommentiert, reflektiert, wertet	• erlebte Vergangenheit des Erzählers • Wiedergabe von Gedanken, Gefühlen • beschränkter Sehbereich • (z.B. Tagebücher)

② Wie kann erzählt werden?

Zunächst kann ein epischer Text besondere **Erzähldimensionen** aufweisen:

zeitdeckend: Erzählzeit = erzählte Zeit
zeitraffend: Erzählzeit < erzählte Zeit
zeitdehnend: Erzählzeit > erzählte Zeit

6.2 Die literarischen Gattungen

Außerdem unterscheiden wir zwei

Darbietungsformen

Erzählerbericht
- Bericht
- szenische Darstellung
- Beschreibung
- Erörterung

Personenrede
- direkte / indirekte Rede
- erlebte Rede
- innerer Monolog
- *Stream of consciousness*
  (Bewusstseinsstrom)

> **Hinweis**
> Hilfestellungen zur Verwendung des Konjunktivs in der indirekten Rede finden Sie auf den Seiten 358–359.

> **Hinweis**
> Prägen Sie sich folgende Merkmale des Erzählens ein; Sie benötigen diese zur Interpretation epischer Texte (Kapitel 7):
> - Erzählperspektiven
> - Erzähldimensionen
> - Darbietungsformen
> - Komposition
> - Sprache/Stil
> - Thema
> - Stoff

Ein epischer Text besitzt auch eine **Komposition**; erkennbar sind Handlungsstränge, mitunter Rahmenhandlungen, Handlungsunterbrechungen und Neuansätze. Auch die bildhafte Sprache weist besondere Merkmale auf (vergleiche Seite 192).

(3) Wem wird der epische Text erzählt?

Auch hier unterscheiden wir zwischen

- einem Zuhörer im Text, der vielleicht vorhanden ist, und
- uns als Lesern, für die der Text geschrieben wurde und die sich mit ihm auseinandersetzen wollen.

(4) Was wird erzählt?

Meist hat der Autor ein bestimmtes geistiges Anliegen, das ihm wichtig ist und das er dem Leser mitteilen möchte. Um dieses **Thema** anschaulich zu machen, wählt er einen bestimmten **Stoff** aus der Wirklichkeit aus.

Aufgaben

1. Bestimmen Sie die Erzählperspektive in den drei Beispieltexten der linken Randspalte. Begründen Sie Ihre Entscheidung.

2. Lesen Sie die folgenden Beispiele zur Personenrede. Bestimmen Sie die Form:
   a) Er sagte, dass er jetzt gehe. Er dachte, jetzt sei es genug.
   b) Sie formulierte scharf: „Jetzt habe ich aber genug!"
   c) „Ob es am Ende wirklich eine Reise war, die er unternehmen wollte? Ob das, was er als Flucht geplant und unternommen, nicht bestimmt sein konnte, als Vergnügungsfahrt zu enden?"

3. Beschreiben Sie das Verhältnis von Erzählzeit und erzählter Zeit in folgenden Beispielen:
   a) In einer kurzen Erzählung wird ein Geschehen über viele Jahre hinweg verfolgt.
   b) Ein Autounfall, der wenige Sekunden dauerte, wird in einem Roman über mehrere Seiten hinweg beschrieben.

6 Die Welt der Literatur

Erzählen oder belehren – das ist in der Epik die Frage

Innerhalb der Epik unterscheiden wir eine Vielzahl von Formen (Genres). Hier nur ein kleiner Einblick. Einige Merkmale dieser Formen sind Ihnen sicher bekannt:

Kurzgeschichte Novelle Märchen Roman Reportage Parabel Erzählung Schwank Glosse Legende Fabel Anekdote Sage Gleichnis Kurzgeschichte Novelle Märchen Roman Reportage Parabel Erzählung Schwank Legende Fabel Anekdote Sage Gleichnis Novelle Märchen Roman Reportage Schwank Glosse Legende Fabel Gleichnis Kurzgeschichte Novelle Reportage Parabel Erzählung Schwank Anekdote Sage Gleichnis Märchen Roman Reportage Glosse Legende Fabel Kurzgeschichte Novelle Fabel Erzählung Schwank Anekdote Sage Gleichnis Novelle

narrativ: erzählend.

didaktisch: belehrend.

Da es sehr viele epische Formen gibt, kann man diese Genres nochmals unterteilen in stärker erzählende und stärker belehrende Texte.
Erstere nennt man auch narrative Texte, die anderen didaktische Texte.

Zu den **erzählenden Formen** gehören unter anderem folgende Genres:

Roman:
- epische Großform, die vor allem im traditionellen Roman des 19. Jahrhunderts die Wandlung der Beziehungen zwischen Individuum, also dem einzelnen Menschen, und der Gesellschaft in den Vordergrund rückt;
- im modernen Roman des 20. Jahrhunderts werden einige formale Merkmale teilweise aufgegeben, zum Beispiel
  - der einheitliche Erzählkern,
  - das chronologische Erzählen.

  An ihre Stelle tritt eine komplizierte Erzählweise mit Rückblenden, inneren Monologen und der Montage verschiedener Inhalte.
- wichtige deutsche Romanautoren: Thomas Mann, Heinrich Mann, Robert Musil, Martin Walser, Heinrich Böll, Günter Grass

chronologisch: zeitlich geordnet.

innerer Monolog: Gedankenäußerung einer Figur in der 1. Person Präsens.

6.2 Die literarischen Gattungen

Erzählung:
- epische Kleinform, deren Handlung ein abgeschlossenes Ganzes bildet,
- klare Gliederung,
- Naturbilder, Milieuschilderungen, Kommentare und Reflexionen bereichern das Geschehen und bieten Möglichkeiten der künstlerischen Verallgemeinerung.
- Autoren: Adalbert Stifter, Hermann Hesse, Anna Seghers (siehe die Beispiele in Kapitel 7, Seite 286 sowie 306).

Aufbau der Erzählung:

Einleitung ▶ Höhepunkt ▶ Schluss

Novelle:
- Gegenstand der Novelle ist ein in der Wirklichkeit vorstellbares Ereignis, häufig eine unerhörte Begebenheit;
- dramatischer Handlungsaufbau (kleine Schwester des Dramas);
- Ereignisfolge beruht auf einem zentralen Konflikt;
- Vorausdeutungstechniken, Leitmotive werden häufig verwendet.
- Autoren: G. Boccaccio, G. de Maupassant, H. v. Kleist, Th. Storm (siehe das Beispiel in Kapitel 7, Seite 298 f.).

Episode:
Ereignis von kurzer Dauer innerhalb eines größeren Zeitabschnitts.

pointiert:
betont, zugespitzt.

Aufbau der Novelle:

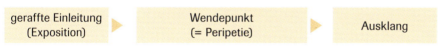

geraffte Einleitung (Exposition) ▶ Wendepunkt (= Peripetie) ▶ Ausklang

Der Falke in der „Falkennovelle" von Boccaccio (siehe Seite 298 ff.) durchzieht leitmotivisch den ganzen Text, er deutet auch kommende Geschehnisse an. Deshalb nennt man diese Theorie von Vorausdeutungstechniken in der Novelle auch Falkentheorie.

Anekdote:
- kurze, einepisodische, pointierte Erzählform
- knüpft an historische Tatsachen an
- zeigt am typischen Fall das Bild einer Persönlichkeit oder eines Ereignisses
- vom Schluss her aufgebaut (kurzer Spannungsaufbau und Pointe)
- besitzt drei Teile:

Aufbau der Anekdote:

occasio: Einleitung (knappe Darstellung der Fakten) ▶ provocatio: Überleitung (interpretiert die Einleitung unangemessen) ▶ dictum: Pointe (Antwort auf die Überleitung)

Aufgaben

1. Suchen Sie im Kapitel 7 eine Novelle heraus und weisen Sie die Merkmale der Novelle am Text nach.
2. Auf Seite 200 finden Sie den Text „Sauferei". Bestimmen Sie anhand seiner Merkmale die literarische Form und erläutern Sie den Aufbau des Textes.
3. Es gibt viele Anekdoten zu berühmten Persönlichkeiten: Musikern, Schriftstellern, Politikern. Oft erscheinen Sie im Feuilletonteil von Tageszeitungen. Stellen Sie eine Anekdote im Unterricht vor.

6 Die Welt der Literatur

■ Hinweis
Noch heute sprechen die Amerikaner von der Kurzgeschichte als „our national literary form" (unsere nationale Literaturform). Überlegen Sie einmal, welche günstigen Voraussetzungen ausgerechnet Amerika für die Herausbildung der Kurzgeschichte besaß.

Kurzgeschichten zeigen den Augenblick

Da die Kurzgeschichte im 20. Jahrhundert besondere Bedeutung erlangte, wollen wir uns diese Erzählform genauer und an einem Beispieltext ansehen.

Das Genre entstand zu Beginn des Jahrhunderts in Amerika. Es entwickelte sich aus der Novelle. Die entstehenden Presseorgane, zum Beispiel Zeitungen und Zeitschriften, benötigten kurze Texte, die den „eiligen Leser" fesseln sollten. Deshalb beschäftigen sich viele Kurzgeschichten auch mit gesellschaftspolitischen Themen. Bekannte Kurzgeschichtenautoren Amerikas sind Edgar Allan Poe, Washington Irving und Ernest Hemingway.

Die ersten deutschen Kurzgeschichten entstanden erst nach dem Zweiten Weltkrieg. Autoren wie Wolfgang Borchert beschrieben die schwere Nachkriegszeit (siehe hierzu Seite 290).

Heutzutage werden in vielen Kurzgeschichten zwischenmenschliche Probleme aufgegriffen. So auch in der folgenden Geschichte:

Julia Franck, in Berlin-Lichtenberg geboren, ist eine deutsche Schriftstellerin.

Streuselschnecke
Julia Franck (*1970)

1 Der Anruf kam, als ich vierzehn war. Ich wohnte seit einem Jahr nicht mehr bei meiner Mutter und meinen Schwestern, sondern bei Freunden in Berlin. Eine fremde Stimme meldete sich, der Mann nannte seinen Namen, sagte mir, er lebe in Berlin, und fragte, ob ich ihn kennen lernen
5 wolle. Ich zögerte, ich war mir nicht sicher. Zwar hatte ich schon viel von solchen Treffen gehört und mir oft vorgestellt, wie so etwas wäre, aber als es soweit war, empfand ich eher Unbehagen. Wir verabredeten uns. Er trug Jeans, Jacke und Hose. Ich hatte mich geschminkt. Er führte mich ins Café Richter am Hindemithplatz, und wir gingen ins Kino,
10 ein Film von Rohmer. Unsympathisch war er nicht, eher schüchtern. Er nahm mich mit ins Restaurant und stellte mich seinen Freunden vor. Ein feines Lächeln zog er zwischen sich und die anderen Menschen. Ich ahnte, was das Lächeln verriet. Einige Male durfte ich ihn bei seiner Arbeit besuchen. Er schrieb Drehbücher und führte Regie bei Filmen.
15 Ich fragte mich, ob er mir Geld geben würde, wenn wir uns treffen, aber er gab mir keins, und ich traute mich nicht, danach zu fragen. Schlimm war das nicht, schließlich kannte ich ihn kaum, was sollte ich da schon verlangen? Außerdem konnte ich für mich selbst sorgen, ich ging zur Schule und putzen und arbeitete als Kindermädchen. Bald würde ich alt
20 genug sein, um als Kellnerin zu arbeiten, und vielleicht wurde ja auch eines Tages etwas Richtiges aus mir. Zwei Jahre später, der Mann und ich waren uns noch immer etwas fremd, sagte er mir, er sei krank. Er starb ein Jahr lang, ich besuchte ihn im Krankenhaus und fragte, was er

210

sich wünsche. Er sagte mir, er habe Angst vor dem Tod und wolle es
so schnell wie möglich hinter sich bringen. Er fragte mich, ob ich ihm
Morphium besorgen könne. Ich dachte nach, ich hatte einige Freunde,
die Drogen nahmen, aber keinen, der sich mit Morphium auskannte.
Auch war ich mir nicht sicher, ob die im Krankenhaus herausfinden
wollten und würden, woher es kam. Ich vergaß seine Bitte. Manchmal
brachte ich ihm Blumen. Er fragte nach dem Morphium, und ich fragte
ihn, ob er sich Kuchen wünsche, schließlich wusste ich, wie gerne er
Torte aß. Er sagte, die einfachen Dinge seien ihm jetzt die liebsten – er
wolle nur Streuselschnecken, nichts sonst. Ich ging nach Hause und
buk Streuselschnecken, zwei Bleche voll. Sie waren noch warm, als
ich sie ihm ins Krankenhaus brachte. Er sagte, er hätte gerne mit mir
gelebt, es zumindest gern versucht, er habe immer gedacht, dafür sei
noch Zeit, eines Tages – aber jetzt sei es zu spät. Kurz nach meinem
siebzehnten Geburtstag war er tot. Meine kleine Schwester kam nach
Berlin, wir gingen gemeinsam zur Beerdigung. Meine Mutter kam
nicht. Ich nehme an, sie war mit anderem beschäftigt, außerdem hatte
sie meinen Vater zu wenig gekannt und nicht geliebt.

Der **Hindemithplatz** ist ein kleiner gepflasterter Platz im Berliner Ortsteil Charlottenburg, der vom St.-Georg-Brunnen beherrscht wird. Der von Bäumen umstandene Platz trägt seit dem 19. Oktober 1995 den Namen des deutschen Komponisten Paul Hindemith. Während der Teilung gehörte Charlottenburg zu West-Berlin.

Merkmale der Kurzgeschichte

Themen	Autoren	Gestaltungsweise			
		Handlungsaufbau	Figuren	Sprache	Realitätsbezug
• Alltagsthemen • Augenblicksdarstellungen • innere Konflikte • faktenarm • regen zum Nachdenken an	• kritisch (Moralisten) • epische Distanz gering (intimes Genre) • häufig Ich- oder personale Erzählperspektive	• linear • einsträngig • verdichtet (fokussiert) • Beginn/Ende unvermittelt • offener Schluss	• typisiert • Held oft Verlierer • Namen/Orte oft unbekannt	• einfach (Alltagssprache) • oft sozial/dialektal gefärbt • kühl • Dialoge	• fiktional • wahrhaftig

fiktional: in der Vorstellung existierend.

dialektal: mundartlich.

Aufgaben

1. Weisen Sie Merkmale der Kurzgeschichte am Text von Julia Franck „Streuselschnecke" nach. Notieren Sie diese stichpunktartig.
2. a) Schreiben Sie als Ich-Erzählerin nach dem Tod des Vaters einen Brief an Ihre Mutter, in dem Sie Ihr letztes Lebensjahr schildern und das Verhalten der Familienmitglieder bewerten.
   b) Reflektieren Sie hierzu die inhaltliche und formale Gestaltungsweise Ihres Briefs. Beachten Sie hierzu die Hinweise auf den Seiten 344–345.

6 Die Welt der Literatur

Volker Braun:
siehe auch Seite 254.

Bertolt Brecht:
siehe auch Seite 146.

Kennen Sie die Fabel des griechischen Fabeldichters **Äsop** „Der Wolf und das Lamm", auf die sich der Text bezieht? Stellen Sie Vermutungen darüber an, wie die Begegnung der beiden Tiere dort wohl verläuft.

Belehrende Literatur – ist das noch zeitgemäß?

Die belehrende oder auch didaktische Literatur der Gattung Epik existiert schon sehr lange. Eine dieser Formen ist die Fabel. Man nennt sie auch „Urform einer Geistesbetätigung", denn diese ersten Geschichten, die zunächst mündlich weitergegeben wurden, hatten belehrenden Charakter.

Verworfenes Beispiel japanischer Höflichkeit

Volker Braun (*1939)

Kunze berichtete mit sicht- und sonderbarem Vergnügen, dass in japanischen Betrieben die Mitarbeiter Gelegenheit haben, in den Keller zu gehn und sich vor einer Attrappe des Chefs abzureagieren. Sie knien da mit wutverzerrtem Gesicht, beschimpfen sein lachhaftes Bild oder boxen drauflos, spucken es an – Und das wird genehmigt? fragte Hinze. – Aber so wird der Chef nicht behelligt. – Das könnte dir, lachte Hinze, gefallen. – Vor allem wird das System nicht behelligt. – Wegen dieses letzteren Umstands, lächelte Hinze noch, will ich lieber dir selbst die Meinung sagen.

Rechtssprechung

Bertolt Brecht (1898–1956)

Herr K. nannte oft in gewisser Weise vorbildlich eine Rechtsvorschrift des alten China, nach der für große Prozesse die Richter aus entfernten Provinzen herbeigeholt wurden. So konnten sie nämlich viel schwerer bestochen werden (und mußten also weniger unbestechlich sein), da die ortsansässigen Richter über ihre Unbestechlichkeit wachten – also Leute, die gerade in dieser Beziehung sich genau auskannten und ihnen übelwollten. Auch kannten diese herbeigeholten Richter die Gebräuche und Zustände der Gegend nicht aus der alltäglichen Erfahrung. Unrecht gewinnt oft Rechtscharakter einfach dadurch, daß es häufig vorkommt. Die Neuen mußten sich alles neu berichten lassen; wodurch sie das Auffällige daran wahrnahmen. Und endlich waren sie nicht gezwungen, um der Tugend der Objektivität willen, viele andere Tugenden wie die Dankbarkeit, die Kindesliebe, die Arglosigkeit gegen die nächsten Bekannten zu verletzen oder so viel Mut zu haben, sich unter ihrer Umgebung Feinde zu machen.

Wolf und Lamm

Helmut Arntzen (*1931)

Der Wolf kam zum Bach. Da entsprang das Lamm. Bleib nur, du störst mich nicht, rief der Wolf. Danke, rief das Lamm zurück, ich habe im Äsop gelesen.

6.2 Die literarischen Gattungen

Der Todeskandidat

Günther Anders (1902–1992)

„Drei mal drei macht zehn", dekretierte der Führer. „... macht zehn", echoten sechsundneunzig von den hundert Schreiberlingen. „...ungefähr zehn", drei der kühneren Kollegen. „... ungefähr neun", der Kühnste. – Aber den kann ich bereits am Galgen sehen.

dekretieren:
verordnen, anordnen.

Helmut Arntzen:
in Duisburg geboren, ist ein deutscher Literaturwissenschaftler, Essayist und Fabelautor.

All diesen Formen sind wesentliche Merkmale gemeinsam:

- Didaktische Erzähltexte leben vom gleichnishaften Sagen; das Gesagte ist nicht bereits das Gemeinte.
- Das Gemeinte wird konkretisiert und in einer Beispielgeschichte verdeutlicht.
- Um den Text zu erfassen, muss man das Erzählte als Beispiel aufnehmen und aus ihm das Gemeinte herleiten.

Folgende zwei Formen finden wir auch heute noch oft:

- Die **Fabel** ist eine belehrende Dichtung, in der Tiere bestimmte menschliche Eigenschaften erhalten. Sie ist dialogisch aufgebaut. Oft wurde die Fabel zur indirekten sozialen Anklage genutzt (siehe hierzu auch Seite 282 ff.).
- Die **Parabel** wird auch die „menschliche Fabel" genannt, da in ihr Menschen, nicht Tiere, die Handlungsträger sind. Sie hat die Aufgabe, schwierige Zusammenhänge durch ein eingeschobenes Beispiel zu verdeutlichen.

Günther Anders:
in Breslau geboren und in Wien verstorben, war ein österreichischer Sozialphilosoph und Schriftsteller deutsch-jüdischer Herkunft. Anders beschäftigte sich mit den technischen und ethischen Herausforderungen der Gegenwart seiner Zeit.

dialogisch:
in Dialogform.

Tipp
Die genannten Merkmale lassen sich mithilfe einer Parabel, die Sie aus der Mathematik kennen, leicht einprägen:

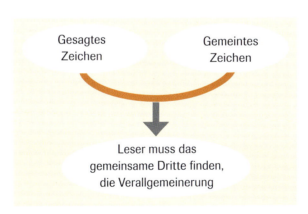

Aufgaben

1. Bestimmen Sie die literarische Form der vier Texte. Begründen Sie Ihre Entscheidung.
2. Warum will Hinze in Text 1 auch weiterhin seinem Chef die Meinung sagen? Formulieren Sie eine Lehre.
3. Auch Brecht und Anders kritisieren gesellschaftliche Zustände und menschliche Schwächen. Nennen Sie diese.
4. Inwiefern unterscheidet sich das Lamm von Arntzen von dem des Äsop? Suchen Sie den Text in einer Fabelsammlung, fassen Sie die Unterschiede zusammen und stellen Sie sie in einer Tabelle gegenüber.

Shakespeare:
Hamlet-Monolog (1948)

```
      Monolog:
   Selbstgespräch
    ↓         ↓
  episch    lyrisch
  schwer    Gefühle
  spielbare werden
  Zusam-    mitgeteilt
  menhänge
  werden
  erklärt
```

Dialog:
Wechsel- oder
Zwiegespräch.

Schiller:
Kabale und Liebe, 1995 in
Zwickau aufgeführt

6.2.3 Dramatik – das muss man gesehen haben

Dramatik realisiert sich auf der Bühne; erst durch die **szenische Aufführung** erschließt sich das Werk dem Zuschauer vollständig.
Regisseure, Dramaturgen, Bühnenbildner, Kostümbildner und Schauspieler haben Anteil an der szenischen Umsetzung des Dramentextes.

Die Handlung des Dramas wird bestimmt durch **Konflikte**, die entweder zwischen verschiedenen Personen (äußere Konflikte) oder im Innern einer Person (innere Konflikte) ausgetragen werden.
Gegliedert ist das Drama in **Akte** (Aufzüge), die aus **Szenen** (Auftritten) bestehen.

Der Haupttext des Dramas enthält die **Figurenrede**, also **Monologe** und **Dialoge**. Der Nebentext ist ebenfalls sehr wichtig, er gibt die für die Aufführung wichtigen Hinweise. Dies wird in folgender Szene aus der berühmten Tragödie Shakespeares „Romeo und Julia" deutlich:

> *Der alte Capulet in einem Schlafrock, und Lady Capulet.*
> **Capulet.**
> Was für ein Lerm ist das? Gebt mir meinen langen Degen, he!
> **Lady Capulet.**
> Eine Krücke, eine Krücke - - was wollt ihr mit einem Degen machen?
> **Capulet.**
> Meinen Degen, sag ich; da kommt der alte Montague, und fuchtelt mir mit seiner Klinge unter die Nase - -
> *Der alte Montague, und Lady Montague.*
> **Montague.**
> Du nichtswürdiger Capulet - - Halt mich nicht, laß mich gehn!
> **Lady Montague.**
> Du sollt mir keinen Fuß rühren, um einen Feind zu suchen.
> *Der Fürst von Verona mit seinem Gefolge tritt auf, erzürnt sich gewaltig über diesen Unfug, wirft den beyden Alten vor, daß sie ihrer Familien-Feindschaft wegen Verona schon dreymal in Aufruhr gesetzt, verbietet ihnen bey Todes-Strafe die Strassen nicht mehr zu beunruhigen, und tritt, nachdem er sie geschieden, wieder ab.*
> (aus: William Shakespeare: Romeo und Julia. Erster Aufzug, erste Szene)

Als Gestaltungsmittel werden weiterhin eingesetzt:
Botenbericht: Berichte über Dinge und Erscheinungen, die man auf der Bühne direkt nicht darstellen kann.
Prolog: Vorrede, die mit einigen Worten das Drama eröffnet, mitunter auch eine geschlossenes Vorspiel.
Epilog: Schlussrede.
Chor: Vor allem in der Antike, im Mittelalter und im modernen Drama verwendetes Mittel (z. B. zur Kommentierung von Handlungsweisen).

Auch in der Dramatik haben sich verschiedene Formen (Genres) herausgebildet: z. B. Tragödie, Komödie, Tragikomödie, Schauspiel.

6.2 Die literarischen Gattungen

Hier einige Stichpunkte, die den einzelnen Formen zuzuordnen sind:

**Tragödie
Komödie
Schauspiel
Tragikomödie**

Nimmt Elemente der Tragödie und der Komödie auf
TRAUERSPIEL
Drama mit ernster Handlung, in dem Konflikte weder tragisch noch komisch gelöst werden
Ein unvermeidbarer Gegensatz führt zum Untergang des Helden
Weist tragische Züge auf, besitzt jedoch einen glücklichen Ausgang
Lustspiel
Auftretende Konflikte erweisen sich als scheinbare, sie werden humorvoll gelöst

Grundsätzlich unterscheidet man zwischen dem **aristotelischen** und dem **nicht-aristotelischen** Theater. Die auf Aristoteles zurückgehende Dramentheorie geht von der Einheit von Ort, Zeit und Handlung im Drama aus. Diese „drei Einheiten" tragen zur Identifizierung des Zuschauers mit dem Bühnengeschehen bei. Der Zuschauer soll sich in das Geschehen hineinversetzen, mit den Figuren fühlen. Außerdem ist bei Aristoteles schon der Aufbau des klassischen Dramas mit seinen fünf Teilen (siehe folgende Seite) vorgeprägt.

Im Gegensatz dazu will das nicht-aristotelische Theater, insbesondere das epische Theater Brechts, die Illusion des Bühnenerlebnisses aufheben:
- Der Zuschauer soll nicht mitfühlen, sondern mitdenken.
- Er soll aus dem Spiel eigene Lehren ziehen, aktiv sein. Diese Aktivität wird unter anderem durch Verfremdungseffekte (Distanz des Schauspielers zur Rolle) ermöglicht.

Aristoteles:
bedeutender griechischer Philosoph (384–322 vor Chr.).

■ Hinweis
Brecht selbst hat in seinen Schriften episches und dramatisches Theater gegenübergestellt. Hier einige Aussagen, die man jeweils einer Form zuordnen kann:
- verwickelt den Zuschauer in eine Aktion
- macht den Zuschauer zum Betrachter
- weckt seine Aktivität
- verbraucht seine Aktivität
- erzwingt vom Zuschauer Entscheidungen
- ermöglicht ihm Gefühle
- vermittelt ihm Erlebnisse
- vermittelt ihm Erkenntnisse
- Zuschauer wird der Handlung gegenübergesetzt
- Zuschauer wird in die Handlung hineinversetzt
- Spannung auf den Gang der Geschichte
- Spannung auf den Ausgang

■ Aufgaben
1. Informieren Sie sich über die konkreten Aufgaben, die Regisseure, Dramaturgen, Bühnen- und Kostümbildner am Theater haben, und notieren Sie diese stichpunktartig.
2. Lesen Sie den Ausschnitt aus dem Stück „Romeo und Julia" auf der linken Seite. Nennen Sie alle Informationen, die der dort auftretende Nebentext enthält.
3. Ordnen Sie die Aussagen im oberen Teil dieser Seite den Begriffen in der rechten Randspalte zu. Falls Sie unsicher sind, schlagen Sie in einem Lexikon nach.
4. Fertigen Sie eine Tabelle mit zwei Spalten an. Ordnen Sie die Aussagen Brechts in der Randspalte dem dramatischen (aristotelischen) und dem epischen (nicht-aristotelischen) Theater zu.

6 Die Welt der Literatur

Dionysos:
griechischer Gott der Fruchtbarkeit und des Weines.

Dramatik – gestern und heute

Die Wurzeln des Dramas liegen im antiken Griechenland. Den Menschen bereitete es schon damals Freude, sich zu verkleiden und in andere Rollen zu schlüpfen. In Athen wurden im Rahmen der „Großen Dionysien", der Feste zu Ehren des Gottes Dionysos, die ersten dramatischen Spiele, Vorformen der Tragödie, gezeigt. Diese Aufführungen dauerten ganze drei Tage.
Berühmte Tragödiendichter des antiken Griechenlands waren
- Aischylos (um 525–456 v. Chr.),
- Sophokles (um 497–406 v. Chr.) und
- Euripides (um 484–406 v. Chr.).
- Aristophanes (um 445–385 v. Chr.) gilt als Hauptvertreter der griechischen Komödie.

Die antike Dramentheorie von Aristoteles (siehe Seite 215) wurde von den deutschen Dichtern der Aufklärung und der Klassik produktiv aufgenommen. Es entstand das klassische Drama mit seinen wesentlichen Merkmalen:

Inhalt / Funktion	Form
Auseinandersetzung mit sittlichen Grundwerten: Wahrheit, Aufrichtigkeit, Freiheit, Schönheit **Darstellung einer höheren Wirklichkeit** **Charaktere:** typische Menschen, die sich bemühen, ihre Konflikte im Rahmen der sittlichen Normen zu bewältigen (Symbolträger für Ideen) **Funktion:** Bühne als moralisch-belehrende Einrichtung (Schiller) **Ziel:** ästhetische Erziehung des Menschen	**Ordnung, Klarheit als Grundsatz** **Handlung:** Akte sollen Handlungsverlauf verdeutlichen Einheit von Ort, Zeit und Handlung kausaler Zusammenhang zwischen den Teilen des Dramas **Sprache:** Blankvers (ungereimter fünfhebiger Jambus, vergleiche Seite 203)

Aus diesen Vorgaben entwickelte der Kulturhistoriker und Schriftsteller Gustav Freytag 1863 das Schema des klassischen Dramenaufbaus.

Es entstand das klassische Drama mit seinen wesentlichen Merkmalen:
Viele Dramatiker späterer Zeit setzten sich mit dem klassischen Drama auseinander. Gegenentwürfe sind z. B.:
- das soziale Drama Georg Büchners (1813–1837),
  z. B. „Woyzeck" (siehe hierzu Seite 73 ff.);
- das epische Theater Bertolt Brechts (1898–1956),
  z. B. „Mutter Courage und ihre Kinder";
- das dokumentarische Theater Rolf Hochhuths (1933),
  z. B. „Der Stellvertreter";
- das absurde Theater Wolfgang Hildesheimers (1916),
  z. B. „Vergebliche Aufzeichnungen". „Nachtstück".

6.2 Die literarischen Gattungen

Heute werden dramatischer Werke entsprechend ihres formalen Aufbaus oft in geschlossene oder offene Dramen unterteilt:

geschlossene Form	offene Form
• Einheit von Raum, Zeit, Handlung – ein geschlossenes, abgerundetes Ganzes • eine zielstrebige Handlungsbewegung in eine Richtung • ein ausgewogenes Verhältnis zwischen Spiel und Gegenspiel	• Vielfalt von Raum, Zeit, Handlung • eine Vielzahl von nicht kausal verknüpften Einzelszenen • oft die soziale Umwelt als Gegenspieler der Hauptfigur

Häufig werden klassische Dramen auch in neueren Werken aufgegriffen. Eine bekannte **Parodie** auf Shakespeares „Romeo und Julia" schrieb Ephraim Kishon. Sie trägt den Titel „Es war die Lerche":

Parodie:
Gegengesang, verändert den Inhalt eines bekannten Werkes und verspottet damit das Original.

ES WAR DIE LERCHE

Ein heiteres Trauerspiel in zwei Teilen

PERSONEN
ROMEO MONTAGNE, Ballettlehrer (49)
PATER LORENZO, ein Franziskaner (98)
vom gleichen Schauspieler dargestellt

WILLIAM SHAKESPEARE, verstorbener Dichter (52)

JULIA MONTAGUE-CAPULET (43)
LUCRETIA, ihre und Romeos Tochter (14)
Ehemalige AMME von Julia (85)
von der gleichen Schauspielerin dargestellt

ORT DER HANDLUNG: Verona im Jahre 1623

ERSTER TEIL

Wohnung des Ehepaares Montague in Verona: ein schäbiges Schlafgemach, das zugleich als Küche und als Speisekammer dient. Die Möbelstücke, die farbigen Wände und die abgeschabten Säulen, zwischen denen eine Wäscheleine gespannt ist, verweisen auf den Stil des elisabethanischen Zeitalters.
Das Mobiliar besteht aus einem Küchentisch, zwei Stühlen, einem kleinen Toilettentisch, einem eisernen Herd und einem Abwaschkübel, in dem sich schmutziges Koch- und Essgeschirr hochtürmt. Das Ganze macht einen verwahrlosten Eindruck, der da und dort noch Reste einstigen Wohlstands erkennen lässt.
Der Haupteingang befindet sich im Hintergrund. Rechts und links zwei kleinere Türen, von denen die eine ins Badezimmer, die andere in das Zimmer Lucretias führt. Außerdem sind in die beiden Seitenwände kaschierte Türöffnungen eingelassen, durch die der Geist William Shakespeares seine Auftritte und Abgänge vollzieht.
Beim Aufgehen des Vorhangs ist es Morgen. Der Raum liegt noch im Dunkeln, nur ein Sonnenstrahl bricht durch die undichten Jalousien ein und erhellt ein plumpes Doppelbett mit den Konturen der in Decken eingehüllten Montagues.
Leise Hintergrundmusik mischt sich mit Romeos lautem Schnarchen. Draußen kräht ein Hahn. Romeo hat sich im Bett aufgesetzt und gähnt gewaltig. Seine rundliche Gestalt steckt in einem gestreiften Schlafkostüm, seine Nachtmütze ist verrutscht, um seine Augen ist eine Socke geschlungen, die er jetzt zum Hals herunterzieht. Dann entfernt er die Wärmflasche von seinem Bauch, steigt aus dem Bett und tappt schlaftrunken zum Fenster, wobei er den krähenden Hahn auf Italienisch verflucht. Er zieht die Jalousien hoch – die Bühne wird hell – und schleudert einen Pantoffel durch das offene Fenster hinaus. Der Hahn lässt ein erschrecktes Aufgackern hören und verstummt.
Romeo beginnt, in einem Haufen von Kleidern und Wäsche nach seinen Socken zu suchen.

ROMEO: Wo sind meine Socken ... Santa Madonna ... Mache porcheria che puzza ... Julia, ich kann meine Socken nicht finden ...
JULIA bleibt unter der Decke und antwortet nicht.
ROMEO (stolpert über ein herumliegendes Schwert und schnallt es um): Gestern Abend waren sie noch hier ... Wo sind meine Socken, [...]

■ Aufgaben

1. Nennen Sie die fünf Teile, die den Aufbau des aristotelischen Dramas bestimmen.

2. Kishons Parodie zeigt Julia und Romeo in einer besonderen und ungewöhnlichen Situation. Sammeln Sie in Ihrer Klasse Argumente, die dafür und dagegen sprechen, einen klassischen Text zeitgemäß zu verarbeiten.

3. „Viele amerikanische Filme folgen dem klassischen Aufbau des Dramas." Versuchen Sie anhand Ihres Lieblingsfilms diese Aussage zu belegen bzw. zu widerlegen. Ordnen Sie hierfür den Handlungsverlauf des Films den einzelnen Aufbauphasen stichpunktartig zu.

6 Die Welt der Literatur

Residenz Würzburg, Treppenhaus

Fuge:
mehrstimmige Instrumentalstücke bei Johann Sebastian Bach (1685–1750), z.B. „Kunst der Fuge"; aber auch der gesetzmäßig und kunstvoll aufgebaute Wechselgesang für einen Chor.

Dreißigjähriger Krieg
(1618–1648): Folge von Kriegen, die auf deutschem Boden aus religiösen Gegensätzen und um die europäische Vormachtstellung des Hauses Habsburg geführt wurden.

Sonett:
eine Hauptform der lyrischen Dichtung aus zwei vier- und zwei dreizeiligen Strophen (siehe auch Seite 205).

6.3 Streifzug durch vier Jahrhunderte Literatur

6.3.1 Barock (1600–1720)

Mit dem Begriff Barock verbindet man oft überladene, reich verzierte Fassaden oder die üppigen Frauengemälde eines Rubens, vielleicht auch die schnellen Läufe der Fugen von Johann Sebastian Bach.

Der Begriff „Barock" ist abgeleitet von „barocco", unregelmäßige Perle. Er wurde zunächst in der bildenden Kunst und Architektur, später auch in der Musik und Literatur gebräuchlich.

Tatsächlich war der Barock vor dem Hintergrund des Dreißigjährigen Krieges eine Zeit starker Gegensätze. Einerseits herrschten Lebensfreude und Prunk an den Höfen der Fürsten, andererseits litten viele Menschen an den Folgen des Krieges und lebten in bitterster Armut und mit Todesangst.

Die Zeit des Barock war außerdem eine stark religiös bestimmte Epoche. Reformation und Gegenreformation, Protestantismus und Katholizismus bestimmten das Leben der Menschen. So ging man davon aus, dass der Mensch sich im irdischen Jammertal für das ewige Leben im Jenseits bewähren müsse.

Die Grundthemen der Literatur dieser Zeit waren deshalb
- der Gedanke der Vergänglichkeit alles Irdischen (Vanitas-Gedanke),
- die Empfehlung, schon zu Lebzeiten an den Tod zu denken (Memento mori), und
- die damit verbundene Aufforderung, den Tag zu nutzen (Carpe diem).
  (Vergleiche auch Seite 219.)

Die Dichter benutzten auffällig viele Bilder, Vergleiche und Symbole, um ihre Themen sprachlich umzusetzen. In der Lyrik war das Sonett eine beliebte Form.

Stichworte	Ereignisse/Themen/Dichter/Werke
Historische Grundlagen	Reformation und Gegenreformation, Dreißigjähriger Krieg, Westfälischer Friede
Grundgedanken	Lebensfreude (Nutze den Tag!), Vergänglichkeit alles Irdischen, Gedanken des Todes, Hoffnung auf besseres Leben im Jenseits
Lyrik	Martin Opitz (1597–1639): „Buch von der Deutschen Poeterey" (1624, Theorie) Paul Fleming (1609–1640) „Teutsche Poemata" (1642, Gedichtsammlung) Andreas Gryphius (1616–1664): „Andreas Gryphii Deutscher Gedichte Erster Theil" (1657)
Epik	Hans Jakob Christoffel von Grimmelshausen (1622–1676): „Simplicissimus Teutsch" (1668, Roman)
Dramatik	Daniel Casper von Lohenstein (1635–1683): „Ibrahim Sultan" (1673, Trauerspiel)

Es ist alles eitel

Andreas Gryphius (1616–1664)

1 Du siehst, wohin du siehst, nur Eitelkeit auf Erden.
Was dieser heute baut, reißt jener morgen ein;
Wo itzund Städte stehn, wird eine Wiese sein,
Auf der ein Schäferskind wird spielen mit den Herden;

5 Was itzund prächtig blüht, soll bald zertreten werden;
Was itzt so pocht und trotzt, ist morgen Asch und Bein.
Nichts ist, das ewig sei, kein Erz, kein Marmorstein.
Itzt lacht das Glück uns an, bald donnern die Beschwerden.

Der hohen Taten Ruhm muss wie ein Traum vergehn.
10 Soll denn das Spiel der Zeit, der leichte Mensch bestehn?
Ach, was ist alles dies, was wir für köstlich achten,

Als schlechte Nichtigkeit, als Schatten, Staub und Wind,
Als eine Wiesenblum, die man nicht nicht wiederfind't!
Noch will, was ewig ist, kein einig Mensch betrachten.

Heutige Welt-Kunst

Friedrich von Logau (1604–1655)

Anders Seyn/und anders scheinen:
Anders reden/anders meinen:
Alles loben/alles tragen/
Allen heucheln/stets behagen
Allem Winde Segel geben
Bös- und Guten dienstbar leben:
Alles Thun und alles Tichten
Bloß auff eignen Nutzen richten;
wer sich dessen wil befleissen
Kann politisch heuer heissen.

Ach Liebste, lass uns eilen

Martin Opitz (1597–1639)

Ach Liebste/lass uns eilen/
Wir haben Zeit:
Es schadet das verweilen
Uns beyderseit.
Der edlen Schönheit Gaben
Fliehn fuß für fuß:
Das alles was wir haben
Verschwinden muss.
Der Wangen Ziher verbleichet/
Das Haar wird greiß/
Der Augen Feuer weichet/
Die Brunst wird Eiß.
Das Mündlein von Corallen
Wird ungestalt/
Die Händ' als Schnee verfallen/
Und du wirst alt.
Drumb lass uns jetzt geniessen
Der Jugend Frucht/
Eh' als wir folgen müssen
Der Jahre Flucht.
Wo du dich selber liebest/
So liebe mich/
Gib mir/das/wann du giebest/
Verlier auch ich.

Peter Paul Rubens
(1577–1640): Raub der Töchter des Leukippos

Aufgaben

1. Erläutern Sie an einem der Textbeispiele, welche Grundgedanken des Barock aufgegriffen werden, und führen Sie diese stichpunktartig auf.
2. Interpretieren Sie ein ausgewähltes Gedicht des Barock (siehe hierzu eventuell auch Seite 325). Gehen Sie dabei auf Inhalt und Form ein. Nutzen Sie die Stichworte zum Barock, um weiterführende Informationen in Nachschlagewerken zu finden.

6 Die Welt der Literatur

„Weiße und Lessing bei der Neuberin"; 1748 bringt Friedrike C. Neuber Lessings „Der junge Gelehrte" zur Uraufführung

Hinweis
Das Selbstbewusstsein des Bürgers wird auch in der Auseinandersetzung zwischen Gottsched und Lessing deutlich: Während Gottsched im Drama nur den Adel für bestimmte Rollen zulässt (Ständeklausel), gibt es bei Lessing auch den bürgerlichen Helden.

rational:
von der Vernunft bestimmt.

Hinweis
Auch Dichtung soll Erkenntnisse vermitteln und belehren; so definiert Lessing die Fabel folgend: „Wenn wir einen allgemeinen moralischen Satz auf einen besonderen Fall zurückführen [...] und eine Geschichte daraus dichten, in welcher man den allgemeinen Fall anschauend erkennt, so heißt diese Erdichtung eine Fabel."

6.3.2 Aufklärung (1720–1785)

Die Aufklärung stellt eine gesamteuropäische Geistesbewegung dar. Noch im Barock stand der Glauben an eine gottgewollte Ordnung im Mittelpunkt des Denkens. Durch eine Reihe von naturwissenschaftlichen Entdeckungen rückten nun Verstand und Vernunft stärker ins Blickfeld. Damit stärkte sich das Selbstbewusstsein der Menschen, insbesondere das des Bürgertums. Wirtschaftlich im Aufstieg begriffen lehnte es sich zunehmend gegen den noch immer politisch herrschenden Adel auf und stellte die „gottgewollte Ordnung" infrage.

Ein führender Philosoph der deutschen Aufklärung, Immanuel Kant, formulierte dann 1784: „Aufklärung ist der Ausgang des Menschen aus seiner selbst verschuldeten Unmündigkeit." Aus dieser Aussage heraus entwickelte er den Wahlspruch der Aufklärung „Habe Mut, dich deines eigenen Verstandes zu bedienen." Diese Aufforderung umfasst programmatisch folgende Grundgedanken:
- Entwicklung eines bürgerlichen Selbstbewusstseins – **Emanzipationsgedanke**
- Herausbildung eines optimistischen Weltbildes, das davon ausging, dass der Mensch als Krone der Schöpfung die Gesetze der kosmischen Ordnung durchschauen muss – **Vernunftgedanke**
- Hinwendung zum Diesseits, Zurückdrängen des absoluten Anspruchs des Christentums – **Gedanke der Humanität und Toleranz**

Diesen Themen ist auch die Literatur der Aufklärung verpflichtet. Sie ersetzt das religiöse Wertesystem durch Begriffe wie Moral und Tugend.
Die Frühphase der Aufklärung ist durch das Wirken Gottscheds geprägt, der die Hauptaufgabe der Dichtung in der Belehrung und Erziehung sah. Die deutsche Bühne sollte erneuert werden, Gottsched orientierte sich am französischen Drama. Das führte zur Auseinandersetzung mit Lessing, der die produktive Aufnahme Shakespeares und des englischen Theaters forderte. Diese rationalistische Frühphase wurde etwa 1740 durch eine sogenannte empfindsame Phase abgelöst. Gedanken, Gefühle und Stimmungen standen nun wieder im Zentrum der Dichtung, wie etwa bei Klopstock oder Claudius.

Stichworte	Ereignisse / Themen / Dichter / Werke
Gesellschaftliche Grundlagen	naturwissenschaftliche Entdeckungen (Newton, Watt); Auflehnung des wirtschaftlich erstarkenden Bürgertums gegen den politisch herrschenden Adel; philosophische Grundlagen durch Voltaire, Rousseau, Leibniz, Kant
Grundgedanken	Emanzipation, Vernunft, Humanität, Toleranz
Richtungen	Rationalismus (Frühphase); Empfindsamkeit (Spätphase)

Stichworte	Ereignisse / Themen / Dichter / Werke
Lyrik	Klopstock (1724–1803): Oden
Epik	Lessing (1729–1781): „Vom Wesen der Fabel" (1759, Theorie), Fabelsammlungen. Lichtenberg (1742–1799): Aphorismen
Dramatik	Gottsched (1700–1766): „Versuch einer kritischen Dichtkunst vor die Deutschen" (1730, Theorie) Lessing (1729–1781): „Der siebzehnte Literaturbrief" (1759) „Hamburgische Dramaturgie" (1767, Theorie) „Miss Sara Sampson" (1755, erstes bürgerliches Trauerspiel)

Der freie Mann (Auszug)

(Ein Volkslied)

Gottlieb Konrad Pfeffel (1736–1809)

1 Wer ist ein freier Mann?
Der, dem nur eigner Wille
Und keines Zwingherrn Grille
Gesetze geben kann;
5 Der ist ein freier Mann.

Wer ist ein freier Mann?
Der das Gesetz verehret,
Nichts tut, was es verwehret,
10 Nichts will, als was er kann;
Der ist ein freier Mann.

Wer ist ein freier Mann?
Wem seinen hellen Glauben
Kein frecher Spötter rauben,
15 Kein Priester meistern kann;
Der ist ein freier Mann.

Wer ist ein freier Mann?
Der auch in einem Heiden
20 Den Menschen unterscheiden,
Die Tugend schätzen kann;
Der ist ein freier Mann.

Wer ist ein freier Mann?
Dem nicht Geburt noch Titel,
25 Nicht Sammetrock noch Kittel
Den Bruder bergen kann;
Der ist ein freier Mann.

Wer ist ein freier Mann?
30 Wem kein gekrönter Würger
Mehr, als der Name Bürger
Ihm wert ist, geben kann;
Der ist ein freier Mann.

Besitzer des Bogens

Gotthold Ephraim Lessing (1729–1781)

Ein Mann hatte einen trefflichen Bogen von Ebenholz, mit dem er sehr weit und sehr sicher schoss und den er ungemein werthielt. Einst aber, als er ihn aufmerksam betrachtete, sprach er: Ein wenig zu plump bist du doch! Alle deine Zierde ist die Glätte. Schade! – Doch dem ist abzuhelfen, fiel ihm ein. Ich will hingehen und den besten Künstler Bilder in den Bogen schnitzen lassen. – Er ging hin, und der Künstler schnitzte eine ganze Jagd auf den Bogen, und was hätte sich besser auf einem Bogen geschickt als eine Jagd?

Der Mann war voller Freuden. „Du verdienst diese Zierraten, mein lieber Bogen!" – Indem will er ihn versuchen, er spannt, und der Bogen - zerbricht.

◼ Aufgaben

1. Formulieren Sie die Lehre aus der Fabel „Besitzer des Bogens". Inwiefern spiegeln sich in dieser Fabel Gedanken der Aufklärung?

2. Beschreiben Sie das Menschenbild, das Pfeffel in seinem Volkslied gestaltet.

3. Erörtern Sie, ob der Wahlspruch der Aufklärung zu jeder Zeit angewandt werden kann.

4. Ziehen Sie andere, Ihnen bekannte Werke der Aufklärung heran (siehe auch die Stichworte zur Aufklärung) und zeigen Sie auf, wie dort die Grundgedanken der Aufklärung künstlerisch umgesetzt wurden.

6 Die Welt der Literatur

Frans Masereel:
Prometheus

Prometheus:
in der griechischen Mythologie Sohn eines Titanen, der den Menschen – gegen den Willen des Göttervaters Zeus – das Feuer gab. Als Strafe wurde er an einen Felsen gekettet, wo ihm ein Adler ständig die nachts nachwachsende Leber abfraß.

Individuum:
Mensch als Einzelwesen.

feudal:
vornehm, herrschaftlich, aristokratisch.

▬ Hinweis
Der Schweizer Christoph Kaufmann benannte das Schauspiel Friedrich Maximilian Klingers (1752–1831) „Wirrwarr" in „Sturm und Drang" um; so erhielt die Bewegung ihren treffenden Namen.

Göttinger Hainbund:
Zu ihm gehörten
- J. H. Voß (1751–1826)
- J. M. Miller (1750–1814)
- die Brüder F. L. Stolberg (1750–1819) und Ch. Stolberg (1748–1821)
- L.H.Ch. Hölty (1748–1776)

6.3.3 Sturm und Drang (1765 –1785)

Prometheus (Auszug)
Johann Wolfgang Goethe
(1749–1832)

1 [...]
Ich kenne nichts Ärmeres
Unter der Sonn als euch, Götter!
Ihr nähret kümmerlich
5 Von Opfersteuern
Und Gebetshauch
Eure Majestät
Und darbtet, wären
Nicht Kinder und Bettler
10 Hoffnungsvolle Toren.

Da ich ein Kind war,
Nicht wusste, wo aus noch ein
Kehrt ich mein verirrtes Auge
15 Zur Sonne, als wenn drüber wär
Ein Ohr, zu hören meine Klage,
Ein Herz wie meins,
Sich des Bedrängten zu erbarmen.

Wer half mir
20 Wider der Titanen Übermut?
Wer rettete vom Tode mich,
Von Sklaverei?
Hast du nicht alles selbst vollendet,
Heilig glühend Herz?
25 Und glühtest jung und gut,
Betrogen, Rettungsdank
Dem Schlafenden da droben?

Ich dich ehren? Wofür?
30 Hast du die Schmerzen gelindert
Je des Beladenen?
Hast du die Tränen gestillet
Je des Geängsteten?
Hat nicht mich zum Manne
35 geschmiedet
Die allmächtige Zeit
Und das ewige Schicksal,
Meine Herrn und deine?
[...]

Der Sturm und Drang war eine kurze, aber wichtige Epoche der Literatur. Auf dem geistigen Boden der Aufklärung entwickelte sich eine Protestbewegung vorwiegend junger Menschen. Diese meist dem aufstrebenden Bürgertum angehörenden Jugendlichen lehnten sich gegen die bestehenden gesellschaftlichen Verhältnisse unter dem noch herrschenden Feudaladel auf und forderten die Freiheit des Individuums. Gleichzeitig fühlten sie sich aber auch durch die Bindung an die starren Regeln und die einseitige Vernunftorientiertheit der Aufklärer in ihrem Schöpfertum eingeengt. Sie sahen im Künstler das eigenverantwortliche Genie, das auch die subjektiven Gefühle und Leidenschaften, die zu jedem Menschen gehören, in der Literatur gestaltet.

„Zurück zur Natur" – diese Forderung des französischen Philosophen Rousseau (1712–1778) schrieben sich die Stürmer und Dränger deshalb auch auf ihre Fahnen. Natur – damit verbanden sie vor allem die Fähigkeit, stark und intensiv zu empfinden. In Abgrenzung zur französischen Kultur wurde Shakespeare zu einem großen Vorbild, da aus seinen Figuren die Natur spreche. Auch Volkslieder wurden aus diesem Grund neu entdeckt – so gab J. G. Herder (1744–1803) „Stimmen der Völker in Liedern" (1778/79) heraus, eine berühmte Volksliedsammlung.

Die Lyrik des Sturm und Drang war meist Erlebnislyrik, das schaffende Genie mit seinen Emotionen stand im Vordergrund. Der „Göttinger Hainbund" (1772–1774) war zum Beispiel ein Freundschaftsbund junger Männer, die ihrem Genie und Vorbild Klopstock nacheiferten. Der Bund löste sich auf, als die Studenten ihr Studium in Göttingen beendet hatten und die Stadt verließen.

Die Dramatik kritisierte vor allem gesellschaftliche Missstände und plädierte für die Freiheit des Individuums. Epische Formen waren seltener. Sie behandelten meist individuelle Schicksale und hatten stark autobiografischen Charakter.

222

6.3 Streifzug durch vier Jahrhunderte Literatur

Stichworte	Ereignisse / Themen / Dichter / Werke
Gesellschaftliche Grundlagen	Kampf des aufstrebenden Bürgertums gegen den noch herrschenden Feudaladel, Siebenjähriger Krieg (1756–63), Französische Revolution (1789–95)
Grundgedanken	Kritik an den gesellschaftlichen Verhältnissen, Freiheit des Individuums, Geniezeit, eigenverantwortlicher Mensch mit seinen Gefühlen steht im Vordergrund, enges Verhältnis zur Natur
Lyrik	Johann Wolfgang Goethe (1749–1832): „Sesenheimer Lieder" Johann Gottfried Herder (1744–1803): „Stimmen der Völker in Liedern" (1778/79)
Epik	Johann Wolfgang Goethe (1749–1832): „Die Leiden des jungen Werther" (1774) Johann Heinrich Jung-Stilling (1740–1817): „Heinrich Stillings Jugend" (1777)
Dramatik	Friedrich Schiller (1759–1805): „Die Räuber" (1780) Jakob Michael Reinhold Lenz (1751–1792): „Der Hofmeister oder Vorteile der Privaterziehung" (1774)

Auszug aus dem Briefroman

„Die Leiden des jungen Werther"

(J. W. Goethe)

Gespräch zwischen Albert und Werther
(Ich-Erzähler)

1 „Ich kann mir nicht vorstellen, wie ein Mensch so töricht sein kann, sich zu erschießen; der bloße Gedanke erregt mir Widerwillen."
„Dass ihr Menschen", rief ich aus, „um von einer
5 Sache zu reden, gleich sprechen müsst: ‚Das ist töricht, das ist klug, das ist gut, das ist bös!' Und was will das alles heißen? Habt ihr deswegen die innern Verhältnisse einer Handlung erforscht? Wisst ihr mit Bestimmtheit die Ursachen zu entwickeln, warum sie
10 geschah, warum sie geschehen musste? Hättet ihr das, ihr würdet nicht so eilfertig mit euren Urteilen sein."
„Du wirst mir zugeben," sagte Albert, „dass gewisse Handlungen lasterhaft bleiben, sie mögen geschehen, aus welchem Beweggrunde sie wollen."
15 Ich zuckte die Achseln und gab's ihm zu. – „Doch, mein Lieber", fuhr ich fort, „finden sich auch hier einige Ausnahmen. Es ist wahr, der Diebstahl ist ein Laster: Aber der Mensch, der, um sich und die Seinigen vom gegenwärtigen Hungertode zu erretten, auf

20 Raub ausgeht, verdient der Mitleiden oder Strafe? Wer hebt den ersten Stein auf gegen den Ehemann, der im gerechten Zorne sein untreues Weib und ihren nichtswürdigen Verführer aufopfert? Gegen das Mädchen, das in einer wonnevollen Stunde sich in den unauf
25 haltsamen Freuden der Liebe verliert? Unsere Gesetze selbst, diese kaltblütigen Pedanten, lassen sich rühren und halten ihre Strafe zurück."
„Das ist ganz was anders", versetzte Albert, „weil ein Mensch, den seine Leidenschaften hinreißen, alle Be
30 sinnungskraft verliert und als ein Trunkener, als ein Wahnsinniger angesehen wird."
„Ach ihr vernünftigen Leute!", rief ich lächelnd aus. „Leidenschaft! Trunkenheit! Wahnsinn! Ihr steht so gelassen, so ohne Teilnehmung da, ihr sittlichen Men
35 schen, scheltet den Trinker, verabscheut den Unsinnigen, geht vorbei wie der Priester und dankt Gott wie der Pharisäer, dass er euch nicht gemacht hat wie einen von diesen. Ich bin mehr als einmal trunken gewesen, meine Leidenschaften waren nie weit vom
40 Wahnsinn und beides reut mich nicht: denn ich habe in einem Maße begreifen lernen, wie man alle außerordentlichen Menschen, die etwas Großes, etwas Unmöglichscheinendes wirkten, von jeher für Trunkene und Wahnsinnige ausschreien musste.

Aufgaben

1. Weisen Sie epochetypische Züge des Sturm und Drang an den Textbeispielen nach und notieren Sie Ihre Ergebnisse stichpunktartig.

2. Charakterisieren Sie Albert und Werther anhand des Textauszugs aus dem Roman von Goethe. Inwiefern geben sich die Figuren als Vertreter verschiedener Epochen zu erkennen?

6.3.4 Klassik (1786–1805)

Goethe und Schiller:
Denkmal in Weimar

Goethe-und-Schiller-Gruft in Weimar. Sie wurde unter Verwendung antiker Stilelemente im klassizistischen Stil erbaut. Hier ruhen die sterblichen Überreste beider Dichter.

pathetisch:
ausdrucksvoll, feierlich; wird auch abwertend verwendet: übertrieben gefühlvoll.

> *Edel sei der Mensch,*
> *Hilfreich und gut!*
> *Denn das allein*
> *Unterscheidet ihn*
> *Von allen Wesen,*
> *die wir kennen*
>
> (aus: Goethe: „Das Göttliche")

Der Begriff der Klassik wird einerseits als Wertmaßstab für etwas Mustergültiges, Vollendetes verwendet, andererseits benennt man Kunstepochen damit.

In der Musik spricht man von Wiener Klassik und meint damit die Werke Beethovens, Haydns und Mozarts. Die Literatur prägte den Begriff der Weimarer Klassik und versteht darunter einen kurzen Zeitabschnitt im Leben von Johann Wolfgang von Goethe und Friedrich von Schiller.

Begrenzt wird diese Zeit durch die Italienreise Goethes 1786 und den Tod Schillers 1805. In der Zusammenarbeit dieser beiden Dichter bildete sich eine neue Kunstauffassung heraus, die nicht politische, sondern überzeitliche, allgemein menschliche Themen aufgriff. Sie fußte auf den Ideen des idealistischen Philosophen Immanuel Kant (1724–1804).

Im Mittelpunkt stand der allseitig und harmonisch gebildete Mensch, der
- seine Gefühle, Neigungen zu zügeln vermag,
- sich selbst erzieht,
- seine Pflichten und das rechte Maß zum Handeln kennt und
- Regeln einhält.

Diesem Ideal der reinen Menschlichkeit sollte auch der Dichter nacheifern, den man als Erzieher der Nation betrachtete. Dieses Menschenbild verband somit Gedanken der Aufklärung und des Sturm und Drang zu einer neuen Qualität.

In den Werken der Antike sah man ein zeitloses Schönheitsideal gestaltet, das als Vorbild dienen konnte. Goethe hatte in Italien die römische Antike neu entdeckt, wie der Kunsthistoriker Winckelmann (1717–1768) sah er hier eine harmonische Verknüpfung von Verstand und Gefühl, Einfachheit, Schlichtheit und stiller Größe in idealer Weise verbunden.

In der Literatur war man bemüht, erhabene Stoffe in kunstvolle Formen zu setzen. Oft wurden antike Stoffe verwendet. Auch Strophenform und Versmaß der Antike griff man auf und mitunter verwendete man eine pathetische Sprache. Neben lyrischen Werken standen Ideen- und Geschichtsdramen sowie der Bildungsroman im Zentrum der Dichtung.

6.3 Streifzug durch vier Jahrhunderte Literatur

Stichworte	Ereignisse / Themen / Dichter / Werke
Historische und philosophische Grundlagen	Französische Revolution (1789–95), Philosophie des deutschen Idealismus (Immanuel Kant: „Kritik der praktischen Vernunft" 1788)
Grundgedanken	Ganzheitliches Menschenbild: der schöne, allseitig gebildete, sittliche und pflichtbewusste, humane Mensch als Schönheitsideal, Dichter als Erzieher der Menschheit, Aufnahme erhabener Stoffe und kunstvoller Formen der Antike als Vorbild
Lyrik	Balladen, z.B. Goethe: „Der Zauberlehrling"; Schiller: „Die Bürgschaft"; „Die Kraniche des Ibykus"; „Der Taucher" (1797)
Epik	Goethe: „Wilhelm Meisters Lehrjahre" (1796), Bildungsroman
Dramatik	Goethe: „Iphigenie auf Tauris" (1786); „Torquato Tasso" (1790); „Faust I" (1808); Schiller: „Wallenstein" (1798/99); „Maria Stuart" (1800); „Jungfrau von Orleans" (1801)

Die Teilung der Erde
Friedrich Schiller (1759–1805)

„Nehmt hin die Welt!", rief Zeus von seinen Höhen
Den Menschen zu, „nehmt, sie soll euer sein.
Euch schenk ich sie zum Erb und ew'gen Lehen,
Doch teilt euch brüderlich darein."

Da eilt, was Hände hat, sich einzurichten,
Es regte sich geschäftig Jung und Alt.
Der Ackermann griff nach des Feldes Früchten,
Der Junker pirschte durch den Wald.

Der Kaufmann nimmt, was seine Speicher fassen,
Der Abt wählt sich den edlen Firnewein.
Der König sperrt die Brücken und die Straßen
Und sprach: „Der Zehente ist mein."

Ganz spät, nachdem die Teilung längst geschehen.
Naht der Poet, er kam aus weiter Fern.
Ach! da war überall nichts mehr zu sehen,
Und alles hatte seinen Herrn!

„Weh mir! So soll denn ich allein von allen
Vergessen sein, ich, dein getreuster Sohn?"
So ließ er laut der Klage Ruf erschallen
Und warf sich hin vor Jovis Thron.

„Wenn du im Land der Träume dich verweilet",
Versetzt der Gott, „so hadre nicht mit mir.
Wo warst du denn, als man die Welt geteilet?"
„Ich war", sprach der Poet, „bei dir.

Mein Auge hing an deinem Angesichte.
An deines Himmels Harmonie mein Ohr,
Verzeih dem Geiste, der, von deinem Lichte
Berauscht, das Irdische verlor!"

„Was tun!" spricht Zeus, „die Welt ist weggegeben.
Der Herbst, die Jagd, der Markt ist nicht mehr mein.
Willst du in meinem Himmel mit mir leben.
Sooft du kommst, er soll dir offen sein."

Aus: Goethe: Faust.
Der Tragödie erster Teil

NACHT

In einem hochgewölbten, engen
gotischen Zimmer
FAUST unruhig auf seinem Sessel am Pulte
FAUST. Habe nun, ach! Philosophie,
Juristerei und Medizin,
Und leider auch Theologie!
Durchaus studiert, mit heißem Bemühn.
Da steh ich nun, ich armer Tor!
Und bin so klug als wie zuvor;

Heiße Magister, heiße Doktor gar,
Und ziehe schon an die zehen Jahr
Herauf, herab und quer und krumm
Meine Schüler an der Nase herum –
Und sehe, dass wir nichts wissen können!
Das will mir schier das Herz verbrennen.
Zwar bin ich gescheiter als alle die Laffen,
Doktoren, Magister, Schreiber und Pfaffen.
Mich plagen keine Skrupel noch Zweifel,
Fürchte mich weder vor Hölle noch Teufel –
Dafür ist mir auch alle Freud entrissen.
Bilde mir nicht ein, was Rechts zu wissen,
Bilde mir nicht ein, ich könnte was lehren

Die Menschen zu bessern und zu bekehren
Auch hab ich weder Gut noch Geld,
Noch Ehr und Herrlichkeit der Welt.
Es möchte kein Hund so länger leben!
Drum hab ich mich der Magie ergeben,
Ob mir durch Geistes Kraft und Mund
Nicht manch Geheimnis würde kund.
Dass ich nicht mehr, mit saurem Schweiß,
Zu sagen brauche, was ich nicht weiß.
Dass ich erkenne, was die Welt
Im Innersten zusammenhält.
Schau alle Wirkenskraft und Samen,
Und tu nicht mehr in Worten kramen.

Aufgaben

1. Erläutern Sie, wie das klassische Menschheitsideal in den Texten künstlerisch dargestellt wurde, und notieren Sie Ihre Ergebnisse stichpunktartig.

2. Was kann der mitunter geäußerten Meinung „Klassik kann man sich im Museum ansehen, wenn man sonntags nichts Besseres weiß; für unser heutiges Leben ist sie uninteressant!" entgegengesetzt werden?

6 Die Welt der Literatur

6.3.5 Romantik (1790–1830)

Titelblatt der Erstausgabe der Liedersammlung „Des Knaben Wunderhorn" von Achim von Arnim und Clemens Brentano

Novalis (1772–1801) beschreibt in seinem Roman „Heinrich von Ofterdingen" die Entwicklung eines mittelalterlichen Dichters zum Minnesänger. Dieser Heinrich träumt am Beginn des Werkes von einer „**blauen Blume**", die zum Symbol der romantischen Dichtung wird (siehe hierzu auch die Seiten 186 f.).

September-Morgen
Eduard Mörike
(1804–1875)
Im Nebel ruhet noch die Welt,
noch träumen Wald und Wiesen:
Bald siehst du, wenn der Schleier fällt,
den blauen Himmel unverstellt,
herbstkräftig die gedämpfte Welt
in warmem Golde fließen.

Eduard Mörike:
siehe auch Seite 320.

Fragment:
Bruchstück, Überrest; unvollständiges Werk.

Philipp Otto Runge: Wir Drei, 1805

Bezeichnet man heute einen Menschen als Romantiker, so meint man einen gefühlsbetonten, fantasievollen, etwas melancholischen und weltfremden Träumer. Diese Eigenschaften treffen auch auf viele Schriftsteller der Romantik zu, denn aus dieser Zeit stammt dieses Bild.

Die Epoche der Romantik entwickelte sich aus der Abkehr der jungen Generation von den Gedanken der Aufklärung und Klassik, so zum Beispiel der Abkehr von Rationalität, Formvollendung und klassischer Ausgewogenheit.

Die aus der idealistischen Philosophie von J.G. Fichte (1762–1814) übernommene Betonung des eigenen Ichs führte dazu, dass sich die Dichter als eine über den Gesetzen stehende Macht ansahen. Sie ließen nur das Gefühl als Organ des Erkennens und Wertens zu und forderten grenzenlose Freiheit für sich ein.

Im Streben nach emotionalen Erlebnissen verlor sich allerdings die Grenze zwischen Realität und Traumwelt. Der Widerspruch zwischen harter gesellschaftlicher Realität und den Träumen der Romantiker führte teilweise zu Resignation, Verzweiflung und Abkehr von der Welt. Fluchtpunkte waren

- zum einen das Mittelalter, das „goldene Zeitalter", in dem man alle Träume verwirklicht sah und das es wiederherzustellen galt,
- zum anderen die Natur und die Volkspoesie.

Zentrale Motive der Romantik sind
- die Sehnsucht,
- die Nacht,
- das Wandern,
- der Tod.

Die Blaue Blume erscheint als Sinnbild für Schönheit, Harmonie und unendliche Ferne. In der Dichtung wurde die Form gegenüber dem Inhalt vernachlässigt, viele Werke der Romantik sind nur als Fragment überliefert. Insbesondere Romane, die als bedeutsames Genre zu nennen sind, wurden oft nicht fertiggestellt. Auch Novellen, Märchen und Anekdoten wurden neben der Empfindungslyrik bevorzugt. Das Drama dagegen spielte nur eine untergeordnete Rolle.

6.3 Streifzug durch vier Jahrhunderte Literatur

Stichworte	Ereignisse / Themen / Dichter / Werke
Historische Grundlagen	Befreiungskriege, Wiener Kongress (1815), Gründung des deutschen Bundes, Restaurationspolitik, Julirevolution
Grundgedanken	Betonung des Gefühls, der Subjektivität, der Freiheit; starkes Nationalgefühl; Wertschätzung des Mittelalters, der Volkspoesie Motive: Sehnsucht, Wandern, Natur, Nacht, Traum, Tod, blaue Blume bevorzugte Gattungen: Empfindungslyrik, Epik (Roman, Novelle, Anekdote, Märchen)
Frühromantik	Jenaer Romantik: philosophisch orientiert, subjektiver Idealismus, Weltschmerz; Dichter: Ludwig Tieck (1773–1853), Brüder August Wilhelm (1767–1845) und Friedrich Schlegel (1772–1829) (Shakespeare-Übersetzer), Friedrich von Hardenberg (Novalis) (1772–1801), Dorothee Schlegel (1763–1839)
Hochromantik	Heidelberg und Berlin: Betonung der nationalen Kulturkräfte, des Mittelalters, der Volkspoesie; konservativ; Dichter: Achim von Arnim (1781–1831), Clemens Brentano (1778–1842) („Des Knaben Wunderhorn"), Joseph von Eichendorff (1788–1857), Jacob (1785–1863) und Wilhelm Grimm (1786–1859), Bettina von Arnim (1785–1859), Karoline von Günderode (1780–1806)
Spätromantik	Schwäbische Romantik: historisch interessiert; Dichter: Wilhelm Hauff (1802–1827), Johann Peter Hebel (1760–1826), Eduard Mörike (1804–1875), Ludwig Uhland (1787–1862)

Novalis (1772–1801) beschreibt in seinem Roman „Heinrich von Ofterdingen" die Entwicklung eines mittelalterlichen Dichters zum Minnesänger. Dieser Heinrich träumt am Beginn des Werks von einer „Blauen Blume", die zum Symbol der romantischen Dichtung werden sollte. (Siehe auch Seite 184.)

„Eine Art von süßem Schlummer befiel ihn, in welchem er unbeschreibliche Begebenheiten träumte, und woraus ihn eine andere Erleuchtung weckte. Er fand sich auf einem weichen Rasen am Rande einer Quelle, die in die Luft hinausquoll und sich darin zu verzehren schien. Dunkelblaue Felsen mit bunten Adern erhoben sich in einiger Entfernung; das Tageslicht, das ihn umgab, war heller und milder als das gewöhnliche, der Himmel war schwarzblau und völlig rein. Was ihn aber mit voller Macht anzog, war eine hohe lichtblaue Blume, die zunächst an der Quelle stand, und ihn mit ihren breiten, glänzenden Blättern berührte. Rund um sie her standen unzählige Blumen von allen Farben, und der köstlichste Geruch erfüllte die Luft. Er sah nichts als die blaue Blume, und betrachtete sie lange mit unnennbarer Zärtlichkeit."

Die zwei Gesellen Joseph von Eichendorff (1788–1857)

1 Es zogen zwei rüstige Gesellen
Zum ersten Mal von Haus,
So jubelnd recht die hellen,
klingenden, singenden Wellen
5 Des vollen Frühlings hinaus.

Die strebten nach hohen Dingen,
die wollten, trotz Lust und Schmerz,
Was Rechts in der Welt vollbringen,
10 Und wem sie vorübergingen,
Dem lachten Sinnen und Herz. –

Der Erste, der fand ein Liebchen,
Die Schwieger kauft' Hof und Haus;
Er wiegte gar bald ein Bübchen,
15 Und sah aus heimlichen Stübchen
Behaglich ins Feld hinaus.

Dem Zweiten sangen und logen
Die tausend Stimmen im Grund,
20 Verlockend' Sirenen, und zogen
Ihn in der buhlenden Wogen
Farbig klingenden Schlund.

– Und wie er auftaucht vom Schlunde,
Da war er müde und alt,
25 Sein Schifflein das lag im Grunde,
So still wars rings in die Runde,
Und über die Wasser wehts kalt.

Es singen und klingen die Wellen
30 Des Frühlings wohl über mir;
Und seh ich so kecke Gesellen,
Die Tränen im Auge mir schwellen
Ach Gott, führ uns lieblich zu dir!

■■ Aufgaben

1. Begründen Sie, weshalb Märchen zu den bevorzugten Genres der Romantik gehörten. Beziehen Sie sich auf die Grundgedanken dieser Epoche.

2. a) Beschreiben Sie die zwei Lebenswege, die Eichendorff im Gedicht skizziert hat.
   b) Fassen Sie zusammen, worin sich die Lebenswege unterscheiden.
   c) Erfinden Sie zwei Lebensläufe aus heutiger Zeit, die ähnlichen Grundsätzen folgen.

6 Die Welt der Literatur

6.3.6 Biedermeier, Vormärz und Junges Deutschland (1815–1850)

Befreiungskriege:
die Kriege von 1813–1815, die Deutschland, Italien und Spanien von der französischen Herrschaft unter Napoleon I. befreiten.

Biedermeier:
Der Begriff wurde von Ludwig Eichrodt geprägt, der in einem Text den Typ des redlichen und unpolitischen Herrn Biedermeier gestaltet hatte.

Junges Deutschland:
Sammelbezeichnung für kritische junge Schriftsteller, zum Beispiel Heinrich Heine (1797–1856), Ludwig Börne (1786–1837) und Georg Büchner (1813–1837).

Vormärzliteratur:
kritische Literatur im Vorfeld der Märzrevolution in Deutschland 1848. Vertreter sind zum Beispiel Heinrich Hoffmann von Fallersleben (1798–1874), Ferdinand Freiligrath (1810–1876) und Georg Weerth (1822–1856).

Restauration:
Wiedereinrichtung der alten politischen und sozialen Ordnung nach einem Umsturz.

Almanach:
ein bebildertes, in Kalenderform angelegtes Jahrbuch.

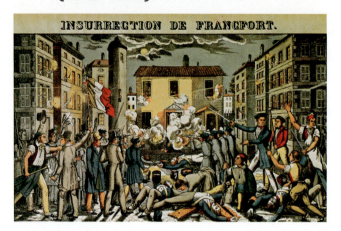

Sturm auf die Frankfurter Hauptwache am 3. April 1833; zeitgenössischer Holzstich

Auf die Zeit nach den Befreiungskriegen reagierte die Literatur auf ganz unterschiedliche Weise. Eindrucksvoll ist ihre Spannbreite
- vom **Biedermeier** auf der einen Seite und
- der Bewegung **Junges Deutschland** sowie der sogenannten **Vormärzliteratur** auf der anderen Seite.

An den Sieg über die napoleonische Fremdherrschaft hatten viele Menschen die Hoffnung auf Freiheit und einen modernen deutschen Nationalstaat gebunden. Die Realität brachte allerdings einen Rückschritt hin zu Unterdrückung, Zensur und Unfreiheit, der sogenannten Restaurationszeit.

Bei einem Teil der Schriftsteller, den Vertretern des Biedermeier, führte diese Entwicklung zu einem Rückzug ins Privat-Familiäre. Dieser Rückzug war gekennzeichnet durch die Suche nach einer heilen, harmonischen Welt und nach Geborgenheit. Teilweise führte er sogar zu einem Weltschmerzempfinden, zumindest zu dem Wissen um die Bedrohung dieser idyllischen Welt.

Zirkel und Vereine wurden gegründet, in denen man sich mitteilte, Schriftsteller wie Eduard Mörike, Franz Grillparzer, Adalbert Stifter und Johann Nestroy äußerten sich in verschiedenen literarischen Formen. Besonders beliebt waren Lyrik und Prosa. Almanache und Taschenbücher entstanden.

Nicht mit Rückzug, sondern mit Protest gegen die bestehenden Verhältnisse reagierten dagegen die Schriftsteller der Bewegung Junges Deutschland und des Vormärz. Literatur sollte nach ihren Vorstellungen Waffe im Kampf gegen soziale Unterdrückung, für Freiheit und Gleichberechtigung sein. Dies war allerdings sehr schwierig, da die literarischen Werke einer strengen Zensur unterlagen. So nutzen die Schriftsteller vor allem
- Reisebeschreibungen über andere Länder,
- journalistische Schriften und
- Texte mit betont satirischer oder ironischer Erzählhaltung.

Über diese Schriften versuchten sie, ihre Gedanken zu den gesellschaftlichen Zuständen im eigenen Land in verschlüsselter Form an den Leser zu bringen.

Stichworte	Ereignisse / Themen / Dichter / Werke	
Historische und philosophische Grundlagen	Befreiungskriege, Wiener Kongress (1815), Karlsbader Beschlüsse (1819), bürgerlich-demokratische Revolution von 1848 Karl Marx (1818–1883), Friedrich Engels (1820–1895)	
	Biedermeier	**Vormärz, Junges Deutschland**
Grundgedanken	Rückzug in den privaten Bereich, Suche nach einer harmonischen Welt voller Geborgenheit, idyllische Naturbeschreibungen, Weltschmerz	Protest gegen Unterdrückung und Zensur; Kampf um Freiheit, für verbesserte soziale Verhältnisse; Ablehnung von Klassik und Romantik, Hinwendung zu journalistischen Genres (z.B. Flugblätter)
Lyrik	Annette von Droste-Hülshoff (1797–1848): Naturlyrik	August Heinrich Hoffmann von Fallersleben (1798–1874): „Unpolitische Lieder" (1840)
Epik	Annette von Droste-Hülshoff (1797–1848): „Die Judenbuche", Novelle	Heinrich Heine (1797–1856): „Reisebilder" (1826–1831), Erzählungen Karl Gutzkow (1811–1878): „Wally, die Zweiflerin" (1835), Roman
Dramatik	Franz Grillparzer (1791–1872): „Ein Bruderzwist in Habsburg" (1872) Johann Nepomuk Nestroy (1801–1862): „Der böse Geist Lumpazivagabundus", Volksstück	Georg Büchner (1813–1837): „Woyzeck" (1879); „Dantons Tod" (1835)

Die schlesischen Weber
Heinrich Heine (1797–1856)

1 Im düstern Auge keine Träne,
Sie sitzen am Webstuhl und fletschen die Zähne:
Deutschland, wir weben dein Leichentuch,
Wir weben hinein den dreifachen Fluch –
5 Wir weben, wir weben!

Ein Fluch dem Götzen, zu dem wir gebeten
In Winterskälte und Hungersnöten;
Wir haben vergebens gehofft und geharrt,
Er hat uns geäfft und gefoppt und genarrt –
10 Wir weben, wir weben!

Ein Fluch dem König, dem König der Reichen,
Den unser Elend nicht konnte erweichen,
Der den letzten Groschen von uns erpresst
15 Und uns wie Hunde erschießen lässt –
Wir weben, wir weben!

Ein Fluch dem falschen Vaterlande,
Wo nur gedeihen Schmach und Schande,
Wo jede Blume früh geknickt,
20 Wo Fäulnis und Moder den Wurm erquickt –
Wir weben, wir weben!

Das Schiffchen fliegt, der Webstuhl kracht,
Wir weben emsig Tag und Nacht –
25 Altdeutschland, wir weben dein Leichentuch,
Wir weben hinein den dreifachen Fluch.
Wir weben, wir weben!

Gebet
Eduard Mörike (1804–1975)

1 Herr! Schicke, was du willst,
Ein Liebes oder Leides;
Ich bin vergnügt, dass beides
Aus deinen Händen quillt.

5 Wollest mit Freuden
Und wollest mit Leiden
Mich nicht überschütten!
Doch in der Mitten
Liegt holdes Bescheiden.

Der Kritiker
Franz Grillparzer (1791–1872)

1 Die Dichtkunst, sagt man oft und sagt es laut,
Sie sei ein Bild und Spiegel dieses Lebens:
Drum, wenn ein Affe in das Dichtwerk schaut,
Hofft er auf einen Sokrates vergebens.

■■ Aufgaben

1. Informieren Sie sich über die geschichtlichen Ereignisse, die Heinrich Heine im Gedicht „Die schlesischen Weber" beschreibt, und erläutern Sie, wie konkret er auf die damaligen Zustände und Ereignisse eingeht.

2. Ordnen Sie die drei oben stehenden Gedichte dem Biedermeier beziehungsweise Vormärz zu. Begründen Sie Ihre Entscheidung.

3. Formulieren Sie die Aussage Grillparzers im Epigramm „Die Kritiker" mit eigenen Worten.

6.3.7 Realismus (1850–1890)

Adolf von Menzel: Das Eisenwalzwerk

Aristophanes (um 445–385 v. Chr.): griechischer Dichter. Er gilt als Vollender der Komödie. Von seinen Werken sind 11 erhalten, davon 9 aus der Zeit des Peloponnesischen Krieges (431–404 v. Chr.).

polarisieren: in seiner Gegensätzlichkeit immer stärker hervortreten.

Proletarier: Arbeiter.

idealisieren: beschönigend darstellen.

Hinweis
Theodor Fontane (1819–1898) formulierte zum Realismus:
„Vor allem verstehen wir nicht darunter das nackte Wiedergeben alltäglichen Lebens, am wenigsten seines Elends und seiner Schattenseiten." Die Hand, die in das volle Menschenleben greife, solle eine „künstlerische" sein.

Dinggedicht: In dieser Gedichtform steht ein Objekt im Mittelpunkt, das detailgetreu, jedoch ohne Empfindungen beschrieben wird.

Die realistische Schreibweise ist keine Erfindung des 19. Jahrhunderts. Schon in der Antike gab es die realistische Gestaltung, so etwa bei den Komödien von Aristophanes. Der Realismus des 19. Jahrhunderts war eine gesamteuropäische Bewegung, da sich in vielen europäischen Ländern vergleichbare Gesellschaftsentwicklungen abzeichneten.

Worauf gründete sich diese Entwicklung?
Nach der bürgerlich-demokratischen Revolution 1848/49 setzte auch in Deutschland, bedingt durch viele technische Neuerungen, die Industrialisierung ein. Dadurch polarisierte sich die Gesellschaft:
- Auf der einen Seite entwickelte sich ein starkes Großbürgertum, unermesslich reich und an Bildung interessiert,
- auf der anderen Seite das Industrieproletariat, meist bettelarm und mit wenig Bildungsmöglichkeiten.

In dieser Situation wandten sich die Schriftsteller wieder stärker den realen Prozessen des alltäglichen Lebens zu, eine idealisierte Darstellung der Wirklichkeit war nicht mehr gefragt. Allerdings verstand man darunter nicht die Darstellung der nackten Wahrheit. Otto Ludwig (1813–1865) prägte den Begriff des poetischen Realismus und stellte den Schriftstellern die Aufgabe, Wirklichkeit zwar realistisch abzubilden, sie jedoch dichterisch zu verklären. Hässliches und Grausames sollten ausgespart bleiben. Das führte dazu, dass besonders die frühen Texte oft ein wenig oberflächlich scheinen. In ihrem Mittelpunkt steht häufig das junge und erfolgreiche Großbürgertum, während das Kleinbürgertum und das Industrieproletariat kaum eine Rolle spielen. Auch Sozialkritik und die Darstellung echter Konflikte finden sich eher in den späten Werken.

Besondere Bedeutung erlangten epische Texte, denn es wurde verstärkt erzählt. So wurden viele Bildungs-, Abenteuer-, Entwicklungs- und auch Gesellschaftsromane veröffentlicht, aber auch Novellen und Erzählungen.

Die Dramatik stand weniger im Mittelpunkt der Darstellung, dennoch entwickelte Gustav Freytag in dieser Zeit die Dramentheorie weiter (siehe S. 216).

In der Lyrik fand eine Entwicklung weg von der Stimmungslyrik hin zu einer Dichtung statt, in der konkrete Bilder gestaltet wurden (z. B. das Dinggedicht). Auch die Balladendichtung erfuhr in dieser Zeit einen Höhepunkt.

6.3 Streifzug durch vier Jahrhunderte Literatur

Stichworte	Ereignisse / Themen / Dichter / Werke
Historische und philosophische Grundlagen	Bürgerliche Revolution (1848/49); Deutsch-Französischer Krieg (1870/71); Gründung des Deutschen Reiches (1871); Sozialdarwinismus, Sozialismus Friedrich Nietzsche (1844–1900), Karl Marx (1818–1883), Friedrich Engels (1820–1895)
Grundgedanken	• Künstlerische Gestaltung der Realität, des alltäglichen Lebens, jedoch Aussparung der hässlichen Elemente. • Im Frühwerk steht häufig der junge, aufwärts strebende, an Bildung interessierte Vertreter des Großbürgertums im Mittelpunkt der Darstellung. Im Spätwerk nehmen sozialkritische Tendenzen zu. Die Auflösung der bestehenden Wertmaßstäbe wird zum Gegenstand der Literatur.
Lyrik	Theodor Storm (1817–1888): „Die Stadt" Conrad Ferdinand Meyer (1825–1898): „Der Brunnen" Theodor Fontane (1819–1898): „John Maynard"
Epik	Gustav Freytag (1816–1895): „Soll und Haben" (1855), Bildungs- und Gesellschaftsroman Adalbert Stifter (1805–1868): „Nachsommer" (1857), Bildungsroman Marie von Ebner-Eschenbach (1830–1916): „Krambambuli" (1886)
Dramatik	Friedrich Hebbel (1813–1863): „Maria Magdalena" (1844)

Conrad Ferdinand Meyer (1825–1998)

Der schöne Brunnen

1 In einem römischen Garten
Weiß ich einen schönen Bronnen,
Vom Laubwerk aller Arten
Umwölbt und grün umsponnen.
5 Er steigt in lichtem Strahle,
Der unerschöpflich ist,
Und plätschert in eine Schale,
Die golden wallend überfließt.

10 Das Wasser flutet nieder
In zweiter Schale Mitte.
Und voll ist diese wieder,
Es flutet in die dritte:
Ein Geben und ein Nehmen
15 Und alle bleiben reich.
Und alle Stufen strömen
Und scheinen unbewegt zugleich.

Rom: Springquell (1860)

1 Es steigt der Quelle reicher Strahl
Und sinkt in eine schlanke Schal'.
Das dunkle Wasser überfließt
Und sich in eine Muschel gießt.
5 Es überströmt die Muschel dann
Und füllt ein Marmorbecken an.
Ein jedes nimmt und gibt zugleich
Und allesammen bleiben reich.
Und ob's auf allen Stufen quillt,
10 So bleibt die Ruhe doch im Bild.

Der römische Brunnen (1882)

1 Aufsteigt der Strahl und fallend gießt
Er voll der Marmorschale Rund,
Die, sich verschleiernd, überfließt
In einer zweiten Schale Grund;
5 Die zweite gibt, sie wird zu reich,
Der dritten wallend ihre Flut,
Und jede nimmt und gibt zugleich
Und strömt und ruht.

◼ Aufgaben

1. Vergleichen Sie die drei Fassungen des Gedichtes von Conrad Ferdinand Meyer inhaltlich und formal. Stellen Sie die Unterschiede zwischen den einzelnen Fassungen in einer Tabelle stichpunktartig gegenüber.

2. Beschreiben Sie, worauf der Dichter in seiner letzten Fassung von 1882 besonderen Wert legte.

3. Versuchen Sie es selbst! Schreiben Sie ein kurzes Dinggedicht zu einem Gegenstand, den Sie besonders mögen.

Adalbert Stifter (1805–1868): war ein österreichischer Schriftsteller, Maler und Pädagoge. Er zählt zu den bedeutendsten Schriftstellern des Biedermeier.

Adalbert Stifters Roman „Der Nachsommer" ist der Tradition des klassischen Bildungsromans verpflichtet.

Stifter schafft eine Kunstfigur, Heinrich Drendorf, dessen Lebens- und Entwicklungsweg er im Roman verfolgt. Dieser Heinrich wächst in harmonischen Familienverhältnissen auf und erhält eine gediegene humanistische Bildung. Von dem väterlichen Freund Freiherrn von Risach wird er planvoll geleitet und kann seine geistigen Anlagen entfalten.

Im Vordergrund der künstlerischen Darstellung Stifters steht die Ausbildung der geistigen Haltung des Menschen in einem Kreis von Auserwählten. Konflikte und aktionsreiche Handlungen treten dabei in den Hintergrund.

Heinrich ist ein gebildeter, gehorsamer Mann, der selbst in Liebesdingen nicht an Selbstbeherrschung verliert:

1 Da die Zeit vergangen war, sagte endlich Natalie: „Mein Freund, wir haben uns der Fortdauer und der Unaufhörlichkeit unserer Neigungen versichert, und diese Neigung wird auch dauern; aber was nun geschehen und wie sich alles andere gestalten wird, das hängt von unsern Angehörigen ab, von mei-
5 ner Mutter und von Euren Eltern."

„Sie werden unser Glück mit Wohlwollen ansehen."

„Ich hoffe es auch; aber wenn ich das vollste Recht hätte, meine Handlungen
10 selber zu bestimmen, so würde ich nie auch nicht ein Teilchen meines Lebens so einrichten, dass es meiner Mutter nicht gefiele; es wäre kein Glück für mich. Ich werde so handeln, solange wir beisammen auf der Erde sind. Ihr tut wohl auch so?"

„Ich tue es, weil ich meine Eltern liebe und weil mir
15 eine Freude nur als solche gilt, wenn sie auch die ihre ist." … „Wenn eines nein sagt und wir es nicht überzeugen können, so wird es Recht haben, und wir werden uns dann lieben, solange wir leben, wir werden uns einander treu sein in dieser und jener
20 Welt; aber wir dürfen uns dann nicht mehr sehen."
„Wenn wir ihnen die Entscheidung über uns anheim gestellt haben, so müsste es wohl so sein…" (474)

Carl Larson: Spätsommer, 1908

Kurze Zeit später erhalten beide die Zustimmung der Eltern. Heinrich beschreibt der Mutter Natalie:

1 „Mutter", antwortete ich, „wenn du Natalien sehen wirst, wenn du erfahren wirst, wie sie einfach und gerecht ist, wie ihr Sinn nach dem Gütigen und Hohen strebt, wie sie schlicht vor uns allen wandelt und wie sie viel, viel besser ist als ich, so wirst du nicht mehr von einer Vereinsamung sprechen
5 …" (497)

6.3 Streifzug durch vier Jahrhunderte Literatur

Im Unterschied zu Stifter beschreibt **Theodor Fontane** in seinem Spätwerk konfliktreiche Beziehungen, die an den gesellschaftlichen Verhältnissen der Zeit scheitern.

Im Gesellschaftsroman „Effi Briest"(1895) heiratet Baron von Innstetten, ein Beamter im Staatsdienst, die einundzwanzig Jahre jüngere Effi von Briest. Der ehrgeizige Staatsdiener kann jedoch Effis Bedürfnis nach Freude und Unterhaltung nicht teilen, sodass Effi an seiner Seite ein trostloses Dasein fristet. Als die junge Frau Major Crampas kennen und lieben lernt, lebt sie förmlich auf. Jedoch beendet Effi die Beziehung, als Innstetten befördert und nach Berlin versetzt wird. Jahre später findet der Baron die alten Liebesbriefe aus jener Zeit. Er will Crampas zum Duell fordern und die Scheidung einreichen. Zunächst spricht er mit einem Freund:

Theodor Fontane (1819–1898): war ein deutscher Schriftsteller und approbierter Apotheker. Er gilt als bedeutendster deutscher Vertreter des poetischen Realismus.

> 1 „Kann ganz folgen Innstetten, würde mir vielleicht ebenso gehen. Aber wenn sie so zu der Sache stehen und mir sagen: 'Ich liebe diese Frau so sehr, dass ich ihr alles verzeihen kann', und wenn wir dann das andere hinzunehmen, dass alles weit, weit zurückliegt, wie ein Geheimnis auf einem
> 5 anderen Stern, ja wenn es so liegt, Innstetten, so frage ich, wozu die ganze Geschichte?"
> „Weil es trotzdem sein muss. Ich habe mir's hin und her überlegt. Man ist nicht bloß ein einzelner Mensch, man gehört einem Ganzen an, und auf das Ganze haben wir beständig Rücksicht zu nehmen, wir sind durchaus
> 10 abhängig von ihm. ... im Zusammenleben mit den Menschen hat sich ein Etwas herausgebildet, das nun mal da ist und nach dessen Paragraphen wir uns gewöhnt haben, alles zu beurteilen, die andern und uns selbst. Und dagegen zu verstoßen, geht nicht; die Gesellschaft verachtet uns, und zuletzt tun wir es selber und können es nicht aushalten und jagen uns die Kugel
> 15 durch den Kopf. ... Also noch einmal, nicht von Hass oder dergleichen, und um eines Glückes willen, das mir genommen wurde, mag ich nicht Blut an den Händen haben; aber jenes, wenn Sie wollen, uns tyrannisierende Gesellschafts-Etwas, das fragt nicht nach Charme und nicht nach Liebe und nicht nach Verjährung. Ich habe keine Wahl. Ich muss." (198 f.)

■ Aufgaben

1. Charakterisieren Sie die beiden Hauptfiguren Heinrich und Natalie in Stifters Roman. Worauf gründet sich die Beziehung zwischen den beiden jungen Leuten?
2. a) Benennen Sie die Gründe für Innstettens Vorhaben, Crampas zum Duell zu fordern.
   b) Erläutern Sie, was Innstetten mit dem „Gesellschafts-Etwas" meint.
   c) Werten Sie die Haltung des Barons. Inwieweit ist seine Haltung (auch aus heutiger Zeit) angemessen oder nicht?
   d) Wie wird sich der Lebensweg Effis wohl fortsetzen? Schreiben Sie einen kurzen Text und vergleichen Sie diesen dann mit dem tatsächlichen Ausgang des Romans.

6.3.8 Naturalismus (1880–1900)

Ilja Repin:
Wolgatreidler,
1870–1873

treideln:
Schiffe vom Ufer aus schleppen.

Ende des 19. Jahrhunderts wurde der Realismus von verschiedenen Stilrichtungen abgelöst.
Bedingt durch
- die stürmische Entwicklung der Technik und Naturwissenschaften und
- durch die wachsenden sozialen Konflikte zwischen Bürgertum und Industrieproletariat

suchten besonders junge Schriftsteller nach neuen Gestaltungsmöglichkeiten dieser veränderten Realität.

Dies führte im Naturalismus, der ersten bürgerlichen Oppositionsbewegung, zu einer Radikalisierung der realistischen Ansätze. Naturalistische Autoren gingen davon aus, dass der Mensch ein durch die Natur und ihre Gesetze bestimmtes Wesen ist. Er wird durch die Geburt in ein bestimmtes Milieu gestellt, aus dem es für ihn selbst kaum ein Entrinnen gibt.

Das Ziel der Naturalisten bestand darin, dieses Milieu im Kunstwerk möglichst detailgetreu nachzubilden, eben auch mit seinen hässlichen Seiten.
Eindringlich wurden dargestellt:
- die Inhumanität der Gesellschaft,
- die wachsende Kontaktlosigkeit,
- die Handlungs- und Entscheidungsunfähigkeit der dem Kapital ausgelieferten Menschen, besonders in den sich entwickelnden Großstädten.

Hinweis
Gegenströmungen zum Naturalismus waren:
- **Impressionismus:** will Stimmungen, subjektive Sinneseindrücke, jedoch nicht die konkrete Wirklichkeit im Kunstwerk abbilden.
- **Symbolismus:** will durch Abstraktion und Symbole eine tiefere Wirklichkeit hinter der realen Welt sichtbar machen.

Als neues Darstellungsmittel entwickelte sich der Sekundenstil. Er zeichnet sich durch die Anfertigung eines genauen Protokolls einer Sprechsituation aus, in dem die erzählte Zeit und die Erzählzeit übereinstimmen.

Lebensverhältnisse und psychologische Besonderheiten des Menschen ließen sich im Drama besonders gut darstellen, Gerhart Hauptmann (1862–1946) gilt als bedeutendster Vertreter naturalistischer Dramatik.

Innerhalb der Epik entstanden vor allem sozialkritische Großstadtromane und psychologische Künstlerromane. Die Lyrik wandte sich häufig den Problemen der Großstadt und dem modernen Leben zu.

Die Naturalisten bildeten in den Großstädten auch Gruppen und gaben Zeitungen und theoretische Beiträge zur Literatur heraus.

Der Naturalismus hatte sich aber selbst überlebt, nachdem die detaillierte Darstellung der Wirklichkeit nichts mehr über eben diese aussagte, weil die gesellschaftlichen Prozesse immer undurchschaubarer wurden.

Gemeinschaften:
- z.B. München: „Gesellschaft für modernes Leben" (Zeitschrift: Die Gesellschaft)
- z.B. Berlin: Freie Bühne für modernes Leben

6.3 Streifzug durch vier Jahrhunderte Literatur

Stichworte	Ereignisse / Themen / Dichter / Werke
Philosophische Grundlagen	Charles Darwin (1809–1882); Hyppolyte Taine (1828–1893); Friedrich Nietzsche (1844–1900)
Grundgedanken	Radikalisierung der realistischen Ansätze; Milieutheorie; detailgetreue Darstellung der Probleme der Gesellschaft; Sekundenstil
Lyrik	Karl Henckell (1864–1929): „Trutznachtigall" (1890) Arno Holz (1863–1929): Prosalyrik; Anthologie „Moderne Dichtercharaktere" (1884)
Epik	Max Kretzer (1854–1941): „Meister Timpe", Roman Hermann Conradi (1862–1890): „Brutalitäten" (1886), Novelle Clara Viebig (1860–1952): „Das Weiberdorf" (1900), Roman
Dramatik	Gerhart Hauptmann (1862–1946): „Vor Sonnenaufgang" (1889); „Die Weber" (1892); „Der Biberpelz" (1893)

Im Drama „Rose Bernd" (1903) beschreibt **Gerhart Hauptmann** eine ledige Arbeiterfrau, die des Kindsmordes und Meineids angeklagt wird. Das Drama beruht auf einer tatsächlichen Begebenheit.

Im letzten Akt sucht Rose nach dem Mord Zuflucht im Elternhaus:

1 ROSE: August, se han sich an mich wie de Klett'n gehang'n! … ich konnte ne ieber de Straße laufen! … Alle Männer war'n hinter mir her! … Ich hab' mich 5 versteckt … Ich hab' mich gefircht! Ich hab' solche Angst vor a Männern gehat! … ,s half nischt, ,s ward immer schlimmer dahier! Hernach bin ich von Schlinge zu Schlinge getreten, dass ich 10 gar ni bin mehr zur Besinnung gekomm. BERND: Du hast frieher de strengste Meinung gehabt! Du hast de Leichnern verdammt und de Kaisern veracht! Du hast geprahlt, dir soll eener kum- 15 ma! Hust a Müllerknecht ei de Fresse geschlag'n! A Madel, die das tutt, haste gesoat, die verdient kee Mitleed, die soll sich uffhenka! Jetzt red'st du von Schlingen.

20 ROSE: Itze weeß ich Bescheid. AUGUST: Mag kumma, was will, ich halte zu dir, Rose! Ich verkoofe mei Land! – Mer ziehn ci de Welt! A Onkel von mir is ei Brasilien drieben. Mir wern 25 mitnander a Auskumma hoan! Ei jeder Beziehung, aso und aso. Itze sein mer vielleicht erst reif dazu. ROSE: O Jesus, o Jesus, was is denn mit mir? – Warum bin ich denn irschte 30 heemgekrucha? Warum bin ich denn ni bi mein Kindla gebliebem? AUGUST: Bei wem gebliebem? ROSE: steht auf: August, mit mir is aus! Erst hat's een wie rasnig eim Kerper 35 gebrannt! Hernach wurd' ma nei ei a Taumel geschmissen! Hernoernt kam ane Hoffnung: da is ma gerannt wie ane Katzenmutter, ,s Kitschla eim Maule!

Nu han's een de Hunde abgejoat. 40 BERND: Verstehst du a Wort, August? AUGUST: Nee! Von dem ni … BERND: Weeßt du, wie mir jetzt zumute is? Das is, das tutt sich ock immer uffreißa … immer ee Abgrund underm 45 andern dahier. Was wird ma ock hier noch miss'n heern! ROSE: An Fluch! An Fluch werd ihr missa hiern! Dich sah ich! Dich treff' ich! Am Jingsten Gerichte! Dir reiß' ich a 50 Schlunk mit a Kiefern raus! Du stiehst mir Rede! Du sollst mir antworta! AUGUST: Wen meenste denn, Rosla? ROSE: War's is, der wiss's! Eine Erschöpfung überkommt sie, und 55 fast ohnmächtig sinkt sie auf den Stuhl nieder. Längeres Stillschweigen.

Aufgaben

1. Der Naturalismus zeichnet sich durch eine Reihe besonderer Merkmale aus. Weisen Sie diese Merkmale am obigen Textauszug von Gerhart Hauptmann nach.

2. Welche Gründe für Roses Tat könnte es geben? Beziehen Sie in Ihre Überlegungen mit ein, dass Zeitumstände und Klassenzugehörigkeit, in der sich die literarische Figur befindet, eine wichtige Rolle spielen.

3. Nennen Sie mögliche Gründe dafür, dass Hauptmann seine Figur Rose im Dialekt sprechen lässt. Beziehen Sie sich hierfür auch auf Aufgabe 1.

6.4 Literatur des 20. Jahrhunderts

6.4.1 Expressionismus

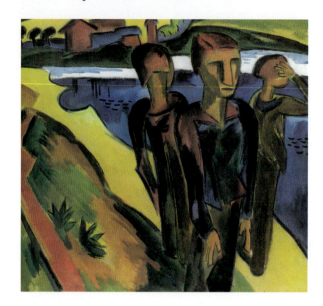

Karl Schmidt-Rottluff: Drei Frauen am Meer, 1919

Trieb (1915)
August Stramm (1874–1915)

Schrecken Sträuben
Wehren Ringen
Ächzen Schluchzen
Stürzen
Du!
Grellen Gehren
Winden Klammern
Hitzen Schwächen
Ich und Du!
Lösen Gleiten
Stöhnen Wellen
Schwinden Finden
Ich
Dich
Du!

Die von Kurt Pinthus 1920 herausgegebene Lyrikanthologie trägt den Titel „Menschheitsdämmerung", womit sowohl Untergang der alten als auch Aufgang einer neuen Welt beschrieben werden sollte.

Anthologie: ausgewählte Sammlung.

intellektuell: betont verstandesmäßig (handeln).

Zeitschriften des Expressionismus: „Aktion", „Der Sturm", „Die weißen Blätter"

expressiv: ausdrucksbetont, ausdrucksvoll.

Pathos: leidenschaftlich-bewegter Ausdruck, feierliche Ergriffenheit, aber auch abwertend: übertriebene Gefühlsäußerung.

operativ: (als konkrete Maßnahme) unmittelbar wirkend.

Der Expressionismus entstand als eine bürgerliche Protestbewegung in der Krisenstimmung zu Beginn des Jahrhunderts. Die nationalen und internationalen Konflikte hatten sich verschärft, viele Menschen ahnten schon den drohenden Ersten Weltkrieg voraus. In dieser Zeit fanden sich junge bürgerliche Intellektuelle zusammen, die das Leben ihrer wohlhabenden und selbstgefälligen Väter nicht mehr ertragen konnten. Für sich selbst sahen sie in dieser verlogenen Welt keine Perspektive. Sie hatten deshalb das Gefühl, die alte Welt müsse untergehen (Weltuntergangsstimmung), damit eine neue und bessere entstehen könne – wobei die Vorstellungen über diese neue Welt sehr unterschiedlich ausfielen.

Häufig sahen sie die Übermacht der Vernunft über die seelischen Kräfte und Bedürfnisse der Menschen als Ursache allen Übels an. Als Schriftsteller fühlten sie sich deshalb oftmals fremd in ihrer Welt. Aus diesem Grunde sammelten sich die Expressionisten als Gleichgesinnte in Gruppen und Vereinen, veröffentlichten gemeinsam Zeitschriften und stellten sich gegenseitig ihre Werke vor. Ihre Arbeiten waren gekennzeichnet durch leidenschaftliches Pathos, oft als expressiver Schrei benannt, und eine expressive Ausdrucksweise.

In der Frühphase entstanden vor allem expressionistische Gedichte, denn die Lyrik eignete sich in besonderem Maße dazu, die vorherrschenden Gefühle und Gedanken auszudrücken. Außerdem sind Gedichte operative Texte, die schnell produziert und veröffentlicht werden können. Gerade dieser Aspekt war für die Expressionisten wichtig, sollten ihre Texte doch aktiv helfen, die Welt zu verändern.

Durch die Verwendung von Worthäufungen, eine groteske Satzgestaltung und das Aneinanderreihen ganz unterschiedlicher Bilder (Kinoästhetik) wollten die Expressionisten zudem sprachlich protestieren und schockieren.

Auch die expressionistische Dramatik entwickelte sich. Über sie wurde vor allem Kritik an Militarismus und Krieg, Kapitalismus und Industrialisierung geübt.

Auch die Hassliebe zur Großstadt wurde wieder als Thema aufgegriffen. In den Dramen wurden modellhaft Typen gestaltet, die den entsprechenden Stoff bzw. Inhalt transportieren sollten. Erzähltexte wurden seltener geschrieben, sie entsprachen weniger dem Pathos dieser Generation. Lediglich ein paar Novellen entstanden. Für die meisten Schriftsteller war der Expressionismus ein Durchgangsstadium. Soweit sie den Ersten Weltkrieg überlebt hatten, entwickelten sich die Künstler weiter und schlossen sich ganz unterschiedlichen Strömungen an.

Otto Dix: Die Barrikade, 1922

Stichworte	Ereignisse / Themen / Dichter / Werke
Philosophische und geschichtliche Grundlagen	Erster Weltkrieg, Kapp-Putsch Friedrich Nietzsche (1844–1900) Sigmund Freud (1856–1939)
Grundgedanken	Ausdruckskunst, Aufschrei junger bürgerlicher Intellektueller gegen die bestehenden Verhältnisse, Vater-Sohn-Konflikte, Existenzängste, Weltuntergangsstimmung, Bejahung einer neuen Welt, Aktivismus; expressive Gestaltung (expressiver Schrei, leidenschaftliches Pathos)
Lyrik	Jakob van Hoddis (1887–1942); Georg Trakl (1887–1914); Ernst Stadler (1883–1914); Gottfried Benn (1886–1956); Johannes R. Becher (1891–1958); Anthologie „Menschheitsdämmerung" (1920); Else Lasker-Schüler (1869–1945)
Epik	Alfred Döblin (1878–1957): „Die Ermordung einer Butterblume" (1910), Novelle
Dramatik	Carl Sternheim (1878–1942): „Aus dem bürgerlichen Heldenleben" (1911) Ernst Toller (1893–1939): „Masse Mensch" (1920)

Weltende
Jakob van Hoddis (1887–1942)

1 Dem Bürger fliegt vom spitzen Kopf der Hut,
In allen Lüften hallt es wie Geschrei.
Dachdecker stürzen ab und gehn entzwei
Und an den Küsten – liest man – steigt die Flut.

5 Der Sturm ist da, die wilden Meere hupfen
An Land, um dicke Dämme zu zerdrücken.
Die meisten Menschen haben einen Schnupfen.
Die Eisenbahnen fallen von den Brücken.

Weltanfang (Für J. v. Hoddis)
Steffen Mensching (*1958)

1 Dachdecker torkeln trunken übers Dach,
Die Sturmflut ist, wohin? verflossen.
Die ausgeplanten Toten haben nicht geschossen
Und spielen, auf den Bomben sitzend, Schach.

5 Aeroplane fallen auf die spitze Erde,
Unzerkratzt, die neue Zeitung kennt man schon.
Staatssekretäre hupfen über Zirkuspferde.
Ein Nachrichtenverleser beißt ins Mikrophon.

▎Aufgaben

1. a) Zeigen Sie an Beispielen aus dem Text, welche Grundstimmung Jakob van Hoddis in seinem Gedicht beschreibt.
   b) Weisen Sie einzelne Gestaltungsmerkmale des Expressionismus am Text nach.
2. Das Gedicht von Steffen Mensching wurde 1984 veröffentlicht.
   a) Vergleichen Sie Inhalt und Form beider Gedichte. Nennen Sie Gemeinsamkeiten und Unterschiede.
   b) Stellen Sie Vermutungen darüber an, welche Gründe ein Autor im Jahre 1984 haben könnte, sich auf Jakob van Hoddis zu beziehen?
   c) Wie könnte ein Gedicht zu der von Hoddis aufgegriffenen Thematik heute aussehen? Versuchen Sie, einen eigenen kurzen Text zu schreiben.

6 Die Welt der Literatur

6.4.2 Weimarer Republik und Drittes Reich (1918–1945)

Literarische Strömungen zu Beginn des 20. Jahrhunderts:

- **Impressionismus:** Eindruckskunst
- **Expressionismus:** Ausdruckskunst (siehe Seite 236)
- **Neuromantik:** Wiederaufnahme romantischer Traditionen (siehe Seite 226)
- **Wiederaufnahme klassischer Traditionen** (siehe Seite 224)
- **Heimatkunst:** Literatur, die sich auf das Volkstum und die ländlich bewahrten Stammeseigentümlichkeiten besann, oft heimattümelnd

Reparationen: Kriegsentschädigungen, Wiedergutmachungsleistungen.

Ruhrkampf: Aufruf der Reichsregierung zum passiven Widerstand gegen die belgischen und französischen Truppen, die 1923 das gesamte Ruhrgebiet besetzten, da Deutschland mit einem geringen Teil der Reparationsleistungen im Rückstand war.

Putschversuche:
- Kapp-Putsch, März 1920,
- Hitler-Putsch, November 1923.

Weltwirtschaftskrise: die internationale Erschütterung der Wirtschaft, ausgelöst durch den Kurssturz an der New Yorker Börse am 24.10.1929 (Schwarzer Freitag).

Zu Beginn des 20. Jahrhunderts entwickelten sich viele literarische Strömungen, die zeitgleich und nebeneinander existierten und in gegenseitige Konkurrenz traten. Impressionismus, Expressionismus, Neuromantik, Neuklassik und Heimatkunst – sie versuchten mit ihren künstlerischen Mitteln, die Wirklichkeit literarisch zu gestalten.

Allerdings lagen nach dem Ersten Weltkrieg in Deutschland sehr komplizierte und schwierige gesellschaftliche Verhältnisse vor. Sie waren eine Folge des Friedensvertrags und den daraus hervorgegangenen hohen Reparationsforderungen der Alliierten, des Ruhrkampfes und der Putschversuche der Jahre 1920 und 1923.

Erst die Jahre 1924–29, auch die „Goldenen Zwanziger" genannt, brachten eine relative wirtschaftliche und gesellschaftliche Stabilität. Doch die Weltwirtschaftkrise und die Machtergreifung Hitlers im Jahre 1933 stürzten die Deutschen in einen neuen Abgrund, den Zweiten Weltkrieg.

Literarisch dominierte in dieser Zeit der Roman. In den Zwanzigerjahren sprach man von einer „neuen Sachlichkeit", die in der Literatur Einzug hielt. Werke, die sich mit dem Krieg auseinandersetzten, und andere sozialkritische Romane entstanden. Einen großen Erfolg erzielten

- E. M. Remarque mit seinem Antikriegsroman „Im Westen nichts Neues" und
- Hans Fallada mit „Kleiner Mann – was nun?", ein Werk, in dem der Autor die Schwierigkeiten eines jungen Ehepaares während der Weltwirtschaftskrise darstellte.

Innerhalb der Lyrik herrschten satirische Texte vor, auch hier stand literarische Zeitkritik im Vordergrund. In vielen Kabaretts wurden diese Gedichte als Form der Gebrauchslyrik vorgetragen.

Bertolt Brecht belebte die Dramatik mit seinen Vorstellungen vom epischen Theater (siehe hierzu Seite 215).

Mit der Machtübernahme Hitlers und der Bücherverbrennung am 10. Mai 1933, der die Werke der meisten bedeutenden Schriftsteller zum Opfer fielen, spaltete sich die Literatur in drei Richtungen auf:

- die faschistische Blut-und-Boden-Literatur;
- die Literatur der Schriftsteller, die in Deutschland blieben, obwohl sie sich nicht mit dem Faschismus identifizierten (innere Emigranten);
- die deutsche Literatur der Autoren, die 1933 Deutschland verließen (äußere Emigration). Sie hatten es am schwersten, denn in den Exilzentren Frankreich, England, Amerika, Russland und Mexiko fehlten ihnen die deutsche Sprache und ihr Publikum. Viele fühlten sich heimatlos und einige setzten ihrem Leben selbst ein Ende.

Die Emigrationsliteratur beschäftigte sich in unterschiedlichster Form mit dem Thema Krieg und Faschismus, das sie auf direkte oder indirekte Weise behandelte. Mitunter benutzten die Autoren historische Stoffe, um auf die Missstände in Deutschland aufmerksam zu machen.

6.4 Literatur des 20. Jahrhunderts

Stichworte	Ereignisse / Themen / Dichter / Werke
Historische und philosophische Grundlagen	Erster Weltkrieg, Friedensvertrag mit Reparationsforderungen der Alliierten (21 Mrd. Goldmark bis 1921); Ruhrkampf, Inflation, Weltwirtschaftskrise, Machtergreifung Hitlers, Zweiter Weltkrieg
Grundgedanken der Literatur der Weimarer Republik	Die **Romankunst** stand im Mittelpunkt: • Auseinandersetzung mit dem Ersten Weltkrieg (z.B. Erich Maria Remarque (1898–1970): „Im Westen nichts Neues" (1928)) • sozialkritische Romane (z.B. Heinrich Mann (1871–1950): „Der Untertan" (1906/1918); Erich Kästner (1899–1974): „Fabian" (1931)) **Lyrik** war zum großen Teil Gebrauchslyrik, die sich mit Zeitfragen beschäftigte; Autoren: Erich Kästner, Kurt Tucholsky, Erich Weinert. Innerhalb der **Dramatik** nimmt Bertolt Brecht (1898–1956) mit seinen Gedanken zum epischen Theater eine herausragende Stellung ein.

Literatur des Dritten Reiches	
Blut-und-Boden-Literatur	Förderung durch den Staat; Literatur, die die Grundgedanken des Faschismus aufnahm und verherrlichte; meist pseudohistorische Romane, die eine mystische Bindung des Einzelnen an „Volk", „Rasse" und „Scholle" und den Kampf gegen Feinde beschrieben. Hans Grimm (1875–1959): „Volk ohne Raum" (1926); weitere Autoren: Will Vesper (1882–1962), Artur Dinter (1876–1948)
Literatur der inneren Emigranten	Duldung durch das Naziregime; Schriftsteller, die nach 1933 in Deutschland blieben, sich aber nicht auf die Seite des Faschismus stellten; • teilweise schrieben sie unpolitische Literatur (z.B. Erich Kästner: „Das doppelte Lottchen") oder • sie nutzten den historischen Roman, um die Ereignisse in Deutschland verhüllt einer Kritik zu unterziehen (z.B. Werner Bergengruen: „Der Großtyrann und das Gericht" [1935]).
Exilliteratur	Literatur deutscher Schriftsteller, die 1933 ihr Heimatland verlassen hatten und im Ausland lebten. Sie setzten sich in ihren Werken kritisch mit den Ereignissen in Deutschland auseinander. Häufig gingen sie der Frage nach, warum sich ausgerechnet in Deutschland der Faschismus hatte entwickeln können. **Lyrik:** J.R.Becher (1891–1958): „Abschied und Wiederkehr" **Epik:** A.Seghers (1900–1983): „Das siebte Kreuz"; Klaus Mann „Mephisto" **Dramatik:** B.Brecht (1898–1956): „Furcht und Elend des Dritten Reiches"

Sogenannte Klassefrauen

Erich Kästner (1899–1974)

1 Sind sie nicht pfuiteuflisch anzuschauen?
Plötzlich färben sich die „Klassefrauen",
weil es Mode ist, die Nägel rot!
Wenn es Mode wird, sie abzukauen
5 oder mit dem Hammer blau zu hauen,
tun sies auch. Und freuen sich halb tot.

Wenn es Mode wird, die Brust zu färben
oder, falls man die nicht hat, den Bauch …
10 Wenn es Mode wird, als Kind zu sterben
oder sich die Hände gelb zu gerben,
bis sie Handschuhn ähneln, tun sies auch.

Wenn es Mode wird, sich schwarz zu schmieren …
Wenn verrückte Gänse in Paris
15 sich die Haut wie Chinakrepp plissieren …
Wenn es Mode wird, auf allen vieren
durch die Stadt zu kriechen, machen sies.

Wenn es gälte, Volapük zu lernen
20 und die Nasenlöcher zuzunähn
und die Schädeldecke zu entfernen
und das Bein zu heben an Laternen …
Morgen könnten wirs bei ihnen sehn.

25 Denn sie fliegen wie mit Engelsflügeln
immer auf den ersten besten Mist.
Selbst das Schienbein würden sie sich bügeln!
Und sie sind auf keine Art zu zügeln,
wenn sie hören, dass was Mode ist.
30
Wenns doch Mode würde zu verblöden!
Denn in dieser Hinsicht sind sie groß.
Wenns doch Mode würde, diesen Kröten
jede Öffnung einzeln zuzulöten!
35 Denn dann wären wir sie endlich los.

6 Die Welt der Literatur

Danach (1930)

Kurt Tucholsky (1890–1935)

1 Es wird nach einem happy end
im Film jewöhnlich abjeblendt.
Man sieht bloß noch in ihre Lippen
den Helden seinen Schnurrbart stippen –
5 da hat sie nu den Schentelmen.
Na, un denn –?

Denn jehn die beeden brav ins Bett,
Na ja … diss is ja auch janz nett.
10 A manchmal möchte man doch jern wissn
Wat tun se, wenn se sich nich kissn?
Die könn ja doch nich imma penn …!
Na, un denn –?

15 Denn säuselt im Kamin der Wind.
Denn kricht det junge Paar ,n Kind.
Denn kocht sie Milch. Die Milch looft üba.
Denn macht er Krach. Denn weent se drüba.
Denn wolln sich beede jänzlich trenn …
20 Na, un denn –?

Denn ist det Kind nich uffn Damm.
Denn bleihm die beeden doch zusamm.
Denn quäln se sich noch manche Jahre.
25 Er will noch wat mit blonde Haare:
vorn doof und hinten minorenn …
Na, un denn –?

Denn sind se alt.
30 Der Sohn haut ab.
Der Olle macht nu ooch bald schlapp.
Vajessen Kuß und Schnurrbartzeit
Ach, Menschenskind, wie liecht det weit!
Wie der noch scharf uff Muttern war,
35 det is schon beinah nich mehr wahr!

Der olle Mann denkt so zurück:
Wat hat er nu von seinen Jlück?
Die Ehe war zum jrößten Teile
vabrühte Milch un Langeweile.
40 Und darum wird beim happy end
im Film jewöhnlich abjeblendt.

Der Baum des Ritters

Anna Seghers (1900–1983)

1 Holzfäller in den Argonnen fanden kürzlich, als sie die Axt an einen uralten Baumschlag legten, in einer hohlen Buche einen Ritter in voller Rüstung, kenntlich an seinem Wappen als ein Gefolgsmann Karls des Kühnen von Burgund. Dieser Ritter hatte sich auf der Flucht vor den Soldaten König Ludwigs des Elften in seiner Todesangst in den Baum gezwängt. Nach dem Abzug seiner Verfolger hatte er nicht mehr herausge-
5 funden und war elend zugrunde gegangen in seiner Zuflucht. Aber der Baum, damals schon alt und mächtig, rauschte und grünte weiter, während der Ritter in ihm keuchte, weinte, betete, starb. Stark und makellos, bis auf die schmale, von dem Toten besetzte Höhlung, wuchs er weiter, setzte Ringe an, breitete sein Geäst, beherbergte Generationen von Vogelschwärmen, und er wäre noch weiter gewachsen, wenn die Holzfäller nicht gekommen wären.

Der Kampf als inneres Erlebnis (Auszug)

Ernst Jünger (1895–1998)

1 Der Mannesmut ist doch das Köstlichste. In göttlichen Funken spritzt Blut durch die Adern, wenn man zum Kampfe über die Felder klirrt im klaren Bewusstsein seiner eigenen Kühnheit. Unterm Sturmschritt ver- wehen alle Werte der Welt wie herbstliche Blätter. Auf solchen Gipfeln der Persönlichkeit empfindet man Ehrfurcht vor sich selbst. Was könnte auch heiliger sein als der kämpfende Mensch? Ein Gott? Weil wir an
5 seiner Allmacht zerschellen müssen wie an geschliffenen Kugeln? O, immer verklärte sich edelstes Welt- empfinden für den Schwachen, den Einzelnen, der das Schwert noch in erkalteter Faust zum letzten Hiebe schwang. […]
Mir ist der Kampf immer noch etwas Heiliges, ein Gottesurteil über zwei Ideen. Es liegt in uns, unsere Sache schärfer und schärfer zu vertreten, und so ist Kampf unsere letzte Vernunft und nur Erkämpftes wahrer Besitz.
10 Keine Frucht wird uns reifen, die nicht in eisernen Stürmen hielt, und auch das Beste und Schönste will erst erkämpft sein. […]
Ein Letztes noch: die Ekstase. Dieser Zustand des Heiligen, des großen Dichters und der großen Liebe ist

auch dem großen Mute vergönnt. Da reißt Begeisterung die Männlichkeit so über sich hinaus, dass das Blut kochend gegen die Adern springt und glühend das Herz durchschäumt. Das ist ein Rausch über allen Räu-

15 schen, eine Entfesselung, die alle Bande sprengt. Es ist eine Raserei ohne Rücksicht und Grenzen, nur den Gewalten der Natur vergleichbar. Da ist der Mensch wie der brausende Sturm, das tosende Meer und der brüllende Donner. Dann ist er verschmolzen ins All, er rast den dunklen Toren des Todes zu wie ein Geschoss dem Ziel. Und schlagen die Wellen purpurn über ihm zusammen, so fehlt ihm längst das Bewusstsein des Überganges. Es ist, als gleite eine Woge ins flutende Meer zurück. […]

Im Westen nichts Neues (1928) (Auszug)

Erich Maria Remarque (1898–1970)

1 Wären wir 1916 heimgekommen, wir hätten aus dem Schmerz und der Stärke unserer Erlebnisse einen Sturm entfesselt. Wenn wir jetzt zurückkehren, sind wir müde, zerfallen, ausgebrannt, wurzellos und ohne Hoffnung. Wir werden uns nicht mehr zurechtfinden können.
Man wird uns auch nicht verstehen – denn vor uns wächst ein Geschlecht, das zwar die Jahre hier gemein-

5 sam mit uns verbrachte, das aber Bett und Beruf hatte und jetzt zurückgeht in seine alten Positionen, in denen es den Krieg vergessen wird, – und hinter uns wächst ein Geschlecht, ähnlich uns früher, das wird uns fremd sein und uns beiseite schieben. Wir sind überflüssig für uns selbst, wir werden wachsen, einige werden sich anpassen, andere sich fügen, und viele werden ratlos sein; – die Jahre werden zerrinnen, und schließlich werden wir zugrunde gehen.

10 Er fiel im Oktober 1918, an einem Tage, der so ruhig und still war an der ganzen Front, dass der Heeresbericht sich nur auf den Satz beschränkte, im Westen sei nichts Neues zu melden.
Er war vornübergesunken und lag wie schlafend an der Erde. Als man ihn umdrehte, sah man, dass er sich nicht lange gequält haben konnte; – sein Gesicht hatte einen so gefassten Ausdruck, als wäre er beinahe zufrieden damit, dass es so gekommen war.

■ Aufgaben

1. a) Beschreiben Sie das Frauenbild, das der Sprecher im Gedicht „Sogenannte Klassefrauen" auf Seite 239 vorstellt.
   b) Woran übt Kästner in seinem Gedicht Kritik?

2. Zu Beginn des 20. Jahrhunderts entwickelte sich die Filmindustrie in rasendem Tempo.
   a) Erläutern Sie den Gegensatz, den Tucholsky im Gedicht „Danach" beschreibt.
   b) Welche Kritik übt Tucholsky an der Filmindustrie?
   c) Erläutern Sie, inwiefern das Gedicht heute noch aktuell ist.

3. Anna Seghers schrieb den „Baum des Ritters" im Exil.
   a) Vergleichen Sie die Aussagen zu „Baum" und „Ritter" im Text und stellen Sie sie in einer Tabelle stichwortartig gegenüber.
   b) Setzen Sie das Ergebnis Ihres Vergleichs in Beziehung zum Titel.
   c) Welche Gedanken über Flucht und Zuflucht werden im Text geäußert? Beachten Sie die Lebensumstände der Autorin in dieser Zeit.

4. Vergleichen Sie die Aussagen von Ernst Jünger mit denen von Erich Maria Remarque zum Thema Krieg und Kampf.
   a) Welche Unterschiede werden inhaltlich und sprachlich deutlich?
   b) Beide Texte sind nach dem Ersten Weltkrieg entstanden. Beschreiben Sie die unterschiedlichen weltanschaulichen Positionen, die in den Texten deutlich werden.

6.4.3 Nachkriegsliteratur (1945–1949)

Blick auf das zerstörte Nürnberg 1945

Blick auf das zerstörte Dresden 1945

Am 8. Mai 1945 stand Deutschland vor einem Trümmerhaufen, nicht nur politisch und ökonomisch, sondern auch kulturell und literarisch. In den Bücherschränken fand sich die faschistische Literatur von W. Beumelburg über W. Vesper bis hin zu E. E. Dwinger. Diese vor allem die Gewalt und den Nationalsozialismus verherrlichende Blut-und-Bodenliteratur war für den Neuanfang unbrauchbar. Ein besseres Stück Literaturgeschichte war dagegen am 10. Mai 1933 den Flammen der Bücherverbrennung zum Opfer gefallen. In den Bibliotheken und Bücherschränken fehlten die Werke

- jüdischer Autoren wie Heinrich Heine (1797–1856) und Anna Seghers (1900–1983);
- liberaler Autoren wie Heinrich Mann (1871–1950), Thomas Mann (1875–1955), Alfred Döblin (1878–1957), Lion Feuchtwanger (1884–1958), Erich Maria Remarque (1898–1970), Erich Kästner (1899–1974) und Stefan Zweig (1881–1942);
- marxistischer und kommunistischer Autoren wie Johannes Robert Becher (1891–1958) und Bertolt Brecht (1898–1956).

Blut-und-Boden-Literatur: nationalsozialistische Literatur, die besonders die deutsche Rasse, das Volk, die Heimat und das Bauerntum verherrlichte.

Berlin 1945

Außerdem waren ganze Literaturepochen, wie zum Beispiel die Romantik, durch die nationalsozialistische Deutung der Literaturgeschichte verfälscht dargestellt worden.
Auch der deutsche Leser dieser Zeit befand sich in einer schwierigen Situation. Für die meisten Deutschen war der 8. Mai 1945 eine Niederlage, nicht der Tag des Sieges über den Hitler-Faschismus. Für viele war die Befreiung vom Nationalsozialismus – und die damit verbundene Beseitigung einer in ihrer Unmenschlichkeit einzigartigen Gewaltherrschaft – gleichzeitig die größte Demütigung Deutschlands in seiner Geschichte. Viele sahen sich als Opfer des Nationalsozialismus, nicht als Täter. Man fühlte sich verraten, hungerte und sehnte sich nach geordneten Verhältnissen und Frieden.

In dieser „**Stunde null**" wurde bevorzugt auf solche Werke der Weltliteratur zurückgegriffen, die für einen humanistischen und demokratischen Neuanfang geeignet waren. Deshalb besann man sich besonders auf
- die Werke der Aufklärung und der Klassik. So wurde zum Beispiel schon im November 1945 in Berlin das Stück von Lessing „Nathan der Weise" aufgeführt.
- ausländische Literatur. In den westlichen Besatzungszonen wurde die amerikanische und englische Literatur, in der sowjetischen Besatzungszone hingegen die russische Literatur bevorzugt herangezogen.
- die Werke der inneren und äußeren Emigration.

> Obwohl die Ausgangsbedingungen in Ost- und Westdeutschland unterschiedlich waren, zeigte sich, dass bestimmte thematische Orientierungen etwa zeitgleich auftraten. Gleichzeitig war der Umgang mit den einzelnen Thematiken vielgestaltig und durch den Blickwinkel der jeweiligen politischen Entwicklung beeinflusst.

Paul Wegener (Mitte) als Nathan der Weise in der ersten deutschen Nachkriegsinszenierung 1945 am Deutschen Theater Berlin

Im **Osten Deutschlands** wurde unter Führung der KPD schon am 11. Juni 1945 ein Aufruf veröffentlicht, der dazu aufforderte, aus den Fehlern der Vergangenheit zu lernen und aktiv beim Neuaufbau mitzuhelfen.

Im September 1945 wurden von der SMAD alle nationalsozialistischen Bücher beschlagnahmt. Der „Kulturbund zur demokratischen Erneuerung Deutschlands" wurde gegründet. Sein **kulturpolitisches Programm**, das bereits im russischen Exil von Schriftstellern und Politikern ausgearbeitet worden war, hatte die antifaschistische Umerziehung der Bevölkerung und ab 1949 die sozialistische Entwicklung zum Ziel.

Deshalb veröffentlichte man vor allem
- Werke der zurückkehrenden kommunistischen Exilautoren, wie z. B. Anna Seghers, Johannes Robert Becher, Bertolt Brecht;
- Werke aus der Sowjetliteratur, wie z. B. Fjodor Gladkow, Alexander A. Fadejew, Maxim Gorki.

Literarisches Hauptthema war die Auseinandersetzung mit dem Faschismus. Im Vordergrund stand die Frage, wie es dazu hatte kommen können, dass der Faschismus in Deutschland Fuß fassen konnte.

Im **Westen Deutschlands** gab es keine strikte Orientierung wie im Osten Deutschlands. Entsprechend war der „literarische Antwortenkatalog" auf die Fragen der Zeit breiter.

Veröffentlicht wurden
- insbesondere die Werke der inneren Emigranten, wie z. B. Erich Kästner und Werner Bergengruen,
- aber auch Werke französischer, englischer und amerikanischer Autoren, wie z. B. Jean-Paul Sartre, Albert Camus, William Faulkner, Ernest Hemingway und Thomas Clayton Wolfe.

innere und äußere Emigration:
siehe hierzu Seite 238.

KPD:
Kommunistische Partei Deutschlands.

SMAD:
Sowjetische Militäradministration (Besatzungsmacht).

Hinweis
Teil des kulturpolitischen Programms in der sowjetischen Besatzungszone war die gezielte Gründung neuer Verlage, Zeitungen und Zeitschriften sowie kulturpolitischer Organisationen. Arbeitskreise junger Autoren sollten helfen, eine neue Dichtergeneration herauszubilden.

6 Die Welt der Literatur

Magischer Realismus: Strömung der westdeutschen Nachkriegsliteratur, die realistische Wirklichkeit als Symbol für eine geheimnisvolle Wirklichkeit beschrieb (z. B. E. Langgässer „Das unauslöschliche Siegel").

Neben dem magischen Realismus stellte insbesondere die **Trümmer-** oder **Kahlschlagliteratur** eine wichtige literarische Richtung der Nachkriegszeit dar. Sie beschrieb die Ohnmacht vieler Deutscher, die gleichfalls vor den Trümmern ihres Lebens standen. Auch war die Kahlschlagliteratur für viele Deutsche besser nachvollziehbar als die Literatur der Exilautoren, deren Leben eine ganz andere Entwicklung genommen hatte als das der Mehrzahl der deutschen Bevölkerung.

Ein typisches Beispiel der Kahlschlagliteratur ist Wolfgang Borcherts Drama „Draußen vor der Tür". Es beschreibt die Rückkehr des Kriegsheimkehrers Beckmann, der – wohin er auch kommt – nirgends gebraucht wird. Er steht draußen, vor der Tür.

Treffen der Gruppe 47 in Berlin im Haus des Literarischen Collegiums am Wannsee, 1965

Im September 1947 gründeten Hans Werner Richter, Alfred Andersch und andere Schriftsteller in München die **„Gruppe 47"**. Sie stellte sich die Aufgabe, die deutsche Nachkriegsliteratur zu fördern.

Die Gruppe verstand sich als eine locker organisierte Verbindung von Schriftstellern, ohne dass ein klar benanntes kulturpolitisches Programm sie verband. Bis 1968 fanden jährliche Treffen statt, auf denen aus unveröffentlichten Werken gelesen und über Literatur diskutiert wurde. Am Ende dieser Tagungen erhielt immer ein Autor den Literaturpreis der „Gruppe 47".

Ebenfalls 1947 fand in Berlin der Erste Deutsche Schriftstellerkongress statt. Autoren aus allen Teilen Deutschlands trafen sich, um über die neu zu schaffende deutsche Literatur zu diskutieren. Die Debatte um die zukünftige Literatur wurde heftig geführt. Das Spektrum der Vorstellungen umfasste die Vorschläge
- zunächst ganz zu schweigen,
- die Ursachen des Faschismus aufzudecken,
- eine neue Wirklichkeit zu gestalten.

Große Meinungsverschiedenheiten unter den Schriftstellerinnen und Schriftstellern gab es bezüglich einer Bewertung der Haltung zum Faschismus:
Die inneren Emigranten warfen den Exilschriftstellern vor, sie hätten von außen zugesehen, wie sich Deutschland zerfleischt. Die Exilschriftsteller hingegen beschuldigten die inneren Emigranten, dem Faschismus gedient zu haben.
Öffentlich ausgetragen wurde dieser Streit insbesondere von Thomas Mann (Exilautor) und Frank Thieß (Vertreter der inneren Emigration).

6.4 Literatur des 20. Jahrhunderts

Stichworte	Ereignisse / Themen / Dichter / Werke	
Gesellschaftliche Ereignisse	8. Mai 1945: Kapitulation Hitlerdeutschlands; 23. Mai 1949: Gründung der Bundesrepublik Deutschland; 7. Oktober 1949: Gründung der DDR; Oktober 1947: Erster Deutscher Schriftstellerkongress in Berlin	
	Sowjetische Besatzungszone	**Westliche Besatzungszonen**
Literarische Bedingungen	• dezimierter Buchbestand • Hinwendung zur Klassik, Exilliteratur, Sowjetliteratur • Gründung neuer Verlage („Neuer Weg"), Zeitungen („Tägliche Rundschau"), Zeitschriften („Aufbau") und Organisationen („Kulturbund zur demokratischen Erneuerung Deutschlands" (1945)) • kulturpolitisches Programm durch SMAD und die KPD/SED, das auf eine sozialistische Literatur ausgerichtet ist	• dezimierter Buchbestand • breiter literarischer Antwortenkatalog auf Fragen der Zeit, ohne staatliche Regulative • Hinwendung zur Klassik, der Literatur der inneren Emigration und der englischen, französischen und amerikanischen Literatur • Gründung privater Verlage und Zeitschriften (z.B. „Die Sammlung", „Der Ruf") • Gruppe 47
Themen	Auseinandersetzung mit den Ursachen des Faschismus	Kahlschlag- oder Trümmerliteratur, magischer Realismus
Lyrik	Johannes Robert Becher (1891–1958): „Heimkehr" (1946)	Günter Eich (1907–1972): „Inventur" (1948)
Epik	Anna Seghers (1900–1983): „Die Toten bleiben jung" (1949)	Elisabeth Langgässer (1899–1950): „Das unauslöschliche Siegel" (1946)
Dramatik	Bertolt Brecht (1898–1856): „Der kaukasische Kreidekreis" (1949)	Wolfgang Borchert (1921–1947): „Draußen vor der Tür" (1947)

Generation ohne Abschied (1946)

(Auszug)

Wolfgang Borchert (1921–1947)

1 Wir sind die Generation ohne Bindung und ohne Tiefe. Unsere Tiefe ist Abgrund. Wir sind die Generation ohne
5 Glück, ohne Heimat und ohne Abschied. Unsere Sonne ist schmal, unsere Liebe grausam und unsere Jugend ist ohne Jugend. Und wir sind
10 die Generation ohne Grenze, ohne Hemmung und Behütung – ausgestoßen aus dem Laufgitter des Kindseins in eine Welt, die die uns bereitet, die uns darum verachten.

Das ist unser Manifest (Auszug)

1 „Wir brauchen keine wohltemperierten Klaviere mehr. Wir sind selbst zu viel Dissonanz. ... Wir brauchen keine Dichter mit guter Grammatik. Zu guter Grammatik fehlt uns die Geduld. Wir brauchen die mit dem heißen,
5 heiser geschluchzten Gefühl. Die zu Baum Baum und zu Weib Weib sagen und ja sagen und nein sagen: laut und deutlich und ohne Konjunktiv. ... Für Semikolons haben wir keine Zeit und Harmonien machen uns weich und die Stillleben überwältigen uns. ... Und
10 wenn unser Herz, dieser erbärmliche herrliche Muskel, sich selbst nicht mehr erträgt ... und wenn unser Herz uns zu weich werden will in den Sentimentalitäten, denen wir ausgeliefert sind, dann werden wir laut ordinär. Alte Sau sagen wir dann zu der, die wir am meisten
15 lieben. ...Nein, unser Wörterbuch, das ist nicht schön, aber dick. Und es stinkt.[...]"

■ Aufgaben

1. Wolfgang Borchert beschreibt in den Textauszügen die Situation der Kriegsheimkehrer. Warum nennt er diese Generation eine „Generation ohne Bindung"?
2. a) Welchen Gemütszustand der Kriegsheimkehrer beschreibt Borchert in seinem „Manifest"?
   b) Wie erklären Sie sich diese seelische Verfassung? (Zusätzliche Informationen zu Wolfgang Borchert und seinem Werk sowie weitere Texte finden Sie auf Seite 290.)

6 Die Welt der Literatur

Abschied und Wiederkehr

Johannes Robert Becher (1891–1958)

1 Als ich Abschied nahm
   – Will mich des nicht schämen –,
   Schaute ich zurück bei jedem Schritt.
   Als ich Abschied nahm
5 – Welch ein Abschiednehmen! –,
   Nahm ich meine deutsche Heimat mit.
   Stete Frage: wie es dazu kam,
   Dass ich, Deutschland, von dir Abschied nahm.

   Als ich wiederkam –
10 Wie umflort von Tränen
   Sah ich dich, du allgeliebtes Bild.

   Als ich wiederkam –
   Welch ein Heimwärtssehnen
   Ein Jahrzwölft lang, schmerzhaft nun gestillt!
15 Grabgeläute war's, das ich vernahm,
   Als ich in die Heimat wiederkam …

   Als ich Abschied nahm,
   Damals vor zwölf Jahren,
   Klang mein Lied wie ein zersprungner Klang.
20 Als ich wiederkam,
   Grau und leiderfahren,
   Klang ein neues Lied mir, heimatbang:
   Da ich von mir selber Abschied nahm
   Und ich als ein andrer wiederkam.

Genauso hat es damals angefangen! (1946)

Erich Weinert (1890–1953)

1 Kaum war das tausendjährige Reich kaputt,
   Da krochen sie behend, die Hakenrune
   Rasch aus dem Knopfloch polkend, aus dem Schutt
   Und machten, etwas vorschnell, auf Kommune.

5 Mit vollen Hosen standen sie parat,
   Mit jeder Sorte Plebs sich zu verbrüdern,
   Und drängelten sich vor, dem neuen Staat
   Sich anzubieten oder anzubiedern.

   Auf einmal gab's in Deutschland nichts als Opfer,
10 Bereit zum Eintritt in die Heilsarmee,
   Und schon erschienen auch die Schulterklopfer
   Und tremolierten ihr absolvo te!

   Wer konnte wohl auf so viel Nachsicht hoffen!
   Sie stiegen wieder ins Geschäft mit ein,
15 Denn alle Hintertüren standen offen,
   Und jeder hatte den Entlausungsschein.

   Sieg-Heil! Der erste Schock ist überwunden.
   Die Amnestie begießt man auf Banketts.
   Und man entschädigt sich für Schrecksekunden
20 Und sucht und findet Löcher im Gesetz.

   Schon gehn die meisten wieder durch die Maschen.
   Wie lange noch? Dann steht der Schießverein.
   Denn statt das Land von Nazis reinzuwaschen,
   Wäscht man die ganzen Nazis wieder rein.

25 Das darf sich heut schon wieder frech vermessen
   Und sein Bedauern fassen ins Gebet,
   Dass viel zu wenig im KZ gesessen
   Und dass es nicht noch mal nach Moskau geht.

   Das darf heut immer noch Soldaten spielen,
30 Wohin kein unberufenes Auge guckt,
   Und lernt auf unbequeme Köpfe zielen,
   Bereit zum Einsatz, wenn die Straße muckt.

   Das lässt schon wieder Meuchelmörder frei,
   Nach denen sie jahrzehntelang gefahndet,
35 Als ob inzwischen nichts geschehen sei.
   Doch Fahnenflucht wird immer noch geahndet.

   Das macht, im Schatten der Vergesslichkeit,
   In seiner Klaue noch den Stil von gestern,
   Schon wieder sich in Leitartikeln breit,
40 Und darf, was heut sich redlich müht, verlästern.

   Das darf sich wieder vor Kathedern flegeln
   Und wird nicht gleich mit Prügeln relegiert.
   Das spielt sich wieder auf nach Standesregeln,
   Statt Schutt zu karren, wie es ihm gebührt.

45 Ja, haben dafür unsere kühnsten Herzen
   Gekämpft, gelitten und ihr Blut verströmt,
   Dass, die wir einst geschworen, auszumerzen,
   Heut nicht einmal mehr öffentlich verfemt?

   Genauso hat es damals angefangen!
50 Und wo es aufhört, ist euch bekannt.
   Verschlaft ihr noch einmal, die zu belangen,
   Dann reicht bestimmt kein Volk uns mehr die Hand.

Inventur

Günter Eich (1907–1972)

1 Dies ist meine Mütze,
   dies ist mein Mantel,
   hier mein Rasierzeug
   im Beutel aus Leinen.

5 Konservenbüchse:
   Mein Teller, mein Becher,
   ich hab in das Weißblech
   den Namen geritzt.

   Geritzt hier mit diesem
10 kostbaren Nagel,
   den vor begehrlichen
   Augen ich berge.

   Im Brotbeutel sind
   ein Paar wollene Socken
15 und einiges, was ich
   niemand verrate,

   so dient er als Kissen
   nachts meinem Kopf.
   Die Pappe hier liegt
20 zwischen mir und der Erde.

   Die Bleistiftmine
   lieb ich am meisten:
   Tags schreibt sie mir Verse,
   die nachts ich erdacht.

25 Dies ist mein Notizbuch,
   dies meine Zeltbahn,
   dies ist mein Handtuch,
   dies ist mein Zwirn.

6.4 Literatur des 20. Jahrhunderts

Wenn die Haifische Menschen wären (1949)
Bertolt Brecht (1898–1956)

1 „Wenn die Haifische Menschen wären", fragte Herrn K. die kleine Tochter seiner Wirtin, „wären die dann netter zu den kleinen Fischen?" – „Sicher", sagte er. „Wenn die Haifische Menschen wären, würden sie im Meer für die klei-
5 nen Fische gewaltige Kästen bauen lassen, mit allerhand Nahrung drin, sowohl Pflanzen als auch Tierzeug. Sie würden sorgen, daß die Kästen immer frisches Wasser hätten, und sie würden überhaupt allerhand sanitäre Maßnahmen treffen. Wenn zum Beispiel ein Fischlein sich die Flosse
10 verletzen würde, dann würde ihm sogleich ein Verband gemacht, damit es den Haifischen nicht wegstürbe vor der Zeit. Damit die Fischlein nicht trübsinnig würden, gäbe es ab und zu große Wasserfeste; denn lustige Fischlein schmecken besser als trübsinnige. Es gäbe natürlich auch
15 Schulen in den großen Kästen. In diesen Schulen würden die Fischlein lernen, wie man in den Rachen der Haifische schwimmt. Sie würden zum Beispiel Geographie brauchen, damit sie die großen Haifische, die faul irgendwo liegen, finden könnten. Die Hauptsache wäre natürlich die
20 moralische Ausbildung der Fischlein. Sie würden unterrichtet werden, daß es das Größte und Schönste sei, wenn ein Fischlein sich freudig aufopfert, und daß sie alle an die Haifische glauben müßten, vor allem, wenn sie sagten, sie würden für eine schöne Zukunft sorgen. Man würde
25 den Fischlein beibringen, daß diese Zukunft nur gesichert sei, wenn sie Gehorsam lernten. Vor allen niedrigen, materialistischen, egoistischen und marxistischen Neigungen müßten sich die Fischlein hüten und es sofort den Haifischen melden, wenn eines von ihnen solche Neigungen
30 verriete. Wenn die Haifische Menschen wären, würden sie natürlich auch untereinander Kriege führen, um fremde Fischküsten und fremde Fischlein zu erobern. Die Kriege würden sie von ihren eigenen Fischlein führen lassen. Sie würden die Fischlein lehren, daß zwischen ihnen und den Fischlein der anderen Haifische ein riesiger Unterschied
35 bestehe. Die Fischlein, würden sie verkünden, sind bekanntlich stumm, aber sie schweigen in ganz verschiedenen Sprachen und können einander daher unmöglich verstehen. Jedem Fischlein, das im Krieg ein paar andere Fischlein, feindliche, in anderer Sprache schweigen-
40 de Fischlein tötete, würden sie einen kleinen Orden aus Seetang anheften und den Titel Held verleihen. Wenn die Haifische Menschen wären, gäbe es bei ihnen natürlich auch eine Kunst. Es gäbe schöne Bilder, auf denen die Zähne der Haifische in prächtigen Farben, ihre Rachen
45 als reine Lustgärten, in denen es sich prächtig tummeln läßt, dargestellt wären. Die Theater auf dem Meeresgrund würden zeigen, wie heldenmütige Fischlein begeistert in die Haifischrachen schwimmen, und die Musik wäre so schön, daß die Fischlein unter ihren Klängen, die Kapel-
50 le voran, träumerisch und in allerangenehmste Gedanken eingelullt, in die Haifischrachen strömten. Auch eine Religion gäbe es da, wenn die Haifische Menschen wären. Sie würden lehren, daß die Fischlein erst im Bauch der Haifische richtig zu leben begännen. Übrigens würde es auch
55 aufhören, wenn die Haifische Menschen wären, daß alle Fischlein, wie es jetzt ist, gleich sind. Einige von ihnen würden Ämter bekommen und über die anderen gesetzt werden. Die ein wenig größeren dürften sogar die kleineren auffressen. Das wäre für die Haifische nur angenehm,
60 da sie dann selber öfter größere Brocken zu fressen bekämen. Und die größeren, Posten habenden Fischlein würden für die Ordnung unter den Fischlein sorgen, Lehrer, Offiziere, Ingenieure im Kastenbau usw. werden. Kurz, es gäbe überhaupt erst eine Kultur im Meer, wenn die Haifische Menschen wären."

■ Aufgaben

1. Beschreiben Sie die Gedanken und Gefühle, die das lyrische Subjekt im Gedicht von Johannes Robert Becher beim Abschied und der Wiederkehr bewegt haben. Informieren Sie sich hierzu über die biografischen und historischen Hintergründe des Textes.

2. Arbeiten Sie stichpunktartig heraus, welche Verhaltensweisen Erich Weinert in seinem Gedicht von 1946 anprangert.

3. Setzen Sie den Titel des Gedichtes von Günter Eich in Beziehung zum Text:
   a) Erläutern Sie den Begriff Inventur. Wozu dient sie?
   b) Beschreiben Sie den Menschen, der hier eine Inventur durchführt, und die Situation, in der er dies tut.
   c) Bewerten Sie das im Gedicht benannte Inventar: Welchen eigentlichen Wert hat es und welcher Stellenwert wird ihm tätsächlich zugewiesen?

4. Bertolt Brecht beschreibt in seinem Text auf ironische Weise die Kultur der Menschen:
   a) Ordnen Sie den Text von Brecht einer Textsorte zu. (Hinweise finden Sie auf Seite 4 und Seite 40.)
   b) Welche sprachlichen Mittel verwendet Brecht in seinem Text? Benennen Sie diese Mittel und weisen Sie diese am Text nach.
   c) Arbeiten Sie stichpunktartig die einzelnen Missstände heraus, die Brecht in und mit seinem Text kritisiert.

6 Die Welt der Literatur

Elisabeth Langgässer:
Sie gehörte zu den christlich orientierten Schriftstellerinnen des 20. Jahrhunderts. Ab 1930 arbeitete sie als freie Schriftstellerin, wurde jedoch 1936 als Halbjüdin aus der Reichsschrifttumskammer ausgeschlossen und unterlag damit faktisch einem Publikationsverbot, schrieb aber trotzdem weiterhin.

Nach der Zeit des Nationalsozialismus war Langgässer eine typische Vertreterin der deutschen Nachkriegsliteratur. Als ehemals von den Nationalsozialisten Verfolgte – eine ihrer Töchter wurde nach Auschwitz deportiert – waren die Schrecken von Krieg und Verfolgung ein wesentliches Thema ihrer Romane, Erzählungen und Gedichte.

Saisonbeginn

Elisabeth Langgässer (1899–1950)

1 Die Arbeiter kamen mit ihrem Schild und einem hölzernen Pfosten, auf den es genagelt werden sollte, zu dem Eingang der Ortschaft, die hoch in den Bergen an der letzten Passkehre lag. Es war ein heißer Spätfrühlingstag, die Schneegrenze hatte sich schon hinauf zu den Gletscherwänden gezogen. Überall stan-
5 den die Wiesen wieder in Saft und Kraft; die Wucherblume verschwendete sich, der Löwenzahn strotzte und blähte sein Haupt über den milchigen Stängeln; Trollblumen, welche wie eingefettet mit gelber Sahne waren, platzen vor Glück, und in strahlenden Tümpeln kleinblütiger Enziane spiegelte sich ein Himmel von unwahrscheinlichem Blau. Auch die Häuser und Gasthöfe waren
10 wie neu: ihre Fensterläden frisch angestrichen, die Schindeldächer gut ausgebessert, die Scherenzäune ergänzt. Ein Atemzug noch: dann würden die Fremden, die Sommergäste kommen – die Lehrerinnen, die mutigen Sachsen, die Kinderreichen, die Alpinisten, aber vor allem die Autobesitzer in ihren großen Wagen... Röhr und Mercedes, Fiat und Opel, blitzend von Chrom und Glas.
15 Das Geld würde anrollen. Alles war darauf vorbereitet. Ein Schild kam zum anderen, die Haarnadelkurve zu dem Totenkopf, Kilometerschilder und Schilder für Fußgänger: zwei Minuten zum Café Alpenrose. An der Stelle, wo die Männer den Pfosten in die Erde einrammen wollten, stand ein Holzkreuz, über dem Kopf des Christus war auch ein Schild angebracht. Seine Inschrift war bis
20 heute die gleiche, wie sie Pilatus entworfen hatte: J.N.R.J – die Enttäuschung darüber, dass es im Grunde hätte heißen sollen: Er behauptet nur, dieser König zu sein, hatte im Laufe der Jahrhunderte an Heftigkeit eingebüßt. Die beiden Männer, welche den Pfosten, das Schild und die große Schaufel, um den Pfosten in die Erde zu graben, auf ihren Schultern trugen, setzten alles unter dem
25 Wegekreuz ab; der Dritte stellte den Werkzeugkasten, Hammer, Zange und Nägel daneben und spuckte ermunternd aus.

Nun beratschlagten die drei Männer, an welcher Stelle die Inschrift des Schildes am besten zur Geltung käme; sie sollte für alle, welche das Dorf auf dem
30 breiten Passweg betraten, besser: befuhren, als Blickfang dienen und nicht zu verfehlen sein. Man kam also überein, das Schild kurz vor dem Wegekreuz anzubringen, gewissermaßen als Gruß, den die Ortschaft jedem Fremden entgegenschickte. Leider stellte sich aber heraus, dass der Pfosten dann in den Pflasterbelag einer Tankstelle hätte gesetzt werden müssen – eine Sache, die
35 sich von selbst verbot, da die Wagen, besonders die größeren, dann am Wenden behindert waren. Die Männer schleppten also den Pfosten noch ein Stück weiter hinaus bis zu der Gemeindewiese und wollten schon mit der Arbeit beginnen, als ihnen auffiel, dass diese Stelle bereits zu weit von dem Ortsschild entfernt war, das den Namen angab und die Gemeinde, zu welcher der Flecken
40 gehörte. Wenn also das Dorf den Vorzug dieses Schildes und seiner Inschrift beanspruchen wollte, musste das Schild wieder näher rücken – am besten dem Kreuz gegenüber, sodass Wagen und Fußgänger zwischen beiden hätten passieren müssen.

45 Dieser Vorschlag, von dem Mann mit den Nägeln und dem Hammer gemacht, fand Beifall. Die beiden anderen luden von neuem den Pfosten auf ihre Schultern und schleppten ihn vor das Kreuz. Nun sollte also das Schild mit der Inschrift zu dem Wegkreuz senkrecht stehen; doch zeigte es sich, dass die uralte Buche, welche gerade hier ihre Äste mit riesiger Spanne nach beiden Seiten
50 wie eine Mantelmadonna ihren Umhang entfaltete, die Inschrift im Sommer verdeckt und ihr Schattenspiel deren Bedeutung verwischt, aber mindestens abgeschwächt hätte.

Es blieb daher nur noch die andere Stelle neben dem Herrenkreuz, und da die erste, die in das Pflaster der Tankstelle überging, gewissermaßen den Platz
55 des Schächers zur Linken bezeichnet hätte, wurde jetzt der Platz zur Rechten gewählt und endgültig beibehalten. Zwei Männer hoben die Erde aus, der dritte nagelte rasch das Schild mit wuchtigen Schlägen auf; dann stellten sie den Pfosten gemeinsam in die Grube und rammten ihn rings von allen Seiten mit größeren Feldsteinen an.

60 Ihre Tätigkeit blieb nicht unbeachtet. Schulkinder machten sich gegenseitig die Ehre streitig, dabei zu helfen, den Hammer, die Nägel hinzureichen und passende Steine zu suchen; auch einige Frauen blieben stehen, um die Inschrift genau zu studieren. Zwei Nonnen, welche die Blumenvase zu Füßen des Kreuzes aufs Neue füllten, blickten einander unsicher an, bevor sie weitergingen.
65 Bei den Männern, die von der Holzarbeit oder vom Acker kamen, war die Wirkung verschieden: einige lachten, andere schüttelten nur den Kopf, ohne etwas zu sagen; die Mehrzahl blieb davon unberührt und gab weder Beifall noch Ablehnung kund, sondern war gleichgültig, wie sich die Sache auch immer entwickeln würde. Im Ganzen genommen konnten die Männer mit der
70 Wirkung zufrieden sein. Der Pfosten, kerzengerade, trug das Schild mit der weithin sichtbaren Inschrift, die Nachmittagssonne glitt wie ein Finger über die zollgroßen Buchstaben hin und fuhr jeden einzelnen langsam nach wie den Richtspruch auf einer Tafel...

75 Auch der sterbende Christus, dessen blasses, blutüberronnenes Haupt im Tod nach der rechten Seite geneigt war, schien sich mit letzter Kraft zu bemühen, die Inschrift aufzunehmen: Man merkte, sie ging ihn gleichfalls an, welcher bisher von den Leuten als einer der ihren und wohl gelitten war. Unerbittlich und dauerhaft wie sein Leiden würde sie ihn nun für lange Zeit schwarz auf
80 weiß gegenüberstehen.

Als die Männer den Kreuzigungsort verließen und ihr Handwerkszeug wieder zusammenpackten, blickten alle drei noch einmal befriedigt zu dem Schild mit der Inschrift auf. Sie lautete: „In diesem Kurort sind Juden unerwünscht."

Beispiele für aufgestellte Schilder

Aufgaben

1. Erklären Sie den Titel der Geschichte.
2. a) Beschreiben Sie die möglichen Standorte des Schildes.
   b) Charakterisieren Sie die unterschiedlichen Reaktionen der Dorfbewohner.
3. Erläutern Sie die Beziehung zwischen den beiden Schildern.

6.4.4 Die Fünfziger- und Sechzigerjahre

Walter Womacka: Aufbau der Karl-Marx-Allee

Marshallplan:
Hilfsprogramm für Westeuropa, das auf Initiative des amerikanischen Außenministers George C. Marshall 1948 initiiert wurde.

Hinweis
Weitere Vertreter der konkreten Poesie sind:
- Ernst Jandl (1925–2000), Gymnasiallehrer, bekannt durch seine visuellen und akustischen Sprachspiele;
- Franz Mon (*1926), bekannt durch seine experimentelle Dichtung, Essays und Hörspiele.

Syntax:
Satzbau.

Bitterfeld:
Kreisstadt in Sachsen-Anhalt. Da Bitterfeld Mittelpunkt des Braunkohlenbergbaus und der Braunkohle verarbeitenden Industrie war, wohnten dort besonders viele Arbeiter.

In den Fünfzigerjahren stand im geteilten Deutschland der **Aufbau der beiden neu gegründeten Staaten** im Vordergrund.

In der **Bundesrepublik** führten vor allem die Mittel aus dem Marshallplan zu einem relativ schnellen ökonomischen Aufschwung. Aufgrund dieser schnellen und positiven wirtschaftlichen Entwicklung am Ende der Fünfzigerjahre sprach man vom sogenannten „Wirtschaftswunder". Infolge dieser Entwicklung entstand eine demokratisch-humanistische Literatur mit einem breiten Themenangebot.

Es wurden literarische Werke verfasst, die sich nun auch intensiv der Auseinandersetzung mit dem Faschismus widmeten – z. B. von Heinrich Böll.
Andere Autoren wandten sich einer eher konservativen Literatur mit stark christlichem Akzent zu – wie z. B. Stefan Andres (1906–1970).
Die Lyrik – mit ihrer Beschreibung subjektiver Empfindungen – erhielt durch Autoren wie Gottfried Benn einen hohen Stellenwert. Zunehmend wurde aber auch die Darstellung des neuen Normensystems mit den Leitwerten Konsum und Leistung in den Mittelpunkt gestellt – wie z. B. bei Hugo Hartung (1902–1972).
Vor allem in der Dramatik und der Lyrik wurden Formexperimente durchgeführt. Durch ausländische Vorbilder wie Samuel Beckett (1906–1989) inspiriert, wandte man sich dem absurden Theater zu. Diese moderne Form des Theaters wollte die Widersinnigkeit und die Sinnentleertheit des menschlichen Daseins vorführen.
In Rebellion gegen erstarrte lyrische Formen entwickelten die Schriftsteller der sogenannten „Wiener Gruppe" die konkrete Poesie. Dabei handelte es sich um den Versuch, aus sprachlich konkretem Material visuell oder akustisch, losgelöst von syntaktischen Zusammenhängen, eine Aussage zu gestalten.

In der **Literatur der DDR** rückte in den Fünfzigerjahren zunächst die Aufbauliteratur in den Vordergrund. Schriftsteller wurden aufgefordert, den Aufbau des Sozialismus zu beschreiben. Arbeitern wurde unter dem Motto „Greif zur Feder, Kumpel!" die künstlerische Gestaltung ihrer Wirklichkeit nahegelegt. 1959 fand die „Bitterfelder Konferenz" statt, auf welcher der sogenannte „Bitterfelder Weg" beschlossen wurde: Literatur sollte noch stärker an die Arbeitswelt heranrücken und mit den Mitteln des sozialistischen Realismus die neue Wirklichkeit beschreiben. Besonders die Gestaltung des positiven Helden, der unfehlbar auf dem Weg zum Sozialismus voranschreitet, wurde gefordert. Es entstand die sogenannte Produktions- und Landliteratur, die sich dem Aufbau in Betrieben und auf dem Lande zuwendete.

6.4 Literatur des 20. Jahrhunderts

Die Sechzigerjahre waren durch eine deutliche **Politisierung der Literatur** gekennzeichnet.

In der DDR wurde die „Ankunft im Sozialismus" beschrieben. Der Roman „Ankunft im Alltag" (1961) der Schriftstellerin Brigitte Reimann hatte dieser Thematik den Namen gegeben. Im Mittelpunkt der Darstellung standen Schilderungen darüber, wie sich der „neue Mensch" am Arbeitsplatz und im Alltag bewährte. Diese meist geschönten Bilder entsprachen jedoch kaum der Realität. Auch wurde die Darstellung echter Konflikte vermieden, die aber Teil des Alltags der Leser waren. Deshalb meldeten sich schon Mitte der Sechzigerjahre junge Autoren zu Wort, die eine differenzierte literarische Gestaltung des Menschen – auch in seinen Schwächen und Widersprüchen – forderten.

In der **Bundesrepublik** trat ebenfalls eine stark an der Realität orientierte und teilweise gesellschaftskritische Literatur in den Mittelpunkt: der „Neue Realismus" und die Dokumentarliteratur.
Die im Jahre 1961 gegründete „Gruppe 61" zum Beispiel stellte sich der Aufgabe, die industrielle Arbeitswelt stärker in den Blickwinkel der Literatur zu rücken. Das dokumentarische Theater nahm politische Problemfälle der jüngsten Geschichte zum Thema (R. Hochhuth, P. Weiss). Innerhalb der Lyrik nahmen politische Themen großen Raum ein.

> **Sozialistischer Realismus:**
> In der Sowjetunion 1932 eingeführter und in der DDR übernommener Begriff für die Gestaltungsweise künstlerischer Werke. Er verlangte die „wahrheitsgetreue, historisch-konkrete Darstellung der Wirklichkeit in ihrer revolutionären Entwicklung". Die Literatur sollte eine optimistische Zukunftsperspektive zeigen, den positiven Helden gestalten, parteilich und volksverbunden im Sinne der Arbeiterklasse sein.

Stichworte	DDR	BRD
Gesellschaftliche Ereignisse	Arbeiteraufstand am 17. Juni 1953, Mauerbau am 13. August 1961	wirtschaftlicher Aufschwung unter der CDU-Regierung, Wirtschaftswunder, Studentenbewegung
Themen	Sozialistischer Realismus, Gestaltung des positiven Helden, Produktionsliteratur, „Landliteratur, Bitterfelder Weg", Ankunftsliteratur	demokratisch-humanistische Literatur mit breitem Spektrum: konservativ-christliche Literatur, starke Bedeutung der Lyrik, absurdes Theater, Auseinandersetzung mit dem Faschismus, Neuer Realismus, Literatur der Arbeitswelt, Dokumentarliteratur
Lyrik	Louis Fürnberg (1909–1957): „Das wunderbare Gesetz" (1956)	Gottfried Benn (1886–1956): „Destillationen" (1953); Erich Fried (1921–1988): „…und Vietnam und…" (1966); Marie Luise Kaschnitz (1901–1974): „Überallnie" (1965); Ingeborg Bachmann (1926–1973): „Die gestundete Zeit" (1953)
Epik	Eduard Claudius (1911–1976): „Menschen an unserer Seite" (1951); Brigitte Reimann (1933–1973): „Ankunft im Alltag" (1961)	Heinrich Böll (1917–1985): „Billard um halb zehn" (1959); Günter Grass (1927): „Die Blechtrommel" (1959);
Dramatik	Heiner Müller (1929–1995): „Der Lohndrücker" (1958)	Rolf Hochhuth (1931): „Der Stellvertreter" (1963)

251

Wanderer, kommst du nach Spa… (Auszug)

Heinrich Böll (1917–1985)

Als der Wagen hielt, brummte der Motor noch eine Weile; draußen wurde irgendwo ein großes Tor aufgerissen. Licht fiel durch das zertrümmerte Fenster in das Innere des Wagens, und ich sah jetzt, dass auch die Glühbirne oben an der Decke zerfetzt war; nur ihr Gewinde stak noch in der Schrauböffnung, ein paar flimmernde Drähtchen mit Glasresten. Dann hörte der Motor auf zu brummen, und draußen schrie eine Stimme: „Die Toten hierhin, habt ihr Tote dabei?"

„Verflucht", rief der Fahrer zurück, „verdunkelt ihr schon nicht mehr?"

„Da nützt kein Verdunkeln mehr, wenn die ganze Stadt wie eine Fackel brennt", schrie die fremde Stimme. „Ob ihr Tote habt, habe ich gefragt?"

„Weiß nicht."

„Die Toten hierhin, hörst du? Und die anderen die Treppe hinauf in den Zeichensaal, verstehst du?"[…]
Ich lag auf dem Operationstisch und sah mich selbst ganz deutlich, aber sehr klein, zusammengeschrumpft, oben in dem klaren Glas der Glühbirne, winzig und weiß, ein schmales, mullfarbenes Paketchen wie ein außergewöhnlich subtiler Embryo: das war also ich da oben.
Der Arzt drehte mir den Rücken zu und stand an einem Tisch, wo er in Instrumenten herumkramte; breit und alt stand der Feuerwehrmann vor der Tafel und lächelte mich an; er lächelte müde und traurig, und sein bärtiges, schmutziges Gesicht war wie das Gesicht eines Schlafenden; an seiner Schulter vorbei auf der schmierigen Rückseite der Tafel sah ich etwas, was mich zum ersten Male, seitdem ich in diesem Totenhaus war, mein Herz spüren machte: irgendwo in einer geheimen Kammer meines Herzens erschrak ich tief und schrecklich, und es fing heftig an zu schlagen: da war meine Handschrift an der Tafel. Oben in der obersten Zeile. Ich kenne meine Handschrift: es ist schlimmer, als wenn man sich im Spiegel sieht, viel deutlicher, und ich hatte keine Möglichkeit, die Identität meiner Handschrift zu bezweifeln. Alles andere war kein Beweis gewesen, weder Medea noch Nietzsche, nicht das dinarische Bergfilmprofil noch die Banane aus Togo, und nicht einmal das Kreuzzeichen über der Tür: das alles war in allen Schulen dasselbe, aber ich glaube nicht, dass sie in anderen Schulen mit meiner Handschrift an die Tafeln schreiben. Da stand er noch, der Spruch, den wir damals hatten schreiben müssen, in diesem verzweifelten Leben, das erst drei Monate zurücklag: Wanderer, kommst du nach Spa…

Das Geheimnis von Sosa (Auszug)

Helmut Hauptmann (*1928)

Die Menschen sind Zwerge, wenn man mit den Maßstäben der beiden Riesenbagger, des Steinbruchs überhaupt mit seinen Felsbrocken misst. Aber sie sind emsig, wie es sich für Zwerge gehört – und für Menschen. Und sie sind mächtig, sind die Herren. Der Bagger tut, was der Mensch will. Der Mensch bricht den Felsen. Mit Stahlbohrern, die er sich schuf, mit der Energie, die er sich dienstbar machte. Beide unterstützen die menschliche Kraft, den menschlichen Willen – und so bricht der Felsen nach schwerem Kampf.
Otto Worn musste tüchtig die Augen zusammenkneifen, denn die Sonne machte den Sandstein grell und blendend. Der Schweiß tropfte von den Wimpern auf die Backen und rann am ganzen Körper runter. Nicht etwa nur von der Sonne. Otto hatte gerade der Lok frisches Futter gegeben. Nun durfte er getrost ein wenig verschnaufen, bis die Fahrt losging zur Steinwäsche. Er bewunderte die Kerle dort, die dem Felsen zuleibe gingen. Mensch, Bohrer und Stein schienen eine Einheit. Der Mensch vibrierte, der Bohrer vibrierte und selbst der Stein. Es war eine anstrengende Arbeit, sie verlangte die letzten Kräfte, aber es war eine stolze Arbeit. Denn der Mensch diktierte. Die Energie brachte den Bohrer zum Tanzen, der Mensch musste ihn gut festhalten, lärmend schlug er auf den Fels, drang in ihn ein, wie der Mensch ihn lenkte. Wütend schleuderte der Fels Steinstaub aus seinen Wunden, hartnäckig hielt er stand – es war ein Ringen um jeden Brocken, aber ein glückliches. Denn der Mensch war der Meister.

6.4 Literatur des 20. Jahrhunderts

Auf Grundlage der Materialien zum Auschwitz-Prozess (1963–1965) schrieb Peter Weiss sein „Oratorium in 11 Gesängen", ein erschütterndes Dokument über die Zeit des Faschismus, aber auch eine Anklage für die nicht erfolgte Aufarbeitung dieses Themas im Nachkriegsdeutschland.

Die Ermittlung (Auszug) (1965)

Peter Weiss (1916–1982)

Gesang vom Phenol

I

Zeuge 8	Den Sanitätsdienstgrad Klehr beschuldige ich der tausendfachen eigenmächtigen Tötung durch Phenolinjektionen ins Herz	Richter	Haben Sie das selbst gesehen
		Zeuge 8	Ja das habe ich selbst gesehen Klehr liebte die abgerundeten Zahlen Wenn ihm eine Schlusszahl nicht gefiel suchte er sich die fehlenden Opfer in den Krankenräumen zusammen Er sah sich die Fieberkurven an die auf seine Anweisung genau geführt werden mussten und nahm danach seine Auswahl vor
Angeklagter 9	Das ist Verleumdung Nur in einigen Fällen hatte ich Abspritzungen zu überwachen und auch dies nur mit größtem Widerwillen		
Zeuge 8	Jeden Tag wurden auf der Krankenstation mindestens 30 Häftlinge getötet Manchmal waren es bis zu 200	Angeklagter 9	Herr Vorsitzender Diese Behauptung ist unwahr Zum Selektieren war ich nicht ermächtigt
[...]		Richter	Was hatten Sie denn zu tun
Richter	In welchem Raum wurden die Injektionen gegeben	Angeklagter 9	Ich hatte nur dafür zu sorgen dass die richtigen Häftlinge rüberkamen
Zeuge 8	Im Zimmer Eins Das war das Arztzimmer Es lag am Ende des Mittelgangs	Richter	Und was taten Sie beim Ausgeben der Injektionen
Richter	Wo warteten die Häftlinge	Angeklagter 9	Das möchte ich auch mal wissen Ich stand da nur rum Die Behandlungen wurden von Funktionshäftlingen ausgeführt Ich hielt mich da fern Ich ließ mich von den verseuchten Kranken doch nicht anhauchen
Zeuge 8	Sie hatten sich im Korridor aufzustellen Die Schwerkranken lagen auf dem Boden Zu zweit rückten sie ins Arztzimmer vor Der Arzt Dr. Entress übergab Klehr ein Drittel der Patienten Dies war Klehr nicht genug Wenn der Arzt gegangen war nahm Klehr noch nachträgliche Aussonderungen vor		

■ Aufgaben

1. Stellen Sie Vermutungen über Handlungszeit und die Situation der Hauptfigur im Textauszug von Heinrich Bölls Erzählung an. Welche Haltung nimmt der Autor ein?

2. a) Beschreiben Sie das Menschenbild und die Haltung zur Technik, die im Textauszug von Helmut Hauptmann gezeigt werden.
   b) Suchen Sie nach Werken der Gegenwartsliteratur, in denen diese Themen gänzlich anders gestaltet werden.

3. Analysieren Sie Charakter und Haltung des Angeklagten im Textauszug von Peter Weiss und notieren Sie Ihre Ergebnisse stichpunktartig.

6 Die Welt der Literatur

Volker Braun:
geboren in Dresden. Nach dem Abitur Druckereiarbeiter, Betonrohrleger und Tagebaumaschinist. Studium der Philosophie in Leipzig. 1965 holt ihn Helene Weigel an das Berliner Ensemble, wo sein erstes Stück „Die Kipper" inszeniert (und verboten) wird. Später Mitarbeiter am Deutschen Theater in Berlin und (1979–1990) am Berliner Ensemble.

Bertolt Brecht:
1898 in Augsburg geboren, studierte in München vorwiegend Medizin. Er lebte seit 1924 in Berlin und emigrierte 1933 nach der Machtergreifung der Nationalsozialisten. Brecht lebte bis 1939 in Dänemark und ab 1941 in den USA. 1947 kehrte er nach Europa zurück. Von 1949 bis zu seinem Tod lebte er in Ost-Berlin (siehe auch Seite 205).

Volksaufstand vom 17. Juni 1953: Volksaufstand im Ostteil Berlins und in den meisten Zentren der DDR. Anlass des Massenprotests der Bevölkerung waren u. a. die Forderungen nach
- freien Wahlen für ganz Deutschland,
- Rede- und Pressefreiheit,
- Abschaffung der im Mai erhöhten Arbeitsnorm,
- Abzug aller Besatzungstruppen.

Der Aufstand wurde mithilfe der sowjetischen Truppen niedergeschlagen.

Anspruch (1962)
Volker Braun (*1939)

1 Kommt uns nicht mit Fertigem. Wir brauchen Halbfabrikate.
Weg mit dem Rehbraten – her mit dem Wald und dem Messer.
Hier herrscht das Experiment und keine steife Routine.
Hier schreit eure Wünsche aus: Empfang beim Leben.
5 Zwischen die Kontinente, zu allen Ufern
Spannt seine Muskeln das Meer unserer Erwartungen
An alle Küsten trommeln seine Finger die Brandung
über die Uferklinge lässt es die Wogen springen und aufschlagen
Immer erneut hält es die Flut hoch und gibt es sie auf.

10 Für uns sind die Rezepte nicht ausgeschrieben, mein Herr.
Das Leben ist kein Bilderbuch mehr, Mister, und keine peinliche Partitur,- Fräulein.

Nix zum herunterdudeln! Hier wird ab sofort Denken verlangt.
Raus aus den Sesseln, Jungs. Feldbett - meinetwegen.
15 Nicht so feierlich, Genossen, das Denken will heitere Stirnen.
Wer sehnt sich hier nach wilhelminischem Schulterputz?
Unsere Schultern tragen einen Himmel voll Sternen.

Hier wird Neuland gegraben und Neuhimmel angeschnitten –
Hier ist der Staat für Anfänger, Halbfabrikat auf Lebenszeit.
20 Hier schreit eure Wünsche aus: an alle Ufer
Trommelt die Flut eurer Erwartungen!
Was da an deine Waden knallt, Mensch, die tosende Brandung:
Das sind unsere kleinen Finger, die schießen nur Bisschen Zukunft vor, Spielerei.

Die Lösung (1953)
Bertolt Brecht (1898–1956)

Nach dem Aufstand des 17. Juni
Ließ der Sekretär des Schriftstellerverbands
In der Stalinallee Flugblätter verteilen
Auf denen zu lesen war, daß das Volk
Das Vertrauen der Regierung verscherzt habe
Und es nur durch verdoppelte Arbeit
Zurückerobern könne. Wäre es da
Nicht doch einfacher, die Regierung
Löste das Volk auf und
Wählte ein anderes?

254

6.4 Literatur des 20. Jahrhunderts

Strittmatter gestaltet in seinem Roman von 1963 einen naturliebenden, kauzigen Sonderling, Ole Bienkopp; er zeigt dessen Schwierigkeiten als Neubauer nach dem Krieg beim Aufbau der Landwirtschaftlichen Produktionsgenossenschaft (LPG) „Blühendes Feld". Besonders die naiv-humorvolle Weltsicht des Helden macht den Reiz des Buches aus, das von der Kritik der DDR zunächst wegen seiner zu wenig positiv gezeichneten Helden getadelt wurde.

> **Erwin Strittmatter:**
> in der Niederlausitz geboren. Er war mit seinen volkstümlich-humorvollen Romanen – im Rahmen des sozialistischen Realismus – in der DDR erfolgreich.

Ole Bienkopp (Auszug)
Erwin Strittmatter (1912–1994)

1 „Weißt du, was ich denke?"
Nein, Bienkopp wusste es nicht.
„Manchmal denk ich, es gibt so was wie Parteiengel, und Anton half ein wenig schieben."
5 Bienkopp biss knurrend ins Heringsschwanzstück.
„Das sag beileibe nicht in der Parteiversammlung!"
Zwei Tage später fing Bienkopp an, fast an Emmas Parteiengel zu glauben, denn er wurde berühmt: Ein Redakteur und ein Fotograf fuhren auf den ehemaligen
10 Bienkopp-Hof. Der Fotograf kroch auf die Hofkastanie am Torweg und fotografierte den Genossenschaftshof-komplex. Sodann wollte er ein Porträt vom Kollegen Wespenkopp machen.
„Macht, was ihr wollt, aber schnell!"
15 Es sollte kein gewöhnliches Porträt sein. Der Redakteur suchte nach einem Einfall. Er dachte nach, und der Einfall knallte aus verbrauchten Luftschichten auf ihn nieder. Ole sollte sich vor ein fülliges Kornfeld stellen, vor Neuland unter Früchten gewissermaßen.
20 Anngret saß wohl doch noch in einer von Bienkopps Herzecken. Er dachte an sie. Vielleicht sollte er ihr eine Zeitung schicken? Er wurde schwach und folgte dem Fotografen. Bienkopp sollte sich ins Roggenfeld stellen. Er tat's nicht gern. Er ist kein Wildschwein, und es
25 ist kein Krieg. Der Fotograf versprach, die niedergetretenen Halme hernach zu restaurieren.
Bienkopp stellte sich in den Roggen. Der Fotograf war noch nicht zufrieden. Bienkopp sollte sich, bitte, in eine Furche stellen. Die Perspektive verlangte es: Der Mensch wird kleiner, die Halme länger.
Wieder dachte Bienkopp an Anngret und tat's. Der Fo-
30 tograf warf sich hin, rutschte auf dem Bauche, guckte durch den Sucher, und seine Beine strampelten genüsslich. Das Porträt war fertig, und der Redakteur ging wieder auf Bienkopp los. „Sie sind nun … wie sagt man … was hat Sie bewogen?"
35 Anton hat Bienkopp bewogen. Er ist tot, sonst könnte er es erzählen. Bienkopp hat bei Antons Tod einen Schwur getan, aber man hat ihn für verrückt gehalten …
Der Redakteur winkte ab. Zu dunkel für seine Zeitung,
40 zu mystisch, nicht optimistisch genug. „Haben Sie nicht … wie sagt man … das Gemeinwohl im Auge gehabt?"
„Das auch, aber man hat mich trotzdem für verrückt gehalten!"
45 „Schon gesagt; jetzt die Zukunft!" Wie schätzt der Genosse Bimskopf die Zukunft ein? „Man muss sehen!"
Der Redakteur fühlte sich wie Rumpelstilzchen; er hätte sich zerreißen mögen. Er benötigte eine Fanfare von einem Bericht. Er bekam einen neuen Einfall von
50 früher, zog eine Zeitung aus der Tasche und reichte sie Emma Dürr. Klein Emma sollte lesen. Franz Bummel und Hermann Weichelt sollten lieb sein und über Emmas Schultern ins Blatt sehn: LPG studiert Konferenzbeschlüsse.
55 Klein Emma zerknüllte die Zeitung. Sie warf sie dem Redakteur vor die Füße. „Wir sind keine Schausteller!"

▰ Aufgaben

1. a) Beschreiben Sie stichwortartig die Stimmung, die Volker Braun in seinem Gedicht erweckt.
   b) Erläutern Sie, auf welche gesellschaftlichen Ereignisse und Erwartungen Bezug genommen wird.

2. a) Beurteilen Sie die Lösung, die Bertolt Brecht im gleichnamigen Gedicht der Regierung der DDR nach dem Arbeiteraufstand 1953 anbietet. Halten Sie seinen Vorschlag für angemessen?
   b) Welches Stilmittel verwendet der Autor hier, um seiner Aussage Nachdruck zu verleihen?

3. Ole Bienkopp und der Redakteur verfolgen unterschiedliche Ziele. Nennen Sie Gründe, weshalb der Redakteur mit Oles Antworten nicht zufrieden ist und welche Antworten er jeweils erwartet.

6 Die Welt der Literatur

6.4.5 Die Siebziger- und Achtzigerjahre

Ulrich Plenzdorf:
(1934-2007) in Berlin geboren, Drehbuchautor und Schriftsteller. Er wurde durch sein Stück „Die neuen Leiden des jungen W" bekannt.

Helga Königsdorf:
1938 in Gera geboren. Von 1955–1961 studierte sie Physik in Jena und Berlin. Ab 1961 arbeitete sie wissenschaftlich auf dem Gebiet der Mathematik (Promotion, Habilitation). 1974 wurde sie Professorin an der Akademie der Wissenschaften der DDR. Seit 1990 lebt sie als freischaffende Autorin in Berlin.

Helga Schütz:
1937 in Falkenhain im schlesischen Bober-Katzbach-Gebirge geboren. Sie kam 1944 nach Dresden, studierte von 1958–62 an der Hochschule für Filmkunst in Potsdam-Babelsberg, Fachrichtung Dramaturgie. Sie lebt als freie Schriftstellerin in Potsdam und schreibt Filmszenarien und Prosa.

Gabriele Wohmann:
1932 in Darmstadt geboren; aufgewachsen in protestantischer Pfarrersfamilie, Studium der Germanistik, Romanistik, Musikwissenschaft und Philosophie in Frankfurt a. M.; kurze Zeit Lehrerin in Langeoog und Darmstadt; Mitglied der „Gruppe 47"; seit 1956 Schriftstellerin. Sie erhielt für ihr Werk zahlreiche Preise und Ehrungen.

Die Literatur der Siebzigerjahre zeichnete sich zunächst durch eine große Themenbreite aus. In Ost- wie Westdeutschland sprach man von einer „neuen Subjektivität". Nicht mehr die großen weltpolitischen Themen standen im Zentrum, sondern der Alltag der Menschen. Diese biografische Literatur beschäftigte sich vorrangig mit individuellen Schicksalen.

In diesem Zeitraum entstand auch die Frauenliteratur, die die Befindlichkeit der Frau, ihre Selbstfindung in Familie und Gesellschaft beschrieb:

Mode der Siebzigerjahre
von Schülerinnen der Berufsschule für Friseure, Hamburg

- In der **DDR** meldeten sich vor allem emanzipierte Frauen zu Wort, die auf plaudernde bis hin zur philosophisch gehobenen Weise die Probleme des Frauenalltags zwischen Beruf und Familie beschrieben. Als Vertreterinnen sind zum Beispiel Helga Königsdorf und Helga Schütz zu nennen.
- In der **Bundesrepublik Deutschland** nutzen Frauen die Möglichkeit, über die Literatur auf ihre gesellschaftlichen und privaten Probleme aufmerksam zu machen. Ihre Texte fielen zum Teil klagend, grimmig und verletzt oder auch ironisch und spöttisch aus. Als Vertreterinnen sind zum Beispiel Gabriele Wohmann und Verena Stefan zu nennen.

Andere Autorinnen wandten sich antiken und mythologischen Stoffen zu.

Innerhalb der DDR-Literatur brachte der VIII. Parteitag der SED auch für die Künstler kurzzeitig Veränderungen, an deren Herbeiführung sie durch ihre kritischen Arbeiten in den Sechzigerjahren auch selbst beteiligt gewesen waren. Da die DDR in der Welt zunehmend Anerkennung fand, konnte sich die Regierung politische Korrekturen leisten und sich liberaler geben. Es wurde nun möglich, in größerem Umfang Texte herauszubringen, die aufgrund ihrer Gesellschaftskritik schon längere Zeit in der Schublade gelegen hatten oder nur in kleinen Auflagen erschienen waren. Als Beispiele sind hier Ulrich Plenzdorfs „Die neuen Leiden des jungen W." oder Christa Wolfs „Nachdenken über Christa T." hervorzuheben.

Dieses „Tauwetter" währte jedoch nur kurze Zeit. Einige Schriftsteller wurden den Kulturpolitikern der DDR schnell zu offen. Unter ihnen stand an erster Stelle der Liedermacher und Lyriker Wolf Biermann. Schon 1974 bot man ihm die Ausreise an, er verzichtete jedoch. Als Biermann 1976 ein Konzert in Köln veranstaltete, nutzte die DDR-Regierung diese Situation aus, um ihm kurzerhand die DDR-Staatsbürgerschaft zu entziehen. Somit konnte er nicht mehr in die DDR einreisen. Angeblich sei er bei diesem Konzert in Köln feindselig gegenüber der DDR aufgetreten. Seine Ausbürgerung zog eine Protestwelle vieler Künstler und Wissenschaftler nach sich. Als Reaktion auf dieses Ereignis verließen viele Schriftsteller die DDR, da sie die Einengung der Kunst durch die Politik nicht mehr ertragen konnten und wollten. Diejenigen von ihnen, die im Land blieben, traten zunehmend mit gesellschaftskritischen Texten an die Öffentlichkeit.

Auch die Literatur in der Bundesrepublik Deutschland hatte auf dem Schriftstellerkongress 1970 ein „Ende der Bescheidenheit" gefordert. Die Autorinnen und Autoren wollten eine höhere Wertschätzung ihrer Rolle in der Gesellschaft erreichen. Nach einer kurzen Zeit des politischen Engagements folgte dann jedoch die Desillusion. Viele Schriftsteller fühlten sich wieder „draußen vor der Tür" (siehe Seite 244) oder zogen sich selbst zurück.

In den Achtzigerjahren – mit dem Einzug der Postmoderne – wendeten sich die Literaturschaffenden wieder einer traditionelleren Schreibweise zu. Es entstanden Romane und Erzählungen, die mit traditionellen Formen spielten, wie zum Beispiel Patrick Süßkind in seinem Roman „Das Parfüm".
Aber auch eine jüngere und selbstbewusstere Schriftstellergeneration meldete sich, vor allem in der Lyrik, zu Wort (z.B. Jürgen Theobaldy und Ulla Hahn).

Verena Stefan:
geboren 1947,
bekanntestes Werk:
„Häutungen" 1975

▌▌▌ Hinweis
Wenige Monate nach seiner Vertreibung schrieb Wolf Biermann folgende Zeilen, in denen er die DDR und die BRD vergleicht:
Hier fallen sie auf den Rücken
Dort kriechen sie auf dem Bauche
Und ich bin gekommen
Ach, gekommen bin ich
Vom Regen in die Jauche

Stichworte	DDR	BRD
Gesellschaftliche Ereignisse	Mauerbau (1961), VIII. Parteitag und 4. Plenum des Zentralkomitees der SED (1971), Biermann-Ausbürgerung (1976)	Sozialliberale Koalition (1969–1982), Anerkennung der DDR unter der SPD-Regierung, Grundlagenvertrag (1972), Guillaume-Affäre, CDU-Regierung unter Helmut Kohl ab 1982
Literatur		
Themen	Neue Subjektivität, Memoirenliteratur, Frauenliteratur, nach 1976 zunehmend gesellschaftskritische Literatur	Neue Subjektivität, Memoirenliteratur, Frauenliteratur, Postmoderne
Lyrik	Volker Braun (*1939): „Wir und nicht sie" (1970) Eva Strittmatter (1930–2011): „Heliotrop" (1983) Heinz Kahlau (*1931): „Du" (1970)	Rolf Dieter Brinkmann (1940–1975): „Westwärts" (1975)
Epik	Ulrich Plenzdorf (*1934): „Die neuen Leiden des jungen W." (1972) Erich Loest (*1926): „Es geht seinen Gang" (1978) Christa Wolf (*1929): „Kassandra" (1983)	Karin Struck (1947): „Zwei Frauen" (1982) Günter Grass (1927): „Der Butt" (1977)
Dramatik	Volker Braun (*1939): „Hinze und Kunze" (1973) Christoph Hein (*1944): „Die wahre Geschichte des AhQ" (1983)	Heinar Kipphardt (1922–1982): „Bruder Eichmann" (1983)

6 Die Welt der Literatur

Christoph Hein:
Schriftsteller; geboren in Schlesien. Das Foto zeigt ihn auf einer Protestdemonstration in Ostberlin am 4. November 1989, wo er sich für mehr politische Reformen einsetzte. In seiner Novelle „Der fremde Freund" beschreibt er eine neunundreißigjährige Ärztin, die alleinstehend ist und in einer Apartmentwohnung lebt. Die Geschichte beginnt mit dem Tod ihres Freundes. Claudia, die Gefühle in ihrem Leben nicht zulassen will, überlegt, ob sie zu Henrys Beerdigung gehen sollte. Der Auszug zeigt das Ende des Textes.

Der fremde Freund (Auszug)
Christoph Hein (*1944)

1 Ein paar Tage nach Henrys Beerdigung kam Herr Krämer zu mir. Er brachte mir Henrys breitkrempigen Filzhut. Henry gab ihm den, bevor man ihn erschlug. Herr Krämer meinte, der Hut stehe mir mehr zu als ihm. Ich bedankte mich. Ich bat ihn nicht, sich hinzusetzen, und ich bot ihm auch nichts an. Nachdem er gegangen war,
5 warf ich den Filzhut in den Müllschlucker. Ich wollte ihn nicht eine Sekunde bei mir behalten. Ich wusste nicht, wie lange ich die Kraft aufbrächte, ihn wegzuwerfen. Ich kann meine kleine Wohnung nicht auch noch mit alten Hüten anfüllen.
Im Sommer fuhr ich wie in jedem Jahr an die See. Ich besuchte auch wieder Fred und Maria, und alles war so, wie es in den Jahren davor gewesen war.
10 Ich hoffte, das schöne Mädchen zu sehen, das ich mit Henry im vergangenen Sommer getroffen hatte. Es war ein wirklich schönes Mädchen gewesen. Damals schenkte sie mir etwas zum Abschied. In diesem Jahr war sie nicht da, und Fred und Maria konnten sich nicht an sie erinnern. Ich bedauerte, das Mädchen nicht anzutreffen, aber irgendwo war es mir auch gleichgültig. Sie war Katharina über-
15 haupt nicht ähnlich.
Es geht mir gut. Heute rief Mutter an, und ich versprach, bald vorbeizukommen. Mir geht es glänzend, sagte ich ihr.
Ich bin ausgeglichen. Ich bin einigermaßen beliebt. Ich habe wieder einen Freund. Ich kann mich zusammennehmen, es fällt mir nicht schwer. Ich habe Pläne. Ich
20 arbeite gern in der Klinik. Ich schlafe gut, ich habe keine Alpträume. Im Februar kaufe ich mir ein neues Auto. Ich sehe jünger aus, als ich bin. Ich habe einen Friseur, zu dem ich unangemeldet kommen kann, einen Fleischer, der mich bevorzugt bedient, eine Schneiderin, die einen Nerv für meinen Stil hat. Ich habe einen hervorragenden Frauenarzt, schließlich bin ich Kollegin. Und ich würde, gegebe-
25 nenfalls, in eine ausgezeichnete Klinik, in die beste aller möglichen Heilanstalten eingeliefert werden, ich wäre schließlich auch dann noch Kollegin. Ich bin mit meiner Wohnung zufrieden. Meine Haut ist in Ordnung. Was mir Spaß macht, kann ich mir leisten. Ich bin gesund. Alles was ich erreichen konnte, habe ich erreicht. Ich wüsste nichts, was mir fehlt. Ich habe es geschafft. Mir geht es gut.
30 Ende.

Wolfdietrich Schnurre:
war von 1946–49 Film- und Theaterkritiker der „Deutschen Rundschau" in Berlin. Ab 1950 arbeitete er als freier Schriftsteller.

Beste Geschichte meines Lebens (1978)
Wolfdietrich Schnurre (1920–1989)

1 Beste Geschichte meines Lebens. Anderthalb Maschinenseiten vielleicht. Autor vergessen; in der Zeitung gelesen. Zwei Schwerkranke im selben Zimmer. Einer an der Türe liegend, einer am Fenster. Nur der am Fenster kann hinaussehen. Der andere keinen größeren Wunsch, als das Fensterbett zu erhalten. Der am Fenster
5 leidet darunter. Um den anderen zu entschädigen, erzählt er ihm täglich stundenlang, was draußen zu sehen ist, was draußen passiert. Eines Nachts bekommt er einen Erstickungsanfall. Der an der Tür könnte die Schwester rufen. Unterlässt es; denkt an das Bett. Am Morgen ist der andere tot; erstickt. Sein Fensterbett wird geräumt; der bisher an der Tür lag, erhält es. Sein Wunsch ist in Erfüllung
10 gegangen. Gierig, erwartungsvoll wendet er das Gesicht zum Fenster. Nichts; nur eine Mauer.

Erbe (1976)
Reiner Kunze (*1933)

Infolge ihres oftmals eigenwilligen Verhaltens erfüllt sie nicht immer die Normen, die an eine Schülerin der Erweiterten Oberschule gestellt werden müssen. (Zeugnis, 30. 6. 1972)

1 Ein Mal – ein einziges Mal – habe ich es bedauert, daß der mich immer häufiger quälende Traum, ich ginge von neuem zur Oberschule, nur ein Traum ist. Das Thema ihres Hausaufsatzes lautete: Warum müssen wir uns Goethe kritisch aneignen – dargestellt an einem Beispiel, und der Lehrer hatte gesagt, die Betonung
5 liege auf kritisch. Diesen Aufsatz hätte ich gern geschrieben.
Als Beispiel hätte ich Eckermanns Gespräch mit Goethe gewählt, in dem die Rede auf die jungen Engländer und die jungen Deutschen kommt und Goethe sagt: „Das Glück der persönlichen Freiheit, das Bewußtsein des englischen Namens und welche Bedeutung ihm bei anderen Nationen beiwohnt, kommt schon
10 den Kindern zugute, so daß sie sowohl in der Familie als in den Unterrichtsanstalten mit weit größerer Achtung behandelt werden und eine weit glücklichfreiere Entwicklung genießen als bei uns Deutschen …
Es geht bei uns alles dahin, die liebe Jugend frühzeitig zahm zu machen und alle Natur, alle Originalität und alle Wildheit auszutreiben, so daß am Ende nichts
15 übrigbleibt als der Philister."
Die Betonung hätte ich auf kritisch gelegt.

Reiner Kunze:
in Oelsnitz im Erzgebirge geboren. Nach der Okkupation der CSSR 1968 trat er aus der SED aus. Nach Veröffentlichung seines kritischen Prosabandes „Die wunderbaren Jahre" (1976) wurde seine Übersiedlung in die Bundesrepublik veranlasst.

Die Orangensaftmaschine
Rolf Dieter Brinkmann (1940–1975)

1 Die Orangensaftmaschine
dreht sich & es ist gut, dass der Barmann
zuerst auf die nackten Stellen eines
Mädchens schaut, das ein Glas kalten
5 Tees trinkt. „Ist hier sehr heiß
nicht?", sagt er, eine Frage, die
den Raum etwas dekoriert,

was sonst? Sie hat einen kräftigen
Körper, und als sie den Arm
10 ausstreckt, das Glas auf

die Glasplatte zurückstellt,
einen schwitzenden, haarigen
Fleck unter dem Arm, was den Raum
einen Moment lang verändert, die
15 Gedanken nicht. Und jeder sieht, dass
ihr's Spaß macht, sich zu bewegen

auf diese Art, was den Barmann
auf Trab bringt nach einer langen
Pause, in der nur der Ventilator
20 zu hören gewesen ist wie
immer, oder meistens, um
diese Tageszeit.

Rolf Dieter Brinkmann:
Er gilt als typischer Repräsentant der Alltagslyrik. Die Umwelt wird in seinen Gedichten über banale Gegenstände aufgegriffen.

■ Aufgaben

1. Charakterisieren Sie Ärztin Claudia im Textausschnitt „Der fremde Freund".
   a) Mit welchen sprachlichen Mitteln unterstreicht Christoph Hein die Charakterzüge Claudias?
   b) Deuten Sie den Titel des Werkes „Der fremde Freund". Welchem Problem unserer Gesellschaft stellt sich der Autor im Text?
2. Der Text von Reiner Kunze entstammt dem Band „Die wunderbaren Jahre". Dieser Titel ist ironisch gemeint, denn Kunze beschreibt Probleme, die er mit dem Staat DDR hatte. Welches Problem wird hier aufgeworfen?
3. Rolf Dieter Brinkmann beschreibt eine Alltagssituation, für die er als „Aufhänger" einen banalen Gegenstand wählt. Wählen Sie einen vertrauten Gegenstand aus und versuchen Sie, die Situation um ihn herum in einem kurzen Text zu beschreiben.
4. Gestalten Sie als der Mann, der sich im Text von Wolfdietrich Schnurre gerade den Fensterplatz „erkämpft" hat, einen inneren Monolog, in dem seine Gedanken und Gefühle beim Anblick der Mauer erkennbar werden. Reflektieren Sie Ihre inhaltliche und formale Gestaltungsweise (siehe hierzu auch Seite 340).

Ralph Wiener:
in Baden, Niederösterreich, als Felix Ecke geboren, ist ein österreichisch-deutscher Jurist, Kabarettist und Schriftsteller. Er war als Bühnenautor und Kabarettist tätig und schrieb für das Berliner Kabarett Distel, das Satiremagazin Eulenspiegel und andere Zeitschriften.

Land und Leute
Ralph Wiener (*1924)

1 Allen Zweiflern zum Trotz: Es geht nichts über unsere Sprache! Sie ist so einfach, so logisch, so unkompliziert und über meinen Freund Marcel Dupont aus Frankreich kann ich nur lachen, wenn er mir weismachen will, dass irgendetwas in der Beziehung bei uns nicht stimmt.

5 Neulich wollte er mir eine Falle stellen. „Wie nennt ihr die Einwohner von Italien?", fragte er. „Natürlich Italiener", erwiderte ich. „Und von Sizilien?" „Sizilianer", hätte ich beinahe gesagt, besann mich jedoch im letzten Moment und verkündete: „Sizilianer!"
„Dann müsste es auch Italianer heißen", meinte Marcel.
10 „Die von Kastilien nennt ihr jedenfalls Kastilianer."
„Das schon", bemerkte ich, „aber die von Indien sind keine Indianer – das sind wieder andere – und die von Spanien keine Spanianer." „Sondern?"
„Spanier", erklärte ich kurz. Marcel grinste. „Warum sagt ihr dann nicht Italier?"
„Weil Italiener italienischer klingt", gab ich gereizt zur Antwort. „Und Spanier
15 klingt nicht spanienischer?" Ich rang die Hände. „Es heißt spanisch!"
Er sah mich unbeirrt an. „Und warum nicht italisch?" Tief durchatmen! war mein nächster Gedanke. Ich legte nachsichtig die Hand auf seine Schulter. „Was du hier treibst, nennen wir Haarspalterei. In Wirklichkeit ist unsere Sprache ohne Fehl und Tadel."
20 „Lass uns noch ein bisschen fachsimpeln", meinte er. „Wie nennt ihr die Einwohner von Belgien?" „Belgier." Er nickte. „Dann wohnen in Bulgarien die Bulgarier." „Nein", stöhnte ich, „das sind Bulgaren. Wir sagen auch nicht Jugoslawier, sondern Jugoslawen." „Aber Belgen sagt ihr nicht", beharrte er, „das sind auf einmal Belgier. Warum?" „Warum? Warum!", rief ich aus. „Das ist
25 nun mal so!"

Er lächelte undurchsichtig. „Drollige Sprache", stellte er fest. „Ein Einwohner von Polen ist für euch ein Pole."

„Allerdings." „Und einer von Schweden ist ein Schwede", fuhr er fort. „Logisch", bemerkte ich. „Dann ist einer von Norwegen ein Norwege." „Nein!",
30 fuhr ich auf. „Das ist ein Norweger!" Marcel sah mich erstaunt an. „Warum sagt ihr dann nicht Poler oder Schweder?" Mir platzte der Kragen. „Solche Winkelzüge!", ächzte ich. „Solche willkürlichen Beispiele!" „Machen wir es ganz einfach", sagte Marcel sanft. „Ein Einwohner von Finnland ist bei euch ein Finne, vom alten Russland ein Russe - also wohnt in Island ein Isse." „Isländer", verbes-
35 serte ich. „Das ist wie mit Österreich. Dort wohnen nämlich Österreicher." „Jetzt verstehe ich", murmelte Marcel. „Dann leben bei uns in Frankreich die Frankreicher." „Aber nein!", rief ich aus. „Ihr seid Franzosen!" „Und in Österreich sind keine ... Österrosen?" fragte Marcel. „Österrosen!", stammelte ich verächtlich. „So ein Wort gibt es überhaupt nicht. Höchstens Osterrosen. Aber das sind Blu-
40 men." „Keine Menschen?", raunte Marcel. Ich fühlte, wie mir der Boden unter den Füßen entschwand. Unsere schöne, herrliche, treffsichere Sprache wurde von meinem französischen Freund arg angeschlagen. Meine ganze Kraft musste ich zusammennehmen. „Sprechen wir einmal über Zaire", bemerkte Marcel ungerührt. „Wie nennt ihr die dortigen Einwohner?" „Das sind Zairer", antwortete
45 ich, „oder Zairen... oder Zairaner…" Mir stand der Schweiß auf der Stirn. „Zairanen", stammelte ich. „Ich sehe, du weißt es selbst nicht", erklärte Marcel, „da will ich nach den Einwohnern von Kenia gar nicht erst fragen." „Aber das kannst du!", trumpfte ich auf. „Unsere Sprache ist schließlich logisch. Da in China die Chinesen leben, sind in Kenia natürlich Keniesen!" Marcel lachte aus vollem
50 Halse. „Und in Amerika Amerikesen!", spottete er. „O eure Sprache! Eure kluge, logische Sprache!" Dann wurde er vertraulicher: „Euer Rundfunkreporter bei den Olympischen Spielen war jedenfalls klüger. Er hat den Marathonläufer aus Kenia ganz einwandfrei bezeichnet." „Hat er Keniaer gesagt?", fragte ich. „Nein." „Vielleicht Keniat?" „Auch nicht." Ich blickte hilflos auf Marcel. „Wie
55 dann?" Mein französischer Freund lächelte nachsichtig. „Darauf kommst du nie", erklärte er. „Aber wenn ich mir eure diesbezüglichen Schwierigkeiten betrachte, solltet ihr euch an ihm ein Beispiel nehmen." „Was hat er denn gesagt?", fragte ich gespannt. „Das Allereinfachste", erwiderte Marcel. „Er sagte immer wieder: ‚Der Mann aus Kenia'!" „Aus Kenia", wiederholte ich. „Und das musste
60 er ziemlich oft sagen", meinte Marcel. „Die Strecke ist immerhin 42 Kilometer lang." Ich nickte ergriffen.

„Aber jetzt mal zu dir", fuhr er fort. „Wir kennen uns nun schon seit dreißig Jahren. Willst du nicht endlich anfangen, Französisch zu lernen?" „Ausgeschlos-
65 sen", erwiderte ich und hob abwehrend beide Hände. „Dazu hat eure Sprache viel zu viele Ausnahmen."

Aufgaben

1. Charakterisieren Sie die beiden Diskussionspartner und benennen Sie das Thema des Textes. Beziehen Sie die Aussagen der Karikatur mit in Ihre Überlegungen ein.

2. Schreiben Sie als Ich-Erzähler einige Tage nach dem Gespräch einen Brief an Ihren Freud in Frankreich, in dem Sie das Gespräch nochmals aufgreifen und bewerten.

6 Die Welt der Literatur

Ursula Krechel:
in Trier geboren, studierte nach dem Abitur Germanistik, Theaterwissenschaft und Kunstgeschichte an der Universität Köln. 1972 promovierte sie dort zum Doktor der Philosophie. Von 1969 bis 1972 war sie Dramaturgin an den Städtischen Bühnen in Dortmund. Ab 1972 lebte sie als freie Schriftstellerin in Frankfurt am Main; heute hat sie ihren Wohnsitz in Berlin.

Monogramm:
Anfangsbuchstaben eines Namens, die man u. a. auch auf Wäschestücke stickte.

Sarah Kirsch:
siehe Seite 188.

Liebe am Horizont
Ursula Krechel (*1947)

1 Der Mann hatte eine schreckliche
  Unordnung in ihr Leben gebracht. Plötzlich
  waren die Aschenbecher voller Asche
  die Laken zweifach benutzt, verschwitzt
5 und alle Uhren gingen anders,
  einige Wochen lang schwebte sie
  über den Wolken und küßte den Mond.
  Erst im Tageslicht wurde ihre Liebe
  kleiner und kleiner. Achtlos
10 warf er das Handtuch, blaukariert
  mit dem kreuzgestichelten Monogramm
  (wenn die Mutter das wüßte)
  über die Schreibmaschine. Bald
  konnte sie ihre Liebe schon
15 in einer Schublade verschließen.
  Eingesperrt zwischen Plunder
  geriet sie in Vergessenheit.
  Später, als der Mann sie rief
  wünschte sie, stumm zu sein.
20 Als er wieder rief, war sie schon taub.

Der Himmel schuppt sich
Sarah Kirsch (*1935)

1 Ach Schnee, sag ich, hier siehst du Eine vor dir
  die kalte Füße hat und es satt, hilf Winter-Uhr
  Gleichmacher, weißer Fliegentanz, kommst
  auf Gerechte und Ungerechte Jahr für Jahr
5
  Schnei ihn ein, Schnee, fall aus allen Wolken
  bring Macht, Mauern aus Eis, teil
  deine Flocken ohn Unterlaß, roll ihn in Hochlandlawinen
  Er hat was nicht schlägt als Herz in der Brust
10
  Hat schöne gläserne Augen, mit denen sieht er nicht
  Hat zwei Ohren, mit denen hört er nicht
  Hat einen Mund, den kenn ich nicht

15 Du Schnee, sag ich, weiße Federtiere, Reimwort auf Weh
  du bist Lava, kochender Stahl verglichen mit ihm
  Tau ihn auf. Er magert mich ab.

Endlich emanzipiert
Ulla Hahn (*1946)

1 Als du fortgingst
war ich froh
endlich allein zu sein.

5 Ich trank mein Bier
nur noch in Kneipen
mit Frauen die
froh waren
endlich allein zu sein.

11 Manchmal wenn einer wie du sich
zu uns an den Tisch setzt
legt ihm eine von uns
ihr Haar um den Kopf
15 wirft ihm eine von uns
ihr Herz an die Brust
zieht für ihn sich eine
die Haut vom Leib.

20 Jedesmal nimmt er lächelnd
alles zahlt jeder ein Bier
und geht fort.

Ulla Hahn:
geboren in Brachthausen im Sauerland, lebt und arbeitet in Hamburg. Sie ist promovierte Germanistin und war Lehrbeauftragte an den Universitäten Hamburg, Bremen und Oldenburg. Von 1979 bis 1989 war sie Literaturredakteurin bei Radio Bremen. Ihr lyrisches Werk wurde mit zahlreichen Preisen ausgezeichnet. Ein großer Erfolg wurde vor allem ihr zweiter Roman „Das verborgene Wort", in dem sie die Nachkriegszeit im katholisch geprägtem Rheinland aus der Sicht eines Kindes erzählt, das aus der geistigen Enge in die Welt der Bücher, der Wörter flieht.

Mit Haut und Haar
Ulla Hahn (*1946)

1 Ich zog dich aus der Senke deiner Jahre
und tauchte dich in meinen Sommer ein
ich leckte dir die Hand und Haut und Haare
und schwor dir ewig mein und dein zu sein.

5
Du wendetest mich um. Du branntest mir dein Zeichen
mit sanftem Feuer in das dünne Fell.
Da ließ ich von mir ab. Und schnell
begann ich vor mir selbst zurückzuweichen

10
und meinem Schwur. Anfangs blieb noch Erinnern
ein schöner Überrest der nach mir rief.
Da aber war ich schon in deinem Innern
vor mir verborgen. Du verbargst mich tief.

15
Bis ich ganz in dir aufgegangen war:
da spucktest du mich aus mit Haut und Haar.

■ **Hinweis**
Informationen zu Sprachbildern finden Sie auf S. 192 f.

■ Aufgaben

1. Charakterisieren Sie mit eigenen Worten die verschiedenen Phasen der Liebe in Ursula Krechels Gedicht „Liebe am Horizont".
2. a) Schreiben Sie die Sprachbilder heraus, mit denen im lyrischen Text von Sarah Kirsch der Schnee angesprochen wird.
   b) Erläutern Sie diese und stellen Sie einen Bezug zur Gesamtaussage des Gedichtes her.
3. Charakterisieren Sie den Zustand des Alleinseins in Ulla Hahns Gedicht „Endlich emanzipiert".
4. Welche Wandlungen beschreibt Ulla Hahn im Gedicht „Mit Haut und Haar"?

6.4.6 Literatur im wiedervereinigten Deutschland

Deutsch-deutsche Silvesternacht 1989/90 am Brandenburger Tor

Das Jahr 1989 führte nicht nur zwei Staaten, sondern auch zwei Literaturgesellschaften zusammen. Dieses Zusammenwachsen war nicht frei von schmerzhaften Erfahrungen. Der Niedergang des künstlich erzeugten Leselandes DDR wurde schnell erkennbar. Der Großbuchhandel blieb auf Unmengen von Büchern sitzen, da die Leser sich nun in anderen Medien informierten und orientierten. Viele DDR-Schriftsteller empfanden die mit dem Beitritt der DDR zur Bundesrepublik Deutschland einhergehenden marktwirtschaftlichen Veränderungen auch auf kulturellem Gebiet als Ausverkauf, Kahlschlag oder Zusammenbruch:
Die Verlage wurden privatisiert oder gingen in bundesdeutschen Verlagen auf. Literaturzeitschriften wurden eingestellt, kleinere Bibliotheken und Theater wurden geschlossen. Umwälzungen, die sowohl auf Seiten der Lesergemeinschaft als auch der Autoren große Auswirkungen hatten.

Unter diesen schwierigen Bedingungen kam auch die Diskussion zwischen ost- und westdeutschen Schriftstellern nur langsam in Gang. Zunächst stritt man um eine Bewertung der Stellung einzelner Schriftsteller zum DDR-Staat. Besonders Christa Wolf rückte ins Zentrum der Aufmerksamkeit.
Ein zweiter Diskussionspunkt war die Rolle der Staatssicherheit innerhalb der Kunstszene der DDR: Spitzel wurden enttarnt, Stasi-Akten veröffentlicht. Zunehmend forderten jedoch Schriftsteller beider Seiten das Aufeinanderzugehen und ein gemeinsames Miteinander in Sachen Literatur.
Anfangs bestimmte das sogenannte „Wendethema" die Literatur, allerdings in sehr vielfältigen Formen und Schreibstilen. Die Darstellung von Einzelschicksalen, autobiografische und stark dokumentarische Texte sowie eine zunehmend satirische Aufbereitung des Themas stehen im Vordergrund.

■■ **Hinweis**
Der niedersächsische Pfarrer Weskott ließ tonnenweise Literatur aus diesen Beständen in seinen Heimatort Katlenburg bringen, um sie gegen eine Spende abzugeben. Der Erlös kam „Brot für die Welt" zugute.

■■ **Hinweis**
Christa Wolf veröffentlichte 1990 das Buch „Was bleibt", in welchem sie eine Schriftstellerin beschreibt, die von der Staatssicherheit bewacht wird. Dieser Text aus dem Jahre 1979 wurde als nachträglicher Rechtfertigungsversuch der eigenen Vergangenheit angegriffen.

Stichworte	Ereignisse / Themen / Dichter / Werke
Gesellschaftliche Ereignisse	Demonstration auf Berliner Alexanderplatz (4.11.89) Öffnung der Berliner Mauer (9.11.1989) Beitritt der DDR zur Bundesrepublik Deutschland (3.10.1990)
Themen	Wendethema in vielfältiger Gestaltung (Dokumentarliteratur, biografische Literatur)
Lyrik	Sarah Kirsch (*1935): „Schneewärme" (1989); „Von einem anderen Land. Gedichte zur deutschen Wende" (1993)
Epik	Günter Grass (*1927): „Ein weites Feld" (1995) Stefan Heym (1913–2002): „Auf Sand gebaut" (1990)
Dramatik	Rolf Hochhuth (*1931): „Wessis in Weimar" (1994)

6.4 Literatur des 20. Jahrhunderts

Auf Sand gebaut (Auszug)
Stefan Heym (1913–2002)

1 „Und all das wird sich ändern bei uns", sagt meine Elisabeth und hat dabei diesen Glanz im Auge: ihr Intershop-Blick, wie ich ihn nenne, der sich stets zeigt bei ihr, sobald sie den Shop betritt und die Auswahl an bunten Westwaren sieht, nur für harte Währung zu erwerben; aber jetzt braucht ja keiner den Shop mehr, jetzt geht man einfach nach drüben;
5 nur mit der Währung ist es immer noch problematisch. „Sehr ändern", sagt sie, „und bei Immobilien besonders, die werden ungeheuer steigen im Wert." Ich staune: Immobilien. Woher sie das Wort überhaupt kennt!
„Richtig froh sein können wir", fährt sie fort, „dass wir das Haus gekauft haben von der Kommunalen Wohnungsverwaltung, als keiner noch an dergleichen dachte, und für
10 35 000 Ost, ein Klacks, nicht lange und das Haus wird eine halbe Million wert sein, wenn nicht eine ganze, und in harter D-Mark, während die lieben Nachbarn immer nur ihre Miete gezahlt haben an die KWV und daher jederzeit rausfliegen können, sobald die deutsche Vereinigung da ist mit den neuen Gesetzen; aber Besitz ist Besitz, den kann keiner antasten, jetzt nicht und später ebenso wenig. Und wer hat dir eingerichtet, dass
15 du kaufen sollst, und immer wieder gebohrt, bis du endlich den Anwalt genommen und den Kauf rechtsgültig gemacht hast?"
„Elisabeth", sage ich, „du bist die Klügste."
Das liebt sie zu hören, meine Elisabeth, und das Gespräch hätte gut und gern so weiterlaufen können, alles Freude und Harmonie, wenn der Kies nicht geknirscht hätte vorm
20 Hause: ein Auto, und offenbar ein ziemlich schweres. „Besuch?", sage ich. „Mitten in der Woche?" […]
„Entscheidend, sagten Sie", sagt Frau Rothmund, „entscheidend für den Besitzstand sei der Erhalt der Kaufsumme?"
„Wir haben", sagt meine Elisabeth, „den von Ihrem Großvater mit dem Herrn Dietmar
25 Prottwedel abgeschlossenen Kaufvertrag selber gesehen."
„Hier", sagt Frau Rothmund und greift nach einem der Papiere, „ist ein Affidavit mit meines Großvaters eigenhändiger Unterschrift, geleistet am Tag vor seinem Ableben in Anwesenheit eines öffentlichen Notars, des Inhalts, dass der Verkauf des Hauses und Grundstücks Hindenburgstraße 27 mitsamt dem zugehörigen Kaufvertrag null und nichtig sind,
30 da der Käufer, SS-Sturmführer Dietmar Prottwedel, die meinem Großvater vertraglich zugesicherten und sowieso nur einen geringen Teil des wahren Werts der genannten Liegenschaft darstellenden 35 000 Mark einbehalten und unterschlagen hat."
Meine Elisabeth schnappt nach Luft. „Aber wo stehen wir dann?", sagt sie schließlich, und, nach einer langen Minute „Sie müssen doch auch an uns denken, Frau Rothmund!"
35 Ich weiß nicht, ob das ganz das Richtige war, der Frau Rothmund zu sagen, die doch extra aus Israel gekommen war; doch was soll man auch sagen in einer solchen Situation, jetzt wo sich alles bei uns ändert?

Stefan Heym:
1913 in Chemnitz geboren, emigrierte 1933 in die Tschechoslowakei.
Von 1937–1939 war er Chefredakteur des „Deutschen Volksecho" in New York. Nach 1945 war er einer der Mitbegründer der „Neuen Zeitung" in München. Seit 1953 lebte er in (Ost-) Berlin.

Affidavit:
eidesstattliche Versicherung; Bürgschaft eines Bürgers des Aufnahmelandes für einen Einwanderer.

Aufgaben

1. Am Anfang und am Ende des Textauszugs von Stefan Heym wird die Erwartungshaltung zum Ausdruck gebracht, dass sich alles ändern wird. Arbeiten Sie stichwortartig heraus,
   a) welche Erwartungen und Hoffnungen am Anfang des Textes an diese Aussage geknüpft werden und
   b) welche Erwartungen und Hoffnungen am Ende des Textes bestehen.
   c) Stellen Sie die jeweiligen Erwartungshaltungen in einer Tabelle gegenüber und ziehen Sie ein eigenes Resümee.
2. Ist der beschriebene Geschehensablauf typisch für die deutsche Nachwendezeit? Belegen Sie Ihre Position mit konkreten Beispielen.

Günter Grass:
siehe Seite 62 sowie Seite 272.

Ach, Treuhand hat uns abgeschöpft
Novemberland: 13 Sonette
Günter Grass (*1927)

12. Bei klarer Sicht

Komm, Nebel, komm! Und mach uns anonym.
Wir sind ertappt auf frischer (unterlaßner) Tat.
Versalzen welkt nun unser harmloser Salat,
5 der treuherzig, wie einst Minister Blüm,

mit Gästen rechnete, für die brav andre zahlen.
So lebten wir begünstigt auf Kredit,
doch jemand, der (ein Gott?) am Nebelvorhang zieht,
10 verriet schon jetzt die Zahlen nächster Wahlen.

Fein rausgeputzt, verkürzt auf Mittelmaß,
der Riß verklebt, der Klassen gröbster Unterschied
bemäntelt. Kein Rüchlein (nein!) erinnerte ans Gas,
15 und nur die dritte Strophe galt (halblaut) im Lied.
Auf Siegers Seite lebten wir, behütet und getrennt,
bis uns die Einheit schlug, die keine Gnade kennt.

Joochen Laabs:
geboren in Dresden, aufgewachsen in der Niederlausitz. 1956–61 Studium an der Hochschule für Verkehrswesen, 1962–75 Arbeit als Diplomingenieur für städtischen Verkehr in Dresden. 1976–78 Redakteur der Literaturzeitschrift „Temperamente". 1986, 1991, 1997 Gastdozentur in den USA. Lebt in Berlin und Mecklenburg.

Momentaufnahme Altes Grenzland
Joochen Laabs (*1937)

1 Nun eskortieren uns nicht mehr
oberleitungsgeführte Wölfe durchs
Unterholz, deren stupid-tödlichem Trott
sich der Zug anzupassen hat
5 Orangebewestete Streckenarbeiter
treten aufs frisch geschotterte Parallelgleis
die knallgelben Großmaschinen wechseln.
von hüben nach drüben
Der Zug bleibt in zielbewusster Eile, legt
10 sich schräg in die Kurve. Die
hohen Bäume, herbstlich
gelichtet, neigen sich
Buchen, Eschen, Eichen
flitzen draußen dahin
15 tauchen in den milden Nebel. Kaum
noch hebt einer der Reisenden das Gesicht
vom Buch vom Laptop von der Zeitung
Nach Magdeburg kommt Braunschweig
Und umgekehrt. Wer wohin gehört ist den Sweatshirts
20 den Sportiven Washer Hemden, den Cashmere Flausch
Sakkos
nicht anzusehen. Der Schaffner
wendet sich einem wie dem anderen
mit der gleichen geschäftlichen
25 Freundlichkeit zu. Kein grobes
Wort. Man könnte meinen
alles ist gut.

6.4 Literatur des 20. Jahrhunderts

Die gradlinige Geschichte
Matthias Biskupek (*1950)

I

In einer anmutigen hügeligen Gegend lebte einst eine deutsche gepflasterte Landstraße. Sie schlug sich zwischen Büschen und Bäumen meist grad so durch. Bisweilen drückte sie sich an einzeln stehenden Gehöften vorbei und kehrte auch in allerlei Dörfern ein. Dort verweilte sie beschaulich. Sie schlug Bögen um Berge und Burgen, ließ manche Baumgruppe links liegen und wich lange Zeit einem Fluss nicht von der Seite. Und immer dann, wenn sie über freies, zugiges Feld führte, schüttelten die Chausseebäume auf beiden Seiten die hohen Wipfel.

II

Die Landstraße begann in Hinstadt und endete in Herstedt, obwohl die Herstedter zunächst darauf bestanden, dass sie bei ihnen den Anfang nahm und in Hinstadt ihr Ende hatte. In einem Einigungsvertrag wurde schließlich festgelegt, von Ande und Enfang zu sprechen. So lebte man glücklich und sprachgeregelt viele Epochen lang.

III

Doch im weiteren Verlauf ihrer Geschichte empfanden die Hinstädter alsbald das Bier als verhagelt, und auch die Herstedter wollten nicht mehr in saure Äpfel beißen. Den Hinstädtern passte der Bäckermeister nicht mehr und den Herstedtern die Bürgermeisterin schon gar nicht.

IV

So fuhren nun ständig von Hinstadt nach Herstadt Äpfelautos und Biertonner, Bürgermeister-Innendekorateure und ein ganzes Bäckerdutzend. Von Enfang zu Ande, von Ande zu Enfang.

V

Nun lebte die Straße nicht mehr beschaulich, sondern modern. Ihre Kurven wurden grade gerückt; ihre Bäume neigten die Wipfel einsichtsvoll beiseite. Fort mit Pflaster, her mit Betonverband. Tägliche Frontbeschleunigungen gegen feindliche Hügelketten. Dörfer flogen ratzbatz rechtslinks beiseite, stracks grub sich die Straße in Berge, donnerte durch Burgen, überwalzte den Fluss und war allhier immer schon da. Dieweil ihre Länge immer kürzer wurde und ihre Breite immer tiefer, bekam sie ringsherum ein immer schöneres, immer eiserneres Geländer.

VI

So fand sich alles eingekesselt im großen Rund der Geschichte: Ohne her und hin ward Hinstadt zu Herstedt. Jedes Her wurde hingemacht. Statt Hinundher kein Herundhin.

VII

Enfang ward Ande.

Matthias Biskupek: geboren in Chemnitz. Nach dem Abitur machte er erst eine Lehre als Maschinenbauer und studierte dann technische Kybernetik. Von 1973 bis 1976 war er als Systemanalytiker in Schwarza tätig. Seit 1984 arbeitet er als freier Autor und war 1993 Kreisschreiber in Neunkirchen/Saarland. Er lebt heute als freier Autor in Rudolstadt und Berlin.

Aufgaben

1. Jochen Laabs beschreibt in seinem Text „Momentaufnahme" äußerliche Erscheinungen, die eine harmonische Situation vermuten lassen. Interpretieren Sie den letzten Satz des Textes und beziehen Sie ihn dann auf den Rest des Textes.

2. Matthias Biskupek beschreibt Etappen einer „Vereinigung".
   a) Beschreiben Sie die Etappen 1–7 der „Vereinigung" von Hinstadt und Herstedt in eigenen Worten.
   b) Setzen Sie Ihre Beschreibung mit dem Titel des Textes in Beziehung. Zu welcher Schlussfolgerung kommen Sie?

6 Die Welt der Literatur

Rainer Klis:
geboren in Chemnitz; Oberschule, Schlosserlehre, Literaturstudium in Leipzig (1979–82). 1989 Mitbegründer des Neuen Forums, veröffentlichte nach Kurzprosabänden zuletzt den Roman „Der Abend des Vertreters" (2000) sowie die Reiseromane „Streifzüge durchs Indianerland" (2000) und „Im Land der Crow" (2002). Klis lebt als freier Autor im sächsischen Hohenstein-Ernstthal.

Aus dem Tagebuch eines Fünfzehnjährigen
Rainer Klis (*1955)

1 Ich sitze hier an meinem Schreibtisch. Es ist halbdunkel, und ununterbrochen tönt Rock mir ans Ohr. Rock wirkt wie Rauschgift auf mich und macht mich mutig und zuversichtlich.
Wenn ich mich auf mich, das Vergangene und den Schmerz besinne, den
5 mein einundzwanzigjähriger freikirchlicher Freund Ewald in mir verursacht hat, werde ich schwermütig. Ich bin sowieso schon ein eigentümlicher Mensch. Daran ist mein Vater schuld, der sich nie in mich hineinversetzt hat.
Ich bin froh, wenn ich ganz einsam bin, ganz mit mir allein. Dann denke
10 ich nach und rauche auch einmal eine Zigarette. Das sind meine schönsten Momente.
Aber zu Hause bei mir ist meist Streit, Geschrei und so weiter. Da bin ich zufrieden, wenn ich ein Stück spazieren gehen kann. Doch jetzt, bei minus zwanzig Grad, ist das schlecht möglich, und darum hasse ich den Winter.
15 Wenn ich über mein Leben nachdenke, weiß ich nicht, was ich schreiben soll, außer dass ich niemanden kenne, der mich versteht – am besten versteht mich noch Ewald, der mich betrogen und meine Freundin ausgezogen hat. Ihm verzeihe ich alles.

Siegfried Lenz:
in Ostpreußen geboren; er gilt als einer der bedeutendsten Autoren der Gegenwartsliteratur.

Schweigeminute (2008) (Auszug)
Siegfried Lenz (*1926)

1 *Siegfried Lenz beschreibt in seiner Novelle die Liebesgeschichte des achtzehnjährigen Schülers der Oberprima Christian zu seiner Englisch-Lehrerin Stella Petersen. Die Verbindung dauert nur wenige Wochen, nach dem plötzlichen Tod der jungen Frau und in Vorbereitung auf eine Gedenkfeier*
5 *ihr zu Ehren blickt der Schüler als Ich-Erzähler zurück auf die Beziehung:*

Als ich ihr vorschlug, ein Bild von uns beiden zu machen, zögerte sie einen Augenblick – ein Zögern, das ich erwartet hatte. Schließlich willigte sie ein, und nach dem Essen gingen wir an den Strand und suchten uns einen Platz
10 zwischen verlassenen Sandburgen. […] Während du aus deiner Strandtasche Faulkners *Light in August* zogst und dich ausstrecktest und wie zur Entschuldigung sagtest, du müsstest diesen Autor einfach lesen, fragte ich dich: "Warum, warum musst du den lesen, im Lehrplan ist der doch nicht vorgesehen?" „Er ist mein Lieblingsautor", sagtest du, „einer meiner Lieb-
15 lingsautoren in diesem Sommer." „Und was findest du bei ihm?" „Willst du das wirklich wissen?" „Ich will alles von dir wissen", sagte ich, und ohne dich lange zu besinnen, weihtest du mich ein […].
Wer uns entdeckte, ist ungewiss, vielleicht war es Heiner Thomsen oder einer von seiner Meute, die an den Strand kam, um Volleyball zu spielen,

20 mit ihren Stimmen kündigten sie sich an. Plötzlich waren die Stimmen nicht mehr zu hören, und bald darauf sah ich einige Gestalten, die Deckung suchten hinter den Sandburgen und sich geduckt an uns heranschlichen. Sie wollten herausfinden, was es zu sehen gab, was es zu erzählen geben könnte in der Schule. Ich brauchte Stella nicht aufmerksam zu machen auf meine
25 Klassenkameraden, sie hatte sie bereits bemerkt, und sie blinzelte mir zu und stand auf und schlenderte auf die Sandburgen zu. Da erhob sich einer, dann erhoben sich zwei und drei, verkniffen standen sie da, wie ertappt. Einem gelang es tatsächlich, zu grüßen. Stella musterte sie vergnügt, und so, als nähme sie ihnen die Heimlichkeit nicht übel, sagte sie: „Es hat seine
30 Vorzüge, manchmal eine Stunde am Strand zu geben, wer mitmachen will, ist eingeladen." Keiner wollte mitmachen.
In diesem Augenblick bewunderte ich dich, Stella, und ich hätte dich am liebsten umarmt, als du ihre Einladung zum Volleyballspiel annahmst. Sie klatschten vor Freude, beide Mannschaften wollten dich haben. Nur dich,
35 ich musste immer nur dich anschauen, und ich stellte mir unwillkürlich vor, wieder ein Kopfkissen mit dir zu teilen oder bei der Umarmung deine Brüste an meinem Rücken zu spüren.

Marcel Reich-Ranicki bewertete die Novelle so:
„Sinnliche Prosa ist es: Man kann alles fühlen, sehen, hören und riechen. Es wird geschwommen, gerudert und gesegelt und natürlich geangelt, es gibt Schlauchboote, Lastkähne und Ausflugsdampfer. Aus den sich rasch ablösenden Bildern entstehen wie von selbst Genrebilder [...] Respekt, Diskretion, Dezenz, Takt: das sind die Vokabeln, die sich mir zunächst aufdrängen. Lenz hat Respekt vor den Figuren, die er geschaffen hat. Er gönnt ihnen den Anspruch auf Diskretion, er spart nichts aus, aber er schreibt vorsichtig, dezent und taktvoll [...] Wir haben meinem Freund Siegfried Lenz für ein poetisches Buch zu danken. Vielleicht ist es sein schönstes."

Marcel Reich-Ranicki: (*1920 in Włocławek, Polen) ist ein deutscher Publizist und gilt als der einflussreichste deutschsprachige Literaturkritiker der Gegenwart.

Aufgaben

1. Rainer Klis stellt im abgedruckten Text das Lebensgefühl eines Fünfzehnjährigen dar.
   a) Beschreiben Sie die Situation und das Lebensgefühl dieses Fünfzehnjährigen in Ihren eigenen Worten.
   b) Schreiben Sie einen kurzen Text und versuchen Sie, darin Ihr derzeitiges Lebensgefühl zu schildern.
2. a) Charakterisieren Sie die beiden Protagonisten, auch deren Art des Umgangs miteinander, von denen Siegfried Lenz erzählt.
   b) Äußern Sie sich zu der hier dargestellten Problematik einer Beziehung zwischen Lehrerin und Schüler.
   c) Analysieren Sie die sprachliche Gestaltung des Auszugs (beachten Sie hierzu die Hinweise auf den Seiten 340–345).

6 Die Welt der Literatur

6.4.7 Literatur am Beginn des 21. Jahrhunderts

Die folgenden Texte der neuesten deutschen Literatur greifen viele Stoffe und Themen der Neunzigerjahre auf; es werden aber auch ganz neue, aktuelle Themen präsentiert. Im Anschluss finden Sie einen Auszug aus Daniel Kehlmanns im Jahre 2009 erschienenen Roman „Ruhm. Roman in neun Geschichten". Dort lernen Sie einen Zeitgenossen der besonderen Art kennen:

Daniel Kehlmann
in München geboren. Für seinen im Jahre 2005 erschienenen Roman „Die Vermessung der Welt" erhielt er internationale Anerkennung. Er verbindet in diesem Text das Leben zweier Wissenschaftler des ausgehenden achtzehnten Jahrhunderts: Alexander von Humboldt und Carl Friedrich Gauß.

Ein Beitrag zur Debatte (2009) (Textauszug)
Daniel Kehlmann (*1975)

1 Ganz kurz Vorgeschichte. (Mein Leben war der volle Container Irrsinn in letzter Zeit, muss man aber fertig werden mit, gibt eben solche und solche Zeiten, Yin und Yang, und für die Freaks, die nie von gehört haben: Das ist Philosophie!) Meinen Usernamen mollwitt kennt ihr aus andren Foren. Ich poste viel
5 bei Supermovies, auch bei den Abendnachrichten, bei literarure4you und auf Diskussionsseiten, und auch wenn ich Blogger sehe, die Bullshit verzapfen, halt ich mich nicht zurück. Immer Username mollwitt. Im Real Life (dem wirklichen!) bin ich Mitte dreißig, ziemlich sehr groß, vollschlank. Unter der Woche trage ich Krawatte, Officezwang, der Geldverdienmist, macht ihr ja auch. Muß
10 sein, damit man seinen Lifesense realisieren kann. In meinem Fall Schreiben von Analysen, Betrachtungen und Debatten: Kontributionen zu Kultur, Society, Politikzeug. Ich arbeite in der Zentrale einer Mobiltelefongesellschaft und teile Büro mit Lobenmeier, den ich hasse, wie noch nie einer einen anderen gehasst hat, da könnt ihr drauf Kies essen. Wünsche ihm den Tod, und gäbs Schlimme-
15 res, dann wünschte ich ihm das statt Tod, und gäbs noch Schlimmeres, dann exaktgenau das statt dessen. Logischer Fall, dass er auch der Lieblings Mann vom Boss ist, immertäglich pünktlich, immerja fleißig, und solange er am Desk ist, macht er sein Workzeug und unterbricht nur, um mir das Auge zu geben und so was zu sagen wie : „Ey, schon wieder Internet?" Manchmal springt er auf,
20 geht um meinen Desk und will mir auf den Screen glancen, aber ich bin fix und klicke immer rechtzeitig zu. Nur einmal musste ich sehr dringend Restroom, da hab ich aus Versehen ein paar Fenster offen gelassen, und als ich zurück, dass er mit riesen Smile auf meinem Stuhl. Ich schwörs euch, wär der nicht dauernd Fitness-Studio, in dem Moment hätte er richtig Fresse gekriegt.
25
Gerade dieser Mollwitz wird von seinem Chef zu einem Kongress der Telefonnetzbetreiber beschickt, widerwillig setzt sich der junge Mann in Bewegung, im Hotel angekommen, erwartet ihn eine Überraschung:

30 „An der Rezeption fragte ich sofort Internet. Die Frau sah mich steinblöd an.
Ich: „Internet! Hallo. Internet!"
Sie: „Geht grad nicht."
„Ja wie, was, bitte, wie?"
Sie: „Ja, tut leid, aber ist grad gestört, sonst gibt es ohnehin WLan auf Zimmer,
35 aber im Moment halt grad nicht."
Ich: Starrte nur. Checkte es noch gar nicht.

6.4 Literatur des 20. Jahrhunderts

„Nächste Woche wird repariert."
Ich: „Hammerstark. Und das nützt mir. Was genau?"
Glotzte sie wieder blöd. Sarkasmus: Neuland für sie. Ganz schwindlig war mir
40 vor Schreck. Hotel stand verlassen in der dreckigsten Dreckheide. Kein Dorf, kein Internetnet-Kaffee, also entweder borgte mir einer seine HSDPA-Card, oder die Lage war stahldunkel. Und come on,
keiner verleiht eine Internet Card, haben doch alle Angst, dass man auf Company-Kosten Filme downlädt. Also: Katastrophe. Kiesgrube. Dunkelnacht.

Hin und weg
Monika Hähnel (*1947)

1 Über allen falschen Sätzen und schiefen Blicken dieser bleibende Kitzel, die Hoffnung, dass sie es doch sein könnte, auf die ich warte.
Hingehen zum Treffpunkt ohne Neugier, dann sogar mit dem Gefühl, die Zeit zu vertun und doch – hingehen.
5 Ilka hatte Sommersprossen, grüne Augen und einen rostroten Schopf, ein irisches Irrlicht, das mich umzüngelte und anheizte. Udo sagte zu solchen Fällen: Hin und weg.
Ich hab sie am zweiten Abend gefragt, ob sie mit mir im Springbrunnen bade.
10 Das war so eine Idee und wahrscheinlich wäre mir lieber gewesen, sie hätte erbost abgelehnt, denn als die Nässe ihren Schoß unterm hochgerutschten Kleid abzeichnete, hatte ich gedacht: „Hexe" und mich bang umgeschaut, ob jemand uns sähe. Wie auffällig ihr Gekicher war! Ich mochte das nicht. Ich wollte sie
15 loswerden und küsste sie.
Am nächsten Tag schlug sie den Weg über den Friedhof vor. Ich hatte mich noch nie freiwillig dort aufgehalten. Ich wollte nicht, ich ging mit. Sie kicherte auch hier. Ich zog sie auf den Fußweg und sie schmiegte sich an mich. Ein Bein wand sie um meine Beine, verruchte Hexe. Wir schliefen in dieser Nacht
20 zusammen, in ihrem schmalen Wohnheimbett. Oben schlief Isa. Vor dem Hellwerden schlich ich mich davon.
Ich wünschte, sie käme heute nicht. Sie ist grell, sie passt nicht zu mir.
„Ilka", rufe ich, „hier!"
Ihr rotes Haar weht über den Platz.

Monika Hähnel: in Freiberg (Sachsen) geboren. Sie studierte Lehramt in den Fächern Deutsch und Musik, arbeitete als Lehrerin und Internatsleiterin. Seit 1993 ist sie als wissenschaftliche Mitarbeiterin an der Technischen Universität Chemnitz tätig, außerdem ist sie Leiterin verschiedener Schreibwerkstätten.

Hier ein kleines Alltagsgedicht von ihr:

Bestellter Frühling

Die Reise ist gebucht
Über die Schneeberge
Nah die Riviera
Den Vögeln entgegen
Drei Zeilen sind
Mühselig ausgefeilt
Für die Rubrik
Sie sucht ihn
Ins Telefon sag ich
am stürmischen Abend
bitte 9762 Größe 40

Ich bin gespannt
Ob ich da rein passe

■ Aufgaben

1. a) Stellen Sie den Protagonisten aus dem Textauszug von Daniel Kehlmann Ihrer Freundin in einem Brief umfassend vor. Füllen Sie hierzu bestehende Leerstellen des Textes aus (z.B. äußere Charakteristik).
   b) Schreiben Sie den Text zu Ende. Wie könnte die Geschichte sich fortsetzen?
2. Diskutieren Sie über die angesprochene „Debatte": Inwieweit kann man hier von einer Debatte sprechen?
3. a) Schreiben Sie aus der Sicht des jungen Mannes im Text „Hin und weg" einen Brief an Ilka, der Ihre Beziehung zu dem jungen Mädchen klärt.
   b) Reflektieren Sie Ihre inhaltliche und formale Gestaltungsweise. Beachten Sie hierfür die Hinweise auf den Seiten 344f.

Formulieren Sie aus dem Gedicht der Randspalte einen kurzen Erzähltext.

271

6 Die Welt der Literatur

Günter Grass: in Danzig geboren. Er stammt aus einer Kaufmannsfamilie. Im Zweiten Weltkrieg war er 1944 Luftwaffenhelfer. Nach Kriegsende verblieb er bis 1946 in amerikanischer Gefangenschaft.
In den Jahren 1947/48 absolvierte er eine Steinmetzlehre in Düsseldorf. Danach studierte er von 1948 bis 1952 an der Kunstakademie Düsseldorf Grafik und Bildhauerei. Er lebte von 1960 bis 1972 in Berlin.
In den Jahren 1956/57 begann Grass neben ersten Ausstellungen von Plastiken und Grafiken in Stuttgart und Berlin-Tempelhof schriftstellerisch tätig zu werden.
1999 erhielt Günter Grass im Alter von 72 Jahren den Nobelpreis für Literatur für sein Lebenswerk. Er lebt heute in der Nähe von Lübeck.

▪ **Hinweis**
Der Text von G. Grass folgt der alten Rechtschreibung.

Im Krebsgang, Novelle (2002)
Günter Grass (*1927)

Der Ich-Erzähler Paul Pokriefke nimmt im Jahre 1998 an der Gerichtsverhandlung gegen seinen Sohn Konrad teil. Dieser hatte im Internet die Geschichte des Landesgruppenführers der NSDAP in der Schweiz, Wilhelm Gustloff, recherchiert. Gustloff war 1936 von dem Juden David Frankfurter ermordet worden, dieser hatte mit seiner Tat zum Widerstand gegen die Faschisten aufrufen wollen. Aus Sympathie für Gustloff hatte Konrad im Internet eine Seite „Blutzeuge" eröffnet, in der er neofaschistisches Gedankengut verbreitete. Schließlich hatte Konrad aus Rache für den Mord an Gustloff 62 Jahre später einen jungen Mann namens Wolfgang Stremplin getötet, der sich im Chat ihm gegenüber als Jude ausgegeben hatte.
Der Ich-Erzähler wertet den Prozess:

1 „Im Verlauf des Prozesses konnte man den Eindruck gewinnen, von allen, die dort zu Wort kamen, rede einzig mein Sohn Klartext. Schnell kam er zur Sache, behielt den Durchblick, hatte für alles eine Lösung parat und brachte seinen Fall auf den Punkt, während Anklage und Verteidigung, die dreieinigen Gutachter
5 und auch der Richter samt Beisitzern und Schöffen hilflos auf der Suche nach dem Tatmotiv herumirrten, wobei sie Gott und Freud als Wegweiser bemühten. Ständig strengten sie sich an, den, wie der Verteidiger sagte, „armen Jungen" zum Opfer gesellschaftlicher Verhältnisse, einer gescheiterten Ehe, schulisch einseitig orientierter Lernziele und einer gottlosen Welt zu machen, schließlich
10 sogar, wie meine Ehemalige sich erkühnte, „die von der Großmutter über den Sohn an Konrad weitergereichten Gene" schuldig zu sprechen.
Vom eigentlichen Opfer der Tat, dem Beinahe-Abiturienten Wolfgang Stremplin, der sich online zum Juden David erhöht hatte, war vor Gericht so gut wie nie die Rede. Schamhaft blieb er ausgespart, kam nur als Zielobjekt vor. So
15 meinte der Verteidiger, ihm die provozierende Vortäuschung falscher Tatsachen ankreiden zu dürfen. Zwar blieb der Befund „selber schuld" unausgesprochen, doch nistete er in Nebensätzen wie diesen: „Das Opfer habe sich geradezu angeboten." Oder: „Es war mehr als fahrlässig, den Internet-Streit in die Wirklichkeit zu verlagern."

Die Sächsische Flut 2002
Volker Braun (*1939)

1 Regengüsse, Schlamm in den Häusern
Ein dunkler August
Der Sturz aus allen Kalendern:
Was soll das wern – !

5

Die Weißeritz im alten Bette
Ein donnernder Zug
Durch den Hauptbahnhof, und die Elbe
Steigt breit die Treppen herauf
10 Mit ihrem Gefolge
                Unrat auf Unrat!

Die Landschaft der Liebe Schlamm
Auf den Laken.

272

6.4 Literatur des 20. Jahrhunderts

15 Und Dresdens feuertrunkene Tote
Schwimmen nach oben wassersüchtig
So rasch gommr ni davon / Im Lehm und Tod ni
ES GIBT EINE ANDERE WELT und so sieht sie aus;
Die alpträumende Menschheit
20
Wir Menschen sind nah am Wasser gebaut
Und verdichten den Boden
Undurchlässigste
Kreaturen.
25
Schlamm auf dem Schreibtisch
      mein Stück
Spielt am Strand. Es ist ein Traumstrand
Nackte Touristen und Flüchtlinge
30 Kämpfen um die Strandburg. Oder in Genua
Weil ich nicht weiter weiß, schlafende Polizisten
Tauschen die Rollen
ES GIBT EINE ANDERE WELT
Mit prügelnden Demonstranten.
35
Drei vier Zeitalter von gleicher Machart
Und die Sintflut ist Grundversorgung
(: ein Fondsmanager Fachmann für Verluste)
feststeht, es wird in diesem Jahrhundert rauher zugehn auf dem
40 Planeten, Niederschläge Trockenheit, Wirbelstürme warten an
den Fronten, Fliegen Flieger schwärme & atlantische Störungen an
den Wassern von Euphrat und Tigris / Die können die Wüste in
die Sandsäcke füllen

45 Wenn mr ni so erschöpft wär, könnte mr heulen.

Sagte ich Liebe
- - - - diese Zeile, ein Plünderer

50 An beiden aber unglaublich entfernten
Ufern schweißnasse
Von sonstewoher
Stehen einander bei, als wenn se sich kenntn!

55 Es gibt, ja doch nein
Mein Herz, Schlamm in den Kammern
    ES GIBT EINE ANDERE WELT.

Das Grab meiner Mutter
60 Steht unter Wasser
Im Loschwitzer Friedhof: was sollchn da Tränen
Vergießen

Volker Braun:
siehe Seite 254.

Das Gedicht „Die Sächsische Flut 2002" wurde bei der Benefizlesung der Berlin-Brandenburgischen und der Sächsischen Akademie für die Hochwassergeschädigten am 6. September 2002 vorgetragen.

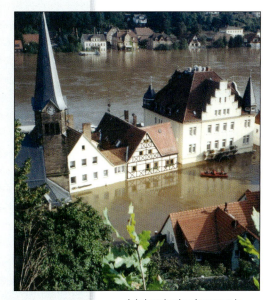

Jahrhunderthochwasser in Ostdeutschland

Aufgaben

1. Die Novelle endet mit den Sätzen „Das hört nie auf. Nie hört das auf." Setzen Sie diese Sätze in Beziehung zum Textauszug, um die Intention des Werkes zu beschreiben.
2. Beschreiben Sie das Bild von der Welt, das Volker Braun in seinem Gedicht über die Flut in Sachsen und Brandenburg im Jahr 2002 entwirft.

273

6 Die Welt der Literatur

Prüfungsvorbereitung:
Sie finden auf dieser Seite Stichpunkte zu den in Kapitel 6.3 und 6.4 beschriebenen Epochen. Ordnen Sie die Stichpunkte der richtigen Epoche zu und versuchen Sie, die Epoche mithilfe der Stichpunkte umfassend zu charakterisieren.

1 Protest gegen Unterdrückung und Zensur Freiheitskampf journalistische Genres

2 Kahlschlag- und Trümmerliteratur Auseinandersetzung mit Faschismus als Hauptthema

3 Radikalisierung realistische Ansätze Milieutheorie detailgetreue Darstellung Dinggedicht

4 Ausdruckskunst Protestbewegung junger bürgerlicher Intellektueller Weltuntergangsstimmung

5 neue Sachlichkeit Gebrauchslyrik Gestaltung des 1. Weltkriegs im Roman

6 Dokumentarliteratur (Produktionsliteratur) Aufbauliteratur Politisierung der Literatur

7 Neue Subjektivität Memoirenliteratur Frauenliteratur Postmoderne

8 Zeit großer Gegensätze Vanitas Memento mori Carpe diem

9 realistische Gestaltung der Wirklichkeit oft Bildungsbürger gestaltet auch sozialkritische Elemente

10 edler Mensch als Schönheitsideal Dichter als Erzieher Formvollendung Aufnahme antiker Stoffe

11 Abkehr von der Wirklichkeit Rückzug Suche nach harmonischer Welt gefühlsbetont Naturgefühl bedeutsam

12 Geniezeit Freiheit des Individuums Erlebnislyrik

13 Emanzipation Vernunft Humanität Toleranz

14 Rückzug in das Private Suche nach heiler Welt Geborgenheit

15 Wendethema in vielfaltiger Gestalt häufig satirischeTexte

„… eine Rose ist schön im Ganzen,
aber auch jedes ihrer Blätter ist schön…"

Bertolt Brecht

7 Literarische Werke verstehen und erfassen

7.1 Dichterische Werke verstehen – die Textinterpretation

Die exakte Übersetzung des lateinischen Begriffs **interpretatio** heißt **„Erklärung"**. Aber interpretieren ist mehr als das; es ist vor allem auch die Deutung und Auseinandersetzung mit einem Text.

7.1.1 So wird's gemacht – Hinweise zum formalen Vorgehen

Die Ergebnisse von Textanalysen werden meistens in einem fortlaufend lesbaren Text, dem **Interpretationsaufsatz**, dargestellt. Die folgenden Verfahrensschritte sollen Ihnen bei der Lösung dieser Aufgabe helfen.

Methodisches Vorgehen:

1. Sorgfältiges Lesen
2. Erstellen einer Grobgliederung
3. Stoffsammlung
4. Ordnen der Gedanken
5. Niederschrift (im Präsens)

Gliederung:

Einleitung:
Informationen über den Autor, sein Gesamtwerk,
Textgattung, Genre, Thema des Textes

Hauptteil:

1. Wiedergabe des Textinhalts
- kurze Zusammenfassung des Inhalts
- Bestimmung der Intention des Autors

2. Analyse: Inhalt, Form, Sprache

- **Inhaltsanalyse:**
  Darstellung der einzelnen Figuren: ihr Charakter, ihr Verhalten, ihre Handlungen und ihre Motive
  - Beziehungen der Figuren/der Hauptfigur zu ihrer Umwelt, zur Gesellschaft, zur Natur, zur Religion usw.
  - Beschreibung der Umstände, der Situation
  - Funktion der Landschaft, Art der Naturbeschreibungen
  - Darstellung des Gesellschaftszustands, der Zeitverhältnisse
  - Bedeutung der Überschrift, ihr Zusammenhang mit dem Text
  - Intention des Autors, Lehre

Genre:
Art, Gattung, Wesen;
siehe hierzu die Seiten 201
bis 217.

Intention:
Absicht; hier: Aussageabsicht des Autors.

7.1 Dichterische Werke verstehen – die Textinterpretation

- **Formanalyse:**
  - Art des Aufbaus
  - Zusammenhang der einzelnen Teile/Abschnitte des Textes
  - Gliederung des Handlungsverlaufs (Einschnitte, Parallelen)
  - Art der Einleitung und des Schlusses
  - Spannungsverlauf (Steigerung, Höhepunkt)
  - Erzählhaltung (Position des Erzählers, Ich-Form, Er-Form)
  - Erzähltechnik (Rückblende, Vorausdeutung usw.)

- **Sprachanalyse:**
  - Satzbau (Länge und Art der Sätze, Satzverknüpfungen)
  - Wortwahl (Wortfelder, Fremdwörter, Wortarten, Wortneuschöpfungen)
  - Rhetorische Mittel/Figuren (Symbole, Vergleiche, Metaphern usw.)
  - Sprachebene (Alltagssprache, gehobene Sprache, Fachsprache usw.)
  - Sprachstil (Besonderheiten, traditionelle bzw. experimentelle Sprache)

3. **Bewertung/Stellungnahme**
  - Gesamtbewertung des Textes, Aktualität der Problematik

Schluss:
  - knappe Zusammenfassung der Ergebnisse (Synthese)
  - Bedeutung des Textes in allgemeiner wie in persönlicher Hinsicht
  - Wirkung auf den Leser
  - Beziehungen zu anderen Texten
  - Intention des Autors

Hinweis
Eine Übersicht zu den rhetorischen Mitteln finden Sie auf Seite 52.

Reduktion:
Verringerung; auf ein geringeres Maß zurückführen.

Synthese:
Zusammenfügung; hier: die gedankliche Verknüpfung einzelner Teile zu einem Ganzen.

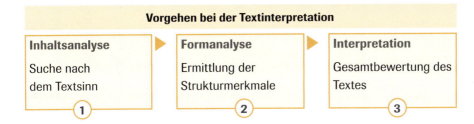

Vorgehen bei der Textinterpretation

1. **Inhaltsanalyse** – Suche nach dem Textsinn
2. **Formanalyse** – Ermittlung der Strukturmerkmale
3. **Interpretation** – Gesamtbewertung des Textes

Aufgaben

1. Fassen Sie die wichtigsten inhaltlichen Schwerpunkte der Textinterpretation mithilfe der Übersicht noch einmal stichpunktartig zusammen.
2. Wählen Sie drei rhetorische Mittel aus, erläutern Sie deren jeweilige Funktion im Text.
3. Wählen Sie einen der Texte auf den Seiten 282 bis 339 aus und schreiben Sie unter Einbezug der dort aufgeführten Informationen eine kurze Einleitung für einen Interpretationsaufsatz.

7 Literarische Texte verstehen und erfassen

Kurt Marti:
in Bern (Schweiz) geboren; ist Pfarrer und Schriftsteller. 1959 trat er erstmals mit Gedichten hervor, die durch ihre Verbindung von Sprachstil und politischer Aussage Aufsehen erregten. Die Kurzgeschichte Happy End schrieb er 1960.

Hinweis
Einen Überblick zu den Merkmalen der Kurzgeschichte finden Sie auf Seite 211.

Der Weg zum Interpretationsaufsatz am Beispiel einer Kurzgeschichte

Happy End (1960)
Kurt Marti (*1921)

Sie umarmen sich, und alles ist wieder gut. Das Wort ENDE flimmert über ihrem Kuss. Das Kino ist aus. Zornig schiebt er sich zum Ausgang, sein Weib bleibt im Gedrängel hilflos stecken, weit hinter ihm. Er tritt auf die Straße und bleibt nicht stehen, er geht, ohne zu warten, er geht voll Zorn, und die Nacht ist dunkel. Atemlos, mit kleinen, verzweifelten Schritten holt sie ihn ein, holt ihn schließlich ein und keucht zum Erbarmen. Eine Schande, sagt er im Gehen, eine Affenschande, wie du geheult hast. Sie keucht. Mich nimmt nur wunder warum, sagt er. Sie keucht. Ich hasse diese Heulerei, sagt er, ich hasse das. Sie keucht noch immer.

Schweigend geht er und voll Wut, so eine Gans, denkt er, so eine blöde, blöde Gans und wie sie keucht in ihrem Fett. Ich kann doch nichts dafür, sagt sie endlich, ich kann doch wirklich nichts dafür, es war so schön, und wenn es schön ist, muss ich einfach heulen. Schön, sagt er, dieser Mist, dieses Liebesgewinsel, das nennst du also schön, dir ist ja wirklich nicht zu helfen. Sie schweigt und geht und keucht und denkt, was für ein Klotz von Mann, was für ein Klotz.

Lektüre des Textes

- Beobachtungen am Text
  (Textmarkierungen, Bemerkungen und Lesenotizen immer auf einem gesonderten Blatt anfertigen!)

Lesenotizen

seine Gefühle	▶
Hinweise auf ihre Körperfülle	▶
seine Meinung über sie	▶
er sieht in ihr nur eine „blöde Gans"	▶
ihre Rechtfertigung	▶
ihre Meinung über ihn	▶

Beispiel für einen bearbeiteten Text:

Sie umarmen sich, und alles ist wieder gut. Das Wort ENDE flimmert über ihrem Kuss. Das Kino ist aus. Zornig schiebt er sich zum Ausgang, sein Weib bleibt im Gedrängel hilflos stecken, weit hinter ihm. Er tritt auf die Straße und bleibt nicht stehen, er geht, ohne zu warten, er geht voll Zorn, und die Nacht ist dunkel. Atemlos, mit kleinen, verzweifelten Schritten holt sie ihn ein, holt ihn schließlich ein und keucht zum Erbarmen. Eine Schande, sagt er im Gehen, eine Affenschande, wie du geheult hast. Sie keucht. Mich nimmt nur wunder warum, sagt er. Sie keucht. Ich hasse diese Heulerei, sagt er, ich hasse das. Sie keucht noch immer.
Schweigend geht er und voll Wut, so eine Gans, denkt er, so eine blöde, blöde Gans und wie sie keucht in ihrem Fett. Ich kann doch nichts dafür, sagt sie endlich, ich kann doch wirklich nichts dafür, es war so schön, und wenn es schön ist, muss ich einfach heulen. Schön, sagt er, dieser Mist, dieses Liebesgewinsel, das nennst du also schön, dir ist ja wirklich nicht zu helfen. Sie schweigt und geht und keucht und denkt, was für ein Klotz von Mann, was für ein Klotz.

278

7.1 Dichterische Werke verstehen – die Textinterpretation

In den **Notizen bzw. Beobachtungen zum Text** wird bereits interpretiert, in den **Lesenotizen** hingegen etwas Abstand vom Text genommen. Sowohl die Beobachtungen wie auch die Lesenotizen sollen für die Einleitung des Interpretationsaufsatzes verwendet werden (Um was für einen Text handelt es sich? Welche Geschichte wird erzählt? usw.).

Choleriker:
leicht erregbarer, jähzorniger Mensch.

---

① Inhaltsanalyse

In der Inhaltsanalyse werden die wichtigen Inhalte stichpunktartig aufgelistet.

- In diesem Text wird eine kurze Ehegeschichte erzählt.
- Dafür nutzt der Autor die literarische Gattung einer Kurzgeschichte.
- Die Eheleute haben sich gemeinsam einen Liebesfilm angeschaut.
- Auf dem Heimweg kommt es zwischen beiden zu Streitigkeiten.
- Diese Situation steht im krassen Gegensatz zum Titel des Films „Happy End".
- Den Ehepartnern wird bewusst, was in ihrer Ehe fehlt.
- Er fühlt sich von der Körperfülle seiner Frau abgestoßen und sieht in ihr nur eine „blöde Gans".
- In den Beschimpfungen gegenüber seiner Frau drückt sich seine Unzufriedenheit aus. Er kann sich in seinem Zorn nicht beherrschen (Charakterzüge eines Cholerikers).
- Er ist nicht bereit, tiefgründiger über Ursachen und Umstände des tristen Ehealltags nachzudenken.
- Sie versucht sich kleinlaut gegenüber ihrem Mann zu rechtfertigen.
- Ihr wird bewusst, dass sie mit einem „Klotz" verheiratet ist.
- Auch für sie entsteht durch den Liebesfilm nur ein Wunschbild einer Ehe.
- Ihr fehlt die Kraft, sich mit der Realität auseinanderzusetzen.

■ Aufgaben

1. Stellen Sie in einer Tabelle die Charakterzüge der beiden handelnden Personen gegenüber.
2. Erläutern Sie, welche Gefühle der Ehefrau sich hinter ihrem Ausspruch „…was für ein Klotz von Mann…" verbergen.
3. Welche Erwartungen haben Sie, wenn Sie mit Ihrem Freund oder Ihrer Freundin gemeinsam ins Kino gehen? Notieren Sie diese in Stichpunkten.
4. Nennen Sie mögliche Gründe, die hinter dem jeweiligen Verhalten der Eheleute stehen können.

279

7 Literarische Texte verstehen und erfassen

Erzählperspektive:
siehe Seite 206

Komposition:
Zusammensetzung, Aufbau.

Erzählbericht:
siehe Seite 207.

Monolog und innerer Monolog:
siehe Seite 208.

auktorial:
aus der Sicht des Autors.

Eisberggesetz:
Ein Gespräch läuft immer auf zwei Ebenen ab: auf der Sachebene und auf der Beziehungsebene. Dabei bestimmt die Beziehungsebene die Sachebene, d. h., nur ein kleiner Teil des Verhaltens wird durch den Verstand bewusst gesteuert, der größere Teil wird durch gefühlsgelenkte Reaktionen beeinflusst. Dadurch wird das menschliche Verhalten mit einem Eisberg vergleichbar: Man kann nur die Spitze sehen.

② Formanalyse

Die Formanalyse dient dazu, inhaltliche und sprachliche Elemente sowie die Erzählperspektive und die Darstellungsformen herauszuarbeiten.

- Inhaltliche Elemente
  - die Geschichte beginnt mit einem Ende (Kontrasthandlung)
  - das Ende des Liebesfilmes löst einen Ehestreit aus
  - der Ehemann (Choleriker) steht im Gegensatz zu seiner Frau, die sentimentale Charakterzüge trägt
  - Eheproblematik wird verbal (durch einen Wortwechsel) und durch die Gedanken der beteiligten Personen dargestellt
  - Begrenzung des Raums (Kinoausgang, Straße)
  - Begrenzung der Zeit (Ausschnitt von wenigen Minuten)
  - Begrenzung der Personen (Ehepaar)

- sprachliche Elemente und deren Komposition
  - viele Wortwiederholungen kennzeichnen die Monotonie des Gesprächs
  - Äußerungen der Ehepartner sind emotional geprägt

- Erzählperspektive und Darstellungsformen
  - Wechsel des Erzählberichts, direkte Rede der Figuren, innerer Monolog
  - auktorialer Erzählstil
  - die personale Erzählperspektive wechselt zwischen den beiden Ehegatten
  - der Autor signalisiert durch treffende Adjektive Verständnis für die Frau („hilflos", „mit verzweifelten Schritten")

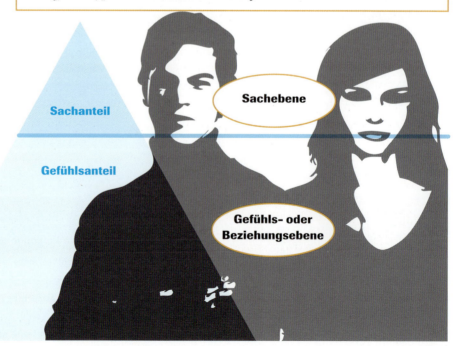

7.1 Dichterische Werke verstehen – die Textinterpretation

③ Textinterpretation – ein Beispiel

In der Kurzgeschichte „Happy End", aus dem Sammelband „Dorfgeschichten" von Kurt Marti wird eine Episode aus dem Leben eines einfachen Ehepaares erzählt. Die Eheleute haben sich im Kino gemeinsam einen Liebesfilm angeschaut. Während die Frau auf dem Heimweg vor Rührung weint, läuft ihr Ehegatte zornig davon und beschimpft sie. Die beleibte Frau keucht hinter ihrem Mann her und bemüht sich, ihn einzuholen. Er sieht in ihr nur eine sentimentale Heulsuse und fühlt sich von ihr abgestoßen. Sie dagegen ist wütend über die fehlende Empfindsamkeit ihres Ehemannes. Der offene Schluss lässt dem Leser die Möglichkeit, über dieses Ehepaar nachzudenken.

Der Ausschnitt aus dem tristen Ehealltag dieser beiden Menschen steht im krassen Gegensatz zur Überschrift „Happy End" der Kurzgeschichte und zur Hintergrundhandlung (Liebesfilm im Kino). Im Liebesfilm findet alles ein glückliches Ende und fügt sich wunderbar zusammen. Die Liebe siegt über Schwierigkeiten und Missverständnisse. „… und alles ist wieder gut. Das Wort ENDE flimmert über ihrem Kuss." Dagegen steht das nüchterne Bild der Ehe, das Unverständnis des Ehemannes. „Zornig schiebt er sich zum Ausgang…er geht, ohne zu warten, er geht voll Zorn…" Er kümmert sich nicht um seine Frau, er wartet nicht einmal auf sie. „… sein Weib bleibt im Gedrängel hilflos stecken." Sie bemüht sich, ihn einzuholen. „Atemlos, mit kleinen, verzweifelten Schritten holt sie ihn ein,…und keucht zum Erbarmen." Schweigend sieht er in seiner Frau „…eine blöde, blöde Gans…" und fühlt sich von ihrer Körperfülle abgestoßen. „…und wie sie keucht in ihrem Fett." Schlank ist nicht immer nur ein Privileg der Jugend, aber mit zunehmendem Alter ist oft auch eine gewisse Gewichtszunahme vorprogrammiert. Vielleicht ist ihre Körperfülle aber auch nur die Folge von Kummer und Depressionen. Hilflos erträgt die Frau die Beschimpfungen ihres Ehemannes. „Eine Schande,…, eine Affenschande, wie du geheult hast." Sie versucht, sich mit einfachen Worten zu rechtfertigen. „…es war doch so schön… „Mit ihren Gedanken „was für ein Klotz von Mann, was für ein Klotz" wehrt sie sich für einen kurzen Augenblick gegen die Angriffe ihres Ehemannes. Wahrscheinlich war sie in ihrer Ehe stets duldsam und nachgiebig und so erträgt sie auch jetzt größtenteils stumm seine Kritik. Ein Kinobesuch, der eigentlich der Entspannung dienen sollte, wird zum Anlass für einen Ehestreit.

Häufige Wortwiederholungen prägen den Satzbau. Sie unterstreichen charakteristische Merkmale der beiden Ehepartner und lassen ihre Gedanken und Gefühle deutlich werden. Die Alltagssprache, als gewählte Sprachebene, drückt die Einfachheit der beiden Personen aus, die leider nicht bereit sind, über die Konflikte in ihrer Ehe tiefgründig nachzudenken und zu sprechen. Jeder fühlt sich vom anderen nicht verstanden und erträgt mehr oder minder die Situation. Der Film hat beiden bewusst gemacht, was in ihrer Ehe fehlt. Sicher sehnen sich beide auch nach etwas Zärtlichkeit. Vielleicht gelingt es ihnen gerade durch diese Erfahrung, doch noch einen Weg zueinander zu finden.

▪▪ Aufgaben

1. Kurt Marti hat die literarische Gattung der Kurzgeschichte gewählt.
   Beurteilen Sie, ob sich diese Textsorte für die Darstellung von „Beziehungsstress" eignet, und belegen Sie Ihre Ansicht mit Argumenten.

2. Vergleichen Sie das Verhalten und die Einstellung der Eheleute im Text mit Ihren eigenen Vorstellungen von Liebe und Partnerschaft. Sind Ihnen vergleichbare Situationen bekannt?

3. Beurteilen Sie das oben aufgeführte Interpretationsbeispiel. Sind in dieser Schülerarbeit alle wichtigen Punkte in die Interpretation mit aufgenommen worden?

7 Literarische Texte verstehen und erfassen

7.1.2 Die Fabel – ein Spiegel der menschlichen Gesellschaft

Äsop: (auch: Aisopos) Er ist der Held einer volkstümlichen griechischen Erzählung des 6. Jahrhunderts v. Chr. Die unter seinem Namen erhaltenen Fabelsammlungen stammen aus dem 1. bis 5. Jahrhundert nach Chr.

Gotthold Ephraim Lessing: (Siehe auch Seite 308.) Er war der Wegbereiter einer deutschen Nationalliteratur und gehörte als Dichter und Denker der Aufklärung an (siehe Seite 220). Seine Überwindung der unhistorischen Sehweise der frühen Aufklärung führte zur deutschen Klassik (siehe Seite 224).

Jupiter: höchster Gott im römischen Reich, im Mythos mit Zeus gleichgesetzt. Gott des lichten Himmels, alles schauender Himmelsgott und Beschützer von Recht und Treue.

Zeus: in der griechischen Religion des Altertums als Vater der Götter der höchste Gott. Zeus galt auch als der weitschauende, der weiseste der Götter. Er nahm als der Milde Sühnungen an und erhörte Gebete. Auch galt er als Hüter der Freiheit und des Rechts und war Schützer der Sitte und des Staates.

Die Teilung der Beute
Äsop

1 Der Löwe, der Esel und der Fuchs schlossen einen Bund und gingen zusammen auf die Jagd. Als sie Beute gemacht hatten, befahl der Löwe dem Esel, er solle diese teilen. Der Esel machte darauf drei gleiche Teile und sagte dem Löwen, er möge sich seinen Teil selbst wählen. Der Löwe geriet darüber in
5 Zorn und zerriss den Esel. Sodann verlangte er vom Fuchs, nun solle er teilen. Da schob der Fuchs fast die ganze Beute auf einen Haufen zusammen und ließ für sich selbst nur ein paar kleine Stücke übrig. Der Löwe lächelte zufrieden und fragte den Fuchs: „Nun sage, was hat dich gelehrt, so richtig zu teilen?" Der Fuchs antwortete: „Das Schicksal des Esels!"

Der Rabe und der Fuchs
Gotthold Ephraim Lessing (1729–1781)

1 Ein Rabe trug ein Stück vergiftetes Fleisch, das der erzürnte Gärtner für die Katzen seines Nachbarn hingeworfen hatte, in seinen Klauen fort.
Und eben wollte er es auf einer alten Eiche verzehren, als sich ein Fuchs herbeischlich und ihm zurief: Sei mir gesegnet, Vogel des Jupiter! – Für wen siehst
5 du mich an?, fragte der Rabe – Für wen ich dich ansehe?, erwiderte der Fuchs. Bist du nicht der rüstige Adler, der täglich von der Rechten des Zeus auf diese Eiche herabkommt, mich Armen zu speisen? Warum verstellst du dich? Sehe ich denn nicht in der siegreichen Klaue die verfehlte Gabe, die mir dein Gott durch dich zu schicken noch fortfährt?
10 Der Rabe erstaunte und freute sich innig, für einen Adler gehalten zu werden. Ich muss, dachte er, den Fuchs aus diesem Irrtume nicht bringen. – Großmütig dumm ließ er ihm also seinen Raub herabfallen und flog stolz davon.
Der Fuchs fing das Fleisch lachend auf und fraß es mit boshafter Freude. Doch bald verkehrte sich die Freude in ein schmerzhaftes Gefühl; das Gift fing an zu
15 wirken, und er verreckte.
Möchtet ihr euch nie etwas anderes als Gift erloben, verdammte Schmeichler!

Der Löwe und die Füchse
James Thurber (1894–1961)

1 Gerade hatte der Löwe dem Schaf, der Ziege und der Kuh auseinandergesetzt, dass der von ihnen erlegte Hirsch einzig und allein ihm gehöre, als drei Füchse erschienen und vor ihn hintraten. „Ich nehme ein Drittel des Hirsches als Strafgebühr", sagte der erste Fuchs. „Du hast nämlich keinen Jagdschein." „Und
5 ich", sagte der zweite," nehme ein Drittel des Hirsches für deine Witwe, denn so steht es im Gesetz." „Ich habe gar keine Witwe", knurrte der Löwe. „Lassen wir doch die Haarspaltereien", sagte der dritte Fuchs und nahm sich ebenfalls seinen Anteil. „Als Einkommenssteuer", erklärte er. „Das schützt mich ein Jahr lang vor Hunger und Not." „Aber ich bin der König der Tiere", brüllte der
10 Löwe. „Na, dann hast du ja eine Krone und brauchst das Geweih nicht", bekam er zur Antwort und die drei Füchse nahmen auch noch das Hirschgeweih mit.

Moral: Heutzutage ist es nicht mehr so leicht wie in früheren Zeiten, sich den Löwenanteil zu sichern.

James Thurber:
ein amerikanischer Schriftsteller und Zeichner, bekannt durch seine humoristischen, oft satirischen Geschichten und Karikaturen.

Hinweis
Weitere Informationen zu den besonderen Merkmalen der Fabel finden Sie auf Seite 213.

Franz Kafka:
in Prag geborener Sohn eines deutsch-jüdischen Kaufmanns, studierte Jura und arbeitete als Angestellter der Prager Arbeiter-Unfall-Versicherungsanstalt. Das spannungsvolle Verhältnis zu seinem Vater hat in seinem Werk starke Spuren hinterlassen.

Kleine Fabel
Franz Kafka (1894–1924)

1 „Ach", sagte die Maus, „die Welt wird enger mit jedem Tag. Zuerst war sie so breit, dass ich Angst hatte, ich lief weiter und war glücklich, dass ich endlich rechts und links in der Ferne Mauern sah, aber diese langen Mauern eilen so schnell aufeinander zu, dass ich schon im letzten Zimmer bin, und dort im Win-
5 kel steht die Falle, in die ich laufe." – „Du musst nur die Laufrichtung ändern", sagte die Katze und fraß sie.

Aufgaben

1. a) Welche menschlichen Eigenschaften und Charakterzüge lassen sich den beteiligten Tieren in der Fabel von James Thurber und der von Äsop jeweils zuordnen? Stellen Sie Ihr Ergebnis in einer Tabelle folgendermaßen stichpunktartig gegenüber:

	James Thurber	Äsop
Löwe		
Fuchs		
...		

   b) Vergleichen Sie in beiden Fabeln die Position von Löwe und Fuchs. Worin besteht der Unterschied und welche Folgen erwachsen daraus?

2. In der Fabel „Der Rabe und der Fuchs" wird eine bestimmte Moral zum Ausdruck gebracht.
   a) Ist diese Moral auch auf die heutige Zeit übertragbar?
   b) Nennen Sie mögliche Situationen, auf die diese Fabel zutreffen könnte.

3. a) Formulieren Sie eine Moral, die sich aus Franz Kafkas Fabel ableiten lässt.
   b) Nennen Sie auch hier mögliche Situationen, auf die diese Fabel zutreffen könnte.

7 Literarische Texte verstehen und erfassen

7.1.3 Die Anekdote – ein ungewöhnliches oder bemerkenswertes menschliches Verhalten darstellen

Anekdote:
kurze pointierte Erzählung über tatsächliche oder mögliche historische Personen bzw. Ereignisse.

Hinweis
Weitere Informationen zu den besonderen Merkmalen der Anekdote finden Sie auf Seite 209.

Der Indianer und der weiße Mann
unbekannter Autor

1 Ein Indianer besuchte einen weißen Mann. In einer Stadt zu sein, mit dem Lärm und den Autos und den vielen Menschen – all dies war ganz neuartig und auch verwirrend für ihn. Die beiden Männer gingen die Straße entlang, als plötzlich der Indianer seinem Freund auf die Schulter tippte und ruhig sagte: „Hörst du
5 auch, was ich höre?" Der Freund horchte und sagte: „Alles, was ich höre, ist das Hupen der Autos und das Rattern der Omnibusse." – „Ich höre ganz in der Nähe eine Grille zirpen." – „Du musst dich täuschen; hier gibt es keine Grillen. Und selbst, wenn es eine gäbe, würde man ihr Zirpen bei dem Lärm nicht hören." Der Indianer ging ein paar Schritte und blieb vor einer Hauswand ste-
10 hen. Wilder Wein rankte an der Mauer. Er schob die Blätter auseinander – und da saß tatsächlich eine Grille. Der Weiße sagte: „Indianer können eben besser hören als Weiße." Der Indianer erwiderte: „Da täuschst du dich. Ich will es dir beweisen." Er warf ein 50-Cent-Stück auf das Pflaster. Es klimperte auf dem Asphalt, und die Leute, die mehrere Meter entfernt gingen, wurden auf das
15 Geräusch aufmerksam und sahen sich um. „Siehst du", sagte der Indianer, „das Geräusch, das das Geldstück gemacht hat, war nicht lauter als das der Grille. Und doch hören es viele der weißen Männer. Der Grund liegt darin, dass wir alle stets das gut hören, worauf wir zu achten gewohnt sind."

Konrad Adenauer:
(1876–1967), erster Bundeskanzler (1949) der Bundesrepublik Deutschland in der Nachkriegszeit.

Adenauer
Hubert Miketta

1 Ein Bundestagsabgeordneter wollte Adenauer sprechen und traf ihn in seinem Arbeitszimmer. Er kam gerade dazu, wie Adenauer – einen Fuß auf dem Stuhl – seine Schuhe mit einem Lappen bearbeitete. „Aber Herr Bundeskanzler, Sie putzen Ihre Schuhe selbst?", fragte erstaunt der Besucher. Da meinte trocken
5 Adenauer: „Was meinen Sie denn, wessen Schuhe ich sonst putzen sollte?"

Café de la Terrasse
Max Frisch (1911–1991)

1 Jemand berichtet aus Berlin: Ein Dutzend verwahrloste Gefangene, geführt von einem russischen Soldaten, gehen durch eine Straße; vermutlich kommen sie aus einem fernen Lager, und der junge Russe muß sie irgendwohin zur Arbeit führen oder, wie man sagt, zum Einsatz. Irgendwohin; sie wissen nichts
5 über ihre Zukunft; sind Gespenster, wie man sie allenthalben sehen kann. Plötzlich geschieht es, daß eine Frau, die zufällig aus einer Ruine kommt, aufschreit und über die Straße heranläuft, einen der Gefangenen umarmt – das Trüppchen muß stehenbleiben, und auch der Soldat begreift natürlich, was sich ereignet hat; er tritt zu dem Gefangenen, der die Schluchzende im Arm
10 hält, und fragt:
„Deine Frau?"
„Ja."
Dann fragt er die Frau:
„Dein Mann?"
15 „Ja."
Dann deutet er ihnen mit der Hand:
„Weg – laufen, laufen – weg!"
Sie können es nicht glauben, bleiben stehen; der Russe marschiert weiter mit den elf andern, bis er, einige hundert Meter später, einem Passanten winkt
20 und mit der Maschinenpistole zwingt, einzutreten: damit das Dutzend, das der Staat von ihm verlangt, wieder voll ist.

■ **Hinweis**
Das hier von Max Frisch geschilderte Geschehen fand im Nachkriegs-Berlin von 1946 statt.
Weitere Informationen zu Max Frisch sowie zusätzliche Texte von ihm finden Sie auf den Seiten 192 bis 195.

■ **Hinweis**
Der Text von Max Frisch folgt der alten Rechtschreibung.

Der Philosoph **Friedrich Nietzsche** (1844–1900) sagte einmal:
„Aus drei Anekdoten ist es möglich, das Bild eines Menschen zu geben."

Fluch der Wahrheit

Nach der wahrheitsgemäßen Antwort auf die Frage der Bedienung, wie das Essen geschmeckt habe, stürzt sich der Restaurant-Chef auf die Gäste, beschimpft sie, reißt ein halbvolles Glas Prosecco an sich, verbittet sich Zahlung und Trinkgeld für die Bedienung und setzt die Gäste unsanft vor die Tür. Man sollte eben nicht fragen.

(aus: FAZ, 10.11.2000)

■ **Aufgaben**

1. a) In der Anekdote über den Indianer und den weißen Mann werden zwei anschauliche Beispiele für menschliches Verhalten miteinander konfrontiert. Welchen Zweck verfolgt der Autor mit dieser Art der Gegenüberstellung?
   b) Erläutern Sie, durch welche möglichen Umstände die Auswahl unserer Wahrnehmungen bestimmt wird. Überlegen Sie dazu verschiedene typische Beispielsituationen. Denken Sie dabei auch an die besonderen Bedingungen in Schule und Beruf.
2. Beurteilen Sie, ob es sich bei dem Text von Max Frisch um eine Anekdote handelt.
3. Sicherlich haben Sie auch besondere oder auch witzige Situationen erlebt. Verfassen Sie zu einem besonderen Erlebnis eine Anekdote.

7 Literarische Texte verstehen und erfassen

7.1.4 Die Kurzgeschichte – den Augenblick erzählen

Ein netter Kerl
Gabriele Wohmann (*1932)

1 Ich hab ja so wahnsinnig gelacht, rief Nanni in einer Atempause. Genau wie du ihn beschrieben hast, entsetzlich.

Furchtbar fett für sein Alter, sagte die Mutter. Er sollte vielleicht Diät essen. Übrigens, Rita, weißt du, ob er ganz gesund ist?

5 Rita setzte sich gerade und hielt sich mit den Händen am Sitz fest.

Sie sagte: Ach, ich glaub schon, dass er gesund ist. Genau wie du es erzählt hast, weich wie ein Molch, wie Schlamm, rief Nanni. Und auch die Hand so weich.

Aber er hat dann doch auch wieder was Liebes, sagte Milene, doch Rita, ich finde, er hat was Liebes, wirklich.

10 Na ja, sagte die Mutter, beschämt fing auch sie wieder an zu lachen; recht lieb, aber doch grässlich komisch. Du hast nicht zu viel versprochen, Rita, wahrhaftig nicht. Jetzt lachte sie laut heraus. Auch hinten im Nacken hat er schon Wammen, wie ein alter Mann, rief Nanni. Er ist ja so fett, so weich, so weich! Sie schnaubte aus der kurzen Nase, ihr kleines Gesicht sah verquollen aus vom

15 Lachen.

Rita hielt sich am Sitz fest. Sie drückte die Fingerkuppen fest ans Holz.

Er hat so was Insichruhendes, sagte Milene. Ich find ihn so ganz nett, Rita, wirklich, komischerweise.

Nanni stieß einen winzigen Schrei aus und warf die Hände auf den Tisch; die

20 Messer und Gabeln auf den Tellern klirrten.

Ich auch, wirklich, ich find ihn auch nett, rief sie. Könnt ihn immer ansehen und mich ekeln.

Der Vater kam zurück, schloss die Esszimmertür, brachte kühle, nasse Luft mit herein. Er war ja so ängstlich, dass er seine letzte Bahn noch kriegt, sagte er. So

25 was von ängstlich.

Er lebt mit seiner Mutter zusammen, sagte Rita. Sie platzten alle heraus, jetzt auch Milene. Das Holz unter Ritas Fingerkuppen wurde klebrig. Sie sagte: Seine Mutter ist nicht ganz gesund, soviel ich weiß.

Das Lachen schwoll an, türmte sich vor ihr auf, wartete und stürzte dann herab,

30 es spülte über sie weg und verbarg sie: lang genug für einen kleinen schwachen Frieden. Als erste brachte die Mutter es fertig, sich wieder zu fassen.

Nun aber Schluss, sagte sie, ihre Stimme zitterte, sie wischte mit einem Taschentuchklümpchen über die Augen und die Lippen. Wir können ja endlich mal von was anderem reden.

35 Ach, sagte Nanni, sie seufzte und rieb sich den kleinen Bauch, ach, ich bin erledigt, du liebe Zeit. Wann kommt die große fette Qualle denn wieder, sag, Rita, wann denn? Sie warteten alle ab.

Er kommt von jetzt an oft, sagte Rita. Sie hielt den Kopf aufrecht.

Ich habe mich verlobt mit ihm.

40 Am Tisch bewegte sich keiner. Rita lachte versuchsweise, und dann konnte sie es mit großer Anstrengung lauter als die anderen, und sie rief: Stellt euch das doch bloß einmal vor: mit ihm verlobt! Ist das nicht zum Lachen!

Gabriele Wohmann: in Darmstadt geboren. Nach dem Studium zunächst Lehrerin und seit 1956 freie Schriftstellerin in Darmstadt. Für ihr literarisches Schaffen wurde sie bereits mit zahlreichen Auszeichnungen geehrt; so erhielt sie z. B. 1971 den Literaturpreis der Stadt Bremen und 1997 das Große Bundesverdienstkreuz.

■ Hinweis
Informationen zu den Merkmalen der Kurzgeschichte finden Sie auf Seite 211.

Sie saßen gesittet und ernst und bewegten vorsichtig Messer und Gabeln.

He, Nanni, bist du mir denn nicht dankbar, mit der Qualle hab ich mich verlobt,
45 stell dir das doch vor!

Ich könnte mir denken, sagte die Mutter ernst, dass er menschlich angenehm ist, ich meine, als Hausgenosse oder so, als Familienmitglied.

Er hat keinen üblen Eindruck auf mich gemacht, sagte der Vater.

Rita sah alle behutsam dasitzen, sie sah gezähmte Lippen. Die roten Flecken in
50 den Gesichtern blieben noch eine Weile. Sie senkten die Köpfe und aßen den Nachtisch.

Arbeitstag
Herta Müller (*1953)

1 Morgens halb sechs. Der Wecker läutet.

Ich stehe auf, ziehe mein Kleid aus, lege es aufs Kissen, ziehe meinen Pyjama an, gehe, gehe in die Küche, steige in die Badewanne, nehme das Handtuch, wasche damit mein Gesicht, nehme den Kamm, trockne mich damit ab, nehme die Zahn-
5 bürste, kämme mich damit, nehme den Badeschwamm, putze mir damit die Zähne. Dann gehe ich ins Badezimmer, esse eine Scheibe Tee und trinke eine Tasse Brot.

Ich lege meine Armbanduhr und die Ringe ab.

Ich ziehe meine Schuhe aus.

Ich gehe ins Stiegenhaus, dann öffne ich die Wohnungstür.

10 Ich fahre mit dem Lift vom fünften in den ersten Stock. Dann steige ich neun Treppen hoch und bin auf der Straße.

Im Lebensmittelladen kaufe ich mir eine Zeitung, dann gehe ich zur Haltestelle und kaufe mir Kipfel und am Zeitungskiosk angelangt, steige ich in die Straßenbahn.

Drei Haltestellen vor dem Einsteigen steige ich aus. Ich erwidere den Gruß des
15 Pförtners, dann grüßt der Pförtner und meint, es ist wieder einmal Montag, und wieder mal ist eine Woche zu Ende.

Ich trete ins Büro, sage Auf Wiedersehen, hänge meine Jacke an den Schreibtisch, setze mich an den Kleiderständer und beginne zu arbeiten. Ich arbeite acht
20 Stunden.

Herta Müller: in Nitzkydorf, Rumänien, geboren, ist eine deutsche, aus dem Banat stammende Schriftstellerin. 2009 erhielt sie den Nobelpreis für Literatur für ihr Gesamtwerk über die rumänische Diktatur.

Aufgaben

1. a) Fassen Sie den Inhalt der Kurzgeschichte „Ein netter Kerl" kurz zusammen.
   b) In welcher Konfliktsituation befindet sich Rita? Begründen Sie Ihre Ausführungen mit entsprechenden Textstellen.
   c) Welche sprachlichen und erzähltechnischen Mittel setzt die Autorin ein, um ihr Anliegen zu verdeutlichen?
   d) Gabriele Wohmann schrieb die Kurzgeschichte 1978. Beurteilen Sie die Aktualität der im Text angesprochenen Problematik.
2. a) Analysieren Sie den Text „Arbeitstag" unter folgenden Gesichtspunkten: Erzählform, Erzählverhalten und sprachliche Gestaltung.
   b) Erläutern Sie, welche Absicht die Autorin mit Ihrer Kurzgeschichte verfolgt.

7 Literarische Texte verstehen und erfassen

Peter Bichsel:
in Luzern (Schweiz) geboren, wurde mit Geschichten bekannt, die in scheinbar idyllischen Alltagsbildern die Nichterfülltheit des Lebens und die Resignation darstellen.

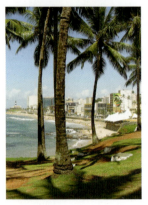

San Salvador

Bahamas:
ein Staat in Westindien, der aus etwa 700 Inseln besteht, von denen aber nur 22 bewohnt sind. Die Inseln erstrecken sich über rund 1000 km in einem Bogen von der Südostküste Floridas bis zur Nordwestküste Haitis.

San Salvador:
eine Bahamainsel. Dort betrat Christoph Kolumbus am 12.10.1492 die „Neue Welt". Er schrieb über diese Insel:
„Selbst der Gesang der Vögel ist von einer Art, dass niemand die Insel je wieder verlassen möchte."

San Salvador
Peter Bichsel (*1935)

1 Er hatte sich eine Füllfeder gekauft.
Nachdem er mehrmals seine Unterschrift, dann seine Initialen, seine Adresse, einige Wellenlinien, dann die Adresse seiner Eltern auf ein Blatt gezeichnet hatte, nahm er einen neuen Bogen, faltete ihn sorgfältig und schrieb. „Mir
5 ist es hier zu kalt", dann, „ich gehe nach Südamerika", dann hielt er inne, schraubte die Kappe auf die Feder, betrachtete den Bogen und sah, wie die Tinte eintrocknete und dunkel wurde (in der Papeterie garantierte man, dass sie schwarz werde), dann nahm er seine Feder erneut zur Hand und setzte noch großzügig seinen Namen Paul darunter.
10 Dann saß er da.
Später räumte er die Zeitungen vom Tisch, überflog dabei die Kinoinserate, dachte an irgendetwas, schob den Aschenbecher beiseite, zerriss den Zettel mit den Wellenlinien, entleerte seine Feder und füllte sie wieder. Für die Kinovorstellung war es jetzt zu spät.
15 Die Probe des Kirchenchores dauert bis neun Uhr, um halb zehn würde Hildegard zurück sein. Er wartete auf Hildegard. Zu all dem Musik aus dem Radio. Jetzt drehte er das Radio ab.
Auf dem Tisch, mitten auf dem Tisch, lag nun der gefaltete Bogen, darauf stand in blauschwarzer Schrift sein Name Paul.
20 „Mir ist es hier zu kalt", stand auch darauf.
Nun würde also Hildegard heimkommen, um halb zehn. Es war jetzt neun Uhr. Sie läse seine Mitteilung, erschräke dabei, glaubte wohl das mit Südamerika nicht, würde dennoch die Hemden im Kasten zählen, etwas müsste ja geschehen sein.
25 Sie würde in den „Löwen" telefonieren.
Der „Löwen" ist mittwochs geschlossen.
Sie würde lächeln und verzweifeln und sich damit abfinden, vielleicht.
Sie würde sich mehrmals die Haare aus dem Gesicht streichen, mit dem Ringfinger der linken Hand beidseitig der Schläfe entlangfahren, dann langsam
30 den Mantel aufknöpfen.
Dann saß er da, überlegte, wem er einen Brief schreiben könnte, las die Gebrauchsanweisung für den Füller noch einmal – leicht nach rechts drehen – las auch den französischen Text, verglich den englischen mit dem deutschen, sah wieder seinen Zettel, dachte an Palmen, dachte an Hildegard.
35 Saß da.
Und um halb zehn kam Hildegard und fragte: „Schlafen die Kinder?"
Sie strich sich die Haare aus dem Gesicht.

7.1 Dichterische Werke verstehen – die Textinterpretation

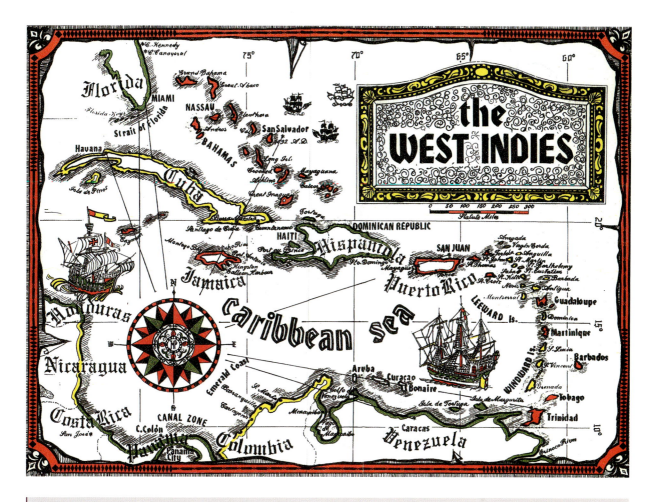

Aufgaben

1. Fassen Sie den Inhalt des Textes stichpunktartig zusammen.
2. Erstellen Sie eine Tabelle mit je einer Spalte pro Hauptperson und stellen Sie deren Charakterzüge gegenüber.
3. Beschreiben Sie die erzähltechnischen und sprachlichen Mittel, die der Autor einsetzt.
   Hinweise und Zusatzinformationen zu den Bereichen Erzähltechnik und sprachliche Mittel finden Sie auf den Seiten 49 f. und 206. Nehmen Sie aber auch Bezug auf die besonderen Kennzeichen der Kurzgeschichte (siehe hierzu Seite 211).
4. Beurteilen Sie Pauls Verhalten.
   Führen Sie auf, was sein Verhalten über seinen Charakter aussagt.
5. Erstellen Sie eine Übersicht über die Unterschiede und Gemeinsamkeiten von Anekdote und Kurzgeschichte.
   a) Übertragen Sie die folgende Tabelle für Ihre Aufzeichnungen.
   b) Beachten Sie bei der Gegenüberstellung folgende Kriterien: Aufbau, dargestellte Situationen, Handlungsführung, Sprachform, Form- und Stoffelemente.

	Anekdote	Kurzgeschichte
Unterschiede		
Gemeinsamkeiten		

   c) Erläutern Sie abschließend, inwieweit die Kurzgeschichte als eine moderne Form der Anekdote bezeichnet werden kann.

289

7 Literarische Texte verstehen und erfassen

Wolfgang Borchert:
in Hamburg geboren, kam 1941 an die Ostfront. 1945 kehrte er zurück, chronisch fieberkrank und seelisch gebrochen. Es blieben ihm zwei Jahre Zeit zum Schreiben. Er starb am 20. November 1947 in Basel, einen Tag vor der Uraufführung seines Dramas „Draußen vor der Tür" (siehe auch Seite 245).

Die drei dunklen Könige

Wolfgang Borchert (1921–1947)

1 Er tappte durch die dunkle Vorstadt. Die Häuser standen abgebrochen gegen den Himmel. Der Mond fehlte und das Pflaster war erschrocken über den späten Schritt. Dann fand er eine alte Planke. Da trat er mit dem Fuß gegen, bis eine Latte morsch aufseufzte und losbrach. Das Holz roch mürbe und süß.
5 Durch die dunkle Vorstadt tappte er zurück. Sterne waren nicht da.
   Als er die Tür aufmachte (sie weinte dabei, die Tür), sahen ihm die blassblauen Augen seiner Frau entgegen. Sie kamen aus einem müden Gesicht. Ihr Atem hing weiß im Zimmer, so kalt war es. Er beugte sein knochiges Knie und brach das Holz. Das Holz seufzte. Dann roch es mürbe und süß ringsum.
10 Er hielt sich ein Stück davon unter die Nase. Riecht beinahe wie Kuchen, lachte er leise. Nicht, sagten die Augen der Frau, nicht lachen. Er schläft.
   Der Mann legte das süße mürbe Holz in den kleinen Blechofen. Da glomm es auf und warf eine Hand voll warmes Licht durch das Zimmer. Die fiel hell auf ein winziges rundes Gesicht und blieb einen Augenblick. Das Gesicht
15 war erst eine Stunde alt, aber es hatte schon alles, was dazugehört: Ohren, Nase, Mund und Augen. Die Augen mussten groß sein, das konnte man sehen, obgleich sie zu waren. Aber der Mund war offen und es pustete leise daraus. Nase und Ohren waren rot. Er lebt, dachte die Mutter. Und das kleine Gesicht schlief.
20 Da sind noch Haferflocken, sagte der Mann. Ja, antwortete die Frau, das ist gut. Es ist kalt. Der Mann nahm noch von dem süßen weichen Holz. Nun hat sie ihr Kind gekriegt und muss frieren, dachte er. Aber er hatte keinen, dem er dafür die Fäuste ins Gesicht schlagen konnte. Als er die Ofentür aufmachte, fiel wieder eine Hand voll Licht über das schlafende Gesicht. Die Frau sagte
25 leise: Kuck, wie ein Heiligenschein, siehst du? Heiligenschein! dachte er und er hatte keinen, dem er die Fäuste ins Gesicht schlagen konnte.
   Dann waren welche an der Tür. Wir sahen das Licht, sagten sie, vom Fenster. Wir wollen uns zehn Minuten hinsetzen.
   Aber wir haben ein Kind, sagte der Mann zu ihnen. Da sagten sie nichts wei-
30 ter, aber sie kamen doch ins Zimmer, stießen Nebel aus den Nasen und hoben die Füße hoch. Wir sind ganz leise, flüsterten sie und hoben die Füße hoch. Dann fiel das Licht auf sie.
   Drei waren es. In drei alten Uniformen. Einer hatte einen Pappkarton, einer einen Sack. Und der Dritte hatte keine Hände. Erfroren, sagte er, und hielt die
35 Stümpfe hoch. Dann drehte er dem Mann die Manteltasche hin. Tabak war darin und dünnes Papier.
   Sie drehten Zigaretten. Aber die Frau sagte: Nicht, das Kind.
   Da gingen die vier vor die Tür und ihre Zigaretten waren vier Punkte in der Nacht. Der eine hatte dicke umwickelte Füße. Er nahm ein Stück Holz aus
40 seinem Sack. Ein Esel, sagte er, ich habe sieben Monate daran geschnitzt. Für das Kind. Das sagte er und gab es dem Mann. Was ist mit den Füßen?, fragte

Das zerstörte Stadtzentrum Dresdens

der Mann. Wasser, sagte der Eselschnitzer, vom Hunger. Und der andere, der Dritte?, fragte der Mann und befühlte im Dunkeln den Esel. Der Dritte zitterte in seiner Uniform: Oh, nichts, wisperte er, das sind nur die Nerven. Man hat eben zu viel Angst gehabt. Dann traten sie die Zigaretten aus und
45 gingen wieder hinein.

Sie hoben die Füße hoch und sahen auf das kleine schlafende Gesicht. Der Zitternde nahm aus seinem Pappkarton zwei gelbe Bonbons und sagte dazu: Für die Frau sind die.

Die Frau machte die blassen blauen Augen weit auf, als sie die drei Dunklen
50 über das Kind gebeugt sah. Sie fürchtete sich. Aber da stemmte das Kind seine Beine gegen ihre Brust und schrie so kräftig, dass die drei Dunklen die Füße aufhoben und zur Tür schlichen. Hier nickten sie noch mal, dann stiegen sie in die Nacht hinein.

Der Mann sah ihnen nach. Sonderbare Heilige, sagte er zu seiner Frau. Dann
55 machte er die Tür zu. Schöne Heilige sind das, brummte er und sah nach den Haferflocken. Aber er hatte kein Gesicht für seine Fäuste.

Aber das Kind hat geschrieen, flüsterte die Frau, ganz stark hat es geschrieen. Da sind sie gegangen. Kuck mal, wie lebendig es ist, sagte sie stolz. Das Gesicht machte den Mund auf und schrie.
60 Weint er? fragte der Mann.

Nein, ich glaube, er lacht, antwortete die Frau.

Beinahe wie Kuchen, sagte der Mann und roch an dem Holz, wie Kuchen. Ganz süß.

Das zerbombte München

Kriegsheimkehrer

Aufgaben

1. a) Erläutern Sie, aus welchem Grund Wolfgang Borchert die Einleitung der Erzählung so dunkel und trostlos dargestellt hat.
   b) Weisen Sie die Stellen im Text nach, an denen diese Dunkelheit durchbrochen wird. Belegen Sie dies anhand der Wortwahl des Autors.
2. Betrachten Sie die drei dunklen Gestalten einmal genauer. Beschreiben Sie
   a) ihre Situation „draußen vor der Tür",
   b) ihre Krankheiten und Gebrechen,
   c) ihre Geschenke.
3. Vergleichen Sie die „drei dunklen Könige" mit den Heiligen Drei Königen der christlichen Legende und erfassen Sie stichpunktartig, welche Ähnlichkeiten Ihnen auffallen. Nutzen Sie dafür den biblischen Textauszug auf der folgenden Seite.

7 Literarische Texte verstehen und erfassen

Matthäus-Evangelium:
Als Teil des Neuen Testaments wurde es seit früher Zeit am meisten von allen Evangelien benutzt.
Es hebt sich hervor durch die Art seiner Beschreibungen und insbesondere durch die Betonung der in Jesus erfüllten alttestamentarischen Prophezeiungen. Es wird daher angenommen, dass es von einem Judenchristen verfasst wurde und nicht vor der Zerstörung Jerusalems 70 n. Chr. geschrieben wurde.
Der Verfasser will zeigen, dass Jesus der erwartete, dann aber abgelehnte und zur Kreuzigung verurteilte Erlöser ist.

Die Weisen aus dem Morgenland

(aus: Matthäus 2, 1 – 12)

1 Da Jesus geboren war zu Bethlehem im jüdischen Land zur Zeit des Königs Herodes, siehe, da kamen Weise vom Morgenland nach Jerusalem und sprachen:

5 Wo ist der neugeborene König der Juden? Wir haben seinen Stern gesehen im Morgenland und sind gekommen, ihn anzubeten.

Da das der König Herodes hörte, erschrak er und mit ihm das ganze Jerusalem und ließ versammeln alle Hohepriester und Schriftgelehr-
10 ten unter dem Volk und erforschte von ihnen, wo der Christus sollte geboren werden.

Und sie sagten ihm: Zu Bethlehem im jüdischen Lande; denn also steht geschrieben durch den Propheten (Micha 5,1): „Und du Bethle-
15 hem im jüdischen Land bist mitnichten die kleinste unter den Städten in Juda; denn aus dir soll mir kommen der Herzog, der über mein Volk Israel ein Herr sei."

Da berief Herodes die Weisen heimlich und erkundete mit Fleiß von
20 ihnen, wann der Stern erschienen wäre,

und wies sie nach Bethlehem und sprach: Ziehet hin und forschet fleißig nach dem Kindlein; und wenn ihrs findet, so sagt mir's wieder, dass ich auch komme und es anbete.
25

Als sie nun den König gehört hatten, zogen sie hin. Und siehe, der Stern, den sie im Morgenland gesehen hatten, ging vor ihnen hin, bis das er kam und stand oben über, wo das Kindlein war.
Da sie den Stern sahen, wurden sie hocherfreut
30

und gingen in das Haus und fanden das Kindlein mit Maria, seiner Mutter, und fielen nieder und beteten es an und taten ihre Schätze auf und schenkten ihm Gold, Weihrauch und Myrrhe.

35 Und Gott befahl im Traum, dass sie nicht wieder sollten zu Herodes gehen, und sie zogen auf einem anderen Weg wieder in ihr Land.

7.1 Dichterische Werke verstehen – die Textinterpretation

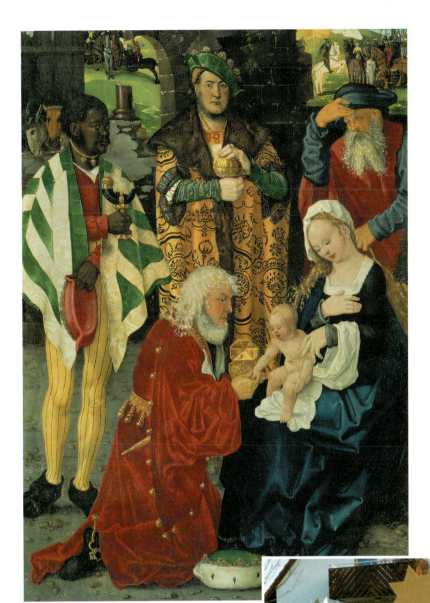

Anbetung der Heiligen Drei Könige. Mitteltafel des Dreikönigsaltars von Hans Baldung, genannt Grien, 1507.

Sternensingen in Bayern

Sternsingen:
Brauch am Ende der Weihnachtszeit, der sich vor allem in Süddeutschland und den Alpenländern erhalten hat.
Am Dreikönigstag ziehen Kinder, die als die Heiligen Drei Könige verkleidet sind, von Haus zu Haus. Sie singen Dreikönigslieder, sagen ein Gedicht auf und werden meist mit Süßigkeiten belohnt.
An die Haustür schreiben sie mit Kreide den folgenden Segensspruch:

20 C + M + B 11

Das heißt:
Christus Mansionem Benedicat (Christus segne dieses Haus).
Die Zahlen vor und nach den Buchstaben geben die Jahreszahl an – hier also das Jahr 2011.

293

7 Literarische Texte verstehen und erfassen

Ilse Aichinger:
in Wien geboren. Sie ist eine bedeutende Repräsentantin der deutschsprachigen Nachkriegsliteratur.

Ilse Aichinger wurde mit ihrer Zwillingsschwester Helga 1921 als Tochter einer jüdischen Ärztin und eines christlichen Lehrers geboren und verbrachte ihre Kindheit in Linz und Wien, wo die Familie ab 1933 der nationalsozialistischen Verfolgung ausgesetzt war. 1945 begann sie ein Studium der Medizin, arbeitete aber auch schon als Schriftstellerin. 1948 brach Aichinger das Medizin-Studium wieder ab, um ihren zweiten Roman *Die größere Hoffnung* unbelastet zu Ende schreiben zu können, der als das vielleicht bedeutendste Werk der Autorin gilt. Ab 1951 war sie auch Mitglied der »Gruppe 47«. 1953 heiratete sie den Schriftstellerkollegen Günter Eich (†1972).

Das Fenster-Theater

Ilse Aichinger (*1921)

1 Die Frau lehnte am Fenster und sah hinüber. Der Wind trieb in leichten Stößen vom Fluss heraus und brachte nichts Neues. Die Frau hatte den starren Blick neugieriger Leute, die unersättlich sind. Es hatte ihr noch niemand den Gefallen getan, vor ihrem Haus niedergefahren zu werden.
5 Außerdem wohnte sie im vorletzten Stock, die Straße lag zu tief unten. Der Lärm rauschte nur mehr leicht herauf. Alles lag zu tief unten. Als sie sich eben vom Fenster abwenden wollte, bemerkte sie, dass der Alte gegenüber Licht angedreht hatte. Da es noch ganz hell war, blieb dieses Licht für sich und machte den merkwürdigen Eindruck, den aufflam-
10 mende Straßenlaternen unter der Sonne machen. Als hätte einer an seinen Fenstern die Kerzen angesteckt, noch ehe die Prozession die Kirche verlassen hat. Die Frau blieb am Fenster.
Der Alte öffnete und nickte herüber. Meint er mich? dachte die Frau. Die Wohnung über ihr stand leer und unterhalb lag eine Werkstatt, die um
15 diese Zeit schon geschlossen war. Sie bewegte leicht den Kopf: Der Alte nickte wieder. Er griff sich an die Stirne, entdeckte, dass er keinen Hut aufhatte, und verschwand im Innern des Zimmers.
Gleich darauf kam er in Hut und Mantel wieder. Er zog den Hut und lächelte. Dann nahm er ein weißes Tuch aus der Tasche und begann zu
20 winken. Erst leicht und dann immer eifriger. Er hing über der Brüstung, dass man Angst bekam, er würde vornüberfallen. Die Frau trat einen Schritt zurück, aber das schien ihn nur zu bestärken. Er ließ das Tuch fallen, löste seinen Schal vom Hals – einen großen bunten Schal – und ließ ihn aus dem Fenster wehen. Dazu lächelte er. Und als sie noch einen
25 weiteren Schritt zurücktrat, warf er den Hut mit einer heftigen Bewegung ab und wand den Schal wie einen Turban um seinen Kopf. Dann kreuzte er die Arme über der Brust und verneigte sich. Sooft er aufsah, kniff er das linke Auge zu, als herrsche zwischen ihnen ein geheimes Einverständnis. Das bereitete ihr so lange Vergnügen, bis sie plötzlich
30 nur mehr seine Beine in dünnen, geflickten Samthosen in die Luft ragen sah. Er stand auf dem Kopf. Als sein Gesicht gerötet, erhitzt und freundlich wieder auftauchte, hatte sie schon die Polizei verständigt.
Und während er, in ein Leintuch gehüllt, abwechselnd an beiden Fenstern erschien, unterschied sie schon drei Gassen weiter über dem Ge-
35 klingel der Straßenbahnen und dem gedämpften Lärm der Stadt das Hupen des Überfallautos. Denn ihre Erklärung hatte nicht sehr klar und ihre Stimme erregt geklungen. Der alte Mann lachte jetzt, sodass sich sein Gesicht in tiefe Falten legte, streifte dann mit einer vagen

7.1 Dichterische Werke verstehen – die Textinterpretation

Gebärde darüber, wurde ernst, schien das Lachen eine Sekunde lang
40 in der hohlen Hand zu halten und warf es dann hinüber. Erst als der
Wagen schon um die Ecke bog, gelang es der Frau, sich von seinem
Anblick loszureißen.

Sie kam atemlos unten an. Eine Menschenmenge hatte sich um den
Polizeiwagen gesammelt. Die Polizisten waren abgesprungen und die
45 Menge kam hinter ihnen und der Frau her. Sobald man die Leute zu
verscheuchen suchte, erklärten sie einstimmig, in diesem Hause zu
wohnen. Einige davon kamen bis zum letzten Stock mit. Von den Stufen beobachteten sie, wie die Männer, nachdem ihr Klopfen vergeblich
blieb und die Glocke allem Anschein nach nicht funktionierte, die Tür
50 aufbrachen. Sie arbeiteten schnell und mit einer Sicherheit, von der
jeder Einbrecher lernen konnte. Auch in dem Vorraum, dessen Fenster
auf den Hof sahen, zögerten sie nicht eine Sekunde. Zwei von ihnen
zogen die Stiefel aus und schlichen um die Ecke. Es war inzwischen
finster geworden. Sie stießen an einen Kleiderständer, gewahrten den
55 Lichtschein am Ende des schmalen Ganges und gingen ihm nach. Die
Frau schlich hinter ihnen her.

Als die Tür aufflog, stand der alte Mann mit dem Rücken zu ihnen
gewandt noch immer am Fenster. Er hielt ein großes weißes Kissen auf
dem Kopf, das er immer wieder abnahm, als bedeutete er jemandem,
60 dass er schlafen wolle. Den Teppich, den er vom Boden genommen
hatte, trug er um die Schultern. Da er schwerhörig war, wandte er sich
auch nicht um, als die Männer schon knapp hinter ihm standen und die
Frau über ihn hinweg in ihr eigenes finsteres Fenster sah.

Die Werkstatt unterhalb war, wie sie angenommen hatte, geschlossen.
65 Aber in die Wohnung oberhalb musste eine neue Partei eingezogen
sein. An eines der erleuchteten Fenster war ein Gitterbett geschoben,
in dem aufrecht ein kleiner Knabe stand. Auch er trug sein Kissen auf
dem Kopf und die Bettdecke um die Schultern. Er sprang und winkte
herüber und krähte vor Jubel. Er lachte, strich mit der Hand über das
70 Gesicht, wurde ernst und schien das Lachen eine Sekunde lang in der
hohlen Hand zu halten. Dann warf er es mit aller Kraft den Wachleuten
ins Gesicht.

◼ Aufgaben

1. Charakterisieren Sie die Situation der Frau zu Beginn des Textes und belegen Sie Ihre Aussage.

2. Beschreiben Sie die verschiedenen Phasen des „Theaters".

3. a) Erläutern Sie, welche entscheidende Rolle der Wechsel des Standorts in dieser Kurzgeschichte spielt.
   b) Formulieren Sie eine kurze „Lehre", die man aus dieser Erkenntnis ziehen könnte.

7.1.5 Die Parabel – ein literarisches Gleichnis

Hinweis
Informationen zu den besonderen Merkmalen der Parabel finden Sie auf Seite 213.

Die erste Liebe

R. Eppler

1 Christine war siebzehn, als ihr Vater Gedanken wälzte, die er sich bisher nicht zu machen brauchte. Chris war ein hübsches Mädchen. Außenstehende mochten sich darüber wundern, wie sehr sie immer noch an den Eltern hing. Jetzt aber blieb Christine schon seit einiger Zeit nicht mehr sonntags

5 bei ihren Eltern. Sie besuchte auch nicht ihre Freundin Helga, sondern sie ging – wie sie sagte – allein durch den Park. Sie blieb lange aus, nutzte regelmäßig die Ausgeherlaubnis bis zehn Uhr abends, die der Vater seinem großen Mädchen erteilt hatte.

10 Noch etwas war den Eltern aufgefallen: Chris verschwand immer ohne rechten Abschiedsgruß an den Sonntagen. Nur bevor die Tür zufiel, tönte ein lautes „Tschau", dann sahen Vater und Mutter sie erst spät abends wieder. Die Mutter hatte auch schon bemerkt, dass Lippenstift, Augenbrauenkohle und anderes aus ihrem Make-up verhältnismäßig rasch schwanden.

15 An einem Sonntag aber wurden die Gedanken des Vaters dringender: Chris war um elf noch nicht zu Hause. Das war nun völlig neu. Vater ging, sie zu suchen. Er musste nicht weit gehen. Der Park begann dicht vor dem Haus, in dem sie wohnten, und dort, auf einer Bank, sah er ein Liebespaar, das sich küsste und ihn gar nicht bemerkte. Die weibliche Hälfte des Paares war

20 seine Tochter Christine.

Er ging zurück, überredete die Mutter, sich ins Bett zu legen. Dann setzte er sich an seinen Schreibtisch und schrieb diese Geschichte:

Es war einmal ein Apfel, der war grün und unreif, denn es war früh im Jahre. Der kleine Apfel aber hatte sich unsterblich verliebt in die weißen Zähne

25 des Briefträgers, der jeden Morgen vorbeiradelte. Wenn die alten Äste, die viele Jahre Erfahrungen mit jungen Äpfeln gesammelt hatten, den kleinen Apfel auch warnten und ihm sagten, dass er für ein normales Apfelschicksal noch zu grün sei, so sehnte sich der kleine Apfel doch übermächtig. Er gab sich Mühe, besonders reif zu sein, und sagte zu den Ästen: „Ihr seid ja so

30 holzig!"

Als eines Tages ein Maler den Zaun vor dem Baum mit roter Farbe bemalte, gelang es dem Äpfelchen, eine Wange an den Zaun zu schmiegen, sodass einseitig die rechte Reifefarbe kam. Auf diesen Trick fiel der Briefträger glatt herein. Er pflückte das Äpfelchen und schlug seine blitzweißen Zähne

35 in die rote Wange.

Das tat so richtig schmerzhaft gut. Aber dann spuckte der Briefträger und warf das angebissene Äpfelchen auf die Straße.

Dort lag es nun, klein, unreif, verloren. Ein Junge kam, spielte Fußball mit ihm. Als die anderen Äpfel reif und mit Liebe und Sorgfalt gepflückt wur-

296

40 den, da war es braun und faulig geworden, sodass selbst Wespen und Fliegen, wenn sie ein bisschen probiert hatten, spottend weiterflogen.

Die Geschichte legte der Vater auf den Küchentisch, dann ging er auch zu Bett. Schlafen konnte er natürlich nicht. Er wusste auch nicht, ob er sich richtig verhalten hatte. Lange nach zwölf erst kam Christine. Sie hatte
45 Angst, dass der Vater schelten würde. Aber es gab keine Schelte. Nur die Geschichte fand sie auf dem Küchentisch. Sie las sie und verstand auch, denn mit siebzehn weiß man viel vom Leben, nur nicht aus Erfahrung. Lange überlegte Chris, dann klopfte sie leise an die Tür zum Elternschlafzimmer. „Schlaft ihr schon?" – „Nein", sagte der Vater. – „Ich wollte euch
50 nur noch vorm Schlafengehen sagen, dass ich euch lieb habe und dass ihr gar nicht holzig seid und dass ich sehr auf mich aufpassen werde", flüsterte Christine. Und nach einer Pause fügte sie hinzu: „Darf ich euch nächste Woche Peter vorstellen? Vielleicht mögt ihr ihn auch." – „Wir würden uns sehr freuen", sagte der Vater, „gute Nacht."

Aufgaben

1. Weisen Sie anhand von Textbeispielen nach, welches Verhältnis die Familienmitglieder untereinander haben.
2. Übersetzen Sie den Inhalt der Parabel und beschreiben Sie, was der Vater mit seinem Verhalten erreichen möchte.
3. Bilden Sie in Ihrer Klasse kleine Gruppen und diskutieren Sie folgende Aussage:
„Eltern können ihre Kinder nicht vor Fehlern und Enttäuschungen bewahren".

7 Literarische Texte verstehen und erfassen

7.1.6 Die Novelle – das Erzählen von einer „unerhörten Begebenheit"

GIOVANNI BOCCACCIO (1313–1375)
aus: Das Dekameron

Das Dekameron:
(entstanden 1348–53) eine Sammlung von 100 Novellen, in denen alte Fabel- und Märchenmotive dargeboten werden. Sieben Damen und drei Herren der Rahmenerzählung haben sich zur Zeit der großen Pest von 1348 auf ein Landgut bei Florenz zurückgezogen und erzählen diese Novellen an zehn Tagen. Sie erörtern die Frage der Liebesmoral, die das übergeordnete Thema aller Novellen dieser Sammlung ist.

Friedrich degli Alberighi verschwendet wegen einer unerhörten Liebe sein Vermögen bis auf einen Falken, den er, aus Mangel an etwas anderem, seiner Geliebten bei einem Besuche zu essen gibt. Dies ändert ihren Sinn, dass sie ihn heiratet und ihm wieder zu Vermögen hilft.

1 Der junge Florentiner Friedrich degli Alberighi, der in Waffenübungen und Artigkeit alle jungen Florentiner übertraf, verliebte sich in eine verheiratete Dame, Johanna genannt, welche damals für eine der Schönsten und Artigsten in Florenz galt. Ihr zu Gefallen stellte er Tur-
5 niere, Waffenübungen und Lustbarkeiten an, machte Geschenke und trieb unmäßigen Aufwand. Aber sie war ebenso tugendhaft als schön und achtete weder die ihrethalben gemachten Anstalten noch den Urheber derselben.
Verschwendung ohne Erwerb ließ natürlicherweise die Reichtümer
10 des Friedrich so hinschmelzen, dass er nichts als ein kleines Gütchen, von dem er kümmerlich leben konnte, und einen der vortrefflichsten Falken übrig behielt. Doch blieb er standhaft in seiner Liebe. Weil er aber einen längern, seinen Wünschen gemäßen Aufenthalt in der Stadt unmöglich fand, ging er auf sein Landgut, vertrieb sich die Zeit mit
15 Jagen und trug sein Schicksal mit Geduld.
Als Friedrich seinem Untergange bereits nahe war, erkrankte Johannas Gemahl, vermachte vor seinem Ende sein ansehnliches Vermögen durch ein Testament seinem bereits erwachsenen Sohne, bei dessen Ableben ohne rechtmäßige Erben aber seiner äußerst geliebten Johan-
20 na, und starb.

7.1 Dichterische Werke verstehen – die Textinterpretation

Diese ging, nach der üblichen Gewohnheit, das Trauerjahr mit ihrem Sohne auf ein Friedrich nahe gelegenes Landgut. Hier machte der Jüngling Bekanntschaft mit ihm, und da er an Vögeln und Hunden ein Vergnügen fand, gefiel ihm der Falke des Friedrich, den er einige Mal
25 fliegen sah, dergestalt, dass er ihn sehnlichst zu besitzen wünschte. Doch wagte er's nicht, ihn darum zu bitten, weil er sah, dass Friedrich ihn selbst sehr liebte, und fiel darüber in eine Krankheit.

Die Mutter, deren einziges Kind er war und die ihn sehr liebte, war deshalb äußerst betrübt, wich fast den ganzen Tag nicht von seiner
30 Seite, tröstete ihn unaufhörlich und bat ihn zu sagen, was er begehre; sie versprach, alles Mögliche zu dessen Erlangung beizutragen.

„Liebe Mutter", sagte er endlich, „wenn Ihr mir den Falken des Friedrich verschaffen könntet, hoffe ich augenblicklich gesund zu werden."

Die Dame war über dies Verlangen nicht wenig betreten. Friedrichs
35 Liebe, von ihr mit keinem Blick erwidert, war ihr bekannt. „Wie soll ich von ihm", sprach sie bei sich selbst, „einen der vortrefflichsten Falken, der ihm noch dazu seinen Unterhalt erwerben muss, verlangen? Sollte ich mich so vergessen, einem Kavalier, dem weiter nichts übrig geblieben ist, auch dieses noch zu rauben?" Vertieft in solche
40 Gedanken, jedoch überzeugt, dass sie ihn, wenn sie ihn fordere, auch erhielt, wusste sie ihrem Sohne keine Antwort zu geben und schwieg daher.

Doch siegte endlich die mütterliche Liebe, und sie beschloss, zu ihres Sohnes Beruhigung, nach dem Falken nicht zu schicken, sondern
45 selbst zu gehn. „Mein Sohn", antwortete sie, „sei nur ruhig und denke an deine Genesung. Meine erste morgige Beschäftigung soll sein, dir den Falken zu holen." Worüber der Jüngling freudig noch denselben Tag einige Besserung zu verspüren glaubte.

Am folgenden Morgen spazierte die Dame mit einer Begleiterin zu
50 dem Landhäuschen des Friedrich und ließ ihn rufen. Gerade war er eben diese Tage über nicht auf den Vogelfang gegangen, sondern ließ in seinem Garten arbeiten. Voll Verwunderung eilt er daher an die Türe, als er hörte, dass Johanna ihn sprechen wollte.

Sie ging ihm, als sie ihn kommen sah, mit aller weiblichen Liebens-
55 würdigkeit entgegen. „Guten Tag, Friedrich", sprach sie, nachdem er sie aufs Ehrerbietigste begrüßt hatte, „ich komme, dich des Verlustes wegen zu entschädigen, den du wegen deiner unstatthaften Liebe zu mir erlitten hast, und der Ersatz soll darin bestehn, dass ich mit meiner Gefährtin ein freundschaftliches Frühstück bei dir einnehmen will."

60 „Ich erinnere mich", entgegnete Friedrich mit Achtung, „keines Verlusts durch Euch, wohl aber so viel des Guten, dass mein ganzer Wert auf Euren Vollkommenheiten und meiner Liebe zu Euch gegründet ist. Dieser gütige Zuspruch ist mir daher wahrhaftig schätzbarer, als es die

Giovanni Boccaccio:
wahrscheinlich 1313 in Florenz oder Certaldo (bei Florenz) geboren. Er war der uneheliche Sohn eines florentinischen Kaufmanns, die Familie stammte aus Certaldo. 1327 kam er nach Neapel, um Kaufmann zu werden. Er wandte sich jedoch bald dem Studium zu: zunächst dem Recht, dann alten Sprachen.
Zwischen 1339 und 1341 kehrte er nach Florenz zurück. Die Vaterstadt übertrug ihm Ämter und Gesandtschaften. Er veranlasste die erste Übersetzung Homers ins Lateinische. Mit seinem Hauptwerk „Das Dekameron" erlangte Boccaccio Weltruhm. Er starb am 21.12.1375 in Certaldo.

Rückgabe meines verschwendeten Vermögens wäre. „Nur werde ich Euch schlecht bewirten können." Darauf führte er sie beschämt durch
65 sein Häuschen in den Garten. „Ich habe niemand", sprach er, „der Euch Gesellschaft leisten könnte, sucht Euch daher mit dieser ehrlichen Arbeitsfrau zu unterhalten, bis ich für das Essen gesorgt haben werde."

70 Noch nie hatte er die Größe seiner Armut und den Mangel, worein er durch seine Verschwendung geraten war, so gefühlt als jetzt, da er nichts fand, es der Dame vorzusetzen, um derentwillen er sonst die zahlreichsten Gesellschaften bewirtet hatte. In der Angst lief er, einem Unsinnigen gleich, aus einem Winkel in den andern, fand aber weder
75 Geld noch Geldeswert und wollte doch, so hoch es auch bereits an der Zeit war, der Dame wenigstens etwas vorzusetzen, keinem einzigen, weder seinem Arbeitsmanne noch sonst jemand sich entdecken.
Im Vorübergehn fiel ihm sein schöner Falke im Saale in die Augen. Da er sich weiter nicht zu helfen wusste und ihn fett fand, hielt er ihn
80 für ein dieser Dame würdiges Gericht und drehte ihm, ohne sich lange zu besinnen, den Hals um, ließ ihn durch ein Mädchen rupfen, an den Spieß stecken und braten. Nachdem er den Tisch mit dem besten Tuche gedeckt hatte, das er noch besaß, kehrte er mit heitrer Miene wieder zur Dame zurück und meldete ihr, dass alles, was er ihr vorset-
85 zen könne, zubereitet sei.
Sie setzte sich daher mit ihrer Gesellschafterin zu Tische und verzehrte den guten Falken, ohne zu wissen, was es sei, in Friedrichs Gegenwart, der sie mit der größten Sorgfalt bediente. Als sie nach dem Mahle sich ein wenig unterhalten hatten, schien es ihr an der Zeit, die
90 Absicht ihres Kommens zu enthüllen.
„Friedrich", fing sie gefällig an, „bei dem Andenken an dein voriges Leben und an meine Ehre, die du vielleicht für Härte und Sprödigkeit hieltest, wirst du dich ohne Zweifel über meine Zumutung wundern, wenn du die Hauptabsicht meines Kommens hörst. Hättest du
95 aber Kinder und die Gewalt der Liebe zu ihnen gefühlt, so würdest du mich, glaube ich gewiss, entschuldigen. Ich wenigstens kann den natürlichen Muttertrieben nicht widerstehen. Sie nötigen mich, wider meinen Willen und wider alle Schicklichkeit und Billigkeit, mir eine Sache bei dir auszubitten, die du mit Recht ungemein wert hältst, da
100 das grausame Schicksal dir weiter kein Vergnügen, keinen Zeitvertreib und Trost übrig gelassen hat – deinen Falken. Mein Sohn ist dergestalt von ihm eingenommen, dass ich fürchte, bringe ich ihm diesen nicht, dass seine Krankheit sich verschlimmern wird. Ich beschwöre dich daher, nicht bei deiner Liebe zu mir, die dich zu nichts verbindet,
105 sondern bei deiner Großmut, die du in so vielen edlen Handlungen

7.1 Dichterische Werke verstehen – die Textinterpretation

bereits gezeigt hast, mir ihn gütigst zu verehren, damit ich diesem Geschenke und dir das Leben meines Sohnes verdanken könne."

Friedrich, der die Unmöglichkeit sah, ihre Bitte zu gewähren, konnte vor Tränen kein Wort auf ihren Antrag erwidern. Die Dame, welche
110 dies seinem Schmerze über den Verlust des Falken zuschrieb, wollte daher ihr Verlangen bereits wieder zurücknehmen, als Friedrich antwortete:

„Alle Widerwärtigkeiten und aller Kummer, welche das Schicksal mir zugefügt haben, sind gering gegen mein heutiges Unglück. Dies kann
115 ich ihm nie vergeben, weil es mich in den Zustand setzt, Euch ein so geringes Geschenk abschlagen zu müssen, um dessentwillen Ihr selbst, was Ihr nie meinem Wohlstande gewährtet, meine schlechte Hütte eines Besuchs würdigt. Die Ursache will ich Euch kurz sagen. Als ich Euer Verlangen, bei mir zu frühstücken, für das ich dankbar
120 bin, vernahm, glaubte ich im Bedenken Eurer Vollkommenheit und Vorzüge Euch billig auch nach meinem Vermögen mit einer kostbareren Speise als gewöhnlich bewirten zu müssen. Mir fiel der verlangte Falke und dessen Vortrefflichkeit ein. Ich hielt ihn für ein Euer würdiges Gericht und setzte ihn Euch gebraten auf einem erborgten Teller
125 vor.

Mein Schmerz, zu sehn, dass Ihr ihn auf eine andre Art verlangtet und ich Euch nun damit nicht dienen kann, ist so groß, dass ich mich nie deswegen zufrieden geben werde." Zum Beweis zeigte er ihr Federn, Füße und Schnabel des Falken.
130 Zwar machte ihm die Dame, als sie dies hörte, Vorwürfe, zur Bewirtung einer Frau einen solchen Falken geschlachtet zu haben; doch musste sie bei sich selbst die Größe seines von der Armut nicht erniedrigten Geistes loben. Da sie keine Hoffnung weiter sah, den Falken zu erringen, dankte sie, besorgt um die Gesundheit ihres Sohnes,
135 Friedrich für die ihr erwiesene Ehre und für seinen guten Willen und kehrte nach Hause zurück. Wenige Tage darauf verschied der Sohn, entweder aus Schwermut über den Falken oder aus Schwäche, zum größten Leidwesen der Mutter.

Als sie eine Zeit lang in Tränen und Kummer zugebracht hatte, ver-
140 langten ihre Brüder, sie sollte, weil sie reich und noch jung wäre, sich wieder verheiraten, und sie musste, ob sie gleich keine Lust dazu hatte, endlich nachgeben.

Eingedenk der Verdienste Friedrichs und seiner letzten Großmut, da er ihr seinen besten Falken aufgeopfert hatte, antwortete sie ihren Brü-
145 dern: „Ich wünschte mit eurer Erlaubnis lieber unverheiratet bleiben zu können, da ihr aber auf eine anderweitige Verbindung drängt, so werde ich keinen andern als Friedrich degli Alberighi zum Mann nehmen."

7 Literarische Texte verstehen und erfassen

„Närrin", entgegneten spottend die Brüder, „was willst du mit ihm anfangen? Er hat keinerlei Vermögen."

150 „Ihr habt Recht, meine Brüder", entgegnete sie, „aber ich ziehe einen Mann ohne Vermögen Reichtümern vor, die eines Mannes bedürfen."

Da überließen die Brüder, welche Friedrichs Verdienste kannten, ihm, seiner Armut ungeachtet, die Dame mit allen Reichtümern und er be-
155 schloss im Besitze einer so schönen, von ihm so geliebten und noch dazu reichen Person freudig sein Leben.

Flagellanten:
auch: Geißler, Geißelbrüder, Flegler, Kreuzbrüder.
Christliche Laien des späten Mittelalters, die in Stadt und Land umherzogen und sich bei entblößtem Oberkörper öffentlich selbst geißelten.
Sie wollten durch diese Geißelung auf gewaltsame Weise Befreiung von der Sünde erreichen. Die Bewegung der Flagellanten hatte ihren Höhepunkt in den Pestjahren 1348 und 1349 n. Chr. und artete in der Folgezeit derat aus, dass die Kirche die Geißelfahrten verbot. Zu einem letzten Aufflackern der öffentlichen Geißelung kam es zur Zeit der Gegenreformation, die ihren Höhepunkt um 1629 n. Chr. erreichte.
Die Flagellanten waren eine Erscheinung, die zeitgleich zur Erzählung des Dekameron auftraten.

Aufgabe

1. Interpretieren Sie die Falkennovelle von Boccaccio. Beachten Sie dabei die folgenden aufgeführten Aspekte:

Einleitung:
- der Autor, seine Zeit, seine Literatur, Textsorte, Thema des Textes

Hauptteil:
- Inhaltsangabe (die handelnden Personen, ihre Lebensprobleme und Verhaltensweisen, die Beziehungen der Figuren zueinander)
- Erzähltechnik, Handlungsführung, Spannungsverlauf
- sprachliche Besonderheiten des Textes (Satzbau, Wortwahl, rhetorische Figuren)
- Gesamtbewertung des Textes

Schluss:
- knappe Zusammenfassung der Ergebnisse
- Bedeutung des Textes
- Intention des Autors

Hilfsfragen zu einzelnen Aspekten des Textes:
- Welche „unerwartete Wendung" unterbricht das Handlungsgeschehen?
- Welches „merkwürdige Ereignis" wird zur „unerhörten Begebenheit"?
- Welches „Dingsymbol" stellt die Verbindung zwischen der „ursprünglichen Handlung" und der „unerhörten Begebenheit" her?

Eine Textinterpretation ist mit einer Rose vergleichbar!

*„ ... eine Rose ist schön im Ganzen,
aber auch jedes ihrer Blätter ist schön... "*

Bertolt Brecht

7 Literarische Texte verstehen und erfassen

Cornelia Funke:
in Dorsten (Nordrhein-Westfalen) geboren, ist eine erfolgreiche Kinder- und Jugendbuchautorin. Die Diplompädagogin studierte Buchillustration und kam durch diese Arbeit selbst zum Schreiben.

Tintenherz erschien 2003. Das Buch schaffte den Sprung auf die Bestsellerlisten und wurde in 23 Sprachen übersetzt. 2005 folgte der zweite Teil *Tintenblut* und der dritte Roman *Tintentod* erschien am 28. September 2007.

Im Mittelpunkt der **Romanhandlung** *Tintenherz* steht der Buchbinder Mortimer Folchart, genannt Mo, und seine zwölfjährige Tochter Meggie. Mo hat eine rätselhafte Begabung: Er kann mit seiner begnadeten Stimme Figuren aus Büchern herauslesen. Als er vor vielen Jahren seiner Frau Resa aus dem Buch *Tintenherz* vorlas, erschienen in der realen Welt der Verbrecher Capricorn sowie weitere rätselhafte Figuren. Im Gegenzug verschwand seine Frau im Buch. Seitdem hütet Mo das Buch, um nicht noch mehr Unheil anzurichten. Jahre später kommt ein fremder Mann zu Mo, um ihn vor Capricorn zu warnen.

Tintenherz (Auszug)

Cornelia Funke (*1958)

Ein Fremder in der Nacht

1 Es fiel Regen in jener Nacht, ein feiner, wispernder Regen. Noch viele Jahre später musste Meggie bloß die Augen schließen und schon hörte sie ihn, wie winzige Finger, die gegen die Scheibe klopften. Irgendwo in der Dunkelheit bellte ein Hund, und Meggie konnte nicht schlafen, so oft sie sich auch von
5 einer Seite auf die andere drehte.
   Unter ihrem Kissen lag das Buch, in dem sie gelesen hatte. Es drückte den Einband gegen ihr Ohr, als wollte es sie wieder zwischen seine bedruckten Seiten locken. „Oh, das ist bestimmt sehr bequem, so ein eckiges, hartes Ding unterm Kopf", hatte ihr Vater gesagt, als er zum ersten Mal ein Buch unter
10 ihrem Kissen entdeckte. „Gib zu, es flüstert dir nachts seine Geschichte ins Ohr." – „Manchmal!", hatte Meggie geantwortet. „Aber es funktioniert nur bei Kindern." Dafür hatte Mo sie in die Nase gezwickt. Mo. Meggie hatte ihren Vater noch nie anders genannt.
   In jener Nacht – mit der so vieles begann und so vieles sich für alle Zeit änderte
15 – lag eins von Meggies Lieblingsbüchern unter ihrem Kissen, und als der Regen sie nicht schlafen ließ, setzte sie sich auf, rieb sich die Müdigkeit aus den Augen und zog das Buch unter dem Kissen hervor. Die Seiten raschelten verheißungsvoll, als sie es aufschlug. Meggie fand, dass dieses erste Flüstern bei jedem Buch etwas anders klang, je nachdem, ob sie schon wusste, was es ihr erzählen
20 würde, oder nicht. Aber jetzt musste erst einmal Licht her. In der Schublade ihres Nachttisches hatte sie eine Schachtel Streichhölzer versteckt. Mo hatte ihr verboten, nachts Kerzen anzuzünden. Er mochte kein Feuer. „Feuer frisst Bücher", sagte er immer, aber schließlich war sie zwölf Jahre alt und konnte auf ein paar Kerzenflammen aufpassen. Meggie liebte es, bei Kerzenlicht zu lesen.
25 Drei Windlichter und drei Leuchter hatte sie auf dem Fensterbrett stehen. Sie hielt das brennende Streichholz gerade an einen der schwarzen Dochte, als sie draußen die Schritte hörte. Erschrocken pustete sie das Streichholz aus – wie genau sie sich viele Jahre später noch daran erinnerte! –, kniete sich vor das regennasse Fenster und blickte hinaus. Und da sah sie ihn.
30 Die Dunkelheit war blass vom Regen und der Fremde war kaum mehr als ein Schatten. Nur sein Gesicht leuchtete zu Meggie herüber. Das Haar klebte ihm auf der nassen Stirn. Der Regen triefte auf ihn herab, aber er beachtete ihn nicht. Reglos stand er da, die Arme um die Brust geschlungen, als wollte er sich wenigstens auf diese Weise etwas wärmen. So starrte er zu ihrem Haus herüber.
35
   Ich muss Mo wecken!, dachte Meggie. Aber sie blieb sitzen, mit klopfendem Herzen, und starrte weiter hinaus in die Nacht, als hätte der Fremde sie angesteckt mit seiner Reglosigkeit. Plötzlich drehte er den Kopf und Meggie schien es, als blickte er ihr direkt in die Augen. Sie rutschte so hastig aus dem Bett,
40 dass das aufgeschlagene Buch zu Boden fiel. Barfuß lief sie los, hinaus auf den dunklen Flur. In dem alten Haus war es kühl, obwohl es schon Ende Mai war. In Mos Zimmer brannte noch Licht. Er war oft bis tief in die Nacht wach und las. Die Bücherleidenschaft hatte Meggie von ihm geerbt.
   Wenn sie sich nach einem schlimmen Traum zu ihm flüchtete, ließ sie nichts
45 besser einschlafen als Mos ruhiger Atem neben sich und das Umblättern der Seiten.

304

7.1 Dichterische Werke verstehen – die Textinterpretation

Nichts verscheuchte böse Träume schneller als das Rascheln von bedrucktem Papier. Aber die Gestalt vor dem Haus war kein Traum.

50 Das Buch, in dem Mo in dieser Nacht las, hatte einen Einband aus blassblauem Leinen. Auch daran erinnerte Meggie sich später. Was für unwichtige Dinge im Gedächtnis kleben bleiben!

„Mo, auf dem Hof steht jemand!"

55 Ihr Vater hob den Kopf und blickte sie abwesend an, wie immer, wenn sie ihn beim Lesen unterbrach. Es dauerte jedes Mal ein paar Augenblicke, bis er zurückfand aus der anderen Welt, aus dem Labyrinth der Buchstaben.

60 „Da steht einer? Bist du sicher?"

„Ja. Er starrt unser Haus an."

Mo legte das Buch weg. „Was hast du vorm Schlafen gelesen? Dr. Jekyll und Mr Hyde?"

Meggie runzelte die Stirn. „Bitte, Mo! Komm mit."

65 Er glaubte ihr nicht, aber er folgte ihr. Meggie zerrte ihn so ungeduldig hinter sich her, dass er sich auf dem Flur die Zehen an einem Stapel Bücher stieß. Woran auch sonst? Überall in ihrem Haus stapelten sich Bücher. Sie standen nicht nur in Regalen wie bei anderen

70 Leuten, nein, bei ihnen stapelten sie sich unter den Tischen, auf Stühlen, in den Zimmerecken. Es gab sie in der Küche und auf dem Klo, auf dem Fernseher und im Kleiderschrank, kleine Stapel, hohe Stapel, dicke, dünne, alte, neue ... Bücher. Sie empfingen Meggie mit

75 einladend aufgeschlagenen Seiten auf dem Frühstückstisch, trieben grauen Tagen die Langeweile aus - und manchmal stolperte man über sie.

„Er steht einfach nur da!", flüsterte Meggie, während sie Mo in ihr Zimmer zog.

80 „Hat er ein Pelzgesicht? Dann könnte es ein Werwolf sein."

„Hör auf!" Meggie sah ihn streng an, obwohl seine Scherze ihre Angst vertrieben. Fast glaubte sie schon selbst nicht mehr an die Gestalt im Regen ... bis sie

85 wieder vor ihrem Fenster kniete. „Da! Siehst du ihn?", flüsterte sie.

Mo blickte hinaus, durch die immer noch rinnenden Regentropfen, und sagte nichts.

„Hast du nicht geschworen, zu uns kommt nie ein
90 Einbrecher, weil es nichts zu stehlen gibt?", flüsterte Meggie.

„Das ist kein Einbrecher", antwortete Mo, aber sein Gesicht war so ernst, als er vom Fenster zurücktrat, dass Meggies Herz nur noch schneller klopfte. „Geh ins
95 Bett, Meggie", sagte er. „Der Besuch ist für mich."

Und dann war er auch schon aus dem Zimmer – bevor Meggie ihn fragen konnte, was das, um alles in der Welt, für ein Besuch sein sollte, der mitten in der Nacht erschien. Beunruhigt lief sie ihm nach; auf dem
100 Flur hörte sie, wie er die Kette vor der Haustür löste, und als sie in die Eingangsdiele kam, sah sie ihren Vater in der offenen Tür stehen.

Die Nacht drang herein, dunkel und feucht, und das Rauschen des Regens klang bedrohlich laut. „Staubfin-
105 ger!", rief Mo in die Dunkelheit. „Bist du das?" […]

Zuerst blieb es still draußen. Nur der Regen fiel, wispernd und flüsternd, als habe die Nacht plötzlich eine Stimme bekommen. Doch dann näherten sich Schritte dem Haus, und aus der Dunkelheit tauchte ein Mann
110 auf, der auf dem Hof gestanden hatte. Der lange Mantel, den er trug, klebte ihm an den Beinen, nass vom Regen, und als der Fremde in das Licht trat, das aus dem Haus nach draußen leckte, glaubte Meggie für den Bruchteil eines Augenblicks, einen kleinen pelzigen
115 Kopf über seiner Schulter zu sehen, der sich schnüffelnd aus seinem Rucksack schob und dann hastig wieder darin verschwand. Staubfinger fuhr sich mit dem Ärmel über das feuchte Gesicht und streckte Mo die Hand hin. […] Staubfinger strich sich das tropfnasse
120 Haar aus der Stirn. Es reichte ihm fast bis zur Schulter. Meggie fragte sich, welche Farbe es wohl hatte, wenn es trocken war. Die Bartstoppeln um den schmalzlippigen Mund waren rötlich wie das Fell der streunenden Katze, der Meggie manchmal ein Schälchen Milch vor
125 die Tür stellte. Auch auf seinen Backen sprossen sie, spärlich wie der erste Bart eines jungen Mannes. Die Narben konnten sie nicht verdecken, drei lange blasse Narben. Sie ließen Staubfingers Gesicht aussehen, als wäre es irgendwann zerbrochen und wieder zusam-
130 mengesetzt worden. […]

■ Aufgaben

1. Beschreiben Sie, welche Gefühle bei Meggie sichtbar werden.

2. Charakterisieren Sie Staubfinger. Belegen Sie Ihre Ausführungen mit entsprechenden Textstellen.

3. „Im Zeitalter des Internet wird natürlich auch darüber diskutiert, ob das Buch als Medium heute überhaupt noch zeitgemäß ist – wäre es vielleicht praktischer, alle Texte zu digitalisieren und in Online-Bibliotheken zu verwalten? Dann würde man sich beispielsweise große Lagerräume und den Weg zur Bibliothek sparen, […]" (Theater Erlangen, Interview mit C. Funke, Dezember 2007)
Ist das Buch als Medium heute überhaupt noch zeitgemäß? – Welche Meinung vertreten Sie?

7 Literarische Texte verstehen und erfassen

Doris Dörrie:
in Hannover geboren. Sie ist Regisseurin, Autorin und Produzentin und lebt heute in München.
1973 zweijähriger Aufenthalt in den USA: Schauspiel- und Filmstudium am Drama Department der University of the Pacific in Stockton (Kalifornien). Studium an der New School of Social Research in New York. Nebenjobs in Cafés und als Filmvorführerin im Goethe-House New York. In Deutschland beginnt sie 1975 das Studium an der Hochschule für Fernsehen und Film in München und schreibt Filmkritiken für die Süddeutsche Zeitung. Anschließend dreht Dörrie kleinere Dokumentarfilme.
Es folgen Kinofilme, Kurzgeschichten und Romane. Zu ihren bekanntesten Werken gehören unter anderem die Komödie *Männer, Keiner liebt mich, Nackt, Der Fischer und seine Frau*.

Das blaue Kleid (Auszug)
Doris Dörrie (*1955)

Zum Buch: Ein Modeschöpfer möchte für seinen verstorbenen Partner eine Gedächtnismodenschau mit den gelungensten Stücken aus jeder Kollektion organisieren. Auf der Suche nach einem blauen Kleid stößt er auf Babette, die dieses Kleid im Frühling 2000 gekauft hatte. Sie erzählt aus ihrem Leben:

1 Zum Jahreswechsel wollten wir in die Ferne. Weit, weit weg. So weit, wie wir noch nie gefahren waren. Ich glaube, es war meine Idee. Ich kann mich nicht mehr genau erinnern, denn wenn es wirklich meine war, könnte ich es nicht ertragen.
5 Sag irgendeinen Ort, forderte Fritz mich auf. Wir saßen im Wohnzimmer, es regnete, im Fernsehen lief ein schrecklich schön schlechter Film, den ich gern sehen wollte. Bali, stieß ich hervor, um die Diskussion schnell zu beenden. Ich weiß nicht, warum mir ausgerechnet dieses Wort durch den Kopf geschossen ist.
10 Ich mochte den Klang, vielleicht war es das. Nur der Klang eines Wortes. Bali, wiederholte Fritz langsam und dann schwieg er, und wir sahen jeden Abend in den Fernseher wie aus dem Fenster und hatten ein verschwommen schlechtes Gewissen, weil wir nicht mehr aus unserem Leben machten.
15 Aber was wäre „mehr" gewesen? Kinder. Klar. Das hatten wir lange genug erfolglos versucht, und es tat uns nicht Leid genug, um komplizierte Anstrengungen zu unternehmen. Insgeheim hatten wir uns damit abgefunden und beschlossen, mit unserem Leben, so wie es war, zurechtzukommen, mit Anstand älter zu werden, uns nicht zu beschwe-
20 ren und nicht bitter zu werden.
Trotzdem hab ich mich oft beklagt über unser ereignisloses Leben und manchmal klang ich in meinen eigenen Ohren beleidigt und enttäuscht, aber ich hätte gar nicht genau sagen können, was mich enttäuschte. Das war es ja gerade. Ich wusste es nicht.
25 Damals habe ich Geschenkpapier entworfen, und was einmal als Laune begonnen hatte, war zu einem zwar einträglichen, aber unbefriedigenden Geschäft geworden, denn eigentlich hab ich Textildesignerin gelernt.
Fritz hat mich immer wieder gefragt, was zum Teufel denn der gro-
30 ße Unterschied sei, ob ich jetzt Bettwäsche oder Geschenkpapier entwerfe. Aber es machte für mich einen Unterschied. Unter Bettwäsche lieben sich Erwachsene und träumen Kinder, aber was geschieht mit Geschenkpapier? Während ich mit Hingabe Eisbärenbabys auf Eisschollen und Osterhasen zwischen bunten Tulpen zeichnete, sah ich

35 bereits, wie sie ungeduldig vom Beschenkten zerrissen und achtlos zusammengeknüllt in die Papierkörbe geworfen wurden. Meine Arbeit war nichts weiter als ein idiotisches Produkt der Wegwerfgesellschaft. Es gibt nichts Unnützeres als Geschenkpapier.

Fritz hatte es über die Jahre aufgegeben, mich zu trösten. Nicht, dass
40 sein Beruf sehr viel sinnvoller war: Er war Controller in einer Firma, die Ventile herstellte, aber es machte ihm nichts aus. Es deprimierte ihn nicht, was ich wiederum deprimierend fand.

O Gott! rief ich dann, wie kannst du nur so abgestumpft sein! Unser Leben geht vorbei und wir machen Ventile und Geschenkpapier!
45 Andere machen Schlimmeres, hat er dann immer gesagt, und wenn ich in meiner Wut zu weit ging, lief er aus dem Haus und betrank sich. Wenn er zurückkam, war meine Sinnkrise meist verraucht. Ich mochte ihn, wenn er betrunken war, weil er dann ein bisschen unberechenbar und wild wurde, für seine Verhältnisse wenigstens. Einmal hat er eine
50 Vase an die Wand geworfen und ein anderes Mal mir sogar den Pulli zerrissen.

Ich sah den ganzen Tag kaum jemanden außer Fritz. Mein Leben bewegte sich zwischen Küche, Zeichentisch und Wohnzimmer. Einmal am Tag ging ich in den Supermarkt an der nächsten Ecke, am Mittwoch-
55 abend besuchte ich einen Computerkurs, um in Zukunft meine Entwürfe am Computer machen zu können, obwohl ich meine Stifte, das Kleben und Schneiden liebte – es erinnerte mich an den Kindergarten.

Ich ging jeden Tag spielen, so nannte ich es, wenn ich gut gelaunt war und nicht die große Sinnfrage stellte. Fritz musste zur Arbeit gehen, sich
60 korrekt anziehen und jeden Morgen der Welt gegenübertreten, während ich mich im Morgenmantel an den Zeichentisch setzte und spielte.

Über die Jahre bekam ich Angst vor der Welt da draußen. Sie war anstrengend und feindselig, freiwillig ging ich nicht mehr vor die Tür. Fritz zwang mich hinaus. Ins Kino, wonach wir uns meistens stritten,
65 oder in ein Konzert, wo er regelmäßig Hustenanfälle bekam. Wenigstens einmal im Jahr fuhren wir in Urlaub. Nach Spanien oder Italien, nach Frankreich und Irland. Und Weihnachten immer zum Skilaufen in die Dolomiten.

Warum hab ich Bali gesagt? Vier Buchstaben. Weihnachten ausnahms-
70 weise nicht in den Schnee zu fahren, sondern in die Sonne, das war vielleicht seine Idee gewesen. Aber Bali war meine. Daran lässt sich nie mehr etwas ändern.

Bali:
eine seit 1949 zu Indonesien gehörende Insel. Sie bildet die gleichnamige Provinz dieses Staates. Ihre Fläche beträgt 5 561 km². Auf Bali leben ungefähr 3 Millionen Einwohner. Die Hauptstadt ist Denpasar.
Bali ist die am häufigsten besuchte Touristeninsel Indonesiens. Die Insel deckt wesentliche Teile ihres Haushalts mit Mitteln aus dem Fremdenverkehr. Heute kommen etwa 4 Millionen Besucher jährlich, um die zahlreichen kulturellen Veranstaltungen wahrzunehmen.

Aufgaben

1. Fassen Sie die äußere Handlung des Textauszugs kurz zusammen.
2. a) Charakterisieren und vergleichen Sie die unterschiedlichen Lebensauffassungen von Babette und Fritz. Belegen Sie Ihre Aussagen am Text.
   b) Setzen Sie sich kritisch mit beiden Haltungen auseinander.

7 Literarische Texte verstehen und erfassen

7.1.7 Das geschlossene Drama

„Nathan der Weise" (1779) von Gotthold Ephraim Lessing.
Hinweis: Für die Bearbeitung der Aufgaben müssen Sie das Werk lesen bzw. gelesen haben.

G. E. Lessing arbeitete nicht nur als Dichter und Dramatiker, sondern er war auch als Literaturkritiker sehr produktiv. Zwei wesentliche Ereignisse in den letzten zehn Jahren seines Lebens hatten auf die Entstehung des „Nathan" wesentlichen Einfluss. Zum einen die beruflichen Probleme im Zusammenhang mit dem „Fragmentenstreit", zum anderen der Tod seiner Frau und seines ersten Sohnes. Beide starben kurz nach der Geburt des Kindes. Diese familiäre Tragödie hat Lessing tief erschüttert.

So schreibt er an einen Freund am 31.12.1777:

Gotthold Ephraim Lessing:
1729 als Sohn eines Pfarrers in Kamenz geboren, zählt er zu den wichtigsten Vertretern der deutschen Literatur des 18. Jahrhunderts. Sein unermüdlicher Kampf galt der bürgerlichen Emanzipation gegenüber dem Adel. Die Ideale der Aufklärung prägten sein Werk. In den Jahren 1746–1752 widmete er sich in Leipzig, Berlin und Wittenberg dem Studium der Theologie. 1767 war er als Dramaturg am Hamburger Nationaltheater tätig. 1776 heiratete er seine langjährige Freundin Eva König. Ende Dezember 1777 starb sein neugeborener Sohn, wenige Tage später seine Ehefrau. 1781 starb Lessing in Braunschweig (siehe auch Seite 282).

> Mein lieber Eschenburg,
> 1 ich ergreife den Augenblick, da meine Frau ganz ohne Besonnenheit liegt, um Ihnen für Ihren gütigen Anteil zu danken. Meine Freude war nur kurz: Und ich verlor ihn nur ungern, diesen Sohn! Denn er hatte so viel Verstand! So viel Verstand! – Glauben Sie nicht, dass die wenigen Stunden meiner Va-
> 5 terschaft mich schon zu so einem Affen von Vater gemacht haben! Ich weiß, was ich sage. – War es nicht Verstand, dass man ihn mit eisern Zangen auf die Welt ziehen musste? Dass er so bald Unrat merkte? – War es nicht Verstand, dass er die erste Gelegenheit ergriff, sich wieder davon zu machen? – Freilich zerrt mir der kleine Ruschelkopf auch die Mutter mit fort! Denn
> 10 noch ist wenig Hoffnung, dass ich sie behalten werde. – Ich wollte es auch einmal so gut haben, wie andere Menschen. Aber es ist mir schlecht bekommen.
> Lessing

Fragmentenstreit:
Lessing veröffentlichte Teile einer theologischen Schrift des Gymnasialprofessors Reimarus nach dessen Tod. Da Lessing den Namen des Verfassers nicht preisgab, richtete sich die kirchliche Kritik an diesen „religionsfeindlichen" Schriften in aller Schärfe gegen Lessing.

Lessings „Nathan der Weise" kritisiert Intoleranz und religiösen Fanatismus.
Lessing selbst vertritt die optimistische Idee, dass, wenn viele einzelne Menschen umdächten und sich änderten, sich auch die Welt ändere. Diesen Weg der Veränderung zeigt Lessing an verschiedenen Figuren im Drama auf, die beispielsweise den Gesinnungswandel von Arroganz zu Bescheidenheit bzw. von Intoleranz zu Achtung und Respekt durchlaufen. Die Hauptfiguren, die einander am Ende des Dramas aufs Engste verbunden sind, stehen für die Möglichkeit einer besseren und friedlicheren Welt.

Erzählt wird die Geschichte des weisen Juden Nathan, der zur Zeit der Kreuzzüge in Jerusalem lebt. Ihm gelingt der Aufbau freundschaftlicher Beziehungen zu Christen und Moslems. So wird der Traum von einer großen Menschheitsfamilie für Lessing zumindest auf der Bühne verwirklicht.

7.1 Dichterische Werke verstehen – die Textinterpretation

Das Drama gliedert sich in Akte (oder in Aufzüge) und Szenen (oder Auftritte). Akte (Hauptteile) sind in Szenen untergliedert. Im klassischen Drama unterscheidet man fünf Akte, die eine bestimmte Funktion innerhalb des Dramas haben (siehe auch Seite 216):

1. Aufzug	2. Aufzug	3. Aufzug	4. Aufzug	5. Aufzug
Exposition (Einführung)	**steigende Handlung**	**Peripetie** (Wende)	**Retardation** (Verzögerung)	**Lösung**
Nathan ist von einer erfolgreichen Geschäftsreise nach Jerusalem zurückgekehrt. Er erfährt von Daja, dass sein Haus gebrannt hat und seine Tochter von einem „christlichen Ritter", dem Tempelherrn, gerettet worden sei. Recha, Nathans Tochter, glaubt, sie habe ein Engel aus dem brennenden Haus getragen. Nathan macht ihr behutsam klar, dass sie ihre Rettung einem sterblichen Menschen zu verdanken hat. Nathan will dem Tempelherrn danken, dieser reagiert auf die Einladung Nathans sehr unfreundlich, denn er hat Vorurteile gegenüber Juden.	Sultan Saladin befindet sich in einer finanziellen und politischen Misere. Er denkt an Nathan, der unermesslich reich, dabei aber tugendhaft, vorurteilslos und weise ist. Nathan sucht mit seiner Tochter den Tempelherrn auf. Er will sich bei ihm für die gute Tat erkenntlich zeigen. Der Tempelherr beleidigt Nathan mehrfach, aber seine antijüdischen Vorurteile werden als unberechtigt und intolerant entlarvt.	Recha empfindet für den Tempelherrn lediglich Dankbarkeit und Freundschaft. Höhepunkt des Dramas ist die Ringparabel. Auf die Frage von Saladin hin, welche Religion die richtige sei, erzählt Nathan eine Geschichte. Mit dieser kritisiert er den Absolutheitsanspruch der Religionen und fordert zu humanem Handeln auf. Der Tempelherr bittet Nathan, ihm Recha zur Frau zu geben. Nathan verhält sich reserviert. Von Daja erfährt der Tempelherr, dass Recha nicht Nathans leibliche Tochter ist, sondern eine Christin, die von Nathan als Pflegekind im jüdischen Glauben erzogen wurde.	Der Tempelherr sucht Rat beim Patriarchen. Dieser urteilt sehr schnell. Auf das Vergehen, ein Christenkind im jüdischen Glauben zu erziehen, steht die Todesstrafe. Der Tempelherr gibt den Namen von Nathan nicht preis. Saladin unterstützt die Heiratspläne des Tempelherrn. In einem Rückblick schildert Nathan die Ermordung seiner Familie und den Sachverhalt, der Nathan dazu veranlasst hat, Recha an Kindes statt zu erziehen.	Die Freundschaft mit Saladin und dem Tempelherrn setzt ein Zeichen friedlichen Miteinanders von Juden, Christen und Moslems. Der Tempelherr erkennt sein Fehlverhalten und reiht sich in den Kreis „aufgeklärter Menschen" ein. Nathan deckt die Verwandtschaftsverhältnisse auf.

Aufgaben

1. Ordnen Sie den Dialog zwischen Nathan und dem Tempelherrn (2. Aufzug, 5. Auftritt) in den Gesamtzusammenhang des Dramas ein. Wie erreicht es Nathan, dass der Tempelherr seine abweisende Haltung aufgibt? Charakterisieren Sie den Tempelherrn anhand weiterer Textstellen.

2. „Nathan der Weise" zählt zu den wirklich typischen Werken der Aufklärung. Weisen Sie folgende Grundsatzgedanken der Aufklärung (Ablehnung religiöser Schwärmerei, Kampf gegen Vorurteile, Kritik am Absolutheitsanspruch der Kirche, Freundschaft als Ideal der Aufklärung, tugendhafte Lebensführung) am Inhalt des Werkes nach und belegen Sie Ihre Ausführungen mit konkreten Textstellen.

3. Lessings Hoffnung bestand darin, dass die trennenden Schranken der Religion, der Rasse, der sozialen Schichtenzugehörigkeit sowie der geistigen Unterschiede in ferner Zukunft überwunden werden und die Menschen zu einer großen Familie zusammenwachsen werden. Wie schätzen Sie Lessings Toleranzforderung in unserer heutigen Zeit ein?

7.1.8 „So ein schräger Typ!" – die literarische Charakteristik

Einzelbeobachtungen...

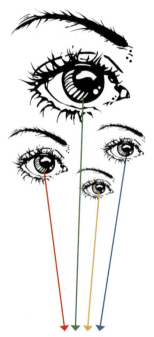

...liefern eine sichere Einschätzung/Charakteristik der Person in einem Schlagwort.

Immer dann, wenn man von jemandem Fremden angesprochen wird, versucht man, sich ein spontanes Bild von dieser Person zu machen. Dies tut man, um angemessen reagieren zu können, denn man weiß ja nicht, ob der fremde Mensch eine Bedrohung darstellt oder vielleicht nur um eine Auskunft bitten will.

Um dies in Erfahrung zu bringen, wird man versuchen, alle möglichen Informationen über die Person zu erhalten. Eine erste Orientierungshilfe bietet **das äußere Erscheinungsbild:** Wie sieht die Person aus, wie tritt sie auf und wie ist sie gekleidet?

Ein klares Bild erhält man dadurch allerdings nicht. Weiterhin können nun **Aussagen** der Person sowie ihr **Verhalten** in die Analyse einbezogen werden: Was sagt die Person, in welchem Tonfall spricht sie? Eventuell weiß jemand aus dem Umfeld etwas über die Person. **Aussagen und Einschätzungen anderer** können dann mit einbezogen werden. Mit jeder neuen Information wird so das Bild der betreffenden Person klarer. Unter Umständen muss sogar der anfängliche erste Eindruck korrigiert werden. Bei der Charakterisierung einer Person in einer literarischen Vorlage wird auf die gleiche Art und Weise vorgegangen.

① Vorgehensweise bei der Erarbeitung

Da ein Autor mit seinem Text eine ganz bestimmte Absicht verfolgt und die Gedanken des Lesers in eine bestimmte Richtung lenken möchte, stattet er die von ihm erfundenen Personen mit entsprechenden Eigenschaften aus. Zusätzlich hierzu haben die Personen aber auch noch eine spezifische **Funktion in der Handlung**. Oftmals nimmt ein Geschehen durch eine Person, die in ein bestehendes Ensemble eintritt, erst seinen Lauf. Oder es entsteht sogar eine Konfliktsituation, sodass eine bis zum Erscheinen der Person uninteressante Situation überhaupt erst so reizvoll bzw. interessant wird, dass man sie erzählt.

Um sich ein Bild von einer Person machen zu können, müssen somit zuerst alle möglichen Informationen gesammelt und am besten zugleich strukturiert werden. Dafür bietet sich als Verfahren die Erstellung einer Mindmap an – möglich ist aber auch die Auflistung in Form einer Tabelle.

Aus den Beobachtungen können dann einzelne Charaktermerkmale herausgearbeitet werden. Einige Interpretationsansätze wurden schon während der Stoffsammlung notiert (siehe Seite 58 f.). Es können und müssen nicht alle Beobachtungen in die Charakteristik eingehen.

Das folgende Beispiel bezieht sich auf die Romanfigur Alfred Loth im Drama „Vor Sonnenaufgang" von Gerhart Hauptmann. (Ullstein 23564)

▮ Hinweis
Zur Erstellung und Handhabung einer Mindmap siehe Seite 99.

7.1 Dichterische Werke verstehen – die Textinterpretation

Alfred Loth

Äußeres Erscheinungs-bild	Aussagen und Einstellungen	Handlungen und Verhalten	Aussagen anderer Personen	Funktion im Stück

Alter:
Mitte 30
(aus S. 19 und
S. 8 erschlos-
sen: Hoffmann ist
33, Loth ist alter
Schulfreund, also
haben er und Loth
annähernd gleiches
Alter).

Beruf:
„Journalist"
(keine anstren-
gende körperliche
Tätigkeit)
→ „Schreibtisch-
täter" (S. 15)

Körperbau:
• mittelgroß
• knochiges Gesicht
  (S. 7), harte Kon-
  turen,
→ harter Charakter,
  gradlinig, kein
  Genussmensch,
  asketische Lebens-
  weise
  (S. 31 ff. u.a.)

• „hat schon viel
  mitgemacht"
  (Gefängnis, S. 12;
  Auswanderung
  nach Amerika,
  S. 12 f.)

**Soziales
Engagement**
• unterhält sich mit
  dem Knecht (S.
  44–48)
• analysiert die
  Situation der Berg-
  leute
  (S. 17 u.a.)
→ soziale
  Einstellung
• fordert Gleich-
  berechtigung nicht
  nur bei Arbeitern,
  sondern auch
  Frauenemanzi-
  pation (S. 72–74;
  53–56)

• verlässt Hele-
  ne wg. deren
  Alkoholismus
  (S. 119)
• denkt über
  Trennung von
  Helene nach
  (S. 116)
→ wirkt
  emotionslos

• abstinente
  Lebensführung
  (z.B. S. 72 ff.). Loth
  vertritt dort seine
  Einstellung kom-
  promisslos.

• bittet Hoffmann
  um 200 Mark
  (S. 17)
• zerreißt den
  Scheck aber
  schließlich (S. 82)
• gibt dem Knecht
  etwas Geld (S. 47)

• Helene findet
  ihn interessant,
  bewundert ihn
  (S. 31 u.a. Stellen
  im Buch, z.B.
  S. 53):
  „Helene:
  Sind Sie ein sehr
  guter Mensch?"
  (S. 94)
• Problem:
  Helene ist in ihn
  verliebt. Er ist ihre
  Rettung.
  Er ist ein Vorbild
  für Helene.

• Hoffmann:
  empfindet ihn als
  Bedrohung für sei-
  ne wirtschaftliche
  Existenz (S. 75,
  „Forschungen an
  Bergbauarbeitern")
• Erinnert ihn an die
  alte Freundschaft

Er ist in allen wich-
tigen Handlungen
vertreten und ist
Auslöser aller Kon-
flikte im Stück:
• kritisiert die
  Gewohnheiten,
  das Verhalten der
  Gastgeber (S. 29
  ff.)
  (insbesondere
  Alkoholkonsum)
• kritisiert die
  Geschäfte Hoff-
  manns, (S. 17 ff.,
  besonders 19)
• verunsichert
  Helene

(Die Aufstellung
kann und sollte
erweitert werden…)

**Er ist sozial engagiert
und wirkt dadurch
sympathisch.**

**Er ist prinzipientreu
und wirkt dadurch
empfindungslos.**

Er wirkt unverschämt.

Alfred Loth ist ein Sonderling

Am Ende der Analyse steht eine Zusammenfassung in einem abstrakten, umfassenden Begriff, der die Person in möglichst einem Wort charakterisiert. Dieses Erstellen
einer „Globalcharakteristik" entspricht unserem Vorgehen, wenn wir eine Person als
„tollen Hecht" oder als „blöden Kerl" bezeichnen.

■ Aufgaben

1. Diskutieren Sie mit Ihrer Tischnachbarin bzw. Ihrem Nachbarn, was man aus dem äußeren Erscheinungsbild
   einer Person ableiten kann und wo die Grenzen liegen. Notieren Sie sich die Ergebnisse Ihres Gesprächs.

2. Benennen Sie Ihnen bekannte Geschichten, in denen das Auftreten einer neuen Person zur Auslösung einer
   Handlung geführt hat. (Das Phänomen tritt auch bei Filmen auf.)

311

7 Literarische Texte verstehen und erfassen

② Die Darstellung

Bereits während des ersten Durchlesens lässt sich eine gewisse Vorstellung vom Charakter der betreffenden Person gewinnen. Eine genauere Betrachtung der Textvorlage bezweckt dagegen dreierlei:

1. Die erste Ahnung erfährt eine Absicherung.

2. Bei der erstmaligen Lektüre nicht sofort erkennbare Facetten des Persönlichkeitsbildes werden offenbar. Eventuell ist dadurch sogar eine Korrektur der ersten Einschätzung des Charakters erforderlich.

3. Man sammelt Material und Belegstellen, um die eigene Charakterisierung des Protagonisten überzeugend vertreten zu können.

Die literarische Charakteristik ist ein argumentativer Text, in dem die gewonnene Erkenntnis vom Charakter der betreffenden Person (die „Globalcharakteristik") die Ausgangsthese liefert. Die Teilcharaktermerkmale hingegen stellen die Begründungsebene dar und die Textbezüge liefern dann den Nachweis für die Richtigkeit der Analyse. Das Darstellungskonzept ist somit eine Umkehrung des Analysekonzepts.

> „Überall geht das frühere Ahnen dem späteren Wissen voraus."
> **Alexander von Humboldt**

Alexander von Humboldt (1769-1859): in Berlin geboren und dort verstorben, war ein deutscher Naturforscher, dessen Wirkungsfeld weit über die Grenzen Europas hinausreichte. Mit seinem Gesamtwerk schuf er „einen neuen Wissens- und Reflexionsstand des Wissens von der Welt" und wurde zum Mitbegründer der Geografie als empirischer Wissenschaft.

Vorgehensweise

bei der Analyse		bei der Darstellung
konkreter Inhalt aus der Textvorlage (Seiten- bzw. Zeilenangabe) + Auswertung	↔	Beweise und Beispiele = Interpretation der Textstellen
↓		↑
Teilcharakteristika (Auswertung)	↔	Begründungen
↓		↑
Globalcharakteristik	↔	Behauptung

312

7.1 Dichterische Werke verstehen – die Textinterpretation

③ **Ausarbeitung**

Alfred Loth in Gerhart Hauptmanns Drama „Vor Sonnenaufgang" ist ein richtiger **Sonderling**.
Einerseits weist er durchaus positive Merkmale auf. So verfolgt er die Ziele einer sozialen Reform aus einer tiefen Überzeugung heraus, die auf eigenen Kindheitserfahrungen beruhen. Zugleich wirkt sein Auftreten sehr kalt, berechnend und abstoßend – insgesamt also eher unsozial.

Das wird bereits bei seinem ersten Auftreten im Hause Krause deutlich. Er zeigt sich als eine Art Weltverbesserer. Als Grund für seine Reise in die Bergbauregion gibt er an, dass er die Lebensverhältnisse der Bergleute kennenlernen möchte (vgl. Aussagen gegenüber Helene [S. 52 ff.] und Hoffmann [S. 70]) und diese dann in einer Arbeit niederschreiben und publik machen möchte (vgl. Gespräch mit Hoffmann [S. 74 ff.]). Sein Ziel ist es, die Lebensverhältnisse der Bergleute zu verbessern. Es geht ihm dabei nicht um seine eigene Situation. „Mein Kampf ist der Kampf um das Glück aller (…)" sagt er zu Helene (S. 52 f.), die ihn deshalb auch für einen guten Menschen hält (vgl. S. 53). Dass er sich nicht nur damit brüstet, sondern dies ernst meint, kann man aus der Reaktion Hoffmanns ableiten. Hoffmann reagiert sehr aufgebracht, als ihm Loth seine Pläne darlegt, „die hiesigen Verhältnisse (zu) studieren" (S. 70), und ihr Gespräch endet letztlich im Streit (vgl. S. 74 ff.).

Andererseits kennt Loth wenig Stolz und Skrupel, wenn es um die Finanzierung dieses Bemühens geht, sodass er andererseits einen rücksichtslosen Eindruck vermittelt. Obwohl er anfangs mehrfach betont, nur „ganz zufällig" bzw. „nur so per Zufall" (S. 8) zu seinem alten Freund Hoffmann gekommen zu sein, informiert er sich in Gesprächen im Wirtshaus über Hoffmann und stößt dort an (vgl. S. 17 ff.). Das Verhalten wirkt dreist und unhöflich, vor allem vor dem Hintergrund, dass er Hoffmann kurz zuvor um 200 Mark angebettelt hat und von diesem auch einen Scheck in dieser Höhe erhalten hat (vgl. S. 17) . Insgesamt offenbart sich hier ein sehr widersprüchliches, merkwürdiges, ja sonderliches Verhalten.

These =
Charakterisierung Loths mit einem Schlagwort

Gründe für diese Kennzeichnung seines Charakters =
Teilcharaktermerkmale

Beweisführung =
Nachweis der Richtigkeit der vorgestellten Analyseergebnisse durch:
1. Bezugnahme auf entsprechende Textstellen (direkte oder indirekte Zitate)
2. Auswertung der Textstellen (Interpretation)
3. Genaue Bezeichnung der Fundstelle (Seiten- bzw. Zeilenangaben)

■ Aufgaben

1. Erläutern Sie, warum der Teil der Beweisführung besonders umfangreich sein sollte.
2. Analysieren Sie die Beweise in der obigen Ausarbeitung dahingehend, welche Teile Zitate und welche Teile eine Interpretation darstellen.

313

7 Literarische Texte verstehen und erfassen

Hinweis
Informationen und Hinweise zur literarischen Gattung Lyrik finden Sie auf den Seiten 202 bis 205.

Lyra:
ein beliebtes Musikinstrument der Griechen der Antike, das der heutigen Harfe ähnlich sah (siehe auch Seite 202).

Abendland:
Der Begriff wird in zweierlei Hinsicht verwendet:
· Zum einem sind damit die westlichen Länder – vom alten Italien aus gesehen gemeint, der Okzident (Abendland), im Gegensatz zum Orient (Morgenland).
· Zum anderen spricht man von Europa als Abendland, wenn von der Kultur die Rede ist, die von den europäischen Völkern seit dem Mittelalter geschaffen worden ist.

Synthese:
Zusammenfügung, Verknüpfung einzelner Teile zu einem höheren Ganzen.

Strophe:
gleichmäßig wiederkehrende Einheit von Versen.

Reim:
Gleichklang zweier oder mehrerer Silben. Ein sprachliches Kunstmittel, das durch seine Einprägsamkeit und durch seine stimmungserzeugende Art der Verbindung von Versen zu Klang- und Sinneinheiten dient.

Vers:
siehe Seite 202.

7.2 Lyrik – Gedichte mit Bedeutung versehen

Die Lyrik hat in Europa eine sehr alte Tradition. Ursprünglich handelte es sich um Gesänge, die zur Begleitung des Spiels der Lyra vorgetragen wurden. In der abendländischen Kultur sind lyrische Texte seit der griechischen und römischen Antike überliefert.
Im Laufe ihrer Entwicklung als poetische Gattung war sie oft geprägt durch
● gesellschaftliche und historische Hintergründe,
● religiöse und weltanschauliche Ideen,
● persönliche Erlebnisse und Stimmungen des Dichters,
● soziale Erwartungen und Normen.

Die Verwendung verschiedener lyrischer Formen und unterschiedlicher sprachlicher Kunstmittel prägen die Literaturepochen (siehe hierzu die Kapitel 6.3 und 6.4).
Die Interpretation eines Gedichts ist keine leichte Aufgabe, denn Gedanken und Gefühle sollen folgerichtig in einem Interpretationsaufsatz dargelegt werden. Auch soll die Analyse eines Gedichts zur Synthese führen und so die Gesamtdeutung erfassen.
Das in Abschnitt 7.2.1 vorgestellte Schema soll Ihnen helfen, Ihr Ziel zu erreichen.

7.2.1 Allgemeine Interpretationsanleitung in zwei Arbeitsphasen

1 Erste Arbeitsphase:
Erfassen des Textganzen

● Text sorgfältig lesen (wenn möglich mehrmals laut lesen)
● unverständliche Stellen mithilfe eines Wörterbuchs klären oder die Bedeutung aus dem Zusammenhang erschließen
● Wer ist der Sprecher (= lyrisches Ich) des Textes?
● Welche Information über das lyrische Ich (seine innere und äußere Lage) enthält der Text?
● Welche Absichten (Gefühle) hat der Sprecher des Gedichts?
● Geben Sie den Aussageinhalt des Gedichts knapp an. Ist der Inhalt der einzelnen Strophen bestimmbar?
● Lässt sich die Entstehungszeit ermitteln?

2 Zweite Arbeitsphase:
Detaillierte Analyse der einzelnen Elemente

A: Der äußere Aufbau
● Hat das Gedicht eine Überschrift? In welchem Verhältnis steht sie zur Textaussage?
● Welches Reimschema und Versmaß lässt sich ermitteln?

314

7.2 Lyrik – Gedichte mit Bedeutung versehen

- Wie viele Strophen bzw. Teile weist das Gedicht auf? Welche Strophenform liegt vor?
- Sind die Zeilen von gleicher Länge?

Reimschema:
siehe Seite 202

Versmaß:
siehe Seite 203

B: Sprache und Satzbau

I. Der Wortbestand

- Herrscht eine bestimmte Wortart deutlich vor?
- Welchem Sprachbereich entstammen die Wörter? (Sprache der Politik, des Alltags usw.)
- Gehören die Wörter einem bestimmten Problem- oder Themenbereich an? (Frühling, Liebe, Krieg usw.)
- Ist das Vokabular auf einen Themenbereich beschränkt?
- Werden einzelne Wörter wiederholt?

Metapher:
Mittel des bildhaften Sprechens; Wörter werden in übertragener Bedeutung gebraucht.
Z. B: am Fuß eines Berges, Flug der Gedanken
(siehe hierzu auch Seite 52).

II. Satzbau

- Welche Satzarten (Frage-, Befehlssätze usw.) weist der Text auf?
- Überwiegt eine Satzart deutlich?
- Herrscht ein einfacher oder ein komplizierter Satzbau vor?
- Gibt es auffällig kurze oder lange Sätze?
- Gibt es auffällige Veränderungen im Satzbau?
- Sind die Sätze nebeneinander gestellt (Parataxe) oder einander zu- bzw. untergeordnet (Hypotaxe)?
- Werden Sätze oder Wortgruppen wiederholt?
- Welche Rolle spielen Satzzeichen?

Parataxe:
siehe Seite 49.

Hypotaxe:
siehe Seite 49.

C: Bilder und Redefiguren

I. Bilder – Formen der indirekten Redeweise

- Welche Formen des bildhaften Darstellens treten auf? (Bild, Metapher usw.)
- Sind die Metaphern erklärbar oder sprechen sie die Fantasie an?
- Enthält das Gedicht mehrere Einzelbilder?
- Wie ist das Verhältnis Bild – Zeile, Bild – Strophe?
- Weist das Gedicht ein umfassendes Bild auf, dem sich alle anderen eingliedern lassen?
- Zu welchem Themenbereich gehören die Bilder?
- Gibt es Textstellen, an denen nicht Bilder verwendet werden, sondern direkte Aussagen erscheinen?

Redefiguren:
siehe hierzu auch Seite 50.

II. Redefiguren – Analyse von besonderen sprachlichen Formen

- Welche Redefiguren lassen sich feststellen (Wiederholung, Antithese, Wortspiel usw.)?
- Welche Bilder, Wörter, Themen werden durch Redefiguren besonders hervorgehoben?
- Welche Wörter werden durch Redefiguren miteinander verknüpft?
- Helfen die Redefiguren beim Strophenaufbau?

7 Literarische Texte verstehen und erfassen

7.2.2 Beispiel für eine Gedichtinterpretation

Erich Kästner:
(Pseudonym: Melchior Kurtz) Seit 1927 als freier Schriftsteller und Journalist in Berlin tätig und besonders durch seine Kinderbücher bekannt. 1933 wurden seine Bücher verboten und verbrannt, 1942 folgte das totale Schreibverbot. Trotzdem emigrierte Kästner nicht. Er wird aus diesem Grund zu den Schriftstellern der „inneren Emigration" gezählt (siehe hierzu Seite 238). Nach 1945 war er z. B. Mitglied des Münchner Kabaretts „Schaubude".
Zu seinen bekanntesten Kinderbüchern zählen „Das doppelte Lottchen" und „Emil und die Detektive".

■ Hinweis
Informationen zu den Merkmalen eines Kreuzreims finden Sie auf Seite 202.

chronologisch:
zeitlich geordnet.

Reimschema:
siehe Seite 202.

männlicher und weiblicher Reim:
siehe Seite 203.

Aufgabe:
Erschließen Sie den Inhalt des Gedichts. Welche formalen sowie sprachlichen Mittel und Absichten der Aussage erkennen Sie?

Sachliche Romanze
Erich Kästner (1899–1974)

1 Als sie einander acht Jahre kannten
   (Und man darf sagen: sie kannten sich gut),
   kam ihre Liebe plötzlich abhanden.
   Wie anderen Leuten ein Stock oder Hut.

5 Sie waren traurig, betrugen sich heiter,
   versuchten Küsse, als ob nichts sei.
   Und sahen sich an und wussten nicht weiter.
   Da weinte sie schließlich. Und er stand dabei.

   Vom Fenster aus konnte man Schiffen winken.
10 Er sagte, es wäre schon Viertel nach vier
   Und Zeit, irgendwo Kaffee zu trinken. –
   Nebenan übte ein Mensch Klavier.

   Sie gingen ins kleinste Café am Ort
   Und rührten in ihren Tassen.
15 Am Abend saßen sie immer noch dort.
   Sie saßen allein, und sie sprachen kein Wort.
   Und konnten es einfach nicht fassen.

① Erste Arbeitsphase:
Erfassen des Textganzen

- Aussageinhalt des Gedichts:
  Die Liebesbeziehung eines Paares geht wortlos ohne große Gefühle zu Ende. Beide überspielen mit einer Mischung aus Trauer und Heiterkeit diese Erkenntnis. Die Frau bricht in Tränen aus, der Mann hingegen bleibt sachlich und schlägt vor, in ein Café zu gehen. Dort sitzen sie stundenlang wortlos herum und versuchen, das Ende ihrer Liebe zu begreifen.
- Außensicht eines Beobachters: (sie – sie – er)
- sachlich-nüchterne Beschreibung durch den Sprecher

7.2 Lyrik – Gedichte mit Bedeutung versehen

(2) **Zweite Arbeitsphase:**
Detaillierte Analyse der einzelnen Elemente

A: **Der äußere Aufbau**

- Das Gedicht hat vier Strophen (drei Vierzeiler, ein Fünfzeiler)
- chronologische Abfolge des Geschehens
- Reimschema: Kreuzreim (abab) für die Vierzeiler, der Fünfzeiler bildet eine Ausnahme (abaab)
- abwechselnd männliche und weibliche Reime
- unregelmäßiger Rhythmus
- Die Zeilen weisen unterschiedliche Längen auf, Gliederungen erfolgen durch Klammern (in der 2. Zeile) und Gedankenstrich (in der 11. Zeile).

B: **Sprache und Satzbau**

I. Der Wortbestand

- moderne Umgangssprache
- sachlich und nüchterne Wortwahl
- Zeitform der Vergangenheit
- Verwendung des Konjunktivs („...als ob nichts sei", „...es wäre...")
- häufige Verwendung der Konjunktion „und"
- Zeitadverbien (plötzlich, immer noch)

Konjunktion:
Bindewort.

Konjunktiv:
siehe Seite 358.

II. Satzbau

- einfacher Satzbau, die Sätze sind nebeneinander gestellt. (Parataxe)
- Die Grundelemente eines Satzes (Subjekt und Prädikat) sind nicht immer vorhanden: z.B. „Wie anderen Leuten ein Stock oder Hut".

C: **Bilder und Redefiguren**

I. Bilder – Formen der indirekten Redeweise

- Verwendung von Vergleichen („Wie anderen Leuten...")
- Bezug zu alltäglichen Dingen („Nebenan übte ein Mensch Klavier.")

II. Redefiguren – Analyse von besonderen sprachlichen Formen

- Sätze gehen über eine Verszeile hinaus: z.B.
  „Sie waren traurig, betrugen sich heiter,
  versuchten Küsse, als ob nichts sei."
- ständige Wiederholung bestimmter Satzstrukturen:
  „versuchten Küsse, als ob nichts sei,
  Und sahen sich an [...]"
  „Sie gingen ins kleinste Café am Ort
  Und rührten in [...]"

Vergleiche:
Sie dienen der Steigerung der Anschaulichkeit.

7 Literarische Texte verstehen und erfassen

Erich Kästner als junger Mann

Gebrauchslyrik:
siehe Seite 238.

Expressionismus:
siehe Abschnitt 236.

Neue Sachlichkeit:
siehe Seite 238.

Lösungsvorschlag:

1 Erich Kästner schildert in seinem Gedicht „Sachliche Romanze" mit trauriger Heiterkeit das Ende einer Liebesbeziehung.
Mann und Frau stellen nach acht Jahren nüchtern und sachlich fest, dass sie sich nicht mehr lieben. Hilflos versuchen sie, diese Erkenntnis zu
5 verdrängen („Versuchten Küsse, als ob nichts sei"). Sie empfinden zwar Trauer, bemühen sich aber trotzdem ihre Gewohnheiten beizubehalten („Er sagte, es wäre schon Viertel nach Vier – Und Zeit, irgendwo Kaffee zu trinken"). Es gelingt ihnen nicht, über die Ursachen des Scheiterns ihrer Beziehung nachzudenken und zu sprechen. In ihren Gefühlen geht
10 die Frau am weitesten („Da weinte sie schließlich"). Anstatt diese Krise gemeinsam zu bewältigen, gehen sie einem klärenden Gespräch aus dem Weg. Sie finden keine Worte und schweigen („Sie saßen allein, und sprachen kein Wort. Und konnten es einfach nicht fassen").

15 Kästner beschreibt in chronologischer Reihenfolge eine gescheiterte Liebesbeziehung. Er nutzt dafür eine moderne Umgangssprache und einfache Satzkonstruktionen, sodass der Text sehr gut verständlich ist. Obwohl die Grundelemente eines Satzes (Subjekt und Prädikat) nicht immer vorhanden sind, verliert das Gedicht nicht an Ausdruckskraft.
20 Die Überschrift des Gedichts „Sachliche Romanze" findet sich in der nüchternen Beschreibung dieser Liebesbeziehung wieder.
Durch die Verwendung der Konjunktive „...als ob nichts sei, [...]", „[...] es wäre schon [...] Und Zeit irgendwo Kaffee zu trinken. [...]" wird der Versuch der beiden deutlich gemacht, ihre Schwierigkeiten nach Möglichkeit
25 zu überspielen.
Das häufige Verwenden der Konjunktion „und" erzeugt das Gefühl einer Aneinanderreihung der Geschehnisse. Zeitadverbien wie „plötzlich", „schließlich" und „immer noch" sprechen dafür, dass die beiden ihre Beziehung wohl gewohnheitsmäßig weiterführen werden. Durch den offe-
30 nen Schluss wird der Leser dazu angeregt, sich das Ende der Geschichte selbst vorzustellen.

Kästners Gedicht ist typisch für die Gebrauchslyrik, die als Reaktion auf den Expressionismus nüchtern sowie kühl und sachlich die Wirklichkeit
35 betrachtet. Deshalb wurde diese Schreibweise auch als sogenannte „Neue Sachlichkeit" bezeichnet. Mit feinem Spott und einem Hauch Ironie kritisiert Kästner die Anschauung und Betrachtungsweise des Pärchens.

Obwohl das Gedicht 1929 geschrieben wurde, könnte es ebenso auf
40 unsere heutige Zeit übertragen werden: sich gewohnheitsmäßig in eine Beziehung fügen, zwar unter der lieblos gewordenen Atmosphäre leiden, aber dennoch nicht die Kraft zu besitzen, um auszubrechen und einen Neuanfang zu wagen.

7.2 Lyrik – Gedichte mit Bedeutung versehen

Erich Kästner als Kinderbuchautor

Aufgaben

1. Erstellen Sie für die vorliegende Interpretation eine Gliederung.
2. Warum nennt Erich Kästner sein Gedicht „Sachliche Romanze"?
   a) Erläutern Sie, in welchem inhaltlichen Widerspruch die Wörter „sachlich" und „Romanze" zueinander stehen.
   b) Verdeutlichen Sie, wie dieser Widerspruch im Text zum Ausdruck gebracht wird. Achten Sie dabei besonders darauf, wie die äußere Situation und das tatsächliche Befinden des Paares miteinander in Bezug gesetzt werden.
3. Betrachten Sie die oben abgebildete Grafik und erörtern Sie die folgende Aussage: „Eine hohe Scheidungsquote in der Bundesrepublik spricht dafür, dass sich heute Menschen nicht mehr in eine lieblos gewordene Atmosphäre fügen, wie sie von Erich Kästner dargestellt wird."

319

7 Literarische Texte verstehen und erfassen

Eduard Mörike:
Seine literarischen Werke sind zwischen Spätromantik und Frührealismus einzuordnen. (Siehe hierzu auch die Seiten 226 und 228.)

7.2.3 Zwei motivgleiche Gedichte miteinander vergleichen

Neben der Gedichtinterpretation wird in schriftlichen Prüfungen oft der Vergleich zweier motivgleicher Gedichte aus einer oder verschiedenen Literaturepochen gefordert.

Um eine solche Aufgabe erfolgreich zu bewältigen, sollten Sie die folgenden Fragen im Hinterkopf haben und in Ihrem weiteren Vorgehen berücksichtigen:

- Welche konkreten Arbeitsaufträge werden in der Prüfungsaufgabe gestellt?
- Was haben die Gedichte gemeinsam?
- Welcher literarischen Epoche sind sie jeweils zuzuordnen?
- Welche besonderen Merkmale der Epoche weisen sie auf?
- Welche Kenntnisse über die Autoren der Gedichte liegen vor?
- Welche formale und sprachliche Gestaltung weisen die beiden Gedichte auf?
- Welche Aussagen für den Vergleich/die Gegenüberstellung werden in beiden Gedichten gemacht?
- Welche Unterschiede lassen sich feststellen?

Beispiel für eine vergleichende Gedichtinterpretation:

Aufgabe:
Interpretieren Sie, von Ihrem Gesamteindruck ausgehend, beide Gedichte im Vergleich.

Karl Krolow:
(Pseudonym Karol Kröpke)
Er studierte von 1935–1942 in Göttingen und Breslau Germanistik, Romanistik, Philosophie und Kunstgeschichte. Seitdem war er als freier Schriftsteller tätig.

Er ist's (1829)
Eduard Mörike (1804–1875)

1 Frühling lässt sein blaues Band
  Wieder flattern durch die Lüfte;
  Süße wohl bekannte Düfte
  Streifen ahnungsvoll das Land.
5 Veilchen träumen schon,
  Wollen balde kommen. –
  Horch, von fern ein leiser Harfenton!
  Frühling, ja du bist's!
  Dich hab ich vernommen!

Neues Wesen (1967)
Karl Krolow (1915–1999)

1 Blau kommt auf
  wie Mörikes leiser Harfenton.
  Immer wieder wird das so sein.
  Die Leute streichen
5 ihre Häuser an.
  Auf die verschiedenen Wände
  scheint Sonne.
  Jeder erwartet das,
  Frühling, ja, du bist's!
10 Man kann das nachlesen.
  Die grüne Hecke ist ein Zitat
  aus einem unbekannten Dichter.

  Die Leute streichen auch
15 ihre Familien an, die Autos,
  die Boote.
  Ihr neues Wesen
  gefällt allgemein.

7.2 Lyrik – Gedichte mit Bedeutung versehen

Stichpunkte zu den einzelnen Fragen

- Gemeinsamkeit der Gedichte
  - beide Autoren haben dasselbe Thema, *den Frühling*, gewählt

- Zuordnung zu einer Literaturepoche (Notizen)
  - die Gedichte stammen aus verschiedenen Jahrhunderten
  - Mörikes Gedicht, mit dem Entstehungsjahr 1829, entstammt der Spätromantik:
    - → das Gefühl ist wieder wichtigste menschliche Fähigkeit
    - → der Dichter sah sich als Außenseiter, als Einsamer

  - das Gedicht von Karl Krolow ist in die Literatur nach 1945 einzuordnen
  - das Gedicht entstand an einem Vorfrühlingstag des Jahres 1967

- Kenntnisse über die Autoren (Notizen)

  Eduard Mörike:
  - studierte protestantische Theologie
  - nach dem Studium war er als Pfarrer tätig, empfand dies allerdings als mühselige Last
  - ließ sich auf eigenen Wunsch vorzeitig pensionieren
  - in seinem Prosawerk „Maler Nolten" spiegelt sich sein eigener Wunsch wider, Maler zu werden
  - sein bedeutendster Beitrag zur deutschen Literatur sind seine Gedichte
  - Mörike war ein sehr feinfühliger Mensch, dem es gelang, Ausschnitte der Wirklichkeit mit einer heiter-humorvollen und zugleich melancholisch-gelassenen Grundhaltung darzustellen.

  Karl Krolow:
  - er war seit 1942 als freier Schriftsteller tätig
  - er wandte sich von historischen, politischen und gesellschaftlichen Themen ab und widmete sich stärker dem Natur- und Landschaftsgedicht.

Romantik:
Informationen zu dieser Epoche finden Sie auf Seite 226.

Deutsche Literatur nach 1945:
Informationen hierzu finden Sie auf den Seiten 242 bis 249.

▉▉▉ **Hinweis**
Karl Krolow äußerte zu seinem Gedicht „Neues Wesen" Folgendes: „Schreiben ist für mich eine besondere Art, mich im Leben, Umwelt, Gegenwart wie Vergangenheit zurechtzufinden. Gedichte sind zunächst Produkte augenblicklicher Verfassung, Konzentration, Klarheit, Nüchternheit, eines momentanen Erinnerungsvermögens."
(Aus: „Verstehen und Gestalten", D 11, Dieter Mayer (Hrsg.), München, S. 176).

▉▉▉ **Aufgaben**

1. a) Stellen Sie einen Bezug zwischen Karl Krolows – in der rechten Randspalte abgedruckten – Aussage und seinem Gedicht her.
   b) Erläutern Sie, welche Bedeutung eine solche Zusatzinformation für eine Interpretation haben kann.

2. a) Nennen Sie die besonderen Merkmale, die die deutsche Literatur nach 1945 kennzeichnen. (Informationen finden Sie auf den Seiten 242 bis 249.)
   b) Nennen Sie die besonderen Merkmale, die die deutsche Literatur der Romantik kennzeichnen. (Informationen finden Sie auf den Seiten 226 bis 227.)
   c) Stellen Sie die Merkmale in einer Tabelle gegenüber und arbeiten Sie die bestehenden Gemeinsamkeiten heraus.

7 Literarische Texte verstehen und erfassen

Aussagenvergleich und Gegenüberstellung der formalen und sprachlichen Gestaltung (Notizen):

	Er ist's (E. Mörike)	Neues Wesen (K. Krolow)
Inhalt	das Erwachen des Frühlings als jährlich wiederkehrendes Naturschauspiel; der Frühling wird als handelnde Person dargestellt: „Frühling lässt sein blaues Band [...]"	die Beziehungen der Menschen zum Frühling werden dargestellt, sie wollen ihrem Leben eine freundliche Farbe geben: „Jeder erwartet das [...]"
Sprachliche Bilder	blaues Band – Metapher für blauen Horizontstreifen; Blau steht für Beständigkeit, Gewissheit, dass jedes Jahr der Frühling wiederkehrt (blaue Veilchen); die Sinne werden angesprochen; man kann den Frühling riechen („süße wohl bekannte Düfte [...]"); wer gefühlsbetont ist, kann das Erwachen der Natur nachempfinden.	sachliche und nüchterne Feststellung: („Blau kommt auf") – Leser kann noch nicht erfassen, worum es geht; im zweiten Vers erfolgt der Bezug zu Mörikes Gedicht – wer es nicht kennt, kann keinen Zusammenhang erkennen, durch die Formulierung („Immer wieder wird das so sein") erfolgt eine sachliche Feststellung; keine Sensibilität, keine Emotionen; der Frühling ist ein Naturgesetz, er kommt sowieso; die Menschen nutzen die ersten warmen Tage für den Frühjahrsputz („Die Leute streichen ihre Häuser an."), sie werden produktiv und erledigen nützliche Tätigkeiten; die Freude am Schönen scheint verloren gegangen, Gefühle kann man „ [...] nachlesen".
Gestaltung	einstrophiges Gedicht, besteht aus neun Versen; die ersten sechs Verse kennzeichnet ein melodisches Schwingen (betonter/ unbetonter Rhythmus) und eine ständige Bewegung – und plötzlich, „Horch von fern [...]" das lyrische Subjekt spricht den Leser direkt an, damit er aufwacht und den Frühling wiedererkennt: • Vers 1 bis 4: Frühling wird angekündigt • Vers 5 und 6: Vermutung • Vers 7 bis 9: Bestätigung Reimschema: abba (umschließender Paarreim) cdc(e)d (Kreuzreim) der reimlose achte Vers (e) „Frühling, ja du bist's" steht in Beziehung zur Überschrift und bestätigt diese.	leichte Ironie des Dichters, das lyrische Subjekt stellt den Einzug des Frühlings sachlich und nüchtern fest in den abschließenden Textzeilen („Ihr neues Wesen/gefällt allgemein.") kommen Mut und Initiative nach den Wintermonaten zum Ausdruck. 2 Strophen (12 und 5 Verse) kein Reimschema erkennbar

7.2 Lyrik – Gedichte mit Bedeutung versehen

Lösungsvorschlag:

Gliederung:

A: Gesamteindruck

B: Gemeinsamkeiten und Unterschiede

C: Begründung der unterschiedlichen Betrachtungsweisen

Beide Gedichte beschreiben ein Naturereignis, das Erwachen des Frühlings. Eduard Mörike, einem der bedeutendsten Lyriker seiner Zeit, gelingt es, aus tiefem Empfinden heraus, das Erwachen der Natur bildhaft zu vermitteln. Der Frühling selbst wird als handelnde Person dargestellt. „Frühling lässt sein blaues Band [...]" Wer emotional ist, kann das sich wiederholende Naturschauspiel nachempfinden. „Süße wohl bekannte Düfte [...]" Man kann den Frühling sehen, riechen und auch hören.

Auch Karl Krolow widmet sich in seinem Gedicht dem beginnenden Frühling. Hier allerdings liegt die Freude darüber auf einer anderen Ebene. Die frohgemute Stimmung der Menschen über die ersten warmen Tage lässt sie nützliche Tätigkeiten verrichten. „Die Leute streichen ihre Häuser an." Da bleibt für persönliches Empfinden kein Raum. Gefühle „kann [...]" man „[...] nachlesen." Es scheint, als haben die Menschen das Staunen über das Erwachen der Natur verlernt.
Gemeinsam ist beiden Gedichten das Motiv des Frühlings. Während jedoch das lyrische Subjekt bei Mörike die Natur mit allen Sinnen empfindet, wird in Krolows Gedicht der jährlich wiederkehrende Einzug des Frühlings ohne emotionale Äußerung festgestellt. „Immer wieder wird das so sein." Ein sensibles Aufspüren des Frühlings scheint unerwünscht.

Auch in der äußeren Form der Gedichte zeigen sich deutliche Unterschiede. Das einstrophige Gedicht von Eduard Mörike besteht aus neun Versen, wobei die ersten sechs durch ein melodisches Schwingen gekennzeichnet sind. Und plötzlich dieses „Horch, von fern [...]". Das lyrische Subjekt spricht den Leser direkt an und fordert ihn dazu auf, wach zu werden und den Frühling wiederzuerkennen. Die ersten vier Verse kennzeichnet ein umschließender Paarreim (abba), die Verse fünf bis neun ein Kreuzreim (cdc(e)d), wobei der reimlose achte Vers, „Frühling, ja du bist's", die in der Überschrift getroffene Feststellung bestätigt.

Das Gedicht von Karl Krolow hingegen lässt formale Strukturen vermissen. Es besteht aus zwei Strophen, aber Reime und festes Versmaß fehlen vollständig. Dadurch wird dem Leser ein nüchterner, von Romantik weit entfernter Ausschnitt aus dem menschlichen Leben mitgeteilt.

Die unterschiedlichen Betrachtungsweisen desselben Motivs „Frühling" lassen sich leicht aus der Zeit erklären, in der beide Gedichte geschrieben wurden. Mörikes Gedicht ist der Spätromantik zuzuordnen. Das Gefühl ist wieder wichtigste menschliche Fähigkeit – es gilt, das Wunderbare zu entdecken. Karl Krolow hingegen widmet sich der Alltagslyrik. Der Frühling kommt gesetzmäßig, er wird Mittel zum Zweck. „Jeder erwartet das", heißt es in Krolows Gedicht.

◼ Aufgaben

1. Lesen Sie den Lösungsvorschlag für den Vergleich der beiden motivgleichen Gedichte gründlich durch und prüfen Sie,

   a) ob er den vorgegebenen Schritten auf Seite 314 bis 321 folgt. Belegen Sie dies an den entsprechenden Textstellen.

   b) ob die gesamte hier zur Verfügung stehende Information tatsächlich in den Text eingeflossen ist.

2. a) Lassen Sie sich in Ihren persönlichen Empfindungen von Erscheinungen in der Natur beeinflussen? Beschreiben Sie, um welche Empfindungen es sich handelt und in welcher Wechselwirkung sie mit der Natur stehen.

   b) Nennen Sie persönliche Aktivitäten (z. B. verreisen), die an bestimmte Vorgänge in der Natur gebunden sind.

7 Literarische Texte verstehen und erfassen

7.2.4 Übungsbeispiele für Gedichtinterpretationen

Joseph Freiherr von Eichendorff:
Seine Gedichte sind durch volksliedhafte Schlichtheit gekennzeichnet. Er schloss sich besonders Friedrich Schlegel (1772–1829) an, der als Kulturphilosoph die Meinung vertrat:
Dichtung ist kein abgeschlossenes Gebilde, sondern ein bloßer Spiegel der unendlichen Bewegung des dichterischen Geistes.

Mondnacht
Joseph v. Eichendorff (1788–1857)

1 Es war, als hätt der Himmel
Die Erde still geküsst,
Dass sie im Blütenschimmer
Von ihm nun träumen müsst.

5 Die Luft ging durch die Felder,
Die Ähren wogten sacht,
Es rauschten leis' die Wälder,
so sternklar war die Nacht.

10 Und meine Seele spannte
Weit ihre Flügel aus;
Flog durch die stillen Lande,
Als flöge sie nach Haus.

Aufgaben

1. Ordnen Sie dieses Gedicht der entsprechenden Literaturepoche zu und nennen Sie die epochenspezifischen Merkmale, die die Lyrik in dieser Zeit auszeichnete. (Hinweise und Informationen finden Sie auf den Seiten 226 bis 227.)
2. a) Fassen Sie die Aussageabsicht dieses Gedichts in einem kurzen Satz zusammen.
   b) Schreiben Sie die Wörter heraus, die diese Aussage besonders betonen oder hervorheben.
3. Bestimmen Sie die einzelnen Formmerkmale des Gedichts. Gehen Sie dabei systematisch vor, indem Sie erst die einzelnen Merkmale analysieren und dann den Gesamtaufbau beschreiben. (Informationen zu den Formmerkmalen lyrischer Texte finden Sie auf Seite 202.)

7.2 Lyrik – Gedichte mit Bedeutung versehen

Thränen des Vaterlandes, Anno 1636
Andreas Gryphius (1616–1664)

1 Wir sind doch nunmehr ganz, ja mehr denn ganz verheeret.
Der frechen Völker Schar, die rasende Posaun,
das vom Blut fette Schwert, die donnernde Kartaun
Hat allen Schweiß und Fleiß und Vorrat aufgezehret.

5 Die Türme stehn in Glut, die Kirch ist umgekehret,
Das Rathaus liegt im Graus, die Starken sind zerhaun,
Die Jungfern sind geschändt, und wo wir hin nur schaun,
Ist Feuer, Pest und Tod, der Herz und Geist durchfähret.

10 Hier durch die Schanz und Stadt rinnt allzeit frisches Blut.
Dreimal sind schon sechs Jahr, als unser Ströme Flut,
Von Leichen fast verstopft, sich langsam fortgedrungen.

15 Doch schweig ich noch von dem, was ärger als der Tod,
Was grimmer denn die Pest und Glut und Hungersnot:
Dass auch der Seelenschatz so vielen abgezwungen.

(Erstveröffentlichung 1643)

Andreas Gryphius
(eigentlich Andreas Greif): Er durchlebte durch den frühen Tod der Eltern eine schwere Kindheit. Nach dem Studium in Leiden und ausgedehnten Reisen nach Frankreich und Italien kehrte er 1647 nach Schlesien zurück. Persönliches Unglück, Kriegsnot und Glaubensverfolgung prägen seine Werke, die durch tiefen Pessimismus und persönliches Unglück gekennzeichnet sind.

Kartaun:
schweres Geschütz.

Graus:
Staub.

Schanz:
Wehrbau.

Les Grandes Misères de la Guerre, Radierung von Jaques Callot, 1633

Aufgaben

1. a) Ordnen Sie das Gedicht von Andreas Gryphius der entsprechenden Literaturepoche zu. (Hinweise und Informationen finden Sie in Abschnitt 6.3.)
   b) Führen Sie auf, durch welche historischen Ereignisse die Menschen zur Entstehungszeit des Gedichts geprägt wurden und welchen Einfluss diese Ereignisse auf das tägliche Leben hatten.
   c) Erläutern Sie vor den Hintergrundinformationen aus a) und b), welche Gefühlsregungen und Anschauungen im Vordergrund der Lyrik standen.

2. Fassen Sie die Aussage des Gedichts stichpunktartig zusammen. Berücksichtigen Sie dabei auch Ihre Ergebnisse aus Aufgabe 1.

3. Arbeiten Sie die sprachlich-formalen und die stilistischen Mittel heraus, durch die die Aussage des Gedichts verstärkt wird. (Hinweise und Hilfestellungen finden Sie in Abschnitt 7.2.2.)

7 Literarische Texte verstehen und erfassen

Johann Wolfgang von Goethe
(1782 geadelt):
Nachdem er vorwiegend von Hauslehrern unterrichtet worden war, studierte Goethe auf Wunsch seines Vaters Rechtswissenschaft in Leipzig. Bereits in seiner Studienzeit schrieb er Gedichte. Sein erster Roman „Die Leiden des jungen Werthers" begründete seinen literarischen Ruhm. 1775 ging er an den Hof der Herzogin Anna Amalia und lernte dort die Hofdame Charlotte von Stein kennen. Auch war er stets wissenschaftlich interessiert. So entdeckte er 1784 den Zwischenkieferknochen beim Menschen. Er war mit Schiller befreundet. Das poetische Schaffen der beiden deutschen Dichter in den Jahren ihres Erfahrungsaustauschs ging als „Weimarer Klassik" in die Literaturgeschichte ein. 1806 heiratete er Christiane Vulpius und setzte sich damit über gesellschaftliche Vorurteile hinweg, da sie bürgerlich war. Mit ihr hatte er fünf Kinder, von denen nur eins am Leben blieb.

Unschätzbar ist Goethes Schaffen für die deutsche Literatur. Aber auch seine Wirkung im Ausland war groß. Viele Dichter nach ihm folgten dem Muster des goetheschen Stils.

Die Dämmerung senkte sich von oben (1827)
Johann Wolfgang Goethe (1749–1832)

1 Dämmerung senkte sich von oben,
Schon ist alle Nähe fern;
Doch zuerst emporgehoben
Holden Lichts der Abendstern!
5 Alles schwankt ins Ungewisse,
Nebel schleichen in die Höh';
Schwarz vertiefte Finsternisse
Widerspiegelnd ruht der See.

10 Nun am östlichen Bereiche
Ahn' ich Mondenglanz und – glut
Schlanker Weiden Haargezweige
Scherzen auf der nächsten Flut.
Durch bewegter Schatten Spiele
15 Zittert Lunas Zauberschein,
Und durchs Auge schleicht die Kühle
Sänftigend ins Herz hinein.

Christiane Vulpius (1765–1816)
Gattin von Goethe

Charlotte von Stein (1742–1827)
Freundin Goethes

■ Aufgaben

1. Welcher literarischen Epoche ist das Gedicht von Johann Wolfgang Goethe zuzuordnen? Belegen Sie Ihre Zuordnung anhand der epochentypischen Merkmale.
2. Formulieren Sie die Textaussage des Gedichts. Welche innere Einstellung hat der 78-jährige Dichter? Berücksichtigen Sie auch, dass Christiane Vulpius 1816 und Charlotte von Stein 1827 verstarben.
3. a) Erläutern Sie, welchen Aufbau das Gedicht hat, und
   b) benennen Sie seine Gliederungsmerkmale.
4. Weisen Sie am Text die einzelnen rhetorischen Mittel nach, die der Dichter verwendet. (Hinweise zu den rhetorischen Mitteln finden Sie auf Seite 52 f.)

7.2 Lyrik – Gedichte mit Bedeutung versehen

In zehn Sekunden ist alles vorbei (1959)
Hans Magnus Enzensberger (*1929)

1 Himmelblauer Himmel,
nachmittags um vier,
Eiskaffee, Gewimmel,
großes Tanzturnier.

5 Tangotänzer fliegen
über das Parkett,
Liebespaare liegen
seelenruhig im Bett.

Aber mir kommt das alles so komisch vor,
10 denn ich hör eine Stimme, die sagt mir ins Ohr:
Achtung, Achtung! Hier spricht die Direktion.
Kein Mensch kommt mit dem Leben davon.

Dicke Männer sitzen
in schmuddligen Büros,
15 trinken Bier und schwitzen,
völlig ahnungslos.

Frisch gestrichene Leute
sonnen sich im Park,
da bestellt sich heute
20 keiner einen Sarg.

Aber mir, nein mir macht keiner was vor,
denn die Stimme, die Stimme schreit mir ins Ohr:
Achtung! Achtung! Hier spricht der Präsident.
Das Weiße Haus in Washington brennt.

25 Rentnerinnen stricken,
trinken Kirschlikör,
und die Eltern schicken
Kinder zum Friseur.

Sonderangebote,
30 Sommerschlußverkauf.
Die belegten Brote
ißt kein Mensch mehr auf.

Denn ich hör sie singen, sie singen im Chor,
die Stimmen, die Stimmen in meinem Ohr:
35 Achtung! Achtung! Hier spricht die Polizei.
In zehn Sekunden ist alles vorbei.

Tangotänzer fliegen
über das Parkett,
Liebespaare liegen
40 seelenruhig im Bett.

Himmelblauer Himmel,
und ich warte hier,
warte im Gewimmel,
nachmittags um vier.

Hans Magnus Enzensberger: wurde in Kaufbeuren (Allgäu) geboren und wuchs zur Zeit des Dritten Reiches auf. 1949 begann er mit dem Studium (Literatur, Philosophie und Sprachen), das er 1955 mit seiner Promotion zum Doktor der Philosophie abschloss. Er arbeitete als Rundfunkredakteur und als Lektor und unternahm viele Bildungsreisen. Seine Arbeiten sind durch die kritische Analyse der sozialen und politischen Entwicklungen sowie durch die Verwendung moderner Stilmittel gekennzeichnet.

Aufgaben

1. a) Fassen Sie die Aussage des Gedichts in Stichworten zusammen. Berücksichtigen Sie dabei auch die Entstehungszeit und den historischen Hintergrund.
   b) Erläutern Sie, wie Aufbau und Einsatz sprachlich-formaler Mittel die beabsichtigte Aussage unterstützen.
2. Hans Magnus Enzensberger sagt zur Funktion seiner literarischen Arbeiten, dass sie keine Lösung von Problemen zu bieten haben. Sie können keinen „Sinn" stiften, sondern nur „Zweifel". Beurteilen Sie, inwieweit diese Aussage von Enzensberger auf das vorliegende Gedicht zutrifft.

7 Literarische Texte verstehen und erfassen

Wolf Biermann:
Schriftsteller und Liedermacher, wurde 1936 in Hamburg geboren. 1953 ging er in die damalige DDR. Biermann studierte an der Humboldt Universität in Berlin Politische Ökonomie, Philosophie und Mathematik. 1976 wurde er ausgebürgert und lebt seitdem in der Bundesrepublik. Seine selbst verfassten und komponierten Lieder mit kritischem Charakter trägt er selbst vor.

Margarete Hannsmann:
Sie wurde in Heidenheim geboren und war zunächst Puppen- und Schauspielerin. Später schrieb sie besonders zeitkritische Gedichte.

Skabiose:
Pflanzengattung mit zahlreichen einheimischen Kräutern und Zierpflanzen.

Größe des Menschen
Wolf Biermann (*1936)

1 Nimm nur die Berge, die abträgt der Regen
und schwemmt sie flusswärts ins Meer wie nichts.

Oder das Meer selber, das Schiffe mordende
5 in der Sturmflut, wie es die Inseln wegleckt.

Oder wenn aufbrechen die Wunden der Erde
in Vulkanen, Städte begrabenden Massen.

10 Oder auch, von denen wir wieder hörten:
den Länder zertrümmernden Erdbeben.

– sie alle übertrifft der Mensch
in seiner Zerstörungskraft.

Landschaft
Margarete Hannsmann (1921–2007)

1 Aber es werden menschen kommen
denen das zeitauf zeitab
der fabriken gleichgültig ist
sie wollen nicht auf den supermärkten
5 einkaufen aber sie fragen nach dem
millionen jahre alten wind
ob ihr noch vögel
fische
füchse
10 sumpfdotterblumen
aufgehoben habt
wenn anderswo
alle wälder zerstückelt sind
alle städte über die ränder getreten
15 alle täler überquellen von müll
könnt ihr noch wetterbuchen liefern?
einen unbegradigten fluss?
mulden ohne schwelenden abfall?
hänge ohne betongeschwüre?
20 seitentäler ohne gewinn?
habt ihr noch immer nicht genug
einkaufszentren in wiesen gestreut
möbelmärkte zwischen skabiosen
nicht genug skilifte ohne schnee
25 nachschubstraßen für brot und spiele
panzerschneisen hügelentlang
wenn ihr die schafe aussterben lasst
stirbt der wacholder.

Aufgaben

1. a) Erläutern Sie, worin nach Wolf Biermann die Größe des Menschen besteht, und belegen Sie diese Aussage mit den entsprechenden Textstellen.
   b) Beurteilen Sie, in welchem Verhältnis der Titel zum Inhalt des Gedichts steht.

2. a) Margarete Hannsmann weist in ihrem Gedicht „Landschaft" auf einen Interessenkonflikt hin. Benennen Sie die sich gegenüberstehenden Parteien und stellen Sie ihre jeweiligen Interessen in einer Tabelle gegenüber.
   b) Arbeiten Sie anhand der entsprechenden Textstellen heraus, welche Position die Dichterin bezieht, und erläutern Sie, mit welchen verwendeten sprachlichen Besonderheiten diese Position hervorgehoben wird.

Warum siehst du immer…
Phil Bosmans (*1922)

1 Warum siehst du immer
auf die andere Seite?
Warum denkst du immer,
dass die anderen
5 viel mehr Glück haben?

Das andere Ufer ist immer
viel schöner.
Hast du je daran gedacht,
10 dass auch die
am anderen Ufer
auf dich schauen und denken,
du hättest viel mehr
Glück als sie?
15
Glücklich leben
ist eine große Kunst.
Dazu gehört Zufriedenheit.
Dein Glück liegt nicht
20 am anderen Ufer.
In dir liegt das Glück.

Phil Bosmans:
Er lebt als flämischer Ordenspriester in den Niederlanden und leitete über viele Jahre die überparteiliche Bewegung „Bund ohne Namen". (Bücher: z. B. „Gott – nicht zu glauben", 1987)

Aufgaben

1. a) Formulieren Sie in einem kurzen Satz die zentrale Aussage des Textes.
   b) Was bedeutet für Sie persönlich das Wort „Glück"? Erstellen Sie für die Beantwortung der Frage ein Cluster. Hinweise und Informationen finden Sie auf Seite 187.
2. a) Arbeiten Sie die sprachlichen und formalen Besonderheiten des Gedichts heraus.
   (Hilfe und Hinweise finden Sie auf Seite 316 f.)
   b) Erläutern Sie, um wen es sich beim lyrischen Ich des Gedichts handelt.
3. Vergleichen Sie dieses Gedicht mit dem von Kurt Tucholsky auf der folgenden Seite. Ist „Glück" mit den von Tucholsky dargestellten „Idealvorstellungen" gleichzusetzen? Begründen Sie Ihre Ansicht.

Kurt Tucholsky:
studierte Jura und wurde nach dem Ersten Weltkrieg Literatur- und Theaterkritiker der linksliberalen Zeitschrift „Die Schaubühne". Seine Werke wurden 1933 von den Nationalsozialisten verbrannt. Krank und von den politischen Verhältnissen in Deutschland deprimiert nahm er sich am 21.12.1935 in Hindas (bei Göteborg) das Leben. Tucholsky war Satiriker mit einer Vorliebe für die Kleinformen der Prosa. Er schrieb aber auch heitere Romane: „Rheinsberg. Ein Bilderbuch für Verliebte" (1912); „Schloss Gripsholm" (1931).

Joseph von Eichendorff:
Siehe hierzu die Randspalte auf Seite 324.

Das Ideal
Kurt Tucholsky (1890–1935)

1 Ja, das möchste:
Eine Villa im Grünen mit großer Terrasse,
vorn die Ostsee, hinten die Friedrichstraße;
mit schöner Aussicht, ländlich-mondän,
5 vom Badezimmer ist die Zugspitze zu sehn –
aber abends zum Kino hast dus nicht weit.

Das Ganze schlicht, voller Bescheidenheit:

10 Neun Zimmer, – nein, doch lieber zehn!
Ein Dachgarten, wo die Eichen drauf stehn,
Radio, Zentralheizung, Vakuum,
eine Dienerschaft, gut gezogen und stumm,
eine süße Frau voller Rasse und Verve –
15 (und eine fürs Wochenend, zur Reserve) –,
eine Bibliothek und drumherum
Einsamkeit und Hummelgesumm.

Im Stall: Zwei Ponies, vier Vollbluthengste,
20 acht Autos, Motorrad – alles lenkste
natürlich selber – das wär ja gelacht!
Und zwischendurch gehst du auf Hochwildjagd.

Ja, und das hab ich ganz vergessen:
25 Prima Küche – erstes Essen –
alte Weine aus schönem Pokal –
und egalweg bleibst du dünn wie ein Aal.
Und Geld. Und an Schmuck eine richtige Portion.
Und noch ne Million und noch ne Million.
30 Und Reisen. Und fröhliche Lebensbuntheit.
Und famose Kinder. Und ewige Gesundheit.

         Ja, das möchste!

35 Aber, wie das ist so hienieden:
manchmal scheints so, als sei es beschieden
nur pöapö, das irdische Glück.
Immer fehlt dir irgendein Stück.
Hast du Geld, dann hast du nicht Käten;
40 hast du die Frau, dann fehln dir Moneten –
hast du die Geisha, dann stört dich der Fächer:
bald fehlt uns der Wein, bald fehlt uns der Becher.

Etwas ist immer.
45
         Tröste dich

Jedes Glück hat einen kleinen Stich.
Wir möchten so viel: Haben. Sein. Und gelten.
50 Daß einer alles hat:

             das ist selten.

7.2 Lyrik – Gedichte mit Bedeutung versehen

Groß-Stadt – Weihnachten
Kurt Tucholsky (1890–1935)

1 Nun senkt sich wieder auf die heim'schen Fluren
die Weihnacht! die Weihnacht!
Was die Mamas bepackt nach Hause fuhren,
wir kriegens jetzo freundlich dargebracht.

5 Der Asphalt glitscht. Kann Emil das gebrauchen?
Die Braut kramt schämig in dem Portemonnaie.
Sie schenkt ihm, teils zum Schmuck und teils zum Rauchen
den Aschenbecher aus Emalch glase.

10 Das Christkind kommt! Wir jungen Leute lauschen
auf einen stillen heiligen Grammophon.
Das Christkind kommt und ist bereit zu tauschen
den Schlips, die Puppe und das Lexikohn.

15 Und sitzt der wackre Bürger bei den Seinen,
voll Karpfen, still im Stuhl, um halber zehn,
dann ist er mit sich selbst zufrieden und im reinen:
„Ach ja, son Christfest is doch ooch janz scheen!"

20 Und frohgelaunt spricht er vom „Weihnachtswetter",
mag es nun regnen oder mag es schnein.
Jovial und schmauchend liest er seine Morgenblätter,
die trächtig sind von süßen Plauderein.

25 So trifft denn nur auf eitel Glück hinieden
in dieser Residenz Christkindleins Flug?
Mein Gott, sie mimen eben Weihnachtsfrieden…
„Wir spielen alle. Wer es weiß, ist klug."

Weihnachten
Joseph von Eichendorff (1788–1857)

1 Markt und Straßen stehn verlassen,
Still erleuchtet jedes Haus,
Sinnend geh ich durch die Gassen,
Alles sieht so festlich aus.

5 An den Fenstern haben Frauen
Buntes Spielzeug fromm geschmückt,
Tausend Kindlein stehn und schauen,
Sind so wundervoll beglückt.

10 Und ich wandre aus den Mauern
Bis hinaus ins freie Feld,
Hehres Glänzen, heilges Schauern!
Wie so weit und still die Welt!

15 Sterne hoch die Kreise schlingen,
Aus des Schnees Einsamkeit
Steigt's wie wunderbares Singen –
O du gnadenreiche Zeit!

■■■ Aufgaben

1. a) Führen Sie stichpunktartig auf, welche Wunschvorstellungen Tucholsky in seinem Gedicht „Das Ideal" beschreibt.
    b) Arbeiten Sie die formalen Besonderheiten des Textes heraus.

2. Charakterisieren Sie das Gefühl, das Eichendorff angesichts des Weihnachtsfestes beschreibt. Mit welchen formalen Mitteln versucht der Autor seine Empfindungen zu verdeutlichen?

3. Vergleichen Sie Tucholskys Weihnachtsdarstellung mit der von Eichendorff und benennen Sie die Unterschiede in der Verwendung
    a) formaler Gestaltungsmittel,
    b) bildhafter Gestaltungsmittel.
    Stellen Sie diese Unterschiede in einer Tabelle stichwortartig gegenüber.

7 Literarische Texte verstehen und erfassen

Rainer Maria Rilke:
österreichischer Schriftsteller; er sollte auf Wunsch seiner Eltern die Offizierslaufbahn absolvieren. Aus gesundheitlichen Gründen brach er diese Ausbildung 1891 ab und studierte nach dem Abitur Kunst, Philosophie und Literatur. Den I. Weltkrieg erlebte Rilke in München. Von 1915–1916 musste er für ein halbes Jahr in Wien Kriegsdienst leisten. Seine letzten Lebensjahre waren von Krankheit überschattet. Er starb in einem Sanatorium an Leukämie.

Georg Trakl:
österreichischer Lyriker; nach dem Gymnasium absolvierte er zunächst eine Apothekerlehre, später ein Pharmaziestudium. Durch seinen hohen Alkohol- und Drogenkonsum war er bald physisch und psychisch völlig zerrüttet. Er verstarb an einer Überdosis Kokain.
Seine Gedichte sind durch das Verwenden bestimmter Formen (Sonett) und Motive (Herbst, Dämmerung, Verfall) geprägt.

Herbst
Rainer Maria Rilke (1875–1926)

1 Die Blätter fallen, fallen wie von weit,
als welkten in den Himmeln ferne Gärten;
sie fallen mit verneinender Gebärde.

5 Und in den Nächten fällt die schwere Erde
aus allen Sternen in die Einsamkeit.

Wir alle fallen. Diese Hand da fällt.
Und sieh dir andre an: es ist in allen.
10 Und doch ist Einer, der dies Fallen
unendlich sanft in seinen Händen hält.

Verfall
Georg Trakl (1887–1914)

1 Am Abend, wenn die Glocken Frieden läuten,
Folg ich der Vögel wundervollen Flügen,
Die lang geschart, gleich frommen Pilgerzügen,
Entschwinden in den herbstlich klaren Weiten.

5
Hinwandelnd durch den dämmervollen Garten
Träum ich nach ihren helleren Geschicken
Und fühl der Stunden Weiser kaum mehr rücken.
So folg ich über Wolken ihren Fahrten.

10
Da macht ein Hauch mich von Verfall erzittern.
Die Amsel klagt in den entlaubten Zweigen.
Es schwankt der rote Wein an rostigen Gittern,

15 Indes wie blasser Kinder Todesreigen
Um dunkle Brunnenränder, die verwittern,
Im Wind sich fröstelnd blaue Astern neigen.

■ Aufgaben

1. Bestimmen Sie in den Gedichten von Georg Trakl und Rainer Maria Rilke die Formmerkmale. Hinweise und Hilfestellungen finden Sie auf Seite 202 ff.
2. Zeigen Sie in einer vergleichenden Interpretation,
   a) wie der Herbst in den beiden Gedichten aufgefasst wird und
   b) wie die Dichter ihr Thema entwickeln und sprachlich gestalten.
   (Informationen zur vergleichenden Interpretation finden Sie auf Seite 320 f.)

Abseits
Theodor Storm (1817–1888)

1 Es ist so still; die Heide liegt
Im warmen Mittagssonnenstrahle,
Ein rosenroter Schimmer fliegt
Um ihre alten Gräbermale;
5 Die Kräuter blühn; der Heideduft
steigt in die blaue Sommerluft.

Laufkäfer hasten durchs Gesträuch
In ihren goldnen Panzerröcken,
10 Die Bienen hängen Zweig um Zweig
Sich an der Edelheide Glöckchen;
Die Vögel schwirren aus dem Kraut
Die Luft ist voller Lerchenlaut.

15 Ein halb verfallen niedrig Haus
Steht einsam hier und sonnbeschienen;
Der Kätner lehnt zur Tür hinaus,
Behaglich blinzelnd nach den Bienen;
Sein Junge auf dem Stein davor
20 Schnitzt Pfeifen sich aus Kälberrohr.

Kaum zittert durch die Mittagsruh
Ein Schlag der Dorfuhr, der entfernten;
Dem Alten fällt die Wimper zu,
25 Er träumt von seinen Honigernten.
– Kein Klang der aufgeregten Zeit
Drang noch in diese Einsamkeit.

Theodor Storm:
Er wurde in Husum geboren. („die graue Stadt am Meer...") und studierte Jura in Kiel und Berlin.
Seine Gedichte zeichnen sich durch eine schlichte Sprache aus. In seinen Gedichten schildert er oft die erlebte norddeutsche Landschaft. Bekannt und weit verbreitet sind auch seine zahlreichen kunstvoll gestalteten Novellen; z. B. „Immensee", „Der Schimmelreiter".

Im Sommer
Sarah Kirsch (*1935)

1 Dünn besiedelt das Land.
Trotz riesigen Feldern und Maschinen
Liegen die Dörfer schläfrig
In Buchsbaumgärten; die Katzen
5 Trifft selten ein Steinwurf.

Im August fallen Sterne.
Im September bläst man die Jagd an.
Noch fliegt die Graugans, spaziert der Storch
10 Durch unvergiftete Wiesen. Ach, die Wolken
Wie Berge fliegen sie über die Wälder.

Wenn man hier keine Zeitung hält,
Ist die Welt in Ordnung.
In Pflaumenmuskesseln
15 Spiegelt sich schön das eigne Gesicht und
Feuerrot leuchten die Felder.

Sarah Kirsch:
(geb. Ingrid Bernstein):
Sie schrieb zunächst Lyrik mit sozialistischer Thematik. 1977 wurde sie aus der SED ausgeschlossen und siedelte dann nach West-Berlin über. Heute lebt sie in Schleswig-Holstein und schreibt Gedichte, Reportagen und Kinderbücher.

Aufgaben

1. Formulieren Sie in wenigen Sätzen die jeweilige zentrale Aussage der beiden Texte.
2. Benennen Sie die Unterschiede in der Verwendung
   a) formaler Gestaltungsmittel,
   b) bildhafter Gestaltungsmittel.
   c) Beachten Sie insbesondere, wie die Beziehung zwischen Natur und Mensch dargestellt bzw. aufgefasst wird.
   Stellen Sie die Unterschiede in einer Tabelle stichwortartig gegenüber.
3. Erstellen Sie eine Gliederung für eine vergleichende Gedichtinterpretation. (Hilfe und Hinweise für das Vorgehen finden Sie auf den Seiten 320 ff.)

7 Literarische Texte verstehen und erfassen

Hermann Hesse
(Pseudonym: Emil Sinclair): Er wurde in dem Schwarzwaldstädtchen Calw geboren und sehr religiös erzogen. 1895 begann er mit einer Buchhändlerlehre in Tübingen, seit 1904 arbeitete er dann als freier Schriftsteller. 1946 erhielt er den Nobelpreis für Literatur und 1955 den Friedenspreis des deutschen Buchhandels. Seine Werke wurden in viele Sprachen übersetzt. Ihm zu Ehren wurde der Hermann-Hesse-Preis gestiftet.

Rainer Maria Rilke:
siehe Seite 332.

Im Nebel (1905)
Hermann Hesse (1877–1962)

1 Seltsam, im Nebel zu wandern!
Einsam ist jeder Busch und Stein,
kein Baum sieht den andern,
jeder ist allein.

5 Voll von Freunden war mir die Welt,
als noch mein Leben licht war;
nun, da der Nebel fällt,
ist keiner mehr sichtbar.

Wahrlich, keiner ist weise,
10 der nicht das Dunkel kennt,
das unentrinnbar und leise
von allen ihn trennt.

Seltsam, im Nebel zu wandern!
Leben ist Einsamsein.
15 Kein Mensch kennt den andern,
jeder ist allein.

Ich leb gerad …
Rainer Maria Rilke (1875–1926)

1 Ich leb gerad, da das Jahrhundert geht.
Man fühlt den Wind von einem großen Blatt,
das Gott und du und ich beschrieben hat
und das sich hoch in fremden Händen dreht.

5 Man fühlt den Glanz von einer neuen Seite,
auf der noch Alles werden kann.

Die stillen Kräfte prüfen ihre Breite
Und sehn einander dunkel an.

■ Aufgaben

1. Beschreiben Sie die Stimmung des lyrischen Subjekts in dem Gedicht „Im Nebel". Beachten Sie dabei, dass Hermann Hesse im September 1911 von Genua aus eine Seereise nach Indien begann. (Informationen zum lyrischen Subjekt finden Sie auf Seite 202.)
2. Nennen Sie stichwortartig die formalen Besonderheiten des Gedichts „Im Nebel" (Wortwahl, Satzbau, Reimschema).
3. In welche Literaturepoche ist das Gedicht von Rilke einzuordnen? Begründen Sie Ihre Zuordnung. (Hinweise und Anregungen finden Sie in Kapitel 6.3.)
4. Beschreiben Sie, welche Gedanken und Gefühle Rilke in seinem „inneren Monolog" zum Ausdruck bringt.

7.2 Lyrik – Gedichte mit Bedeutung versehen

Vorfrühling (1914)
Ernst Stadler (1883–1914)

1 In dieser Märznacht trat ich spät aus meinem Haus.
Die Straßen waren aufgewühlt von Lenzgeruch und grünem Saatregen,
Winde schlugen an. Durch die verstörte Häusersenkung ging ich weit hinaus
Bis zu dem unbedeckten Wall und spürte: meinem Herzen schwoll ein neuer
5 Takt entgegen.
In jedem Lufthauch war ein neues Werden ausgespannt.
Ich lauschte, wie die starken Wirbel mir im Blute rollten.
Schon dehnte sich bereitet Acker. In den Horizonten eingebrannt
War schon die Blaue hoher Morgenstunden, die ins Weite führen sollten.
10 Die Schleusen knirschten. Abenteuer brach aus allen Fernen.
Überm Kanal, den junge Auffahrtswinde wellten, wuchsen helle Bahnen,
In deren Licht ich trieb. Schicksal stand wartend in umwehten Sternen.
In meinem Herzen lag ein Stürmen wie von ausgerollten Fahnen.

Ernst Stadler:
Literaturhistoriker und
Dichter, Vertreter des
Expressionismus. Er fiel
am 30. Oktober 1914 bei
Zandvoord (Holland).

Johann Wolfgang Goethe:
siehe Seite 224 und 326.

Mailied (1771)
Johann Wolfgang Goethe (1749–1832)

1 Wie herrlich leuchtet
Mir die Natur!
Wie glänzt die Sonne!
Wie lacht die Flur!

5

Es dringen Blüten
Aus jedem Zweig
Und tausend Stimmen aus
dem Gesträuch,

10

Und Freud und Wonne
Aus jeder Brust

O Erd, o Sonne!
o Glück, o Lust!
15 O Lieb, o Liebe!
So golden schön,
Wie Morgenwolken
Auf jenen Höhn!

20 Du segnest herrlich
Das frische Feld,
Im Blütendampfe
Die volle Welt.

25 O Mädchen, Mädchen,
Wie lieb' ich dich!
Wie blinkt dein Auge!

Wie liebst du mich!
So liebt die Lerche
30 Gesang und Luft,
Und Morgenblumen
Den Himmelsduft,

Wie ich dich liebe
35 Mit warmem Blut,
Die du mir Jugend
Und Freud' und Mut

Zu neuen Liedern
40 Und Tänzen gibst.
Sei ewig glücklich,
Wie du mich liebst!

■ Aufgaben

1. a) Interpretieren Sie das Gedicht von Ernst Stadler unter Berücksichtigung von Inhalt, Form und Sprache:
Welche Bedeutung hat der Vorfrühling für das lyrische Subjekt?
b) Ordnen Sie das Gedicht einer Literaturepoche zu und weisen Sie Ihre Zuordnung am Text nach.

2. Vergleichen Sie Stadlers Gedicht mit dem Gedicht „Er ist's" von Mörike (siehe Seite 320). In beiden Fällen handelt es sich um ein Naturgedicht.

3. Das Gedicht „Mailied", eines der bekanntesten Goethegedichte, ist der Pfarrerstochter Friederike Brion gewidmet, die er im Oktober 1770 kennenlernte. Beschreiben Sie den Textinhalt des Gedichts. Beachten Sie dabei den Zusammenhang zwischen der Naturdarstellung und der Stimmung des lyrischen Ichs.

4. Untersuchen Sie das Mailied in Bezug auf die Besonderheiten von Sprache und Satzbau. Was fällt Ihnen auf?

7 Literarische Texte verstehen und erfassen

Ingeborg Bachmann:
in Klagenfurt, Österreich, geboren. Sie war eine der bedeutendsten österreichischen Schriftstellerinnen des 20. Jahrhunderts. In ihrer Zeit als Hörfunkredakteurin beim Wiener Sender „Rot-Weiß-Rot" schrieb sie 1952 ihr erstes Hörspiel. Kurz darauf konnte sie bei einer Lesung der „Gruppe 47" ihren literarischen Durchbruch feiern.
Seit 1953 häufige Aufenthalte in Rom; dort starb sie 1973 an den Folgen einer schweren Verbrennung.

Reklame
Ingeborg Bachmann (1926–1973)

1 Wohin aber gehen wir
ohne sorge sei ohne sorge
wenn es dunkel und wenn es kalt wird
sei ohne sorge
5 aber
mit musik
was sollen wir tun
heiter und mit musik
und denken
10 heiter
angesichts eines Endes
mit musik
und wohin tragen wir
am besten
15 unsre Fragen und den Schauer aller Jahre
in die Traumwäscherei ohne sorge sei ohne sorge
was aber geschieht
am besten
wenn Totenstille
20 eintritt

Christa Reinig:
wuchs in Ost-Berlin auf. Sie war Mitarbeiterin der satirischen Zeitschrift „Eulenspiegel"; wegen ihrer nonkonformistischen Haltung gegenüber jeglicher Autorität erging jedoch bereits 1951 ein Publikationsverbot der DDR-Behörden gegen sie, sodass ihre Werke bereits in den Fünfzigerjahren ausschließlich in westdeutschen Verlagen erschienen.

Gott schuf die Sonne
Christa Reinig (1926–2008)

1 Ich rufe den wind
wind antworte mir
ich bin sagt der wind
bin bei dir

5 ich rufe die sonne
sonne antworte mir
ich bin sagt die sonne
bin bei dir

10 ich rufe die sterne
antwortet mir
wir sind sagen die sterne
alle bei dir

15 ich rufe den menschen
antworte mir
ich rufe – es schweigt
nichts antwortet mir

Aufgaben

1. a) Schreiben Sie die Fragen aus dem Gedicht „Reklame" von Ingeborg Bachmann heraus.
   b) Erklären Sie die Bedeutung der einzelnen Fragestellungen.
   c) Nennen und beurteilen Sie die Antworten, die auf die Fragen gegeben werden.
2. Beschreiben Sie stichwortartig den formalen Aufbau des Gedichts „Gott schuf die Sonne" von Christa Reinig.
3. Vergleichen Sie die unterschiedlichen Fragestellungen beider Gedichte.

Hiroshima
Marie Luise Kaschnitz (1901–1974)

1 Der den Tod auf Hiroshima warf
Ging ins Kloster, läutet dort die Glocken.
Der den Tod auf Hiroshima warf
Sprang vom Stuhl in die Schlinge, erwürgte sich.
5 Der den Tod auf Hiroshima warf
Fiel in Wahnsinn, wehrt Gespenster ab
Hunderttausend, die ihn angehen nächtlich
Auferstandene aus Staub für ihn.

10 Nichts von alledem ist wahr.
Erst vor kurzem sah ich ihn
Im Garten seines Hauses vor der Stadt.
Die Hecken waren noch jung und die Rosenbüsche zierlich.
Das wächst nicht so schnell, daß sich einer verbergen könnte
15 Im Wald des Vergessens. Gut zu sehen war
Das nackte Vorstadthaus, die junge Frau
Die neben ihm stand im Blumenkleid
Das kleine Mädchen an ihrer Hand der Knabe der auf seinem Rücken saß
Und über seinem Kopf die Peitsche schwang.
20 Sehr gut erkennbar war er selbst
Vierbeinig auf dem Grasplatz, das Gesicht
Verzerrt von Lachen, weil der Photograph
Hinter der Hecke stand, das Auge der Welt.

Marie Luise Kaschnitz: in Karlsruhe geboren, war eine Lyrikerin und Autorin von Erzählungen. Sie arbeitete auch als Universitätsdozentin für Poetik.
Kaschnitz wuchs in Berlin, Potsdam und Bollschweil auf. Von 1922 bis 1924 absolvierte sie eine Buchhändlerlehre in Weimar und München, ab 1924 arbeitete sie in einem Antiquariat in Rom.
1925 heiratete sie Guido Freiherr von Kaschnitz-Weinberg, den sie in den Folgejahren auf dessen archäologischen Studienreisen durch Italien, Griechenland, Nordafrika und die Türkei begleitete.
1955 erhielt sie den Georg-Büchner-Preis.

Hiroshima nach dem Abwurf der ersten Atombombe am 6. August 1945

Aufgaben
1. Vergleichen Sie beide Strophen miteinander und erläutern Sie inhaltliche und formale Unterschiede.
2. Charakterisieren Sie die häusliche Situation des Mannes.
3. Erläutern Sie, welche Rolle der Fotograf spielt.

7 Literarische Texte verstehen und erfassen

7.2.5 Moderne Lyrik

Peter Rühmkorf:
in Dortmund geboren; war einer der bedeutendsten deutschen Lyriker, der aufmerksam und kritisch, mit Wortwitz und verbaler Artistik auf die Probleme des Menschen hinweisen konnte.

Kollergang:
Mahlwerk.

Effendi:
frühere türkische Anredeform für hochgestellte Personen.

nascendi:
im Entstehen.

Jahoo:
In „Gullivers Reisen" von Swift eine primitive Menschengattung mit tierähnlichen Zügen.

Sütterlin:
deutsche Schreibschrift, um 1915 von dem Berliner Graphiker I. Sütterlin geschaffen.

Bessemer:
Henry Bessemer (1813-1898), britischer Ingenieur, der ein Verfahren zur Stahlerzeugung erfand.

Marcel Reich-Ranicki:
siehe Seite 269.

Auf eine Weise des Joseph Freiherrn von Eichendorff
Peter Rühmkorf (1929–2008)

1 In meinem Knochenkopfe
da geht ein Kollergang,
der mahlet meine Gedanken
ganz außer Zusammenhang.

5 Mein Kopf ist voller Romantik,
meine Liebste nicht treu –
Ich treib in den Himmelsatlantik
und lasse Stirnenspreu.

10 Ach, wär ich der stolze Effendi,
der Gei- und Tiger hetzt,
Wenn der Mond, in statu nascendi,
seine Klinge am Himmel wetzt!-

15 Ein Jahoo, möcht' ich lallen
lieber als introvertiert
mit meinen Sütterlin – Krallen
im Kopf herumgerührt.

20 Ich möcht am liebsten sterben
im Schimmelmonat August –
Was klirren so muntere Scherben
in meiner Bessemer - Brust?!.

„Er war ein feinsinniger Ästhet, ein raffinierter Schöngeist, ein exquisiter Ironiker. Nur war er zugleich ein plebejischer Poet, ein handfester Spaßmacher, ein Verwalter des literarischen Untergrunds, ein Dichter der Gasse und der Masse, einer, der die Lyrik auf den Markt gebracht hat. Er schämte sich nicht, das Drastische, das Vulgäre zu schätzen. […] Dieser Rühmkorf ist nie ganz seriös – und immer sehr ernst."

(Marcel Reich-Ranicki, Frankfurter Allgemeine Zeitung, 10.06.2008)

Aufgaben

1. Vergleichen Sie das Gedicht von Peter Rühmkorf mit dem Gedicht von J. v. Eichendorff auf Seite 204 unter folgenden Gesichtspunkten:
   - formale und inhaltliche Unterschiede und Gemeinsamkeiten zwischen beiden Texten,
   - die Gefühlslage des lyrischen Ichs.
2. Handelt es sich bei Rühmkorfs Text um eine Parodie?

7.2 Lyrik – Gedichte mit Bedeutung versehen

Schüler-Gedichte zum Thema "Was ist Liebe?"

[ohne Titel] (2008)
Stefanie Göhner (*1988)

1 **Mittlerweile**

1 ist es zu spät
um sich zu entschuldigen
5 zu spät

2 um zu bereuen
dich verloren zu haben
kann nicht mehr die sein

10 **3** die ich damals war
habe einen neuen Weg eingeschlagen

4 der mich weg geführt hat
weg von dir
15 doch ihn zu gehen war notwendig

5 um mich selbst zu finden
auch wenn das hieß

20 **6** dich stehen zu lassen

Sie (2007)   Georg Loewen (*1990)

1 Kam zurück in mein Leben
War unvorbereitet, hatte nicht damit gerechnet
Steht nun da,
lächelt mich an
5 und versinke,
kehre in die Vergangenheit,
denke nach
schön, wundervoll, traumhaft
war es
10 doch es ist nicht damals,
es ist jetzt
Zweifel, Trauer, Vorwurf

„Können wir uns nicht nächstes Leben treffen?"

Reden (2008)
Mirjam Bretschneider (*1991)

Es gäbe viel zu sagen

Haben uns auseinander geliebt

Habe Angst davor …

Nicht Mut genug dafür …

Will dir alles sagen

Vermisse dich

Will dich nicht verlieren

Können wir darüber reden?

■ **Hinweis**
Alle drei Gedichte sind im Rahmen des Rumpelstilzchen-Literaturprojekts am Widukind-Gymnasium in Enger entstanden.

Gedichte sind kleine Widerstandsnester

„Warum sind für viele Menschen Gedichte so wichtig – und vorgelesene Gedichte erst recht? Weil Gedichte die dichteste, anspruchsvollste und subjektivste Art sind, Sprache zu gestalten, die Welt ins Wort zu fassen, die Existenz zum Ausdruck zu bringen. Gedichte sind kleine Widerstandsnester gegen die riesige Flut an Sprachmüll, der uns täglich aus allen Medien entgegenkommt. Wir reden vom Kommunikations- und Informationszeitalter, in dem wir leben – aber oft kommt es uns so vor, als sei die Kommunikation noch nie so belanglos und als sei die Information noch nie so leer gewesen. Die Sender müssen ja rund um die Uhr senden und die Online-Dienste ihre Schlagzeilen möglichst stündlich ändern – so kommt es, dass die Sprache in eine Art Überproduktionskrise geraten ist.

In dieser Situation stellt das Gedicht eine Unterbrechung dar.
Das Gedicht unterbricht für einen Augenblick das ewige Weiterreden. Es ermöglicht ein Atemholen – vielleicht sogar einen Moment der Wahrheit und der Selbsterkenntnis [...]"

(aus dem Grußwort von Dr. Horst Köhler während seiner Amtszeit als Bundespräsident anlässlich der Festveranstaltung „10 Jahre Internetplattform ´lyrikline.org` ", Berlin, Oktober 2009)

■ **Aufgaben**

1. Sind Liebesgedichte heute überhaupt noch zeitgemäß? Oder ist es einfach „uncool", Gefühle zu zeigen und über sie zu sprechen? Nehmen Sie Stellung und begründen Sie Ihre Antwort.

2. Können Sie sich in einem der Gedichte wiederfinden? Erläutern Sie warum bzw. warum nicht.

3. Stellen Sie sich vor, Sie hätten eines dieser Gedichte erhalten. Schreiben Sie eine Antwort – dies kann in Form eines Briefs oder ebenfalls mit einem Gedicht erfolgen.

7 Literarische Texte verstehen und erfassen

7.3 Gestaltendes Erschließen

Neben dem Interpretieren und dem Erörtern ist das gestaltende Erschließen von Texten eine häufig gestellte Aufgabe. Hierzu wird auf der Grundlage eines vorgegebenen literarischen Textes oder eines Sachtextes ein eigener Text verfasst, der eine Leerstelle im Ausgangstext füllt. Bei einer solchen Leerstelle handelt es sich in der Regel um etwas, was im Text nicht bestimmt wird und daher zu einer Ergänzung anregt.

Es sollen so passende Details, Stimmungen usw. darstellend nachempfunden und kreiert werden. Meistens müssen Sie hierzu in Form eines Tagebucheintrags, eines inneren Monologs, eines Dialogs oder eines Briefs Ihr Textverständnis aufzeigen.

Die Lösung einer solchen Aufgabe erfordert neben einer hohen Sprachkompetenz auch viel Einfühlungsvermögen und Kreativität.

> **Auf folgende Aufgaben-stellungen sollten Sie in der Prüfung vorbereitet sein:**
>
> **Untersuchendes Erschließen:**
> · Textinterpretation (Literatur)
> · Textanalyse (Sachtext)
>
> **Erörterndes Erschließen:**
> · literarische Erörterung
> · Texterörterung
> · freie Erörterung
>
> **Gestaltendes Erschließen:**
> · gestaltende Interpretation (Literatur)
> · adressatenbezogenes Schreiben (Sachtext)

7.3.1 Gestaltendes Erschließen literarischer Texte

So sollten Sie vorgehen:
1. Lesen Sie die Aufgabe mehrmals genau durch.
2. Analysieren Sie den Ausgangstext (z.B. Figurencharakteristik, Handlungsverlauf, Sprachanalyse).
3. Erfassen Sie die Leerstelle (Was soll ich gestalten?).
4. Definieren Sie die Gestaltungsform (z.B. Brief, Tagebucheintrag, Monolog, Dialog).
5. Charakterisieren Sie nochmals genau den Textverfasser, in den Sie sich hineinversetzen sollen, und gegebenenfalls den Adressaten (Epoche, Alter, Lebensumstände, Sprache usw.).
6. Entwerfen Sie eine gestaltende Interpretation.
7. Formulieren Sie Ihre gestaltende Interpretation.
8. Begründen Sie, warum Sie diesen Text in dieser Weise künstlerisch gestaltet haben (Gestaltungsreflexion, siehe Seite 344).
9. Formulieren Sie die Gestaltungsreflexion.
10. Kontrollieren Sie Ausdruck und Rechtschreibung.

Walter Helmut Fritz: in Karlsruhe geboren, war nach dem Studium als Gymnasiallehrer tätig. Seit 1964 ist er freier Schriftsteller.

Augenblicke

Walter Helmut Fritz (*1929)

1 „Kaum stand sie vor dem Spiegel im Badezimmer, um sich herzurichten, als ihre Mutter aus dem Zimmer nebenan zu ihr hereinkam, unter dem Vorwand, sie wolle sich nur die Hände waschen. Also doch! Wie immer, wie fast immer. Elsas Mund krampfte sich zusammen. Ihre Finger spannten sich. Ihre Augen
5 wurden schmal. Ruhig bleiben! Sie hatte darauf gewartet, dass ihre Mutter auch dieses Mal hereinkommen würde, voller Behutsamkeit, mit jener scheinbaren Zurückhaltung, die durch ihre Aufdringlichkeit die Nerven freilegt. Sie hatte – behext, entsetzt, gepeinigt – darauf gewartet, weil sie sich davor fürchtete. Komm, ich mach dir Platz, sagte sie zu ihrer Mutter und lächelte ihr zu.

7.3 Gestaltendes Erschließen

10 Nein, bleib nur hier, ich bin gleich soweit, antwortete die Mutter und lächelte. Aber es ist doch so eng, sagte Elsa, und ging rasch hinaus, über den Flur, in ihr Zimmer. Sie behielt einige Augenblicke länger als nötig die Klinke in der Hand, wie um die Tür mit Gewalt zuzuhalten. Sie ging auf und ab, von der Tür zum Fenster, vom Fenster zur Tür. Vorsichtig öffnete ihre Mutter. Ich bin schon
15 fertig, sagte sie. Elsa tat, als ob ihr inzwischen etwas anderes eingefallen wäre, und machte sich an ihrem Tisch zu schaffen.
- Du kannst weitermachen, sagte die Mutter.
- Ja, gleich.
Die Mutter nahm die Verzweiflung ihrer Tochter nicht einmal als Ungeduld
20 wahr. Wenig später allerdings verließ Elsa das Haus. ohne ihrer Mutter adieu zu sagen. Mit der Tram fuhr sie in die Stadt, in die Gegend der Post. Dort sollte es eine Wohnungsvermittlung geben, hatte sie einmal gehört. Sie hätte zu Hause im Telefonbuch eine Adresse nachsehen können. Sie hatte nicht daran gedacht, als sie die Treppen hinuntergeeilt war.
25 In einem Geschäft für Haushaltungsgegenstände fragte sie, ob es in der Nähe nicht eine Wohnungsvermittlung gebe. Man bedauerte. Sie fragte in der Apotheke, bekam eine ungenaue Auskunft. Vielleicht im nächsten Haus. Dort läutete sie. Schilder einer Abendzeitung, einer Reisegesellschaft, einer Kohlenfirma. Sie läutete umsonst. Es war später Nachmittag, Samstag, zweiundzwanzigster
30 Dezember. Sie sah in eine Bar hinein. Sie sah den Menschen nach, die vorbeigingen. Sie trieb mit. Sie betrachtete Kinoreklamen.
Sie ging Stunden umher. Sie würde erst spät zurückkehren. Ihre Mutter würde zu Bett gegangen sein. Sie würde ihr nicht mehr Gute Nacht zu sagen brauchen. Sie würde sich, gleich nach Weihnachten, eine Wohnung nehmen. Sie
35 war zwanzig Jahre alt und verdiente. Kein einziges Mal würde sie sich mehr beherrschen können, wenn ihre Mutter zu ihr ins Bad kommen würde, wenn sie sich schminkte. Kein einziges Mal.
Ihre Mutter lebte seit dem Tod ihres Mannes allein. Oft empfand sie Langeweile. Sie wollte mit ihrer Tochter sprechen. Weil sich die Gelegenheit selten ergab
40 (Elsa schützte Arbeit vor), suchte sie sie auf dem Flur zu erreichen oder wenn sie im Bad zu tun hatte. Sie liebte Elsa. Sie verwöhnte sie. Aber sie, Elsa, würde kein einziges Mal mehr ruhig bleiben können, wenn sie wieder zu ihr ins Bad käme. Elsa floh.
Über der Straße künstliche, blau, rot, gelb erleuchtete Sterne. Sie spürte Zunei-
45 gung zu den vielen Leuten, zwischen denen sie ging. Als sie kurz vor Mitternacht zurückkehrte, war es still in der Wohnung. Sie ging in ihr Zimmer, und es blieb still.
Sie dachte daran, dass ihre Mutter alt und oft krank war. Sie kauerte sich in ihren Sessel, und sie hätte unartikuliert schreien mögen, in die Nacht mit ihrer
50 entsetzlichen Gelassenheit.“

Zur Figurencharakteristik gehören:

a) äußere Charakteristik:
z.B.:
- Größe, Statur,
- Alter,
- Aussehen,
- Gesichtszüge,
- nonverbale Signale,
- Auffälligkeiten.

b) innere Charakteristik:
z.B.:
- Temperament,
- Denken (politisch, sozial …),
- Fühlen (Hass, Liebe …),
- Handeln (aktiv …).

▬ Aufgaben

1. Charakterisieren Sie die Hauptfigur Elsa umfassend.

2. Gestalten Sie einen klärenden Dialog zwischen Mutter und Tochter.

3. Elsa fühlt sich nicht in der Lage, ihre Probleme der Mutter gegenüber direkt anzusprechen. Versetzen Sie sich in Elsa und gestalten Sie einen Brief, in dem Sie die Situation darlegen und Lösungsvorschläge unterbreiten.

4. Reflektieren Sie Ihre inhaltlichen und sprachlichen Entscheidungen (siehe hierzu Seite 344).

7 Literarische Texte verstehen und erfassen

7.3.2 Gestaltendes Erschließen von Sachtexten

Hinweis
Wiederholen Sie Ihre Kenntnisse zu folgenden Themen:

- Argumentationsstrategie (siehe Seite 64)
- pragmatische Textsorten (siehe Seite 4)
- rhetorische Mittel (siehe Seite 49 ff.)

Auch Sachtexte können als Grundlage des gestaltenden Erschließens genutzt werden. Hierbei gestaltet man einen neuen Sachtext (z.B. einen Leserbrief, Kommentar, Bericht o.Ä.), indem man eine im Ausgangstext vorhandene Leerstelle füllt.

So sollten Sie vorgehen:
1. Lesen Sie sich die Aufgabenstellung mehrmals gründlich durch.
2. Analysieren Sie den Ausgangstext (Inhalt, Argumentationsstruktur, Sprache).
3. Notieren Sie Ihre Analyse-Ergebnisse.
4. Definieren Sie die Gestaltungsform (Merkmale eines Kommentars, Berichts o.Ä.).
5. Definieren Sie die Kommunikationssituation (insbesondere die Zielgruppe sowie die Textfunktion).
6. Bringen Sie Ihr „Weltwissen" (d.h. Ihr eigenes Allgemeinwissen) zum Thema ein.
7. Entwerfen Sie Ihren Text (beachten Sie dabei die Vorgaben).
8. Kontrollieren Sie, ob Ihr Text in Inhalt und Form der Kommunikationssituation, der Zielgruppe sowie der Kommunikationsabsicht entspricht.
9. Formulieren Sie Ihren Text.
10. Begründen Sie Ihre Argumentations- und Schreibstrategie.
11. Formulieren Sie eine Begründung.
12. Kontrollieren Sie Ausdruck und Rechtschreibung.

Wider Markenwahn und Konsumterror

Warum die Schüler im südpfälzischen Contwig nach den Sommerferien einheitliche Shirts tragen werden

VON GISELA KIRSCHSTEIN

1 Eigentlich waren Yvonne, Sascha, Katharina und Sara von der Idee gar nicht begeistert: „Schulkleidung, Scheiße, nee", dachte Yvonne erst einmal. An englische Röcke dachten die Mädchen
5 der 5a an der Regionalen Schule im südpfälzischen Contwig, an Krawatten die Jungen. Doch bei der Präsentation der Kleidung gingen den elf und zwölf Jahre alten Kindern die Augen auf: Da gab es T-Shirts in Weiß mit blauen Ärmeln,
10 Tops und Poloshirts in Blau oder Weiß, weiße Sweatshirts und blaue Fleecejacken. „Cool", sagt Sascha. „Die ist locker, und man kann viele verschiedene Kombinationen tragen", findet Ka-

tharina. Und Yvonne findet vor allem gut, „dass
15 es freiwillig ist."

Nach den Ferien, am 28. August, startet Contwig ein Projekt der besonderen Art: Als eine von zwei Schulen in Rheinland-Pfalz führt die kombinierte Haupt- und Realschule Schulkleidung
20 ein. Mit den fünften und sechsten Klassen soll das Projekt Jahr für Jahr wachsen. „Es geht uns nicht um Uniformiertheit", betont Rektor Thomas Höchst: „Es geht um Einheitlichkeit in Vielfalt." Die Kleidung solle für ein einheitliches,
25 harmonisches Schulbild sorgen, beruhigend auf

7.3 Gestaltendes Erschließen

die Schüler wirken und vor allem „Nebenkriegs-schauplätze" wie den Wettstreit um Markenkla-
30 motten aus den Klassenzimmern verbannen, sagt Höchst. Für die Vielfalt sorgen 15 verschiedene Modelle – und die Tatsache, dass die Wahl von Hosen und Röcken weiter den Schülern überlassen bleibt.
35 „Wir wollen ja nicht, dass die Schüler sich verklei-den", sagt Höchst. In Zeiten von Markenzwang und Konsumterror wird das Thema Schuluniform in Deutschland schon länger diskutiert. Auf der Suche nach einem besseren Schulklima sprechen
40 Befürworter von einem wirksamen Mittel gegen Markenwahn und für die Stärkung des Schulzu-sammenhalts. Den Gegnern graut es hingegen vor Gleichmacherei, sie verweisen auf schlech-te Erfahrungen mit Uniformen im Dritten Reich.
45 „Schulkleidung ist keine Schuluniform", schreibt daher die Hamburger Lehrerin Karin Brose in ih-rem gleichnamigen Buch. Schuluniform bedeute in der Tat Gleichmacherei, Schulkleidung aber sei „zum Wohlfühlen" da und stelle einen Teil der
50 Erziehung dar, sagt Brose. Die Ziele: Achtung, Respekt, Toleranz und die „Erziehung zum Wir". Die Pädagogin an einer Haupt- und Realschule in Hamburg-Sinstorf hatte vor sechs Jahren die Nase voll von schlampiger Kleidung und nack-
55 ten Bauchnabeln. Brose wollte Disziplin und Arbeitsatmosphäre stärken; als eine der Ersten in Deutschland führte sie daher an ihrer Schule einheitliche Kleidung ein. Der Aufruhr war groß, der Erfolg nicht minder: Seit anderthalb Jahren
60 sind nun alle 420 Schüler der Haupt- und Real-schule mit Schulkleidung versorgt. Broses Er-kenntnis: Die Kleidung muss freiwillig sein, aber

nicht unverbindlich, sie muss „trendy" sein und kostengünstig. [...]
65

Contwig in der ländlich geprägten Südwestpfalz ist strukturschwach und die Arbeitslosigkeit hoch. Mit „Aldi-Klamotten" werde man gleichwohl ausgegrenzt, sagt Katharina. Die neue Schulklei-
70 dung sollen sich weniger reiche Familien leisten können: Drei Euro kostet das billigste Teil, ein Starterset ist für 58 Euro zu haben. „Preiswerter geht's nimmer", sagt Rektor Höchst.

75 Das Projekt kostete den Schulleiter ein Dreivier-teljahr Arbeit: Diskussionen mit dem Kollegium und den Eltern, Beschlüsse in der Schulkonferenz – „es braucht enorm viel Arbeit und Idealismus", sagt Höchst. Der Schulelternbeirat votierte am
80 Ende des Prozesses einstimmig für die Schul-kleidung, über die Modelle stimmten die Schü-ler selbst bei einer Modenschau ab. Zuvor hatten sie in Deutsch über das Thema diskutiert und im Kunstunterricht Entwürfe angefertigt.
85

„Sie können Kleidung nicht verordnen und Ge-meinschaft nicht überstülpen", sagt Höchst. In zwei Schülerfirmen sollen die Kinder nach den Ferien die Schulkleidung selbst organisieren: Die
90 eine Juniorfirma verwaltet die Bestellungen und die Ausgabe der Kleidung, sammelt Geld und Neuaufträge ein; die zweite Firma soll sich um das Marketing kümmern. Bei den angehenden Sechstklässlern ist die Begeisterung groß: „ Es ist
95 ja nicht nur Pflicht", sagt die elfjährige Sara: „Mit der Kleidung weiß man, dass man zur Schule ge-hört – und wir gehören doch zur Schule."

(aus: Die Welt, 10.08.2006)

■ Aufgaben

1. Fassen Sie den Textinhalt zusammen und benennen Sie die Aussageabsicht.

2. Gestalten Sie für Ihre Schülerzeitung einen Leserbrief, in dem Sie auf den Kommentar Bezug nehmen und Ihre Auffassungen zum Thema darlegen.

3. Reflektieren Sie Ihre inhaltlichen und sprachlichen Entscheidungen für den Leserbrief (zur Reflektion siehe Seite 344).

7 Literarische Texte verstehen und erfassen

7.3.3 Gestaltungsreflexion – ein wichtiger Teil der Gestaltungsaufgabe

Hinweis

In der Gestaltungsreflexion müssen Sie begründen, warum Sie
- diesen Textverfasser (Schreiber) mit diesem Problem,
- diese Textsorte,
- an diesen Adressaten

in der von Ihnen gewählten inhaltlichen und formalen Weise gestaltet haben.

Gestaltendes Erschließen als Aufgabe (z.B. für einen Aufsatz in einer Prüfung) verlangt im Allgemeinen, dass man sich zu den gewählten inhaltlichen und formalen Gestaltungsmitteln, die man selbst ausgewählt hat, reflektierend äußert. Dies nennt man Gestaltungsreflexion.

Hier ein paar Formulierungshilfen für die Gestaltungsreflexion:

Gestaltungsreflexion:	
Textverfasser	
● **Charakter:**	ist gestaltet ...
	tritt dem Leser entgegen ...
	wirkt zu Beginn der Novelle ...
	wird dem Leser vorgestellt als ...
● **Konflikt:**	erkennbar wird ein innerer Konflikt ...
	Die Figur trägt an einem ... Konflikt ...
	Ein ... Konflikt der Figur wird gleich ...
	für den Leser erahnbar, erkennbar, transparent
● **Gemütslage:**	erregt, aufgebracht, emotional ergriffen
	ruhig, gelassen, überlegen, rational, sachlich,
	zurückhaltend, verständnisvoll
● **Gestaltung:**	Sprache: Alltagssprache des 20. Jahrhunderts,
	Fachwortschatz
	emotional: Wiederholung, Anapher, Interjektionen,
	Amplifikationen, Vergleiche, Synästhesien, Emphase,
	Personifizierung, Ausrufesätze, rhetorische Fragen
	rational: Konditionalsätze, Nominalstil, Vergleiche,
	Wiederholungen, Zusammenfassungen, rhetorische
	Fragen, Begründungen, Aufzählungen
Adressat / Textsorte	
fiktiv:	Tagebuch / innerer Monolog: persönlich gestaltet,
	Zwiesprache mit sich selbst, Adressat man selbst oder
	imaginäre Instanz, sehr persönliche Dinge, eigene
	Konflikte werden diskutiert, Lösungen angedacht
	Merkmale: Datum (Tagebuch), innerer Monolog: Ich-Form,
	rhetorische Fragen
konkret:	Brief, Rede u.Ä.
	Adressat entweder vertrauenswürdige Person, Freund,
	dem man Konflikte anvertraut, Lösungen diskutiert,
	um Rat bittet.
	ODER:
	Gegner, mit dem man sich argumentativ, sachlich und
	ruhig auseinandersetzt, eventuell um einen äußeren Kon-
	flikt zu lösen
Funktion des Textes:	Information, Kommentar, Appell

7.3 Gestaltendes Erschließen

Hier ein Beispiel für eine Gestaltungsreflexion zu der Aufgabenstellung 3 auf Seite 340 zum Text „Augenblicke" des Schriftstellers Walter Helmut Fritz:

> **Aufgabe:**
> Einen Brief aus der Perspektive Elsas an die Mutter schreiben, in der die Tochter eigene Gedanken und Gefühle darlegt und eine Lösung des Konflikts anbietet.

Gestaltungsreflexion

Aufbau:

Entsprechend der Aufgabenstellung wurde ein Brief der zwanzigjährigen Elsa an ihre Mutter verfasst, in dem die junge Frau ihre Gedanken und Gefühle darlegt und eine Lösung des Konflikts anbietet. Im Folgenden werden die inhaltlichen und gestalterischen Entscheidungen begründet.

◀ **Aufgabe**

Elsa tritt dem Leser in der Kurzgeschichte als junge, selbstbewusste Frau entgegen, die noch bei der Mutter lebt, finanziell jedoch schon auf eigenen Beinen steht. Sie liebt ihre Mutter, befindet sich aber in einem Konflikt mit ihr, da die Mutter Elsa in der gemeinsamen Wohnung zunehmend einengt und ihr wenige Freiheiten lässt. So hat Elsa schon mit dem Gedanken gespielt, sich eine eigene Wohnung zu suchen. Allerdings weiß die Tochter, dass sie die Mutter, die Witwe und sehr einsam ist, schwer verletzen würde. Da die beiden bisher über das Problem nicht gesprochen haben, die Mutter den Konflikt vielleicht gar nicht bemerkt hat, schreibt Elsa diesen Brief.

◀ **Figurencharakteristik Textverfasser/Schreiber**

◀ **Konflikt**

Der Adressat ist die Mutter, eine einsame Witwe, die ihr Kind über alles liebt. Da Elsa ihr nicht wehtun möchte, wurde der Brief sehr freundlich und gefühlvoll gestaltet. Zunächst begründet Elsa, warum sie einen Brief schreibt und nicht direkt das Gespräch mit der Mutter sucht. Die rhetorische Frage Elsas „Ich frage mich, ob es richtig ist, dass ich dir schreibe." zeigt Elsas Unsicherheit. Interjektionen verdeutlichen ihre innere Erregtheit beim Abfassen des Briefes. Mit Anaphern, Wiederholungen und einem Vergleich verdeutlicht Elsa dann doch recht sachlich und bestimmt ihr Problem. [...].

◀ **Adressat**

◀ **Gestaltung**

Die Vorschläge zur Konfliktlösung werden mit einer rhetorischen Frage eingeleitet, die verdeutlichen soll, dass Elsa die Mutter bei der Lösung des Konflikts miteinbeziehen möchte. In Form einer Aufzählung schlägt Elsa dann Lösungsvarianten vor, wobei Konditionalsätze und Hypotaxen verwendet werden, um die Zusammenhänge zu erläutern. Auch der Briefabschluss ist, genau wie die Anrede, liebevoll gestaltet und das Angebot zu einem persönlichen Gespräch bringt einen wirkungsvollen Abschluss.

◀ **Gestaltung**

Der Brief hat kommentierenden und appellierenden Charakter; Merkmale sind Datum, Anrede, Textkörper und Grußformel.

◀ **Textsorte**

8 Orthografie und Grammatik – Anleitung zum Üben

■ Merke
Teilsätze, Aufzählungen, Einschübe und Zusätze werden durch ein Komma getrennt.

8.1 Komma oder nicht – das ist hier die Frage!

Das Komma bei Aufzählungen

1. **Gleichrangige Wörter und Wortgruppen** werden durch ein **Komma** getrennt, wenn sie **nicht** durch **und/oder** verbunden sind.
   In seiner Schultasche hatte er Hefte, Bücher, Stifte und sein Handy.

2. Vor entgegensetzenden Konjunktionen *(aber, jedoch, sondern)* steht ein Komma.
   Er war nicht schön, aber reich.

Kein Komma steht, wenn

- die Wörter durch anreihende Konjunktionen (Bindewörter) verbunden sind:
  sowie, wie, sowohl – als auch, weder – noch.
  Dieser Vorfall war sowohl ihm als auch seinem Chef bekannt.

- es sich nicht um gleichrangige Adjektive handelt:
  die beliebte italienische Riviera
  (das Adjektiv bildet hier mit dem folgenden Substantiv eine Einheit).

Das Komma bei Ausrufe- und Empfindungswörtern und nachgestellten Erläuterungen

1. Ausrufe- und Empfindungswörter werden durch ein Komma vom Satz getrennt.
   Ach, das darf doch nicht wahr sein!

2. Nachgestellte Erläuterungen werden durch ein Komma vom übrigen Satz abgetrennt.
   Napoleon, der legendäre Feldherr, wurde bei Waterloo vernichtend geschlagen.

Das Komma in Sätzen, die einen Infinitiv mit „zu" enthalten

1. **Der Infinitiv mit „zu" kann** durch ein **Komma** abgetrennt werden, um die Gliederung des Satzes deutlich zu machen.
   Er hat sich entschieden[,] zu kündigen.
   Er hat sich entschieden[,] fristlos zu kündigen.

   Das **Komma** sollte gesetzt werden, **um Missverständnisse zu vermeiden.**
   Wir empfehlen[,] ihm zu folgen.
   Wir empfehlen ihm[,] zu folgen.

2. Infinitivgruppen **müssen** durch ein **Komma abgetrennt werden**, wenn sie mit „als", „anstatt", „außer", „ohne", „statt" oder „um" eingeleitet werden.
   Er kam zu ihr, um sich zu entschuldigen.

3. **Mit *und/oder* usw. verbundene Infinitivsätze** werden **nicht** durch ein **Komma** voneinander getrennt.
   Die Müller GmbH hat vor zu kündigen bzw. vom Vertrag zurückzutreten.

4. **Aufgezählte Infinitivsätze** werden durch ein **Komma** voneinander getrennt.
   Wir haben das Ziel die Kosten zu senken, die Umsätze zu steigern und wieder Gewinne zu schreiben.

5. Der Infinitiv mit „zu" wird **nach hinweisenden Wörtern** *(dazu, deshalb, deswegen, dafür, damit, darum usw.)* durch ein **Komma** abgetrennt.
   Wir sind sehr <u>daran</u> interessiert, über ihr Programm informiert zu werden.

---

1. Das Komma bei Partizipialgruppen ist freigestellt.
   Ein Lied pfeifend[,] schlenderte er durch die Straße.

Das Komma bei Partizipialgruppen

2. In folgenden Fällen muss ein Komma gesetzt werden:
   - Die Wortgruppe wird angekündigt oder wieder aufgenommen:
     Die Urkunde in der Hand haltend, so eilte er davon.
   - Die Wortgruppe ist als eine dem Substantiv oder Pronomen nachgestellte Erläuterung anzusehen:
     Stefan, vor Freude jubelnd, eilte nach Hause.

> *Ein Richterspruch aus dem Mittelalter:*
> *Begnadigen, nicht köpfen!*
> *Begnadigen nicht, köpfen!*
> *(Wehe dem, der unter dem falsch gesetzten Komma zu leiden hatte!)*

■ Aufgaben

1. Schreiben Sie die Sätze ab und setzen Sie die entsprechenden Kommata.
   a) Massive Mängel in der Ausstattung des Hotelzimmers veranlassten die Reisenden sich umgehend beim Veranstalter zu beschweren und Preisminderungen zu verlangen.
   b) Wir laden Sie zu unserer Informationsveranstaltung am 12. 12. 2011 um 16 Uhr in das Gästehaus am Markt ein.
   c) Er war intelligent aber faul.
   d) Frühling Sommer Herbst und Winter zieren als Motiv viele Bilder.
   e) Der Dresdner Zwinger eine bekannte Sehenswürdigkeit wird jährlich von zahlreichen in- und ausländischen Gästen besucht.
   f) Ihr größter Wunsch war es einmal nach Kanada zu reisen.
   g) Neue Produkte vorzustellen und Preissteigerungen besser durchsetzen zu können sind wichtige Aufgaben der Werbung.
2. Begründen Sie durch einen kurzen Kommentar Ihre Entscheidung.

   Beispiel: Die fehlenden Ersatzteile zu besorgen, daran hatte er nicht gedacht.
   (Komma bei Infinitivkonstruktionen nach Ziffer 5)

8 Orthografie und Grammatik – Anleitungen zum Üben

Das Komma zwischen Sätzen ▶ Die **Verbindung** aus **einem Hauptsatz und mindestens einem Nebensatz** bezeichnet man als **Satzgefüge**.

Der Hauptsatz	Der Nebensatz
Er kann allein stehen, die Satzaussage steht nicht komplett am Satzende. *Das Geschäft ist gestern eröffnet worden.*	Die Satzaussage steht vollständig am Satzende. Er hat meist ein Einleitewort. *Wir werden uns bald entscheiden, nachdem wir die Anlage besichtigt haben.*

1. **Haupt- und Nebensatz** werden **immer** durch ein **Komma** getrennt.
   Wir werden die Kommaregeln beherrschen, nachdem wir sie ordentlich geübt haben.

2. **Gleichrangige Teilsätze**, die **nicht** durch **und/oder** verbunden sind, werden immer durch ein **Komma** getrennt.
   Tante Lisa strickt, Onkel Paul liest ein Buch.

3. Sind **gleichrangige Teilsätze** durch *und/oder* verbunden, werden sie in der Regel **nicht** durch ein **Komma** getrennt. Das kann die Verbindung von Hauptsätzen (**Satzverbindung**) und die Verbindung von Nebensätzen (**Gliedsätze**) betreffen. Es kann allerdings ein Komma gesetzt werden, um die Gliederung des Satzes hervorzuheben.
   Tante Lisa strickt[,] und Onkel Paul liest ein Buch.
   Er glaubte fest daran, dass er die Aufgaben lösen könnte und dass er die Prüfung bestehen würde.

4. Sind **Teilsätze grammatisch vollständig**, dann **können** sie, falls dies sinnvoll erscheint, **durch ein Komma getrennt** werden.

vollständige Teilsätze	nicht vollständige Teilsätze – sie haben **ein Satzglied gemeinsam**
Unsere Filiale arbeitet mit Verlust [,] und wir werden daher Rationalisierungsmaßnahmen einleiten müssen.	Unsere Filiale arbeitet mit Verlust und wird daher Rationalisierungsmaßnahmen einleiten müssen.

5. Der **eingeschobene Teilsatz** wird mit **paarigen Kommata** abgetrennt.
   Die Tagung, die für kommenden Monat geplant war, wird verschoben.

6. **Nebensätze verschiedenen Grades** werden durch **Komma** getrennt.
   Er war nicht bereit, das Angebot zu nutzen, welches man ihm vorgelegt hatte.

348

8.1 Komma oder nicht

Aufgaben

1. Zeichnen Sie für jeden der unter (a) bis (s) folgenden Sätze ein Satzbild in folgendem Format:

   Hauptsatz: ██████████████ , Nebensatz: ██████████████ .

2. Geben Sie außerdem die entsprechende Ziffer an, die Ihre Entscheidung laut Kommaregel begründet.

   Beispiel: Der neue Audi A 8 besitzt den neuen W 12-Motor, der eine Beschleunigung von 0 auf 100 km/h in 5,8 Sekunden garantiert.

   ██████████████ , ██████████████ . (HS-NS: Komma nach Ziffer 1)

   a) Eine Mängelrüge sollte neben der genauen Angabe der Schäden die Rechte des Käufers beinhalten.

   b) Attila der berühmte Hunnenkönig war bekannt für seine Grausamkeit und seine Leidenschaft.

   c) Sein mysteriöser Tod in der Hochzeitsnacht im Jahr 453 gibt bis heute den Historikern Rätsel auf.

   d) Wenn der Anspruch auf Arbeitslosengeld I erschöpft ist kann man Arbeitslosengeld II beantragen.

   e) Schüler Auszubildende und Studenten können eine finanzielle Förderung laut BAföG beantragen wenn sie die entsprechenden Voraussetzungen erfüllen.

   f) Da er die Abschlussprüfung nicht bestanden hatte musste er das Ausbildungsjahr wiederholen.

   g) Das berühmte Bernsteinzimmer nach dem heute noch fieberhaft gesucht wird befand sich einige Zeit im St. Petersburger Winterpalast.

   h) Der Sachverständige der DEKRA stellte fest dass die Bremsleitungen stark korrodiert waren.

   i) Um Haltungs- und Wirbelsäulenschäden vorzubeugen sollte man gezielt gymnastische Übungen durchführen die einzelne Muskelgruppen der Wirbelsäule stabilisieren.

   k) Autogenes Training gewinnt heute als Kurzentspannungsmethode immer mehr an Bedeutung da dafür nur ein geringer Zeit- und Platzbedarf nötig ist.

   l) Die drastisch steigenden Benzinpreise werden von den Mineralölkonzernen damit begründet dass die Rohölkosten steigen.

   m) Wir gehen heute ins Theater oder wir gehen ins Kino.

   n) Er ging zum Arzt weil er sich nicht wohl fühlte weil er Bauchschmerzen hatte.

   o) Kleopatra die legendäre ägyptische Königin soll nicht nur Cäsar sondern auch Marcus Antonius den Kopf verdreht haben.

   p) Ob Kleopatra durch den Biss einer Schlange getötet wurde ob sie zu giftgetränkten Nadeln griff dies ist bis heute fraglich.

   q) Wissenschaftler am Max-Planck-Institut für Hirnforschung in Frankfurt am Main des Alfred-Wegener-Instituts in Bremen sowie der schwedischen Universität Lund entdeckten dass Robben und Wale farbenblind sind.

   r) Den Meeressäugern fehlen die Blauzapfen sodass ihnen keine Farbunterscheidungen möglich sind teilte die Max-Planck-Gesellschaft mit.

   s) Die Forscher vermuten dass die Wale die freien Hirnkapazitäten beispielsweise zur Entwicklung eines Echo-Ortungssystems verwendet haben.

349

8.2 Angleichung von Fremdwörtern

In die deutsche Alltagssprache werden ständig Wörter aus den Fachsprachen und aus Fremdsprachen übernommen. Immer dann, wenn sie zum mehr oder weniger festen Wortbestand gehören, kann auch ihre Schreibweise den deutschen Rechtschreibregeln angepasst werden.

Schreibweise ▶ Die Buchstabenkombinationen ph, gh, rh , th können durch f, g, r, t ersetzt werden, die Schreibungen -tial und -tiell durch -zial und -ziell.
- ph → f: Delphin → Delfin; Saxophon → Saxofon; Orthographie → Orthografie
- gh → g: Joghurt → Jogurt; Spaghetti → Spagetti
- rh → r: Katarrh → Katarr; Myrrhe → Myrre
- th → t: Panther → Panter; Thunfisch → Tunfisch

Essenz	Potential	Substanz
→ essenziell	→ potenziell	→ substanziell
→ essentiell	→ potentiell	→ substantiell

BEACHTE
In einigen Wörtern dürfen die Laute nicht durch die Vereinfachung ersetzt werden!
Ausnahmen sind z.B.:
Philosophie, Metapher, Phänomen, Physik, Sphäre, Rhapsodie, Rhesusfaktor, Rhetorik, Apotheke, Diskothek, Ethos, Leichtathletik, Mathematik, Theater, Theke, These, Orthografie.

Pluralbildung ▶ Bei englischen Wörtern, die auf –y enden, wird im Plural ein -s angehängt.
Beispiel: Hobby – Hobbys, Party - Partys

mehrteilige Wörter ▶

Zusammensetzungen werden zusammengeschrieben:	Zusammensetzung besteht aus Substantiven – Schreibweise ist dann auch mit Bindestrich möglich:	Aneinanderreihungen werden mit Bindestrich geschrieben:
Sciencefiction	Science-Fiction	Walkie-Talkie

■ Aufgaben

1. Überprüfen Sie mithilfe des Dudens, ob für nachfolgende Wörter eine vereinfachte Schreibweise erlaubt ist: Chicorée, Rhodamine, Creme, Theologe, Bouclé, Soufflé, Necessaire, chic, passé, charmant, Rheologie, rhythmisch, Mayonnaise, Thalamus, Hypothek, Photographie, Graph

2. a) Sammeln Sie in Ihrer Klasse neue Wörter, die aus dem Englischen, Französischen oder einer anderen Sprache ins Deutsche übernommen wurden, und schreiben Sie diese an die Tafel.
   b) Kontrollieren Sie, ob diese Wörter bereits im Duden aufgeführt sind und ob Ihre Rechtschreibung mit der dort aufgeführten Schreibung übereinstimmt.
   c) Bilden Sie den Plural der von Ihnen aufgeführten Wörter und erläutern Sie, welche Regeln Sie dabei befolgen müssen.

8.3 Das Prinzip der Silbentrennung

1. Mehrsilbige Wörter trennt man nach Sprechsilben.
   (Der letzte Konsonant kommt auf die folgende Zeile.) In Ausnahmefällen beginnt man auch mit einem Vokal
   Ge-päck, Mo-dell, sta-bil, des-halb, Drechs-ler, Ei-er
   a) tz und st können getrennt werden:
      Kat-ze, Tat-ze, Fens-ter, bas-teln
   b) ch, ck, sch, ph, th, ß gelten als ein Laut und werden nicht getrennt:
      *Wa-che, schme-cken, Ja-cke, wa-schen, Phi-lo-so-phie, Kathe-dra-le,
      bei-ßen*
   c) sinnverzerrende Trennungen sind zu vermeiden:
      nicht *Altbauer-haltung*, sondern *Altbau-erhaltung*

2. Ein einzelner Vokal am Wortanfang oder -ende wird nicht abgetrennt. Dies gilt
   auch für zusammengesetzte Wörter.
   Aber: Wenn es die Sprechsilben erlauben, können einzelne Vokalbuchstaben
   innerhalb des Wortes alleinstehen.
   aber-mals, Über-see, Fluss-aue; Na-ti-o-nen, po-e-tisch
   Aber: *Brau-e-rei*

3. Fremdwörter können nach Sprechsilben getrennt werden.
   Pä-da-go-gik, He-li-kop-ter, Nos-tal-gie, Ak-tien, Ex-pan-si-on

4. Die Lautverbindungen (Konsonant mit l, r und n) bei Fremdwörtern können
   getrennt werden oder auch ungetrennt auf die folgende Zeile übernommen
   werden.
   Pub-li-kum oder Pu-bli-kum, neut-ral oder neu-tral, Sig-nal oder Si-gnal

5. Doppellaute (ai, au, äu, ei, eu, oi) werden nur zusammen abgetrennt.
   räu-be-risch, Ei-nig-keit

6. Wortzusammensetzungen trennt man nach Sprechsilben.
   Gar-ten-zaun, Fla-schen-öff-ner, (aber siehe auch 1c)

7. Wörter mit Vorsilben trennt man zwischen den Wortbestandteilen.
   un-ver-käuf-lich, Miss-ver-ständ-nis

■■■ Aufgaben

1. Schreiben Sie die folgenden Wörter ab und trennen sie diese so oft wie möglich.
   Beispiel: Überraschung ⟶ Über-ra-schung
   Belehrung, Brennnessel, darüber, durstig, edel, Abend, empfinden, Erkenntnis, erdrücken, Fabrik, Fetttopf,
   hastig, heraus, Hospital, Kognak, komplett, Leo, Korrespondenz, rosten, vollenden, Samstag, Buße,
   Versklavung, Wechsel, Monarch, Verwandte, böig, Ofen, Diplom, Balletttheater, Brauerei, Hydrant, Kleie,
   Mikroskop, Empfehlung, verrücken, Livree, fleckig, Seen, Riese, Schnupfen, warum.

2. Finden Sie weitere Beispiele, bei denen eine schlecht gewählte Silbentrennung zu Missverständlichkeiten
   wie in (1c) führen würden.

8.4 Die Schreibweise der [s]-Laute

1. Der **stimmhafte s-Laut** wird als **s** geschrieben. Der vorhergehende Vokal (Selbstlaut) ist lang und betont.

   Beispiele: *lesen, Wiese, Dose*

2. Ein **stimmloses**, scharf gesprochenes **s** gibt es am Wortende, nach Konsonanten und vor p und t.

   Beispiele: *Mais, lustig*

3. **Nach** einem **langen Vokal** oder einem **Doppellaut (Diphthong)** schreibt man bei einem **stimmlosen s-Laut ß**

   Beispiele: *Maß, Straße, Grieß, draußen, gießen*

4. Einem **unbetonten, kurzen Vokal** folgt **niemals ß**, sondern **ss**.

   > **ACHTUNG!**
   > In manchen Wortstämmen wechselt bei Flexion (Beugung) und in Ableitungen die Länge und Kürze des Vokals vor dem s-Laut, entsprechend wechselt die Schreibung ss mit ß.

   Beispiele:

fließen	*er floss*	*das Floß*
genießen	*er genoss*	*der Genuss*
wissen	*er weiß*	*das Wissen*

5. Die **Nachsilbe –nis** wird stets mit **s** geschrieben, die Vor- und Nachsilbe **Miss-/ -miss mit ss**.

   Beispiele: *Geheimnis, Kompromiss, Missverständnis*

6. Die Schreibweise von

„das(s)" als
- **Artikel** (Geschlechtswort): **s**
  Das alte Haus steht unter Denkmalschutz.
- **Demonstrativpronomen** (hinweisendes Fürwort): **s**
  Es tut mir leid, aber das (dieses) konnte ich nicht wissen.
- **Relativpronomen** (bezügliches Fürwort): **s**
  Das Kleid, das (welches) sie sich gekauft hat, ist wunderschön.
- **Konjunktion** (Bindewort): **ss**
  Es ist schön, dass du kommst.

▪ **Merke**
Mit dem Bindewort **dass** werden Nebensätze eingeleitet.

8.4 Schreibung der [s]-Laute

Aufgaben

1. (1) Übernehmen Sie folgende Übersicht in Ihre Aufzeichnungen.

(1)	(2)	(3)	(4)	(5)	(6)	(7)	(8)	(9)	usw.

(2) Tragen Sie die einzusetzenden Wörter der folgenden Sätze in der richtigen Schreibweise in Ihre Tabelle ein.

(3) Begründen Sie in der zweiten freien Zeile durch **A** (Artikel), **D** (Demonstrativpronomen), **R** (Relativpronomen) und **K** (Konjunktion) Ihre Entscheidung.

(4) Ich hoffe doch,   es dir schon besser geht.

(5)   er   Buch gekauft hat, geht auf den Rat des Verkäufers zurück.

(6) Als   entschieden wurde, hatte ich gerade Urlaub.

(7) Wir freuen uns,   dir   Schwimmen so viel Freude bereitet.

(8) Ob er sich wohl über   Geschenk freut?

(9) Wir erwarten,   Sie uns die Ware rechtzeitig liefern.

(10) Können wir davon ausgehen,   Sie sich   gut überlegt haben?

(11) Er hat   Geld,   er sich geliehen hatte, immer noch nicht zurückgegeben.

(12) Er hätte die Aufgabe nicht ohne   Buch erledigen können.

(13) Ein Sprichwort,   gerne zitiert wird, lautet: „Aus Schaden wird man klug."

2. Tragen Sie die in den folgenden Sätzen einzusetzenden Wörter in der richtigen Schreibweise in eine Tabelle folgenden Formats ein:

s	ss	ß

a) Wei t du, wie viel ternlein tehen, hei t e im Lied.

b) Der Flu trat nach den tarken Regenfällen der letzten Wochen über die Ufer.

c) Die Regre forderung war nicht berechtigt.

d) Die e Kleid haben wir leider nur noch in Wei .

e) In die er Prei kla e können wir Ihnen vier Fern ehgeräte anbieten.

f) Offensichtlich lag ein Mi verständni vor.

h) Leider hat er die Antwort auf die e Frage nicht gewu t.

i) „Vor icht! – bi iger Hund", konnte man auf dem child lc en.

j) Vergi bitte nicht, die Blumen zu gie en.

k) Energiebewu te Heizen part Ko ten.

l) Anlä lich einer Hochzeit lie er ich einen Ma anzug anfertigen.

8 Orthografie und Grammatik – Anleitungen zum Üben

8.5 Grundregeln für die Getrennt- und Zusammenschreibung

1. Getrennt schreibt man folgende Verbindungen:
   a) Verbindungen aus Verb und Verb *(laufen lernen)*.
   b) Fügungen mit sein *(zurück sein)*
   c) Substantiv und Verb *(Ski fahren)*. **Aber beachte:** Ausnahmen: *standhalten, leidtun* usw.
   d) Adverb und Verb *(aufeinander achten)*.
      Aber beachte: Immer dann, wenn das Adverb stärker als das Verb betont wird, schreibt man zusammen: *(aufeinanderstapeln)*.
   e) der erste Bestandteil ist eine Ableitung auf „-ig", „-isch" oder „-lich" und Verb *(logisch denken)*.
   f) Partizip und Verb *(rasend werden)*.

2. Besonderheiten beim Zusammentreffen von Adjektiv und Verb:
   a) In den meisten Fällen schreibt man getrennt. *(deutlich machen)*.
   b) Getrennt schreibt man immer, wenn das Adjektiv bereits ein zusammengesetztes Wort ist (**dunkelgrün** *malen*)
   c) In anderen Fällen ist – abhängig von der Gesamtbedeutung – Getrennt- oder Zusammenschreibung zulässig. *(klein schneiden, kleinschneiden)*.

3. Fügungen, die ein Adjektiv ergeben,
   schreibt man **getrennt**, wenn das erste Wort auf „-ig", „-isch" oder „-lich" endet.
   (eisig kalt)

4. Substantiv und Partizip:
   Hier sind Getrennt- und Zusammenschreibungen zulässig.
   (Gewinn bringende Geldanlagen, gewinnbringende Geldanlagen)

5. Partizip und Adjektiv:
   a) Abhängig von Gesamtbedeutung und Betonung kann getrennt oder zusammengeschrieben werden.
      (leichtverständliche Rechenregeln,
      deine Vorgehensweise ist leicht verständlich)
   b) Tritt ein Fugenelement auf, wird immer zusammengeschrieben.
      *(gebrauch**s**fertig)*
   c) Wird die Steigerungsstufe verwendet, schreibt man in der Regel getrennt.
      (schwerer beladen)
   d) In allen anderen Fällen schreibt man in der Regel getrennt.
      (kochend heiß)

6. Fügungen, die ein Adjektiv ergeben,
   schreibt man dann **zusammen**, wenn der erste Bestandteil bedeutungsverstärkende oder bedeutungsmindernde Funktion hat.
   (bitterkalt, hellrot)

8.5 Grundregeln der Getrennt- und Zusammenschreibung

7. Feste Verbindungen in der Funktion von Präpositionen, Adverbien und Konjunktionen schreibt man zusammen.
(daraufhin, sofern)

BEACHTE

Getrennt geschrieben wird: *gar nicht.*
Immer getrennt schreibt man: *zu Ende, zu Fuß, zu Hilfe* usw.

8. Fügungen mit -mal/Mal:
a) Zusammenschreibung: *einmal, mehrmals, vielmal, diesmal*
b) Getrenntschreibung: *das zweite Mal, nächstes Mal*

9. Fügungen von Ziffern und Wort werden mit Bindestrich verbunden:
3-mal, 8-Tonner, 3-prozentig (oder auch 3%ig), 10-jährig, 4-seitig

10. Die Schreibweise von Straßennamen:
a) Bestimmungswort und Grundwort
   - Zusammenschreibung, wenn das Bestimmungswort nicht gebeugt ist
     Altmarkt, Schillerstraße
   - Getrenntschreibung, wenn das Bestimmungswort gebeugt ist
     Alter Markt
b) Der Straßenname besteht aus mehreren Wörtern
   - Das erste Wort, Adjektive und Zahlwörter werden groß geschrieben.
     An der Alten Stadtmauer, An den Zwei Alten Eichen
   - Bei mehrteiligen Namen sowie mehreren Bestimmungswörtern zum Grundwort werden Bindestriche gesetzt.
     Prof.-Dr.-Max-Schneider-Straße, Berliner-Tor-Platz.

■ Aufgaben

1. a) Übernehmen Sie die in den Klammern stehenden Wörter der folgenden Sätze und schreiben Sie sie in der richtigen Schreibweise in Ihr Arbeitsheft.
   b) Begründen Sie Ihre Rechtschreibung anhand der entsprechenden Regel.
      (1) Der Hut ist ihm *(verloren gegangen)*.
      (2) Wir bitten Sie, das Geld *(gewinn bringend)* anzulegen.
      (3) Die *(leuchtend rote)* Farbe ist für das Werbeplakat besonders gut geeignet.
      (4) *R/rad fahren)* ist nicht nur *(G/gesundheits fördernd)*, sondern auch *(„U/umwelt schonend")*.
      (5) Max wollte uns einen Kartentrick zeigen und Anne sollte eine *(x beliebige)* Karte ziehen.
      (6) Typberater weisen *(darauf hin)*, dass weniger beim *(Make-up)* oftmals mehr ist.
      (7) Die Gewinne des Unternehmens sind stark *(Export abhängig)*.
      (8) Trotz der Abmahnung kommt er weiterhin *(jedes mal)* zu spät.
      (9) Der harte Kampf in der Werbebranche fördert das *(P/preis bewusste)* Einkaufen der Bevölkerung.
      (10) Er kaufte das Auto, ohne auch nur einmal *(P/probe zu fahren)*.
      (11) Das Kind erlitt durch *(siedend heißes)* Wasser lebensgefährliche Verbrennungen.
      (12) Der *(Semmelweis Weg)* trägt den Namen des berühmten Arztes, der die Ursache des Wochenbettfiebers erkannte und die ersten wirksamen Desinfektionsmethoden entwickelte.
      (13) Die Straße *(An-der-alten-Stadtmauer)* ist von vielen Fachwerkhäusern gesäumt.

355

8 Orthografie und Grammatik – Anleitungen zum Üben

8.6 Groß- oder Kleinschreibung?

1. Substantive werden großgeschrieben: *Licht, Schmerz*

■■ BEACHTE
Früh: Hier sind Groß- und Kleinschreibung möglich: *morgen* **früh**, **morgen Früh**

2. Bezeichnungen von Tageszeiten nach den Adverbien „vorgestern", „gestern", „heute", „morgen" und „übermorgen" werden großgeschrieben:
gestern Abend, heute Morgen

3. Zusammen mit einem begleitenden Wort schreibt man Wochentage und Tageszeiten groß und zusammen: eines *Montagabends*

4. Die Adverbien *montags, mittags, nachts* usw. werden klein geschrieben.

5. Substantivierte Adjektive und Partizipien in festen Wortgruppen werden groß geschrieben:
im Argen liegen, auf dem Trockenen sitzen, zum Besten geben

6. Adjektive in nicht deklinierten Paarformeln zur Bezeichnung von Personen werden groß geschrieben: *Arm und Reich, Jung und Alt*

7. Adjektive können in festen adverbialen Wendungen bestehend aus „aufs" oder „auf das" + Superlativ, nach denen man mit „wie" fragen kann, groß - oder klein geschrieben werden: *Er erschrak aufs Äußerste/ äußerste.*

8. a) Sind Zahladjektive wie „viel", „wenig", „eine" usw. nicht als ein unbestimmtes Zahlwort zu verstehen, kann groß geschrieben werden:
Das Lob der **Vielen** *(der breiten Masse) war ihm wichtig.*

   b) In der Regel werden diese Wörter aber klein geschrieben.
   Es gab **viele**, *die ihm Recht gaben.*

9. Zu beachten sind die Besonderheiten bei den Substantiven Schuld, Recht, Angst, Leid usw. Wenn diese Substantive mit sein, werden oder bleiben verbunden sind, werden sie kleingeschrieben: *Sie ist* **schuld**. **Aber**: *Sie hat* **Schuld**.

10. Werden mit „hundert", „tausend" oder „Dutzend" unbestimmte Mengen angegeben, können diese groß oder klein geschrieben werden:
Es gab Dutzende/ dutzende von Reklamationen.

11. Bei mehrteiligen substantivierten Konjunktionen, die mit einem Bindestrich verbunden werden, wird nur das erste Wort groß geschrieben:
das Entweder-oder, das Weder-noch, das Sowohl-als-auch

12. Die Anredepronomen „du", „ihr" sowie die entsprechenden Possessivpronomen „dein", „euer" werden in der Regel kleingeschrieben. In Briefen ist auch Großschreibung möglich.

Lieber Max,
wir hoffen, dass es dir/Dir und euch/Euch allen gut geht.

Die Höflichkeitsanrede „Sie" und das entsprechende Possessivpronomen „Ihr"
sowie die dazugehörigen flektierten (gebeugten) Formen werden immer groß
geschrieben:
Wir bitten Sie, die Rechnungsbeträge Ihrer Einkünfte innerhalb der nächsten 14
Tage auf unser Konto zu überweisen.

13. In Verbindung mit dem bestimmten Artikel können Possessivpronomen groß
geschrieben werden:
Wir haben das Unsere/ unsere zur Finanzierung des Projektes geleistet.

14. Als Teile von geographischen Namen werden Adjektive und Partizipien groß
geschrieben: _das Schwarze Meer_

15. Die von geographischen Namen abgeleiteten Wörter auf -er schreibt man
immer groß: _eine Hamburger Firma_

16. Adjektive auf -isch, die von geographischen Namen abgeleitet sind, werden
klein geschrieben, wenn sie nicht Teil eines Eigennamens sind:
böhmische Dörfer, **aber:** _der Atlantische Ozean_

17. Adjektive, die von Personennamen abgeleitet sind, werden in der Regel klein
geschrieben:
die darwinsche Evolutionstheorie
Wird ein Apostroph gesetzt, dann wird der Name großgeschrieben:
die Darwin'sche Evolutionstheorie

▮▮▮ Aufgaben

Übernehmen Sie die folgenden Texte unter Beachtung der richtigen Groß- und Kleinschreibung.

a) wieso kind und kegel?

wer mit fast dem gesamten hausstand in den urlaub fährt, macht urlaub mit „kind und kegel", wie der volksmund gern sagt. aber da sind nicht etwa kegel für ein zünftiges „alle neune" im gepäck. die wendung „mit kind und kegel" ist uralt, und kegel ist der begriff für ein uneheliches kind, das im hause der „richtigen" familie mit aufwuchs. mit „kind und kegel" hört sich eben weitaus besser an als „mit ehelichen und unehelichen Kindern", oder?

b) wo lag atlantis?

der inselstaat, der bei einem erdbeben im meer versunken sein soll, wurde im atlantischen ozean vermutet. das berichtet jedenfalls der griechische philosoph platon. forscher und abenteuerlustige haben danach gesucht. atlantis steht aber auch als synonym für verlorenes paradies und goldenes zeitalter.

c) was bedeutet abitur?

dass der begriff abitur ein synonym für reifeprüfung ist, wissen nur noch wenige. aber noch heute steht auf keinem abiturzeugnis „abiturzeugnis", sondern stets „zeugnis der allgemeinen hochschulreife". diese wendung ist keineswegs eine übersetzung des lateinischen wortes „abitur". der begriff kommt aus dem schullatein, und zwar von „abire" bzw. dem neulateinischen „abiturire"– davon abgeleitet die substantive „abiturum", abituriens: der von der schule gehen wird. das abitur ist also von der wortbedeutung her eine prüfung für einen, der von der schule abgehen will.

8 Orthografie und Grammatik – Anleitungen zum Üben

8.7 Bildung und Verwendung des Konjunktivs

In der deutschen Sprache unterscheidet man drei **Aussageweisen:**

Indikativ	Konjunktiv I und II	Imperativ
Wirklichkeitsform	Möglichkeitsformen	Befehlsform

Bildung des Konkunktivs ▶

Konjunktiv I:
Die Bildung erfolgt auf der Grundlage der 1. Person Plural, Indikativ, Präsens.

Konjunktiv II:
Die Bildung erfolgt auf der Grundlage der 1. Person Plural, Indikativ, Präteritum.

Beispiel für die Bildung des Konjunktivs I

wir geh**en** (Ausgangsform)
ich geh**e**
du geh**est**
er/sie/es geh**e**
wir geh**en**
ihr geh**et**
sie geh**en**

Beispiel für die Bildung des Konjunktivs II

wir ging**en** (Ausgangsform)
ich ging**e**
du ging**est**
er/sie/es ging**e**
wir ging**en**
ihr ging**et**
sie ging**en**

BEACHTE

Bei einigen Verben erfolgt im Stamm des Konjunktivs II eine Umlautbildung.
(a → ä, o → ö, u → ü)
Beispiel: *er käme*

Die Bildung des Hilfsverbs **„sein"** ist unregelmäßig.

Konjunktiv I	Konjunktiv II
ich sei	ich wäre
du sei(e)st	du wärest
er/sie/es sei	er/sie/es wäre
wir seien	wir wären
ihr seiet	ihr wäret
sie seien	sie wären

In der **indirekten Rede** wird grundsätzlich der Konjunktiv I eingesetzt.
Stimmt der Konjunktiv I allerdings mit dem Indikativ überein, so ist ersatzweise der Konjunktiv II anzuwenden.

8.7 Bildung und Verwendung des Konjunktivs

Beispiel:

Der Verkaufsleiter sagte, dass die Waren am 11. Mai *eintreffen*.

(falsch!, da Konjunktiv I und Indikativ übereinstimmen)

Der Verkaufsleiter sagte, dass die Waren am 11. Mai *einträfen*.

Der Konjunktiv II kann auch mit „würde" umschrieben werden:

(z. B.: ich käme → ich würde kommen)

Allerdings sollte diese Umschreibung nicht in Nebensätzen, die mit **wenn** eingeleitet werden, erfolgen.

Beispiel:

→ Wenn er sich an die Anweisungen des Arztes ***halten würde, dann würde*** es
 ihm sicherlich bald besser gehen. **(falsch!)**

→ Wenn er sich an die Anweisungen des Arztes ***hielte***, dann würde es ihm sicherlich bald besser gehen. **(oder:** …dann ginge es ihm sicherlich bald besser.)

▰▰ Aufgabe

1. Übernehmen Sie die beiden Spalten der Konjunktivformen in Ihr Arbeitsheft und ergänzen Sie die fehlenden Einträge.

	Präsens	Konjunktiv I	Konjunktiv II	
Er	hat	**habe**	**hätte**	wenig Hoffnung.
Die Sitzung	wird			auf nächste Woche verlegt.
Max	liest			gerne.
Er	soll			die Klausur nachholen.
Sie	werden			morgen kommen.
Frau Müller	ist			ist nicht länger bereit, diese Verzögerung hinzunehmen.

2. Setzen Sie die folgenden Sätze in den Konjunktiv. Verwenden Sie nach Möglichkeit den Konjunktiv I.

 a) Er versicherte: Die Sitzung wird auf nächste Woche verschoben.

 b) Er sagte: Er tanzt leidenschaftlich gerne.

 c) Als er den Preis ausgehändigt bekam, sagte er: Ich freue mich darüber.

 d) Karl erzählte mir: Das Haus, das ich von meinem Vater geerbt habe, will ich verkaufen.

 e) Herr Scholz sagt: Ich brauche die Unterlagen wirklich sehr dringend.

 f) Herr Werner meint: Frau Klaus soll so schnell wie möglich 10 Schreibmaschinen bestellen.

 g) Frau Klaus entgegnet: Gestern war der Vertreter mit den neuen Schreibmaschinen im Haus. Ich habe mir die
 Modelle angesehen und ich bin der Meinung, dass wir für die Neuausstattung unserer Büroräume etwas finden werden.

 h) Herr Weber erklärt: Es ist doch nicht meine Schuld, dass die Ware noch nicht eingetroffen ist. Außerdem habe
 ich den Lieferanten bereits zweimal schriftlich gemahnt.

 i) Frau Josten entgegnet: Mein Kunde kann höchstens noch eine Woche auf die Ware warten, andernfalls verzichtet er auf sie.

359

Sachwortverzeichnis

A

Abendland 310
Abonnementzeitung 170
Abschlussprüfung
– Themen 82, 83
Absichtsanalyse 36, 42
– Begründung 42
– Behauptung 42
– Beweisführung 42, 43
– eingegrenzte 47
– richtungsgebundene 47
– vollständige 47
– Vorgehensweise 41
Abstraktion 18
Achtzigerjahre, Literatur der 256
Adenauer, Konrad 284
Aichinger, Ilse 294
AIDA-Formel 142
Akkumulation 44, 45, 52
Akrokorinth 192
Akt 214
Aktiv 49
Alliteration 52, 202
Alltagssprache 152
Almanach 228
ALPEN-Methode 101
Analyse 312
Anapäst 203
Anapher 44, 52
Anchorman 167
Anders, Günter 213
Andres, Stefan 250
Anekdote 209, 284, 285
Anhang 115
Anhäufung 52
Anlage 126
Anthologie 236
Antithese 12, 45, 51
– Beispiel 69
Appell, appellieren 2, 130, 132
Arbeitsbericht 129
Arbeitstechniken 94
Archiv 95
Argument 67, 81
– pro 60, 61
– kontra 60, 61
– als Begründung 64
– Beispiel 68, 69, 70

Argumentation 66
– deduktiv 64
– induktiv 64
– moralisch 66
– plausibel 66
– rational 66
Argumentationstechniken 140
Aristophanes 216
Aristoteles 215
Arntzen, Helmut 212
Äsop 282
Assonanz 203
Assoziation 102
Aufgabenstellung
– linear 57
– dialektisch 57
Aufklärung 220
auktorial 280
Ausdruck (Sprachwissenschaft) 130
Ausdrücke, bildhafte 27
Autoritätsbeweis 13

B

Bachmann, Ingeborg 336
Ballade 201
Barock 214
Basissatz 16
Becher, Johannes R. 239, 242, 245, 247
Begründung 64
– in der Textanalyse 14
Behauptung 64
Beispiel (Veranschaulichung) 64
– Beispiele 68, 69, 70
Beleg 80
Benn, Gottfried 250, 251
Benrather Linie 155
Bessemer, Henry 338
Beweis
– logischer 13
– Praxis- 13
– Autoritäts- 13
Beweisführung in der
   Absichtsanalyse 42
Beweisführungsstrategie 13
Bewerbung 142
– Unterlagen 142, 149

– AIDA-Formel 138
– Leistungsnachweise 143
– Lichtbild 143
Bewerbungsgespräch 148, 150
Bewerbungsschreiben 144
– Bestandteile 145
– Seiteneinstellung am PC 145
– Muster 144
Bibliografie 94
Bichsel, Peter 288
Biedermeier 228, 232
Biermann, Wolf 256, 324
Binnenreim 203
Biskupek, Matthias 267
Bitterfelder Weg/Konferenz 251
Blaue Blume 186, 187, 226
Blut-und-Boden-Literatur 242
Boccaccio, Giovanni 294, 299
Böll, Heinrich 251, 252, 257
Borchert, Wolfgang 245, 290
Bosmans, Phil 329
Botenbericht 214
Boulevardzeitung 170
Brainstorming 58, 187
Braun, Volker 212, 254, 257, 272
BRD/Bundesrepublik, Literatur der
   251, 256
Brecht, Bertolt 146, 205, 211, 215,
   239, 242, 245, 247, 254
Briefroman 223
Brinkmann, Rolf Dieter 257, 259
Buchdruck 158
Bücherverbrennung 238, 242
Büchner, Georg 73, 76, 77, 78, 80
Buddenbrooks 154
Bühler, Karl 130
Busch, Wilhelm 64

C

Carpe diem 218
Charakteristik, literarische 310 ff.
- Ausarbeitung einer 313
- Erarbeiten einer 310
- Global- 311
Chor 214
Christo 185
Claudius, Eduard 251

Sachwortverzeichnis

Claudius, Matthias 202
Cluster 187
Conradi, Hermann 235

D

Daktylus 203
Darbietungsform 207
Darstellung 312
Darwin, Charles 235
DDR, Literatur der 251, 256
Debatte 135
deduktiv 64
Dekameron 298
Denkblockade (Prüfung) 105
Detaillierung 44, 52
Determinismus 74
Dezimalgliederung 60, 75
Dialekt 152, 154
Dialektik 56
dialektisch 57
Dialog 214
DIN 5008 144
Dinggedicht 230
Dionysos 216
Diskussion 135
– Leitung 138
– Regeln 138
– Teilnehmer 138, 139
– Verhaltensregeln 139
Diskussionsformen
– Debatte 135
– Plenumsdiskussion 135
– Podiumsdiskussion 135
Diskussionsleitung, Aufgaben 138
Döblin, Alfred 233, 242
Dörrie, Doris 306
Drama
– geschlossene Form 216, 308
– klassisches 216
– offene Form 216
Dramatik 73, 201, 214
Dreißigjähriger Krieg 218
Drittes Reich, Literatur 238
Drvenkar, Zoran 157
Dylan, Bob 190

E

Eber-Eschenbach, Marie von 58
Ecco, Umberto 158
Eich, Günter 245, 246
Eichendorff, Joseph von 203, 204,
   227, 324, 331
Einleitung 64, 78
– Beispiel 62
Einräumung 30
Einschub (Parenthese) 50
Eisberggesetz 136, 280
Elegie 205
Elfchen 191
Ellipse 50
Emanzipation 220
Emigration
– innere 238, 239, 243
– äußere 238, 239
Emigrationsliteratur 238
Emphase 50
Ende, Michael 186
Enzensberger, Hans Magnus 327
Enzyklopädie 94
Epigramm 209
Epik 73, 201
Epilog 214
Episode 209
erörtern 56
Erörterung
– Antithese 69
– Argument 68, 69
– Argumentation 66
– Beispiel 68
– dialektisch 60
– dialektische Aufgabenstellung 57
– Einleitung 62, 68
– Folgerung 68, 69
– Formulierungsvorschläge 65
– Gliederung 60
– Grobgliederung 58
– linear 57
– lineare Aufgabenstellung 57
– lineares Thema 60
– Schluss 62
– Schlüsselfragen 57
– Schlussgedanke 63
– steigernd 57
– Stofffordnung 58

– Stoffsammlung 58
– Themenart 57
– Themenbegriff 56
– Themenerfassung 56
– Themenfrage 68
– Themenwahl 56
– These 68
– W-Fragen 56
Erörterung, literarische 72
– Aufbau 74
– Beleg 80
– deduktiv 80
– dialektisch 72
– Einleitung 76
– Gliederung 74, 75
– Gliederungsschema 75
– induktiv 80
– linear 72
– Schluss 76, 77
– Themenbeispiel 73
– Themenvorschläge 83
– Zitieren 81
Erörterung, textgestützte 84
– Argumentationsentfaltung 91
– Ausgangstext 86
– dialektisches Vorgehen 89
– Einleitung 89
– Hauptteil 90
– Textvorlage 86, 88
– Themenfrage 86
– Übungsbeispiele 92, 93
– Vorgehen 86
Erörterungsbeispiel 68
Erschließen
– erörterndes 340
– gestaltendes 340
Erzählbericht 280
Erzähldimension 207
Erzählperspektive 207, 280
Erzählung 208
– Aufbau 209
Essay 40
Euphemismus 53
Evangelium 292
Exilliteratur 239
Exposition 209, 216
Expressionismus 236
Exzerpieren 98

Sachwortverzeichnis

F

Fabel 213, 282, 283
Facharbeit 80, 107
– Anordnung, Bestandteile 114
– äußere Form 119
– Grundregeln 110
– Merkmale 108
– Planen 113
– Quellenangaben 118, 119
– Themenbeispiele 109
– Themenwahl 108
– Wochen-, Tagesplan 113
– Zeitplanung 113
– Zitieren 116, 117
Fachbegriff 156
Fachbuch 95
Fachreferat 120
Fachsprache 156
Fachzeitschriften 95
Fantasiereise 186
Fernsehen 159, 166, 174
– Bild- und Filmauswahl 166
– Bildinformation 167
– Gewalt 174
– Manipulation 168, 169
– objektive Berichterstattung 168
– Präsentation 167
Feuchtwanger, Lion 242
Figurencharakteristik 341
– äußere 341
– innere 341
Figurenrede 214
Film 176
Flagellant 302
Fleming, Paul 203, 218
Folgerung 64
– Beispiel 68, 69, 70
Fontane, Theodor 231, 233
Formanalyse 277, 280
Formulierungshilfen 24
– für Zitate 116
Formulierungsvorschläge
  (Erörterung) 65
Fragearten
– Erklärungs- und Informations-
  fragen 134
– Reizfragen 134
– Suggestivfragen 134

Fragegedicht 190
Fragesatz 49
Fragetechnik 136
Fragment 76
Fragmentenstreit 308
Franck, Julia 210
frei sprechen 122
Fremdwörter, Eindeutschung von
  348
Fried, Erich 251
Frisch, Max 192, 285
Fritz, Walter H. 340
Froschperspektive 177
Fuge 218
Fünfzigerjahre, Literatur der 250
Funke, Cornelia 304
Fürnberg, Louis 251
Fußnote 115
– Verwaltung von 115, 118

G

Gaumenlaut 154
Gebrauchstext 2
Gedächtnis
– Kurzzeitgedächtnis 102
– Langzeitgedächtnis 102
– Ultrakurzzeitgedächtnis 102
Gedichtinterpretation 310
– äußerer Aufbau 310, 311
– Beispiel/Vorgehen 312 ff.
– Bilder und Redefiguren 311, 313
– Interpretationsanleitung 310, 311
– Sprache und Satzbau 311, 313
– Übungsbeispiele 320 – 331
Gedichtinterpretation, vergleichende
  320
– Beispiel/Vorgehen 320 ff.
Gedichtpuzzle 188, 189
Gegenargumentation, Techniken
  140
– Ja-aber-Technik 140
– Kausalitätstechnik 141
– Relativierungstechnik 140
– Vergleichstechnik 140
Gehirn 102
Genre 276
Geschäftsbrief, normierter 144

Geschäftsordnung (Diskussion) 135
Gesprächsformen
– Zweckgespräch 134
– zweckfrei 134
Gesprächsführung 136
Gesprächssituation 134
gestaltendes Erschließen 340 f.
– literarischer Texte 340
– von Sachtexten 342
Gestaltungsaufgabe 344
Gestaltungsreflexion 344
– Beispiel 345
Getrenntschreibung 352
Gewalt in den Medien 174
Gliederung 60, 64
– Oberpunkt 60
– Unterpunkt 60
Gliederungsschema
– Dezimalgliederung 75
– dialektisch 60
– linear 60
– traditionell 75
Globalcharakteristik 311
Glosse 40
Goethe, Johann Wolfgang 222 ff.,
  326, 335
Gossensprache 153
Göttinger Hainbund 222
Grass, Günter 62, 251, 257, 264, 266,
  272
Griechenland, antikes 216
Grillparzer, Franz 229
Grimmelshausen, H.J.C. von 218
Grobgliederung 58, 59
Großschreibung 354
Gruppe 47   244
Gruppe 61   251
Gruppensprache 156
Gryphius, Andreas 218, 219, 325
Gutenberg, Johannes 158

H

Hahn, Ulla 263
Hähnel, Monika 271
Hannsmann, Magarete 328
Hardenberg, Friedrich von 186, 227
Harig, Ludwig 204

Sachwortverzeichnis

Hartung, Hugo 250
Hauptmann, Gerhart 235, 310 f.
Hauptmann, Helmut 252
Hauptsatzreihung (Parataxe) 49
Hauptteil 64
Hebbel, Friedrich 231
Heimatkunst 238
Hein, Christoph 257, 258
Heine, Heinrich 202, 229, 242
Hesse, Hermann 196, 334
Heym, Stefan 264, 265
Hiroshima 337
Hochdeutsch 152, 154, 155
Hochhuth, Rolf 251, 264
Hochsprache 152
Hoddis, Jakob van 237
Humanität 220
Hymne 205
Hyperbel 53
Hypotaxe 49, 311

I

indirekte Rede 126
induktiv 64
Informationsbeschaffung 96
Informationsgesellschaft 160, 182
Informationsquelle (Internet) 97
Inhaltsanalyse 276, 279
Inhaltsangabe 6, 18
Inhaltsverzeichnis 114, 115
Inhaltswiedergabe 6
– in Thesenform 21, 22
innerer Monolog 280
Intention 2, 276
Internet 96, 180
– -recherche 97
– Suche im 97
Interpretationsaufsatz 276
– Aufbau 278 ff.
Interview 134, 140
Ironie 53

J

Jambus 203
Jargon 51, 153
Jünger, Ernst 240
Junges Deutschland 228
Jupiter 282

K

Kadenz 203
Kafka, Franz 283
Kahlau, Heinz 200, 257
Kahlschlagliteratur 244
Kamera,
– Bewegung 178
– Einstellung 176
– Perspektive 177
Kant, Imanuell 225
Kaschnitz, Marie Luise 337
Kästner, Erich 236, 242, 314
Katalog, thematischer 96
Kehlmann, Daniel 270
Keller, Gottfried 96
Kerbholz 97
Killerphrasen 141
Kipphardt, Heinar 257
Kirsch, Sarah 186, 264, 335, 266
Kishon, Ephraim 217
Klassik 224
Kleinschreibung 354
Klis, Rainer 268
Kommaregeln 338 ff.
Kommentar 40
Kommunikation 84, 130 ff.
– -quadrat 131
– -störungen 132
– verbale 136
– nonverbale 134
Kommunikationsmodell 39, 130 f.
Komödie 215
Komposition 207, 281
Konfliktlösung (Drama) 216
Königsdorf, Helga 256
Konjunktiv 356
Konstellation 72
Körpersprache 122, 150
kreatives Schreiben 185 ff.
Krechel, Ursula 262

K

Krolow, Karl 320
Kunze, Reiner 259
Kurzgeschichte 211, 286
– Merkmale der 211
Kurzvorstellung 16

L

Laabs, Joochen 266
Langgässer, Elisabeth 248
Lautverschiebung
– erste germanische 154
– zweite/hochdeutsche 154, 155
Lebenslauf 146
– Angaben 146
– ausführlich 146
– Beispiel/Muster 147
– tabellarisch 146
Leitwort 51
Lenz, Siegfried 268
Lernen 102
– Lernatmosphäre 102
– Lerninhalte, ähnliche 103
– Lernperioden 103
– Lernstoff 102
– Pausen 103
– Wahrnehmungskanäle 103
– Wiederholen 103
Lernstrategien 94, 102
Lerntechniken 94
Lesegewohnheiten, veränderte 181
Leserbrief 32, 36
– Aufbau 36
– Beispiel 37
– schreiben 37
– Sprache im 37
Lesetechniken
– diagonal 98
– effektiv 98
– exzerpieren 98
– gründlich/genau 98
– Karteikarten 99
– Markierungstechniken 98
– Mindmapping 99
Lessing, Ephraim Gotthold 221, 282, 308
Lied 205
Lindgren, Astrid 196

Sachwortverzeichnis

linear 57
Lippenlaut 154
Literatur, belehrende 212
Literaturverzeichnis 118, 119
– anfertigen eines 115
Litotes 53
Loest, Erich 257
Logau, Friedrich von 219
Lohenstein, Daniel Caspar von 218
Loriot 133
Lose-Blatt-Sammlung 94
Loth, Alfred 310 f.
Lyra 202, 310
Lyrik 201, 202 ff., 310
– moderne 338
Lyrikanalyse 310

M

Makrostruktur 21
Mann, Heinrich 239, 242
Mann, Thomas 152, 154, 242
Markierungstechnik 98
Marti, Kurt 278
Matthäus-Evangelium 292
Medien 158
– alte 180
– neue 97, 180
Memento mori 218
Mensching, Steffen 237
Metapher 52, 194, 311
Metonymie 52
Metrum 202, 203
Meyer, Conrad Ferdinand 231
Miketta, Hubert 284
Mindmap, Beispiel 99
Mindmapping 98, 100
Mischthemen 57
Mitschreiben 100
– ordnen 101
– planen 101
Mitschrifttypen
– punktuell 100
– über längeren Zeitraum 100
Moderatorin/Moderator 56
Modewort 51, 157
Monografie 97
Monolog 214, 270

– innerer 208, 280
Montage/Montageformen 178
Mörike, Eduard 229, 316
Müller, Heiner 251
Müller, Herta 287
Multimedia 159
Mundart 154, 155
Mundartgruppen, Einteilung 154

N

Nachschlagwerkc
– allgemeine 96
– sonstige 96, 97
– spezielle 96, 97
Nathan der Weise 308
Nationalsozialismus 238, 242
Naturalismus 234
Neologismus 52
Neuromantik 238
Newsgroup 36
Niederdeutsch 155
Nietzsche, Friedrich 231, 237, 285
Nominalstil 51, 61, 74, 128, 150
normativ 2
Novalis 186, 227 f.
Novelle 209, 300
– Aufbau 209

O

Oberbegriff 59
Ode 205
Opitz, Martin 218, 219
Ordnen, übersichtliches 100, 101
Organonmodell 130

P

Parabel 213, 296
– Merkmale der 213
Paradoxie 160
Parallelismus 44, 50
Parataxe 49, 311
Parenthese (Einschub) 44, 50
Passiv 49
Pathos 236
Peripetie 209, 216

Periphrase 52
Personenkonstellation 72
Personifikation 52
Pfeffel, Gottlieb Konrad 221
Phonetik 39
Planen, rationelles 101
Plenzdorf, Ulrich 256, 257
Postmann, Neil 160, 161
Präsentation 124, 125
Praxisbeweis 13
Presseagenturen 162
Presserecherche 96
Primärliteratur 115, 119
Proletarier 230
Prolog 214
Protokoll 20, 126
– -führer/-führerin 126
– -kopf 126, 127
Protokollformen
– Ergebnisprotokoll 126
– erweitertes Ergebnisprotokoll 126
– protokollartige Notizen 126
– Verlaufsprotokoll 126
Prüfung
– mündlich 105
– Prüfungsverhalten 104
– schriftlich 105
– Vorbereitung 96, 104
Prüfungsangst 104
– Denkblockaden 105
Prüfungsaufgaben 105
Prüfungstermin 104

Q

Quellenangabe 118, 119
– Beispiele 118
Quote 172, 173

R

Realismus 230
– poetischer 233
– sozialistischer 251
Reality-TV 172
Recherche 112
Redaktion 162, 165
Rede, politische 40

Redefiguren 50, 311, 313
Rednerliste 139
Reduktion 277
Referat 120, 122
Reich-Ranicki, Marcel 269, 338
Reihung 52
Reim 310
– Assonanz 203
– Binnenreim 203
– Kreuzreim 202
– männlicher/stumpfer 203
– Paarreim 202
– Schweifreim 202
– Stabreim 203
– umschließender 203
– weiblicher/klingender 203
Reimann, Brigitte 251
Reimschema 202, 311
– männlich 312
– weiblich 312
Reinig, Christa 336
Reinschrift 100
Reizfragen 134
Reizwort 51
Remarque, Erich Maria 239, 241, 242
Renn, Ludwig 202
Restauration 228
Revolution, bürgerlich-demokratisch 230
Rhetorik 4, 18, 39
rhetorische Frage 18, 49
rhetorische Mittel 39
Rhythmus 202
Rilke, Rainer Maria 328, 334
Rollenspiel 150
Roman 208
Romantik 226
Roth, Eugen 190, 191
Rückbezug 64
Rückführung (Beispiel) 70
Rühmkorf, Peter 338
Rundfunk 158

S

Sachlichkeit, neue 238
Sachtext 2
– gestaltendes Erschließen 348

San Salvador 290
Satzfigur 49
Satzgefüge (Hypotaxe) 49
Schauspiel 215
Schiller, Friedrich 223, 225
Schlagwort 52
Schluss 62, 76, 77
– Beispiel 63, 71, 77
Schlüsselfragen 57
Schlüsselqualifikation 96
Schlüsselwort 51
Schlussfolgerung 10, 11
Schlussgedanke 63
Schnurre, Wolfdietrich 258
Schopenhauer, Arthur 98
Schreiben
– Anregungen, Vorschläge 187, 196
– Ideen sammeln 187
Schriftsprache 152
Schülergedichte 339
Schulz von Thun, Friedemann 131
Schütz, Helga 256
Sechzigerjahre, Literatur der 250
Seegers, Anna 239, 240, 242, 245
Sekundärliteratur 115, 119
Selbstoffenbarung 131 f.
Seminararbeit (siehe auch
    Facharbeit) 80, 107
Shakespeare, William 200
Siebzigerjahre, Literatur der 256
Silbenschneeball 197
Silbentrennung 349
s-Laute, Schreibung der 350
Sonett 202, 218
Soziolekt 157
Sprachanalyse 49, 277
Sprachbilder 192
– Vergleich 192
– Metapher 194
Sprache, bildhafte 199
Sprache/Stil 207
Sprachebene 152, 153
Sprachfunktion 130
Sprachgebrauch 152
sprachliche Mittel, Wirkung 40
Sprachraum 155
Sprichwort 53
Stabreim 202

Stadler, Ernst 331
Ständeklausel 220
Stefan, Verena 256
Stellungnahme 30, 32
– dialektische Vorgehensweise 32
– dialektische 57
– Grundkonzept 31
– im Leserbrief 36
– Lösungshinweise 32, 33
Sternsingen 293
Stichwortzettel 122
Stifter, Adalbert 229, 231, 232
Stoff 207
Stoffsammlung 58
– ungeordnet 58
– geordnet 58
Storm, Theodor 231, 335
Strahl, R. 202
Stramm, August 236
Straßennamen, Schreibung der 349
Strittmatter, Erwin 198, 255
Strittmatter, Eva 257
Strophe 196, 310
Struck, Karin 257
Sturm und Drang 222
Subjekt, lyrisches 202
Suchmaschine 96
– Meta- 96
– Spezial- 96
– Volltext- 96
Suggestion, suggerieren 2, 4
Suggestivfragen 134
Süßkind, Patrick 257
Sütterlin 338
Symbol 53
Symbolismus 234
Synästhesie 53
Synonym 29
Synthese 33, 37, 60 ff., 277, 310
Szene 214, 309

T

Tagesordnung 126, 127
Tagesplan 113
Talkshow 172
Text
– appellativ 4

Sachwortverzeichnis

– argumentativ 4, 312
– ästhetisch 199
– fiktional 199
– gestaltendes Erschließen 340 ff.
– informativ 4, 7, 8, 16, 18, 19, 85
– kognitiv 108
– mehrdeutig 199
– meinungsbildend 9, 16, 19, 85, 86
– normativ 4
– poetisch 199
Textart 4, 7
Texterläuterung 26
– Aufbau 28
Textinterpretation 276
– Beispiel 281
– Formanalyse 277, 281
– Gliederung 276, 277
– Inhaltsanalyse 276, 279
– methodisches Vorgehen 276, 277
– Sprachanalyse Textsorte 4, 38
Textverarbeitungsprogramm 8
Textverknüpfer
– gegenüberstellend 67
– reihend 67
– steigernd 67
Textverweis 80
Textwiedergabe 6, 16
– in Thesenform 22
– strukturierende 20
Textzitat 81
Theater, episches 215, 238
Thema 207
– dialektisch 57, 63
– literarisch 72
Themenbegriff 56
Themenerfassung 56
Themenfrage 57 ff., 62, 82
– Beispiel 62
Themenwahl 56
Thesaurus 27
These 64, 81
– zentrale 10
Thurber, James 283
Tintenherz 304
Traditionen, klassische 238
Tragikkomödie 215
Tragödie 215
Tragödiendichter, antike 216

Trakl, Georg 332
Trochäus 203
Tucholsky, Kurt 239, 240, 330, 331
Typogramm 191

U

Überblicksinformation 16
Umgangssprache 152, 153
Umschreibung (Periphrase) 52
Unterbegriff 59

V

Vanitas-Gedanke 218
Veranschaulichung 64
Verbalstil 51
Verben, strukturierende 24
Verfremdungseffekte 215
Vergleich 44, 52, 192, 313
Vernunft 220
Veröffentlichungen 97
Vers 202, 310
Versmaß 203, 311
Verzeichnis, Anmerkungen 115
– Computer- 101
Vogelperspektive 177
Völkerwanderung 154
Volksaufstand 17. Juni 1953 254
Voltaire 220
Vorbemerkung 114
Vorgangsbeschreibung 128
– Beispiel 129
– Formen 128
– Merkmale 128
Vormärz 226
Vorstellungsgespräch 134, 148
– Bewerbungsunterlagen 149
– Einzelgespräch 148
– Gruppengespräch 148
– Tipps 150
Vortrag
– vorbereiten 120
– halten 122

W

Wallraf, Günter 77

Watzlawick, Paul 66
Webseite 96
Weimarer Republik, Literatur der 238
Weinert, Erich 239, 246
Weiss, Peter 253
Werbetext 40
W-Fragen 56, 134
Wiedervereinigung, Literatur nach
    der 266
Wiener Gruppe 250
Wiener, Ralph 260
Wikipedia 97
Wirtschaftswunder 250
Wochenplan, Planen 113
Wohmann, Gabriele 256, 286
Wolf, Christa 256, 257
Wortfamilie 26, 189
Wortfeld 27, 189
Wortkarte 155
Wortkolonne 188, 189
Wortmeldungen, Diskussion 139
Wortneuschöpfung (Neologismus)
    52
Woyzeck 73 ff., 78 f., 81

Z

Zahnlaut 154
Zäsur 6
Zeilensprung 202
Zeilenstil 202
Zeitung 158
– Abonnement- 170
– Aufbau Titelseite 164
– Boulevard- 170
– Redaktionsarbeit 165
Zeus 282
ZIMT-Methode 137
Zitat 57, 62
– wörtlich 80
– indirekt 80, 117
– Beispiel 81
– direktes 116
Zuckmayer, Karl 153
Zusammenschreibung 352
Zuschauerquote 172, 173
Zweig, Stefan 242

Literaturverzeichnis

Aesop: „Der Löwe, der Fuchs und der Esel" aus:
Ders.: „Die Fabeln des Aesop", Dimitris Triadafillu,
München 1999, S. 79 · · · · · · **282**

Aichinger, Ilse: „Das Fenster-Theater" aus:
Dies.: „Der Gefesselte", Fischer Verlag,
Frankfurt a. M. 1958, S. 61 ff. · · · · · · **294 f.**

Anders, Günther: „Der Todeskandidat" aus:
„Der Blick vom Turm, Fabeln von Günther Anders",
Büchergilde Gutenberg, Frankfurt 1968, S. 46 · · · · · · **213**

Arntzen, Helmut: „Wolf und Lamm" aus:
Ders.: „Kurzer Prozess, Aphorismen und Fabeln",
München 1966, S. 64 · · · · · · **212**

Bachmann, Ingeborg: „Reklame" aus:
Dies.: „Anrufung des Großen Bären", Piper,
München 1956 · · · · · · **336**

Bichsel, Peter: „San Salvador" aus: Ders.: „Eigentlich
möchte Frau Blum den Milchmann kennenlernen",
Suhrkamp, Frankfurt 1992, S. 50 · · · · · · **288**

Biermann, Wolf: „Größe des Menschen" aus:
Ders.: „Nachlass 1", Kiepenheuer & Witsch,
Köln 1977, S. 289 · · · · · · **328**

Biskupek, Matthias: „Die gradlinige Geschichte"
aus: Ders.: „Biertafel mit Colaklops",
Eulenspiegel Verlag, Berlin 1995, S. 83 f. · · · · · · **267**

Boccaccio, Giovanni: „Falkennovelle" aus:
„Das Dekameron", Suhrkamp/Insel Verlag,
Frankfurt (3) 2002, S. 505 · · · · · · **298 ff.**

Böll, Heinrich: „Wanderer, kommst du nach Spa …"
(Auszug) aus: Ders.: „Der Mann mit den Messern,
Erzählungen", Reclam, Stuttgart 1995/2000,
S. 25 und S. 35 · · · · · · **252**

Borchert, Wolfgang: „Das ist unser Manifest"
(Auszug) aus: Ders.: „Das Gesamtwerk", rororo,
Reinbek (4) 2002, S. 310 · · · · · · **245**

Borchert, Wolfgang: „Die drei dunklen Könige"
aus: Ders.: „Das Gesamtwerk", rororo,
Reinbek (4) 2002, S. 185 · · · · · · **290 f.**

Borchert, Wolfgang: „Generation ohne Abschied"
(Auszug) aus: Ders.: „Das Gesamtwerk", rororo,
Reinbek (4) 2002, S. 59 · · · · · · **245**

Braun, Volker: „Anspruch" aus: Ders.:
„Vorläufiges", Suhrkamp, Frankfurt 1966, S. 7 · · · · · · **254**

Braun, Volker: „Verworfenes Beispiel japanischer
Höflichkeit" aus: Ders.: „Berichte von Hinze und
Kunze", Mitteldeutscher Verlag,
Halle-Leipzig 1983, S. 72 · · · · · · **212**

Braun, Volker: „Die Sächsische Flut 2002" aus:
Lose Blätter. Zeitschrift für Literatur, Nr. 22, 2002,
S. 610 f. · · · · · · **272 f.**

Brecht, Bertolt: „Wenn die Menschen Haifische
wären" aus: „Kalendergeschichten von
Bertolt Brecht", Rowohlt, Reinbek 2002, S. 112 f. · · · · · · **247**

Brecht, Bertolt: „Die Lösung" aus:
„Arbeitsbuch Deutsch. Literaturepochen: Moderne",
Bayerischer Schulbuch-Verlag,
München 1993, S. 154 · · · · · · **254**

Brecht, Bertolt: „Kinderhymne" aus: „Hundert
Gedichte des Jahrhunderts. Mit Interpretationen.
Ausgewählt von Marcel Reich-Ranicki",
Insel Verlag, Frankfurt 2000, S. 195 · · · · · · **205**

Brecht, Bertolt: „Rechtssprechung" aus: Ders.:
„Zeitverkürzer", Reclam, Leipzig 1983, S. 237 · · · · · · **212**

Bretschneider, Mirjam: „Reden" aus:
Rumpelstilzchen – Literaturblatt des
Widukind-Gymnasiums Enger Nr. CVI,
Enger 2008, S. 1 · · · · · · **339**

Brinkmann, Rolf Dieter: „Die Orangensaft-
maschine" aus: Volker Hage (Hrsg.):
„Lyrik für Leser. Gedichte der Siebzigerjahre",
Stuttgart 1980, S. 64 f. · · · · · · **259**

Büchner, Georg: „Beim Doctor" (Auszug) aus:
Ders.: „Woyzeck". In: Kopfermann, Th./Stirner,
H., Klett, Stuttgart 1991, S. 12 ff. · · · · · · **78 f.**

Claudius, Matthias: „Der Mond ist aufgegangen"
aus: Ders.: „Also am Menschen liegt es",
Evangelische Verlagsanstalt Leipzig, 2002, S. 67 · · · · · · **202**

Dörrie, Doris: „Das blaue Kleid" (Auszug) aus:
Dies.: „Das blaue Kleid", Diogenes,
Zürich 2002, S. 60 – 62 · · · · · · **306 f.**

Eich, Günter: „Inventur" aus: „Hundert Gedichte
des Jahrhunderts. Mit Interpretationen.
Ausgewählt von Marcel Reich-Ranicki",
Insel Verlag, Frankfurt 2000, S. 285 f. · · · · · · **246**

Eichendorff, Joseph v.: „Das zerbrochene
Ringlein" aus: „Frühling mit Nachtigallen und
anderem Zubehör. Eichendorff zum Vergnügen",
Reclam, Stuttgart 1998, S. 93/94 · · · · · · **204**

Eichendorff, Joseph v.: „Die zwei Gesellen" aus:
„Frühling mit Nachtigallen und anderem Zubehör.
Eichendorff zum Vergnügen", Reclam,
Stuttgart 1998, S. 37/38 · · · · · · **227**

Eichendorff, Joseph v.: „Mondnacht" aus:
Ders.: „Fünfzig Gedichte", Reclam,
Stuttgart 2001, S. 61 · · · · · · **324**

Eichendorff, Joseph v.: „Übermut" aus:
Erwin Arndt: „Deutsche Verslehre",
Berlin (13) 1996, S. 88 · · · · · · **203**

Literaturverzeichnis

Eichendorff, Joseph v.: „Weihnachten" aus: Ders.: „Fünfzig Gedichte", Reclam, Stuttgart 2001, S. 61 — **331**

Enzensberger, Hans Magnus: „In zehn Sekunden ist alles vorbei" aus: „Deutsch Training. Aufsatz Oberstufe ab 10. Klasse", Stark Verlag, Freising 2003, S. 88 — **327**

Eppler, R.: „Die erste Liebe" aus: Mittelschule 2002, Abschluss-Prüfungsaufgaben mit Lösungen. Deutsch. Realschulabschluss Sachsen 1996–2001, Stark Verlagsgesellschaft mbH, 7. ergänzte Auflage 2001, S. 96/6–96/7 — **296 f.**

Fleming, Paul: „Wic Er wolle geküsset seyn" aus: H. Müller: „Training Gedichtinterpretation", Klett, Stuttgart, S. 18 — **203**

Fontane, Theodor: „Effi Briest" (Auszug) aus: Ders.: „Effi Briest", Reclam, Stuttgart 2002, S. 264 — **233**

Franck, Julia: „Streuselschnecke" aus: Dies.: „Bauchlandung. Geschichten zum Anfassen", Deutscher Taschenbuch Verlag, München 2002, S. 55–57 — **210 f.**

Frisch, Max: „Café de la Terrasse" aus: Ders.: „Tagebuch 1946–1949", Suhrkamp, Frankfurt a. M. 1950, S. 55 f. — **285**

Frisch, Max: „Homo Faber. Ein Bericht" (Auszug) aus: Ders.: „Homo Faber. Ein Bericht", Suhrkamp Taschenbuch, Frankfurt 1977, S. 150/S. 180 — **192 ff.**

Fritz, Walter Helmut: „Augenblicke" aus: Ders.: „Kürzestgeschichten", Graf von Nayhauss (Hg.), Stuttgart 1982, S. 23 ff. — **340 f.**

Funke, Cornelia: „Ein Fremder in der Nacht" aus: Dies.: „Tintenherz", Cecilie Dressler Verlag, Hamburg 2003, S. 9–14 — **304 f.**

Göhner, Stefanie: ohne Titel aus: Rumpelstilzchen – Literaturblatt des Widukind-Gymnasiums Enger Nr. CVI, Enger 2008, S. 5 — **339**

Goethe, Johann W.: „Das Göttliche" aus: Ders.: „Gedichte", Reclam, Stuttgart 1998, S. 90 — **224**

Goethe, Johann W.: „Die Dämmerung senkte sich von oben" aus: Ders.: „Gedichte", Reclam, Stuttgart 1998, S. 221 — **326**

Goethe, Johann W.: „Die Leiden des jungen Werther" (Auszug) aus: Ders.: „Die Leiden des jungen Werther", Reclam, Stuttgart 2001, S. 54 — **223**

Goethe, Johann W.: „Faust: Der Tragödie erster Teil" (Auszug) aus: Ders.: „Faust: Der Tragödie erster Teil", Reclam, Stuttgart 2000, S. 13 — **225**

Goethe, Johann W.: „Mailied" aus: Ders.: „Gedichte", Reclam, Stuttgart 1998, S. 22 — **335**

Goethe, Johann W.: „Prometheus" (Auszug) aus: Ders.: „Gedichte", Reclam, Stuttgart 1998, S. 40 f. — **222**

Grass, Günter: „Ach, Treuhand hat uns abgeschöpft" aus: „Texte der deutschen Gegenwartsliteratur: Orte und Landschaften. Lyrik und Prosa", Cornelsen, Berlin 1997, S. 63 — **266**

Grass, Günter: „Im Krebsgang" (Auszug) aus: Ders.: „Im Krebsgang", Steidl Verlag, Göttingen 2002, S. 196 f. — **272**

Gryphius, Andreas: „Es ist alles eitel" aus: Scholz: „Deutsche Dichtung des Barock. Epochen deutscher Literatur", Band 487, C. Bange Verlag, Hollfeld, S. 54 — **219**

Gryphius, Andreas: „Thränen des Vaterlandes, Anno 1636" aus: Ders.: „Dichtungen", Karl Otto Conrady (Hrsg.), Rowohlt, Reinbek 1968, S. 23 — **325**

Hahn, Ulla: „Endlich emanzipiert" aus: Dies.: „Herz über Kopf, Gedichte", Deutsche Verlagsanstalt, Stuttgart 2002, S. 40 — **263**

Hahn, Ulla: „Mit Haut und Haar" aus: Dies.: „Herz über Kopf, Gedichte", Deutsche Verlagsanstalt, Stuttgart 2002, S. 7 — **263**

Hähnel, Monika: „Hin und weg" aus: Dies.: „Aussicht auf Balance", Peter Segler Verlag, Freiberg 2004, S. 12 — **271**

Hardenberg, Friedrich von (Novalis): „Heinrich von Ofterdingen" (Auszug) aus: Buchners Studientexte Deutsch, Sprache und Literatur, Band 1, Buchners Verlag, Bamberg 1980, S. 214 — **186**

Hauptmann, Gerhart: „Rose Bernd" (Auszug) aus: Ders.: „Rose Bernd", Econ Ullstein Verlag, München 2001, S. 93/94 — **235**

Hauptmann, Helmut: „Das Geheimnis von Sosa" (Auszug), Aufbau Verlag, Berlin 1950; auch in: Lesebuch Kl. 7, Verlag Volk und Wissen 1982, S. 94 f. — **252**

Hein, Christoph: „Der fremde Freund" (Auszug) aus: Ders.: „Der fremde Freund. Drachenblut", Suhrkamp, Frankfurt 2002, S. 174 und S. 178 — **258**

Heine, Heinrich: „Die schlesischen Weber" aus: Ders.: „Neue Gedichte", Reclam, Stuttgart 1996, S. 184 — **229**

Heine, Heinrich: „Nachtgedanken" aus: Ders.: „Neue Gedichte", Reclam, Stuttgart 1996, S. 150 — **202**

Literaturverzeichnis

Hesse, Hermann: „Im Nebel" aus:
„Die schönsten Gedichte von Hermann Hesse",
Diogenes, Zürich 1996, S. 32 — **334**

Heym, Stefan: „Auf Sand gebaut" (Auszug) aus:
Ders.: „Auf Sand gebaut", C. Bertelsmann,
München (3) 1992, S. 34 und S. 48 — **265**

Hoddis, Jakob van: „Weltende" aus:
Ders.: „Dichtungen und Briefe, herausgegeben
von Regina Nörtemann", Wallstein Verlag,
Göttingen 2007 — **237**

Jünger, Ernst: „Der Kampf als inneres Erlebnis"
(Auszug) aus: Ders.: „Sämtliche Werke, Band 7.
Betrachtungen zur Zeit", Klett-Cotta,
Stuttgart 1980, S. 48 — **240**

Kafka, Franz: „Kleine Fabel" aus: Ders.:
„Sämtliche Erzählungen", Fischer,
Frankfurt a. M. 1970, S. 320 — **283**

Kahlau, Heinz: „Für Christine" aus: Ders.:
„Der Fluss der Dinge, Gedichte aus zehn Jahren",
Aufbau Verlag, Berlin und Weimar 1964 — **200**

Kaschnitz, Marie Luise: „Hiroshima" aus:
Dies.: „Neue Gedichte", Claasen, Hamburg 1957 — **337**

Kästner, Erich: „Sachliche Romanze" aus:
Ders.: „Gedichte", Suhrkamp,
Frankfurt a. M. (6) 1991, S. 105 — **316**

Kästner, Erich: „Sogenannte Klassefrauen" aus:
Ders.: „Gedichte", Suhrkamp, Frankfurt 1981, S. 60/61 — **239**

Kehlmann, Daniel: „Ein Beitrag zur Debatte" aus:
Ders.: „Ruhm", Rowohlt, Reinbek 2009, S. 134 ff. — **270 f.**

Kirsch, Sarah: „Die Luft riecht schon nach Schnee"
aus: Walter Hinck: „Gedichte und Interpretationen",
Band 6, Reclam, Stuttgart 1982, S. 351 — **188**

Kirsch, Sarah: „Im Sommer" aus:
Dies.: „Werke in 5 Bänden", Band 1 „Gedichte",
Deutsche Verlagsanstalt, Stuttgart 1999, S. 187 — **333**

Kirsch, Sarah: „Der Himmel schuppt sich" aus:
Dies.: „Sämtliche Gedichte",
Deutsche Verlagsanstalt, München 2005 — **262**

Kishon, Ephraim: „Es war die Lerche" (Auszug) aus:
Ders.: „Es war die Lerche", Bastei Lübbe,
Bergisch Gladbach 1998, S. 8/9 — **217**

Klis, Rainer: „Aus dem Tagebuch eines Fünfzehnjährigen" aus: Ders.: „Rückkehr nach Deutschland",
Chemnitzer Verlag, Chemnitz 1993, S. 42 — **268**

Krechel, Ursula: „Liebe am Horizont" aus:
Dies.: „Nach Mainz!", Darmstadt 1977 — **262**

Kunze, Reiner: „Erbe" aus: Ders.:
„Die wunderbaren Jahre", Fischer Taschenbuch
Verlag, Frankfurt a. M. 1988, S. 45 — **259**

Laabs, Joochen: „Momentaufnahme Altes
Grenzland" aus: „Texte der deutschen Gegenwarts-
literatur: Orte und Landschaften. Lyrik und Prosa",
Cornelsen, Berlin 1997, S. 80 — **266**

Langgässer, Elisabeth: „Saisonbeginn" aus: Dies.:
„Der Torso", Claasen, Hamburg 1947, S. 15–18 — **248 f.**

Lenz, Siegfried: „Schweigeminute" (Auszug) aus:
Ders.: „Schweigeminute", Hoffmann & Campe,
Hamburg 2008 — **268 f.**

Lessing, Gotthold Ephraim: „Besitzer des
Bogens" aus: Ders.: „Ausgewählte Werke, 2. Band",
Hanser Verlag, München, S. 49–50 — **221**

Lessing, Gotthold Ephraim: „Brief – Mein lieber
Eschenburg" aus: Gotthold Ephraim Lessing:
„Gesammelte Werke in zehn Bänden", Band 9,
Aufbau Verlag Berlin 1957, S. 465 ff. — **308**

Lessing, Gotthold Ephraim: „Der Rabe und der
Fuchs" aus: Gotthold Ephraim Lessing: „Gesammelte
Werke in zehn Bänden", Band 1, Aufbau Verlag Berlin
1954/55, S. 278 f., Erstdruck: 1759 — **282**

Loewen, Georg: „Sie" aus: Rumpelstilzchen –
Literaturblatt des Widukind-Gymnasiums Enger
Nr. CII, Enger 2007, S. 2 — **339**

Logau, Friedrich von: „Heutige Welt-Kunst" aus:
Scholz: „Deutsche Dichtung des Barock, Epochen
deutscher Literatur", Band 487, C. Bange Verlag,
Hollfeld, S. 77 — **219**

Loriot: „Das Ei" aus: „Loriots dramatische Werke",
Diogenes, Zürich 1983, S. 10 — **133**

Mann, Thomas: „Buddenbrooks" (Auszug) aus:
Ders.: „Buddenbrooks", Fischer Taschenbuch Verlag,
Frankfurt (52) 2002, S. 364 — **154**

Mann, Thomas: „Doktor Faustus" (Auszug) aus:
Ders.: „Doktor Faustus. Die Entstehung des Doktor
Faustus", S. Fischer Verlag, Frankfurt (2) 2001, S. 9 — **152**

Marti, Kurt: „Happy End" aus: Ders.:
„Dorfgeschichten", Mohn, Gütersloh 1960, S. 60 — **278**

Mensching, Steffen: „Weltanfang" aus:
Ders.: „Erinnerung an eine Milchglasscheibe",
Mitteldeutscher Verlag, Berlin 1984, S. 16 — **237**

Meyer, Conrad Ferdinand: „Der römische
Brunnen" aus: Ludwig Reiners: „Der ewige Brunnen.
Ein Hausbuch deutscher Dichtung", C. H. Beck,
München 2000, S. 919 — **231**

Miketta, Hubert: „Adenauer", aus: Roland Koch
et al.: „Deutsch in integrierter Form", Max Rein
Verlag, Mannheim/Stamsried (7) 1995, S. 8 — **284**

Mörike, Eduard: „Er ist's" aus: Ders.: „Gedichte",
Reclam, Stuttgart 1994/97, S. 15 — **320**

Literaturverzeichnis

Mörike, Eduard: „Gebet" aus: Ders.:
„Gedichte", Reclam, Stuttgart 1994/7, S. 88 — 229

Mörike, Eduard: „September-Morgen" aus: Ders.:
„Gedichte", Reclam, Stuttgart 1994/7, S. 65 — 226

Müller, Herta: „Arbeitstag" aus: Dies.:
„Niederungen", Rotbuch-Verlag, Berlin 1988, S. 142 — 287

Opitz, Martin: „Ach, Liebste, lass uns eilen" aus:
Scholz: „Deutsche Dichtung des Barock. Epochen
deutscher Literatur", Band 487, C. Bange Verlag,
Hollfeld, S. 24 — 219

Pfeffel, Gottlieb Konrad: „Der freie Mann" aus:
„Das große deutsche Gedichtsbuch", Athenäum,
Kronberg 1977, S. 194 — 221

Reinig, Christa: „Gott schuf die Sonne" aus:
Dies.: „Gedichte", Suhrkamp, Frankfurt a. M. 1963,
S. 34 — 336

Remarque, Erich Maria: „Im Westen nichts Neues"
(Auszug) aus: Ders.: „Im Westen nichts Neues",
Kiepenheuer & Witsch, Köln (17) 2002, S. 196 f. — 241

Renn, Ludwig: „Sauferei" aus: Ders.: „Adel im
Untergang", Aufbau Verlag, Berlin 1992, S. 25 — 200

Rilke, Rainer Maria: „Herbst" aus: Ders.:
„Fünfzig Gedichte", Reclam, Stuttgart 1997/2001, S. 16 — 332

Rilke, Rainer Maria: „Ich leb gerad..." aus: Ders.:
„Dies alles von mir. Gedichte", dtv, München 2002,
S. 25 — 334

Schiller, Friedrich: „Die Teilung der Erde" aus:
Ders.: „Die Gedichte", Insel Taschenbuch Verlag,
Frankfurt 1999, S. 275 ff. — 225

Schnurre, Wolfdietrich: „Beste Geschichte meines
Lebens" aus: „Arbeitsbuch Deutsch.
Literaturepochen: Moderne", Bayerischer
Schulbuch-Verlag, München 1993, S. 108 f. — 258

Seghers, Anna: „Der Baum des Ritters" aus:
Dies.: „Die schönsten Märchen und Legenden",
Aufbau Taschenbuch Verlag, Berlin 2000, S. 42 — 240

Shakespeare: „Romeo und Julia" (Auszug) aus:
Ders.: „Romeo und Julia", Insel Taschenbuch
Verlag, Frankfurt 2002, S. 150 — 200, 214

Stadler, Ernst: „Vorfrühling" aus:
Ludwig Reiners: „Der ewige Brunnen.
Ein Hausbuch deutscher Dichtung",
C.H. Beck, München 2000, S. 300 — 335

Stifter, Adalbert: „Der Nachsommer" (Auszug)
aus: Ders.: „Der Nachsommer", dtv,
München 2001, S. 492 — 232

Storm, Theodor: „Abseits" aus: Ders.:
„Gesammelte Werke" Band 2, Artemis & Winkler,
Zürich 2000, S. 999 f. — 333

Strahl, R.: „Mit tausend Küssen" aus: „Eine Wendel-
treppe in den blauen Himmel", Eulenspiegel
Verlagsgruppe, Berlin 1975, S. 24 (bereits vergriffen) — 202

Stramm, August: „Trieb" aus: Ders.:
„Gedichte, Dramen, Prosa, Briefe", Reclam,
Stuttgart 1997, S. 35 — 236

Strittmatter, Erwin: „Heidelerche" aus:
„Musikalische Erzählungen für Sprecher und
Klavier nach Texten von Günther Kunert/Kurt
Schwaen und Erwin Strittmatter",
Verlag Neue Musik, Berlin 1974, S. 32 — 198

Strittmatter, Erwin: „Ole Bienkopp" (Auszug) aus:
Ders.: „Ole Bienkopp", Aufbau Taschenbuch Verlag,
Berlin 1999, S. 227 — 255

Trakl, Georg: „Verfall" aus: Ders.: „Gedichte",
Suhrkamp, Frankfurt 1974, S. 40 — 332

Tucholsky, Kurt: „Danach" aus: Ders.:
„Gedichte", Rowohlt, Reinbek 1998, S. 693 f. — 240

Tucholsky, Kurt: „Das Ideal" aus: Ders.:
„Gedichte", Rowohlt, Reinbek 1998, S. 550 — 330

Tucholsky, Kurt: „Groß-Stadt-Weihnachten" aus:
Ders.: „Gedichte", Rowohlt, Reinbek 1998, S. 65 — 331

Tucholsky, Kurt: „Ratschläge für einen
schlechten Redner" aus: Ders.: „Gesammelte
Werke in 10 Bänden", hg. von Mary Gerold-Tucholsky
und Fritz J. Raddatz, Band 8,
Rowohlt, Reinbek (11) 1996, S. 290–292 — 121

Watzlawick, Paul: „Anleitung zum
Unglücklichsein" (Auszug) aus:
Ders.: „Anleitung zum Unglücklichsein",
Piper, München 1994, S. 27 — 66

Weinert, Erich: „Genauso hat es damals
angefangen" aus: Ders.: „Ein Lesebuch für
unsere Zeit", Aufbau Verlag, Berlin 1976 — 246

Weiss, Peter: „Die Ermittlung" (Auszug) aus:
„Arbeitsbuch Deutsch. Literaturepochen:
Moderne", Bayerischer Schulbuch-Verlag,
München 1993, S. 191 — 253

Wiener, Ralph: „Land und Leute" aus: Ders.:
„Kein Wort über Himbeeren",
Mitteldeutscher Verlag, Halle Leipzig 1979, S. 67 — 260 f.

Wohmann, Gabriele: „Ein netter Kerl" aus:
Dies.: „Habgier. Erzählungen", Rowohlt
Taschenbuch Verlag, Reinbek 1978, S. 68–70 — 286 f.

Zuckmayer, Carl: „Der Hauptmann von
Köpenick" (Auszug) aus:
Ders.: „Der Hauptmann von Köpenick",
Fischer Taschenbuch Verlag,
Frankfurt 2002, S. 31 f. — 153